市——淄博

轮的热潮：2005年，淄博市创建为首批省级文明城市；2008年，再次被表彰为省级文明城市；2009年，跻身全国创建文明城市工作先进城市行列，荣获全国未成年人思想道德建设工作先进城市称号。

2011年，成立淄博市文明城市创建工作委员会，下设创建文明城市工作办公室，召开动员大会，对文明城市创建工作进行了具体安排部署。组织开展新闻与社会宣传，制作创城专题片，在市属新闻媒体开辟专题、专栏，先后刊发各类创城稿件3000多篇（条），张贴创城宣传画34000余张，发放创城宣传折页40余万份，形成到底到边、覆盖全市的社会氛围。加强实地督导，成立7个专业督导组，组织200余人的实地督导队伍，对46个类别1000余个测评点进行督查。规范整理测评材料，组织起草各类书面汇报20余篇，完成全国文明城市测评材料116卷234册2600余份，完成未成年人思想道德建设工作测评材料64卷165册1700余份。在测评中先后对省测评组需要测评的51个点、全国文明城市需要测评的126个点的提报材料进行认真严格地指导把关，共计整理测评点材料684卷1223册，国家、省文明城市测评组对材料的完整性和准确性给予高度评价，为创建全国文明城市奠定了坚实基础。

2012年3月4日，市委常委、宣传部部长郭利民（右）参加学雷锋志愿服务活动，为“雷锋车”张贴学雷锋做淄博好人宣传语

2011年9月4日，中央彩票公益金支持乡村少年宫建设全国启动仪式在淄博举行

2012年3月24日，全市创建全国文明城市表彰大会召开

淄博年鉴

ZIBO YEARBOOK

2012

（总第二十六卷）

淄 博 市 人 民 政 府 主办
淄博市地方史志办公室 编

齐鲁书社

图书在版编目(CIP)数据

淄博年鉴.2012 / 淄博市人民政府主办;淄博市地方史志办公室编.—济南:齐鲁书社,2012.9
ISBN 978-7-5333-2677-7

Ⅰ.①淄… Ⅱ.①淄…②淄… Ⅲ.①淄博市-2012-年鉴 Ⅳ.①Z525.23

中国版本图书馆 CIP 数据核字(2012)第 215445 号

淄博年鉴(2012)

淄博市人民政府 主办

淄博市地方史志办公室 编

出版发行	齊魯書社
社　　址	济南市英雄山路 189 号
邮　　编	250002
网　　址	www.qlss.com.cn
电子邮箱	qilupress@126.com
印　　刷	山东德州新华印务有限责任公司
开　　本	889mm×1194mm 1/16
印　　张	30.25
插　　页	92
字　　数	903 千
版　　次	2012 年 9 月第 1 版
印　　次	2012 年 9 月第 1 次印刷
标准书号	ISBN 978—7—5333—2677—7
定　　价	**230.00 元**

淄博市市志编纂委员会

《淄博年鉴(2012)》编审人员

编 辑 说 明

一、《淄博年鉴》是由淄博市人民政府主办、淄博市地方史志办公室承编的大型综合性地方年鉴，是市内重要的史册类官方文献。本卷年鉴是第二十六卷本，集中反映了2011年全市人民在市委、市政府的领导下，在经济建设、政治建设、文化建设、社会建设和生态文明建设中取得的成就；记载了全市的基本情况及年度内发生的重大事件；汇集了全市经济和社会发展的基本资料和重要信息。本卷年鉴力求全面体现淄博的地方特色，努力为各级党政机关了解市情、实施科学决策，为各行各业及有关单位查询资料、获取信息，为社会各界人士及中外投资者认识淄博、熟悉淄博提供翔实的资料。

二、本卷年鉴共设28个部类，即：特载、大事记、淄博概况、政党政务、地方军事、法治、工业、农业、交通 邮电、城建 环保、服务业 国内贸易、外经外贸、招商引资、经济园区建设、中小企业、旅游、综合管理与监督、财政 税务、银行 保险 证券、科学、教育、文化、新闻出版 广播电视、卫生 体育、社会民生、人物、区县概况、附录。同时设置了索引。

三、本卷年鉴采用分类编辑法，以部类为单元，部类下立分目，分目下立条目，并以条目作为基本表达方式；一般分3个层次，个别部类延伸到4个层次。为便于查阅，条目标题均采用黑体字并加【 】表示。

四、本卷年鉴除重点反映全市的基本情况、基础数据、重大事件外，还增加了彩色图片、黑白图片和统计表等内容，加大了年鉴的信息量并力求图文并茂，生动形象。

五、本卷年鉴中有关全市国民经济和社会发展的主要数据均以淄博市统计局公布的统计资料为准。个别数据由于统计口径和来源不同存在差异。

六、本卷年鉴由市直各部门、各区县以及有关企事业单位提供初稿，并经撰稿单位领导审阅；淄博市地方史志办公室负责总纂；市政府审定。

七、本卷年鉴的组稿、撰稿及编纂工作得到各级领导的关怀以及各部门、各区县、有关企事业单位的大力协助和支持。在此，谨向所有关心、支持和直接参与《淄博年鉴》编纂工作的所有人员表示诚挚的谢意。

八、本卷年鉴在编纂过程中虽经多次审核和校对，仍难免有差错和疏漏之处，欢迎广大读者批评指正。

编 者

2012年9月

目　　录

特　　载

强化生态文明 加快内涵发展 为建设殷实和谐经济文化强市而奋斗 …………刘慧晏 1

政府工作报告 ……………………周清利 11

2011年淄博市国民经济和社会发展统计公报 …………………… 21

大　事　记

淄博市十大新闻 …………………… 30

1～12月大事 …………………… 32

淄博概况

地理　历史

位置面积 …………………… 40
自然条件 …………………… 40
自然资源 …………………… 40
历史沿革 …………………… 41

政区　人口　民族

行政区划 …………………… 41
人口 …………………… 42
民族 …………………… 42

组织机构 …………………… 42

经济和社会发展

国民经济 …………………… 68
转方式调结构 …………………… 68
统筹城乡发展 …………………… 68
体制改革 …………………… 69
对外开放 …………………… 69
和谐社会建设 …………………… 69

社会主义精神文明建设

概况 …………………… 69
创建为全国文明城市 …………………… 69
市民文明素质 …………………… 70
未成年人思想道德建设 …………………… 70
农村精神文明建设 …………………… 70
志愿服务活动 …………………… 70
群众性精神文明创建 …………………… 70

淄博市国民经济和社会发展统计资料 ………… 71

政党 政务

中国共产党淄博市委员会

·重要会议· …… 80

·重要决策和工作部署· …… 82

·组织工作·

全市组织工作会议召开 …… 82
组织工作创新 …… 82
争做淄博组工"四讲"先锋 …… 82
调研信息宣传 …… 82
深化创先争优 …… 83
推荐和选举各级党代会代表 …… 83
"两新"组织建设 …… 83
完成村"两委"换届选举 …… 83
全面推行村级事务"五代管"制度 …… 83
庆祝建党90周年系列活动 …… 83
选聘高校毕业生到村任职 …… 83
构建援藏干部服务网络体系 …… 83
选调生工作 …… 84
结对帮扶和下派干部包村工作结束 …… 84
招考招聘工作实施阳光工程 …… 84
配合做好市级换届考察 …… 84
组织开展区县换届考察 …… 84
完成镇党委、人大、政府换届 …… 84
公开选拔副县级领导干部 …… 84
完成师团职军转干部安置 …… 85
印发人才发展规划纲要 …… 85
策划开展职业技能竞赛 …… 85
"淄博市人才工作好新闻奖"评选 …… 85
加快高层次人才开发 …… 85
开展"走百企访千人"活动 …… 85
完善人才工作运行机制 …… 85
企事业单位中青年干部培训 …… 85
高职高专院校"职岗分离"管理改革 …… 85
原山林场等4家事业单位资源整合 …… 85
组织完成2010年度考核 …… 86
换届纪律学习宣传 …… 86
受理举报查核 …… 86
干部档案工作业务培训 …… 86
编写制作干部档案工作培训教材 …… 86
完成2010年度党内统计和干部统计 …… 86
专题培训和省级以上培训学员选调 …… 86
网络培训 …… 86
组织名师送教 …… 86
国(境)外高端培训 …… 86
干部学风建设 …… 87
示范班次培训 …… 87
新疆喀什受援县干部现场培训 …… 87
远程教育 …… 87
《淄博党建》栏目开办 …… 87

·宣传工作·

理论宣讲 …… 87
重大宣传活动 …… 87
精神文明建设 …… 88
公民道德建设 …… 88
文化建设和文化事业 …… 88
对外宣传 …… 88
网络舆论管理 …… 89
舆情信息 …… 89

·统战工作·

思想政治教育 …… 89
党外代表人士工作 …… 90
服务经济建设 …… 90
民主党派和工商联工作 …… 90
服务社会 …… 90
调研宣传 …… 90

·对台工作·

对台经济 …… 90
交往交流 …… 91

对台宣传和涉台教育 …………………… 91

·政策研究·

文件起草 ……………………………… 91
宣传工作 ……………………………… 91
调查研究 ……………………………… 91
办刊工作 ……………………………… 91

·编制工作·

分类推进事业单位改革 ……………… 92
乡镇机构改革 ………………………… 92
重点行业和领域的体制改革 ………… 92
优化机构编制资源配置 ……………… 92
人员编制管理 ………………………… 92
机构编制监督检查 …………………… 93

·保密工作·

宣传教育 ……………………………… 93
技术防范 ……………………………… 93
督查管理 ……………………………… 93

·离休干部管理·

概况 …………………………………… 94
落实政治待遇 ………………………… 94
落实生活待遇 ………………………… 94
服务管理 ……………………………… 94
调研宣传 ……………………………… 94
开展活动 ……………………………… 94

·党史工作·

全市党史工作会议召开 ……………… 95
党史编研 ……………………………… 95
宣传教育 ……………………………… 95

·党校工作·

干部培训 ……………………………… 95
专题教学 ……………………………… 95
科研工作 ……………………………… 95
信息化建设 …………………………… 95

·市直机关党的工作·

创先争优点评总结 …………………… 95
建设学习型机关党组织 ……………… 96
建设机关文化 ………………………… 96
党建质量标准化管理 ………………… 96
岗位练兵技能比武 …………………… 96
基层党组织建设 ……………………… 96
机关作风建设 ………………………… 96
纪念建党 90 周年系列活动…………… 96
党代表推选 …………………………… 97
党务公开 ……………………………… 97
群团工作 ……………………………… 97
机关精神文明建设 …………………… 97
信息宣传 ……………………………… 97

·信访工作·

概况 …………………………………… 97
落实群众信访工作责任制 …………… 97
创新信访工作机制 …………………… 98
信访预防 ……………………………… 98
化解信访积案 ………………………… 98

·接待工作·

概况 …………………………………… 98
开发地方特色接待产品及服务 ……… 98
宾馆体制机制改革 …………………… 99

淄博市人民代表大会常务委员会

淄博市第十三届人民代表大会第四次会议
…………………………………… 99
重要会议 ……………………………… 99
重大决议、决定 ……………………… 100
地方立法……………………………… 100
监督工作……………………………… 100
代表工作……………………………… 100

依法行使任免权…………………………100
公民旁听常委会会议……………………101

淄博市人民政府

·重要会议·………………………………101

·重要决策和工作部署·…………………102

·市民投诉暨市民建议征集·

概况…………………………………104
开展"服务质量年"活动…………………104
市民代表座谈会召开……………………104
强化督办落实力度………………………104
调研工作……………………………105
市民建议征集…………………………105

·应急管理·

应急预案及演练…………………………105
应急队伍建设…………………………105
突发事件处置…………………………105
宣教培训……………………………105
应急联动机制建设………………………105
应急管理示范点建设……………………106

·食品安全工作·

概况…………………………………106
工作机制……………………………106
食品安全系列会议………………………106
法规培训……………………………107
联合执法……………………………107
专项整治……………………………107
信息宣传……………………………107

·法制工作·

政府立法……………………………108
依法行政协调…………………………108
法制监督协调…………………………108
行政复议应诉…………………………108
宣传培训调研…………………………108
行政审批制度改革………………………108

·对外及对港澳工作·

外宾接待……………………………109
因公出国(境)…………………………109
友好城市……………………………109
涉外管理……………………………109
第三届英语大赛…………………………109
中国淄博陶瓷文化展在英国举办…………109
刘慧晏率团赴香港招商……………………109
周清利率团出访…………………………110
日本记者专访市长周清利…………………110

·金融证券工作·

企业上市融资…………………………111
场外交易市场建设………………………111
小额贷款公司试点………………………111
融资性担保公司规范整顿…………………111
提高地方金融服务能力……………………111

·经济合作·

合作项目……………………………113
区域合作……………………………113
石嘴山淄博工业园建设……………………113
产业梯次转移…………………………113
对口支援……………………………113
三峡移民管理…………………………114
东西扶贫协作…………………………114

·史志工作·

法制建设……………………………114
志书编纂……………………………114
年鉴编纂……………………………114
市情网站建设…………………………114

方志馆建设…………………………………… 115
《淄博工业大事记》出版…………………… 115
服务社会…………………………………… 115

·档案工作·

市档案馆创建为国家一级档案馆………… 115
档案法制…………………………………… 115
馆室业务…………………………………… 115
资源建设…………………………………… 116
档案编研…………………………………… 116
服务利用…………………………………… 116
信息化建设………………………………… 116
宣传教育…………………………………… 116

中国人民政治协商会议淄博市委员会

中国人民政治协商会议第十届淄博市委员会第四次会议…………………………… 116
重要会议…………………………………… 117
履行职能…………………………………… 118
提案工作…………………………………… 118
信息宣传…………………………………… 119

中共淄博市纪律检查委员会

重要会议…………………………………… 119
领导干部廉洁自律………………………… 120
党风廉政教育……………………………… 120
信访举报…………………………………… 120
查办案件…………………………………… 120
源头治理…………………………………… 120
监督检查…………………………………… 121
信息公开平台建设………………………… 121
治理群众反映强烈的突出问题…………… 121
作风效能建设……………………………… 121

民主党派

中国国民党革命委员会淄博市委员会…… 121
中国民主同盟淄博市委员会……………… 122
中国民主建国会淄博市委员会…………… 122
中国民主促进会淄博市委员会…………… 123
中国农工民主党淄博市委员会…………… 124
九三学社淄博市委员会…………………… 124
中国致公党淄博市委员会………………… 125

群众团体

·淄博市总工会·

市委工会工作会议暨庆祝五一国际劳动节大会召开…………………………………… 126
六大行动与十件实事……………………… 126
技术比武…………………………………… 126
职工服务中心“四级网络”建立…………… 126
群众工作室设立…………………………… 127
工会干部联系职工制度…………………… 127
爱心帮扶…………………………………… 127
职工动态直通车启动……………………… 127
职工维权律师顾问团和心理咨询顾问团成立…………………………………………… 127
首届十大金牌工人评选…………………… 128
全市职工红歌大赛………………………… 128
“女职工心声”服务热线启动……………… 128

·中国共产主义青年团淄博市委员会·

基层团组织建设…………………………… 128
激发基层团组织工作活力………………… 128
青少年思想道德建设……………………… 128
志愿者工作………………………………… 129
服务新农村建设…………………………… 129
促进青年就业创业………………………… 129
青年文明号创建…………………………… 129
青少年维权………………………………… 129
希望工程…………………………………… 129

·淄博市妇女联合会·

概况………………………………………… 130
组织建设…………………………………… 130
妇女维权…………………………………… 130
儿童工作…………………………………… 130
志愿服务…………………………………… 131
创业就业…………………………………… 131
接受省“两纲”终期监测评估检查………… 131

落实环保“876”倡议 …… 131

·淄博市工商业联合会·

思想政治工作…… 132
组织建设…… 132
调研工作…… 132
服务民企…… 132
经济联络…… 133
社会服务…… 133
非公有制经济组织党建…… 133

地方军事

淄博军分区

队伍建设…… 134
军事训练…… 134
征兵工作…… 134
安全管理…… 135
装备管理…… 135
双拥共建…… 135
国防教育…… 135
后勤保障…… 135

武警淄博市支队

队伍建设…… 135
军事行政工作…… 136
政治工作…… 136
后勤建设…… 136

人民防空

概况…… 136
人防工程建设管理…… 137
指挥通信工作…… 137
法制建设…… 137
人防宣传教育…… 138

法　治

政法与综合治理

固本强基维稳工程…… 139
维护社会稳定…… 139
创新社会管理…… 139
社会治安综合治理…… 140
涉法涉诉信访工作…… 140
服务经济发展…… 140
政法队伍建设…… 140

公安

概况…… 141
推行“六小警务”…… 141
维护社会政治稳定…… 141
打击刑事犯罪…… 142
治安管理…… 142
110 规范化建设 …… 142
打击经济犯罪…… 142
户政管理…… 142
出入境管理…… 143
监所管理…… 143
反恐基础防范…… 143
禁毒工作…… 143
执法规范化建设…… 143
公安科技…… 144
公安宣传…… 144
交通管理…… 144
消防管理…… 144
纪检监察…… 144
网络安全监察…… 145
公安信访…… 145
教育训练…… 145
警务督察…… 145
综合执法办案…… 145
打击涉林违法犯罪…… 145
开通“淄博公安民生服务在线”…… 146
建立民警健康档案…… 146
保安服务…… 146

工会工作…………………………………… 146

检察

服务大局…………………………………… 146
维护社会稳定……………………………… 147
查办职务犯罪……………………………… 147
刑事诉讼监督……………………………… 147
民事行政诉讼监督………………………… 147
职务犯罪预防……………………………… 147
专项工作…………………………………… 148
涉农检察工作……………………………… 148
维护群众利益……………………………… 148
创新社会管理……………………………… 148
检察队伍建设……………………………… 149

审判

概况………………………………………… 149
服务经济发展……………………………… 149
刑事审判…………………………………… 149
民商事、行政审判 ………………………… 149
执行工作…………………………………… 150
审判监督和涉诉信访……………………… 150
司法为民…………………………………… 150
审判管理…………………………………… 150
基层工作…………………………………… 150
司法公开…………………………………… 151
法官队伍建设……………………………… 151
司法保障与物质装备……………………… 151

司法行政

"法治淄博"建设…………………………… 151
普法依法治理……………………………… 151
律师工作…………………………………… 152
公证工作…………………………………… 152
基层法律服务……………………………… 152
法律援助…………………………………… 152
司法鉴定…………………………………… 152
司法考试…………………………………… 152
司法所建设………………………………… 152
人民调解…………………………………… 153
安置帮教…………………………………… 153
社区矫正工作……………………………… 153
监狱劳教…………………………………… 153
队伍建设…………………………………… 153

仲裁

概况………………………………………… 153
仲裁法律制度推行………………………… 154
仲裁员管理………………………………… 154
仲裁业务开展……………………………… 154

工 业

综述

概况………………………………………… 155
工业经济总量过万亿元…………………… 155
结构调整…………………………………… 155
战略性新兴产业…………………………… 155
节能降耗…………………………………… 155
淘汰落后产能……………………………… 156
自主创新…………………………………… 156
百项重点项目……………………………… 156
百强企业…………………………………… 156
创新成长型工业企业……………………… 158
企业管理…………………………………… 159
项目争取和资金协调……………………… 159
企业诚信建设……………………………… 159

煤炭工业

概况………………………………………… 159
"双基"建设………………………………… 159
煤矿安全监管执法………………………… 160
煤炭能源保障……………………………… 160

淄博矿业集团

概况………………………………………… 160
煤炭生产…………………………………… 160
重点项目建设……………………………… 160
转变发展方式……………………………… 160
安全生产…………………………………… 161
和谐矿区建设……………………………… 161

电力工业

概况……………………………………… 161
淄博供电公司………………………………… 161
华能辛店电厂………………………………… 162
华能淄博白杨河发电有限公司…………… 162
华电淄博热电有限公司…………………… 163

建材冶金工业

概况……………………………………… 164
重点项目建设………………………………… 164
产学研联合………………………………… 164
节能减排………………………………… 164
行业管理与服务…………………………… 165
山东崇正投资有限公司…………………… 165

中国铝业公司山东企业

概况……………………………………… 165
控亏增盈………………………………… 165
结构调整………………………………… 166
技改研发………………………………… 166
企业管理………………………………… 166
和谐企业建设………………………………… 166

化学工业

概况……………………………………… 166
化工骨干企业………………………………… 167
重点项目建设………………………………… 167
产业链条………………………………… 167
行政管理与服务…………………………… 167
山东蓝星东大化工集团…………………… 167

齐鲁石化

概况……………………………………… 168
安全生产和环境保护……………………… 168
企业管理………………………………… 168
橡胶产量突破40万吨 …………………… 169
丙烯腈装置技术改造项目开车成功……… 169
炼油厂催化干气回收乙烯装置投产……… 169
第二化肥厂甲烷化改造项目开车成功…… 169
科技成果通过省级鉴定…………………… 169
人员培训………………………………… 170
和谐企业建设………………………………… 170

医药工业

概况……………………………………… 170
重点项目建设………………………………… 170
技术创新………………………………… 170
出口贸易………………………………… 170
行业服务………………………………… 171
山东新华医药集团…………………………… 171
山东新华医疗器械集团…………………… 171

机械工业

概况……………………………………… 172
产业转型与结构升级……………………… 172
技术创新………………………………… 172
产业链发展方案…………………………… 172
资金争取………………………………… 173
企业管理………………………………… 173
机械行业企业家联盟……………………… 173
行业管理与服务…………………………… 173
山东鲁信高新技术产业股份有限公司…… 173

电子信息产业

概况……………………………………… 174
合作交流………………………………… 174
扶持资金争取………………………………… 174
企业信息化建设…………………………… 174
“两化”融合………………………………… 174
社会信息化工作…………………………… 174

陶瓷工业

概况……………………………………… 175
创意淄博“华光杯”日用陶瓷设计大赛…… 175
淄博陶瓷烧制技艺入选国家级“非遗”名录………………………………… 175
“淄博陶瓷 当代国窑”地域品牌企业产品检测………………………………… 175
8人被授予中国陶瓷艺术大师称号 ……… 175
山东陶瓷艺术创新大赛…………………… 175
淄博市陶瓷艺术大师首次评选…………… 175
“淄博陶瓷 当代国窑”地域品牌授权 …… 176
2011淄博陶瓷珍玩拍卖(展示)会 ……… 176

中国(淄博)国际木火节…………………… 176
“淄博陶瓷 当代国窑”展 ………………… 176
博山区成为全省首家出口日用陶瓷质量安全监管示范区………………………… 176
赴英国举办陶瓷文化展…………………… 176
山东日用陶瓷产业技术创新战略联盟成立………………………………………… 176
淄博华光陶瓷科技文化有限公司………… 176

纺织工业

概况……………………………………… 177
技术改造…………………………………… 177
科技创新…………………………………… 177
企业管理…………………………………… 177
行业管理…………………………………… 178
淄博兰雁集团有限责任公司……………… 178

丝绸工业

概况……………………………………… 178
服务企业发展……………………………… 178
蚕茧基地建设……………………………… 179
技术改造与产品研发……………………… 179

轻工业

概况……………………………………… 179
行业管理与服务…………………………… 179
9 人获中国玻璃艺术大师称号 …………… 180
首届淄博市工艺美术大师评选…………… 180
基地建设…………………………………… 180
金晶(集团)有限公司……………………… 180
山东凤阳集团股份有限公司……………… 180

农　业

综述

农业和农村经济…………………………… 181
都市农业…………………………………… 181
农业龙头企业集群建设…………………… 181
对外合作…………………………………… 182
农民专业合作社…………………………… 182
农村土地承包……………………………… 182
农技推广体系建设………………………… 182
农民培训…………………………………… 182
修订《淄博市农业丰收奖奖励办法》……… 182
科研成果…………………………………… 182
3 个科研项目通过省级鉴定 ……………… 182
科技交流与合作…………………………… 183
科技下乡…………………………………… 183
《现代农业》频道建设……………………… 183
市农民体育协会…………………………… 183
市农业广播电视学校建校 30 周年 ……… 183
沼气池建设………………………………… 183
首届农业创意设计大赛…………………… 183
农业行政审批……………………………… 183
农业综合执法……………………………… 184
法制宣传…………………………………… 184
农资打假护农活动………………………… 184
农药监管…………………………………… 184
“一十百万”良种工程……………………… 184
绿色有机示范区县、镇创建 ……………… 184
农产品检测………………………………… 185
全国首个有机红富士苹果示范基地……… 185
扶贫开发…………………………………… 185

种植业

概况……………………………………… 185
应对春季旱情……………………………… 185
百万亩高产优质专用粮食基地提升工程……………………………………… 185
粮棉油高产创建示范片建设……………… 185
良种补贴…………………………………… 186
种植制度改革……………………………… 186
有害生物预警防控………………………… 186
防治玉米虫害……………………………… 186

农业综合开发

概况……………………………………… 186
土地治理项目建设………………………… 186
农业产业化………………………………… 187
项目管护…………………………………… 187
支持农业转方式调结构…………………… 187
新农村建设………………………………… 187

蔬菜业

概况…… 187
中国・淄博第三届名优蔬菜展销推介会…… 187
出台扶持蔬菜产业发展政策…… 187
组织参加创业培训…… 188
放心菜进社区…… 188
蔬菜标准化基地建设…… 188
食用菌生产…… 188
蔬菜标准园创建…… 188
工商资本投资蔬菜产业…… 189
蔬菜科技示范推广…… 189
蔬菜品牌认证…… 189
蔬菜流通…… 189
菜篮子产品质量检测…… 189
蔬菜产品质量检测…… 189

林业

概况…… 189
森林资源培育…… 190
集体林权制度改革…… 190
森林资源保护管理…… 190
国有场圃建设…… 191

农机

概况…… 191
农机购置补贴…… 191
玉米机收及秸秆综合利用…… 191
农机推广…… 191
农机监理…… 192
农机修配管理…… 192
农机专业合作社组织…… 192
农机人员培训…… 192
等离子体种子处理技术应用…… 192
研制新型玉米精播机械…… 192
引进新型喷雾机…… 192
沂源县村级机械化植保合作社…… 192

畜牧业

概况…… 192
建设三大畜牧板块…… 193
山东黑牛科技示范工程启动…… 193
项目及政策扶持…… 193
饲料生产…… 193
玉米秸秆青贮…… 193
信贷支持畜牧业发展…… 193
品牌化创建…… 193
标准化生态饲养…… 193
畜产品质量安全监管…… 194
检疫监督…… 194
重大动物疫病防控…… 194

水利与渔业

水利政策…… 194
防汛抗旱…… 194
水资源管理…… 195
生态建设…… 195
农村水利建设…… 195
城市供水…… 195
渔业发展…… 196
水利移民后期扶持…… 196
依法治水…… 196

黄河河务

黄河防汛…… 196
工程建设与管理…… 197
行政执法管理…… 197
黄河水资源管理…… 197
打造黄河桑园…… 197

水文

概况…… 198
防汛抗旱…… 198
区域用水总量监测…… 198
水环境监测…… 198
城市水文建设…… 198
水文服务…… 199

交通　邮电

交通运输

干线路网建设…………………………… 200
中心城区大外环项目…………………… 200
中心城区客运资源整合搬迁…………… 200
农村公路建设…………………………… 201
服务保障能力建设……………………… 201
运输市场行业管理……………………… 201
城市公交………………………………… 201
文明和谐交通建设……………………… 202
G205 张博附线北延长线工程(西外环) … 202
S235 湖南路北延长线工程(东外环) …… 202
G205 果里至周家段工程(北外环) ……… 202
南外环西延工程………………………… 202
S329 薛馆路沂源段改建工程 …………… 202
S246 庆淄路高青段改建工程 …………… 202

铁路

安全生产………………………………… 203
客货运输………………………………… 203
经营管理………………………………… 203
服务质量………………………………… 203
职工队伍………………………………… 203
改善职工生活条件……………………… 203

邮政

概况……………………………………… 203
邮政服务………………………………… 203
“三惠”工程……………………………… 203
业务发展………………………………… 204
服务质量………………………………… 204
基础设施建设…………………………… 204
网络运行流程优化……………………… 204
企业管理………………………………… 204
创新发展………………………………… 204
淄博直邮协会成立……………………… 205

通信

中国联合网络通信有限公司淄博市分公司……………………………………… 205
中国移动通信集团山东有限公司淄博分公司……………………………………… 206
中国电信股份有限公司淄博分公司……… 206

城建　环保

城乡建设

城市基础设施建设……………………… 208
园林绿化………………………………… 209
城乡环境综合整治……………………… 209
村镇建设………………………………… 209
房地产开发……………………………… 209
建筑业…………………………………… 209
勘察设计业……………………………… 210
建筑工程质量监督……………………… 210
建设科技与建筑节能…………………… 210
城建档案及地下管线工作……………… 210

环境保护

概况……………………………………… 210
主要污染物减排………………………… 210
大气污染防治…………………………… 211
水污染防治……………………………… 211
生态市建设……………………………… 211
环境信访………………………………… 212
环境应急能力建设……………………… 212
结构调整………………………………… 212
环境监测………………………………… 212
环境监督管理…………………………… 213
环保宣传教育…………………………… 213
机动车污染防治………………………… 213
危险废物和辐射环境管理……………… 213

国土资源管理

概况……………………………………… 213
用地保障………………………………… 214

土地出让…………………………………… 214
矿产资源管理………………………………… 214
依法行政…………………………………… 214
基础业务工作………………………………… 214
行风建设…………………………………… 215

城乡规划

概况………………………………………… 215
规划管理…………………………………… 215
规划研究和学术交流………………………… 215
中心城区控规体系维护……………………… 216
中心镇试点镇、中心村试点村规划编制 … 216
中心城区规划管理基础数据平台建设…… 216

房产管理

住房保障…………………………………… 216
房地产市场………………………………… 216
物业管理…………………………………… 216
产权产籍管理………………………………… 217
房屋拆迁…………………………………… 217

住房公积金管理

概况………………………………………… 217
住房公积金归集管理………………………… 217
住房公积金使用管理………………………… 217
资金运营…………………………………… 217
风险防范…………………………………… 217
便民服务体系建设…………………………… 218

公用事业

概况………………………………………… 218
安全管理…………………………………… 218
公用事业许可………………………………… 218
工程监管…………………………………… 218
热源和管网建设……………………………… 218
社会换热站整合……………………………… 218
淄博市天然气综合利用项目竣工………… 218
供热分户计量试点…………………………… 218
供热成本审核………………………………… 219
配套费监管………………………………… 219
宣传培训…………………………………… 219

服务业　国内贸易

服务业

概况………………………………………… 220
服务业规划………………………………… 220
服务业载体培育……………………………… 220
工作机制和政策体系建设………………… 221
服务业调研………………………………… 221
企业非核心业务剥离……………………… 221

国内贸易

概况………………………………………… 221
“万村千乡”市场工程……………………… 221
家电下乡和家电以旧换新工程…………… 221
市场运行与监测……………………………… 221
特殊行业管理………………………………… 222
家政服务体系建设…………………………… 222
品牌建设…………………………………… 222
生猪定点屠宰管理…………………………… 222
打击侵犯知识产权和制售假冒伪劣商品专项行动…………………………………… 222
诚信商贸企业创建…………………………… 222
市场监管公共服务体系建设……………… 222
中石化山东淄博石油分公司……………… 222

市属商业

淄博市商业集团总公司…………………… 223
淄博市物资集团总公司…………………… 223

粮食

概况………………………………………… 224
放心粮油工程………………………………… 224
省级粮食规范化执法示范县创建………… 224
粮食执法体系建设…………………………… 224
放心粮油销售店……………………………… 224
军粮供应…………………………………… 224
粮食安全科研………………………………… 224

供销合作商业

概况………………………………………… 225

供销社发展环境…………………………………… 225
农村现代流通网络………………………………… 225
农村合作经济组织………………………………… 225
为农服务……………………………………………… 225
龙头带动工程……………………………………… 225
基层组织体系建设………………………………… 226

烟草专卖

概况…………………………………………………… 226
专卖管理……………………………………………… 226
卷烟销售……………………………………………… 226
烟叶生产……………………………………………… 226
企业管理……………………………………………… 227

盐务

概况…………………………………………………… 227
盐业供应……………………………………………… 227
盐政管理……………………………………………… 227
企业管理……………………………………………… 227
结构调整……………………………………………… 228

外经外贸

对外经贸

对外贸易……………………………………………… 229
利用外资……………………………………………… 231
境外投资……………………………………………… 231
园区建设……………………………………………… 231

海关

概况…………………………………………………… 231
海关业务……………………………………………… 231
服务经济发展……………………………………… 232
内控机制建设……………………………………… 232

出入境检验检疫

概况…………………………………………………… 232
动植物检验检疫…………………………………… 232
轻工纺织检验检疫………………………………… 233
机电化矿检验检疫………………………………… 233
入境废旧原料查验………………………………… 233
为外经外贸服务…………………………………… 233
科研与实验室建设………………………………… 234

招商引资

概况…………………………………………………… 235
工业项目招商……………………………………… 235
服务业招商………………………………………… 235
大项目招商………………………………………… 235
股权招商及上市融资……………………………… 235
存量招商……………………………………………… 236
招商基础工作……………………………………… 236
综合管理工作……………………………………… 236

经济园区建设

淄博高新技术产业开发区

概况…………………………………………………… 238
科技创新……………………………………………… 238
招商引资和重点项目建设………………………… 239
特色产业创新集群………………………………… 239
生态文明建设……………………………………… 240
民生民本……………………………………………… 240

文昌湖旅游度假区

概况…………………………………………………… 240
机构设置……………………………………………… 241
城乡统筹生态旅游示范区项目…………………… 241
生态环境保护……………………………………… 241
区域产业发展……………………………………… 241
民生社会事业……………………………………… 242
社会管理……………………………………………… 242

齐鲁化学工业区

概况…………………………………………………… 242
园区招商引资……………………………………… 242
完善园区规划……………………………………… 242
基础设施配套建设………………………………… 243

重点项目集中开工…… 243
争创示范基地…… 243
服务工作…… 243

其他经济园区

桓台东岳氟硅材料产业园区…… 243
张店经济开发区…… 244
淄川经济开发区…… 244
博山经济开发区…… 244
周村经济开发区…… 245
桓台经济开发区…… 245
高青经济开发区…… 246
沂源经济开发区…… 246

中小企业

概况…… 249
完善政策…… 249
调查研究…… 249
产业集群…… 250
重点产业集群获资金扶持…… 250
技术创新…… 250
品牌建设…… 250
融资担保…… 250
2家公司进入省“十佳”信用担保机构 …… 251
资金支持…… 251
三级服务中心建设…… 251
中小企业精细化管理…… 251
电子商务平台建设…… 251
组织企业参加第八届中国国际中小企业博览会…… 251

旅游

概况…… 254
产品开发…… 254
规划编制…… 254
项目建设…… 254
市场监管…… 254
商品研发…… 254
国内外旅游市场开发…… 255
旅游特色活动…… 255
假期旅游…… 255
重点旅游景区…… 255

综合管理与监督

发展和改革

决策服务…… 257
项目建设管理…… 257
转方式调结构…… 257
经济对外交流合作…… 258
统筹社会事业发展…… 258
“一黄一蓝”两区建设…… 258
中心城区东部化工区搬迁…… 258
铁路规划建设…… 258
推动医药卫生体制改革…… 259

人力资源和社会保障

就业工作…… 259
社会保障工作…… 260
人才队伍建设…… 261
人事制度改革…… 262
工资收入分配制度改革…… 262
劳动关系协调和权益维护…… 262
法制建设…… 263
信息化建设…… 263

物价

概况…… 263
调控监管…… 264
价格改革…… 264
服务发展…… 264
清费治乱…… 264
监督检查…… 265
监审鉴证…… 265
服务民生…… 265
队伍建设…… 265

统计与调查

四大工程改革建设…… 265

重点领域统计制度方法改革……………… 266
统计标准改革……………………………… 266
人口普查…………………………………… 266
统计调查…………………………………… 266
统计服务…………………………………… 267
考核评价…………………………………… 267
统计宣传…………………………………… 267
社情民意调查……………………………… 267
统计数据质量……………………………… 268
统计基层基础建设………………………… 268

审计

概况………………………………………… 268
预算执行审计……………………………… 268
政府投融资项目审计……………………… 269
石嘴山淄博工业园项目审计……………… 269
领导干部经济责任审计…………………… 269
民生及专项资金审计……………………… 270
上级交办审计事项………………………… 270
信息化建设………………………………… 270
审计宣传…………………………………… 271

质量技术监督

质量监督管理……………………………… 271
食品质量安全……………………………… 271
特种设备安全管理………………………… 271
标准化工作………………………………… 272
能源计量…………………………………… 272
民生计量…………………………………… 273
行政执法…………………………………… 273
行政许可…………………………………… 273
技术机构建设……………………………… 273

工商行政管理

登记注册…………………………………… 273
市场监督管理……………………………… 273
商标管理…………………………………… 273
广告管理…………………………………… 273
经济合同管理……………………………… 273
经济监督检查……………………………… 274
流通领域商品质量监管…………………… 274
网络交易监管……………………………… 274
服务农村经济……………………………… 274
消费者权益保护…………………………… 274
数字工商建设……………………………… 274
队伍建设…………………………………… 274

食品药品监督管理

餐饮服务监管……………………………… 275
重大活动食品药品安全保障……………… 275
食品药品市场专项整治…………………… 275
保健食品、化妆品监管 …………………… 275
稽查办案…………………………………… 275
药品和医疗器械监管……………………… 276
基本药物监管……………………………… 276
药品抽验…………………………………… 276
不良反应监测……………………………… 276
监管能力建设……………………………… 276
党风廉政建设……………………………… 277

安全生产监督管理

概况………………………………………… 277
安全生产年活动…………………………… 277
实行驻厂安监员制度……………………… 277
安全教育培训……………………………… 278
加大举报奖励力度………………………… 278
作业票证管理……………………………… 278
加大专家检查力度………………………… 278
安全执法…………………………………… 279
安全生产月活动…………………………… 279
国务院督查组在淄博市检查工作………… 279
推动安全产业发展………………………… 279

城市管理行政执法

城乡环境综合整治………………………… 280
数字化城管建设…………………………… 281
加大专业执法力度………………………… 281
“能力提升年”活动………………………… 281

油区工作

油区规范化建设管理年…………………… 282
油区管理信息数据库……………………… 282
整顿规范管道建设秩序…………………… 282
推行管道管理新模式……………………… 282

完成督办任务…… 282

无线电管理

概况…… 283
频率台站管理…… 283
设备检测和监测…… 283
监督检查工作…… 283
无线电安全保障工作…… 283
淄博市业余无线电协会…… 283
无线电管理宣传…… 284

财政　税务

财政

概况…… 285
促进经济平稳较快发展…… 285
支持民生建设…… 285
强化财政财务管理…… 286

国家税务

税收收入…… 286
发挥税收职能作用…… 286
税收管理质量…… 286
各税种管理…… 287

地方税务

税收收入…… 288
税政管理…… 288
征收管理…… 289
税收执法…… 289
纳税服务…… 289
信息化建设…… 289
党风廉政建设…… 289

银行　保险　证券

银行

概况…… 292
促进经济协调发展…… 292
金融管理服务…… 293
外汇服务与管理…… 294
内部管理规范化…… 294
支行建设…… 295
银行监管…… 295
农业发展银行淄博市分行…… 297
中国工商银行淄博分行…… 297
中国农业银行淄博分行…… 298
中国建设银行淄博分行…… 300
中国银行淄博分行…… 301
交通银行淄博分行…… 302
齐商银行…… 302

保险

概况…… 304
行业活动…… 304

证券

概况…… 306

科　学

科技

高新技术产业…… 307
科技自主创新…… 308
第十届中国（淄博）新材料技术论坛…… 308
科技创新合作平台建设…… 308
国际合作交流…… 309
新农村科技支撑体系建设…… 309
可持续发展科技支撑体系建设…… 309
生物医药与中药现代化…… 309
科技活动周…… 309

科协

农村科普…… 311
社区科普…… 312
青少年科普…… 312
企业科普…… 312
学会工作…… 313

反邪教工作……………………………… 313
表彰科技工作者…………………………… 313
基层科协组织建设………………………… 314
全市科普“双百”工程现场观摩会………… 314
全市全民科学素质行动实施工作会议…… 314

社会科学

“转型与创新”百题调研…………………… 314
社会科学普及周…………………………… 314
“齐鲁大讲坛”淄博分坛…………………… 314
第二十四次全市社科优秀成果奖评选…… 315
《淄博社会科学》…………………………… 315

地震监测

《淄博市防震减灾第十二个五年规划》公布…………………………………… 316
建设项目联合审批………………………… 316
地震应急工作检查………………………… 316
地震应急演练……………………………… 317
城镇地震安全综合试点工作启动………… 317
全市防震减灾工作会议召开……………… 317
承办全省地震局长会议…………………… 317
流动地震监测台网建设…………………… 317
命名第三批市级地震科普示范学校……… 317

气象

气候特点…………………………………… 318
气象灾害…………………………………… 319
气象服务…………………………………… 320
气象基础工作……………………………… 321
人工影响天气……………………………… 321

教　　育

综述

概况………………………………………… 323
教育管理…………………………………… 325
师资队伍建设……………………………… 326
教育投入…………………………………… 326
办学条件…………………………………… 326
教育信息化………………………………… 326
对外交流…………………………………… 326

基础教育

5 名学生获中国少年科学院小院士称号………………………………………… 327
参加第五届中国发明家论坛……………… 327
淄博第六中学举办首届艺体文化节……… 327
淄博艺术中学成立………………………… 327
市特殊教育中心成立……………………… 327

高等教育

山东理工大学……………………………… 328
淄博师范高等专科学校…………………… 331
淄博职业学院……………………………… 331
山东丝绸纺织职业学院…………………… 331
山东工业职业学院………………………… 331
山东铝业职业学院………………………… 332
山东万杰医学院…………………………… 332

职业　成人　民办教育

职教实训基地与示范学校建设…………… 332
职教师资队伍建设………………………… 332
教师技能大赛……………………………… 332
学生技能大赛……………………………… 332
民办学校年检……………………………… 332
民办教育名牌项目认定…………………… 332
民办教育专项整治………………………… 332
淄博市技师学院…………………………… 333

文　　化

综述………………………………………… 334

专业文化

首届全市艺术创作暨导演培训班举办…… 334
剧本创作…………………………………… 334
市京剧院巡演……………………………… 334

社会文化

公共文化服务示范区创建………………… 335

文化馆评估定级……………………… 335
文化下乡…………………………… 335
周村区和博山区入选中国民间文化艺术之乡…………………………… 335
基层文化设施建设………………… 335
公共电子阅览室建设……………… 335
陶瓷文化项目入选国家级文化创新工程……………………………… 335

文博

淄博市第四批市级重点文物保护单位公布……………………………… 335
联合打击防范文物犯罪办公室成立……… 335
《西周古城探秘》在中央电视台播出……… 336
《临淄齐国故城保护总体规划》通过省级评审……………………………… 336
第六个中国"文化遗产日"系列宣传……… 336
山东省第五届讲解员大赛获奖…………… 336
市博物馆安全专项检查…………………… 336
全市第三次文物普查完成………………… 336

文化市场

概况……………………………………… 336
规范文化市场经营行为…………………… 336
法规培训………………………………… 337
宣传教育………………………………… 337

文化产业

承办全省文化产业工作会议……………… 337
文化产业示范基地评选…………………… 337
6 家文化体制改革单位授牌 ……………… 337
文化产业项目建设………………………… 337
文化产业项目招商………………………… 338
中国(淄博)首届书画艺术品博览月举办……………………………… 338
第三届文化创意产业博览会举办………… 338
市第三届文化产业创意大赛暨文化创意周举办……………………………… 338
文化产业宣传……………………………… 338

文艺创作

获奖文艺作品……………………………… 339
文学创作………………………………… 339
主题文艺活动……………………………… 339
惠民文化活动……………………………… 339
协会建设………………………………… 339

新闻出版　广播电视

新闻宣传

提高舆论引导能力………………………… 340
对上对外供稿……………………………… 340
新闻工作者队伍建设……………………… 341

报刊

淄博报业传媒集团组建…………………… 341
系列重点报道……………………………… 341
发稿工作………………………………… 341
踏访雷锋的足迹大型采访………………… 341
中国共产党成立 90 周年宣传 …………… 341
创建全国文明城市宣传…………………… 342
策划邻居节活动…………………………… 342
策划"爱心书屋"活动……………………… 342
《人文淄博·当代学人》系列报道………… 342
淄博晚报社系列策划活动………………… 342
鲁中晨报社策划活动……………………… 342
鲁中晨报热点报道………………………… 342
鲁中晨报系列报道………………………… 343
增设栏目………………………………… 343
《淄博财经新报》创办……………………… 343

出版发行

法律法规培训……………………………… 343
图书发行………………………………… 343

广播电视

重大主题宣传……………………………… 345
开展走基层采访活动……………………… 345
宣传系列活动……………………………… 345
节目质量建设……………………………… 346
组织策划系列活动………………………… 346
社会管理工作……………………………… 346

网络事业…… 346
广播电视数字化…… 347
广告创收…… 347
新媒体发展…… 347
电影事业…… 347

卫生 体育

卫生

概况…… 348
医药卫生体制改革…… 349
第七届城市运动会医疗卫生保障…… 350
卫生应急管理…… 350
卫生监督管理…… 350
重大传染病防治…… 350
新型农村合作医疗管理…… 351
医疗质量管理和服务…… 351
卫生强基和惠民医疗…… 352
巩固全国无偿献血先进城市成果…… 352
基层卫生…… 352
妇幼保健…… 352
卫生法制建设…… 353
基础设施建设…… 353
人才与科技…… 353
中医药事业发展…… 353
食品安全…… 354
爱国卫生工作…… 354

体育

第七届全国城市运动会协办工作…… 354
第七届全国城市运动会参赛工作…… 354
竞技体育…… 355
全民健身体系建设…… 355
青少年体育…… 355
体育彩票和产业…… 355
足球起源地建设…… 355
体育宣传…… 356
依法行政…… 356
对外交流…… 356

社会民生

人口和计划生育

概况…… 357
稳定低生育水平…… 357
基层基础建设…… 358
利益导向机制建设…… 358
宣传教育…… 358
依法行政…… 359

民政

提升社会救助水平…… 359
社区工作…… 360
双拥工作…… 360
社会事务管理…… 360
社会福利事业…… 360

侨务

为侨服务…… 361
侨务宣传…… 361
引智工作…… 361
华文教育…… 361
涉侨经贸活动…… 361
侨政工作…… 362

民族 宗教

概况…… 362
落实民族宗教政策…… 362
民族团结进步创建…… 362
帮扶民族经济发展…… 363
推进少数民族社会事业…… 363
爱国宗教团体建设…… 363
宗教活动场所规范和谐建设…… 364
加强民族宗教事务管理…… 364
法制宣传教育…… 364
灯塔民族社区成为全国民族团结进步教育基地…… 364

残疾人工作

扶残助残…… 364

康复救助 365
培训就业 365
社会保障 365
残疾人维权 365
文体宣传活动 366

老龄工作

概况 366
老年人维权 366
落实老龄事业发展意见 366
提升养老服务水平 366
宣传工作 367
文体活动 367

慈善事业

善款筹募 367
慈善救助 368
慈善宣传 368
慈善义工 368

红十字会工作

概况 368
社会救助 369
应急救护培训 369
志愿服务 369
基层组织建设 369
红十字青少年工作 369
宣传工作 370
三大捐献 370

人　　物

中国共产党淄博市第十一届委员会书记、副书记、常委 371

淄博市第十四届人民代表大会常务委员会主任、副主任 377

淄博市人民政府市长、副市长 380

政协第十一届淄博市委员会主席、副主席 382

全国五一劳动奖章获得者 386

山东省富民兴鲁劳动奖章获得者 386

振兴淄博劳动奖章获得者 386

淄博市十大金牌工人 389

逝世人物 389

区县概况

张店区

概况 390
工业结构调整 391
服务业 391
新农村建设 391
环境保护 391
城建工程 392
社会保障 392

淄川区

概况 392
构建现代产业体系 393
推进城乡统筹一体发展 394
办实事惠民生 394
环保战线先进人物——孟祥民 394
计划生育“三爱”工程 394
校车整治 395
无证幼儿园清理整顿 395

博山区

概况 395
产业结构调整 396
服务业 396
项目建设 397
高效生态农业 397

城乡建设……………………………… 397
民生和社会事业………………………… 397

周村区

概况…………………………………… 397
城区主干道改造提升…………………… 398
周村客运中心正式启用………………… 399
城区游园改造…………………………… 399
农村饮水安全…………………………… 399
第八届中国(周村)旱码头旅游文化节…… 400
《商埠周村》在中央电视台播出…………… 400
李家疃成为国家级历史文化名村………… 400
周村民声网开通………………………… 400

临淄区

概况…………………………………… 400
工业重点项目建设和技改……………… 402
重点项目集中开工仪式………………… 402
新农村建设……………………………… 402
保障性住房建设………………………… 403
城区道路交通新格局…………………… 403
基层农家书屋实现全覆盖……………… 403
基层公共服务平台建设………………… 403
高水膨胀材料充填采煤技术…………… 404
玉米秸秆转化…………………………… 404
锂离子电池隔膜项目投产……………… 404
临淄国际齐文化旅游节………………… 404
2种农产品获地理标志产品称号………… 404
规范校车管理…………………………… 404
淄博工业学校入选国家级示范学校……… 405
参加国际太极拳交流大赛……………… 405

桓台县

概况…………………………………… 405
工业经济……………………………… 406
农业经济……………………………… 406
服务业………………………………… 406
城乡统筹发展…………………………… 406
民生保障……………………………… 407
支持社会事业发展……………………… 407
东岳集团纳税13.2亿元………………… 407

高青县

概况…………………………………… 407
产业结构……………………………… 408
黄河三角洲高效生态经济区开发………… 409
大芦湖片区土地综合整治项目………… 409
“两区三村”建设………………………… 409
招商引资……………………………… 409
对上争取工作…………………………… 409
山东黑牛科技示范工程建设…………… 409
为民办7件实事………………………… 409
磁浮磁动储功堆风力发电试验站落户高青…………………………………… 410
《西周古城探秘》在中央电视台播出……… 410
扳倒井集团纳税突破亿元大关………… 410
温泉度假区项目………………………… 410

沂源县

概况…………………………………… 410
发展外向型农业经济…………………… 411
对外经贸……………………………… 412
提升乡镇医疗服务能力………………… 412
建设民生重点工程……………………… 412
建设全国高效节水灌溉试点县………… 412
推进集体林权制度改革………………… 412
支持中小企业融资……………………… 413
重点企业运行良好……………………… 413
民生工作新机制………………………… 413
山东瑞丰股票上市……………………… 413

附　录

文件选目……………………………… 414
驰名商标和著名商标…………………… 419
名牌产品……………………………… 426
省长质量奖……………………………… 428

山东省优质产品生产基地…………………… 428

山东省优质产品生产基地龙头骨干企业…… 429

国内媒体对淄博的重点报道

国内媒体对淄博的报道目录……………… 429

国内媒体对淄博的报道选登……………… 429

索　　引

…………………………………………………… 438

Contents

Special Reports

………………………………………………… 1

Memorabilia

………………………………………………… 30

Basic Facts of Zibo

Geography and History …………………… 40

Administrative Divisions, Population and Nationality ……………………………… 41

Organizations and Institutes ……………… 42

Social and Economic Development ……… 68

Development of Socialist Culture and Ethics ………………………………………… 69

Social and Economic Statistic Data of Zibo ………………………………………… 71

Parties and Government Affairs

The Committee of the Communist Party of Zibo China ……………………………… 80

The Standing Committee of People's Congress of Zibo ………………………… 99

Zibo Municipal People's Government … 101

The Committee of Chinese People's Political Consultative Conference of Zibo ……… 116

The Disciplinary Inspection Commission of C. P. C of Zibo ………………………… 119

Democratic Parties ……………………… 121

Mass Organizations ……………………… 126

Local Armed Forces

Military Sub-areas of Zibo ……………… 134

Armed Police of Zibo Branch …………… 135

Civil Air Defense ………………………… 136

Legal System

Politics and Law and Comprehensive Management …………………………… 139

Public Security …………………………… 141

Procuratorial Work ……………………… 146

Trial ……………………………………… 149

Judicative Administration ········ 151
Arbitration ········ 153

Industries

Summary ········ 155
Coal Industry ········ 159
Mining Business Group of Zibo ········ 160
Electric Power Industry ········ 161
Industry of Building Materials and Metallurgy ········ 164
Shandong Enterprises of China Aluminum Business Corporation ········ 165
Chemical Industry ········ 166
Qilu Petrochemical Company ········ 168
Pharmaceutical Industry ········ 170
Machinery Industry ········ 172
Electronics and Information Industry ········ 174
Ceramics Industry ········ 175
Textile Industry ········ 177
Silk Industry ········ 178
Light Industry ········ 179

Agriculture

Summary ········ 181
Planting ········ 185
Agricultural Comprehensive Development ········ 186
Vegetable Production ········ 187
Forestry ········ 189
Farm Machinery ········ 191
Stockbreeding ········ 192
Irrigation Works and Fishery ········ 194
Affairs of the Yellow River ········ 196
Hydrology ········ 198

Transportation, Posts and Telecommunications

Transportation ········ 200
Railway ········ 203
Post ········ 203
Telecommunications ········ 205

City Construction and Environmental Protection

Urban and Rural Constructions ········ 208
Environmental Protection ········ 210
National Land Resources Administration ········ 213
Urban and Rural Planning ········ 215
Real Estate Management ········ 216
Housing Accumulation Fund Management ········ 217
Public Utilities ········ 218

Services and Domestic Trade

Services ········ 220
Domestic Trade ········ 221
Commerce of the City ········ 223
Grain ········ 224
Cooperative Businesses of Sales and Supplies ········ 225
Tobacco Business ········ 226
Salt Business ········ 227

Foreign Economy and Trade

Foreign Trade 229
Customs 231
Import and Export Inspection and Quarantine 232

Absorption of Foreign Investment

.... 235

Construction of Economic Zones

High-Tech Industrial Development Zone of Zibo 238
Wenchang Lake Tourist Holiday Area 240
Qilu Chemical Industry Zone 242
Other Economic Zones 243

Medium-sized and Small Enterprise

.... 249

Tourism

.... 254

Comprehensive Management and Supervision

Development and Reform 257
Human Resources and Social Security ... 259
Prices of Commodities 263
Statistics and Investigation 265
Audit 268
Quality and Technology Supervision 271
Industrial and Commercial Administration 273
Supervision and Management of Food and Pharmaceuticals 275
Supervision and Management of Safety Production 277
City Management, Administration and Execution of Law 280
Oilfield Work 282
Wireless Communication Management 283

Finance and Taxation

Finance 285
National Taxation 286
Local Taxation 288

Banking, Insurance and Securities

Banking 292
Insurance 304
Securities 306

Science

Science and Technology 307
Scientific Cooperation 311
Social Science 314
Earthquake Monitoring Work 316
Meteorological Phenomena 318

Education

Summary …… 323
Basic Education …… 327
Higher Education …… 328
Vocational Education, Adult Education and Private Education …… 332

Culture

Summary …… 334
Professional Culture …… 334
Social Culture …… 335
Cultural Relics …… 335
Cultural Markets …… 336
Cultural Industry …… 337
Creation of Literary Works …… 339

News and Publication, Radio and Television Broadcast

News Propagandizing …… 340
Newspapers and Periodicals …… 341
Publication and Distribution …… 343
Radio and Television Broadcast …… 345

Health and Sports

Health …… 348
Sports …… 354

Society and People's Wellbeing

Population and Family Planning …… 357
Civil Affairs …… 359
Overseas Chinese Affairs …… 361
Minorities and Religions …… 362
Union of the Disabled …… 364
Senior Citizens …… 366
Philanthropy …… 367
The Red Cross Work …… 368

Figures

…… 371

Summaries of the Districts and the Counties

Zhangdian District …… 390
Zichuan District …… 392
Boshan District …… 395
Zhoucun District …… 397
Linzi District …… 400
Huantai County …… 405
Gaoqing County …… 407
Yiyuan County …… 410

Appendixes

…… 414

Index

…… 438

(Translated by Zhu Xin-hua)

彩图目录

前环衬

全国文明城市——淄博

后环衬

淄博昌国医院

彩色插页

淄博市政区图…………………………………… 1
领导人在淄博…………………………………… 2
中国共产党淄博市第十一次代表大会……… 4
淄博市第十四届人民代表大会第一次会议
………………………………………………… 6
中国人民政治协商会议第十一届
淄博市委员会第一次会议…………………… 7
淄博工业铸就辉煌……………………………… 8
淄博市公安局 ………………………………… 10
淄博市环境保护局 …………………………… 12
淄博市国家税务局 …………………………… 14
淄博市煤炭工业管理局 ……………………… 16
淄博市司法局 ………………………………… 18
国家统计局淄博调查队 ……………………… 20
淄博市国土资源执法监察支队 ……………… 22
淄博市残疾人联合会 ………………………… 24
淄博市老龄工作委员会办公室 ……………… 26
淄博市体育局 ………………………………… 28
淄博市规划局 ………………………………… 29
淄博出入境检验检疫局 ……………………… 30
淄博市烟草专卖局(公司) …………………… 31
淄博市科学技术协会 ………………………… 32
张店区科学技术协会 ………………………… 33
淄博德安注册安全工程师事务所 …………… 34
淄博市安全生产考试中心 …………………… 35
张店区教育局 ………………………………… 36
淄博职业学院 ………………………………… 38
淄博市疾病预防控制中心 …………………… 40
山东万杰医学院 ……………………………… 41
淄博原山集团有限公司 ……………………… 42
山东鲁宝冶金股份有限公司 ………………… 44
蒲松龄纪念馆 ………………………………… 45
淄博市鲁中勘察设计审查咨询中心 ………… 46
沂源县国税局 ………………………………… 47
淄博市自来水公司 …………………………… 48
淄博市煤气公司 ……………………………… 50
齐商银行 ……………………………………… 52
山东省农村信用社联合社淄博办事处 ……… 54
中信银行股份有限公司淄博分行 …………… 55
淄博市中心医院 ……………………………… 56
淄博市第一医院 ……………………………… 58
淄博市妇幼保健院 …………………………… 60
淄博市精神卫生中心 ………………………… 62
淄博市第八人民医院 ………………………… 63

淄博宝华中医医院 …………………………… 64
齐盛宾馆 ………………………………………… 66
山东能源淄矿集团 …………………………… 68
淄博柴油机总公司 …………………………… 70
华光陶瓷科技文化有限公司 ………………… 72
中国移动通信集团山东有限公司
淄博分公司 …………………………………… 74
山东蓝星东大化工有限责任公司 …………… 75
山东耐火材料集团有限公司 ………………… 76
山东万鑫投资控股有限公司 ………………… 77
山东创业房地产开发有限公司 ……………… 78
山东物华租赁有限公司 ……………………… 79
山东万鑫建设有限公司 ……………………… 80
博山区池上镇 ………………………………… 82
池上镇七峪村 ………………………………… 83
博山区八陡镇 ………………………………… 84
博山区博山镇 ………………………………… 85
淄川区岭子镇 ………………………………… 86
淄川区洪山镇 ………………………………… 87
周村区王村镇 ………………………………… 88
桓台县马桥镇 ………………………………… 89
高青县田镇街道办事处 ……………………… 90
山东淄博傅山企业集团有限公司 …………… 91
山东天下第一店酒厂 ………………………… 92

淄博市政区图

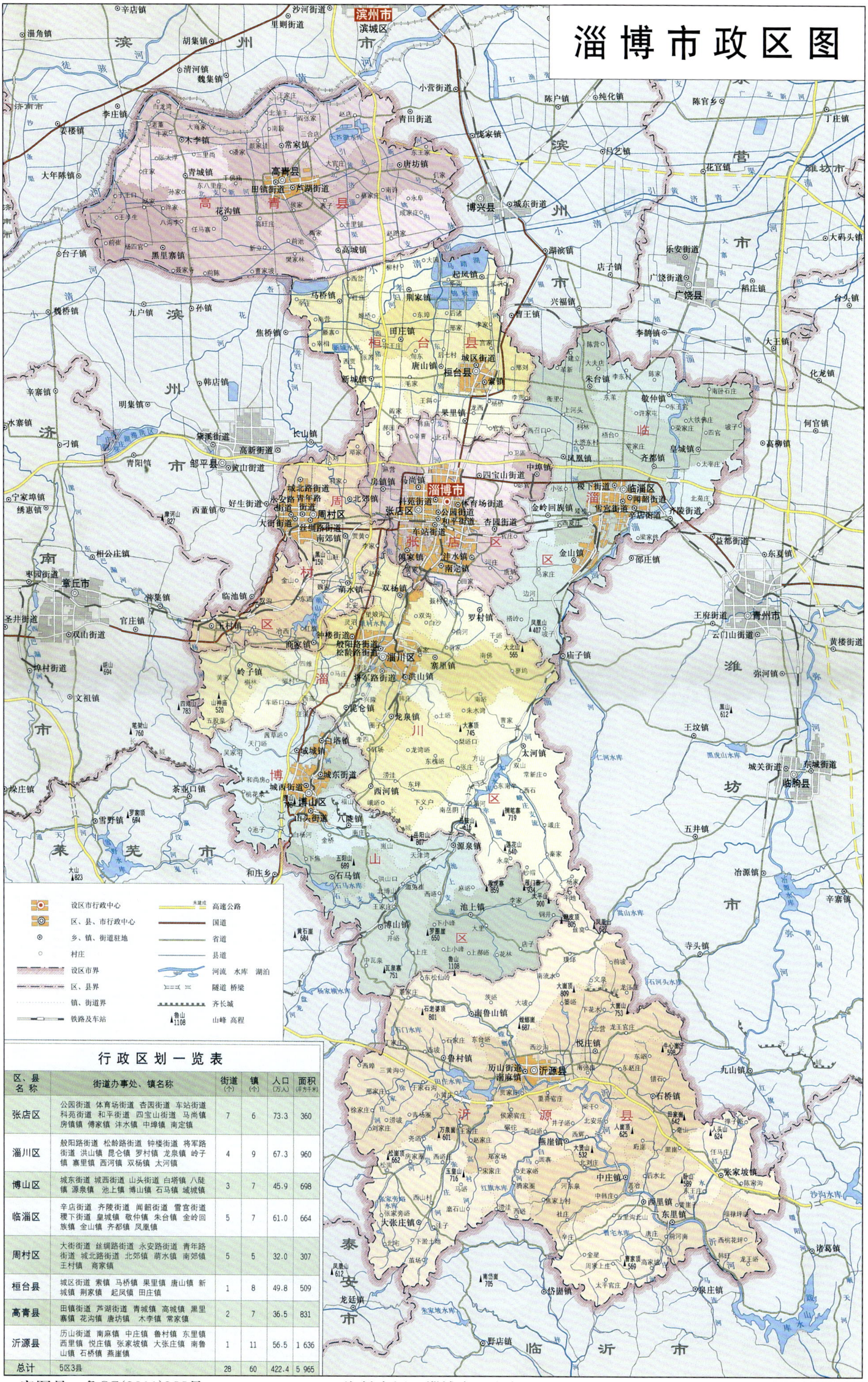

行政区划一览表

区、县名称	街道办事处、镇名称	街道(个)	镇(个)	人口(万人)	面积(平方千米)
张店区	公园街道 体育场街道 杏园街道 车站街道 科苑街道 和平街道 四宝山街道 马尚镇 房镇镇 傅家镇 沣水镇 中埠镇 南定镇	7	6	73.3	360
淄川区	般阳路街道 松龄路街道 钟楼街道 将军路街道 洪山镇 昆仑镇 罗村镇 龙泉镇 岭子镇 寨里镇 西河镇 双杨镇 太河镇	4	9	67.3	960
博山区	城东街道 城西街道 山头街道 白塔镇 八陡镇 源泉镇 池上镇 博山镇 石马镇 域城镇	3	7	45.9	698
临淄区	辛店街道 齐陵街道 闻韶街道 雪宫街道 稷下街道 皇城镇 敬仲镇 朱台镇 金岭回族镇 金山镇 齐都镇 凤凰镇	5	7	61.0	664
周村区	大街街道 丝绸路街道 永安路街道 青年路街道 城北路街道 北郊镇 萌水镇 南郊镇 王村镇 商家镇	5	5	32.0	307
桓台县	城区街道 索镇 马桥镇 果里镇 唐山镇 新城镇 荆家镇 起凤镇 田庄镇	1	8	49.8	509
高青县	田镇街道 芦湖街道 青城镇 高城镇 黑里寨镇 花沟镇 唐坊镇 木李镇 常家镇	2	7	36.5	831
沂源县	历山街道 南麻镇 中庄镇 鲁村镇 东里镇 西里镇 悦庄镇 张家坡镇 大张庄镇 南鲁山镇 石桥镇 燕崖镇	1	11	56.5	1 636
总计	5区3县	28	60	422.4	5 965

审图号：鲁SG(2011)255号　　资料来源：淄博市国土资源局　　资料截止到2010年12月

2011年3月17日，商务部部长陈德铭（中）到淄博视察。图为陈德铭一行视察鲁泰纺织股份有限公司（李雯　摄）

2011年4月30日，海关总署署长于广洲（中）到淄博海关视察工作（赵彦鹏　摄）

2011年6月1日，省委书记姜异康（中）到淄博民泰龙凤幼儿园与小朋友们共同庆祝六一国际儿童节（穆雷　摄）

2011年2月3日，省长姜大明到淄博视察。图为姜大明（中）仔细查看小麦墒情（马颜钺　摄）

中国共产党淄博市

2012年2月2日，刘慧晏代表中共淄博市第十届委员会向大会作报告

2012年2月2日，周清利主持大会开幕式

2012年2月2日，中国共产党淄博市第十一次代表大会会场

第十一次代表大会

2012年2月2日，桓台县代表团讨论工作报告

2012年2月5日，代表表决大会决议

2012年2月5日，新当选的中国共产党淄博市第十一届委员会常务委员（于博　摄）

淄博市第十四届人民代表大会第一次会议

2012年3月2日，市委书记、市人大常委会主任刘慧晏在淄博市第十四届人大一次会议上讲话（穆雷　摄）

2012年2月26日，市长周清利在淄博市第十四届人大一次会议上作政府工作报告（王万杰　摄）

2012年2月26日，淄博市第十四届人民代表大会第一次会议在齐盛国际宾馆会议中心开幕（王万杰　摄）

中国人民政治协商会议第十一届淄博市委员会第一次会议

2012年2月25日，市政协主席岳长志在淄博市政协十一届一次会议上作报告（穆雷　摄）

2012年2月25日，市委书记刘慧晏（中）参加淄博市政协十一届一次会议文体界别讨论（穆雷　摄）

2012年2月25日，中国人民政治协商会议第十一届淄博市委员会第一次会议在齐盛国际宾馆会议中心开幕（穆雷　摄）

淄博工业

——淄博市工业总产值

2011年9月6日，国家工业和信息化部原部长、中国工业经济联合会会长李毅中（中）在市委书记刘慧晏（右）陪同下到华光陶瓷有限公司调研

2012年6月1日，省委副书记王军民（左三）在市委常委、副市长刘晓（左四）陪同下视察省产学研展洽会淄博展区

2011年8月3日，市委经信工委书记、市经信委主任魏玉蛟（右）带领领导班子到齐都药业有限公司调研重点项目进展情况

淄博是一个依托资源发展起来的老工业城市，其工业发展的历史可以上溯到春秋战国时期。1904年，以胶济铁路贯通、周村开埠和博山玻璃公司、淄川炭矿的成立为标志，淄博近现代工业开始起步。新中国成立后，伴随着国家在淄博的工业布局和投资，淄博发展成为全省乃至全国重要的工业城市。中共十一届三中全会后，随着国有企业改革逐步深入和乡镇企业异军突起，淄博工业快速发展。20世纪90年代中期，面对市场经济转轨过程中老工业城市特有的结构性、体制性、机制性矛盾集中爆发的严峻形势，工业战线广大干部职工全力以赴抓改革、抓调整，逐步扭转被动局面。进入新世纪后，深入贯彻落实科学发展观，总结提出工业结构调整十条意见，坚持把结构调整作为经济社会发展的主线，把节能减排作为经济社会发展的关键，把环境保护作为经济社会发展的“命门”，持之以恒地抓结构调整、抓自主创新、抓节能减排、抓项目建设，坚定不移地走内涵发展的路子，工业经济持续快速健康发展，谱写出淄博工业发展的新篇章。

经过百年发展，淄博工业已具备了较为雄厚的综合实力，并初步建立起新型工业化体系。2011年，淄博工业总产值、主营业务收入分别达到10265亿元和10102亿元，双双突破万亿元。淄博市成为全国工业销售收入过万亿元的16个城市之一。一大批产品的科技含量、市场占有率居世界和全国前列。全市石油化工、轻工、建材、陶瓷、冶金机械等传统产业工艺装备和技术水平60%以上达到国际国内先进水平；新材料、新医药、新能源与节能环保、精细化工、电子信息、汽车和机电装备等战略性新兴产业迅速壮大，全年实现产值3004.6亿元，占规模以上工业总产值的比重达到31.65%；高新技术产业发展迅速，规模以上高新技术产业产值达到2544.9亿元，占全市规模以上工业总产值的比重达到26.6%。

淄博工业逐步形成了较强的自主创新能力。全市省级以上研发机构达到173家，其中国家级8家，拥有院士工作站27个，数量居全省首位。所有大型企业集团都建立了研发机构，大多数中小企业都拥有稳固的技术依托。品牌经济带动力显著增强，全市拥有中国驰名商标46件，中国名牌30个，省级以上名牌产品产值占全市工业总产值比重达到45%以上。积极推动工业化、信息化融合发展，信息化对企业效益增长贡献率达到28%；逐步建立起符合市场经济要求的现代企业制度。全市规范化股份制企业达到1156家，居全省第一位；全市上市公司发展到22家、股票24只，居全省前列；齐鲁股权托管交易中心逐步成为全省性股权交易市场，挂牌企业达61家，市值64.2亿元。与世界上200多个国家和地区建立经贸合作关系，全市进出口企业发展到1335家，出口产品发展到1200余种，2011年实现进出口总额90.55亿美元。

淄博工业逐步走上了绿色低碳环保可持续发展的路子。“十一五”期间，全市工业以年均8.11%的能耗增长支撑了年均18.5%的规模以上工业增加值增长，万元GDP能耗累计降低23.09%，COD和二氧化硫排放量分别削减19.06%和27.31%。连续3年在全省节能目标责任考核中名列首位，荣获全省空气质量改善一等奖。淄博市生态文明建设的做法被作为重大典型在全国推广。

铸就辉煌

工业主营业务收入双过万亿元

市委书记刘慧晏（中）、市长周清利（右）到企业调研考察

2012年3月6日，市委常委、副市长刘晓（右）到新华医疗器械有限公司调研

受表彰企业领奖

2011年12月17日，全市工业过万亿“双百工程”暨促进内涵发展大会召开

淄博市

淄博市政府党组成员，市公安局党委书记、局长丁冠勇（中）检查党代会安保工作

淄博市公安局党委副书记、副局长于洪德（左）参加全市依法行政宣传日活动

2011年，淄博市公安局各项工作取得新进展。在省公安厅委托省社情民意调查中心开展的调查中，群众对淄博市公安工作的综合满意率达97.39%，居全省第二位；在省委、省政府对淄博市8个方面科学发展综合考核群众满意度测评中，社会治安名列第一。

年内，严厉打击各类刑事犯罪，“清网行动”战果在全省名列前茅。全面推行“六小警务”。市委、市政府制定下发《关于学习“六小警务”精神 进一步加强社会管理及其创新的决定》，省公安厅在淄博召开现场会，在全省推广“六小警务”，“六小警务”被评为全省公安社会管理创新一等奖。交通事故四项指标和火灾事故起数、经济损失数同比分别下降。深入开展“警民恳谈”活动。拓展并完善“淄博公安民生服务在线”网站，并先后被评为全省公安机关优秀网站和山东省优秀网站。

公安队伍建设进一步加强。全市公安机关有11个集体和33名个人分立一、二等功，106个集体和226名个人受到省、市级表彰。

警民恳谈

警营开放

公安局

省长助理、省公安厅厅长吴鹏飞（中）到高青县公安局调研“六小警务”工作

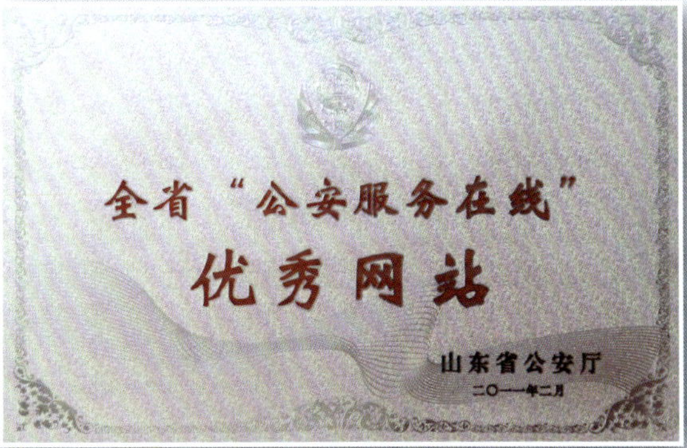

淄博公安民生服务在线网站

淄博市环

市委书记刘慧晏到市环保局调研工作

市长周清利在全市环保大会上讲话

淄博市环境保护局是市政府的职能部门，辖市环境安全应急管理处1个副县级行政单位，市环境监测站和市污染物总量控制办公室2个正县级事业单位，市环境监察支队、市环境保护宣教中心、市环境保护基金管理处、市辐射环境和危险物监督管理中心4个副县级事业单位，市环境保护科学研究设计院和市环境保护干部培训中心2个正科级事业单位。有干部职工287人，234人具有大专以上学历，其中，博士生16人，硕士研究生9人，31人具有高级职称，50人具有中级职称。

近年来，市环保局紧紧围绕经济建设中心，牢固树立环保“命门”意识，带着感情、带着责任、带着忠诚，带着对老百姓的热爱，以创建国家环保模范城为总抓手，全面实施碧水蓝天行动计划，积极推进生态市建设，加大环境执法力度，加强对环境的监督管理，综合治理污染，狠抓主要污染物减排工作，进一步改善全市的环境质量。“十一五”期间，经上级环保部门认定，淄博市主要污染物二氧化硫(SO_2)消减率27.31%，完成减排目标的104.8%，化学需氧量（COD）消减19.06%，完成减排目标的105.29%。2011年全市主要污染物化学需氧量消减898.61吨、二氧化硫消减13641.73吨，二氧化硫和PM10平均浓度分别同比下降2.2%和1.2%。2011年空气环境质量良好率上升12.3%。省控河流断面全部达到恢复鱼类生长的要求，化学需氧量同比下降31.7%，氨氮同比下降10.8%，整体水环境已恢复到1980年以前的质量水平。全市所有饮用水源地水质达标率100%，区域环境噪声全部达到环境功能区划标准。广大人民群众切实感受到环境质量有明显好转，公众对城市环境保护满意率达到85%以上。

淄博市环保局2009年被市委办公厅评为全市党委系统督查考核工作先进单位，被市委、市政府评为全市贯彻落实党风廉政建设责任制先进单位，获全省空气质量改善一等奖，被国家环保部评为全国环保系统档案管理先进集体；2010年被国家环保部授予全国环保系统信访工作优秀集体称号；2011年被市委、市政府评为全市工业经济过万亿突出贡献单位，被市政府评为全市安全生产先进单位，被国家环保部、国家人力资源和社会保障部联合表彰为全国环境保护系统先进单位；在第七次全国环保大会上，被授予全国环保系统先进集体荣誉称号。中共中央政治局常委、国务院副总理李克强对淄川环保分局孟祥民的先进事迹作出予以宣传和学习的重要批示。

省委常委、副省长孙伟（左五）接见孟祥民先进事迹报告团成员

孟祥民先进事迹报告会

境保护局

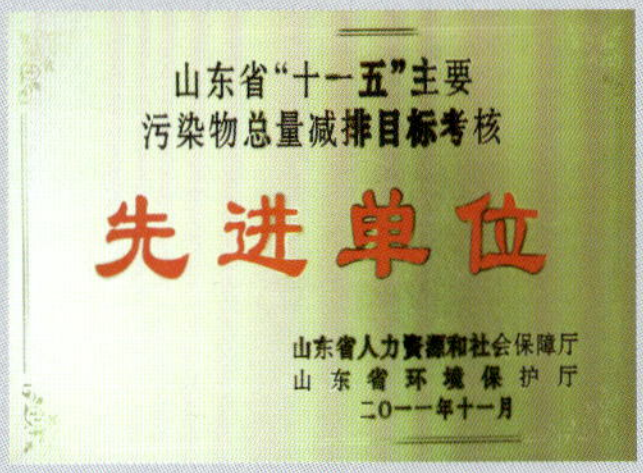

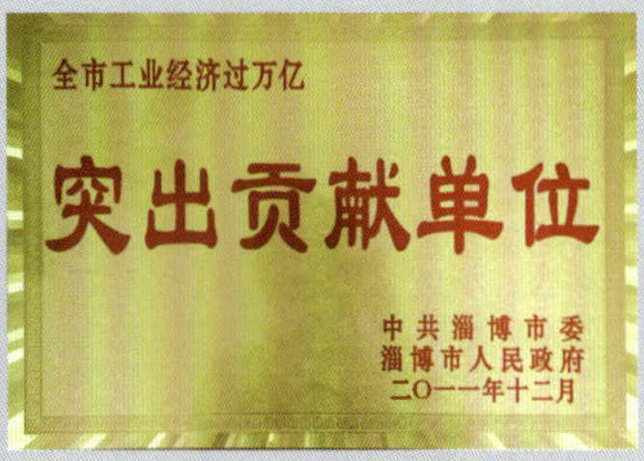

副市长周连华（右三）召开现场会

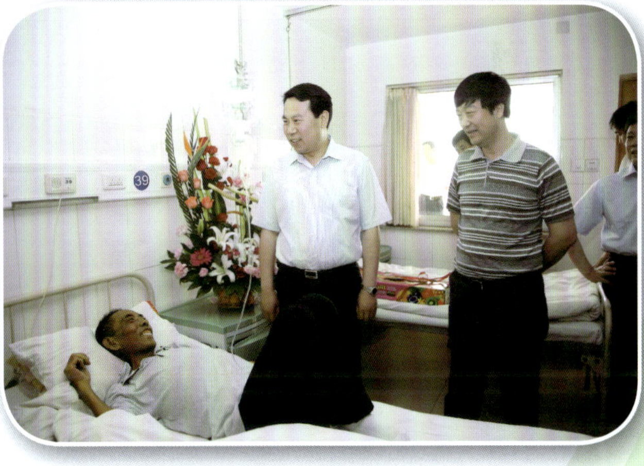

市委常委、组织部部长刘中会（左），市环保局局长李洋（右）看望孟祥民

2011年6月5日“世界环境日”，全市“环保生态低碳从我做起活动周”启动仪式

对市民进行环保知识宣传

淄博市国

推出"税事通"纳税服务品牌，搭建起与纳税人沟通的桥梁

大力开展"六个体系"建设，推进整体工作有效提升

积极参与"政风行风热线"，与纳税人开展交流活动

2011年，淄博市国家税务局认真贯彻落实市委、市政府和省局工作要求，坚持以组织收入为中心，以体系建设为主线，用心工作，真抓实干，圆满完成"十二五"规划开局之年各项工作任务。

坚持收入原则，税收收入保持较快增长。坚持把收入质量放在第一位，落实"领导包片、部门包点"举措，强化管理增收措施，加大检查督导力度，促进组织收入工作开展。2011年，全市完成税收262.14亿元，比2010年增收31.19亿元，增长13.51%。

推进体系建设，工作水平实现整体提高。大力开展税收征管、内控预防、纳税服务、国税文化、行政管理、人力资源"六个体系"建设工作。确立"三年打基础、五年上水平"工作思路。坚持统筹兼顾，全面推进，注重从各个体系、各个层级、各个层面推动体系建设协调发展。

兑现优惠政策，税收职能作用充分发挥。以转方式、调结构、惠民生为着力点，全面落实增值税起征点提高、小微企业所得税减免等结构性减税政策。充分发挥税收政策导向作用，引导资金、技术、资源向优势产业集聚，为全市企业做大做强、调整经济结构、推动产业升级做出积极贡献。全年兑现税收减免及退税政策100.91亿元，比2010年增加10.21亿元，增长11.26%。

强化管理措施，税收管理质量持续提升。在全市63个基层税源管理单位开展税收征管工作拉力赛，通过对20个指标的考核、排名、通报、奖惩，引导国税干部把主要精力用在税收征管上。2011年，全市综合申报率99.48%，实际入库率99.92%，征管质量实现整体提高。深化预警评估系统应用，定期开展讲评，加强复审复核，通过落实预警信息入库税款5.32亿元，比2010年增长14.84%。坚持以查促收、以查促管，检查纳税人532户，查补入库1.97亿元。加强数据质量管理，全市基础数据准确率由年初的99.91%提高到99.99%。

践行两个表率，干部队伍建设得到加强。广泛开展"机关做基层表率、领导做群众表率"主题实践活动，引导各级班子成员、机关干部查摆整改问题，带头依法行政，带头遵纪守法，带头勤奋工作，发挥好表率引领作用。开展"十佳标兵"评选活动，用身边的先进典型进行引导教育，培育干事创业、尊贤尚功的良好风气。全面规范整顿国税机关与税务中介机构的关系，开展"政风行风建设月"活动，全面实施基层执法人员向纳税人公开述职述廉，委托市投诉中心对全系统执法、收费、作风、服务等情况进行明察暗访，针对发现问题制定整改措施，有效提高基层工作效率和服务水平，树立国税部门良好的社会形象。

家税务局

开展业务技能比赛活动，促进征管水平提高

举办庆祝建党90 周年书画展，陶冶国税干部思想情操

组织相关人员外出学习，拓宽工作思路

开展各类文化活动，丰富干部职工的文化生活

建立纳税服务中心，为纳税人上门咨询提供便利

制作税收知识大礼包，送给纳税人

在全省率先推出“纳税人维权中心”，为纳税人维权提供便利

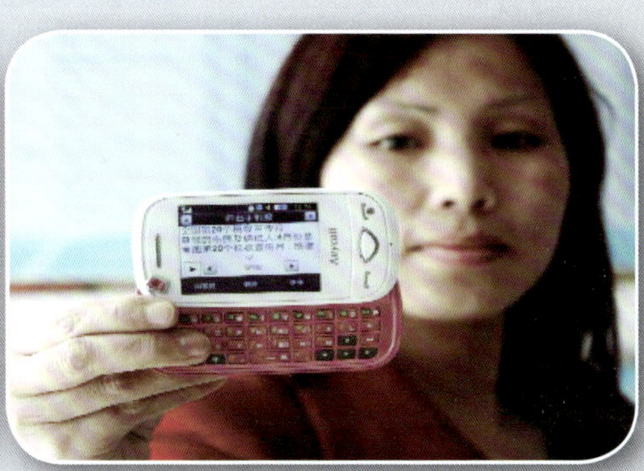

利用手机短信开展税收宣传活动，拓宽宣传渠道

淄博市煤炭

局领导班子集体学习

省煤炭工业局局长乔乃琛（右三）、副市长许建国（左三）视察煤矿安全工作

淄博市煤炭工业管理局是市政府直属正县级全额预算管理事业单位，局机关设办公室、安全监督管理科、经营监督管理科、调度科、教育培训科5个科室，编制28人，辖淄博市煤矿安全执法稽查支队和淄博煤炭经济技术开发公司。承担着全市25处煤矿（年核定生产能力500万吨）和351家煤炭经营业户（年经营量4500万吨）的行业监管重任。

近年来，煤炭工业管理局牢固树立科学发展、安全发展理念，不断健全完善三级监管体系，着力构建安全生产和经营监管长效机制，全力保障全市煤矿安全生产和煤炭能源保障安全。2011年，严格落实政府监管责任，以新《淄博市煤炭管理办法》颁布实施为契机，以开展“安全生产基层基础深化年”活动为主线，深入开展安全质量标准化矿井创建活动，狠抓隐患排查治理，投入2亿多元进行机械化升级改造。全市煤矿已连续7年未发生较大以上事故，25处煤矿安全生产周期突破性地超过45个月，创百年矿区历史最好记录。强力推进煤炭企业转方式、调结构，深入开展“诚信企业”创建活动，积极探讨煤炭交易中心发展新模式，协调承办2011年中国（淄博）煤炭市场研讨暨交易会，为建设殷实和谐经济文化强市提供良好的安全环境和有力的煤炭能源保障。

2007年以来，先后获得全国煤炭工业先进集体、全国能源化学系统先进工会、省级文明机关、山东省安全生产先进单位等荣誉称号，局领导班子年度考核连续5年保持优秀，专家查隐患、经营监管、行政执法、教育培训、应急调度、档案管理等多项工作经验在全省推广。

市级驻矿督查员出征

工业管理局

副市长许建国（左二）下井调研安全生产工作

市煤炭局党组书记、局长董以琦（中）在煤矿生产一线检查工作

全市煤炭管理干部理论学习读书会

“珍惜岗位，远离职务犯罪”警示教育

党员干部宣誓确保煤矿安全

淄博市

党委书记、局长 陈维刚

淄博市司法局是主管全市司法行政工作的职能部门，承担着管理指导监狱劳教、人民调解、社区矫正、法制宣传、律师、公证、基层法律服务、法律援助、司法鉴定和国家司法考试等职能。有市劳教所、市法律援助中心、市法律人才服务中心、鲁中公证处4个下属单位。

近年来，在市委、市政府的正确领导下，市司法局积极发挥法律服务和法律保障职能，在服务大局中实现司法行政事业的不断创新发展。认真履行“法治淄博”建设和普法依法治理工作牵头部门职责，着力推进普法依法治理向广度拓展、向深度延伸，普法宣传工作机制实现由司法行政部门唱“独角戏”为主向全社会齐抓共管“大合唱”的突破，法治实践实现由区域法治创建向“法治淄博”建设的突破，在全国、全省产生广泛影响。得到司法部副部长张苏军、法制宣传司司长肖义舜和时任省委常委、政法委书记柏继民、副省长郭兆信等领导的充分肯定，新华社、法制日报等多次予以宣传报道。把维护社会和谐稳定作为首要政治任务，指导市劳教所实施“精细化”管理体系，市劳教所连续13年保持安全稳定，其精细化管理工作经验被司法部劳教局在全国劳教系统推广。认真贯彻落实《人民调解法》，先后指导成立“淄博市交通事故纠纷调委会”“淄博市医疗纠纷人民调解委员会”“热心大妈”人民调解委员会等专业性、行业性调解组织。大力组织开展“争当人民调解能手”、“民间矛盾纠纷集中排查调处”活动，努力化解基层矛盾纠纷，筑牢维稳“第一道防线”。坚持管理、教育和服务并重，加强社区矫正和安置帮教工作规范化建设，重新犯罪率始终控制在2%以内。大力开展律师行业党建工作，坚持以党建促所建，大力推动律师事务所规范化、品牌化建设，受到中组部和省、市委组织部的充分肯定。先后成立职工维权法律服务团、地方立法律师咨询团等11个专项法律服务团，为经济社会发展提供优质高效法律服务，得到各级党委、政府和社会各界的肯定与认可。深入开展“公证质量建设年”活动，全市公证机构实现“零错证、零投诉、零上访”。不断加强司法鉴定执业监管和业务指导工作，司法鉴定管理工作走在全省前列。积极开展法律援助工作，不断加大维护社会弱势群体合法权益工作力度。

市司法局党委班子年度工作目标考核连续10年被市委、市政府确定为“优秀”等次；4次被省司法厅记集体二等功。2011年，全系统荣获9项国家级荣誉。5月，中宣部、司法部授予淄博市2006—2010年全国法制宣传教育先进城市荣誉称号，实现淄博市普法依法治理工作历史性突破。

▲淄博市获得2006～2010年全国法制宣传教育先进城市称号

◀市委、市政府高度重视市劳教所搬迁工作。图为市委副书记、市长周清利，市委常委、政法委书记尚龙江，市政府副市长许建国，市司法局党委书记、局长陈维刚考察指导市劳教所搬迁工作

司 法 局

◀全市律师行业党的建设工作会议召开

▲市劳教所对劳教学员进行教育矫治

▲全系统扎实开展“发扬传统、坚定信念、执法为民”主题教育实践活动

▶充分发挥公证、律师、人民调解、法律援助等法律服务职能，服务民生保障稳定

国家统计局

市委副书记、市长周清利（中）到淄博调查队调研考察

国家统计局淄博调查队2007年3月17日正式揭牌成立，是国家统计局派驻淄博的正处级政府统计调查机构，也是统计执法机构，参照公务员法管理。依法独立行使统计调查、统计监督、统计报告的职权，独立向国家统计局和山东调查总队上报调查结果，并对上报统计资料的真实性负责。经上级批准，承担地方政府委托的各项统计调查任务。

具体业务有：组织实施城乡住户调查、住宅销售价格统计调查、产粮大县粮食产量抽样调查、规模以下工业抽样调查、部分服务业抽样调查、畜禽监测调查、企业采购经理调查等制度性调查。按照山东调查总队部署，组织实施组织工作满意度民意调查、党风廉政建设满意度民意调查、城市公共文明指数和未成年人思想道德建设测评等重点专项调查。完成国家统计局、山东调查总队部署的约稿调查任务。围绕全市中心工作，开展社会经济情况专项调查。

淄博调查队按照认真、专业、务实的要求，切实履行职责，队伍逐步发展壮大，各项工作取得长足发展，服务全市经济社会发展的水平和能力不断提高。全队正确把握为国家服务和为地方服务的辩证关系，牢固树立“为淄博科学发展服务是淄博调查队责无旁贷的义务”的思想，自觉把统计调查工作融入到全市经济社会发展之中，努力做建设殷实和谐经济文化强市的排头兵，切实履行好完成国家调查任务与服务地方发展双重职责。从源头上狠抓数据质量，高质量地完成各项制度性调查任务，用真实准确的数据反映经济社会发展现状，并对相关数据进行深入分析研究，以调查专报形式向市委、市政府领导进行汇报，并通过政务信息、市政府网站、新闻媒体进行发布。积极围绕全市经济社会发展大局，先后开展节能降耗、环境保护、城乡统筹等经济社会发展和民生问题专项调查90余项，上报呈阅件、调查专报共203期，被市委书记刘慧晏、市长周清利等市领导批示20余篇，为市领导决策提供了科学依据。

淄博调查队各项工作得到市委书记刘慧晏、市长周清利等领导的充分肯定和高度评价。国家统计局山东调查总队两任总队长都作出批示，高度评价该队基层基础建设、队伍建设、机关文化建设、党风廉政建设等工作。该队连年被评为“系统先进单位”，获得省级文明单位、市级文明单位、创建全国文明城市先进单位等多项荣誉，在山东调查队系统创出20多项第一。

淄博调查队全体人员

淄博调查队

国家统计局山东调查总队党组书记、总队长刘同星（左）到淄博调查队调研考察

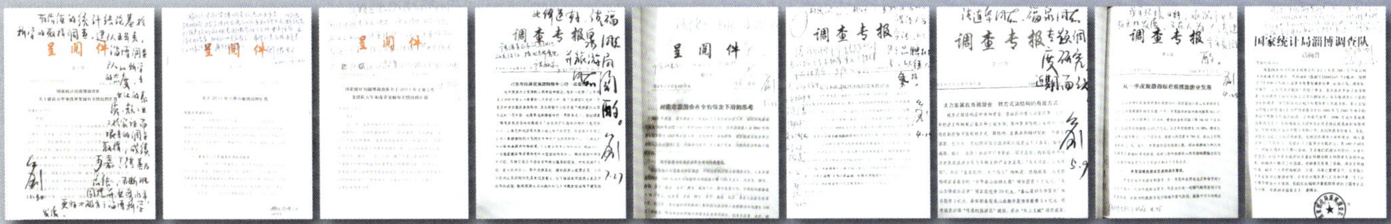

市委书记刘慧晏、市长周清利等领导批示

队长盛明三（右）与调查员一起入户进行公民科学素养调查

队长盛明三在系统经验交流会上作典型发言

淄博市国土资源

团结务实的领导班子

副市长刘东军对全市土地矿产卫片执法检查工作作重要指示

淄博市国土资源执法监察支队隶属淄博市国土资源局，为正处级行政单位。支队内设地租征收处（副处级）、秘书科、执法一科、执法二科、执法三科、信访室（与12336电话举报办公室合署办公），主要负责全市土地、矿产和测绘管理的行政执法监察工作。

近年来，在市委、市政府和市国土资源局党委的正确领导下，支队紧紧围绕全市工作大局，严格履行职责，认真贯彻执行国土资源法律法规，正确研究判断国土资源管理工作面临的新形势、新问题，积极探索国土资源执法监管新机制，在全市构建起“市为主导、区县为主体、乡镇为基础”的三级国土资源执法监管共同责任机制，有效增强执法监管力度，促进国土资源管理秩序的持续好转，为维护全市经济可持续发展和社会稳定发挥了重要作用。2010年以来，支队创新思路，认真总结土地、矿产卫片执法检查工作经验，探索总结出“一个强化，两个集中，三个统一，四个到位”的卫片执法检查工作新路子，得到部、省两级的充分肯定和推广。

2011年是全国第十个卫片土地执法年，淄博市土地、矿产卫片执法检查工作在保持全省前列的基础上，又取得优异成绩，继续保持零约谈、零问责、零通报的良好势头，为全市经济发展和社会稳定作出积极贡献。

作为全市行政执法战线上的先进集体，支队被国土资源部评为全国国土资源执法监察工作先进集体，并先后获得淄博市职工职业道德建设十佳单位、振兴淄博劳动奖状、固本强基维稳工作先进单位、信访工作先进单位、青年文明号等多项荣誉称号，多名同志被授予全省国土资源卫士、国土资源系统先进个人、国土资源信访先进工作者等荣誉称号。支队党支部被中共淄博市委命名表彰为淄博市先进基层党组织。

国土资源部执法监察局局长李建勤到淄博市调研国土资源执法监察工作

省国土资源厅副厅长王玉志（左二）到淄博市检查指导卫片执法检查工作

执法监察支队

省国土资源厅督导组查看2011年度卫片图斑实地情况

国家土地督察济南局副专员王春秋（右二）在市国土局局长董云波（左）陪同下查看用地现场

国家土地督察济南局副专员王春秋（后左）在支队长刘世新（后右）陪同下查看卷宗资料

签订2012年度执法监察工作目标责任状

市委常委、常务副市长刘晓，副市长刘东军，市国土资源局局长董云波参加国土资源部执法监察工作调研座谈会

对违法占地进行复耕

淄博市残疾

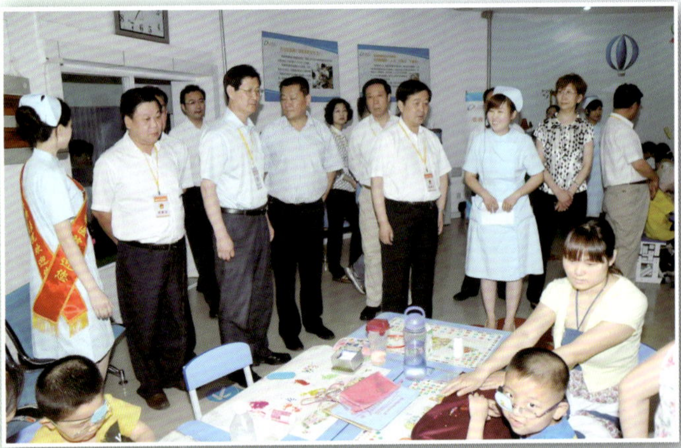

2011年6月8日，市领导视察全市残疾人工作

2011年5月15日，助残日电动车捐赠仪式

淄博市有残疾人28.1万人，占总人口的6.72%。其中，视力残疾3.32万人，占11.82%；听力残疾7.39万人，占26.3%；语言残疾0.33万人，占1.16%；肢体残疾9.34万人，占33.25%；智力残疾1.51万人，占5.36%；精神残疾1.8万人，占6.39%；多重残疾4.42万人，占15.72%。

在市委、市政府和省残联的正确领导下，淄博市残联以推进残疾人保障体系和服务体系建设为总抓手，立足于解决残疾人最关心、最直接、最现实的特殊困难和基本需求，突出重点、突破难点、强化措施、狠抓落实，进一步提升全市残疾人事业发展的水平。

2011年，市政府颁发《淄博市人民政府关于加快推进残疾人社会保障体系和服务体系建设的实施意见》和《淄博市残疾人事业“十二五”发展规划》，作为今后一个时期指导全市残疾人事业发展的纲领性文件，文件政策性强、覆盖面广，将给广大残疾人带来更多的实惠。

市残联扎实推进“1268”系统工程，全面开展残疾人康复需求调查摸底工作和辅助器具适配试点工作，启动儿童听力无障碍市创建工作，继续实施残疾儿童抢救性康复工程和其他康复救助项目。加大地税部门对企业残保金的代收力度，实现对机关、事业单位残保金财政代扣制度，全市残保金入库3000余万元。实施就业创业扶贫工程，举办就业洽谈会，认真做好“两基”建设工作，完成培训、扶贫基地建设任务，全市共培训农村残疾人1965人，城镇残疾人1551人。重点实施“阳光家园计划”，全市共建成残疾人托养机构49处，机构托养残疾人689人，居家托养残疾人1817人，共托养残疾人2506人。认真落实各项救助政策，5787名低保重度残疾人生活补贴资金全部到位。突出抓好信访维权工作，建立全市残疾人法律维权服务“三位一体”工作机制，积极创新基层基础工作，进一步规范对残疾人专职干事和村居残协委员的管理，切实做好残疾人信访和维权工作。扎实做好全国第八届残运会备战参赛工作，对淄博市2007年以来为全市残疾人体育工作做出突出成绩的先进单位和先进个人进行表彰，并组织年度好新闻评比。

2011年7月19日，淄博市参加全国第八届残运会的运动员凯旋

人联合会

2011年11月25日，淄博市参加亚残会等赛事总结表彰会召开

2011年7月20日，淄博市残疾人运动员在全国第八届残运会夺得金牌

2011年5月6日，辅助器具评估适配试点项目启动仪式

2011年6月1日，聋儿听力无障碍市启动仪式

淄博市老龄工作

主任、党组书记 吕宜民

2011年10月21日，在第三次全国老龄工作会议上，市老龄办被人力资源和社会保障部、全国老龄委评为全国老龄系统先进集体

2011年，全市老龄工作在市委、市政府的正确领导和社会各界的大力支持下，按照“党政主导，社会参与，全民关怀”的工作方针，围绕“六个老有”工作目标，务实创新，开拓进取，各项老龄事业取得新发展。市老龄办被人力资源和社会保障部、全国老龄委评为全国老龄工作先进集体，被市委、市政府表彰为市级文明单位。

全市老年人合法权益得到有效维护。加大老年法规执法和法律援助工作力度，继续开展“老年人维权直通车”活动，设立老年人维权示范岗，全市12家律师事务所免费为老年人提供法律咨询服务。老年事业得到较快发展，全市3家规模较大、管理规范的老年公寓，享受到省级财政扶持资金60万元；30家涉老服务机构被评为爱心助老示范基地；为20多万名符合条件的老年人办理“银龄安康”人身意外伤害保险，保险金额16亿元。进一步加强老龄宣传工作，尊老、爱老社会氛围日益浓厚，丰富老年精神文化活动，评选淄博市十佳模范老人和孝感淄博十大模范人物，成功举办中老年民间艺术作品展、老年书画展、“金色时光”摄影大赛、中老年才艺大赛、红歌大赛和庆祝淄博市第25个老人节暨颁奖文艺晚会等多项活动。每年一届的庆祝老人节暨颁奖文艺晚会、中老年文化艺术节等活动，已成为展现淄博老年人精神风貌和老龄工作辉煌成就的舞台。为老服务水平得到进一步提升，开展敬老惠老进社区活动，设立惠老专卖店，走进70余个社区、为6万余名老年人提供义诊、家政、理发、配眼镜、惠老产品直销等服务，受到老年人欢迎。组织开展“千名老人游港澳”活动，共有1100名老人实现游港澳的梦想。

庆祝淄博市第二十五个老人节暨颁奖文艺晚会现场

委员会办公室

2011年7月7日，市委书记刘慧晏（右）调研老龄工作和养老事业发展情况

2011年10月5日，市长周清利（中）到市老龄事业服务中心、市老年福利服务中心走访慰问

市老龄事业服务中心组织30余家服务单位在全市开展敬老助老惠老活动

市老龄事业服务中心加强为老服务大厅建设，提升为老服务工作水平

2011年7月29日，驻淄全国、省人大代表调研老年社会保障和服务体系建设情况

淄博市体育局

市长周清利（左）会见第七届全国城市运动会获奖运动员

淄博体育考察团访问瑞士国际体联总部，与国际体联秘书长安德烈·盖斯比莱（中）合影

2011年，淄博市体育局坚持以科学发展观为指导，推动群众体育、竞技体育和体育产业实现协调健康发展。先后被国家体育总局授予2011年度全民健身活动优秀组织奖，被省体育局授予2011年度群众体育工作突出贡献奖、竞技体育工作突出贡献奖、体育彩票工作突出贡献奖和青少年体育工作先进单位等荣誉称号，被市政府记集体二等功。

第七届全国城市运动会协办工作圆满成功。3～7月，淄博市作为协办城市，先后成功承办武术套路、足球、拳击、跆拳道预赛和男子排球14～17岁组决赛，圆满完成各项承办任务，实现“精彩圆满，富有特色”的办赛要求。

竞技体育再创佳绩。淄博运动员张成龙在日本世界体操锦标赛上获男子团体金牌和男子单杠、双杠两枚银牌；周村运动员孙培原在第十一届世界武术锦标赛上获男子刀术金牌。在第七届全国城市运动会上，淄博市代表团获得6金、2银、5铜，奖牌数名列57个参赛城市第十七位、23个地级市（区）第三位，圆满完成市委、市政府确定的“再创历史最好成绩”的任务目标。

群众体育工作协调发展。在全省率先出台《淄博市全民健身实施计划（2011～2015年）》，启动实施年度全民健身工程建设，着力推进区县体育总会组建工作，大力加强体育社团建设，举办社会体育指导员培训班4期，培训一级健身气功社会体育指导员75名、二级社会体育指导员357名。

青少年体育加快发展。制定《关于进一步加强全市青少年体育工作的意见》，联合市教育局、财政局在全市部署开展中小学生“五项联赛”，全市国家级青少年俱乐部达到22所。

体育产业稳步发展。全年体彩销量达6.27亿元，居全省第四位，市场占有率达50.23%。积极探索市体育中心运营管理模式，体育中心健身设施正式向市民开放，先后承接全国古典式摔跤冠军赛等高水平赛事及商业演出50余场，接待健身群众20万余人次。

继续实施亚足联展望计划淄博项目。不断规范城市联赛、学校联赛等精品赛事和校园足球活动，启动“草根足球大联盟”联赛，足球起源地建设进展顺利。

积极开展体育对外交流。先后与英国萨里郡、日本周南市、韩国广州市开展体育交流，赴加拿大开展武术交流活动，赴阿联酋观摩亚洲杯赛事，赴捷克、日本观摩体操世界杯，赴国际体联瑞士总部进行工作洽谈，扩大了淄博体育的对外影响力。

▲第七届全国城市运动会淄博代表团载誉归来欢迎仪式

▲第七届全国城市运动会男子排球比赛在淄博市体育中心综合体育馆举行，图为7月5日青岛队与杭州队比赛

▲男子体操世界冠军张成龙在单杠比赛中

◀第一届淄博市全民健身运动会开幕式

淄博市规划局

淄博市规划局党委书记、局长　鹿斌佐

淄博市规划局是市政府规划管理行政主管部门。淄博市城乡规划编制工作开始于1957年，1961年成立市规划设计室；1979年组建市规划建设管理局；1987年成立规划处。1992年组建淄博市规划局，2003年市区规划机构实现垂直管理，局机关内设9个科室，在张店区、高新区设一处、二处，在博山、淄川、周村、临淄分别设4个分局，主要负责贯彻执行城乡规划的法律、法规，研究制定淄博市城乡规划的规章和政策，组织各类城乡、规划的编制、审批或报批工作以及城乡规划的实施和管理。

近年来，市规划局立足淄博组群式城市特点，着力打造中心城区、次中心城区、中心镇、中心村（农村社区）四个层级的城镇化发展格局，逐步构建起生态和谐宜居现代化城市总体框架。全面完成新一轮城市总体规划和村镇总体规划的修编完善工作；全市控规覆盖率达到94%；编制完成1700多个村庄的建设规划，编制实施马桥、昆仑、凤凰等3个国家重点镇、省级中心镇及张店付家镇付家村等10个市级试点村规划；编制完成淄博市五个城区的中小学布点规划、风貌规划、水系规划等各项专项规划；全面完成文昌湖生态旅游区规划、新城区文化中心、商务中心等多项全市重点项目规划；先后牵头组织市体育中心、市城乡规划展览馆、新城区景观水系等重点工程建设。基本形成以城镇总体规划为指导，以控制性详细规划、专项规划和修建性详细规划为主要内容的城乡规划体系。同时，严格依法管理，建立健全城乡规划管理体系，先后出台《淄博市城市规划管理办法》《淄博市城市规划管理技术标准》《关于进一步加强城乡规划管理工作的意见》《中心城区建筑外装控管工作实施方案》《淄博市规划局行政许可办法（试行）》等地方性法规，为实现城市规划管理的规范化、法制化提供了法律依据。淄博市规划局先后被省文明委表彰为省级文明单位；被省建设厅表彰为全省建设系统先进集体、全省建设系统法制工作先进单位；被市委、市政府表彰为全市落实党风廉政建设责任制先进单位、创建学习型机关工作先进单位、机关效能和行风建设先进集体、全市基层党建工作示范点等荣誉称号。自1995年以来，连续16年被市委、市政府表彰为政绩考核先进单位。

新城区景观水系鸟瞰图

规划建设中的市文化中心及市城乡规划展览馆

淄博出入境检验检疫局

领导班子

局长王作来到陶瓷企业调研

2011年，淄博出入境检验检疫局按照“抓质量、保安全、促发展、强质检”12字方针和山东检验检疫局，市委、市政府的部署要求，严把进出口产品质量安全关，全力服务外向型经济内涵发展，把关有效性和服务贡献率均取得新提升。全年共检验检疫出入境货物4.39万批，货值28.86亿美元，检出进口不合格产品1141批，进境不合格检出率比2010年增长5.55%；共签发普惠制和区域性优惠原产地证书2.26万份，金额10.5亿美元，为出口企业增加实惠3.31亿元（人民币）。帮助企业对外索赔366万美元，维护企业合法权益。积极促进贸易便利化，与海关联合实施通关单联网核查的无纸化通关，全年签发电子通关单3.25万份，降低企业进出口成本100余万元。主动参与淄博保税物流中心建设，确保中心顺利封关运营和业务正常开展。与必维国际检验集团建立合作实验室，为企业搭建便捷的国际检验通道。10月，淄博出入境检验检疫局新综合业务楼正式奠基开工。

山东检验检疫局和市委、市政府对淄博检验检疫工作予以充分肯定。2011年，该局再次被表彰为全省系统创先争优先进集体，连续5年被市委、市政府表彰为全市目标管理考核优秀领导班子，获得淄博市优秀服务单位、淄博市工业经济发展突出贡献单位、“十一五”淄博市信息化工作先进单位等荣誉称号。

与必维国际检验集团签署合作协议

新综合业务楼奠基开工

检验进口葡萄酒

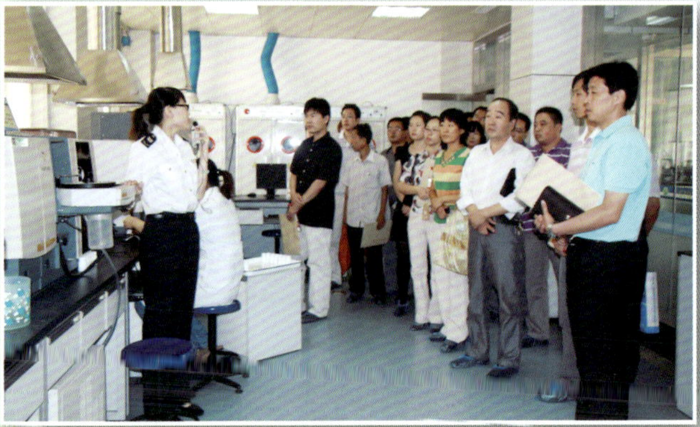
开展“实验室开放日”活动

淄博市烟草专卖局（公司）

2011年5月，全市卷烟零售户致富工程暨百县泰山联谊活动正式启动

积极参与3·15消费者维权活动

走访慰问困难零售户

2011年，全市烟草系统在市委、市政府和省烟草专卖局（公司）的正确领导下，紧紧围绕“卷烟上水平”行业基本方针和战略任务，以跨越发展为目标，以解放思想为先导，以加快转变经济发展方式为主线，以实施规划为总抓手，全面提高综合竞争能力和科学发展水平，实现“十二五”良好开局。全市销售卷烟16.66万箱，种植烤烟1.2万亩，收购烟叶2.04万担，“两烟”实现税利7.1亿元。

专卖工作取得新成效。全市相继开展“利剑行动”等6次专项活动，共破获13起非法卷烟网络案件，其中3起达到公安部、国家局标准。张店区局“3·21”案件最高量刑与罚金总额均破全省涉烟案件判决纪录。完善涉烟案件侦办机制，逐步建立省外、省内、市县多层级立体式联合办案机制。法规工作深入推进，市局（公司）被省局（公司）评为全省法规工作样板示范单位。

卷烟经营取得新成果。大力开展培育知名品牌“建功立业”活动，实现销量、单箱值、毛利额三项指标协调增长。扎实推进网上订货和“135”工作法推广，网上订货率达到84.2%，“135”工作法推广工作得到省局（公司）充分肯定。组织开展全市及各区县卷烟零售户致富工程暨百县泰山联谊活动，形象终端建设、小额融资服务、困难零售户帮扶等工作全面展开。

烟叶工作保持平稳发展。优化生产组织形式，建立55个种植合作社、24个农机合作社、246个专业服务队，发展职业化烟农290户、种植烤烟554.4公顷，占总植烟面积的69.3%。突出抓好优化品种布局、集中育苗、烟田深整、测土配方施肥、病虫害预测预报、不适用烟叶处理、密集烘烤烤香工艺等关键环节，提高烟叶生产科技水平。扎实推进现代烟草农业建设，建成烟叶基础设施建设项目395个。

2011年9月，山东烟草系统第三届职工运动会在淄博体育中心举行

博山区北崖生态村综合项目区全景

淄博市科学技术协会

淄博市科学技术协会（简称市科协）是中共淄博市委领导下的人民团体，是党和政府联系科学技术工作者的桥梁和纽带，是国家推动科学技术事业发展的重要社会力量。

市科协机关设8个部室，辖科技馆、咨询中心2个直属事业单位。全市五区三县及高新区、文昌湖旅游度假区均建有科协组织。市、县两级科协共有工作人员88人、学会35个、企业科协86个。全市建立各级各类反邪教组织1089个，各类在册农村专业技术协会231个，纳入项目库176个。

科协主要任务是弘扬科学精神，普及科学知识，传播科学思想和科学方法，反对邪教、伪科学和愚昧迷信，在学校、农村、企业开展科技教育活动，提高全民族科学文化素质；建设科技工作者之家，维护科学技术工作者的合法权益；开展学术交流、咨询服务；开展民间国际科学技术交流活动。

科协弘扬“尊重知识、尊重人才”的风尚，倡导“献身、求实、创新、协作”的精神。2006年以来，市科协先后获得全国科协系统先进集体、山东省科协工作优秀奖、山东省全民科学素质工作先进集体和淄博市市直机关优秀基层党组织、市直机关文明单位、创先争优活动先进单位等荣誉称号。

领导班子

中小科技馆博山巡展启动仪式

科普进社区

聘请林果专家到田间地头开展果树技术培训

群众喜读科普彩页

学生参观科技展品

张店区科学技术协会

党组书记、主席 张京鲁

区科协党组成员

2011年，在区委、区政府的正确领导下，张店区科学技术协会认真贯彻落实《中华人民共和国科普法》和《全民科学素质行动计划纲要》，面向未成年人、农民、城镇劳动者、社区居民、领导干部和公务员5大重点人群，以“科普六进”活动为总抓手，开展形式多样的科学教育活动。全区举行各类主题科普活动28次，举办科普培训（讲座）400余次、专题科普报告会2场、科普展览19次。发放各类宣传资料、明白纸5万余份，科普挂图6400余张，提供科技咨询服务万余人次，形成党委领导、政府推动、部门协作、社会参与的科普工作格局，有效提高公众思想道德素质和科学文化素质，促进全区经济社会又好又快发展。2011年，张店区获全国科普示范区荣誉称号。区科协先后被表彰为全省十佳科协组织、全省全民科学素质建设工作先进集体、全省反邪教工作先进集体、全省青少年科普工作先进单位，连续5年获全市科协系统综合考评第一名。

中国科协书记处书记程东红(左三)视察张店区社区科普工作

科普赶大集

举办中国科协会员日暨张店区优秀科技人才事迹报告会

举办科普日宣传活动

淄博德安注册安全工程师事务所

事务所专家队伍

中国安全生产科学院科技处处长康荣学到事务所指导工作

淄博德安注册安全工程师事务所2010年11月30日成立。该事务所是根据国家安监总局《注册安全工程师管理规定》的精神，经淄博市安全生产监督管理局批准，市工商局注册，由淄博市安全科学技术学会控股的具有独立法人资格的安全咨询服务中介机构，是淄博市第一家为企业提供规范化、专业化安全管理和技术咨询服务的机构。具备国家二级安全生产标准化评审资质，拥有一支覆盖全市多专业、高水平，实践经验丰富的安全专家队伍，国内一流的职业病危害评价检测监测设备，并与中国安全生产科学研究院、国家危化品安全协会签署了长期合作协议，在安全评价、职业病危害评价及隐患排查等方面给予技术支持。

事务所成立后，坚持“质量第一，用户至上”的宗旨，遵循“公开、公正、公平、诚实信用”的原则，以“超前服务、上门服务、优质服务”的理念，积极为企业安全生产提供技术支撑。参与企业建设项目设立、设计审查及竣工验收；协助企业建立完善安全生产责任制、安全生产规章制度和操作规程；帮助企业编制应急救援预案；为企业提供全员安全教育培训服务；协助企业做好事故隐患排查治理；指导企业安全生产标准化创建工作；为企业提供安全生产许可手续咨询、代理服务；为企业提供职业危害评价与检测、职业卫生健康服务等。

地址：山东省淄博市高新区鲁泰大道57号
电话：办公室0533-3157129(传真)
网址：http://www.zbaqsws.com
邮箱：ziboshiwusuo@126.com

事务所专家对企业进行设计安全审查

专家到企业现场进行安全检查

淄博市安全生产考试中心

120人计算机考试中心

学员认真进行理论考试

淄博市安全生产考试中心主要负责全市危险化学品、非煤矿山、烟花爆竹和一般行业企业主要负责人、安全管理人员，以及特种作业人员的安全考核工作。是为切实解决考核不规范、标准不统一的问题，真正实现"教考分离"设立的。

2011年初成立后，坚持"高起点、高标准、全国一流"的理念，着力抓好软硬件建设。考试中心设有理论和实操考试室，配备120台电脑、24机位的智能电工考核装置、各种型号的焊接设备和应急救援器材等，可同时容纳180余人进行理论和实操考核。已组织考核367场次，有1.3万名企业主要负责人和安全管理人员、2.6万名特种作业人员参加安全生产考核。

考试中心将紧紧围绕全市安全生产工作大局，牢固树立为广大生产经营单位服务的思想，开拓创新，热情服务，严格考核，努力建设成为全国一流的安全考核基地，为全市安全生产贡献力量。

服务电话：0533-3157426

地址：淄博市高新区鲁泰大道57号市安监局二楼。

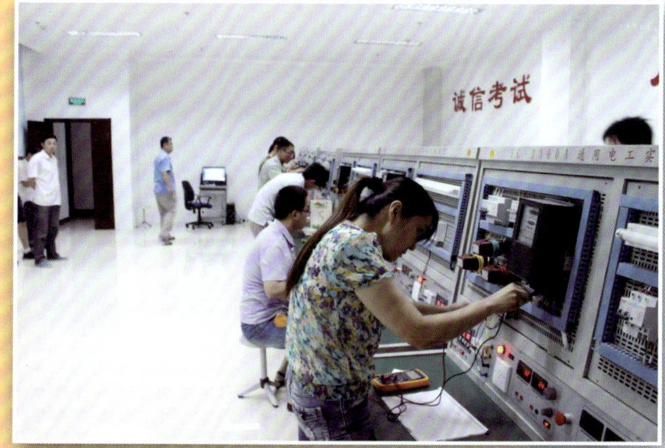

学员进行电工实操考试

电焊工实操考试

张店区

小学数学课堂教学研讨会

张店黄桑讲坛启动仪式

张店区有各级各类学校69所，其中，初中14所、完全中学2所、九年一贯制学校2所、小学38所、特教中心1所、公办幼儿园1 所、职业学校1所、教师进修学校1所、办事处学校1所、民办学校8所，在职教师4700余人，在校学生7万余人。

2011年，张店区委、区政府提出建设"教育名城"发展战略，计划用5～10年的时间把张店区建设成"内涵深厚、质量一流、特色鲜明、人民满意"的教育名城。

全区教育设施水平不断提升。近年来，先后投资近5亿元扩建15所中小学、新建7所学校、整合16所薄弱学校。2012年，计划投资3.1亿元，实施12项建设工程，新建、扩建中小学9所，新建公办幼儿园3所，项目建成后将增加义务教育段班级160个、学前教育段班级30个。盘活教育资源，先后撤并王舍小学、贾庄小学、金山学校、铁山学校、潘庄小学、淄博商贸学校、张店成人中专，实现教育效益和社会效益最大化。投入770余万元，统一购置1900台电脑、300余台投影仪和700余块电子白板，实现全区所有教师人手一机，所有班级普及交互式电子白板，所有中小学配备1～2个先进的微机室，提升教育现代化水平。

构筑教育人才高地。创新管理机制，先后组织近百名学科优秀教师到农村学校、薄弱学校支教，缩小城乡之间、校际之间骨干教师分布差距。实施"特种兵进校园"计划，选聘部队转业的4名大学生军官担任学校专职保卫干事，公开招聘6名专业医师担任专职学校医疗保健医生，实现学校专人、专职、专业管理。创新培训机制，在国家教育行政学院、北京十一学校等教育名校建立培训基地，定期对全区学校校长、教师进行专业培训，已有近200人接受培训。2011年，选派5人到北京十一

区直机关庆三八服装表演大赛

2010年新建成的祥瑞园小学

教育局

张店区新校车启用仪式

张店区教职工太极拳表演

学校进行为期一年的培训学习；2012年，又选派16人到上海4所中小学进行为期一个月的挂职锻炼。创新使用机制，成立以26名省级教学能手为主的名师工作室，给予经费扶持，实施项目化管理，发挥名师引领示范作用。建立以张店教师进修学校为引领，以区内各学校为主体的教师发展联盟，通过网络研讨、网上赛课等方式提高教师教学水平。

打造区域教育品牌。注重打造课程建设特色。全区各学校开发校本课程100余种，丰富学校课程体系，满足学生个性发展需求，涌现出以杨玉翠、徐美华等教师为代表的一批省、市知名教师。着力打造艺体科技教育“2+1+1”特色。创新实施义务教育段学生掌握两项体育运动技能、一项艺术特长和一项科技技能的艺体科技教育“2+1+1”项目，先后4次获得教育部表彰，学生在全国中小学信息技术创新与实践等活动中屡获佳绩。努力打造一批特色学校。制定区域特色学校建设规划，涌现出一批特色突出的品牌学校，如以“学校整体课程建设”为特色的凯瑞小学，以艺体带动科技、英语发展为特色的区实验中学，以语文课程建设为特色的公园新村小学等。

加强校园安全

淄博职

淄博职业学院北校区主楼

国家级名师曾照香在辅导学生

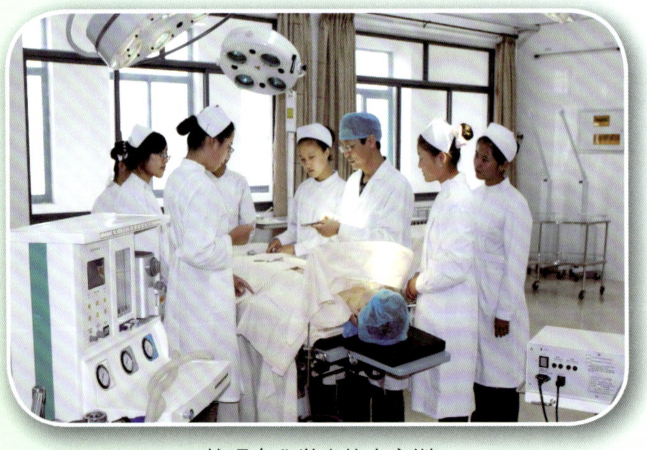

护理专业学生校内实训

化工单元设备操作实训室

淄博职业学院是淄博市人民政府主办的一所全日制普通高等学校。2002年组建，2006年获教育部人才培养工作水平评估优秀等次，2007年入选100所国家示范性高等职业院校建设单位，并于2010年以优秀成绩通过国家级验收。

学院规划面积200公顷，建成面积133公顷，分3个区，建筑面积60余万平方米。有教职工1300余人，其中，正高级职称50人、副高级职称325人，博士和在读博士24人、硕士和在读硕士624人。学院设置工、商、医、艺、外语、社会事业等领域高职专业73个，在校生26000余人。有国家教学名师、二级教授、享受国务院特殊津贴专家1人，国家级优秀教学团队2个，国家级职业教育实训基地3个，国家重点建设专业8个，国家级精品课程9门，国家教育指导委员会精品课程16门，国家级教学成果奖1项，国家级立项课题2项；省级教学名师2人，省品牌、特色专业10个，省级精品课程35门，省级教学成果奖9项，省级以上科研技术成果奖65项，省级立项课题198项。在省级以上技能大赛获奖300余项。教职工获专利授权70余项，其中发明专利8项。近年来，毕业生就业率达99%以上，毕业生满意度95%以上，用人单位满意度95%以上。

学院在办学实践中，坚持从社会需求出发，以培养学生就业竞争力和发展潜力为核心目标，构建以全员竞聘机制、三级预算机制、学生管理服务全时段覆盖机制、教育教学部人才培养机制、绩效考核机制为一体的办学机制体系，根据专业特色创新人才培养模式，形成以拼搏精神为核心的校园文化。

学院的建设发展得到社会各界的好评。先后获得全国职业教育先进单位、全国精神文明建设工作先进单位、山东省职业教育先进单位、省级文明单位、山东省思想政治工作先进单位等荣誉称号。中央电视台和《人民日报》《光明日报》《中国青年报》《中国教育报》等主流媒体先后多次报道学院工作情况。新华社、《光明日报》关于学院干部人事制度改革和校园安全工作的报道，在社会上引起广泛反响，中共中央政治局委员、国务委员刘延东先后两次对学院的工作做出批示。

业 学 院

我们毕业啦

数控加工车间

淄博职业学院“思源讲坛”启动仪式

淄博职业学院西校区听雨湖

淄博市疾病预防控制中心

主任　翟慎永

副市长韩国祥（前排右一）到中心视察疾病预防控制工作

淄博市疾病预防控制中心（以下简称中心）于2005年底由原淄博市卫生防疫站组建成立，主要承担全市疾病预防与控制、突发公共卫生事件应急处置、疫情报告及健康相关因素信息管理、健康危害因素监测与控制、实验室检测检验与评价、健康教育与健康促进等工作任务。有职工198人，其中专业技术人员145人、高级职称64人，职业卫生、环境卫生、卫生检验等学科分别为省特色专科和市重点学科。中心在全省疾控系统率先通过省级计量认证和国家实验室认可，具有公共场所建设项目卫生学评价、消毒产品检测检验、集中空调通风系统卫生学评价等资质，是全国唯一一家取得卫生部建设项目职业危害因素评价甲级资质的地级市疾控机构。为山东大学公共卫生学院、济宁医学院、潍坊医学院等院校的实践教学基地。

2011年，中心以“三个建设、一个争创”为目标，以“三好一满意”和“疾控文化建设年”活动为抓手，科学开展疾病预防控制工作，多项工作进入全国、全省先进行列。全市手足口病发病数由全省第九位降至第十二位，连续5年无死亡病例。全市连续38年无白喉、21年无脊灰、4年无流脑病例发生。首创全省劳教系统艾滋病防治管理模式，全人群死因监测跃居全省前列。积极开展慢性病综合防治示范区创建工作，首次开展恙虫病病原学诊断。食品安全风险监测工作的样品数量和质量均居全省首位。启动国家级张店东部化工区健康评价项目，顺利通过国家安监总局职业卫生技术服务甲级资质的年检续展和省卫生厅公共场所建设项目卫生学评价资质续展评审，通过国家实验室认可监督评审、计量认证监督评审、计量认证扩项评审和食品检验机构资质认定现场“四合一”评审。完善市、县级医院消毒与感染控制监测网络，举办全市疾控系统食物中毒应急处置演练和卫生检验技能大赛，与山东大学公共卫生学院开展硕士生联合培养试点。年内，被授予全省艾滋病防治工作先进集体、全省消毒与感染控制工作先进集体、全省免疫规划工作先进集体、全省城乡饮用水卫生监测工作先进集体等荣誉称号。

七一期间组织全体党员徒步到黑铁山抗日根据地纪念馆重温入党誓词

举办全市疾控系统食物中毒应急处置模拟演练

走上街头宣传艾滋病防治知识

举办庆五一职工广播操比赛

山东万杰医学院

山东万杰医学院始建于1995年，隶属山东省政府直属的国有大型企业——山东省商业集团有限公司，是经教育部批准成立的全日制普通本科高校，属于社会力量办学范畴中的“国企公有高校”。建院后，学院不断提高教育教学质量和办学水平，赢得社会各界的广泛认可。

学院以“允理允能、精益求精”为院训，坚持“以学生发展为本”、坚持“三个相信”（相信每个学生都是可塑的、相信每个学生都是向善的、相信每个学生都能够成才）的学生教育观、坚持办学的社会公益性及培养人才的实用性，努力把学校建设成一所以临床医学、护理学为基础，以医学影像、药学为特色的应用型本科医学院校。立足山东，面向全国，为基层培养“下得去、留得住、用得上”的全科型医学人才。

学院有本、专科在校生1.2万人，固定资产9.43亿元，教学、科研设备总值8230万元。建有基础、护理、口腔、药学、影像、临床6个实验中心，解剖、微免、生物、化学、物理等219个实验室。生物医学工程技术实验室是山东省教育厅批准建设的“十二五”高校重点实验室，有51个多媒体教室、5个语音室。学院建有19层的图书信息楼，图书馆藏书96.8万册；建有能容纳3000多人的现代化室内体育馆及400米标准塑胶跑道体育场，为师生提供良好的文体活动场所。

学院坚持面向企业和社会医药需求设置专业，有临床医学、医学影像学、护理学、口腔医学等24个本、专科专业，为社会输送优秀毕业生16000余名，初次就业率保持在80%以上，被山东省人事厅就业工作专家组评为就业工作优秀单位。

学院在稳定办学规模的基础上，加快内涵发展，加强专业建设。护理、医学影像技术专业被山东省教育厅评定为省级示范性专业；护理、医学影像技术、药学本科专业被评为山东省特色专业；医学影像成像原理、人体解剖学、医学微生物学与免疫学、基础护理学先后被山东省教育厅评为省级精品课程。医学影像学本科专业教学团队、护理学本科专业教学团队被评为山东省高等学校省级教学团队。学院通过示范性专业建设和特色专业建设，有力带动其他专业的建设和发展，确保教育教学质量和办学水平，赢得良好的社会声誉。

临床教学

学生实验实训

万杰医学院女子预备役方队

校园风貌

生态优先 产业支撑 文化引领

文化原山引

原山集团董事长、原山林场党委书记 孙建博

原山集团总经理、原山林场场长 高玉红

2012年6月18日，以淄博市原山林场党委书记孙建博的长篇纪实文学《火凤凰》为基础创作完成的电影《完美人生》，在北京人民大会堂举行首映新闻发布会，并作为迎接党的十八大献礼影片，在全国院线上映，该片被赞誉为贯彻党的十七届六中全会精神、推动生态文化大繁荣大发展的精品力作，成为原山人文化追求的象征。

作为全国林业战线的一面旗帜，长期以来，原山在推动现代国有林场改革、大力发展林业产业的同时，坚持“生态优先、产业支撑、文化引领”理念，弘扬森林文化，传播生态理念，促进了人与自然的和谐统一。先后建起森林博物馆、鸟语林、大熊猫馆等以生态文化为主题的100多处景点，每年举办中国原山生态文化节、红叶节、登山节、健康文化游等活动，并编纂出版了全国国有林场第一部林场志《原山林场志》等图书。2007年9月，以原山改革创新为题材创作而成的4集广播连续剧《原山情》荣获全国“五个一工程奖”；同年，由国家林业局编纂出版的《争做“五个模范”代表—孙建博》成为全国林业系统争当“五个模范”、践行社会主义荣辱观的宣传学习教材。2011年，由中宣部、中国残联编撰的《时代先锋—孙建博》一书入选“创先争优学习实践活动系列丛书”。2012年，由新华出版社编辑出版的《雷锋精神的传承者孙建博》一书入选“践行雷锋精神系列丛书”，首印即超过100万册。“爱心原山”团队也被

领内涵发展

中宣部确定为全国学雷锋实践活动重大典型。16年来，原山整合了4家困难事业单位，妥善安置了近千名职工，成为由5家事业单位和1家集体企业组成的集团公司。原山先后创建为国家森林文化教育基地、全国青年文明号、山东省生态旅游示范区等。中国艺术家林、中国林业书法家创作基地、山东省首批生态文化创作基地也相继在原山揭牌。

随着《完美人生》上映、原山5D电影院、陶琉陶韵创意园和完美大礼堂的落成，原山各大产业快速崛起，将再次书写“完美”的伟业。

2012年6月18日，电影《完美人生》在人民大会堂举办首映式

2012年，国宝大熊猫首次落户淄博，名为“双儿”“珍大”的两只大熊猫入住如月湖湿地公园。

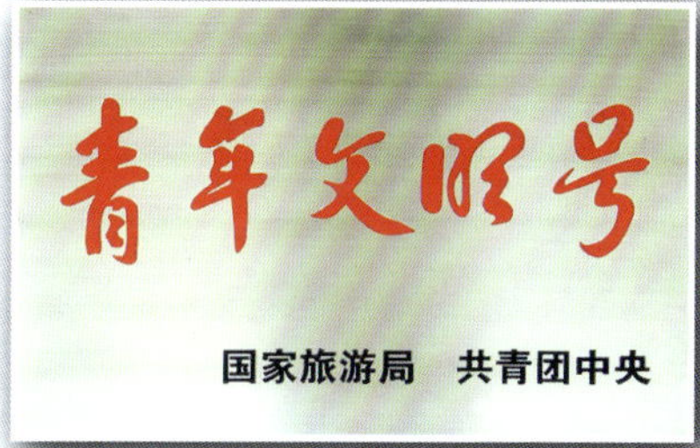

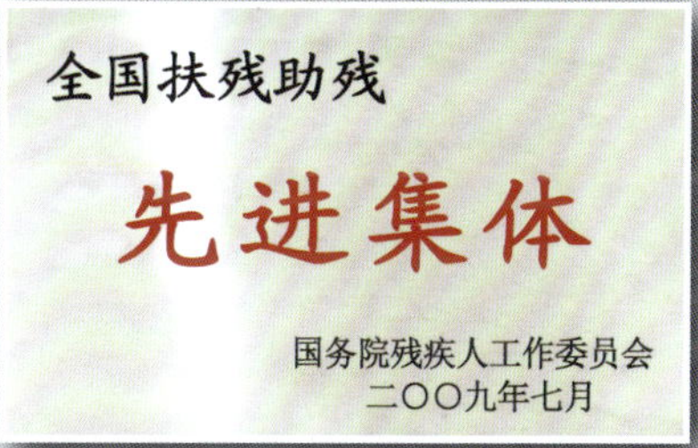

建设中的美庐旅游度假区

山东鲁宝冶金股份有限公司

山东鲁宝冶金股份有限公司始建于1977年，1996年经山东省人民政府批准成为规范化股份制企业。先后获得全国守合同重信用企业、山东省著名商标、山东省文明单位、高新技术企业等荣誉称号，通过ISO 9001:2008质量管理体系认证，拥有自营进出口权。公司下设淄博市周村社会福利弹簧板厂、淄博精密钢管厂、淄博不锈钢材加工厂、淄博轧钢厂、鲁宝加油站、鲁宝宾馆及劳动服务公司。有总资产8600万元，员工286人，其中高、中级技术人员86名，占地面积8.6万平方米。

2011年，公司实现销售收入4.5亿元，利税560万元。“鲁宝”牌产品远销国际及国内20多个省市和地区，深受用户青睐。

地址：山东省淄博市周村区丝绸路168号
电话：0533-6181471　6182868　6182856
　　　6182633　6180806
传真：0533-6180411
邮编：255300
网址：www.lubaosd.com
Email：X6181471@163.com

董事长、总经理　王勉山

- 山东省第九届、十届、十一届人民代表大会代表
- 全国乡镇企业家
- 淄博市总商会副会长

高频焊方管、矩型管

油缸、气缸

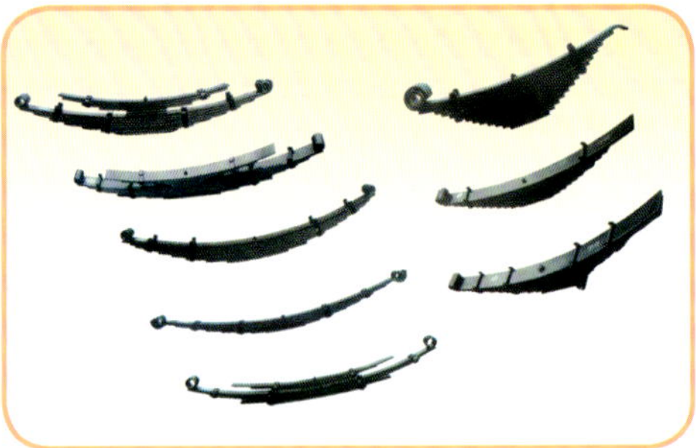

汽车板簧

冷拔油、汽缸钢管

不锈钢冷轧钢带

冷拔异型钢材样品

特　　载

强化生态文明　加快内涵发展
为建设殷实和谐经济文化强市而奋斗

——在中国共产党淄博市第十一次代表大会上的报告

市委书记　刘慧晏

（2012 年 2 月 2 日）

同志们：

现在，我代表中国共产党淄博市第十届委员会向大会作报告，请审议。

这次大会的主要任务是：高举中国特色社会主义伟大旗帜，以邓小平理论和“三个代表”重要思想为指导，深入贯彻落实科学发展观，回顾总结市第十次党代会以来的工作，审议确定今后五年的奋斗目标和主要任务，选举产生中共淄博市第十一届委员会和中共淄博市第十一届纪律检查委员会，选举淄博市出席中国共产党山东省第十次代表大会代表，动员全市广大党员干部群众，坚持科学发展主题和加快转变经济发展方式主线，强化生态文明，加快内涵发展，全面提高党的建设科学化水平，不断开创淄博老工业城市科学发展新局面，为建设殷实和谐经济文化强市而奋斗！

一、市第十次党代会以来的工作回顾

市第十次党代会以来的五年，是我市发展史上极不平凡的五年。五年来，在省委的坚强领导下，全市各级党组织团结带领广大党员干部群众，深入贯彻落实科学发展观，紧紧围绕建设殷实和谐经济文化强市的目标，坚持内涵发展，突出加强结构调整，突出统筹城乡发展，突出改善民生维护稳定，积极应对国际金融危机挑战，充满激情、科学创业，圆满完成市第十次党代会提出的目标任务，谱写了淄博老工业城市科学发展的新篇章。

过去的五年，是综合实力显著增强的五年。我们牢牢抓住发展第一要务不放松，努力保持国民经济平稳较快发展，经济总量及人均水平都实现了重大跨越。2011 年，全市地区生产总值预计达到 3280 亿元，是 2006 年的近 2 倍，人均超过 1 万美元；工业总产值达到 10265 亿元，是 2006 年的 2.09 倍，成为全省第 3 个、全国第 16 个工业经济总量过万亿的城市；财政总收入达到 476.21 亿元，其中地方财政收入达到 203.59 亿元，是 2006 年的 2.52 倍；五年累计完成规模以上固定资产投

资5254.54亿元，是上五年的2.93倍。我市综合经济实力继续居全省、全国同类城市前列。

过去的五年，是转方式调结构取得重大进展的五年。我们大力推进传统产业改造升级，培育壮大战略性新兴产业，加快发展现代服务业和现代农业，经济发展的结构层次和质量效益不断提升。经过五年努力，三次产业比例由3.8：65.6：30.6调整为3.7：60.3：36，服务业占比五年提高5.4个百分点；“十一五”末，高新技术产业产值占规模以上工业总产值的比重达到38.2%，五年提高11.1个百分点；中国名牌达到30个，中国驰名商标达到47个，数量均居全省前列；粮食生产实现连年增产增收，都市农业的经济效益、生态效益、社会效益、景观效益逐步显现。策划实施一批事关长远的重大项目，四宝山地区生态修复基本完成，文昌湖旅游度假区开工建设，马踏湖国家湿地公园建设启动实施，中心城区东部化工区一期工程建成投用，齐鲁股权托管交易中心正在逐步发展成为服务全省的股权交易市场，淄博保税物流中心封关运营，东岳离子膜、高性能汽车电池等一批国家“863”和重大科技项目取得突破性进展，“淄博陶瓷·当代国窑”地域品牌授权使用，我市被命名为全国“新材料名都”，经济发展的后劲和活力显著增强，并为长远发展打下了良好基础。

过去的五年，是城乡统筹发展加快推进的五年。我们立足工业化、城镇化水平比较高和组团结构特点，科学制定统筹城乡发展规划，合理确定主体功能区划，加快构建中心城区、次中心城区、中心镇、中心村（农村社区）“四个层级”的新型城镇化格局，城镇化率达到64.01%，比全国、全省均高出10个百分点以上。城区间“三纵三横”骨干交通网络进一步完善，中心城区大外环工程全线贯通，市客运中心投入运营，“大十字”公交体系基本建立，“高速淄博”交通框架初步形成；市体育中心建成使用，市文化中心开工建设，引太入张工程全面竣工，一大批供水、供电、供气、供热设施相继建成，城市功能和城市品位显著提升。扎实推进“建设农村殷实小康十大工程”，社会主义新农村建设取得新的成效。

过去的五年，是生态环境大变样的五年。我们坚持把生态文明放在突出位置来抓，努力做到发展经济不以牺牲环境为代价，花大气力进行生态修复和生态建设，实施两轮“碧水蓝天行动计划”，积极构建“清水润城”景观水系，强力推进节能减排，初步走出了一条老工业城市生态文明建设的路子。“十一五”期间，全市万元地区生产总值综合能耗下降23.09%，二氧化硫排放量下降27.31%，化学需氧量排放量下降19.06%，森林覆盖率提高到36%。我市连续3年在全省节能目标责任考核中名列首位，荣获全省空气质量改善一等奖，创建为全国绿化模范城市，生态文明建设的做法被中宣部作为重大典型推广。

过去的五年，是改革开放不断深化的五年。我们始终坚持深化改革扩大开放，积极融入“蓝黄”两大国家战略，高青县黄河三角洲高效生态经济区建设加快推进，博山节能环保产业基地、桓台东岳氟硅材料产业基地、沂源生物医药产业基地、周村大亚船舶配件产业基地被确定为山东半岛蓝色经济区海洋产业联动发展示范基地；经过积极争取，桓台县被确定为省级经济体制改革试点，淄川区享受国家关于资源枯竭城市可持续发展政策，沂源县参照执行中部地区优惠政策。着力深化企业改革，积极推动企业上市，全市规范化股份制企业达到1156家，上市企业达到22家、股票24只，部分上市公司历史遗留问题得到妥善解决；进一步深化行政管理体制改革，顺利完成新一轮政府机构改革和乡镇机构改革，启动实施事业单位分类改革，基本完成农村集体林权制度改革。大力发展外向型经济，全市进出口企业达到1335家，2011年进出口总额达到90.6亿美元，是2006年的2.4倍；五年实际利用外资累计达到27.25亿美元，是上一个五年的1.6倍；加快“走出去”步伐，我市63家企业到24个国家和地区投资建厂。

过去的五年，是群众生活水平持续提高的五年。我们坚持把保障和改善民生作为一切工作的出发点和落脚点，新增财力主要用于改善民生，最大限度地让城乡群众共享改革发展成果。2011年，城市居民人均可支配收入达到24955元，农民人均纯收入达到10878元，分别是2006年的1.81倍、1.93倍。五年累计新增城镇就业62.03万人次，新增农村劳动力转移就业40.99万人次，城镇登记失业率稳定在3%左右；城镇职工五项社会保险在全国同类城市中率先实现市级统筹，城镇基本养老保险、基本医疗保险和新型农村养老保险、新型农村合作医疗制度基本实现全覆盖，全部解决了3万多名国有(集体)破产企业退休职工医疗保险问题，城市低保标准提高到每人每月316元，农村低保标准提高到每人每年不低于1700元。2001～2011年扶贫开发规划全面完成。大力加强保障性住房建设，累计开工建设经济适用房、公租房、廉租房2.67万套，“两区三村”综合改造工程惠及城乡群众15万户。

过去的五年，是社会更加文明和谐进步的五年。我们着力加强社会主义核心价值体系建设，大力弘扬诚信、务实、开放、创新的新时期淄博城市精神，加快发展文化事业和文化产业，在全国资源型老工业城市中率先创建为全国文明城市。坚持教育优先发展，高质量实施义务教育，普及高中段教育，普通高校和高等职业学校在校生达到12.95万人。深入推进医药卫生体制改革，稳步实施国家基本药物制度，基层医疗机构基本实现零差率销售。成功承办第二十二届省运会、U19亚青赛等重大体育赛事。加强党管武装工作，创新兵员征集办法，创建全国双拥模范城“七连冠”已通过公示。科技、体育、人口和计划生育等社会事业协调发展。深入实施固本强基维稳工程，加强“法治淄博”建设，坚持以群众工作统揽信访工作，全面推广“六小警务”经验，加强和创新社会管理，加强矛盾纠纷排查化解，加强社会治安综合治理，一刻也不放松地抓好安全生产和食品药品安全，社会大局持续和谐稳定，先后创建为全国社会治安综合治理优秀市和全国法制宣传教育先进城市。全力支援北川抗震救灾，扎实开展援藏、援疆工作，积极做好“4·28”胶济铁路特别重大交通事故救援善后，圆满完成了党中央、国务院和省委、省政府交给的任务。

过去的五年，是党的建设科学化水平不断提高的五年。我们深入开展学习实践科学发展观活动和创先争优活动，高质量完成试点、联系点任务，为全省全国积累了经验、探索了路子。大力加强理论武装，积极推进学习型党组织建设，广大党员干部的思想政治素质进一步提高。坚持德才兼备、以德为先用人标准，树立正确用人导向，全面完成区县、镇和两轮村“两委”换届，在全省率先实现基层党务公开全覆盖。坚持党管人才原则，创新人才工作体制机制，制定出台人才工作4个文件，努力建设宏大的人才队伍。牢固树立廉政第一保障意识，健全完善惩治和预防腐败体系，在全省率先建成革命传统、警示教育、廉政文化“三大教育基地”，建设启用行政电子监察平台，规范和完善市、区县两级纪检监察派驻机构统一管理，探索实行党员干部警示诫勉制度，全面推行廉政风险防范管理，着力强化领导干部廉洁自律，严肃查处腐败行为，深入开展认真专业务实作风效能建设，党风政风民风持续好转。

同志们，这些成绩的取得，是在党中央和省委正确领导下，在历届班子打下的良好工作基础上，全市人民共同团结奋斗的结果。在过去的五年中，胡锦涛总书记、温家宝总理、李克强副总理等中央领导同志亲临我市视察，充分肯定我市的工作，寄予殷切期望，极大地鼓舞了全市人民科学发展的热情。省委、省政府高度关注淄博的发展，对我市工作提出明确要求。全市人民解放思想、开拓进取、齐心协力、攻坚克难，为推动淄博老工业城市科学发展付出了艰辛努力，洒下了辛勤汗水。在此，我代表中共淄博市第十届委员会，向所有关心、支持、参与淄博改革开放和现代化建设的同志们、朋友们，表示衷心的感谢和崇高的敬意！

回顾五年来的工作，我们对科学发展有了更加深刻的认识和理解，积累了许多宝贵的经验。我们深深体会到：

——推动科学发展，必须坚决贯彻党中央和省委的决策部署，不断丰富完善符合淄博实际的思路措施。我们坚持把科学发展观要求与淄博实际紧密结合起来，深入把握市情，虚心学习先进，创造性地开展工作。特别是集中全市人民的智慧，确立了建设殷实和谐经济文化强市的奋斗目标，强调着力强化生态文明理念，坚持内涵发展，突出加强结构调整，突出统筹城乡发展，突出改善民生维护稳定，进一步丰富完善了我市改革发展的总体思路，全市经济社会发展既保持了连续性，又增强了前瞻性，体现了与时俱进的时代特征。

——推动科学发展，必须坚持解放思想、改革开放，着力解决事关长远发展的深层次矛盾和关键问题。这五年，我们遇到的困难多、压力大，但这一时期也是淄博发展又好又快的时期之一。面对国际金融危机严峻挑战，面对资源、土地、环境、空间等要素制约，面对社会建设中的新情况、新矛盾，全市上下始终坚持在解放思想中破解发展难题，在深化改革中释放发展活力，在扩大开放中拓展发展空间；始终坚持把结构调整作为经济社会发展的主线，把节能减排作为经济社会发展的关键，把环境保护作为经济社会发展的"命门"；始终坚持实干不争论，苦干不张扬，抢抓发展机遇，推动淄博老工业城市科学发展不断迈上新台阶。

——*推动科学发展，必须坚持以人为本，不断激发全社会的创造活力。*我们始终坚持发展为了群众，发展依靠群众，发展成果由群众共享。五年来，各级倾心最多的是惠及全市人民的民生事业，倡导最多的是维护人民群众的合法权益，解决最多的是群众最关心、最直接、最现实的利益问题。全市广大党员干部群众在党的领导下，目标同向、工作同力，无论是克服前进中的困难，还是解决发展中的难题；无论是推动项目建设，还是完成急难险重任务，都识大体、顾大局，全力参与和支持。实践证明，办好淄博的事情，人民群众是最根本的力量。紧紧依靠广大党员干部群众的智慧和拼搏，定能创造淄博老工业城市更加美好的明天。

——*推动科学发展，必须充分发挥党的领导核心作用，凝聚形成科学发展的强大合力。*各级党委充分发挥总揽全局、协调各方的作用，支持人大及其常委会依法履行职能、行使权力，支持政协开展政治协商、民主监督、参政议政，支持工会、共青团、妇联等人民团体卓有成效地开展工作，加强对统一战线、民族宗教等工作的领导，在全市上下进一步形成了政通人和的生动局面。各级基层组织和广大共产党员着力提高推动科学发展的能力和水平，充分发挥了战斗堡垒作用和先锋模范作用。实践证明，党的领导是各项事业健康发展的根本保证。只有坚持以改革创新精神切实加强和改进党的建设，才能团结带领全市人民不断开创科学发展新局面。

回顾五年的发展历程，我们也清醒地认识到，与科学发展观要求相比，与广大人民群众的期待相比，工作中还存在一些差距和不足。主要是：经济结构性矛盾仍然比较突出，节能减排、环境保护的任务依然艰巨；部分群众在就业、就医、住房等方面还存在一些困难，保障水平需进一步提高；社会建设管理面临许多新情况、新问题，需要进一步创新思路、完善机制、强化措施；个别党员干部还存在作风不实的问题，作风效能建设有待进一步加强等等。对此，我们一定高度重视，采取有效措施，切实加以解决。

二、今后五年工作的指导思想和目标任务

今后五年，是我市深入贯彻落实科学发展观，加快推进殷实和谐经济文化强市建设的关键时期。作为一个依托资源发展起来的老工业城市，勤劳智慧的淄博人民经过长期奋斗，奠定了城市现代化建设的坚实基础。特别是在过去的十几年里，经过历届班子和全市人民的共同努力，有效破解了老工业城市结构性、体制性、机制性矛盾，基本实现了资源型老工业城市的主动转型、自费转型。这标志着淄博经济社会发展进入了一个新的阶段。站在新的发展起点上，我们必须更加自觉地坚持以科学发展观为指导，积极应对世界经济增长放缓、国内经济运行压力加大等新情况、新变化，深刻把握我市经济社会发展的阶段性特征，强化生态文明、加快内涵发展，推动经济社会发展再上新台阶。

强化生态文明、加快内涵发展，是现阶段推动淄博老工业城市科学发展的必然要求和现实选择。强化生态文明，就是要建设以资源环境承载力为基础、以自然规律为准则、以可持续发展为目标的资源节约型、环境友好型社会。这已经成为关系区域竞争实力和可持续发展的重大问题。党中央把生态文明建设提升到与经济建设、政治建设、文化建设、社会建设并列的战略高度，为我们在新的时期推进科学发展指明了方向。作为依托资源发展起来的老工业城市，我们深知生态恶化之苦，也深知生态优化之福。实践表明，生态文明理念一旦自觉地确立起来，转变发展方式、自主创新、人才战略、管理创新、文化软实力等诸多重大经济社会问题，就会顺势得到有效破解！坚持不懈地把生态文明建设抓下去，良好的生态所蕴含的价值，将日益明显地体现在品牌农业发展上、工业创新转型上、服务业集聚提升上、区域中心城市宜业宜居吸引力增强上、居民健康指数不断提高上！加快内涵发展，就是要坚持科学发展主题和加快转变经济发展方式主线，促进经济增长由主要依靠增加物质资源消耗向主要依靠科技进步、劳动者素质提高和管理创新转变。这是我市破解

资源和环境容量瓶颈制约的现实选择，也是应对复杂形势、保持经济平稳较快发展的根本性措施。内涵发展是相对于外延发展而言的，外延发展注重的是以量的扩增拉动区域发展，而内涵发展则注重的是以质的提升带动区域发展。内涵发展不是不要量的增加，而是要求量的增加以质的提升为前提，在一定资源消耗和环境容量情况下，创造出更多更有价值的增量。粗放的、低水平的发展方式，在淄博是不可持续的，也是行不通的，必须坚决予以摒弃！只有加快内涵发展，才能不断释放老工业城市发展潜能，提升发展层次，提高竞争实力！全市广大党员干部群众务必在强化生态文明、加快内涵发展上进一步统一思想、形成共识，以更大力度加以推进，着力培植淄博科学发展的长期竞争优势。

今后五年全市工作的指导思想是：高举中国特色社会主义伟大旗帜，以邓小平理论和“三个代表”重要思想为指导，深入贯彻落实科学发展观，紧紧围绕建设殷实和谐经济文化强市的目标，坚持科学发展主题和加快转变经济发展方式主线，强化生态文明，加快内涵发展，突出加强结构调整，突出统筹城乡发展，突出改善民生维护稳定，加强人才科技支撑，深化改革开放，全面提高党的建设科学化水平，不断开创淄博老工业城市科学发展新局面。

强化生态文明、加快内涵发展，就是要坚持科学发展导向、着力提升城市综合竞争力。要牢牢抓住科学发展第一要务不放松，认真贯彻落实国家宏观调控政策，努力保持经济长期平稳较快发展的良好势头。到“十二五”末，全市地区生产总值突破5000亿元，年均增长12%左右；地方财政收入突破300亿元，年均增长15%左右，为“十三五”发展奠定良好基础。

强化生态文明、加快内涵发展，就是要坚持毫不放松地转方式调结构、大力推进产业结构优化升级。要立足资源环境状况，进一步完善明确结构调整的方向和重点，加大传统产业改造升级力度，集中培植战略性新兴产业，推动服务业跨越发展，巩固农业基础，并持续优化产业内部结构，促进三次产业结构由“二三一”向“三二一”转变，促进各产业高端高质高效发展，基本形成以现代服务业和先进制造业为主导的现代产业体系。到“十二五”末，全市服务业增加值占地区生产总值的比重达到43%以上，战略性新兴产业进一步形成规模效应，高新技术产业产值占规模以上工业总产值的比重提高5个百分点以上。

强化生态文明、加快内涵发展，就是要坚持城乡统筹、不断提升城市现代化水平。要按照“中心凸显、十字展开、组团发展”的思路，统筹推进中心城区、次中心城区、中心镇、中心村（农村社区）“四个层级”建设，加快新型城镇化进程，确保实现省“十二五”规划提出的把淄博建设成为建成区人口270万以上的区域性中心城市的目标，城镇化率达到68%以上。再经过更长时间的努力，基本构建起“1个中心城区、7个次中心城区、30个左右中心镇、300个左右中心村（农村社区）”的现代城镇体系。

强化生态文明、加快内涵发展，就是要坚持改革开放、强化科技支撑、切实增强经济社会发展的内生动力。要始终把改革创新作为经济社会发展的核心驱动力，把人才作为推动转型升级的强大引擎，进一步提高对外开放的层次和水平，充分释放区域发展活力。经过积极努力，进一步健全完善符合科学发展观要求的体制机制，进一步形成全方位、多层次对外开放格局，进一步建立起与经济社会发展相适应的宏大人才队伍，进一步培育形成比较完备的区域创新体系。

强化生态文明、加快内涵发展，就是要坚持以人为本、努力促进社会文明进步和群众生活幸福安康。要始终把保障和改善民生作为一切工作的出发点和落脚点，确保城乡群众收入与经济发展同步增长。到“十二五”末，城市居民人均可支配收入达到3.8万元，农民人均纯收入达到1.7万元，年均分别增长12%、13%左右。加强和创新社会管理，促进社会公平正义，不断提高人民群众的幸福感和满意度。

强化生态文明、加快内涵发展，就是要坚持生态优先、坚定地走绿色低碳环保可持续发展的路子。要进一步强化生态文明理念，自觉把生态文明要求贯穿于工业、农业、服务业发展的全过程，贯穿于城乡规划、设计、建设、管理的全过程，贯穿于社会建设管理和改善民生的全过程，进一步形成清洁的生产模式、健康的生活方式。全面完成省下达的节能减排任务，全市水体质量、空气质量持续改善，生态绿化水平不断提高，加快建设生态淄博，努力争创国家生态园林城市。

淄博的发展，需要一代又一代人去传承、去创新、去奋斗。强化生态文明、加快内涵发展的重任，已经历史地落到了我们这一代人肩上。我们必须勇于承担历史重任，满怀信心，迎难而上，积极主动，奋发有为，不断把淄博社会主义现代化建设事业推向前进！

三、合力推动淄博老工业城市科学发展再上新台阶

强化生态文明、加快内涵发展，是推动淄博老工业城市科学发展的战略举措。各级党组织要牢牢把握主题主线，加快转方式调结构步伐，加大统筹城乡发展力度，加强以改善民生为重点的社会建设，推动经济社会又好又快科学发展。

（一）加快推进经济结构战略性调整。结构调整是淄博老工业城市科学发展的一项长期战略任务。必须在保持经济平稳较快发展的基础上，始终把转方式调结构作为主攻方向，以更大的决心、更大的力度，持续深入地加以推进，切实提高经济发展的质量和水平。

加快构建现代产业体系，提升产业核心竞争力。要进一步强化农业基础，在保护耕地和稳定粮食生产的基础上，大力发展现代精准农业和都市农业，集中做大做强蔬菜、畜牧、果业、林木花卉等主导产业，增加品牌价值，切实提高农业的综合效益。要实施新一轮传统产业技改计划和战略性新兴产业倍增工程，集中做大做强新材料、精细化工、汽车及机电装备、新能源与节能环保装备、电子信息等支柱产业；树立新的资源观，着力拉长产业链条，提升产业配套能力，提高产业集约化水平。力争经过五年努力，把新材料产业、精细化工产业发展成为3000亿元级产业集群，把汽车及机电装备产业发展成为2000亿元级产业集群，把新能源与节能环保装备产业、电子信息产业等发展成为千亿元级产业集群。要稳健地推进传统服务业发展提升，着力促进现代服务业跨越发展，集中做大做强现代物流、金融保险、文化旅游、工业设计、科技信息服务等新兴服务业，全力打造鲁中物流“旱码头”、区域金融聚集区和品牌旅游目的地城市，力争服务业占地区生产总值的比重每年提高1个百分点以上，使服务业成为新的最具活力的增长极。

强化人才科技支撑，切实提高自主创新能力。加快内涵发展，科技是关键，人才是第一资源。淄博的产业转型升级，不能靠单一的技术突破和偶然的技术领先，必须把科技进步与产业结构优化升级全面结合起来，健全完善以政府为主导、企业为主体、市场为导向、产学研相结合的技术创新体系，增强原始创新、集成创新和引进消化吸收再创新能力，营造形成长期竞争优势。要加快企业技术进步，着力培育一批国家级、省级企业技术研发中心、重点实验室、院士工作站、博士后科研工作站和产业技术创新联盟，支持中小企业普遍建立技术依托，切实增强企业创新能力。整合全市科技创新资源，依托中国科学院、中国工程院和有关院所，规划建设国内一流水平的新材料研究院、新药研究院、新化工研究院，打造一批国家级、省级重大科技创新平台。进一步办好中国（淄博）陶瓷博览会和新材料技术论坛，建设高水平的技术转化和技术成果交易市场，促进先进科研成果转化为现实生产力。要进一步创新完善人才政策，健全人才工作体制机制，实施海外优秀人才引进计划、重点行业紧缺人才引进行动、高层次人才培养工程，重点引进一批高层次人才和海外优秀人才，培育一批领军人物和创新团队，努力建设高素质的企业家队伍和高技能人才队伍，打造人才高地，全面提升区域创新竞争力。要让善于推动科学发展的优秀人才，在淄博有政治荣誉、有社会地位、有物质待遇，进入各级党组织关注的视野！

毫不放松地抓好节能减排，着力改善生态环境质量。作为一个依托资源发展起来的老工业城市，节能减排的任务仍然艰巨繁重。特别是自今年起，省里将启动PM2.5检测，这对我们这样一个石化工业、建材工业占相当比重的工业城市来说压力很大。同时，这也是我们进一步推进结构调整、节能减排、环境保护的重要抓手。全市上下必须进一步强化“命门”意识，切实增强节能减排工作自觉性，坚持铁腕治污、刚性降耗，促进环境质量持续改善。要分类制定新的主要产品能耗标准和排放标准，坚决杜绝新上高耗能、高排放、高污染和高危项目，有序推进产业转移，坚决淘汰落后产能。坚持节能环保相对量与区域环境容量绝

对量同时抓，严格落实节能降耗预警调控、环境影响评价、区域能耗总量控制等制度，把节能减排与产业结构调整、产业布局调整结合起来，重点抓好中心城区东部化工区搬迁改造，尽快启动中心城区南部区域产业布局优化调整，推进大外环沿线及区域内产业升级。大力发展循环经济，推行清洁生产，提高资源综合利用率。进一步加大节能减排执法力度，对环境违法违规行为坚决依法“顶格”处罚！

纵深推进改革开放，激发科学发展的动力和活力。要按照中央和省委、省政府的部署要求，进一步深化行政管理体制改革，稳步推进事业单位分类改革，加快推进医药卫生体制改革，继续深化投融资体制改革。积极鼓励企业上市，做大做强“淄博板块”；抓住用好政策机遇，促进齐鲁股权托管交易中心发展成为在全国有重要影响力的区域股权交易市场。在全省率先开展环境容量、能耗空间等稀缺资源有偿使用和排污权交易试点，积极稳妥地推进土地、水、电、气等要素供应和环保收费改革，以价格杠杆和市场机制倒逼产业转型升级。积极适应世界经济发展趋势，加快转变对外贸易方式，着力培育以技术、品牌、质量、服务为核心的外贸竞争优势；加快转变利用外资方式，更加注重产业招商、园区招商、资本招商、环境招商，着力引进一批跨国集团和战略投资者；加快转变“走出去”方式，把资本输出与资源利用有机结合起来，增强淄博企业利用国际国内两个市场、两种资源的能力。

促进区域协调发展，努力拓展发展空间。我市地处鲁中，在国家“蓝黄”发展战略中，具有独特的支撑作用。要创新思维，抓住机遇，以特色新材料产业聚集区、鲁中物流“旱码头”、全省性股权交易市场为依托，有机融入“蓝黄”发展战略，突出抓好高青黄河三角洲高效生态经济区建设，抓好4个蓝色经济区联动示范基地建设，借势增强自我发展能力。积极参与省会都市圈建设，主动加强与济南省会城市的合作发展。大力发展区县域经济，进一步研究扩权强区县的措施和办法，着力培植放大区县比较优势，切实增强区县统筹发展能力；支持高新区“二次创业”，促进高新区建设成为国家创新型科技园区；加快文昌湖旅游度假区建设，着力打造在全省乃至全国有重要影响力的统筹城乡品牌旅游度假区。

（二）扎实推进统筹城乡一体化发展。统筹城乡发展是扩大内需、改善民生、实现共同富裕的战略举措。要发挥我市工业化、城镇化水平比较高的优势，不失时机地加快新型城镇化进程，建设全市人民共同美好家园。

协调推进“四个层级”建设，构建市域一体的现代城镇体系。要按照大城市的标准做大做强做美做畅中心城区，在“双百”(100平方公里、100万人口)的基础上，对大外环以内260平方公里区域进行统筹规划，按照主题主线要求，调整优化产业布局和城建布局，明确任务节点，确保生态质量明显提升；加强老城区综合改造，分批进行规范化生活小区建设，健全完善购物、上学、健身、就医、文化娱乐等基础设施，改善群众生活环境；加快新城区建设步伐，充实提升文化体育功能区，启动建设金融商务和行政服务功能区，进一步彰显现代化城市风貌。按照中等城市的标准建设次中心城区，立足发挥区域优势，科学规划功能分区，注重自然人文特色，不断提升城市功能。按照既定规划，加大中心镇建设力度，突出抓好马桥镇、昆仑镇、凤凰镇综合改革试点，积极探索镇级小城市发展的路子。合理规划布局中心村(农村社区)，着力提高基础设施建设和公共服务水平，扎实推进社会主义新农村建设，让广大农民逐步过上像城里人一样的生活。“四个层级”的建设要着眼于增强城乡统筹发展活力，坚持因地制宜，符合群众意愿，积极稳妥地加以推进。

突出生态园林特色，提升城市宜业宜居承载力。生态园林是淄博组团式城市的本质特色。在新的发展中，要继续花大气力改善生态环境，完善城市功能，增强城市的吸引力、凝聚力和承载力。要继续实施绿化扩增工程，在市域大力开展植树造林，在城区大力推进园林绿化，在城郊建设环城林带，在城区之间建设绿色走廊，打造绿色森林拥抱城镇的美丽景象。要综合用水，建设安全有效的区域水系，提升清水润城层次水平；加快文昌湖湿地、黄土崖湿地、范阳河湿地、马踏湖湿地、大芦湖湿地和淄博新区水系建设；加强孝妇河、淄河、猪龙河等重点河流综合整治和生态优化；配套完善引黄供水工程、引太入张工程、南水北调淄博段工程、中水回用工程和以“同源同网同质”为主体的城乡居民安全供水工程，保障城乡生活生产用水安全；减量开采地下水，保护地下水质，让更多的清泉复涌。要构建顺畅交通网络，进一步完善“高速淄博”城乡路网，开工建设淄博火车站南广场，启动建设城市轻轨交通，论证规划淄博支线机场，优先发展公共交通，让城乡群众出行更方便、更安全、更快捷。要理顺城乡一体化公用事业体制，进一步完善覆盖城乡的污水处理和垃圾处理体系，加强供电、供气、供热等管网设施完善提升和拓展延伸；加强城市安全、人民防空、防震减灾等功能性设施建设；完善信息网络，推进“三网融合”，建设“智慧城市”。

（三）努力推动文化大市向文化强市跨越。文化是城市综合实力的重要组成部分。在新的发展中，我们要切实增强文化自觉、文化自信，积极稳妥地深化文化体制改革，增强文化发展活力，大力提升城市文化软实力。

坚持以社会主义核心价值体系为引领，进一步提升全国文明城市建设水平。社会主义核心价值体系是社会主义先进文化的精髓。要大力加强社会主义核心价值体系建设，坚持用马克思主义中国化最新理论成果武装头脑，用以爱国主义为核心的民族精神和以改革创新为核心的时代精神鼓舞斗志，用社会主义荣辱观引领社会风尚，筑牢全市人民共同团结奋斗的思想基础。深入推进公民道德建设，大力弘扬新时期淄博城市精神，加强“诚信淄博”建设，让诚信、务实、开放、创新成为我们这个城市的鲜明特征和精神品质。以成功创建全国文明城市为新的起点，深化群众性精神文明创建活动，健全完善文明城市创建长效机制，巩固和发展文明城市创建成果，进一步塑造文明进步、昂扬向上的城市精神风貌，不断提高城市文明水平。

健全完善公共文化服务体系，更好地满足人民群众日益增长的精神文化需求。加强公共文化服务体系建设，是保障人民群众基本文化权益的重要途径。要坚持以人为本、政府主导，按照公益性、基本性、均等性、便利性的要求，深入实施公共文化惠民工程，加快文化、广电、新闻、出版、文学艺术发展，切实让群众广泛享有免费或优惠的基本公共文化服务。加强基层文化设施建设，进一步提高镇综合文化站、村文化活动室、社区文化中心建设水平，在全省率先实现有线电视、宽带网络全覆盖。加强公共文化产品供给，创新公共文化服务机制，积极推动公共文化设施向社会免费开放。加强重大文化设施建设力度，突出抓好市文化中心建设，努力把市文化中心建设成为设施先进、功能齐全、展示城市形象、反映现代文化发展水平的标志性文化工程。加强齐文化宣传推介，推动齐文化研究开发，推出一批重大研究成果，创作一批优秀文艺作品，建设高水平的齐文化园区，进一步扩大齐文化品牌影响力。

大力推进经济文化融合发展，着力增强文化对经济社会发展的支撑能力。要遵循经济文化一体化发展趋势，把文化创意与工业、农业、服务业发展结合起来，提高产业发展的文化含量和附加值，形成文化引领经济、经济支持文化、文化经济互动发展的格局。大力发展印刷发行、文化旅游、文博和工艺美术、影视传媒、创意会展等优势文化产业；统筹推进文化演艺、休闲娱乐、文化用品等发展潜力大的文化产业；进一步提升陶瓷、琉璃、丝绸等传统产业的文化创意层次和水平；集中培育一批大型骨干文化企业和文化品牌。以文昌湖旅游度假区、四宝山生态文化教育园为引领，带动各区县建设各具特色的文化产业发展聚集区，激活丰厚的文化资源，使文化产业发展成为我市新的国民经济支柱产业。

（四）切实加强以改善民生为重点的社会建设。增进民生福祉是科学发展的根本目的。要促进民生与经济、社会和谐发展，认真解决群众最关心、最直接、最现实的利益问题，让全市人民生活得更加殷实、更加幸福。

大力改善国计民生，持续提高群众生活水平。扩大就业是民生之本。要实施更加积极的就业政策，突出抓好高校毕业生等重点群体就业工作，健全完善困难群体就业帮扶制度，加强就业服务，优化创业环境，努力使城乡群众充分就业。增加收入是民生之要。要完善工资正常增长机制，提高劳动报酬在初次分配中的比重，创造条件让居民拥有更多财产性收入，实现居民收入与经济发展同步增长。完善保障是民生之基。要按照广覆盖、保基本、多层次、可持续的要求，进一步完善覆盖城乡的社会保障体系，稳步提高保障水平；大力发展社会福利和慈善事业，逐步提高城乡低保标准，加大对城乡困难群众救助力度；完善住房保障制度，加强经济适用房、廉租房、公租房建设管理，建立多层次、多渠道住房保障体系。社会事业与群众生活息息相关。要坚持教育优先发展，健全教育投入正常增长机制，全面实施学前教育三年行动计划，实现区县域内义务教育均衡发展，推进普通高中教育特色发展，大力发展职业教育，支持发展高等教育；加强中小学校舍安全和办学条件标准化建设，实施校车安全工程，加大对困难家庭学生的救助力度，不断提高办学质量和水平。深化医药卫生体制改革，全面实施国家基本药物制度，积极稳妥地推进以“回归公益性”为出发点的基层医疗机构改革，逐步推行公立医院改革，实现人人享有基本医疗卫生服务，有效解决群众看病难、看病贵问题；健全疾病预防控制体系、突发公共卫生事件医疗救治体系、食品药品安全监管体系，提高群众卫生保健水平；规划建设国内一流水平的市医疗中心，培育引进一批名医名科，带动提升全市医疗救治水平。统筹推进全民健身和竞技体育协调发展，扎实做好人口和计划生育工作，促进妇女儿童、老龄和残疾人等事业科学发展。

加强和创新社会管理，切实维护社会和谐稳定。在新的发展阶段，淄博老工业城市社会建设管理的任务特别繁重。要继续深入实施固本强基维稳工程，创新社会管理方式，健全党委领导、政府负责、社会协同、公众参与的社会管理格局。加强和改进新形势下的群众工作，健全群众工作体制机制，完善市、区县、镇办、村居四级群众工作网络，加强城乡社区建设和基层基础工作，提高服务群众的能力和水平。加强和完善流动人口、特殊人群、网络虚拟社会和新经济组织、新社会组织的管理服务，不断扩大社会管理覆盖面。坚持以群众工作统揽信访工作，加强矛盾纠纷排查调处，畅通诉求渠道，推进事要解决，推广“六小警务”经验做法，及时解决群众反映强烈的突出问题，从源头上预防和减少矛盾纠纷。加强社会治安综合治理，完善社会治安防控体系，广泛开展平安单位创建活动，适时开展“严打”整治斗争，始终保持对违法犯罪的高压态势，切实增强群众安全感。一刻也不放松地抓好安全生产，积极推进安全生产标准化和安全监管规范化建设，强化企业主体责任和政府监管责任，坚决防止重特大安全事故发生。加强公共安全体系建设，完善突发事件应急管理机制，切实增强防灾减灾和应急救援能力。加强民兵预备役和国防建设，增进军政军民团结。

大力发展社会主义民主政治，营造形成团结和谐的生动局面。推动科学发展、促进社会和谐，需要最大限度地凝聚方方面面的智慧和力量。要坚持和完善人民代表大会制度、中国共产党领导的多党合作和政治协商制度，支持人大及其常委会依法履行职能，支持政协履行政治协商、民主监督、参政议政职能。加强同民主党派、工商联和无党派人士的团结合作，做好民族、宗教、外事、侨务和港澳台工作，巩固和壮大最广泛的爱国统一战线。充分发挥工会、共青团、妇联等人民团体的桥梁纽带作用，调动社会各个方面投身改革发展的积极性。大力推进基层民主，深化政务公开、厂务公开和社区事务公开，依法保证人民群众的知情权、参与权、选举权、监督权。坚持和完善重大决策征求意见、民主听证、社会公示和民主评议等制度，推进决策科学化、民主化。深入开展“法治淄博”建设，扎实推进“六五”普法和“五五”依法治市，加强地方立法，坚持依法行政和公正司法，切实维护社会公平正义。

四、全面提高党的建设科学化水平

事业发展，关键在党。要坚持以执政能力建设和先进性建设为主线，以改革创新精神全面推进党的建设新的伟大工程，为加快建设殷实和谐经济文化强市提供坚强的政治保证。

*（一）着力加强思想政治建设，始终以党的最新理论成果武装头脑。*理论上的成熟是政治上坚定的基础，思想上的统一是全党步调一致的重要保证。各级党组织和广大党员干部要始终坚持讲政治、讲大局，不折不扣地执行党的路线方针政策，始终在思想上、政治上、行动上同党中央保持高度一致，确保淄博工作的正确方向。切实加强学习型党组织建设，深入开展中国特色社会主义理论体系学习教育，扎实做好新一轮大规模培训干部工作，不断提高广大党员干部的政策理论水平。紧密结合改革发展实际，持续推进思想解放，促进各级切实增强忧患意识，谦虚谨慎、戒骄戒躁，始终保持良好的精神状态，坚持按客观规律办事，善于用改革创新的思路破解发展

难题，努力使各项工作体现时代性、把握规律性、富于创造性。

（二）着力加强领导班子和干部队伍建设，进一步提高科学发展的能力和水平。建设一支高素质的干部队伍，是推进淄博老工业城市科学发展的重要保证。要树立正确用人导向，坚持德才兼备、以德为先的用人标准，以更宽的视野、更高的境界、更大的气魄，切实把那些政治坚定、实绩突出、作风过硬、群众公认的干部及时合理使用起来，提高班子整体素质。深化干部人事制度改革，进一步加大竞争性选拔干部力度，注重从基层一线培养选拔干部，使更多的优秀人才脱颖而出、施展才华。积极推进后备干部队伍建设，大力培养选拔优秀年轻干部、女干部和非中共党员干部，认真做好老干部工作。进一步健全科学发展考核评价机制，完善考核内容，改进考核方式，强化考核结果运用，充分调动各级科学发展的积极性。

（三）着力加强基层组织和党员队伍建设，筑牢夯实党的执政基础。党的基层组织是党的全部工作和战斗力的基础。要深入开展创先争优活动，围绕推动科学发展、促进社会和谐、服务人民群众、加强基层组织的目标，创新载体、丰富内涵，努力打造成为群众满意工程。严格落实“书记抓、抓书记”的基层党建工作责任制，突出抓好村居基层党组织建设，选优配强“带头人”，健全工作机制，加强岗位培训，落实工作待遇，切实增强基层党组织的凝聚力、创造力、战斗力。积极适应城乡一体化发展趋势，加快构建城乡统筹基层党建新格局，统筹抓好国有企业、机关、学校、社区、新经济组织和新社会组织的党建工作，不断扩大党组织的覆盖面和影响力。进一步加强党员队伍建设，建立健全教育、管理、服务长效机制，积极发展党内民主，充分发挥广大党员的先锋模范作用。

（四）着力加强党风廉政建设，始终保持党的先进性、纯洁性。坚决惩治和有效预防腐败，关系人心向背，决定事业兴衰，是必须始终抓好的重大政治任务。要着力加强惩治和预防腐败体系建设，严格落实党风廉政建设责任制，大力加强廉政教育，严格执行《廉政准则》，深入实施领导干部报告个人有关事项、述职述廉、警示诫勉、函询质询和经济责任审计等制度，健全完善行政电子监察平台，全面推行廉政风险防范管理，深化党务公开，加大违纪违法案件查办力度，不断提高反腐倡廉建设科学化水平。继续深化认真专业务实作风效能建设，切实提高行政效率和服务效能，坚决纠正损害群众利益的不正之风，促进党风政风民风持续好转。广大共产党员特别是领导干部要树立强烈的事业心、责任感，大力发扬党的光荣传统和优良作风，密切党同群众的血肉联系，永葆共产党员的政治本色，以更加奋发进取的精神、更加卓有成效的工作，不断创造经得起实践检验、人民检验、历史检验的新业绩。

同志们，新的使命责任重大，新的征程催人奋进。我们要更加紧密地团结在以胡锦涛同志为总书记的党中央周围，在省委的坚强领导下，高举中国特色社会主义伟大旗帜，以邓小平理论和“三个代表”重要思想为指导，深入贯彻落实科学发展观，团结带领全市人民，以更加饱满的热情，强化生态文明，加快内涵发展，全面提高党的建设科学化水平，为建设殷实和谐经济文化强市而努力奋斗！

政府工作报告

——在淄博市第十四届人民代表大会第一次会议上

市长　周清利

（2012 年 2 月 26 日）

各位代表：

现在，我代表市人民政府，向大会作政府工作报告，请予审议，并请各位政协委员和其他列席会议的同志提出意见。

一、过去四年政府工作回顾

过去四年是我市发展史上极不平凡的四年。在中共淄博市委的坚强领导下，全市上下深入贯彻落实科学发展观，积极应对国际金融危机等各种风险挑战，坚定不移地走内涵发展的路子，在顺利完成“十一五”规划的基础上，提前一年实现了市十三届人大一次会议确定的主要目标任务，谱写了老工业城市科学发展的新篇章。

——这是全市综合实力显著增强的四年。2011 年，全市工业总产值和主营业务收入比 2007 年实现翻番，双双突破 1 万亿元，我市成为全省第 3 个、全国第 16 个工业经济过万亿的城市；全市地区生产总值实现 3280.2 亿元，是 2007 年的 1.63 倍；境内财政总收入达到 476.2 亿元，其中地方财政收入突破 200 亿元，是 2007 年的 2.08 倍；金融机构人民币存款余额达到 2725 亿元、贷款余额达到 1872 亿元，分别是 2007 年的 1.95 倍和 1.94 倍；城市居民人均可支配收入达到 24955 元，农民人均纯收入达到 10878 元，分别是 2007 年的 1.57 倍和 1.68 倍。全市综合实力跨上了一个大台阶。四年来，面对历史罕见的国际金融危机冲击和极其复杂的国内外环境，我们坚持咬定发展不放松，始终把保持经济平稳较快增长紧紧抓在手上。注重把保发展与增后劲结合起来，抓住机遇，策划实施了“两区三村”改造建设工程、新型城镇化以及传统产业技改计划等一大批重点项目，既拉动了即期增长，又为长远发展积蓄了力量，四年累计完成固定资产投资 4608 亿元，是上一个五年的 2.08 倍。同时，注重促进投资、消费、出口协调拉动，全市经济自主增长、内生增长的动力明显增强，固定资产投资、社会消费品零售总额、外贸进出口总额年均分别增长 24.05%、19.63%和 17.86%。四年来，我们坚持务实保发展与增创新优势“两手抓”，在经济总量跃上新水平的同时，在全国资源型老工业城市中率先创建为全国文明城市，创造性地设立齐鲁股权托管交易中心、淄博保税物流中心等重大资本和开放平台，淄博的比较优势加速放大，城市地位和影响力显著提升。

——这是经济结构调整取得重大进展的四年。四年来，我们坚持把推进经济结构的战略性调整，作为老工业城市转型升级的主攻方向。持续组织实施了一大批“工业百项”重点项目，累计完成技改投资 2093 亿元，一批骨干企业跃居行业领军地位，氯碱离子膜、超级动力电容电池等一批重大高新技术项目实现产业化，新材料、精细化工等新兴产业竞争力日益增强。中心城区东部化工区以及张钢片区搬迁改造、南部区域综合整治取得重大进展，产业布局调整大见成效。全市工业整体素质和效益明显提升，2011 年，全市主营业务收入过百亿的企业达到 10 家，省级以上企业研发机构达到 209 家，中国名牌产品、中国驰名商标总数分别达到 30 个和 47 件，均居全省前列。我们着力引进优质资本和品牌，高水平策划、高效能推进了文昌湖省级旅游度假区、华润城市综合体、淄博太空港航天科技文化城、太保电话保险运营中心等一批高端服务业项目，全市现代服务业发展进入提质增效、带动经济结构升级和城市品质提升的新阶段。全市粮食生产连续九年增收，有机农业、品牌农业、都市农业发展势头良好，“三品一标”产品达到238个，市级以上农业龙头企业达到122家，农业综合效益逐年提高。2011年，全市三次产业比例调整为3.6：60.2：36.2，四年间三产比重提高4.6个百分点，高新技术产业产值占比达到26.6％（新口径），淄博老工业城市新的竞争优势正在加速形成。

——这是新型城镇化快速推进的四年。全市城镇化率超过64％，比2007年提高2.9个百分点，比全国、全省平均水平高出10个百分点以上，城乡规划建设管理水平显著提高。四年来，中心城区新城区建设有序展开，旧城区改造提升力度加大，相继建成市体育中心、运动员公寓、淄博客运中心等一批标志性建筑，开工建设市文化中心和新城区景观水系，大力推进城区道路、管网改造和旧居住区综合整治，全线贯通中心城区大外环，现代化城市的发展框架进一步拉开，城市形象与功能不断提升。与此同时，区县域城乡建设和生态建设、民生建设亮点纷呈，“四个层级”协调发展的格局进一步形成，“建设农村殷实小康十大工程”向纵深推进。今年上半年，历时逾三年、惠及城乡15万户居民的“两区三村”改造建设工程将基本完工。四年新建改造农村公路1564公里，农村自来水普及率达到97.6％，镇村面貌发生重大变化。在过去的四年中，我们组织实施了一批重大基础设施项目，大中小型水库除险加固工程全面完成，泰青威天然气管线淄博段在全省率先竣工输气，引太入张工程竣工投用，晋豫鲁铁路沂源段、南水北调淄博段进展顺利，累计改造、新建干线公路268公里，城市承载和辐射带动功能明显增强。

——这是生态文明建设水平显著提高的四年。四年间，全市万元GDP能耗累计下降21.36％，化学需氧量和二氧化硫排放量分别减少17.19％、27.87％，城市污水集中处理率达到93.5％，城市生活垃圾无害化处理实现全覆盖，主要河流水质全部达到恢复鱼类生长的要求，空气质量良好率超过50％，比2007年提高43.6个百分点。我市连续三年获得全省节能目标责任考核第一名，环保工作受到国家环保部表彰。作为一个结构性矛盾突出的老工业城市，能够取得这样的进展，实属不易，全市上下为此付出了前所未有的努力。四年来，我们强力推进节能减排，实施并完成新一轮“碧水蓝天行动计划”，新改扩建17座城镇污水处理厂，新配套污水管网300多公里，整治污染企业4800多家，关停各类“土小”企业3000多家，淘汰水泥落后产能1100万吨、钢铁落后产能437万吨、建陶落后产能9150万平方米。我们大力推进生态市建设，四宝山、孝妇河、猪龙河等一批重点生态修复工程取得显著成效，秸秆全面禁烧及转化利用工作成果不断扩大。全面提高大环境绿化水平，四年新增造林面积50万亩、园林绿地1200公顷，森林覆盖率达到36％，建成区绿化覆盖率达到42.6％，成功创建为全国绿化模范城市。人民群众热切期盼的让淄博天更蓝、地更绿、水更清、气更爽的目标正在加快变为现实。同时，我们更加清醒地认识到，淄博的生态文明建设任重而道远，需要全市上下为之长期艰苦奋斗！

——这是改革开放向纵深推进的四年。四年来，我们顺利完成了政府机构改革和乡镇布局调整，扎实推进马桥镇、凤凰镇、昆仑镇扩权强镇发展改革试点，加大对欠发达县、老工业区和强区县科学发展的支持与激励力度，区县域发展战略日益完善。先后争取高青县列入黄河三角洲高效生态经济区、沂源县享受国家支持沂蒙革命老区政策、淄川区列入国家资源枯竭型城市。我们着力深化企业改革，创造性地组织实施一系列重大资产重组，全部解决了上市公司历史遗留问题，同时新增上市公司9家，累计实现融资与再融资175亿元，资本市场上的“淄博板块”健康发展壮大。我们大力推进医药卫生体制改革，国家基本药物制度实现全覆盖，基层医疗卫生机构综合改革全面完成。集体林权制度改革成效显著，事业单位分类改革稳步启动，其他各项改革取得积极进展，经济社会发展活力不断增强。四年来，我们坚定不移地扩大对外开放，一批国内外知名企业入驻淄博，现代制造业和服务业等重点领域开放水平显著提高，全市累计实际利用外资22.9亿美元，是上一个五年的1.19倍。外贸发展方式加快转变,2011年,实现外贸进出口总额90.6亿美元,其中出口53.3亿美元,分别是2007年的1.93倍和1.78倍。以宏达矿业收购秘鲁邦沟铁矿、石嘴山淄博工业园建设为代表,“走出去”取得重大突破。我们成功举办了四届陶博会和新材料技术论坛,“新材料名都”和“淄博陶瓷·当代国窑”品牌影响力日益扩大。援川工作走在全省前列,援藏、援疆工作不断取得新成果。

——这是民生和社会建设显著加强的四年。坚持把保障和改善民生作为一切工作的出发点和落脚点,2008年至2011年,各级财政用于民生建设的支出累计达到398亿元,占财政总支出的52.5%,各项民生政策得到全面落实。四年来,我们认真落实各项就业和创业政策,累计新增城镇就业50.2万人次,农村劳动力转移就业33.6万人次,城镇登记失业率控制在3%以内。我们着力提高社会保障水平,城镇五项社会保险在全国同类城市中率先实现市级以上统筹,新农合、新农保和城镇居民养老、医疗保险实现全覆盖,惠及城乡全体居民的社会保障体系建设取得突破性进展。截至2011年末,全市社保基金积累103亿元,比四年前翻了一番,社会保障能力显著增强。妇女儿童、老龄、社会福利、慈善、残疾人、红十字等各项事业创新发展,社会救助体系日益完善。大力推进保障性安居工程建设,累计开工建设廉租房、公租房、经济适用房21965套,其中2011年开工建设12017套,超额完成省下达任务。

四年来,我们坚持教育优先发展战略,积极推进中小学校舍安全工程建设,新建中小学校17所,改造校舍面积150万平方米。科学整合职业教育资源,优化了教育资源配置。建立健全家庭困难学生资助体系,有效地促进了教育公平。2008年至2011年,全市地方财政预算内教育经费支出累计达169.55亿元,占地方财政支出总额的22.35%。四年来,我们先后完成投资5.34亿元,改造建设村卫生室1268处、县镇基层医疗卫生机构62处、市属医疗卫生机构10处,城乡医疗卫生保障能力显著增强。我市基本和重大公共卫生项目实施处于全国领先水平,卫生惠民力度不断加大。这四年,成为我市教育、卫生等社会事业投入力度最大、城乡办学和医疗条件改善最为明显的时期之一。我们大力加强精神文明建设,积极发展文化事业和文化产业,先后被评为全国未成年人思想道德建设先进市和全国文化体制改革先进地区。全市竞技体育和全民健身运动蓬勃发展,低生育水平保持稳定。四年来,我们积极创新兵员征集办法,扎实落实拥军优抚政策,实现全国双拥模范城“七连冠”。切实加强和创新社会管理,推进“法治淄博”建设,坚持以群众工作统揽信访工作,深入实施固本强基维稳工程和治安安民工程,总结推广“六小警务”经验,毫不放松地抓好安全生产和食品药品安全工作,建立健全应急管理体制机制,保持了社会大局和谐稳定,创建为全国社会治安综合治理优秀市和全国法制宣传教育先进市。民族宗教、外事、侨务、对台、防震减灾、气象、人防、统计、物价、史志、档案等各项事业都实现了新发展,取得了新成绩。

四年来,我们深入贯彻落实国务院《关于加强市县政府依法行政的决定》,扎实推进法治政府和服务型政府建设。不断完善行政决策机制,提高决策的科学化、民主化、法治化水平。自觉接受人大及其常委会的监督和政协的民主监督,虚心听取各民主党派、工商联和社会各界的意见,认真办理人大代表建议和政协委员提案。积极推进行政审批“两集中、两到位”改革,切实规范行政执法,加强政府信息公开和行政电子监察平台建设,努力提高行政效能。严格落实党风廉政建设责任制,积极推行廉政风险防范管理,树立了为民、务实、清廉的良好形象。

各位代表!回顾过去四年的发展历程,政府工作最鲜明的主题是推动科学发展,最突出的主线是转方式调结构,最根本的着力点是惠民生促和谐,最显著的特点是求真务实。在中共淄博市委的坚强领导下,全市上下团结一心,奋发有为,经受住了国际金融危机的严重冲击和国内外复杂环境的严峻考验,出色完成了支援北川灾后重建和“4·28”救援处置等重大急难险重任务,成功举办了第二十二届省运会等一系列重大赛事,努力开创了殷实和谐经济文化强市建设新局面,充分展示了淄博人民攻坚克难的智慧与勇气、顾全大局的境界与风貌、奋勇争先的干劲与魄力!成绩的取得,得益于党中央、国务院和省委、省政府的科学决策和亲切关怀,胡锦涛总书记、温家宝总理、李克强副总理等中央领导同志亲临我市视察,给全市人民极大鼓舞和有力鞭策。省委、省政府高度关注淄博的发展，对我市工作提出明确要求。成绩的取得，得益于市委的正确领导，得益于市人大、市政协和社会各界的大力支持，得益于全市人民励精图治、艰苦奋斗。在此，我代表市人民政府，向全市人民，向各民主党派、工商联、各人民团体和社会各界人士，向驻淄部队、武警官兵、政法干警和中央、省驻淄单位，向海内外所有关心支持淄博发展的同志们、朋友们，表示衷心的感谢和崇高的敬意！

在充分肯定成绩的同时，我们也清醒地看到，我市经济社会发展还面临一些困难和问题，主要是：经济结构性矛盾依然比较突出，已经成为节能减排、安全生产和生态建设的主要制约因素，可持续发展面临的资源环境和发展空间约束增强；区域创新能力还不够强，高层次和高技能人才相对不足，城市竞争力有待进一步提高；保障和改善民生任务繁重，统筹城乡和区域协调发展、加强和创新社会管理面临许多新课题；面对新形势新要求，政府职能还需要进一步转变，行政服务效能还需要进一步提高。对这些困难和问题，我们高度重视，要采取扎实有效的措施，认真加以解决。

二、认真组织实施好“十二五”规划

市十三届人大四次会议审议通过了《淄博市国民经济和社会发展第十二个五年规划纲要》，经过全市上下一年来的共同努力，我们实现了“十二五”时期的良好开局，站在了新的发展起点上。刚刚闭幕的市十一次党代会确定了今后五年的奋斗目标和主要任务。当前及今后一个时期，我们要认真贯彻落实市十一次党代会精神，进一步深入扎实、与时俱进地组织实施好“十二五”规划，努力抓住新机遇，迎接新挑战，实现新跨越。

按照市十一次党代会对今后五年工作的总体部署和要求，今后一个时期，我们要高举中国特色社会主义伟大旗帜，以邓小平理论和“三个代表”重要思想为指导，以科学发展为主题，以加快转变经济发展方式为主线，紧紧围绕建设殷实和谐经济文化强市的目标，强化生态文明，加快内涵发展，突出加强结构调整，突出统筹城乡发展，突出改善民生维护稳定，加强人才科技支撑，深化改革开放，不断开创淄博老工业城市科学发展新局面。

市十一次党代会确立了强化生态文明、加快内涵发展、建设殷实和谐经济文化强市的总体要求，这是现阶段推动淄博老工业城市科学发展的必然要求和现实选择。要进一步统一思想、形成共识，以更大力度加以推进，着力培植淄博科学发展的长期竞争优势。

*——我们要推动经济发展再上新台阶，使淄博的实力更强、后劲更足。*发展是富民强市的基础，是解决所有问题的关键。必须毫不动摇地坚持发展是硬道理的战略思想，抓住用好大有可为的重要战略机遇期，千方百计加快内涵发展。要坚持量的增加以质的提升为前提，努力使资源消耗和污染排放更低、投入产出比更高、单位空间创造的价值财富更多、企业核心竞争力更强、产业支撑城市现代化发展的能力更足。要强化科技与人才支撑，推动经济增长向主要依靠科技进步、劳动者素质提高和管理创新转变，向投资、消费、出口协调拉动转变，努力保持强劲增长动力，实现长期平稳较快发展，加快工业总量由1万亿元到2万亿元的跨越，为全面建成小康社会打下具有决定性意义的基础。到2015年，全市地区生产总值突破5000亿元，年均增长12%左右；地方财政收入突破300亿元，年均增长15%左右，城市综合实力和竞争力显著提升。

*——我们要推动转型升级实现新突破，使淄博的经济结构更加优化、竞争优势更加突出。*转方式调结构事关全局与长远，刻不容缓，必须更加自觉地在发展中促转变，在转变中谋发展，加速以产业升级带动城市转型。要集中调高调强新材料、精细化工、现代医药、汽车及机电装备、新能源与节能环保装备、电子信息等支柱产业，逐步解决工业结构偏重的问题，加快由工业大市向工业强市跨越，把淄博建设成为名副其实的鲁中工业重镇；集中调大调活现代物流、金融保险、文化旅游等现代服务业，加快建设鲁中商贸中心、鲁中物流“旱码头”、鲁中金融中心和品牌旅游目的地，把淄博建设成为鲁中高端服务业聚集区；集中调精调优蔬菜、畜牧、果业、林木花卉等高效特色产业，加快建设南部生态有机农业区、中部观光休闲农业区、北部精准高效农业区三大板块，构建现代农业产业体系。力争“十二五”末，服务业增加值占GDP的比重提高到43%以上，战略性新兴产业进

一步形成规模效应，高新技术产业产值比重提高5个百分点以上，形成淄博经济新的竞争优势。

——我们要开创城乡统筹发展新局面，使淄博的城市品质更加优秀、城乡发展更加协调。当前及今后一个时期，是工业化、城镇化快速推进的关键时期，必须抓住机遇，发挥优势，全面加快新型城镇化和城市现代化进程。要按照"现代化双百城市"目标和大城市标准做大做强做美做畅中心城区，在改造提升老城区的同时，加快推动新城区建设，完善提升文化体育功能区，启动建设金融商务和行政服务功能区，彰显现代都市气韵品质，增强服务带动功能。对大外环以内260平方公里区域进行统筹规划，加快构建生态质量良好、产业布局合理、城市结构科学、聚集辐射有力的科学发展核心区。按照中等城市和小城市标准搞好次中心城区和中心镇建设，提高中心村（农村社区）规划建设和公共服务水平，形成四个层级紧密衔接、梯次辐射、互动发展的现代城镇体系和城乡一体化发展新格局。切实完善统筹城乡的制度设计，努力缩小城乡差距，逐步让广大农民过上和城里人一样的生活。力争"十二五"末，城镇化率提高到68%以上，实现省"十二五"规划确定的把淄博建设成为270万城镇人口的区域性中心城市的目标。

——我们要推动生态文明建设实现新跨越，使淄博的生态更美、环境更优。面对日趋强化的资源环境约束，必须更加自觉地把生态文明理念贯穿到经济社会发展的全过程和各领域，加快构建资源节约、环境友好的生产方式和消费模式，在努力清还生态环境"老账"的同时，坚定地走好绿色低碳环保可持续发展的新路子。到2015年，全市万元GDP能耗降低17%以上，化学需氧量、二氧化硫排放总量分别削减13%、20%以上，城市污水集中处理率达到98%，生活垃圾无害化处理率保持在100%，全面完成"十二五"节能减排目标任务。要扎实推进森林围城、清水润城等重大生态建设工程，持续改善水体质量和空气质量，加快建设生态淄博，打造鲁中生态高地。到"十二五"末，新增造林面积50万亩、园林绿地1400公顷，全市森林覆盖率达到38%，建成区绿化覆盖率达到46%，积极创建国家生态园林城市和环保模范城。

——我们要迈出文化强市建设新步伐，使淄博的文化更繁荣、城市更文明。文化软实力是城市综合实力和核心竞争力的重要组成部分，必须深入贯彻党的十七届六中全会精神，全面促进文化大发展大繁荣。要加强社会主义核心价值体系建设，弘扬诚信、务实、开放、创新的城市精神，全面提升全国文明城市建设水平。深入实施文化惠民工程，切实加强重大文化工程和基层文化设施建设，健全公共文化服务体系。要坚持以改革创新为动力，大力推动文化与经济社会融合发展，加快构建现代文化产业体系，尽快把文化产业培育成为国民经济新的支柱性产业，努力实现由文化大市向文化强市的跨越。

——我们要推动民生和社会建设再上新水平，使淄博的社会更和谐、人民更幸福。保障和改善民生是一切工作的出发点和落脚点，必须始终坚持以人为本，进一步调整财政支出结构，加大民生与社会建设力度，不断提高城乡公共服务能力和群众生活水平。要积极稳定和扩大就业，显著提高覆盖城乡全体居民的社会保障水平。实施城乡居民收入倍增计划，实现居民收入增长与经济发展同步、劳动报酬增长与劳动生产率提高同步。到2015年，城镇居民人均可支配收入、农民人均纯收入分别达到3.8万元和1.7万元，人民群众的幸福感和满意度不断提高。要大力加强和创新社会管理，促进社会公平正义，加强诚信体系建设，保持社会和谐稳定，努力把淄博建设成为最安全的城市之一和法治环境最好的地区之一。

各位代表！淄博已经站在一个新的历史起点上。在推动"十二五"发展的征途中，我们必须进一步增强机遇意识和忧患意识，勇于在变化的形势中把握机遇，在激烈的竞争中增创优势。经过几年努力，实现"十二五"规划的各项目标，淄博的综合实力将更加雄厚，竞争优势将更加突出，人民生活将更加殷实，"十三五"发展的基础将更加坚实。我们坚信，有市委的坚强领导，有全市上下的不懈奋斗，"十二五"规划的宏伟蓝图一定会实现！

三、关于2012年经济社会发展的目标任务和工作重点

2012年是实施"十二五"规划承上启下的重要一年，党的十八大将要召开，做好今年政府工作具有十分重要的意义。考虑到与市十一次党代会和“十二五”规划确定的目标相衔接，今年全市经济社会发展的主要预期目标建议为：国内生产总值增长10.5%以上，地方财政收入增长15%以上，固定资产投资增长18%以上，社会消费品零售总额增长16%以上，外贸进出口增长10%左右，实际利用外资增长10%以上，城市居民人均可支配收入和农民人均纯收入均增长10%以上，城镇登记失业率控制在4%以内，完成节能减排年度目标任务。

重点抓好以下四个方面的工作：

（一）全力保持经济平稳较快增长。在内外环境不确定因素增多的情况下，保持平稳较快增长对经济发展全局至关重要。要正确把握国家宏观调控取向，促进投资、消费、出口协调拉动。

保持有效投资稳定增长。一是加快推进重点项目建设。突出抓好中央和省投资在建续建项目，有序推进“十二五”规划重点项目，高水平策划实施一批国家、省重点支持的重大项目。牢固树立服务企业发展以项目为纲的理念，进一步加大工作力度，优化投资结构。二是积极拓宽融资渠道。努力加大信贷投放规模，保障重点项目建设和企业正常生产经营的资金需求。积极扩大直接融资规模，力争实现企业上市融资新突破，支持齐鲁股权托管交易中心完善功能、稳健扩容。认真落实国家和省促进民间投资的政策措施，促进民间投资稳定增长。依法严厉打击非法集资等违法犯罪行为，保障金融稳定运行，有效防范系统性风险。三是用好重大政策利好。研究用好高青县列入黄三角高效生态经济区、沂源县享受国家支持沂蒙革命老区政策、淄川区列入国家资源枯竭型城市等重大政策，找准切入点、结合点，高水平策划项目，高效能推进项目，争取最好的政策效益。

抓住用好扩大消费的历史机遇。把扩消费与增投资更好地结合起来，增强经济增长的内生动力。一是落实扩大消费的政策，惠及城乡群众。着力增加低收入者收入，提高中等收入者比重，增强居民消费能力。培育消费热点，引导房地产业健康发展，扩大市内文化旅游、休闲健身、家政养老等服务消费，促进消费升级。二是研究用好扩大消费需求的大势，拉动地方经济增长。加快构建现代商贸流通体系，加强“万村千乡”市场建设，扩大“农超对接”规模，拓展城乡消费市场。调整产业产品结构，着力培植一批高端生活消费品牌，占领国际国内高端市场。提升陶博会等重点展会影响力，积极帮助企业开拓市场。三是优化消费环境，保持物价总体稳定。加强价格监管，依法查处各类价格违法行为。完善价格调节基金制度，健全社会救助和保障标准与物价上涨挂钩联动机制。健全肉类、蔬菜、酒类等重点商品追溯体系，确保放心消费。

推动开放型经济转型升级。一是优化利用外资结构。突出抓好产业链招商、产权招商和境外上市，把实体经济及城市资源存量优势转化为资本优势。加强对现有外商投资企业的服务，鼓励增资扩股、以外引外。坚持引资引智并举，积极引进我市急需的海外人才与技术。二是转变外贸发展方式。综合用好退税、出口信用保险等政策，支持优势出口企业巩固和扩大国际市场份额。充分发挥淄博保税物流中心的口岸服务功能，加强外贸转型示范基地和科技兴贸基地建设，推动出口企业集聚发展。积极发展服务贸易特别是服务外包产业，培育新的外贸增长点。抓住国家支持进口的机遇，扩大重要能源资源和关键设备进口。三是进一步做好“走出去”的文章。积极推进境外资源开发、富余产能转移和海外工程承包，重点支持宏达矿业等境外投资和资源开发项目，规划建设好石嘴山淄博工业园等一批“飞地园区”，承接我市产业梯次转移。

（二）深入推进经济结构战略性调整。工业总量过万亿，标志着我市经济站在了一个更高的发展平台上。要以更大的决心和力度推进经济结构调整，加速新的转型升级。

推动工业大市向工业强市跨越。一是以重点项目为载体，扎实推进“双轮驱动”。深入实施新一轮技改计划和战略性新兴产业倍增工程，加快改造提升石化、轻工、建材、冶金、机械等传统产业，培植壮大新材料、精细化工、现代医药、汽车和机电装备、新能源与节能环保装备、电子信息等新兴产业。安排重点工业项目102项，总投资509.8亿元，其中新兴产业项目数量及投资均占70%以上。下大气力完善提升产业链，集中突破我市优势产业链上的关键节点和核心技术，着力向高端研发和品牌运营延伸，提高产业核心竞争力。重点支持一批“两化”融合示范项目，搞好省级信息化与工业化融合试验区建设，推进信息化与工业研发生产和经营管理的深度融合。二是以骨干企业为支撑，集中培植壮大保增长、转方式、调结构的中坚力量。进一步把各类优质要素资源向核心竞争力强、内涵发展战略清晰、对地方发展贡献大的强企业、大集团集中，优先支持其上市融资、兼并重组、做大做强。深入开展“品牌建设年”活动，培育一批具备突出市场竞争优势的一流品牌。加强中小企业服务体系建设，认真落实对小微企业的财税和金融等扶持政策。三是以重点园区为依托，提高产业集聚集约发展水平。强化主体功能区划，推动企业向园区集中，解决布局散乱和污染围城、污染扩散问题。加快推进中心城区南部区域改造升级。强化技术含量、投入强度、能评环评、单位产出等指标约束，切实提高淄博高新区、东岳氟硅材料产业园、齐鲁化工区等重点园区以及新材料、生物医药等国家级特色产业基地的建设发展水平，打造聚集国内外先进生产要素、发展优势产业集群的重要平台。

推动服务业提质增效。认真组织实施全市服务业发展“十二五”规划，进一步扩大总量、优化结构、提升效益，力争服务业增加值占比提高2个百分点左右。着力打造四大现代服务业优势品牌。一是打造鲁中商贸中心。加强中心商业区和特色商业街区建设，构建传承城市文脉、彰显城市特色、提升市民生活品质的成熟商圈。支持骨干商贸流通企业实行强强联合和跨行业、跨地区经营，培植一批在全省、全国有重要辐射力的商贸流通“航母”企业。改造提升化工、建材、机电以及纺织服装、家具等大型专业批发市场，提高市场影响力。二是打造鲁中物流“旱码头”。全面提升淄博保税物流中心的辐射带动功能，加快规划建设为保税物流中心配套的出口加工区，努力向综合保税区过渡和发展，打造名副其实的鲁中“无水港”。继续抓好齐鲁化工物流园、鲁中公铁物流园、鲁中商贸物流园等总投资150亿元的一批重点物流项目建设，构筑现代物流产业发展体系。三是打造鲁中区域性金融中心。结合提升新区功能，加快规划建设淄博金融集聚区。按照建设山东股权托管交易中心的市场定位，着力提升齐鲁股权托管交易中心的辐射带动功能。继续引进外埠优质金融机构，加大对优质融资性担保机构的扶持力度，支持地方金融企业做大做强。四是打造国内知名旅游目的地城市。加快推进文昌湖旅游度假区、淄博太空港航天科技文化城等一批重大项目建设，培育旅游发展新亮点，提升“齐风陶韵·生态淄博”品牌影响力。中心城区在现代服务业发展上要率先突破，加快建设高端服务业聚集区，带动经济结构和城市功能加速升级。全面落实国家和省、市支持服务业发展的政策措施，优化服务业发展环境。进一步扩大服务业对外开放，积极引进国内外优质资本和著名品牌，增强服务业上规模、上水平的动力。

提高现代农业发展水平。一是抓好粮食生产和高效特色农业发展。大力开展粮食高产创建活动，突出抓好百万亩优质专用粮基地建设，努力实现粮食生产十连增。深入实施蔬菜、畜牧、果业、林木花卉四大产业振兴计划，整建制推进南部山区有机农产品生产区建设，以10万头山东黑牛产业化项目为依托，加快建设高青黄河三角洲高效生态畜牧区。进一步搞好都市农业示范园区建设，提高农业综合效益。二是大力加强水利基本建设。加快推进南水北调地方配套工程，确保与干线工程同步建成、同步见效。加强小农水重点县和大中型灌区续建配套与节水改造工程建设，完成列入国家和省规划的淄河、孝妇河、北支新河3条河流治理任务，申报实施一批大中型病险水闸除险加固项目，规划建设一批旱能浇、涝能排的高标准农田。完善引太入张工程，推进“清水润城”及生态水系建设。深入推进农村饮水安全工程，年内再解决12万名农村群众的饮水安全问题。三是强化农业科技支撑能力。进一步增加投入，加强基层农技推广、农产品质量监管、重大动植物疫病防控等公共服务机构建设，健全完善现代农业产业技术体系，提高设施农业、精准农业发展水平。搞好农村科普和农民培训工作，不断提高农民的科技素质和科技应用能力。四是增强农业和农村发展活力。全面落实强农惠农富农政策，确保各项支农补贴及时到位。完善扶贫开发政策，科学制定并认真组织实施新十年扶贫开发规划。大力培育农业龙头企业和农民专业合作经济组织，积极稳妥地推进农村土地规模经营。

增强自主创新能力。一是加强技术创新平台

建设。积极争取国家技术创新工程试点，支持企业加大技术创新投入，普遍建立技术依托，切实增强创新能力。争取东岳集团获批组建国家重点实验室，加快推进山东省芯片设计研发中心、纺织企业技术创新公共服务平台以及相关优势产业技术创新战略联盟建设。二是积极推进高新技术产业化。深化产学研合作，加大对创新成长型企业的支持力度，在战略性新兴产业领域实施一批重点科技攻关计划项目，争取在国产氯碱离子膜工业应用推广、超级动力电容电池、芯片封装测试及新能源汽车等方面取得突破。精心组织好新材料技术论坛系列活动，拓宽高技术成果引进转化渠道。三是优化区域创新环境。支持高新区加快建设国家级创新型科技园区，增强对区域创新的辐射带动功能。推进企业管理创新，总结推广一批优秀创新成果。坚持人才优先、以用为本，突出抓好高层次领军人才和创新型团队的培养引进，为科技创新提供有力的人才智力支持。

下更大气力推进节能减排和环境保护。认真组织实施"十二五"节能减排综合性工作方案，确保完成节能减排年度目标。一是加大节能减排工作力度。把结构调整和技术进步作为实现节能减排目标的根本性举措，大力推广应用节能减排新技术、新工艺、新设备，组织实施节能技术改造、节能环保产业倍增、合同能源管理三大工程，开展300家重点用能企业节能低碳行动和能效对标，力争结构调整和技术进步拉动万元GDP能耗降低3个百分点以上。坚持不懈地淘汰落后产能，坚决关停能耗高、污染重、不具备安全生产条件的"土小"企业，确保完成国家和省下达的淘汰任务。大力支持低温余热发电以及煤矸石、粉煤灰和赤泥等工业废物的资源化利用，扶持发展一批循环经济示范企业和园区。推进建筑、交通、公共机构等领域节能减排工作。二是加大环境保护工作力度。深入实施大气污染治理再提高工程，按照新的国家排放标准，对电力、钢铁、水泥、焦化等重点行业治污设施进行改造，搞好重点企业脱硫、脱硝设施建设。积极开展企业无尘清洁生产，突出加强南定、果里、凤凰等片区的大气污染治理，加快天然气等清洁能源替代工作，加强机动车排气污染防治。按照省统一部署开展对PM2.5的监测，力争全年城区空气质量良好率达到60%以上。开展新一轮重点流域排污企业限期治理工作，完成4座城镇污水处理厂的新建扩建，城市污水集中处理率达到95%以上，凡直排河道的污水处理厂全部建设生态湿地，确保主要河流水质稳定达到恢复鱼类生长的要求。高度重视做好饮用水源地保护工作，加强重金属和危险废物污染防治，确保环境安全。三是强化土地集约节约利用。落实好全市土地利用总体规划，完善城乡建设用地增减挂钩，扎实推进列入省计划的5个土地综合整治项目。加强节约集约用地绩效考核，强化行业用地定额标准和投资强度控制标准，严肃查处土地违法行为。四是加强节能减排长效机制建设。严格落实能评、环评制度，加强能耗和排污总量控制，适时启动预警调控、阶段性"限批"等有力手段，牢牢掌握节能减排的主动权。强化部门联合执法，坚持对环境违法行为实施"顶格处罚"。把完成五年目标与完成年度目标结合起来，严格目标责任考核，确保任务落实。

（三）着力提高城乡统筹发展水平。坚持城乡一体、统筹发展，协调推进中心城区、次中心城区、中心镇、中心村建设，着力完善现代化城镇体系，建设生态和谐宜居城市。

推进四个层级协调发展。一是进一步增强中心城区辐射带动功能。以建设"现代化双百"城市为目标，按照"一城四区"的功能分区要求，统筹新区建设和旧城改造。扎实推进新城区文化教育设施建设以及行政审批服务中心、医疗中心、商务中心、火车站南广场、华润城市综合体等重点工程，提高完善公用设施配套能力，全面提升中心城区服务和带动功能。二是协调推进次中心城区建设。次中心城区要突出特色、发挥优势，布局实施一批对提升城市形象、完善城市功能有较强带动作用的基础设施、公共服务、生态园林和民生建设项目，进一步形成与中心城区有机衔接、功能互补、融合发展的格局。三是着力加强中心镇村建设。突出抓好马桥、凤凰、昆仑三个试点镇建设，以扩权强镇为动力，在产业发展、城镇建设、生态文明、公共服务、社会管理等方面，充分发挥示范带动效应。进一步优化村庄布局，集中抓好一批中心村或农村社区的基础设施建设和村容村貌整治，提升新农村建设水平。

增强基础设施支撑能力。加快推进晋豫鲁铁

路沂源段和寿平铁路建设，完善中心城区大外环附属工程，组织实施北京路南延、省道703张店绕城线路面改造等干线公路建设工程，进一步优化路网结构。切实加强农村公路建设与养护管理，推进城乡客运一体化。落实公交优先发展战略，组织搞好纯电动公交车示范运行，满足市民便捷出行需求。深入开展“电网建设提速活动”，组织实施一批输变电工程，全面推进智能配网建设，确保三年内实现城区智能配网全覆盖。加快新一轮农村电网升级改造，推动新农村电气化建设。尽快实现泰青威天然气管线与沧淄线互通，为产业布局调整、清洁能源置换和产业升级提供有力支持。规划建设淄博环保热电厂，完善城乡垃圾处理体系，进一步巩固城市生活垃圾100%无害化处理成果。

加强城乡生态环境建设。组织实施猪龙河整治改造、四宝山片区生态修复、新城区景观水系建设等一批重点工程，进一步搞好重点区域、重点流域的生态建设。大力推进城乡绿化，加强园林景观、森林围城、荒山绿化、农田林网、“两沿三环”等重点绿化工程建设，年内新增园林绿地300公顷、完成造林12万亩。深入开展生态文明系列创建活动，争取年内50%的镇建成省级生态镇。深入开展城乡环境综合整治，加强对重点区域的脏乱差治理。完善城市管理数字化平台，健全“全时段、全覆盖”的环卫保洁机制，打造整洁优美的人居环境。

（四）大力加强民生和社会建设。全面落实国家和省出台的各项民生政策，不断提高公共服务能力和水平，多办让城乡群众看得见、得实惠的好事实事。

加强保障性安居工程建设。按照省政府下达的计划，分解任务，落实项目，年内开工建设各类保障性住房和棚户区改造住房18800套，年底前连同结转项目竣工6800套。进一步加强资金和土地保障，落实好保障性住房配建政策。加大以奖代补力度，充分调动企业参与保障性安居工程建设的积极性。全面推行保障性安居工程质量终身责任制。认真贯彻廉租房、经适房、公租房等三个管理办法，确保分配公平、管理规范、群众满意。

做好就业和社保工作。认真落实各项就业和创业政策，多渠道扩大就业，力争年内新增城镇就业7.6万人，新增农村劳动力转移就业6.2万人。突出做好高校毕业生就业工作，深入开展校企合作，充分发挥市人力资源市场和大学生创业孵化中心对就业的促进作用。完善城镇基本养老保险制度，全面解决未参保城镇集体企业退休人员养老保障问题。进一步提高企业退休人员养老金水平，适时提高失业保险金标准和工伤保险待遇水平，提高城乡低保标准与补助水平。

提高社会事业发展水平。坚持教育优先发展，全市财政教育支出占财政支出的比重保持在20%以上。加快推进中小学校舍安全工程和办学条件标准化建设，改善城乡办学条件，促进城乡义务教育均衡发展。深入实施学前教育三年行动计划，全面完成年度幼儿园改扩建任务。高度重视并依法加强校车安全和校园治安工作。完成市属高校银行债务化解任务。深化医药卫生体制改革，把村卫生室和非政府办基层医疗卫生机构逐步纳入基本药物制度实施范围，落实对乡村医生的补偿政策，加大全科医生招募和培养力度，提高基层医疗保健水平。将公立医院改革扩大到三个区县。将政府对新农合和城镇居民医保补助标准提高到每人每年240元。进一步加强计划生育工作，稳定低生育水平。组织承办好2012年体操世界杯淄博站比赛。促进妇女儿童、老龄、社会福利、慈善、残疾人、红十字等各项事业科学发展。积极稳妥地推进事业单位分类改革，增强发展活力。

大力发展文化事业和文化产业。促进文化事业全面繁荣和文化产业快速发展，加快建设文化强市。加大对公共文化建设的投入，加快市文化中心和区县文化中心建设，提高乡镇综合文化站和村文化大院建设水平。实施文化惠民工程，做好参加第十届中国艺术节的相关准备工作。深化文化体制改革，进一步完善扶持文化产业发展的政策体系。重点培育现代印刷发行、工艺美术文博、创意会展等优势文化产业基地，扶持一批文化龙头企业，加快把文化产业培植发展成为新的支柱性产业。

加强和创新社会管理。进一步整合社会管理资源，推行“六小警务”经验，夯实基层基础工作，提高社会管理和服务水平。坚持以群众工作统揽信访工作，认真排查调处影响发展稳定的突出矛盾和问题，努力把各种不稳定因素化解在基层和萌芽状态。深入实施固本强基维稳工程，加强社会治安综合治理，着力解决好流动人口、特殊人群、网络虚拟社会和社会组织的管理服务问题。毫不放松地抓好安全生产，加强食品药品安全监管，健全应急管理机制，确保社会大局和谐稳定。

四、加强政府自身建设

当前及今后一个时期，是我们应对复杂环境考验、加速新的转型发展的关键时期。各级政府必须切实加强自身建设，转变政府职能，创新管理方式，提高行政效能。

（一）转变政府职能，提高行政效率。政府行政效率的高低，事关企业经营发展和群众生产生活，直接影响城市竞争力。要加快政府职能转变，切实在加强服务中改进管理，努力把淄博建设成为全省行政效率最高、行政收费最低的行政区域之一。突出搞好行政审批“两集中、两到位”改革，从今年3月起，各部门行政许可科要全部进驻市行政服务中心，确保行政许可事项进驻中心到位、行政审批授权到位，从体制上为高效审批、阳光审批奠定基础。加快推进建设项目“联合审批”和“一费制”改革，压缩审批时限，降低行政成本。大力加强电子政务建设，健全完善行政电子监察平台，以信息技术的广泛运用提高行政管理效能。

（二）加强制度建设，推进依法行政。依法行政是政府治理水平的重要标志，政府的所有行为都要于法有据、程序正当。要健全行政决策规则，加强重大决策跟踪反馈和责任追究，提高决策的民主化、科学化水平，特别要更加注重公共安全、社会管理、公共服务领域的政府立法，依靠法治手段加强与创新社会管理。深化综合执法改革，细化、量化自由裁量权，健全执法责任过错追究机制，切实做到规范、公正、文明执法。自觉接受人大及其常委会的监督，主动接受政协的民主监督，认真听取各民主党派、工商联、无党派人士和各人民团体的意见，高度重视司法监督、舆论监督和社会公众监督，切实加强政府内部层级监督和审计、监察等专门监督。

（三）坚持从严治政，改进工作作风。政府工作绩效如何，关键在人。要坚持严字当头，加强对公务员的教育和管理，严明责任，严肃纪律，加大行政问责力度，提高执行力，确保令行禁止、政令畅通。全体政府工作人员特别是各级领导干部，要勇于担当，敢于负责，始终坚持发展、发展、再发展，务实、务实、再务实，以务实勤勉、真抓实干的工作，创造真正经得起实践、群众、历史检验的业绩。要密切联系群众，问政于民、问需于民、问计于民，多办顺民意、解民忧、暖民心的实事。大力精简会议和文件，继续压减“三公”支出，把有限的资源和财力用在发展经济、改善民生上。要深入推进反腐倡廉制度创新，健全和落实“一岗双责”，全面推行廉政风险防范管理，认真执行《廉政准则》，进一步加强纠风专项治理，严肃查处各类违法违纪案件，为科学发展提供坚强保障。

各位代表！奋力推动新的转型发展，切实提高淄博的城市地位和竞争力，不断增进全市人民的福祉，是历史赋予我们的崇高使命。让我们在中共淄博市委的坚强领导下，深入贯彻落实科学发展观，解放思想，励精图治，开拓进取，为建设殷实和谐经济文化强市而努力奋斗！

2011 年淄博市国民经济和社会发展统计公报

淄博市统计局

（2012 年 2 月 16 日）

2011 年，在市委、市政府的坚强领导下，全市上下牢牢把握科学发展主题和加快转变经济发展方式主线，坚定不移地走内涵发展的路子，积极应对国内外复杂环境的严峻考验，认真组织实施“十二五”规划，扎实推动全市新的转型升级，经济社会发展呈现出增长较快、结构优化、效益提升、民生改善、社会和谐的良好局面，实现了“十二五”良好开局。是年，淄博收获了中国城市的最高荣誉，成为第三批全国文明城市；同时成为全省第 3 个、全国第 16 个工业经济过万亿的城市。

一、综合

综合实力实现新跨越。全年地区生产总值(GDP)超 3 千亿元、第三产业增加值超 1 千亿元、人均 GDP 超 1 万美元。初步核算，全年全市实现地区生产总值(GDP)3280.23 亿元，按可比价格计算，比 2010 年增长 12.0%。其中，第一产业增加值 116.75 亿元，增长 4.3%；第二产业增加值 1975.38 亿元，增长 12.6%；第三产业增加值 1188.10 亿元，增长 11.6%。三次产业比例由 2010 年的 3.7∶61.6∶34.7 调整为 3.6∶60.2∶36.2。人均生产总值 72380 元，增长 11.8%，按年均汇率折算为 11206 美元/人。

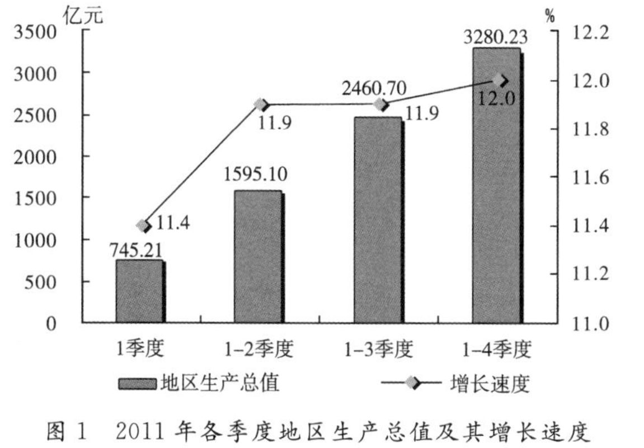

图 1　2011 年各季度地区生产总值及其增长速度

就业形势保持稳定。全年实现城镇新增就业 13.2 万人次，实现农村劳动力转移就业 9.1 万人次，失业人员再就业人数 6.85 万人，其中，困难群体再就业人数 0.68 万人。年末，城镇登记失业率为 2.75%，低于全年控制在 4%以内的目标。

物价涨幅得到有效控制。在“稳物价、保民生”等一系列价格调控措施的积极作用下，月度居民消费价格持续上涨势头得到有效控制，从年初的上涨 3.3%，连续 6 个月持续上升，到 7 月份达到峰值，为 5.8%，自 8 月份以后逐月回落，12 月回落至 3.9%。全年居民消费价格(CPI)累计同比上涨 4.5%，分别低于全国、全省平均水平 0.9 和 0.5 个百分点。其中消费品价格上涨 5.2%，服务项目价格上涨 2.6%。分类别看，八大类消费品价格七升一降，食品、烟酒、衣着、家庭设备用品及维修服务、医疗保健和个人用品、交通和通信、居住分别上涨 10.3%、7.1%、0.1%、0.9%、2.9%、0.1%和 5.8%；娱乐教育文化用品及服务下降 0.2%。工业生产者价格涨幅呈现前高后低态势。全年工业生产者出厂价格上涨 7.06%，工业生产者购进价格上涨 12.36%。房屋销售价格上涨 5.2%。

2011 年各类价格指数(%)(2010 年同期为 100)

居民消费价格指数	104.5
食品	110.3
烟酒	107.1
衣着	100.1
家庭设备用品及维修服务	100.9

医疗保健和个人用品	102.9
交通和通讯	100.1
娱乐教育文化用品及服务	99.8
居住	105.8
工业生产者出厂价格指数	107.06
工业生产者购进价格指数	112.36

招商引资成效明显。全年外来投资过亿元项目65个，比2010年增加19个，实际到位外来投资152.1亿元，占全部外来投资的74.6%，提高7.8个百分点。服务业招商取得积极进展。全年服务业招商引资项目53个，实际利用外来投资54.5亿元，占全部外来投资的26.7%。股权招商、上市融资取得突破。淄博商厦、唐骏欧铃汽车、三金玻璃等12家企业实施股权招商引资24.7亿元；万昌科技、金城医药、瑞丰高材3家企业上市融资11.8亿元。股权招商和上市融资共吸引外来投资36.5亿元，占全部外来投资的17.9%，股权招商和上市融资日益成为全市利用外来投资的重要渠道。存量招商成绩突出。全年利用存量优势，通过旧城改造、增资并购、闲置盘活、技术改造等多种方式，实现招商引资项目62个，实际利用外来投资84.1亿元，占外来投资总额的41.3%，存量招商逐渐成为招商引资的重要支撑。

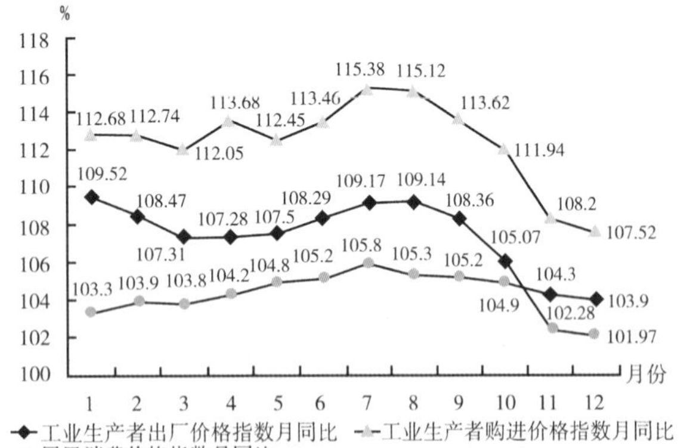

图2 2011年各月价格指数

品牌带动战略顺利实施。年末，拥有中国名牌产品30个，国家地理标志产品保护认定2个。新增中国驰名商标6个，总数达47个；新增国家级质检中心1个，总数达2个；新增省级质检中心1个，总数达8个；新增全省优质产品生产基地2个，总数达4个；新增全省龙头骨干企业5个，总数达8个；新增山东名牌产品3个，总数达159个；新增山东省服务品牌2个，总数达15个。

城镇化水平不断提高。伴随着全市工业化进程加快、区划调整和布局的优化，新型城市化格局初步形成。中心引领、组群协调的特色优势日渐强化，城镇化水平不断提升。年末，全市城镇化率达到64.01%，比2010年提高0.89个百分点，城镇化率高出全省水平13.06个百分点，列青岛、济南之后居全省第三位。

二、农林牧渔业

农林牧渔业全面增长。全年实现农林牧渔业总产值达207.64亿元，比2010年增长4.3%。其中，农业总产值135.87亿元，林业总产值10.95亿元，牧业总产值51.01亿元，渔业总产值3.85亿元，农林牧渔服务业总产值5.96亿元，分别增长3.0%、9.1%、6.6%、5.8%和7.8%。

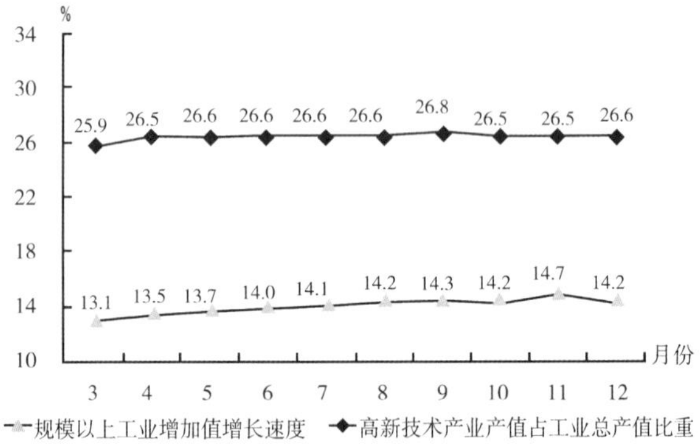

图3 2011年各月工业生产和高新技术产业发展情况

主要农牧产品质优量增。粮食连续九年增产增收，全年粮食总产量达到177.57万吨，比2010年增长1.2%。畜牧业生产平稳增长，肉类总产17.75万吨，增长5.7%。品牌农业、有机农业发展势头良好，都市农业顺利起步。全年新认证无公害农产品2个，总数达35个；新认证绿色农产品1个，总数达到108个；新认证有机农产品9个，总数达到82个；新增国家地理标志农产品5个，总数达到13个。

农业产业化水平提高。市级重点龙头企业达到122家；新增农业合作社441家，总数达到

1535家;新增农机专业合作社30家,总数达到154家,其中被列为省级规范化作业推进项目6个,比2010年增加1个。

农村生产生活条件改善。农业机械化装备及服务能力提高。全年农机总值达到28.81亿元,比2010年增长6.27%;农机总动力340.46万千瓦,增长1.79%,其中,农用排灌动力84.6万千瓦。农田水利建设得到加强。有效灌溉面积达12.55万公顷,其中节水灌溉面积7.3万公顷,增长5.16%。全年农村用电量53.52亿千瓦时,增长0.3%;实现村村通电话、通汽车率均为100%,通自来水率为97.4%,比2010年提高1.1个百分点。

2011年主要农牧产品产量及增长速度

产品名称	计量单位	2011年	比上年±%
粮食	万吨	177.57	1.2
夏粮	万吨	77.36	2.6
秋粮	万吨	100.21	0.2
棉花	万吨	1.07	12.1
油料	万吨	2.46	12.3
蔬菜	万吨	216.8	-0.5
水果	万吨	102.09	5
肉类	万吨	17.75	5.7
禽蛋	万吨	7.04	0.1
奶类	万吨	12.29	0.7

三、工业和建筑业

工业经济实力大跨越。全年工业总产值、主营业务收入双超万亿,分别达到10265亿元和10102亿元。年末,全市规模以上工业企业达3178家,规模以上工业增加值比2010年增长14.2%。分轻重工业看,轻工业增长7.5%,重工业增长15.7%;分行业看,38个行业大类中有32个行业实现增长。产销衔接良好,产销率达99.38%,比2010年提高1.26个百分点。

工业产品产量6成以上增长。在调度的220种工业产品中,产量增长的有137种,占62.27%。其中,陶质砖增长33.84%;合成橡胶增长15.9%;氧化铝增长11.49%。

2011年主要工业产品产量及增长速度

产品名称	计量单位	2011年	比上年±%
原煤	万吨	1608.46	8.93
布	万米	56467.58	-48.98
原油加工量	万吨	1530.87	5.89
乙烯	万吨	85.17	-0.46
合成橡胶	万吨	42.11	15.9
化学药品原药	万吨	8.18	-2.19
中成药	吨	920	1.1
化学纤维	万吨	8.73	-6.22
塑料制品	万吨	30.47	10.66
水泥	万吨	1798.69	8.44
瓷质砖	万平方米	72329.07	2.49
陶质砖	万平方米	4213.4	33.84
平板玻璃	万重量箱	2550.73	0.56
钢材	万吨	322.02	11.51
十种有色金属	万吨	5.06	-13.27
氧化铝	万吨	226.39	11.49
泵	万台	26.36	-7.62
汽车	辆	62758	-8.75
集成电路	万块	19672	-1.97
电子元件	万只	325708	-7.09
发电量	亿千瓦时	228.09	-0.85

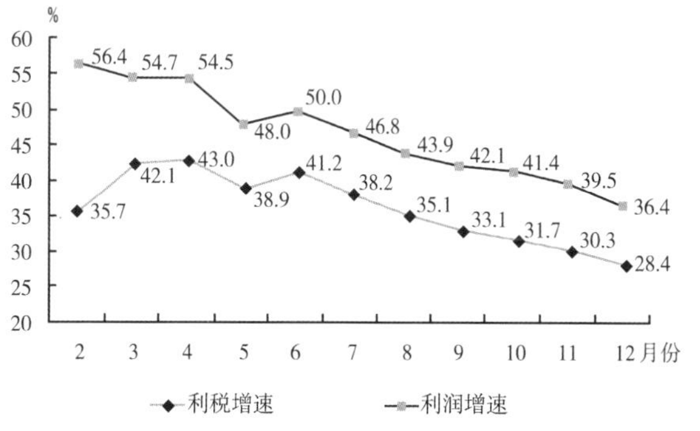

图4 2011年各月规模以上工业利税、利润增长速度

工业转型升级步伐加快。全年高新技术产业总产值达到2544.90亿元,占规模以上工业总产值的26.6%(新口径),较年初提高1.25个百分点;六大战略性新兴产业发展势头强劲,全年实现

主营业务收入突破3000亿元，达到3004.6亿元，比2010年增长29.18%，占全部规模以上工业的比重为31.65%；实现利税410.55亿元，增长39.66%，其中利润284.95亿元，增长45.92%，主营业务收入、利税、利润增速分别高于全市平均水平4.57、11.3和7.72个百分点。

工业效益显著改善。伴随着工业产业、产品结构转型升级步伐的加快，企业效益不断提高。全年规模以上工业实现主营业务收入9497.21亿元，比2010年增长24.6%；实现利税1216.82亿元，增长28.4%，其中利润748.50亿元，增长36.4%，利润增幅分别高出主营业务收入增幅和利税增幅11.8和8个百分点。全年规模以上工业销售收入利税率达12.81%，比2010年提高0.27个百分点。

建筑业稳定发展。全市资质内建筑企业完成建筑业总产值616.0亿元，比2010年增长22.0%。其中，完成建筑工程产值为458.8亿元，增长18.8%；完成安装工程产值为104.7亿元，增长20.3%。全年建筑业企业签订合同额876.8亿元，增长23.1%。其中，年内新签合同额为659.7亿元，增长23.2%。全年建筑业企业房屋建筑施工面积为5292.1万平方米，比2010年增长19.2%。其中年内新开工面积3129.8万平方米，增长14.5%。

四、固定资产投资

投资结构继续优化。全年完成固定资产投资1499.22亿元，比2010年增长23.7%。其中，第一产业投资26.52亿元，增长9.4%；第二产业投资719.34亿元，增长10.2%，其中工业投资710.38亿元，增长10.8%；第三产业投资753.36亿元，增长40.8%。三次产业投资结构由2010年的1.9∶51∶47.1调整为1.8∶48∶50.2。民间投资1288.86亿元，增长28.8%；占全部投资额的86.0%，所占比重比2010年提高3.4个百分点；高新技术产业投资224.26亿元，增长34.3%，增速较全部投资快10.6个百分点；改建和技术改造投资795.30亿元，增长46.9%；占全部投资额的比重达到53.0%，占比较2010年提高8.4个百分点。投资项目规模大质量好。全市在建5000万元以上大项目946个，比2010年增加207个，其中亿元以上项目241个，增加5个。文昌湖省级旅游度假区、华润城市综合体、太保电话保险运营中心等一批高端服务业项目顺利推进。

房地产调控效果明显。全年房地产开发完成投资197.19亿元，比2010年增长18.1%，增速分别比一季度、上半年回落8.1和8.8个百分点，与前三季度基本持平。商品房销售持续降温。全年商品房销售面积70.86万平方米，增长8.19%，增速分别比一季度、上半年、前三季度回落18.05、17.16和11.1个百分点。

五、国内贸易

消费市场销售旺盛。在节日因素、物价相对高位及会展、旅游业快速发展等因素推动下，全市消费市场稳步持续走高。全年实现社会消费品零售总额1186.25亿元，比2010年增长18.0%，增速分别比一季度、上半年、前三季度加快1.2、0.9和0.7个百分点。其中，限额以上企业实现零售额743.37亿元，增长24.7%。城乡市场协调较快增长。城镇市场实现零售额1007.56亿元，增长18.0%；乡村市场实现零售额178.69亿元，增长17.8%。

热点商品销售旺盛。在限额以上企业商品零售中，金银珠宝类增长26.8%，家具类增长31.8%，建筑及装潢材料类增长28.6%，电子出版物及音像制品类增长30.5%，石油及制品类增长27.2%；汽车类实现零售额167.40亿元，增长36.3%，增速高于2010年9.3个百分点；占限额以上批零企业零售额的比重达到24.8%，占比高居榜首，比2010年提高2.7个百分点。

六、对外经济

对外贸易平稳较快增长。全年实现进出口总额90.55亿美元，比2010年增长34.7%。其中，出口53.27亿美元，增长32.1%；进口37.29亿美元，增长38.5%。从出口企业类型看，三资企业出口占主导地位，累计完成出口26.64亿美元，增长25.3%；国有企业出口4.05亿美元，增长25.0%。从出口贸易方式看，一般贸易出口完成38.12亿美元，增长35.6%，占出口总额的71.6%，占比较2010年提高1.9个百分点，是拉

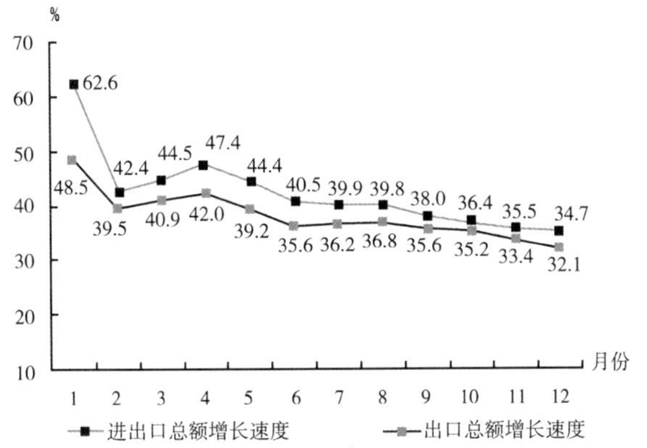

图 5 2011 年各月进出口、出口增长速度

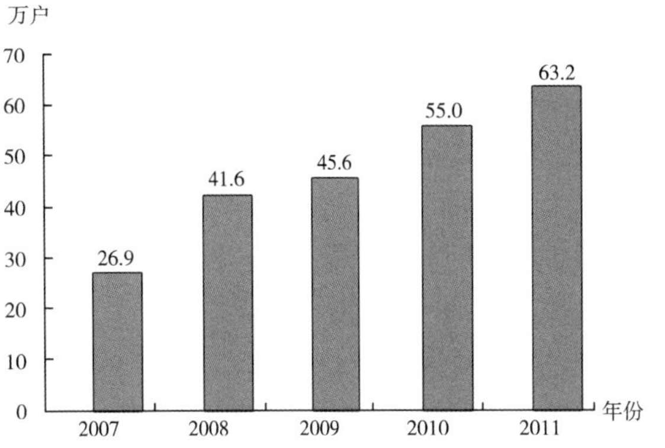

图 6 2007—2011 年国际互联网用户数

动全市外贸增长的主要动力；加工贸易出口15.14亿美元，增长24.1%。从出口市场看，东盟、美国、欧盟、韩国和澳大利亚是淄博市前五大贸易伙伴。其中，对美国出口份额为19.3%，为第一大出口市场。从出口产品类型看，增幅较高的是冶金矿产及农副产品，出口额分别增长61.1%和46.1%；其次为高新技术产品和机电产品，出口分别增长29.6%和28.9%。出口份额较大的是石油化工塑料橡胶产品，其出口额占全部出口总额的比重达30.2%。

利用外资较快增长。全年累计新批外商投资企业32家，比2010年增长10.3%；新增合同外资6.3亿美元，增长90.5%；实际利用外资7.1亿美元，增长21.1%。

七、交通、邮电和旅游

公路运输能力进一步增强。年末，全市公路通车里程达10486公里，其中，高速公路通车里程达206公里。机动车保有量1132418辆，增加77371辆；其中，个人拥有汽车440933辆，增加67669辆。全市公共汽车线路达301条，比2010年增加3条；营运公交车2827辆，增加221辆；出租车达6491辆。全年公路客运量4.03亿人次，增长2.16%；货运量2.54亿吨，增长2.88%。公路客运周转量、货运周转量分别为137.56亿人公里和858.2亿吨公里。

邮电通信业迅速发展。全年全市邮政业务总量2.41亿元。函件总数达2718.19万件；报纸、杂志累计份数分别达7124.19万份、356.4万份；集邮邮票为500.42万枚。电信业务总量31.54亿元，增长7.86%，光缆线路总长度达3.89万公里。年末固定电话用户88.01万户，减少2.43%；移动电话用户526.83万户，增长2.9%。国际互联网用户达63.19万户，增长14.89%。

信息产业增势良好。全市现有电子信息企业（电子信息产品制造业和软件业）188家。电子信息产业实现主营业务收入、利税、利润依次为365.79亿元、45.04亿元、40.74亿元，分别增长21.63%、27.87%、30.15%，其中软件业实现主营业务收入、利税、利润分别达5.11亿元、1.17亿元、0.66亿元，依次增长46%、48.2%和19.4%。拥有省级电子制造产业基地（园区）3个，软件产业园1个，认证软件企业累计33家，登记软件产品累计118个，软件著作权累计120个。

旅游业实现新突破。年内新发展国家A级旅游区（点）5处，总量达到33处，其中，AAAA级旅游区（点）10处、AAA级旅游区（点）10处、AA级旅游区（点）13处。全年实现旅游外汇收入1.14亿美元，增长24.28%；国内旅游收入255.17亿元，增长23.04%。接待海外及港澳台游客20.92万人次，增长22.09%。其中，外国人达13.73万人次，增长19.49%；香港、澳门、台湾游客达71918人次，增长27.38%。接待国内游客3064.21万人次，增长20.44%。

八、财政、金融和保险

财政收支较快增长。全年实现境内财政总收入476.21亿元，增长19.59%。地方财政一般预算收入突破200亿元，达到203.59亿元，增长25.36%；全市税收总额393.04亿元，增长17.9%。其中国税收入262.14亿元，增长

13.5%；地税收入130.9亿元，增长27.8%。地方财政支出253.19亿元，增长25.42%。新增财力主要用于民生工程，最大限度地让城乡群众共享改革发展成果。全年民生建设支出达到140.23亿元，增长36.59%，占财政总支出的55.39%，占比同比提高4.53个百分点。其中，住房保障、教育、医疗卫生、文化体育与传媒、农林水事务支出依次增长144.67%、52.68%、29.11%、20.45%和35.36%。

金融市场运行稳健。年末，人民币各项存款余额2725.44亿元，比年初增加255.97亿元，新增额同比少增69.05亿元。其中，单位存款余额1221.64亿元，居民储蓄存款余额1437.07亿元。人民币各项贷款余额1872.31亿元，比年初增加185.96亿元，少增104.88亿元。信贷规模增势放缓。短期贷款余额1120.72亿元，比年初增加204.51亿元，多增36.08亿元。中长期贷款余额680.84亿元，比年初增加30.27亿元，少增119.39亿元，新增额占全部新增贷款的16.28%，比2010年降低35.18个百分点。个人消费贷款余额276.61亿元，比年初增加27.13亿元，少增32.99亿元。

保险业平稳发展。现有商业保险分支机构41家，其中，财产保险机构19家，人寿保险机构22家。从业人员2.3万人，比2010年下降4.04%。实现保费收入60.35亿元，下降4.78%。其中，产险保费收入22.11亿元，增长10.53%；寿险保费收入38.24亿元，下降11.85%。支付各项赔款与保险金11.4亿元，增长12.04%。其中，产险赔付9.05亿元，增长17.05%；寿险赔付2.34亿元，下降3.85%。保险深度为1.84%，降低0.37个百分点。保险密度为1398元，人均减少102元。

九、科学技术

科技成果水平稳步提升。全年取得重要科技成果196项，其中，农业领域8项，工业领域129项，医疗卫生领域59项。达到国际、国内领先水平的科技成果数分别为64项和132项。获得省以上科学技术奖26项，其中，国家科学技术奖5项。全年签订技术合同273项，技术合同成交金额达6.18亿元。国内专利申请量和授权量大幅增加。专利申请量9836件，增长38.05%；专利授权量3822件，增长9.58%，其中，发明专利授权量437件，增长55.52%。

创新平台建设日臻完善。按新办法认定的高新技术企业达到203家，增加67家。年内新增12家院士工作站，累计达39家；博士后科研工作站(分站)达29家；现有省级重点实验室10个，增加4个；市级以上工程技术研究中心和企业技术研究中心536家，增加89家，其中，省级研究中心有186家，国家级达7家。

科技人才队伍发展壮大。全市拥有突出贡献的国家级中青年专家2人，省级中青年专家25人，享受国务院政府特殊津贴专家146人，新世纪百千万人才工程国家级人选4人；院士工作站进站院士增加12人，达34人。年末，取得高级专业技术资格累计达2.9万人，中级专业技术资格9.65万人。新增山东省首席技师31人，累计达45人；新增技师、高级技师1125人，累计达14981人。

十、教育、文化、卫生和体育

教育事业稳步发展。幼儿园处数824所，比2010年增加67所；在园幼儿数117914人，增加1381人；学前一年入园率达100%；小学学龄儿童入学率达100%。义务教育阶段小学招生47533人，毕业48237人，小学在校生辍学率为0；初中毕业生55621人，初中毕业生普通高中升学率为62.85%，初中在校生辍学率为0.61%。高中阶段教育(包括普通高中、中等职业学校、技工学校)招生76048人，在校生181233人，普通高中、中等职业学校和技工学校占高中阶段在校学生总数的比例分别为53.29%、32.87%和13.84%。普通高等教育本专科共招生27919人，比2010年减少3310人；在校生97081人，减少5278人；毕业生32427人，增加3334人。

2011 年各类教育基本情况

表 1—01

学校类别	学校数(所)		专任教师(人)		招生数(人)		在校学生(人)		毕业生(人)	
	数量	增减	人数	增减	人数	增减	人数	增减	人数	增减
普通高等教育	8	持平	5287	42	27919	-3310	97081	-5278	32427	3334
中等职业学校	29	-1	2345	25	28473	-1214	59564	-730	24790	-1164
普通中学	193	-5	20448	335	82331	-587	297163	-1081	81647	6045
高中	34	持平	5666	351	34956	1440	96588	8445	26026	-558
初中	159	-5	14782	4	47375	-2027	200575	-9526	55621	5487
小学	340	-17	15430	-302	47533	2852	229614	-713	48237	-1441
特殊教育学校	10	持平	312	4	216	97	1316	-11	214	104
幼儿园	824	67	7648	276	33772	-9222	117914	1381	42049	6806

文化事业蓬勃发展。现有各种艺术表演团体3个,文化站88个,文化(艺术)馆9个,博物馆17个,公共图书馆9个;省级文化产业示范基地达9个,增加3个。拥有全国统一编号报纸7种,刊物8种,省内部资料8种,新增版权作品登记48件。有线电视用户和数字电视用户分别达到105万户和58万户,比2010年增加6万户和5万户。广播、电视人口覆盖率分别达到100%和99.32%。

卫生事业健康发展。年末,拥有卫生机构1510个,较2010年增加49个;其中,医院125个,增加1个;社区卫生服务中心178个,增加8个;乡镇卫生院90个,妇幼保健机构9个,专科疾病防治机构5个,疾病预防控制机构9个,卫生监督机构10个。各类卫生机构拥有床位2.4万张,卫生技术人员2.74万人,分别增加0.1万张和0.11万人;其中,执业医师(含助理)达1.12万人,注册护士1.04万人。甲、乙、丙类法定报告传染病发病人数16633人,下降5.02%;报告传染病发病率367.13/10万,死亡率为0.11%,发病率和死亡率分别比2010年降低9.54%和21.43%。

体育事业欣欣向荣。年内全市运动员在各项比赛中共获得奖牌356.5枚,其中金牌155.5枚,银牌78枚,铜牌123枚。成功协办第七届全国城市运动会,承办武术套路、足球、拳击、跆拳道预赛和男子排球14～17岁组决赛。淄博市派出59人参加该届城运会的12个比赛项目,共获得奖牌13枚,其中金牌6枚、银牌2枚、铜牌5枚。业余体校学员增加830人,达1316人。群众体育事业发展活跃。组队参加省首届全民健身运动会,获22个一等奖、39个二等奖、42个三等奖;建设1个县级全民健身中心、12个乡镇(街道)全民健身活动中心、24个城市社区和21个农村社区体育场地、900个农民体育健身工程点。

十一、城乡建设

新型城镇化建设快速推进。"两区一村"建设已开工项目94个,完成安置房建设175万平方米,安置居民15867户。农村住房建设新开工38365户,农村危房安置改造完成6397户;城郊村开工拆迁户19506户,比2010年增加2071户。年内全市有6个镇、46个村获山东省小城镇建设示范镇、山东省村庄建设示范村(新型农村社区)荣誉称号。

保障性住房建设扎实实施。年内开工建设保障房及城市棚户区项目46个,共计12999套,超额完成省下达任务;竣工(含结转项目)6224套,竣工率达到66%。全面规范各类保障性住房分配,全市经公开摇号分配经济适用住房3114套、廉租住房324套、限价房450套。

市政建设不断完善。市政公用基础设施完成投资38.4亿元。建成区面积达272平方公里。年内新增道路长度50.43公里,新增道路面积117.24万平方米,改造道路长度19.68公里,改造道路面积42.28万平方米，新增雨水管道38.81公里、污水管道53.18公里。城市平均每天供水87.4万吨；使用液化气、煤制气、天然气用户达71.2万户，集中供热面积达4778万平方米；城市气化率和污水处理率分别达98%和93.5%，分别比2010年提高0.18个和1.26个百分点。

城市园林绿化水平进一步提高。年末，建成区园林绿地面积达10124公顷，比2010年末增加292公顷；建成区绿化覆盖率达42.6%，提高0.4个百分点。现有公园39个，公园绿地面积新增90公顷，累计达3095公顷；人均公园绿地面积达16平方米，增加0.05平方米。

十二、资源、环境和安全生产

土地资源科学利用。年末，全市土地面积59.65万公顷，其中，耕地面积21.17万公顷。城镇村及工矿用地9.97万公顷，其中，城市和建制镇用地3.88万公顷，村庄用地5.45万公顷；农用地45.89万公顷；交通运输用地0.99万公顷；水域及水工建筑用地1.33万公顷。

水资源高效利用。全市多年平均水资源总量达12.02亿立方米，其中，地下水资源量9.45亿立方米；年开采地下水6.58亿立方米，比2010年减少0.69亿立方米。大型水库蓄水量2.74亿立方米，增加0.36亿立方米。全年用水量10.47亿立方米，减少659.05万立方米。其中，生活用水1.51亿立方米，增加0.25亿立方米；工业用水2.62亿立方米，增加0.25亿立方米；农业用水5.9亿立方米，减少0.37亿立方米；生态用水0.44亿立方米，减少0.2亿立方米。

林业发展后劲增强。全市现有集体林地面积270.88万亩，在集体林权制度改革中全部明晰产权。年内造林面积达18.36万亩，比2010年增长12%；森林覆盖率达36%，提高1个百分点；林木蓄积量572.52万立方米，增长8%。

大气环境治理富有成效。大气可吸入颗粒物年日平均值0.089毫克/立方米，减少0.003毫克/立方米；大气二氧化硫年日平均值0.050毫克/立方米，减少0.001毫克/立方米；大气二氧化氮年日平均值0.033毫克/立方米，增加0.001毫克/立方米。

气象地震服务保障有力。全年平均气温为13.2℃，比2010年降低0.1℃。平均降水量742.8毫米，增加120.7毫米。有8个国家气象观测站，59个区域气象观测站。地震台网的观测效能较高，拥有强震台8个、测震台7个。

安全生产形势良好。全年各类生产安全事故1769起，比2010年下降15.6%；死亡人数373人，下降4.11%；经济损失为2923.1万元，增长19.94%。道路交通万车死亡3.05人，下降10.56%。工矿商贸企业就业人员10万人，生产安全事故死亡1.38人，下降18.82%。

十三、人口、居民生活和社会保障

人口低速增长。年末，全市户籍人口总户数达145.39万户，总人口为423.83万人；出生人口3.47万人，出生率为8.2‰；死亡人口2.5万人，死亡率为5.9‰；自然增长率为2.3‰；出生人口性别比为108.38。

城镇每百户居民家庭主要耐用消费品拥有量

消费品名称	单位	数量
摩托车	辆	38
家用汽车	辆	27
洗衣机	台	99
电冰箱	台	105
彩色电视机	台	113
家用电脑	台	88
照相机	架	63
空调器	台	118
淋浴热水器	台	95
移动电话	部	192

城市居民收入稳步提高。全市城市居民人均可支配收入为24955元，增长14.6%。在城市居民家庭人均总收入中，工资性收入15570元，增长9.7%；经营性收入2982元，增长24.2%；财产性收入1333元，增长75.3%；转移性收入6656元，增长13.3%。城市居民人均消费支出15994元，增长16.5%。其中，食品支出4755元，增长21.3%。城市居民恩格尔系数为29.73%。城市居民人均住房建筑面积为34.38平方米，增

长 5.27%。

农村每百户居民家庭主要耐用消费品拥有量

消费品名称	单位	数量
摩托车	辆	66
汽车(生活用)	辆	11
洗衣机	台	87
电冰箱	台	84
彩色电视机	台	112
家用计算机	台	40
照相机	架	15
空调机	台	42
热水器	台	59
移动电话	部	189

农村居民收入大幅增加。全市农民人均纯收入逾万元,达 10878 元,增长 18.3%。其中,工资性收入 6405 元,增长 24.5%;家庭经营性收入 3517 元,增长 6.4%;财产性收入和转移性收入 955 元,增长 19.11%。人均生活消费支出 6458 元,增长 13.8%。其中,食品支出 2266 元,增长 21.6%。农村居民恩格尔系数为 35.09%。农村居民拥有住房面积 36.67 平方米,增长 3.14%。

社会保障体系建设进一步加强。社会保险保障力度加大。年末,城镇基本养老、基本医疗、失业、工伤和生育保险参保人数分别达到 101.1 万人、195.93 万人、65.75 万人、83.76 万人和 57.63 万人。全面实现市级新农保(新型农村社会养老保险)与国家新农保并轨,参保农民达 132.6 万人;新型农村合作医疗保险参保人数达 230.98 万人。连续 7 年调整企业离退休人员养老金待遇,月人均养老金达 1636 元。在全省率先实现工伤、生育保险"统收统支"模式,失业保险金标准由每人每月 490 元提高至 600 元,并为领取失业金期间的失业人员缴纳职工基本医疗保险。城乡低保补助水平继续提高。城镇月最低生活保障标准由 316 元提高至 321 元,保障人数 3.49 万人,减少 0.16 万人。农民最低生活年保障标准由 1328 元提高至 1722 元,保障人数 8.23 万人,增加 0.09 万人。社会救助事业稳步推进。拥有收养性社会福利单位 196 个,各类社会福利院床位数达 21789 张,收养 13762 人。社区服务中心 124 个,城镇各种社区服务设施 16132 个。

注:1. 公报中数据均为初步统计数或初步核算数。
2. 全年生产总值、各产业增加值绝对数按现价计算,增长速度按不变价(可比价)计算。
3. 人均地区生产总值按常住人口计算。
4. 规模以上工业企业为年主营业务收入 2000 万元及以上企业;限额以上贸易企业为批发业年主营业务收入在 2000 万元及以上、零售业 500 万元及以上、住宿和餐饮业 200 万元及以上的单位。
5. 资质内建筑企业是指具有总承包和专业承包的建筑企业(含劳务分包企业)。
6. 对外贸易使用商务局统计数据。
7. 邮政业务总量执行新的邮政行业不变单价。
8. "两区一村"工程指棚户区、老旧工矿居住区和城中村住房整治改造。
9. 多年平均水资源总量是指当地多年平均降水量形成的地表和地下产水量,即地表径流量与降水入渗补给量之和。
10. 人口自然增长率按公安局户籍人口计算。
11. 恩格尔系数是指食品支出占消费支出总额的比重。
12. 根据省有关规定,全年能耗数据待省统计局审核评估后另行发布。

本部类编　辑:赵建国
副主编:徐　杰
校　对:张耀江
李　建

大 事 记

淄博市十大新闻
（以时间先后为序）

一、淄博文昌湖旅游度假区成立，全市城乡统筹加快推进

1月29日，中共淄博市委文昌湖旅游度假区工作委员会、淄博市文昌湖旅游度假区管理委员会揭牌；6月1日，淄博文昌湖旅游度假区城乡统筹项目开工奠基。该项目是全市统筹城乡发展的龙头项目，集民生保障、旅游开发、环境保护于一体，总投资210亿元，目标是着力打造在全国全省有重要影响力的城乡统筹品牌旅游度假区。项目建成后，将极大地优化区域城乡布局，促进生态文明建设；将大幅度提升文化、旅游等现代服务业的发展层次，加快转方式调结构步伐；将显著改善当地群众生产生活条件，成为提升淄博城市竞争力的一个重要引擎。

二、淄博客运中心、中心城区大外环工程相继竣工投用，“高速淄博”大交通框架基本形成

4月28日，淄博客运中心竣工启用。该项目按照一级客运站标准设计，总投资3.3亿元，设计日发放班次2000个，日发放旅客30000人。11月10日，中心城区大外环竣工通车。该工程以66.5公里的长度，连接起淄博组团式各个城区，在鲁中地区构筑起近似长方形的矩阵交通大动脉。淄博客运中心、中心城区大外环工程相继竣工投用，极大地优化了全市城市布局和路网结构，有效缓解了城市交通压力，构建形成了“高速淄博”大交通框架，为广大群众创造了更为安全便捷的交通条件。

三、淄博市生态文明建设再创佳绩，连续3年在全省节能考核中名列首位

在省政府对2010年度全省17个城市节能目标责任考核中，淄博市再拔头筹，连续3年名列全省节能考核第一名；淄博市人民政府被授予“十一五”期间山东省节能突出贡献单位称号；鲁泰纺织等6家企业荣获2010年度山东省节能奖。近年来，淄博市突出强化生态文明理念，坚持把结构调整作为经济社会发展的主线，把节能减排作为经济社会发展的关键，把环境保护作为经济社会发展的“命门”，在全省率先提出并实施“环境立市”战略，花大气力进行生态修复和生态建设，连续实施两轮“碧水蓝天行动计划”，积极构建“清水润城”景观水系，生态环境更加和谐宜居，初步走出一条老工业城市建设生态文明的路子。

四、“六小警务”形成社会管理工作品牌，并在全省推广

近年来，全市各级公安机关坚持以群众满意为标准，从事关群众利益的“小处”想起，从关系群众冷暖的“小事”做起，从影响群众生活的“小案”抓起，从易激化群众矛盾的“小纠纷”排起，从危及群众安全的“小隐患”整起，从造成群众不满意的“小节”改起，构建形成了以“小平安”促“大平安”、“小和谐”促“大和谐”、“小满意”促“大满意”的社会管理工作品牌。群众对全市公安工作总体满意率达96.92%，对社会治安满意率达97.05%，警民关系和谐指数达96.8%。“六小警务”的做法，得到中央和省委领导的批示肯定；省公安厅在淄博市召开现场会，在全省推广“六小警务”经验做法。在第七次全国法制宣传教育工作会议上，淄博市被表彰为2006～2010年全国法制宣传教育先进城市。

五、引太入张供水工程竣工，城乡同源同网供水体系基本形成

6月28日，淄博市城乡同源同网饮水安全暨引太入张供水工程竣工仪式隆重举行。引太入张供水工程是市委、市政府确定的重点工程，也是淄博市保障和改善民生的重大项目。该工程可向中心城区日供应优质生活饮用水10万吨，并实现了太河水、大武水、黄河水等水源的联合调度，为淄博市实施综合用水、构建水系奠定坚实基础，为保障城乡居民饮水安全、完善城市功能配套提供有力支撑。

六、淄博市文化中心建设进展顺利，文化事业蓬勃发展

2011年，淄博市深入贯彻落实党的十七届六中全会精神，不断加大文化基础设施投入，各项文化事业呈现蓬勃发展的喜人景象。继市体育中心建成之后，又一项标志性工程——淄博市文化中心开工建设。该中心占地34.95万平方米，总建设面积20万平方米，是淄博市最大的城市公共文化建筑，也是全省乃至全国较大的综合性公共文化建筑群。中心建成后，将成为体现淄博历史文化和现代城市品位的地标性建筑，对完善城市功能、提高城市品位、满足群众日益增长的物质文化需要具有重要意义。11月15日，市委召开十届十四次全体会议，审议通过《中共淄博市委关于深入贯彻党的十七届六中全会精神加快建设文化强市的意见》。

七、淄博市就业和保障性住房建设等民生事业走在全省前列，群众生活水平持续提升

淄博市始终把保障和改善民生作为一切工作的出发点和落脚点，全面落实国家和省出台的各项民生政策，2011年前11个月用于民生建设的财政支出达102.25亿元，占财政总支出的49.11%。就业和社保工作不断加强，10月22日，市人力资源市场和大学生创业孵化中心启用，可为用人单位和劳动者提供就业失业登记等25项服务，并同时供60余家孵化企业、千余名大学生进场创业。保障性安居工程扎实推进，全市开工建设保障性住房项目45个，共计12017套，完成省下达任务的138%。

八、淄博保税物流中心封关运营，鲁中物流“旱码头”建设取得重大进展

11月16日，淄博保税物流中心正式封关运营。中心规划面积105.5公顷，总投资13.85亿元人民币，是全省唯一一家不依托海港、空港、河港的内陆保税物流中心。淄博保税物流中心的封关运营，为淄博市和周边区域经济发展提供了一个大通关、大物流、大开放的国际化平台，对加快打造鲁中物流“旱码头”，进一步提高对外开放水平，培植新的经济增长点，在更高层次上推进科学发展，具有重要而深远的意义。

九、全市工业经济总量过万亿，老工业城市转方式调结构取得重大阶段性成果

在2011年即将收官之际，全市工业经济总量突破万亿元大关，成为全国第16个、全省第3个工业经济总量过万亿的城市，标志着淄博市综合经济实力实现历史性跨越。近年来，全市工业战线深入贯彻落实科学发展观，坚定不移地走内涵发展路子，持之以恒地推进结构调整、自主创新节能减排和项目建设，工业经济保持持续快速健康发展的良好态势，淄博市工业逐步走上绿色低碳环保可持续发展的路子。12月27日召开的全市经济工作会议提出，力争再用三到五年的时间，实现工业销售收入过2万亿元的目标。

十、淄博市荣膺全国文明城市称号，科学发展水平和城市整体文明程度迈上新台阶

12月20日，淄博市被中央文明委授予全国文明城市称号，沂源县被评为全国文明县城，傅山村、北金村被评为全国文明村，淄博市地方税务局(机关)等4家单位被评为全国文明单位。自1991年开展创建文明城市活动以来，市委、市政府团结带领全市人民众志成城、锲而不舍，坚持把创建文明城市作为经济社会发展的战略措施，积极探索老工业城市、组团式城市创建文明城市的工作机制和工作方法，走出了一条以生态文明促进科学发展，以科学发展引领文明创建，以文明创建提升城市文明水平的发展路子。成功跻身全国文明城市行列，标志着淄博市科学发展水平和城市整体文明程度迈上一个新台阶。

（淄博市新闻工作者协会、淄博市新闻学会）

1～12月大事

1　月

7日　2010“感动淄博”年度人物颁奖典礼在淄博广电大剧院举行。入选2010“感动淄博”年度人物的是：省运会志愿者·开闭幕式创演团队、淄博无偿献血志愿者服务队2个优秀集体和于同家、王峰、吕绪兰、周克水、环卫之家、段义、胡伟·任志超、聂淑杰、穆金奎等个人；获得提名奖的是：热心大妈（集体）、冯衍明、白光标、石振云、李长波、房吉岭、郭斯孝、隋刚。

8日　市委在山东理工大学召开常委扩大会议，专题研究淄博市与山东理工大学深化合作事宜。会上，市领导刘慧晏、周清利与理工大领导都光珍、张新义共同为新能源汽车工程技术研究院揭牌。会前，市政府与山东理工大学签署《合作发展框架协议》和《共建新能源汽车工程技术研究院合作协议》。

12日　市政府与中国农业发展银行山东省分行签署统筹城乡发展战略合作协议。合作内容涵盖供水、土地整理、新农村建设等多个方面。

12～13日　农业部副部长高鸿宾到淄博市检查指导畜牧兽医工作。

14日　淄博市老年福利服务中心、淄博市儿童福利院启用。市老年福利服务中心、市儿童福利院建设工程是市委、市政府为群众所办实事之一，总投资1.02亿元。

18～20日　中国工程院院士周国泰到淄博市考察。其间，周国泰一行到山东理工大学进行调研，并考察新华医疗器械股份有限公司。

20日　市委召开常委会议，传达学习山东半岛蓝色经济区建设工作动员大会精神，研究贯彻落实意见。市委书记、市人大常委会主任刘慧晏主持会议并讲话。

21日　省委常委、常务副省长王仁元带领省直有关部门负责人专程到沂源县走访慰问老党员、困难职工、农村困难群众和低保户，代表省委、省政府向他们致以节日慰问，并调研点评沂源县创先争优活动。

21～22日　副省长贾万志到淄博市视察城乡供水和“抗旱双保”（抗旱保春播出苗、抗旱保夏粮丰收）工作。贾万志一行先后到桓台县净水厂、城乡河流水系综合治理工程、果里镇小型农田水利建设项目区考察，详细了解同源同网城乡供水一体化、民生水利工程建设、抗旱和冬季麦田管理工作情况。

29日　中共淄博市委文昌湖旅游度假区工作委员会、淄博市文昌湖旅游度假区管理委员会揭牌成立。

2　月

3日　农历大年初一，省委副书记、省长姜大明，副省长贾万志带领省直有关部门负责人到沂源县看望慰问农民群众，察看山区旱情，代表省委、省政府向广大城乡群众致以新春问候和祝福。

9日　市委召开常委会议，集体学习《中共中央国务院关于加快水利改革发展的决定》，传达全省抗旱动员会议精神，对抗旱和当前工作进行部署安排，要求各级各部门迅速进入工作状态，扎实推进各项工作开展，确保实现首季开门好，为“十二五”的发展开好头、起好步。

13日　水利部副部长刘宁到淄博市调研检查抗旱工作。刘宁一行先后到博山区石马水库，桓台县的果里镇麦田管理现场、县城乡供水一体化工程、城乡河流水系综合治理工程、小型农田水利重点县建设项目现场进行调研，了解抗旱和春季麦田管理情况，对淄博市水利工程建设、城乡一体化供水、农业灌溉用水保障、群众饮水安全等项工作给予充分肯定。

17日　淄博东部化工区化工废气集中焚烧工程在淄博热电集团正式投入运行。该项目总投资3000万元，每年减少排放化工废气、臭气约8亿立方米。工程主要负责将蓝星东大环氧丙烷厂、金马化工有限公司、新华制药一分厂、开发区医药化工厂以及新华环绿公司5家化工企业产生的化工废气进行集中焚烧处理。

19～22日　中国人民政治协商会议第十届淄博市委员会第四次会议在齐盛国际宾馆会议中心举行。市政协主席岳长志向大会作常委会工作报告。

20～24日　淄博市第十三届人民代表大会第四次会议在齐盛国际宾馆会议中心举行。市长周清利代表市人民政府向大会作《政府工作报告》。市人大常委会第一副主任刘池水作《淄博市人民代表大会常务委员会工作报告》。

22日　淄博市第七次获全国无偿献血先进城市称号，受到卫生部、中国红十字总会和中国人民解放军总后勤部卫生部联合表彰。

28日　全省建材工作会议暨协会三届三次理事(扩大)会议在淄博市召开。中国建材联合会副会长陈国庆出席会议。

3　月

1日　省委书记、省人大常委会主任姜异康在省委常委、秘书长王敏，省委常委、纪委书记李法泉陪同下，到淄博市看望中央纪委、监察部挂职干部。

7日　省委常委、宣传部部长孙守刚到淄博市调研文化体制改革和文化产业发展情况。

11日　省委常委、副省长王军民到淄博市考察安全生产工作。王军民一行到山东金鼎矿业公司井下410米采掘面，了解设备运行、检修情况，察看工作面安全环境。下午，王军民到得益乳业公司就食品安全工作进行考察。

17日　商务部部长陈德铭在省委常委、副省长王军民陪同下，到山东东岳集团、鲁泰纺织股份有限公司就市场供应、农超对接、加工贸易和出口结构调整等工作进行考察调研。

25日　国家林业局公布新一批国家湿地公园名单。桓台县马踏湖湿地公园榜上有名，成为全市第一家国家级湿地公园。

30日　由淄博市政府与华润置地联合主办的淄博市中心城区城市综合体华润中心项目开工奠基仪式在鲁中宾馆原址举行。省委副书记、省长姜大明，副省长才利民出席仪式。淄博华润中心项目是市政府2011年度的重要招商引资项目，包含淄博市老体育场地块和原鲁中宾馆地块，预计总投资50亿元，总建筑面积近100万平方米。

4　月

1日　省发改委首次发布全省17市社会发展综合水平评价报告。淄博与威海、烟台、青岛4市为社会发展高水平地区，处于第一层次。

7日　河北省沧州市党政考察团到淄博市的东岳集团、金晶集团、山东新华医疗器械集团参观考察。

10日　全市工业转方式调结构暨“双百工程”大会召开，市委书记、市人大常委会主任刘慧晏主持会议并讲话，市委副书记、市长周清利讲话。市委常委、副市长王顶岐宣读中共淄博市委、淄博市人民政府《关于全市首届工业杰出企业和企业家及2010年度工业百强企业和企业家考核情况的通报》《关于公布2010年度百项重点工业项目优秀竣工项目的通报》，并代表市政府与各区县、高新区和文昌湖旅游度假区签订节能目标责任书。

11～15日 市委书记、市人大常委会主任刘慧晏率团赴无锡市、重庆市学习考察。

13～14日 人力资源和社会保障部副部长信长星到淄博市调研督导人力资源和社会保障工作。

27～28日 全国"较大的市"人大工作研讨会第四十次会议在淄博市召开。省人大常委会副主任温孚江出席会议并讲话。

28日 淄博客运中心竣工启用。中心按照一级客运站标准设计，总投资3.3亿元。主站楼4万余平方米，设31个售票窗口、两个候车大厅、34个检票口、52个发车位和150个停车位，设计日发送班次2000个，日发送旅客30000人。

28日 淄博市植物园开园。淄博市植物园系在原张店区植物园基础上升级改造而成。改造于2010年6月开工，总投资5700万元。改造后总面积为47.5公顷，是一处以植物景观、水景为主，集科普、休闲、健身等功能于一体的综合性公园。

30日 海关总署党组书记、署长于广洲在副省长才利民陪同下到淄博海关考察。

30日至5月1日 在合肥市召开的全国文化体制改革工作会议上，淄博市被授予全国文化体制改革先进地区称号。

5　月

6日 瑞士驻华大使顾博礼一行到淄博市参观考察，出席山东三金玻璃机械有限公司与瑞士布赫集团艾姆哈特玻璃公司合资项目签约仪式。

8～9日 全国人大常委会农业与农村委员会委员、中国劳动学会会长、原劳动保障部副部长华福周到淄博市调研经济社会发展和人力资源社会保障工作，重点考察了淄博市劳动学会和新农保工作开展情况。

8～12日 市委书记、市人大常委会主任刘慧晏率市经贸代表团赴香港举办系列经贸活动，累计签订合作项目32个，总投资额66亿美元。

9日 2011"金晶杯"山东·博山全国汽车场地越野锦标赛决赛在博山区太阳山国际赛车场举行。全国汽车场地越野锦标赛是国内三大顶尖汽车赛事之一，此次博山站比赛是2011年度的第2分站赛。

10日 临淄区交警大队查获驾驶人袁某某涉嫌醉酒驾驶。袁某某成为5月1日"醉驾入刑"实施后全市首个因醉酒驾驶被刑事拘留的驾驶员。

12～13日 省委常委、纪委书记李法泉到淄博市就贯彻落实十七届中央纪委六次全会和省纪委九届七次全会精神进行调研。

13日 全国林场协会第三届会员代表大会在原山林场召开。国家林业局副局长张建龙出席会议。

17日 全市慈善大会暨"慈心一日捐"活动动员大会召开。在现场捐赠仪式上，155个捐款10万元以上的单位现场举牌捐款4600.5万元，5

家单位认捐慈善基金 1 亿元。

19～20 日　国家统计局副局长谢鸿光到淄博市调研。

19～29 日　市委副书记、市长周清利率领市政府经贸代表团对韩国、美国、加拿大部分城市和大企业进行经贸考察和友好访问。周清利一行分别拜会韩国广州市政府，美国纽约州中小企业发展署，加拿大联邦外交外贸部、环境部、矿产资源部和多伦多投资促进局等政府机构，重点围绕金晶集团与 PPG 公司玻璃纤维项目增资扩产、加华新材料公司扩大产能、宏达矿业境外融资、普拉斯科公司新技术垃圾发电等达成一批合作项目。

20～21 日　在全国法制宣传教育工作会议上，淄博市被中宣部、司法部授予 2006 年至 2010 年全国法制宣传教育先进城市称号。

23 日　参加全省生态文明乡村建设现场会议的领导到淄博市考察指导。副省长贾万志，省直有关部门负责人，各市分管农业农村工作的市委副书记、副市长等 160 余人参加考察。

25～26 日　中国人民解放军空军副政委王伟到淄博市考察指导工作。

28 日　淄博市第十一届全民健身节暨第一届全民健身运动会在市体育中心广场开幕。

28 日　淄博市中小企业产权交易中心在山东翟誉博律师事务所挂牌成立。

29～30 日　浙江省委常委、副省长葛慧君率浙江省政府考察团，在山东省副省长贾万志陪同下到淄博市参观考察。

31 日　全省公安机关推行“六小警务”现场会在淄博市召开。会议传达贯彻全国公安厅局长座谈会精神，学习总结高青县公安局“六小警务”的经验做法，研究部署在全省公安机关全面推行“六小警务”工作。

6　月

1 日　淄博市与中国海外集团合作开发的文昌湖旅游度假区城乡统筹项目开工奠基仪式举行。省委书记、省人大常委会主任姜异康，省委常委、秘书长王敏，副省长才利民，中国海外集团总经理孔庆平，市领导刘慧晏、周清利等出席开工奠基仪式。

1 日　省委书记、省人大常委会主任姜异康到张店区民泰龙凤幼儿园，亲切看望小朋友们和幼儿教师，向少年儿童表示节日祝贺，向少年儿童工作者致以诚挚的问候。姜异康还调研考察了淄博市新能源电池电动客车项目。

10～11 日　中国地方志指导小组常务副组长、中国社会科学院副院长朱佳木到淄博市检查指导地方史志工作。

14 日　副省长郭兆信到淄博市考察指导“六小警务”和保障性住房建设工作。

17 日　淄博市天然气综合利用项目在博山投产点火。该项目于 2010 年 4 月 16 日动工，2011 年 6 月 8 日正式供气，成为“泰青威”干线第一家天然气接收单位。该项目的竣工投产，结束了博山区南部、沂源县无管道天然气的历史。淄博城市燃气（博山）有限公司同日揭牌。

22 日　在 2011 年全国现代五项冠军赛青岛站比赛中，淄博籍运动员李焕发获得男子团体、男子接力、混合接力 3 枚金牌。

23 日　山东省部分市上半年经济形势调研分析会议在齐盛国际宾馆召开，省委常委、常务副省长王仁元，淄博市委副书记、市长周清利，省直有关部门和烟台、潍坊、临沂、聊城、滨州、菏泽等市分管领导出席会议。

28日 淄博市城乡同源同网饮水安全暨引太入张供水工程竣工仪式在新建成的净水厂举行。工程可日供饮用水10万吨。

28日 桓台县2.47万公顷小麦平均亩产达547公斤,比2008年时最高纪录增加24公斤,其中,高产创建小麦攻关田亩产达759.18公斤。两项亩产量均创全市历史新高。

30日 淄博市庆祝中国共产党成立90周年大会隆重举行。大会回顾党的90年辉煌历程,动员和号召全市各级党组织和广大党员干部群众,高举中国特色社会主义伟大旗帜,牢记使命、继往开来、充满激情、科学创业,加快建设殷实和谐经济文化强市。大会还表彰了在各条战线上作出突出贡献的先进集体和先进个人。

7 月

5～7日 省政协副主席乔延春率省政协提案委员会委员视察组一行,就推进中小企业信用担保体系建设情况到淄博市视察。

6日 德州市党政考察团到桓台县参观考察。

11～17日 市委副书记、市长周清利一行随山东省"孔子故里 好客山东"台湾行经贸文化交流团,到台湾考察经济社会发展及城市建设管理等情况,达成一批合作意向。

12日 山东瑞丰高分子材料股份有限公司在深圳证券交易所创业板上市。

19～21日 省委常委、副省长孙伟到淄博市就科技、环保、财税、政府法制等工作进行调研。孙伟一行先后到沂源、博山、淄川、桓台、张店等区县和淄博高新区,实地考察有关工业企业、服务业和文化、城建以及民生重点项目。

22～25日 全国政协委员、山西省政协副主席周然率全国政协委员采风创作团到淄博市参观考察。

29日 中国工程院院士、清华大学教授李龙土出席山东统一陶瓷科技公司院士工作站揭牌仪式。同日,由山东统一陶瓷科技公司制定的中国防静电瓷砖国家标准正式颁布实施。

8 月

1～4日 市委举办理论学习中心组读书会。会议学习贯彻胡锦涛"七一"重要讲话、省委理论学习中心组读书会和省委九届十二次全体会议精神,紧密结合淄博实际,研究交流转方式调结构、统筹城乡发展、加强和创新社会管理的思路措施,进一步统一思想、提升境界,形成工作合力,加快推动淄博老工业城市科学发展。

5日 中国共产党淄博市第十届委员会第十二次全体会议在张店举行。全委会深入学习胡锦涛在庆祝中国共产党成立90周年大会上的讲话,学习贯彻省委理论学习中心组读书会和省委九届十二次全体会议精神,总结分析当前形势,部署下一步工作任务。市委书记刘慧晏代表市委常委会讲话,就加快转变经济发展方式、加大统筹城乡发展力度、加强和创新社会管理、抓好工作落实提出明确要求。市委副书记、市长周清利就正确把握当前经济形势和做好下一步经济工作,提出具体意见。

9日 全省政法委书记专题研讨班在淄博市举行。省委常委、政法委书记柏继民参加研讨班并讲话。

18日 市委、市政府召开全市创建全国文明城市工作会议,动员全市上下迅速行动起来,扎实做好各项迎评工作,全力争创全国文明城市。

23日 科技部副部长张来武在省委常委、副省长孙伟陪同下到高青县考察肉牛产业发展情况。

25日 副省长贾万志到淄博市考察农牧业工作。

25日 韩国广州市代表团到淄博市访问。

26日 黄河三角洲优质肉牛科技示范工程在高青县启动。省政府党组成员、省长助理陈光出席启动仪式并讲话。

29日 《淄博日报》讯:由淄博齐盛新能源科技有限公司研发的“高性能镍氢动力电容电池”项目通过由山东省科技厅组织的科技成果鉴定。

9 月

1~2日 省委常委、宣传部部长孙守刚率省文化产业发展座谈会与会代表150人到淄博市参观。

3日 中国质量协会、中国质量协会用户委员会公布2011年液态奶消费者满意度测评结果。山东得益乳业有限公司连续第三次获第一名。

5日 由中央文明办、财政部、教育部主办的中央专项彩票公益金支持乡村学校少年宫项目全国启动仪式在桓台县世纪中学举行,中央文明办专职副主任王世明,省委常委、宣传部部长孙守刚出席仪式并讲话。

6日 第十一届中国(淄博)国际陶瓷博览会·第十届中国(淄博)新材料技术论坛在淄博国际会展中心开幕。中共中央委员、全国政协经济委员会副主任、国家工业和信息化部原部长、中国工业经济联合会会长李毅中,科技部副部长曹健林,山东省委常委、副省长孙伟,中国工程院原副院长王淀佐等出席开幕式。此届博览会总交易额达38.5亿元。新材料技术论坛共邀请院士及中外专家362人。其间,共签约技术合作项目626项。大会于9日闭幕。

12~18日 全国文明城市测评组对淄博市创建全国文明城市工作进行全面测评。

16~20日 中国·临淄第八届国际齐文化旅游节在临淄区举行。

17日 淄博市经贸代表团赴滨州市参加山东省第二届黄河三角洲高效生态经济区经贸洽谈会,共签约41项,总投资226亿元。

17~18日 国家行政学院常务副院长魏礼群、副院长何家成,在省委常委、副省长孙伟陪同下,到淄博市考察调研城乡统筹建设情况。

21日 由海关总署、财政部、国家税务总局、国家外汇管理局组成的国务院联合验收组,对淄博保税物流中心进行验收,并颁发验收合格证书。

28日 张店区与中国太平洋财产保险公司电话保险运营中心合作项目签约,市委副书记、市长周清利出席仪式并致辞。该项目投资2.8亿元,投入运营后可吸纳6000人就业。同日,总投资55亿元的淄博嘉亿国际财富中心奠基;总投资9.6亿元的淄博金域东山老年康复中心奠基;山东恒汇电子科技有限公司20亿片IC封装载板项目投产。

10 月

1~2日 外交部副部长翟隽到淄博市就外事工作进行调研。

8~9日 内蒙古自治区锡林郭勒盟党政考察团到淄博市参观考察。

10日 山东扳倒井集团的赵纪文获中国酿酒大师称号,成为全省白酒行业唯一的中国酿酒大师。

11 日　在福布斯 2011 中国大陆最佳商业城市排名中，淄博市列第 36 位。

12～14 日　2011 海峡两岸大学校长论坛暨科学技术研讨会在山东理工大学举行，海峡两岸 21 所大学的校长、教授参加论坛。

18～19 日　副省长王随莲到淄博市就基层医疗卫生机构综合改革工作进行调研。

24 日　日本发行量最大的商业杂志《日经商务》以近 10 年人均 GDP 增长速度和人口增长速度为依据举办的世界 300 万以上人口城市"世界成长都市 100 强"评选活动揭晓，淄博市列世界第十六位、中国第四位。

25 日　历时 10 天的全国第七届城市运动会在南昌国际体育中心综合馆闭幕。淄博代表团获金牌 6 枚、银牌 2 枚、铜牌 5 枚；在全国 57 个参赛城市中，位列奖牌榜第 17 位；在 23 个地级市(区)中奖牌榜排名第三。淄博代表团还获得体育道德风尚奖。

28 日　山东省林业局、淄博市人民政府发展现代林业共建生态淄博合作协议签字仪式在齐盛国际宾馆举行。

11　月

8 日　国家发改委副主任徐宪平到沂源县就主体功能区生态保护和生态经济发展情况进行调研。

8 日　全市普法依法治理工作会议暨淄博市获全国法制宣传教育先进城市称号揭牌仪式举行。

8 日　省经信委公布首批《山东省高端技术装备新产品目录》，淄博市的山东新华医疗器械股份有限公司的大输液软包装全自动制袋灌封机、山东博润工业技术有限公司的卧式筛网沉降式离心机等 9 家企业的 9 个产品名列其中。

15 日　中国共产党淄博市第十届委员会第十四次全体会议在张店区举行。出席会议的有市委委员 36 人，市委候补委员 4 人。全委会深入学习贯彻党的十七届六中全会和省委九届十三次全体会议精神，听取和讨论市委书记刘慧晏受市委常委会委托作的工作报告，审议通过《中共淄博市委关于深入贯彻党的十七届六中全会精神加快建设文化强市的意见》和《中国共产党淄博市第十届委员会第十四次全体会议关于召开中国共产党淄博市第十一次代表大会的决议》。

16 日　淄博保税物流中心正式封关运营。该中心是全国 25 家保税物流中心之一，属于"境内关外"模式的国家特殊监管场所，享受国家多项优惠政策。封关运营后，成为山东省唯一一家不依靠空港、海港、河港的内陆保税物流中心。

17 日　淄川区被认定为第三批国家资源枯竭城市。

19 日　省委副书记、省长姜大明，副省长郭兆信到淄博市视察保障性住房建设工作。

19 日　中国纺织工业联合会会长王天凯到淄博市调研。

21 日　2011 年全国科技进步考核先进县、市评选揭晓，淄博市被科技部授予全国科技进步先进市称号，连续第八次获此殊荣。

12　月

1 日　省委常委、纪委书记李法泉到淄博市调研，并在淄博召开的全省部分县(市、区)纪委书记座谈会上讲话。

6 日　第二届“淄博友谊奖”颁奖仪式在齐盛国际宾馆举行。詹姆斯·庞弗雷特等 10 名外国专家获“淄博友谊奖”。

7 日　淄博市人民政府与青岛大学产学研战略合作框架协议签约仪式在齐盛国际宾馆举行。

11 日　中国光大银行淄博分行开业。

13 日　由国务院安委会办公室副主任、国家安监总局副局长杨元元率领的国务院安委会督查组到淄博市督导检查职业病防治和职业健康普查工作。

17 日　全市工业经济过万亿、“双百工程”暨促进内涵发展大会召开。会议回顾总结全市工业发展的辉煌历程和成功经验，表彰做出突出贡献的企业和企业家，动员全市上下以工业经济总量过万亿为新的起点，全面落实科学发展观，坚定不移地走内涵发展路子，加快推动淄博市由工业大市向工业强市跨越，开创淄博老工业城市科学发展新局面。

20 日　在北京召开的全国精神文明建设工作表彰大会上，淄博市被授予全国文明城市称号。

20 日　全国爱卫会召开国家卫生城市命名表彰电视电话会议，对 2011 年通过复审的国家卫生城市进行重新确认命名。淄博市被重新确认命名为国家卫生城市。

21 日　淄博市东部化工区布局调整基础设施（一期）及首批搬迁项目竣工典礼举行。

27 日　全市经济工作会议召开。会议学习贯彻中央和全省经济工作会议精神，动员全市上下进一步把思想和行动统一到内涵发展上，开创殷实和谐经济文化强市建设新局面。

31 日　全省住房保障暨城乡建设工作会议在淄博市召开。会议贯彻落实全国住房保障工作座谈会和全国住房建设工作会议精神，部署 2012 年全省住房保障和城乡建设工作任务。副省长夏耕出席会议并讲话。

本部类编　写：赵建国
副主编：安永善
校　对：郭延志
张爱云

淄博概况

地理　历史

【位置面积】 淄博市位于北纬 35°55′20″～37°17′14″，东经 117°32′15″～118°31′00″之间，地处鲁中山区与华北平原的接合部，南依沂蒙山区与临沂接壤，北临华北平原与东营、滨洲相接，东接潍坊，西与省会济南接壤。市域形态南北狭长，南北最大纵距 151 公里，东西最大横距 87 公里。地理位置处山东中部，交通发达，是沟通中原地区和山东半岛的咽喉要道，是山东省重要的交通枢纽城市。全市总面积 5965 平方公里，占山东省总面积的 3.8%。其中，市区面积 2978 平方公里。2011 年，人口密度 711 人/平方公里。

【自然条件】 1. 地质。淄博市以齐河—广饶断裂为界，以南属鲁西台背斜鲁中隆起区，以北属济阳坳陷区。鲁中隆起区由基底岩系和盖层组成。基底岩系由泰山岩群和新太古代—古元古代花岗岩构成，经历多期变质作用。盖层以寒武纪、奥陶纪地层为主，淄博盆地、沂源盆地、鲁村盆地内发育石炭纪、二叠纪及中生代的沉积。济阳坳陷区完全被第四纪地层覆盖。境内岩浆岩分布较广，前寒武纪变质岩浆岩分布于市区南部的基底岩系中，中生代燕山期岩浆岩分布于中北部的断裂交汇或褶皱发育区。2. 地形。淄博市地势南高北低，南部及东西两翼山峦起伏，中部低陷向北倾伏，南北高差千余米。以胶济铁路为界，以南大部分为山区、丘陵，岩溶地貌发育；以北大部分为山前冲积平原和黄泛平原，土地平坦肥沃。北部有黄河、小清河流经，发源于市域内的河流有沂河、淄河、孝妇河等。全市山区、丘陵、平原面积分别占市域面积的 42%、29.9%和 28.1%。3. 气候。地处暖温带，年平均降水量为 657.8 毫米，属半湿润半干旱的大陆性气候。全市年平均气温 12.5℃～14.2℃，年平均日照时数为 2209.3 小时～2523.0 小时，年平均无霜期 190 天～210 天。

【自然资源】 1. 土地资源。全市土地总面积 5965 平方公里，其中土壤面积 5174 平方公里，土地利用率 78.47%。全市农业用地 4309 平方公里，占全市土地总面积的 72.23%；非农业用地 1126 平方公里，未利用土地 530 平方公里。在农业用地中，耕地面积 2078 平方公里，林地面积 1008 平方公里，果园面积 761 平方公里。在总土地面积中，山丘、涝洼、平原、荒滩、水面各占 45.2%、13.8%、33.2%、6.7%、1.1%；在土壤面积中，主要有棕壤、褐土、砂姜黑土、潮土、盐土，分别占 13.6%、62.5%、7.5%、16.2%、0.2%。2. 生物资源。生物资源种类繁多。据不完全统计，共有生物 615 科、3753 种。其中，微生物 151 科、618 种；植物 156 科、1645 种；动物 308 科、1490 种。极具价值的种类有食用菌 30 多种、农作物品种 218 种、木本植物 421 种、药材植物 778 种、饲草植物 415 种、水生动植物 102 种、畜禽 86 个品种、鸟类资源 265 种、病虫及天敌资源 2165 种。3. 水资源。水资源有地表水和地下水。大气降水是水资源的主要补给源。全市年均降水量为 657.8 毫米，折合水量 39.06 亿立方米，水资源补给总量 14.11 亿立方米。地下水可开采量 9.45

亿立方米。4. 矿产资源。淄博市矿产资源比较丰富，全市已发现矿产53种(含亚矿种)，已探明储量的22种(含亚矿种)。全市探明矿床(区)157处(含10处共生矿产地)，其中大型矿床14处、中型矿床50处、小型矿床93处。煤、铁、铝土矿、耐火黏土等重要矿产多集中分布在中部地区，矿产聚集度较高。保有资源储量占全省同类矿产资源储量10%以上的矿种11种，铁矿、铝土(伴生钴、镓)及石灰岩、耐火黏土等矿产在全省具有明显优势，其中镓矿(伴生)、陶粒用黏土和二氧化碳气等矿产的保有资源储量集中分布在淄博市，铁矿、伴生钴矿、铝土矿和耐火黏土等分别占全省总保有资源储量的24%、35%、94%、48%。5. 能源资源。淄博市有丰富的石油和天然气资源。高青油田东西长约6.2公里，南北长约9.3公里，面积58平方公里，共发现7套含油层系，含油断块14个，面积10.5平方公里，储量1469万吨。金家油田面积110平方公里，5个含油层总厚度10米～28米，固定含油面积22.7平方公里，埋深200米～1100米，储量3171万吨。另外，还有高青县的花沟气田等。（韩　冰）

【历史沿革】 1945年8月成立淄博特区，设专员公署，隶属鲁中行政区，此为淄博成为政区名称之始。9月撤销。1946年1月二次成立，7月又撤销。1948年3月淄博全境解放，8月再次成立淄博特区，隶属鲁中南行政区。1949年7月成立淄博工矿特区。1950年5月成立淄博专区。1953年改为淄博工矿特区。1955年3月改为淄博市。1959年1月淄博市与惠民专区合并组建淄博专区，淄博市改为专区辖市。1961年1月淄博市与惠民专区分设，恢复为省辖市。市级机关由博山区迁到张店区。（年　间）

政区　人口　民族

【行政区划】 2011年，全市行政区划建制为5区3县，59个镇、29个街道。张店区13个镇、街道(6镇7街道)：中埠镇、马尚镇、南定镇、沣水镇、傅家镇、房镇镇、车站街道、公园街道、杏园街道、和平街道、科苑街道、体育场街道、四宝山街道。淄川区13个镇、街道(9镇4街道)：岭子镇、双杨镇、罗村镇、龙泉镇、寨里镇、西河镇、太河镇、昆仑镇、洪山镇、般阳街道、将军路街道、松龄路街道、钟楼街道。博山区10个镇、街道(7镇3街道)：白塔镇、域城镇、八陡镇、源泉镇、石马镇、博山镇、池上镇、城东街道、城西街道、山头街道。临淄区12个镇、街道(7镇5街道)：齐都镇、皇城镇、敬仲镇、朱台镇、凤凰镇、金山镇、金岭回族镇、辛店街道、闻韶街道、雪宫街道、稷下街道、齐陵街道。周村区10个镇、街道(5镇5街道)：王村镇、南郊镇、北郊镇、萌水镇、商家镇、城北路街道、永安路街道、丝绸路街道、青年路街道、大街街道。桓台县9个镇、街道(7镇2街道)：果里镇、马桥镇、唐山镇、田庄镇、荆家镇、新城镇、起凤镇、索镇街道、少海街道。高青县9个镇、街道(7镇2街道)：木李镇、青城镇、高城镇、黑里寨镇、唐坊镇、常家镇、花沟镇、田镇街道、芦湖街道。沂源县12个镇、街道(11镇1街道)：南麻镇、南鲁山镇、鲁村镇、悦庄镇、大张庄镇、燕崖镇、中庄镇、西里镇、东里镇、张家坡镇、石桥镇、历山街道。（张晓东）

2011年淄博市行政区划表

表3－01

区　县	镇(个)	街道(个)	土地面积(平方公里)
淄博市	59	29	5965
张店区	6	7	360
淄川区	9	4	960
博山区	7	3	698
临淄区	7	5	664

续表 3－01

区　县	镇(个)	街道(个)	土地面积(平方公里)
周村区	5	5	307
桓台县	7	2	509
高青县	7	2	831
沂源县	11	1	1636

【人口】 截至 2011 年底，全市总人口 4238266 人，比 2010 年增加 14674 人。总人口中，男性 2117021 人，女性 2121245 人，人口性别比 99.8：100。全年人口净迁入 4882 人，机械增长率 1.15‰。据人口计生部门统计，全年出生 31872 人，人口出生率为 7.54‰；死亡 25159 人，死亡率为 5.95‰，人口自然增长 6713 人，人口自然增长率为 1.59‰。

【民族】 淄博市属少数民族散、杂居地区，有回族、满族、蒙古族、朝鲜族等 48 个少数民族，24573 人，占全市总人口的 0.58%。少数民族城市人口与农村人口比例各为 50%。全市有 1 个民族镇，即临淄区金岭回族镇，为全省 4 个民族镇之一；4 个民族工作重点镇(办)，即沂源县西里镇、沂源县东里镇、临淄区闻韶街道办事处、周村区永安街道办事处；10 个民族村(居)，其中 9 个回族村(居)、1 个蒙古族村，分别为：临淄区金岭回族镇的金南居委会、金岭一村、金岭四村，齐陵街道办事处的刘营蒙古族村(全省唯一的蒙古族村)；张店区马尚镇的马尚回民新村；周村区永安办事处的灯塔居委会；沂源县东里镇的东村，西里镇的柳枝峪村、辛庄村、大刘庄村。 (胡艳霞　张闻涛)

组 织 机 构

市级领导班子

中国共产党淄博市委员会

书　　记　刘慧晏
副 书 记　周清利
　　　　　侯法生(2 月离任)
　　　　　李迎春(挂职，3 月离任)
　　　　　陈家金
常　　委　刘慧晏
　　　　　周清利
　　　　　侯法生(2 月离任)
　　　　　李迎春(挂职，3 月离任)
　　　　　陈家金
　　　　　王顶岐
　　　　　周连华
　　　　　岳华东
　　　　　刘　晓(12 月任职)
　　　　　赵启全
　　　　　唐会礼(7 月任职)
　　　　　郭利民
　　　　　陈　勇(5 月离任)
　　　　　魏艳菊(女)
　　　　　林建宁(12 月离任)
　　　　　刘中会(12 月离任)
　　　　　张顺华
　　　　　尚龙江(12 月任职)
　　　　　王成方(12 月任职)
特邀咨询　冯梦令
　　　　　常志钧
　　　　　刘池水(2 月任职)
秘 书 长　林建宁(12 月离任)
　　　　　唐福泉(12 月任职)
副秘书长　巴新福
　　　　　周京明
　　　　　张爱民(12 月离任)
　　　　　魏坤隆
　　　　　陈保会
　　　　　张承友

田建民
翟乃利
王正全
明子春
王玉春

淄博市人民代表大会常务委员会

主　　任　刘慧晏
第一副主任　刘池水(2月离任)
　　侯法生(2月任职)
副 主 任　吴明君
　　林春明
　　韩家华
　　段立武(女,2月任职)
　　薛安胜(2月离任)
　　曹在堂
　　王世庆
　　张庆盈(女)
党组书记　刘慧晏
党组副书记　刘池水(2月离任)
　　侯法生(2月任职)
　　吴明君
特邀立法咨询　常大鹏
秘 书 长　王敦浦
副秘书长　王兹水(12月离任)
　　刘传忠
　　程嗣福
　　逯平之
　　聂建军
　　李汝池(12月离任)
　　朱洪亮(1月离任)
　　王志勇(12月任职)
　　张　波(12月任职)

淄博市人民政府

市　　长　周清利
副 市 长　王顶岐
　　周连华
　　刘　晓(12月任职)
　　刘有先
　　段立武(女,2月离任)
　　饶明忠
　　庄　鸣
　　唐福泉
　　韩国祥(2月任职)
　　许建国(2月任职)
特邀咨询　宋锡坤
　　苏　勇(12月任职)
市长助理　李跃刚(挂职)
　　邵珠东(挂职,7月离任)
党组书记　周清利
党组副书记　王顶岐
　　周连华
　　刘　晓(12月任职)
　　唐会礼(12月任职)
秘 书 长　蒲绪章
副秘书长　刘秉敏
　　张鲁辛
　　刘新胜
　　赵水清
　　贾光杰(7月离任)
　　沙向东(1月离任)
　　郑广庆
　　孙中华
　　霍自国
　　闫桂新
　　王克海(12月任职)

中国人民政治协商会议淄博市委员会

主　　席　岳长志
副 主 席　王同和
　　荣　玮(2月离任)
　　王法亮
　　高峰岭
　　张建祥
　　尚秋云(女)
　　王树武(2月任职)
　　董学武
　　达建文
　　吴宗杰(2月任职)
党组书记　岳长志
副 书 记　王同和
　　马爱国(12月任职)
秘 书 长　李先坤
副秘书长　常承村(7月离任)
　　王庆生(7月离任)
　　于秀栋

王怀宾
张义堂
金晓莉(女,2月任职)

中国共产党淄博市纪律检查委员会

书　　记　赵启全
常务副书记　张维政(2月任职)
副 书 记　胡博生
穆若英(女)
常　　委　赵启全
张维政
胡博生
穆若英(女)
陈凤勤
赵中华
王建军
刘　涌(7月离任)
崔平生
吉　凯(7月任职)
秘 书 长　王建军

市委工作机构

办公厅

主　　任　周京明
副 主 任　杨　刚
任汝刚(7月任职)
于国防(7月任职)

督查室

主　　任　魏坤隆
副 主 任　耿庆玮(11月离任)
张元森

机要局

局　　长　任汝刚

保密委员会办公室(市政府保密局)

主任(局长)　陈保会
副主任(副局长)　孙玉海

信息中心

主　　任　张　建

组织部

部　　长　刘中会(12月离任)
王成方(12月任职)
常务副部长　曹家才(2月离任)
王亚黎(2月任职)
副 部 长　张守华
段名钰
贾素英(女)
刘　伟

组织员办公室

主　　任
副 主 任　路玉田(11月离任)
苗立欣(7月任职)

宣传部

部　　长　郭利民
常务副部长　李贡平
副 部 长　张洪兴
张守君(女)
朱建伟
于康梅(女)

市精神文明建设委员会办公室

主　　任　张守君(女)
副 主 任　王东宏
巩绪民

对外宣传办公室(市政府新闻办公室)

主　　任　傅　斌

统一战线工作部

部　　长　魏艳菊(女)
常务副部长　常承村(6月离任)
国先彧(6月任职)
副 部 长　于精忠(兼,满族)
康振东
路盛芝
吕爱国

政法委员会

书　　记　岳华东
常务副书记　王树银
副 书 记　刘维远(7月离任)
张翠芬(女)
许传杰
朱　辉

市社会治安综合治理委员会办公室(与政法委合署)

主　　任　许传杰(7月任职)
副 主 任　邢书军

市维护稳定工作领导小组办公室

主　　任　王树银

副　主　任　　周庆涛
　　　　　　　王爱玲(女)

政策研究室

主　　　任　　张爱民(12月离任)
　　　　　　　张承友(12月任职)
副　主　任　　李建民
　　　　　　　王允永

市机构编制委员会办公室

主　　　任　　张守华
副　主　任　　李克忠
　　　　　　　孙庆元
　　　　　　　迟文质(7月任职)

台湾工作办公室(市政府台湾事务办公室)

主　　　任　　韩祥亮(12月离任)
　　　　　　　王秀辉(12月任职)
副　主　任　　吴振青(女)
　　　　　　　王树贤

市直机关工作委员会

书　　　记　　田建民
副　书　记　　高　杰
　　　　　　　刘晓明

市政府工作部门

办公厅

主　　　任　　刘秉敏
副　主　任　　赵兰弟
　　　　　　　田茂庚
　　　　　　　杜德俊
　　　　　　　范桂君
党 组 书 记　　蒲绪章
党组副书记　　刘秉敏

发展和改革委员会(市委统筹城乡发展工作委员会与其一个机构两块牌子)

主　　　任　　李树民
副　主　任　　李延永
　　　　　　　张学武(12月离任)
　　　　　　　张宇信
　　　　　　　袁　晖
　　　　　　　王　瑛
　　　　　　　梁云宏(7月离任)
　　　　　　　于道琪
　　　　　　　张玉宝
　　　　　　　齐孝福
党 组 书 记　　李树民
党组副书记　　李延永(12月离任)
　　　　　　　张学武(11月离任)
工 委 书 记　　李树民(6月任职)
工委副书记　　齐孝福(6月任职)

经济和信息化委员会(市委经济和信息化工作委员会与其一个机构两块牌子)

主　　　任　　高晓峰(1月离任)
　　　　　　　魏玉蛟(1月任职)
副　主　任　　魏玉蛟(1月离任)
　　　　　　　韩大力
　　　　　　　赵悦杰
　　　　　　　张广家(1月离任)
　　　　　　　于明磊
　　　　　　　葛春平(7月任职)
工 委 书 记　　高晓峰(2月离任)
　　　　　　　魏玉蛟(2月任职)
工委副书记　　魏玉蛟(2月离任)
　　　　　　　马小平

经济和信息化委员会信息产业处(市政府信息化办公室)

处　长(主任)　　魏玉蛟
副处长(副主任)　　马春安
　　　　　　　　范继英(女)
　　　　　　　　毕　泉

教育局

局　　　长　　赵新法
副　局　长　　张景春(7月离任)
　　　　　　　尹玉法
　　　　　　　唐　勋
　　　　　　　王世军(7月任职)
党 委 书 记　　赵新法
党委副书记　　卞　军(女,7月任职)

科学技术局

局　　　长　　周元军
副　局　长　　王纯国
　　　　　　　牛圣银
　　　　　　　周献忠
　　　　　　　毕红卫(女)
　　　　　　　张旭东
党 委 书 记　　周元军

知识产权局

局　　长　王纯国
副 局 长　曹修琦
胡庆乙

公安局

局　　长　岳华东(12月离任)
丁冠勇(12月任职)
政　　委　桑培伦(12月离任)
常务副局长　桑培伦(12月离任)
副 局 长　于洪德
周立华
顾国星
许文安
倪　强
柳　奇
党委书记　岳华东(12月离任)
丁冠勇(12月任职)
党委副书记　桑培伦(12月离任)
于洪德

监察局(与市纪委机关合署办公)

局　　长　张维政
副 局 长　陈凤勤
张京河
赵中华
刘　涌(7月离任)
崔平生(7月任职)

派驻第一监察室

主　　任　韩晓华
副 主 任　王　辉(7月离任)
张寅玲(女)
张小博
寇宗华

派驻第二监察室

主　　任　丁莉莎(女)
副 主 任　王雪巍
王以忠
陈思海
李德武

派驻第三监察室

主　　任　宋　娟(女)
副 主 任　朱永常
徐　可
陈　晶
李　润

派驻第四监察室

主　　任　林永春
副 主 任　孙　燕(女)
梁永泉
韩志农
田旭东(1月任职)

派驻第五监察室

主　　任　薛　南(女)
副 主 任　张成让
李富广
王新成
由少华(7月任职)

派驻第六监察室

主　　任　吕成法
副 主 任　花　东(7月离任)
王　鹏
段庆峥
蔡延凤(女)
牛玉斌(7月任职)

派驻第七监察室

主　　任　成亮文(7月离任)
刘　涌(7月任职)
副 主 任　刘路生
吕　浩
彭光坤
姜艳艳(女)

派驻第八监察室

主　　任　黄宗光
副 主 任　谷　虹(女)
宗福顺
张　华
高　伟(7月任职)

民政局

局　　长　耿衍飞
副 局 长　成锡钶(7月离任)
张兴忠
邓红双(女)
白全永
党委书记　耿衍飞
党委副书记　成锡钶(6月离任)

司法局
局　　长　陈维刚
副 局 长　郑建业
　　　　　徐长厚
　　　　　贾　刚
党委书记　陈维刚
党委副书记　祁连山(11月任职)

财政局
局　　长　王修德
副 局 长　卜德兰
　　　　　孙兆科(7月离任)
　　　　　王昌晖(女,1月离任)
　　　　　王守恕
党组书记　王修德
党组副书记　卜德兰

国有资产管理委员会办公室
主　　任　卜德兰(兼)
副 主 任　魏　波
　　　　　孙鸣文

人力资源和社会保障局
局　　长　孙树仁
副 局 长　韩发磊(7月离任)
　　　　　孙　戈(7月离任)
　　　　　朱拥军
　　　　　孟丽莉(女)
　　　　　赵林超
党委书记　孙树仁
党委副书记　韩发磊(6月离任)
　　　　　孙　戈(7月任职)

国土资源局
局　　长　王同顺
副 局 长　宋长清
　　　　　孙　恒
　　　　　马　红(女)
　　　　　郭　刚
党委书记　王同顺
党委副书记　董云波

住房和城乡建设局
局　　长　刘东军
副 局 长　赵衍杰(7月离任)
　　　　　杨继明
　　　　　周　军(7月离任)
　　　　　林治国
　　　　　刘建业
　　　　　刘超军(7月任职)
党委书记　刘东军
党委副书记　赵衍杰
　　　　　邵克武
　　　　　蔡玉亭

交通运输局
局　　长　孙家友
副 局 长　牛少成
　　　　　高林海
　　　　　任迎远
　　　　　高天长
　　　　　任永慧(女,7月离任)
　　　　　王建华
　　　　　王　兴
党委书记　孙家友
党委副书记　牛少成

农业局
局　　长　王恩明
副 局 长　张连波(8月离任)
　　　　　朱卫东
　　　　　杨明永
　　　　　李洪锴
　　　　　王　强(援藏,1月离任)
　　　　　王培勇(12月任职)
党委书记　王恩明
党委副书记　张连波

水利与渔业局
局　　长　王永胜
副 局 长　马家军(回族,1月离任)
　　　　　苗其山
　　　　　蒋卫霞(女)
　　　　　丁守森(7月任职)
党委书记　王永胜
党委副书记　孙即顺(6月离任)
　　　　　王　强

林业局
局　　长　孙来斌
副 局 长　于学祥
　　　　　王允刚
　　　　　国建忠

崔新花（女，12 月任职）
党委书记　孙来斌

森林公安局

局　　长　王尊庆
政　　委　张振伟

商务局

局　　长　王　博（6 月离任）
丁晓军（8 月任职）
副 局 长　丁晓军（7 月离任）
刘大力
傅　军
毛中强
党委书记　王　博（4 月离任）
丁晓军（7 月任职）
党委副书记　丁晓军（7 月离任）

文化广电新闻出版局（2010 年 11 月更名）

局　　长　曹庆文（4 月任职）
副 局 长　张振香（12 月任职）
李玉福（2 月任职）
宓传庆（2 月任职）
党委书记　曹庆文（1 月任职）

卫生局

局　　长　李　敏（女）
副 局 长　王立春（1 月离任）
肖洪涛
孙　辉
刘观湘
党委书记　李　敏（女）
党委副书记　宋晓东（7 月任职）

人口和计划生育委员会

主　　任　马国舟
副 主 任　邢善富（7 月离任）
于永平
王　辉（7 月任职）
刘志强
党组书记　马国舟

审计局

局　　长　王振升（1 月离任）
侯全明（1 月任职）
副 局 长　杜贞耐
梅立凯
房　虹（女）
党组书记　王振升（2 月离任）
侯全明（2 月任职）
党组副书记　杜贞耐

环境保护局

局　　长　李　洋
副 局 长　谢锡锋
于照春
吴国栋
李学太
党组书记　李　洋
党组副书记　谢锡锋

民族宗教事务局

局　　长　于精忠（满族）
副 局 长　王爱军（女，回族）
张文堂
党组书记　于精忠（满族）

体育局

局　　长　翟慎政
副 局 长　徐俊国
高义波
张洪德
高凤兰（女）
董武德
党组书记　翟慎政
党组副书记　徐俊国
高义波

统计局

局　　长　邱承江
副 局 长　盛明三（7 月离任）
崔　峰（女，7 月离任）
张成旭
吴　娟（女，7 月任职）
司继长（12 月任职）
张吉祥（10 月任职）
党组书记　邱承江

规划局

局　　长　徐建祥（1 月离任）
鹿斌佐（1 月任职）
副 局 长　杜春雷（1 月离任）
南自立（7 月离任）
鹿斌佐（1 月离任）
王　成

国　强(7月任职)
崔克辉(10月任职)
党委书记　徐建祥(2月离任)
鹿斌佐(2月任职)
党委副书记　南自立(7月任职)

旅游局
局长　常传喜
副局长　乔聚文
荆茂彬
严　旭(1月任职)
党组书记　常传喜

市政府外事办公室(市政府港澳事务办公室)
主任　王先义
副主任　魏向群
赵红霞(女)
王建忠
党组书记　王先义

市政府侨务办公室(市归国华侨联合会与其合署)
主任　王明智
副主任　郝　芳(女)
宋作平
岳纪玲(女)
党组书记　王明智

市政府法制办公室(市政府行政复议办公室)
主任　张志超
副主任　徐和平
任良成
周继轲
赵常华(女)
党组书记　徐和平

市政府金融证券工作办公室
主任　胡希德
副主任　邵世文
屈会美(女,7月离任)
李　雪(女)
张　颖
党组书记　胡希德

人民防空办公室
主任　王嗣忠
副主任　刘薛生
崔永军
阚淑华(女)
岳　杰(12月任职)
田晨光(援藏)
党组书记　王嗣忠

安全生产监督管理局
局长　勾东升
副局长　王刚云
王　瑛
杨　海
党组书记　勾东升

城市管理行政执法局
局长　刘丙伦
副局长　徐同海(7月离任)
孙立国
刘德明
邹宗森(12月任职)
党组书记　刘丙伦

食品药品监督管理局
局长　王少华
副局长　王立民
刘雨春
安烈忠
刘德鹏
党委书记　王少华
党委副书记　王立民

物价局
局长　石广博
副局长　单连荣
赵淑温
路荣伟
党组书记　石广博

市中级人民法院

院长　刘亚宁
副院长　姜乐亭
于晓东
陶志民
马学炬(回族)
张　敏
王淑玲(女)
王新强(12月任职)
党组书记　刘亚宁
党组副书记　姜乐亭

市人民检察院

检　察　长　　马爱国(12月离任)
代理检察长　　黄敬波(12月任职)
副 检 察 长　　黄敬波(12月任职)
　　　　　　　靳承家
　　　　　　　孙昆峰
　　　　　　　刘洪海
　　　　　　　毛　军(女)
　　　　　　　韩　敏
党 组 书 记　　马爱国(12月离任)
　　　　　　　黄敬波(12月任职)
党组副书记　　靳承家
　　　　　　　谭振民

人民团体

淄博市总工会

主　　　席　　薛安胜(1月离任)
　　　　　　　王世庆(1月任职)
常务副主席　　郭乃焕
副　主　席　　葛泓泉
　　　　　　　刘　蓬(女)
　　　　　　　马瑞才
党 组 书 记　　王世庆
党组副书记　　郭乃焕(12月离任)
秘　书　长　　宋海杰

共青团淄博市委员会

书　　　记　　马召芹(女)
副　书　记　　张守伟(11月离任)
　　　　　　　赵晓煜(7月任职)
　　　　　　　陈　霞(女,11月任职)
　　　　　　　李厚永(9月任职)
党 组 书 记　　马召芹(女)
秘　书　长　　赵晓煜(7月离任)
　　　　　　　丁　雷(7月任职)

淄博市妇女联合会

主　　　席　　翟乃翠(女)
副　主　席　　卞　军(女,7月离任)
　　　　　　　许艳萍(女)
　　　　　　　崔云芝(女)
　　　　　　　伊书霞(女,12月任职)
党 组 书 记　　翟乃翠(女)
秘　书　长　　刘　虹(女)

淄博市科学技术协会

主　　　席　　王维华
副　主　席　　袁盛刚
　　　　　　　王克伟
　　　　　　　鹿　林(不驻会)
　　　　　　　姚　德(不驻会)
　　　　　　　徐丙垠(不驻会)
　　　　　　　刘昌俊(不驻会)
　　　　　　　孙希奎(不驻会)
　　　　　　　许尚峰(不驻会)
党 组 书 记　　王维华

淄博市文学艺术界联合会

主　　　席　　宗俊海
副　主　席　　姜　岩
　　　　　　　何象斌
　　　　　　　王建新(不驻会)
　　　　　　　宓传庆(不驻会)
　　　　　　　赵长刚(不驻会)
　　　　　　　唐秀玲(女,不驻会)
　　　　　　　吕其顺(不驻会)
　　　　　　　郝永勃(不驻会)
　　　　　　　范　杰(不驻会)
党 组 书 记　　张洪兴
党组副书记　　宗俊海

淄博市社会科学界联合会

主　　　席　　王春林
副　主　席　　王建新(6月离任)
　　　　　　　王　远
　　　　　　　司文秀(女)
　　　　　　　王学真(不驻会)
　　　　　　　鹿　林(不驻会)
　　　　　　　孙学海(不驻会)
　　　　　　　李建民(不驻会)
　　　　　　　李树博(不驻会)
　　　　　　　王克林(不驻会)
　　　　　　　杨　林(不驻会)
　　　　　　　王亮方(不驻会)
党 组 书 记　　李贡平
党组副书记　　王春林
　　　　　　　王　远

淄博市归国华侨联合会(政府侨办与其合署)

主　　席

副 主 席　　魏光利

黄钟煦(不驻会)

王昌晖(女,不驻会)

淄博市工商业联合会

主　　席　　董学武(11月任职)

第一副主席　　国先彧(11月任职)

副 主 席　　祝　云(女,11月任职)

周　勇(11月任职)

范家平(11月任职)

谭培泉(兼,11月离任)

吕丕军(兼,11月任职)

赵　军(兼)

戴继峰(兼)

石光华(兼)

孙龙平(兼,11月离任)

王勉山(兼,11月离任)

李俊笃(兼,11月离任)

崔政亮(兼)

赵鸿富(兼)

李学峰(兼)

张建宏(兼)

刘启仁(兼)

张希忠(兼)

冯宝令(兼,11月任职)

朱宣军(兼,11月任职)

鹿成滨(兼,11月任职)

党组书记　　国先彧(兼)

秘 书 长　　祝　云(女,7月离任)

韩少山(7月任职)

淄博市残疾人联合会

理 事 长　　刘　平

副理事长　　李丙富

马海通

党组书记　　刘　平

淄博市红十字会

会　　长　　段立武(女,兼,8月离任)

韩国祥(兼,8月任职)

常务副会长　　王长春(女)

副 会 长　　刘永锋(8月任职)

王立春(不驻会,8月离任)

王修德(不驻会)

王济雨(不驻会)

王振升(不驻会,8月离任)

刘新胜(不驻会)

孙　辉(不驻会,8月任职)

李贡平(不驻会,8月任职)

张玉宝(不驻会,8月任职)

张守华(不驻会)

张洪亮(不驻会,8月离任)

张爱民(不驻会)

张鲁辛(不驻会)

赵新法(不驻会)

段名钰(不驻会)

侯全明(不驻会,8月任职)

姜延海(不驻会,8月离任)

耿衍飞(不驻会)

桑培伦(不驻会)

党组书记　　王长春(女)

淄博市慈善总会

会　　长　　刘有先(兼)

市人大常委会、政协、纪委工作机构

市人大常委会各专门委员会

法制委员会

主任委员　　王世庆(兼)

副主任委员　　王文玲

李胜利

逯平之(兼)

内务司法委员会

主任委员　　林春明(兼)

副主任委员　　赵希成

王永新

程嗣福

财政经济委员会

主任委员　　曹在堂(兼)

副主任委员　　侯瑞铜(兼)

张亚平

周祖兴

王振升(4月任职)

农业与农村委员会

主任委员　　林春明(兼)

副主任委员　　刘传忠(兼)

申文良

沈滋毅

城乡建设环境保护委员会

主任委员　韩家华(兼)
副主任委员　梅学峻(女)
张可君
聂建军(兼)

教育科学文化卫生人口委员会

主任委员　薛安胜(2月离任)
段立武(女,2月任职)
副主任委员　刘　峰
陈继华
张照青

民族侨务外事委员会

主任委员　韩家华(兼)
副主任委员　司志峰(兼)
王旭泽

市人大常委会工作机构

办公厅

主　任　王兹水(12月离任)
王志勇(12月任职)
副主任　李庆国
吴宗乐(8月离任)
姜　华(女)
周国桥
赵勇军(满族,8月任职)

人事代表工作委员会

主　任　李汝池(1月任职,12月离任)
张　波(12月任职)
副主任　谭启梅(女,1月任职,8月离任)
王永勤(1月任职,8月离任)
张学林(8月任职)
吴　艳(女,8月任职)

研究室

主　任　杨志军
副主任　程　皓
王　鹏(8月任职)

法制工作委员会

主　任　逯平之
副主任　尹　达
王力辛(8月任职)

内务司法委员会工作室

主　任　程嗣福
副主任　陈福菱(女,回族)
王永勤(8月任职)

财政经济委员会工作室

主　任　侯瑞铜
副主任　王化福
焦振军

农业与农村委员会工作室

主　任　刘传忠
副主任　陈长升
魏秀芹(女)

城乡建设环境保护委员会工作室

主　任　聂建军
副主任　王志勇(1月离任)
杜春胜(8月任职)
王明君(8月任职)

教育科学文化卫生人口委员会工作室

主　任　王志勇(1月任职,12月离任)
副主任　秦利学(女)
曹迎雪(女,8月任职)

民族侨务外事委员会工作室

主　任　司志峰(6月离任)
吴宗乐(8月任职)
副主任　王秀光(女)
昃欣萍(女)

市政协工作机构

办公厅

主　任　于秀栋(兼)
副主任　金晓莉(女,2月离任)
尚　武(7月任职)

研究室

主　任　董　琨

委员活动工作室

主　任　王志凤(女)
副主任　苏少龙

提案委员会

主　任　张义堂
副主任　丁乃河(兼)
卜德兰(兼)
王　军(兼)
王济众(兼)
王新平(兼)

车　立(兼)
张玉兰(女,兼)

人口资源环境委员会
主　　任　周安颇
副 主 任　王同顺(兼)
李　洋(兼)
张振宝(兼)
范玉美(女,兼)
赵有梅(兼)
赵衍杰(兼)
崔建国
路跃成(兼)

文史资料委员会
主　　任　李美英(女)
副 主 任　丁　涛(兼)
王春林(兼)
刘继海(兼)
赵新法(兼)
翟乃利(兼)
樊　萍(女,7月离任)

经济科技委员会
主　　任　王庆生(7月离任)
成亮文(7月任职)
副 主 任　马立山(兼)
王子林(兼)
王怀宾(兼)
王衍明(兼)
李延永(兼)
周元军(兼)
常　红(女)
韩　林(兼)
潘荣文(兼)
高庆云

文教卫体委员会
主　　任　孙永绥
副 主 任　李　敏(女,兼)
张　玉(女,2月离任)
张洪亮(兼)
孟鸿声(兼)
高义波(兼)
曹庆文(兼)
张　梅(女,7月任职)

社会法制委员会
主　　任　张学信(2月离任)
马家军(回族,2月任职)
副 主 任　于精忠(兼)
王正全(兼)
牟志斌(兼)
胡博生(兼)
赵荣生(兼)
耿衍飞(兼)
杨士进

台港澳侨和外事委员会
主　　任　林　榕
副 主 任　王　博(兼)
王先义(兼)
王明智(兼)
林红霞(女,高山族,兼)
姜闽英(女,7月离任)
韩祥亮(兼)

市纪委工作机构

办公厅
主　　任　杨新胜

监察综合室
主　　任　杨德俊

研究室
主　　任　李德波

干部管理室
主　　任　赫文国(7月任职)

信访室(市国家行政机关工作人员违法违纪举报中心)
主　　任　贾宝成

案件审理室
主　　任　吉　凯(7月离任)

党风廉政建设室
主　　任　吴秀峰(女,12月离任)

纠正部门和行业不正之风室(市纠正部门和行业不正之风办公室)
主　　任　荆培鲁

执法监察室
主　　任　王京海

宣传教育室
主　　任　乔　华(女)

政策法规室

主　　任　孙　斌

纪检监察一室

主　　任　王　彬

纪检监察二室

主　　任　孙春生

经济环境和机关效能投诉中心

主　　任　陈凤勤

副 主 任　周心广

车春雷

案件监督管理室

主　　任　赵建波

机关党委

专职副书记　王　莉(女)

副秘书长　白念博

派驻第一纪检组

书　　记　韩晓华

副 书 记　王　辉(7月离任)

张寅玲(女)

张小博

寇宗华

派驻第二纪检组

书　　记　丁莉莎(女)

副 书 记　王雪巍

王以忠

陈思海

李德武

派驻第三纪检组

书　　记　宋　娟(女)

副 书 记　朱永常

徐　可

陈　晶

李　润

派驻第四纪检组

书　　记　林永春

副 书 记　孙　燕(女)

梁永泉

韩志农

田旭东

派驻第五纪检组

书　　记　薛　南(女)

副 书 记　张成让

李富广

王新成

由少华(7月任职)

派驻第六纪检组

书　　记　吕成法

副 书 记　花　东(7月离任)

王　鹏

段庆峥

蔡延凤(女)

牛玉斌(7月任职)

派驻第七纪检组

书　　记　成亮文(7月离任)

刘　涌(7月任职)

副 书 记　刘路生

吕　浩

彭光坤

姜艳艳(女)

派驻第八纪检组

书　　记　黄宗光

副 书 记　谷　虹(女)

宗福顺

张　华

高　伟(7月任职)

市委、市政府直属事业单位及经济组织

市委党史资料征集研究委员会

主　　任　司志兰(女)

副 主 任　孟海滨

韩国华

市委党校

校　　长　刘慧晏(兼)

常务副校长　明子夫(2月离任)

曹家才(2月任职)

副 校 长　刘继海

刘昕剑

张志忠(6月离任)

张洪超(6月任职)

孙学海

阚兆国(12月离任)

庞允悌(9月离任)

党委书记　明子夫(2月离任)

曹家才(2月任职)

党组副书记　刘继海(6月任职)
　　　　　　张洪超(6月离任)

淄博日报社
社　　长　任传斗
总 编 辑　潘海涛
副 社 长　王　胜
副总编辑　孙廷国
　　　　　鞠庆田
　　　　　张其林
　　　　　毕玉国
　　　　　石光胜(7月任职)
党委书记　任传斗
党委副书记　潘海涛
　　　　　孙廷国(6月任职)

淄博报业传媒集团(2010年11月成立)
董 事 长　任传斗(7月任职)
总 编 辑　潘海涛(6月任职)
副总编辑　鞠庆田(6月任职)
　　　　　张其林(6月任职)
　　　　　毕玉国(6月任职)
　　　　　石光胜(6月任职)
副总经理　王　胜(7月任职)
党委书记　任传斗(6月任职)
党委副书记　潘海涛(6月任职)
　　　　　孙廷国(6月任职)

市委农村工作领导小组办公室
主　　任　王正全
副 主 任　孙玉昌

广播电视总台(2010年11月更名)
台　　长　吴兆金(7月离任)
　　　　　徐和峰(7月任职)
副 台 长　徐和峰(7月离任)
　　　　　王增福
党委书记　吴兆金(1月任职,6月离任)
　　　　　徐和峰(6月任职)
党委副书记　徐和峰(1月任职,6月离任)
　　　　　王增福(1月任职)

文化市场执法局
局　　长　刘长江
副 局 长　李炳平
　　　　　魏凡龙
　　　　　侯本兵(12月任职)
党组书记　刘长江

煤炭工业管理局
局　　长　路跃成
副 局 长　董以琦
　　　　　何　沛
　　　　　张兆兴
党组书记　路跃成

地震局
局　　长　王　健
副 局 长　张志毅
　　　　　罗玉芹(女)
党组书记　王　健

老龄工作委员会办公室
主　　任　吕宜民
副 主 任　刘光武(7月离任)
　　　　　赵炜生(7月任职)
　　　　　刘延军(7月任职)
党组书记　吕宜民

淄博仲裁委员会办公室
主　　任　刘　强
副 主 任　张景民
　　　　　马　龙
　　　　　傅国普
党组书记　刘　强
党组副书记　张景民

物资集团总公司
总 经 理　刘绵昌
副总经理　任应城
　　　　　许　博
党委书记　刘绵昌(12月离任)

商业集团总公司
总 经 理　张　波
副总经理　程　忠
　　　　　王俊忠(7月任职)
党委书记　张　波(12月离任)

供销合作社联合社
主　　任　宋少飞
副 主 任　伊永祥
　　　　　孙树田
　　　　　吴东荣(7月任职)
监事会主任　伊永祥
监事会副主任　谭立斌

党委书记　宋少飞

住房公积金管理中心

主任　孙忠廷
副主任　巩庆民
　　　　李　涛
党组书记　孙忠廷

畜牧兽医局

局长　张洪范
副局长　徐建光
　　　　张志祥
党组书记　张洪范

农业综合开发办公室

主任　姜延海
副主任　李士堂
　　　　张传勇
　　　　李东标
党组书记　姜延海

中心城区旧城改造办公室

主任　孙中华
副主任　闫德刚
　　　　边立群
党组书记　邵克武

淄博保税物流中心管理办公室(7月成立)

主任　庄　鸣(7月任职)
副主任　韩其伟(7月任职)

部门管理或领导的单位

市委、市政府信访局(市委群众工作部)

局长(部长)　翟乃利
副局长(副部长)　王希森(7月离任)
　　　　宗可胜(7月离任)
　　　　张　涛
　　　　安桂芳(女)
　　　　翟　敏(女,7月任职)

档案馆(局)

馆(局)长　闫佳敏(女)
副馆(局)长　沈凤英(女)
　　　　毕研一
党组书记　闫佳敏(女)

市委接待处(市级机关事务管理局)

处长　孙晓东
局长　孙晓东
副处长　王汉国
　　　　李　洁(女)

市委老干部局

局长　段名钰
副局长　王业俊(7月离任)
　　　　孙建国(6月离任)
　　　　徐文勇
　　　　翟阳厚(7月任职)

市级机关干部休养所

所长　王业俊(7月离任)
　　　　徐文勇(7月任职)
副所长　刘　军
　　　　方迎春(女)

政府研究室

副主任　李树博
　　　　高乾长

地方史志办公室

主任　董振忠
副主任　毕建国(7月任职)
　　　　安永善
　　　　徐　杰
党组书记　董振忠(12月离任)
　　　　毕建国(12月任职)
党组副书记　毕建国(7月任职,12月离任)

粮食局

局长　于根亭
副局长　王延科
　　　　花　东(7月任职)
　　　　杨士鹏
党委书记　于根亭
党委副书记　袁长顺(9月离任)

招商局

局长　贾　刚(12月离任)
　　　　王立军(12月任职)
副局长　张建东(1月离任)
　　　　王玉周
　　　　孙国强
　　　　夏　磊
党组书记　贾　刚(11月离任)
　　　　王立军(11月任职)

经济合作局

局长　高晓峰(1月离任)

钟　群（1月任职）
副　局　长　钟　群（1月离任）
王向阳
王化虎（7月离任）
孔祥礼
齐兴武（7月任职）
党总支书记　魏玉蛟
党总支副书记　钟　群

公用事业管理局

局　　长　谢贤云（7月离任）
赵衍杰（7月任职）
副　局　长　聂曙光
苏嗣君
党委书记　赵衍杰
党委副书记　谢贤云（6月离任）

服务业办公室

主　　任　李延永
副　主　任　宋卫民（7月离任）
李庆洪
吕　伟
翟作彪（7月离任）
付金海（10月任职）
党组书记　李延永（12月离任）
袁　晖（12月任职）

中小企业局（乡镇企业管理局）

局　　长　韩大力（12月离任）
李明涛（12月任职）
副　局　长　孟繁远（7月离任）
李　勇
刘　敏（女，7月离任）
党总支书记　韩大力（11月离任）
李明涛（11月任职）

机械行业协会

会　　长　董存良
副　会　长　赵增永
周龙贤
党总支书记　董存良

轻工行业协会

会　　长　邱万勇
副　会　长　蔡志刚（8月离任）
刘锋章（蒙古族，8月任职）
何雅英（女）
党总支书记　邱万勇

纺织行业协会

会　　长　赵　鹏
副　会　长　刘贵华
蔡志刚（8月任职）
刘锋章（蒙古族，8月离任）
党总支书记　赵　鹏
党总支副书记　刘贵华（12月离任）

建材冶金行业协会

会　　长　侯　勇
副　会　长　黄业嵩
冯翠云（女）
张志勇
党总支书记　侯　勇

化工行业协会

会　　长　乔昌明
副　会　长　段秀庆
霍同高
赵恩俊
党总支书记　乔昌明

陶瓷行业协会（山东省陶瓷公司）

会　　长　韩克新
副　会　长　李　雷
崔　刚
经　　理　韩克新
副　经　理　李　雷
党总支书记　韩克新

医药行业协会

会　　长　李祥麟
副　会　长　邱　峰（1月任职）
党总支书记　李祥麟

房产管理局

局　　长　杨继明
副　局　长　周茂双
高　燕（女）
孙志杰
党委书记　杨继明

南水北调工程建设管理局（引黄供水工程指挥部）

局　　长　王绍臣
副　局　长　翟海波
李　晶
党支部书记　王绍臣（6月任职）

农业机械管理局

局　　长　许子森
副 局 长　齐英玉
　　　　　王守山
党委书记　许子森

民主党派

中国国民党革命委员会淄博市委员会

主　　委　饶明忠(11月离任)
　　　　　王怀宾(11月任职)
副 主 委　丁修海(11月离任)
　　　　　王怀宾(11月离任)
　　　　　王建国(11月离任)
　　　　　张庆盈(女)
　　　　　苗　玉(11月任职)
　　　　　郝　博(11月任职)
　　　　　曹令兴(11月任职)
秘 书 长　王怀宾(兼,11月离任)

中国民主同盟淄博市委员会

主　　委　达建文
副 主 委　樊　萍(女,11月离任)
　　　　　林红霞(女,高山族)
　　　　　马志忠
　　　　　裴培科(11月任职)
秘 书 长　高　清

中国民主建国会淄博市委员会

主　　委　王法亮
副 主 委　李军生(11月离任)
　　　　　林治国
　　　　　王　军
　　　　　毕玉秀(女,11月任职)
　　　　　徐兴明(11月任职)
秘 书 长　王　军(兼)

中国民主促进会淄博市委员会

主　　委　荣　玮(1月离任)
　　　　　禚淑萍(女,1月任职)
副 主 委　禚淑萍(女,1月离任)
　　　　　姜尚敬(11月离任)
　　　　　孙晓萍(女)
　　　　　王新刚(11月任职)
　　　　　董本亮(11月任职)
　　　　　杜元刚(11月任职)

中国农工民主党淄博市委员会

主　　委　张京河
副 主 委　曹元成(11月离任)
　　　　　李居富(11月离任)
　　　　　郑　杰
　　　　　张振宝
　　　　　苏成宝(11月任职)
　　　　　武守南(11月任职)
秘 书 长　张振宝(兼)

中国致公党淄博市委员会

主　　委　吴宗杰
副 主 委　刘玉泽(女)
　　　　　赵　毅(11月任职)

九三学社淄博市委员会

主　　委　王济众
副 主 委　曹新忠(10月离任)
　　　　　郭洪玉(10月离任)
　　　　　孟　强
　　　　　魏会东(10月任职)
　　　　　闸建文(10月任职)
　　　　　张新清(10月任职)

张店区

区　委

书　　记　王　咏
副 书 记　沙向东
　　　　　徐　磊
　　　　　刘立锋(挂职,3月离任)
常　　委　王　咏
　　　　　徐　磊
　　　　　刘立锋(挂职,3月离任)
　　　　　傅曙光(女,11月离任)
　　　　　王立军(11月离任)
　　　　　杜海圣
　　　　　汪德法
　　　　　孙激波
　　　　　赵晨光
　　　　　徐俊杰
　　　　　张　苗(女,11月任职)
　　　　　吕　惠(6月离任)
　　　　　孙君明(6月任职)

区人大常委会

主　　任　许建国(1月离任)
王　咏(1月任职)
第一副主任　杨爱群
副 主 任　徐国庆
杨全华
陈长鹏
李晓明(女,1月任职)

区政府
区　　长　沙向东(1月任职)
副 区 长　王立军(12月离任)
杜海圣(12月离任)
王　勇
刘玉泽(女)
岳　杰(12月离任)
刘承志(12月离任)
孙宏业(12月任职)
孔　杰(12月任职)

区政协
主　　席　周　明
副 主 席　赵　峰
王建国
庄步才
曹维淮
禚淑萍(女)

区纪委
书　　记　傅曙光(女,11月离任)
杜海圣(11月任职)

淄川区

区　委
书　　记　杨洪涛
白平和(援藏)
副 书 记　李新胜
祁连山(11月离任)
常　　委　杨洪涛
李新胜
祁连山(11月离任)
阎炳义
王召槐
胡志峰(10月离任)
白相房
张学峰
李　涌
冯丽萍(女)
杨国明
尚　武(11月任职)
包希安(11月任职)

区人大常委会
主　　任　丛锡钢(1月离任)
杨洪涛(1月任职)
第一副主任　陈涟远
副 主 任　王秉忠
李兰珉(1月离任)
唐凤德
车献芸(女,1月离任)
杨福信(1月任职)
路英霞(女,1月任职)

区政府
区　　长　李新胜(1月任职)
副 区 长　王召槐
李　涌
苗　波(女)
司继长(12月离任)
宁治坤
孙月东(1月任职)
徐统兵(12月任职)

区政协
主　　席　李淑湘
副 主 席　苏成宝
李　玲(女,12月离任)
于加宁
郭尚书
崔爱农
贾元柱

区纪委
书　　记　冯丽萍(女)

博山区

区　委
书　　记　王树槐(11月离任)
许　冰(11月任职)
副 书 记　刘荣喜(11月离任)
任书升(11月任职)
周茂松

常　　委　王树槐(11月离任)
许　冰(11月任职)
刘荣喜(11月离任)
任书升
周茂松
朱庆雷(11月离任)
宗志坚
周庆德
郑德庆
刘承志(11月任职)
王培勇(11月离任)
张　华
成　文(女)
高　健(11月任职)

区人大常委会

主　　任　王树槐
第一副主任　宋元爱(女)
副 主 任　黄汝丰
焦方乾(1月离任)
孙昆华
赵　德(1月任职)
房宽良(1月任职)

区政府

区　　长　刘荣喜(12月离任)
代理区长　任书升(12月任职)
副 区 长　任书升
宗志坚
刘承志(12月任职)
段迎春(女)
李　森
齐进山
李同军
王　冲(12月任职)

区政协

主　　席　崔振德
副 主 席　李继唐
杨　博(女)
韩祥才(1月离任)
李玉森
丁修海
张新清
王在靖(1月任职)

区纪委

书　　记　朱庆雷(11月离任)
成　文(女,11月任职)

周村区

区　委

书　　记　韩昆山
副 书 记　杜振波(11月离任)
陈思林
张学武(11月任职)
常　　委　韩昆山
杜振波(11月离任)
陈思林
张学武(11月任职)
于　军
曲　明(女)
阚金智
邢　强(11月离任)
宋呈远(6月离任)
刘长民
张　亮(11月离任)
蔡华刚
苏建斌(挂职,6月离任)
于　清(11月任职)
李　军(6月任职)

区人大常委会

主　　任　王树武(1月离任)
韩昆山(1月任职)
第一副主任　周克达(1月离任)
李作霖(1月任职)
副 主 任　李军生
周　勇
尚坤宗(1月离任)
韩桂芳(女)
马鸿基(1月任职)

区政府

区　　长　杜振波(1月任职,12月离任)
代理区长　陈思林(12月任职)
副 区 长　陈思林(1月离任,12月任职)
于　军
刘长民(1月任职)
苏建斌(挂职,6月离任)

解翠红(女)
尹　鹏(12 月离任)
张　亮(援藏,1 月离任)
蔡华刚(1 月离任)
耿玉河
于　清(1月任职,12 月离任)
王怀志(12 月任职)
李寅萍(女,12 月任职)

区政协

主　　席　康仲新
副 主 席　王翔宇
曹元成
李玉清(女)
黄永志
崔来远
张继胜

区纪委

书　　记　邢　强(11 月离任)
于　清(11 月任职)

临淄区

区　委

书　　记　毕荣青(女)
副 书 记　宋振波
刘建萍(女,挂职,3 月离任)
巩曰锋
潘　清(援藏)
常　　委　毕荣青(女)
宋振波
刘建萍(女,挂职,3 月离任)
巩曰锋
申佃军(11 月离任)
许　刚
孙海青(女)
邢　强(11 月任职)
聂玉彬(11 月离任)
王义朴
曹丕祯
路玉田(11 月任职)
周尔清
董红光

区人大常委会

主　　任　毕荣青(女)
第一副主任　李胜联
副 主 任　马运贵(1 月离任)
路剑三
王延珍
朱锦锋(1 月任职)
徐秋月(女,1 月离任)

区政府

区　　长　宋振波
副 区 长　许　刚
孙海青(女)
齐昌成
王克林
马克久(回族)
张召才
王　功(12 月任职)

区政协

主　　席　王秀荣(女)
副 主 席　王新荣
于　海
武守南
于星光
崔来祥
苗　玉

区纪委

书　　记　聂玉彬(11 月离任)
邢　强(11 月任职)

桓台县

区　委

书　　记　陈　勇(5 月离任)
王可杰(7 月任职)
副 书 记　王可杰(7 月离任)
刘春杰
周鹏飞(挂职,3 月离任)
常　　委　陈　勇(5 月离任)
王可杰
刘春杰
周鹏飞(挂职,3 月离任)
翟惠博(11 月离任)
王秀辉(11 月离任)
高连义

伊茂彦
蒲先农
张成利(11月任职)
赵　霞(女)
孙长顺
刘　帅(11月任职)
王路军(6月离任)
门玉海(6月任职)

县人大常委会
主　　任　任德盈
副 主 任　胡　峰(1月离任)
荆树璞(1月任职)
王　玲(女)
李崇伦
李向东
邵明义

县政府
县　　长　王可杰(12月离任)
代理县长　贾　刚(12月任职)
副 县 长　贾　刚(12月任职)
高连义
伊茂彦
马　靖(女,1月离任)
张成利(12月离任)
王金栋
尹　鹏(12月任职)
王晓平(12月任职)
何向东
周　婷(女,12月任职)

县政协
主　　席　张　明
副 主 席　荆树璞(1月离任)
裴培科
毕玉秀(女)
崔亦伦
荆　锐
王子义
李向阳(1月任职)

县纪委
书　　记　翟惠博(11月离任)
张成利(11月任职)

高青县

县委
书　　记　李灿玉(11月离任)
徐培栋(11月任职)
副 书 记　徐培栋(11月离任)
刘忠远
常　　委　李灿玉(11月离任)
徐培栋
刘忠远
边江风(女)
王克海(11月离任)
李　勇
孙英涛
于新华
满　军
崔玉栋
耿庆玮(11月任职)
张守伟(11月任职)
李厚海

县人大常委会
主　　任　李灿玉
第一副主任　刘云燕(1月离任)
白明河(1月任职)
副 主 任　张　瑞
耿瑞光(1月离任)
王智平
孙元荣(女)
张玉华(1月任职)

县政府
县　　长　徐培栋(12月离任)
代理县长　刘忠远(12月任职)
副 县 长　刘忠远(1月离任,12月任职)
王克海(12月离任)
崔玉栋
崔新花(女,12月离任)
刘　军
侯本兵(12月离任)
高连家
于双胜(12月任职)
张亮云(12月任职)
张欣欣(女,12月任职)

县政协

主　　席　侯全明(1月离任)
　　　　　刘云燕(1月任职)
副 主 席　白明河(1月离任)
　　　　　王永民
　　　　　李俊国
　　　　　吴志明
　　　　　李梅杰(1月离任)
　　　　　于凤云(女)
　　　　　王　伟(1月任职)
　　　　　王晓燕(女,1月任职)

县纪委

书　　记　李　勇(11月离任)
　　　　　耿庆玮(11月任职)

沂源县

县　委

书　　记　苏　星
副 书 记　谭秀中
　　　　　许鸣界(挂职,3月离任)
　　　　　陆汉明
常　　委　苏　星
　　　　　谭秀中
　　　　　许鸣界(挂职,3月离任)
　　　　　陆汉明
　　　　　李明涛(11月离任)
　　　　　李庆彪
　　　　　邹宗森(11月离任)
　　　　　王学刚
　　　　　聂玉彬(11月任职)
　　　　　王龙辉
　　　　　周士亮
　　　　　吕明艳(6月离任)
　　　　　黄雪颂(女)
　　　　　史本龙(6月任职)

县人大常委会

主　　任　韩国祥(1月离任)
　　　　　苏　星(1月任职)
第一副主任　赵希忠(1月离任)
　　　　　刘传新(1月任职)
副 主 任　曹秀芹(女,1月离任)
　　　　　郭宝庆
　　　　　何剑明
　　　　　秦明兰(女,1月任职)
　　　　　苗希峰

县政府

县　　长　谭秀中(1月任职)
副 县 长　李明涛(12月离任)
　　　　　聂玉彬(12月任职)
　　　　　陈兆爱(女,12月离任)
　　　　　李庆彪
　　　　　王怀志(12月离任)
　　　　　陈保华
　　　　　胡敬涛
　　　　　李　玲(女,12月任职)
　　　　　王　超(12月任职)
　　　　　崔伟春(援藏)

县政协

主　　席　谭秀中(1月离任)
　　　　　赵希忠(1月任职)
副 主 席　董玉贞(女)
　　　　　陈传禄
　　　　　朱万玲
　　　　　秦明兰(女,1月离任)
　　　　　张和慈
　　　　　张振军
　　　　　魏成浩(1月任职)

县纪委

书　　记　邹宗森(11月离任)
　　　　　黄雪颂(女,11月任职)

淄博高新技术产业开发区

中共淄博高新技术产业开发区工作委员会

书　　记　庄　鸣
副 书 记　韩志强
　　　　　孙兆海
　　　　　陈德诚

淄博高新技术产业开发区管理委员会

主　　任　庄　鸣
常务副主任　韩志强
副 主 任　李新胜(1月离任)
　　　　　鹿奉俊
　　　　　程光磊
　　　　　牛圣银

孙　刚
周　军(7月任职)
申佃军(12月任职)

纪委(监察局)

书　　记　孙兆海
局　　长　花光常

办公室

主　　任　郭　成

组织人事部(人力资源和社会保障局)

部　　长　张新平
局　　长　张新平

经济发展局

局　　长　逄锦波

规划建设土地局

局　　长　张永泉

财政局

局　　长　杜玉林

审计物价局

局　　长　焦　刚

地方事业局

局　　长　解　典

科学技术局

局　　长　牟先泉

高新区人民法院

院　　长　孙星光
副 院 长　张明洲
　　　　　张敦金(12月任职)
　　　　　朱玉生
党组书记　孙星光

高新区人民检察院

检 察 长　李家玉
副检察长　马连生
　　　　　纪善明
党组书记　李家玉

市公安局高新区分局

局　　长　伊若健
政　　委　董俊生
副 局 长　邢延明
　　　　　聂玉鸿
　　　　　赵化林
党委书记　伊若健
党委副书记　董俊生
　　　　　邢延明

淄博齐鲁化学工业区

中共淄博齐鲁化学工业区工作委员会

书　　记　毕荣青(女)
副 书 记　宋振波
　　　　　巩曰锋

淄博齐鲁化学工业区管理委员会

主　　任　宋振波

淄博市文昌湖旅游度假区

中共淄博市委文昌湖旅游度假区工作委员会

书　　记　常跃之
副 书 记　杜春雷
　　　　　朱洪岭(7月离任)
　　　　　张　亮(11月任职)

市文昌湖旅游度假区管理委员会

主　　任　杜春雷(1月任职)
副 主 任　李炳胜(1月任职)
　　　　　张丽红(女,1月任职)
　　　　　尹　斌(1月任职)

中国人民解放军淄博军分区

党委第一书记　刘慧晏
书　　记　张顺华
副 书 记　刘春国
司 令 员　刘春国
政治委员　张顺华
副司令员　阎相宣
　　　　　油朝康
副政治委员　赵光军
　　　　　刘炳才
参 谋 长　李　峰
政治部主任　栾春胜
后勤部部长　荆树富(2月离任)
　　　　　王路军(2月任职)

中国人民武装警察部队淄博市支队

支 队 长　黄顺生
第一政委　岳华东(兼)
政　　委　荣先锋(3月离任)
　　　　　张春禹(3月任职)

副支队长　郑洪启(3月离任)
　　　　　南俊峰(3月任职)
副 政 委　赵　剑(3月离任)
　　　　　隋新磊(3月任职)
参 谋 长　吕　军
政治处主任　王　冰
后勤处处长　杨崇红

国务院部属、省属单位

中国石化集团资产经营管理有限公司齐鲁石化分公司
经　　理　李安喜
副 经 理　席秀海(11月离任)
　　　　　吴　耘
　　　　　翟丕沐
党委书记　席秀海(11月离任)
党委副书记　王洪亮

中国石油化工股份有限公司齐鲁分公司
经　　理　李安喜
副 经 理　张绍光
　　　　　孟祥德

山东铝业公司
经　　理　王再云
副 经 理　于　健
　　　　　张正基
党委书记　尹雪春

中国铝业股份有限公司山东分公司
总 经 理　王再云
副总经理　尹雪春
　　　　　刘昌俊
　　　　　王克岳
　　　　　孙　波

淄博矿业集团有限责任公司
董 事 长　张寿利
总 经 理　张寿利(11月离任)
　　　　　孙中辉(11月任职)
副总经理　张传业
　　　　　张　文(11月离任)
　　　　　段绪兵
　　　　　赵清珠
　　　　　徐其端
　　　　　张若祥
　　　　　孙清华
党委书记　张寿利
党委副书记　孙中辉(11月任职)
　　　　　张道伦

淄博市邮政局
局　　长　宋立华
副 局 长　李勇林
　　　　　刘洪光
党委书记　宋立华

中国联合网络通信有限公司淄博市分公司
总 经 理　魏德胜
副总经理　邢福俊
　　　　　李永涛
　　　　　韩金祥
　　　　　周　波
　　　　　李国庆
党委书记　魏德胜
党委副书记　邢福俊

中国移动通信集团山东有限公司淄博分公司
总 经 理　孙晓燕(女)
副总经理　秦志敏(女)
　　　　　刘　鹏
　　　　　孙传敬(9月任职)
党委书记　李建新

淄博市气象局
局　　长　贺业坤
副 局 长　王俊华
　　　　　臧传花(女)
党组书记　贺业坤

淄博供电公司
总 经 理　徐　峰(6月离任)
　　　　　杨列銮(6月任职)
副总经理　于金涛
　　　　　王照晨
　　　　　张　鑫
　　　　　赵　峰
　　　　　胡朝贞(6月任职)
党委书记　于金涛
党委副书记　徐　峰(6月离任)
　　　　　杨列銮(6月任职)

淄博市国家税务局
局　　长　张文泉(3月离任)

王胜斌(3月任职)
副 局 长 王衍明(3月离任)
张在峰(3月任职)
杨 林
刘普照
党组书记 张文泉(3月离任)
王胜斌(3月任职)

淄博市地方税务局
局 长 于 波
副 局 长 潘荣文
衣建军
赵德森
石光华
党组书记 于 波

淄博市工商行政管理局
局 长 王传新(7月离任)
刘 波(7月任职)
副 局 长 栾召金(7月离任)
吕丕军
王光春
刘成亮
王明亮(7月任职)
党委书记 王传新(7月离任)
刘 波(7月任职)
党委副书记 栾召金

淄博市质量技术监督局
局 长 林 平
副 局 长 赵 军
刘宁博
王 磊
张同秀(女)
党组书记 林 平

淄博市国家安全局
局 长 赵水清
党委书记 赵水清

中国人民银行淄博市中心支行
(与国家外汇管理局淄博中心支局合署)
行 长 张光森
副 行 长 崔玉林(1月离任)
徐 宁
刘 洁(女)
张维建(2月任职)
孙广明(2月离任)
杨远军(挂职,2月任职)
党委书记 张光森
党委副书记 崔玉林(1月离任)

中国银行业监督管理委员会淄博监管分局
局 长 于树明(2月离任)
陈保君(2月任职)
副 局 长 姜立惠
郭传刚
党委书记 于树明(2月离任)
陈保君(2月任职)

中国工商银行淄博市分行
行 长 赵玉良
副 行 长 王国友
王立亭
石志国
祝广成
党委书记 赵玉良

中国农业银行淄博市分行
行 长 李长波
副 行 长 宋作家
韩文英
张海山(5月离任)
韩怀德
范建强(5月任职)
党委书记 李长波
党委副书记 宋作家

中国建设银行淄博市分行
行 长 张凌波
副 行 长 邵 磊
张兆鹏
吴广庆
魏成花(女)
党委书记 张凌波

中国农业发展银行淄博市分行
行 长 张志强
副 行 长 李 钢
杨庆岭
李长红
党委书记 张志强

中国银行淄博分行
行 长 李进生(5月离任)

薛广义(5 月任职)
副 行 长 朱国庆
王 军
张 铭
党委书记 李进生(5 月离任)
薛广义(5 月任职)
党委副书记 杨京连

交通银行淄博分行
行 长 孙传刚(11 月任职)
副 行 长 孙传刚(11 月离任)
鲁林法
桑 剑(5 月离任)
丁绍波(9 月任职)
党委书记 孙传刚(11 月任职)

中国人民财产保险股份有限公司淄博分公司
总 经 理 赵德亭
副总经理 张建国(4 月离任)
孙 涛
毕德丽(女)
党委书记 赵德亭

中国人寿保险股份有限公司淄博分公司
总 经 理 康小川
副总经理 关明明
张仕祯
黄 斌
党委书记 康小川

中国太平洋财产保险股份有限公司淄博中心支公司
总 经 理 关庆杰(7 月离任)
周彦斌(7 月任职)
副总经理 赵 波(7 月离任)
周 玮(女)
李 华(女)
孙 俊(12 月任职)
于 磊(2 月任职)
党委书记 关庆杰(7 月离任)
周彦斌(7 月任职)

中国太平洋人寿保险股份有限公司淄博中心支公司
总 经 理 王宗民
副总经理 贾方纪
党委书记 王宗民

中国平安人寿保险股份有限公司淄博中心支公司
总 经 理 王 孟
副总经理 翟 敏(女)
刘 刚
党支部书记 王 孟

中国平安财产保险股份有限公司淄博中心支公司
总 经 理 宁延庆(10 月离任)
庄乾元(10 月任职)
副总经理 毕新宇(女)
李丰生

中华人民共和国淄博出入境检验检疫局
局 长 李金山(8 月离任)
王作来(8 月任职)
副 局 长 刘星火(3 月任职)
王克刚
张承文
党组书记 李金山(8 月离任)
王作来(8 月任职)

中华人民共和国淄博海关
关 长 邱 林
副 关 长 刘禄玲
王 宏(女)
党组书记 邱 林

淄博市丝绸公司
经 理 焦连栋
副 经 理 曹永志
党委书记 焦连栋

淄博市烟草专卖局(公司)
局 长 谢 云
总 经 理 谢 云
副 局 长 翟汉臣
副总经理 翟 义
王健民
马天任
闫厚强(挂职)
党委书记 谢 云

淄博黄河河务局
局 长 李振玉
副 局 长 丁惠新
赵建勇
冷继省
党组书记 李振玉

党组副书记　　丁惠新

国家统计局淄博调查队

队　　长　　盛明三

副 队 长　　李　锐

党组书记　　盛明三

中国电信集团公司山东省淄博市电信分公司

总 经 理　　孙明泉

副总经理　　张继东

姚鲁生

尹常青

党委书记　　孙明泉

（王洪波　王建军　整理）

经济和社会发展

【国民经济】　2011年，全市实现地区生产总值3280.23亿元，比2010年增长12%。农业发展平稳。粮食生产实现“九连增”，总产177.57万吨，增长1.2%；肉、蛋、奶总产37.08万吨，增长2.91%；农业市场化、集约化、品牌化、现代化水平不断提高，“三品一标”（无公害农产品、绿色食品、有机农产品和农产品地理标志）认证农产品达到238个，市级以上龙头企业达到122家，农村专业合作社达到1535家。工业发展跨上新台阶。全部工业总产值和主营业务收入双双突破1万亿元大关，其中规模以上工业增加值增长14.22%。全市规模以上工业利税、利润分别为1216.82亿元和748.5亿元，分别增长28.36%和36.42%。现代服务业发展较快。淄博保税物流中心封关运行，文昌湖省级旅游度假区、华润城市综合体等一批高端服务业项目顺利实施，服务业增加值占地区生产总值的比重提高1.5个百分点。投资规模不断扩大，投资结构趋于优化。全市固定资产投资完成1499.22亿元，增长23.7%；其中服务业投资增长40.8%，占规模以上投资的比重达到50.25%。消费品市场保持活跃，全市社会消费品零售总额1186.25亿元，增长18%。境内财政总收入476.2亿元，增长19.59%，其中地方财政收入203.59亿元，增长25.36%。全市金融机构存贷款余额分别比年初增加255.97亿元和185.96亿元。

【转方式调结构】　战略性新兴产业和高新技术产业发展势头强劲。全市6大新兴产业产值占规模以上工业总产值比重比2010年提高1.56个百分点；全市规模以上高新技术产业产值占规模以上工业总产值的比重达到26.6%（新口径），较年初提高1.25个百分点。产业布局调整取得积极进展。中心城区东部化工区搬迁改造工程进展顺利，化工新区基础设施建设完工，4家企业的搬迁项目进展顺利，2个项目竣工投产。中心城区南部区域产业升级工程和钢铁产业结构调整试点工作正式启动。自主创新能力建设取得新进展。新增国家级企业技术中心1家、国家与地方联合工程研究中心1家、省级企业技术中心10家、省级工程技术研究中心23家，培育省级重点实验室4家。全市共申请专利9836件，其中授权3822件，取得重要科技成果196项。生态文明建设进一步加强。万元地区生产总值能耗降低率和化学需氧量、二氧化硫等主要污染物减排指标均完成省下达任务目标，7条省控河流水质全部达标，空气质量良好以上天数增加45天。

【统筹城乡发展】　城乡基础设施建设力度加大。组织实施中心城区及全市统筹重点项目70项，累计完成投资180亿元以上，市文化中心、城市路网、园林绿化等重点工程顺利完成年度任务。境内铁路建设取得积极进展，晋豫鲁铁路沂源段建设进展顺利，寿平铁路桓台段完成设计论证，8条铁路物流专用线新、改建工作进展顺利，1条已投入运营，城市轨道交通项目稳步推进，淄博火车站南广场规划正在优化完善；实施境内6个公路重点项目，累计完成投资12.93亿元。其中，中心城区大外环全面贯通，薛馆路沂源段、庆淄路高青段等干线公路建设进展顺利。继续强化农村公路建设，改造建设农村公路321.4公里。加强城乡水利设施建设，南水北调干线工程全面开工，投资3.74亿元的“引太入张”工程竣工通水，饮水安全工程有序推进，解决25.5万名农村居民和7万名农村学校师生的饮水安全问题，691项农田水利基础设施项目完成投资10.92亿元。新型城镇化建设迈出新步伐。积极推进30个中心镇和一批中心村的建设与发展，全市累计完成村镇建设投资70亿元以上。区域协调发展呈现新局面。“蓝黄两区”战略顺利实施。高青县黄三角经济区建设加快推进，完成重点项目投入59亿元以上，基础设施建设、产业调整转型等取得积极进展；4个海洋产业联动发展示范基地实现销售收入、利税同比分别增长23%和30%。争取国家区域发展政策取得重大突破，淄川区享受国家资源枯竭城市支持政策，沂源县享受国家支持中部地区发展的相关政策。

【体制改革】 制定《关于加快工业转方式调结构的若干政策意见》等政策文件，进一步优化转方式调结构的制度环境。各项改革向纵深推进。投融资体系建设取得新进展，3家企业成功上市，1家企业完成增发，合计实现融资、再融资28.84亿元；齐鲁股权托管交易中心运作良好，挂牌企业达到36家，总市值近40亿元，托管企业115家，总股本36.8亿股；全市新增小额贷款公司6家，融资性担保机构达到40家。综合配套改革有序推进，桓台县省级经济体制改革试点工作取得积极进展。农村各项改革不断深入，农村土地承包经营权流转面积达到1.3万公顷，3个区县建立流转服务平台，38个乡镇成立流转有形市场。

【对外开放】 对外开放水平不断提升。全市外贸进出口总额90.6亿美元，比2010年增长34.7%，其中出口53.3亿美元，增长32.1%；实际利用外资7.11亿美元，增长21.3%。"走出去"势头良好，新批境外投资企业11家，中方协议投资额8300万美元，完成境外工程承包额2.4亿美元。

【和谐社会建设】 城乡居民收入水平不断提高。全市农民人均纯收入10878元，比2010年增长18.3%；城市居民人均可支配收入24955元，增长14.6%。就业和社会保障工作进一步加强。建设启用新的市人力资源市场和大学生创业孵化中心，全市新增城镇就业13.2万人，新增农村劳动力转移就业9.1万人，城镇登记失业率控制在2.75%。全面实现与国家新农保制度的并轨，开展城镇居民养老保险工作，实现社会养老保险制度的全覆盖；提高企业离退休人员养老金、医疗保险、工伤保险待遇和失业保险、最低生活保障标准，城镇低保和农村低保标准提高到每人每月不低于316元和每人每年不低于1700元。将企业独生子女父母退休时发放一次性养老补助以及"老工伤"人员全面纳入社会统筹。保障性住房建设开工12017套，超额完成省下达任务。基本完成"两区三村"3年改造任务，受益城乡群众达到15万户。各项社会事业全面发展。教育公平均衡发展取得积极进展，中小学布局调整和校舍安全工程顺利实施。各级财政投入义务教育保障经费1.3亿元，为43万名学生免除杂费，为30.5万名农村学生免费提供教科书，为8600多名义务教育段家庭经济困难学生提供生活补助。医药卫生体制改革取得新突破，基层医疗机构综合配套改革基本完成，基本药物制度实现全覆盖。深化固本强基维稳工程和治安安民工程，全面推进打防控一体化建设，维护社会治安大局稳定。社会管理创新取得新成效，积极推进"六小警务"，取得良好的社会效应。安全生产工作进一步加强。成功创建为全国文明城市。（魏新军）

社会主义精神文明建设

【概况】 2011年，以创建全国文明城市为总抓手，广泛开展群众性精神文明创建活动，各项工作取得重大进展。在全国文明城市测评中，淄博市以第五名的优异成绩被中央文明委表彰为第三批全国文明城市；在全省文明城市测评中，再次被表彰为省级文明城市；圆满完成由中央文明办组织的全国"道德模范故事汇"山东首场巡演活动；成功举办中央专项彩票公益金支持乡村少年宫项目全国启动仪式暨项目建设骨干人员培训班，全面推广淄博市乡村学校少年宫建设经验，并将学校乡村少年宫列入测评体系；孙建博获全国道德模范提名奖；创建文明集市创新工作经验被中央文明委在全国推广，沂源县悦庄大集作为唯一农村集市典型被中央文明委列入2011年度列入全国农村精神文明工作典型。

【创建为全国文明城市】 成立市创建全国文明城市工作委员会与创建全国文明城市工作委员会办公室，召开动员大会，对文明城市创建工作进行具体安排部署。围绕全国文明城市创建，组织开展新闻与社会宣传，制作创城专题片，在市属新闻媒体开辟专题、专栏，广泛深入地宣传文明城市创建活动。创建文明城市期间，共刊发各类创城稿件3000多篇(条),张贴创城宣传画34000余张,发放创城宣传折页40余万份,形成覆盖全市的社会氛围。加强实地督导,成立7个专业督导组,组织200余人的实地督导队伍,对一些重点、难点和薄弱环节认真督导检查。对46个类别1000余个测评点进行督查,深入现场解决问题1万余个。规范整理测评材料,组织起草各类书面汇报20余篇,完成全国文明城市测评材料116卷234册2600余份,完成未成年人思想道德建设工作测评材料64卷165册1700余份。在测评中先后对省测评组需要测评的51个点,全国文明城市需要测评的126个点的提报材料进行认真严格的指导把关,共计整理测评点材料684卷1223册。全国、省文明城市测评组对材料的完整性和准确性给予高度评价。

【市民文明素质】 承办全国"道德模范故事汇"基层巡演山东首场演出,刘兰芳、田连元等6位曲艺名家以评书方式宣讲6位全国道德模范的感人事迹。省、市级道德模范代表,各界群众代表1300多人观看演出。把"我推荐、我评选身边好人"活动作为评选全国、省、市道德模范的前置基础,经过层层选拔、推荐,市见义勇为好人郭宏坤,敬业奉献好人孙建博入选中国好人榜。15名道德模范和全国好人先后参加中央文明办在威海和潍坊举办的互动交流活动,并接受中央文明办的表彰和中央新闻媒体的采访。在全市广泛开展第三届省市道德模范评选活动,15人参加全省第三届道德模范评选,100余名典型参加市级道德模范评选,3人被授予全省道德模范,3人获得全省道德模范提名奖。其中,孙建博参加全国道德模范评选,并被授予全国道德模范提名奖。组织省级道德模范欢迎会,在全市营造学习典型、关爱典型、崇尚典型和争当典型的浓厚氛围。

【未成年人思想道德建设】 承办中央专项彩票公益金支持乡村学校少年宫项目全国启动仪式和全国、全省学校乡村少年宫建设骨干人员培训班,中央文明办专职副主任王世明,省委常委、宣传部长孙守刚,市委书记刘慧晏,财政部、教育部和省财政厅、教育厅的有关负责人,以及全国各省、市(自治区)近300名代表参加启动仪式和培训班。应全国各省、市的请求,全面总结几年来淄博市"乡村学习少年宫"的成长历程,编写《淄博市乡村少年宫成长侧记》,为指导乡村少年宫建设奠定坚实基础。

【农村精神文明建设】 大力实施乡风文明行动,着力培育新农民、营造新环境、弘扬新风尚、发展新文化,促进农村精神文明建设。临淄区开展"乡村文明行动"的经验被《大众日报》《齐鲁晚报》、山东广播电台等省内主要媒体集中宣传报道。把文明集市创建作为深化农村精神文明建设工作的重要抓手,在全市农村广泛开展文明集市建设,淄博市大力实施文明集市创建工程,全面推进社会主义新农村建设的经验做法,在全国农村精神文明建设工作会议上进行学习交流。沂源县悦庄大集被中央文明办确定为全国农村精神文明建设典型,并在全国重要媒体宣传推介。市文明办组织撰写《关于我市文明集市创建的调查与思考》调研报告,被编入《全国农村精神文明建设工作调研报告文集》。

【志愿服务活动】 围绕全国文明城市创建,组织全市各类志愿者,走向社区、交通路口、公园、广场、大型绿地等公共场所,广泛开展环境整治、文明劝导、文明行路、文明礼让、文明言行等志愿服务活动,全市共出动各类志愿者30万人次。扎实做好关爱空巢老人志愿服务和关爱农民工志愿服务工作。成立全市关爱帮扶老年人协会,建立1192个关爱帮扶老人志愿者工作站和520个爱心助老特色基地,招募10万余名关爱老年人志愿者,为老年人常年提供爱心志愿活动,在全社会营造关心老年人、关爱老年人的良好氛围。

【群众性精神文明创建】 深入开展文明单位、文明村镇、文明社区等创建活动,全市群众性精神文明创建活动取得新成效。下发《关于对文明单位进行复查的通知》和《关于申报2011年度省级文明单位、文明村镇、文明社区的通知》。对已命名的267个省级文明单位、69个省级文明村镇和45个省级文明社区进行认真复查,对存在的问题及时提出整改建议,要求限时整改。新创建26家省级文明单位、8家省级文明村镇、3家省级文明社区。推荐上报1个全国文明县城、4个全国文明单位,2个全国文明村镇被中央文明委表彰。文明单位管理实现经常化、制度化和规范化。创新社区精神文明创建活动载体，在全市开展星级文明社区评比活动，举办第七届“淄博邻居节”，较好地激发社区精神文明建设活力，为创建全国文明城市和经济社会发展营造良好的社区环境。

（文明办）

淄博市国民经济和社会发展统计资料

说明：淄博市国民经济和社会发展统计资料是根据2011年快报数字整理的。资料中所有价值指标除注明不变价外，均按当年价格计算，指数按可比价格计算。表中的“空格”表示该项数据不详，“—”表示无该项数据，“#”表示其中项。

行政区划及人口密度

表3—02

地　区	镇、街道（个）	镇（个）	街道（个）	居委会（个）	村民委员会（个）	自然村（个）	土地面积（平方公里）	人口密度（人/平方公里）
全　市	88	59	29	456	3102	3716	5965	711
市辖区	58	34	24	415	1382	1417	2989	939
淄川区	13	9	4	81	379	408	960	677
张店区	13	6	7	123	156	156	360	2066
博山区	10	7	3	111	209	209	698	657
临淄区	12	7	5	67	414	420	664	921
周村区	10	5	5	33	224	224	307	1121
桓台县	9	7	2	15	335	327	509	980
高青县	9	7	2	11	759	759	831	441
沂源县	12	11	1	15	626	1213	1636	346

注：1. 张店区含高新区，周村区含文昌湖区；2. 人口密度按户籍人口计算。

综　合

表3—03

指　标　名　称	单位	2011年	比2010年增长（%）	指　标　名　称	单位	2011年	比2010年增长（%）
地区生产总值	亿元	3280.23	12.0	批发和零售业	亿元	333.33	23.0
第一产业	亿元	116.75	4.3	住宿和餐饮业	亿元	88.48	11.9
第二产业	亿元	1975.38	12.6	金融业	亿元	75.21	10.6
工业	亿元	1793.43	12.6	房地产业	亿元	109.92	7.2
建筑业	亿元	181.95	12.8	营利性服务业	亿元	123.10	10.3
第三产业	亿元	1188.10	11.6	非营利性服务业	亿元	244.17	11.0
交通运输、仓储及邮政业	亿元	213.89	1.8				

续表 3—03

指　标　名　称	单位	2011 年	比 2010 年增长(%)	指　标　名　称	单位	2011 年	比 2010 年增长(%)
地区生产总值构成				地方财政收入占 GDP 比重	%	6.2	0.5
第一产业	%	3.7	持平	税收占 GDP 比重	%	12.0	0.4
第二产业	%	60.3	-1.3	服务业增加值占 GDP 比重	%	36.2	1.5
第三产业	%	36.0	1.3	进出口总值占 GDP 比重	%	17.8	2.1
人均地区生产总值	元	72175	11.5	出口总值占 GDP 比重	%	10.5	1.0

农林牧渔业主要指标

表 3—04

指　标　名　称	单位	2011 年	比 2010 年增长(%)	指　标　名　称	单位	2011 年	比 2010 年增长(%)
一、种植业				家禽存养数	万只	1503.12	7.3
粮　食	万吨	177.57	1.2	三、渔业			
夏　粮	万吨	77.36	2.6	水产品产量	万吨	2.49	5.9
秋　粮	万吨	100.21	0.2	四、其他			
棉　花	万吨	1.07	12.1	农机总动力	万千瓦	340.46	1.8
油　料	万吨	2.46	12.3	#农用排灌动力	万千瓦	84.60	0.1
蔬　菜	万吨	216.80	-0.5	化肥使用折纯量	万吨	9.80	-0.7
瓜、果类	万吨	121.90	4.7	农村用电量	亿千瓦时	53.52	0.3
#水果	万吨	102.09	5.0	有效灌溉面积	万公顷	12.55	-0.3
二、畜牧业				五、农林牧渔业总产值	亿元	207.64	4.3
肉类总产量	万吨	17.75	5.7	农业总产值	亿元	135.87	3.0
奶类产量	万吨	12.29	0.7	林业总产值	亿元	10.95	9.1
禽蛋产量	万吨	7.04	0.1	牧业总产值	亿元	51.01	6.6
牛年底存栏	万头	14.69	3.6	渔业总产值	亿元	3.85	5.8
猪年底存栏	万头	64.95	3.4	农林牧渔业服务业产值	亿元	5.96	7.8
羊年底存栏	万只	48.94	-1.5				

规模以上工业主要指标

表 3—05

指标名称	单位	2011 年	比 2010 年增长(%)	指标名称	单位	2011 年	比 2010 年增长(%)
工业企业单位数	个	3178		重工业	亿元		15.72
#亏损企业	个	93		#制造业	亿元		14.00
工业总产值	亿元	9567.30	25.00	#大中型工业企业	亿元		12.67
#高新技术产业产值	亿元	2544.90	27.03	#国有企业	亿元		23.00
占规模以上工业产值的比重	%	26.60	1.25	#非公有制企业	亿元		14.11
工业增加值	亿元		14.22	工业销售产值	亿元	9508.03	26.61
#轻工业	亿元		7.47	#出口交货值	亿元	403.7	27.33

注:1. 规模以上工业指年主营业务收入 2000 万元及以上单位。

2. 规模以上工业主要指标数据不含市电力公司。

固定资产投资

表 3—06

指标名称	单位	2011 年	比 2010 年增长(%)	指标名称	单位	2011 年	比 2010 年增长(%)
固定资产投资	亿元	1499.22	23.7	水利管理业	亿元	5.21	-46.6
#住宅投资	亿元	260.15	37.2	第二产业	亿元	719.34	10.2
#地方投资	亿元	1477.72	26.0	工业	亿元	710.38	10.8
#非公有投资	亿元	1151.45	26.9	能源工业	亿元	52.75	-38.2
#民间投资	亿元	1288.86	28.8	煤炭	亿元	2.31	-15.0
按建设性质分				石油	亿元	22.65	-53.0
#新建	亿元	123.50	27.9	电力	亿元	27.79	-19.2
扩建	亿元	290.28	-10.8	原材料工业	亿元	230.09	17.4
改建和技术改造	亿元	759.30	46.9	冶金	亿元	34.07	-0.1
按构成分				化工	亿元	196.02	21.1
建筑工程	亿元	649.92	30.9	机械电子工业	亿元	185.59	14.8
安装工程	亿元	118.76	30.3	机械	亿元	180.19	14.5
设备工器具购置	亿元	589.27	15.8	电子	亿元	5.40	28.5
其他费用	亿元	141.27	22.1	轻纺工业	亿元	85.96	60.2
按隶属关系分				轻工	亿元	65.65	64.3
中央、省属	亿元	31.01	-46.6	纺织	亿元	20.31	48.2
市属	亿元	41.44	-17.6	其他工业	亿元	155.97	7.8
区县属及以下	亿元	1426.77	29.3	建筑业	亿元	8.96	-22.4
商品房销售面积	万平方米	708.64	8.2	第三产业	亿元	753.36	40.8
#住宅	万平方米	656.35	8.5	#交通运输仓储邮电通信业	亿元	76.65	59.6
商品房销售额	亿元	308.69	28.5	批发零售餐饮业	亿元	57.98	10.6
#住宅	亿元	282.51	28.1	金融业	亿元	2.22	47.9
#高新技术产业	亿元	224.26	34.3	房地产业	亿元	328.01	31.0
第一产业	亿元	26.52	9.4	环境和公共设施管理业	亿元	98.66	86.6
农林牧渔业	亿元	21.31	47.2				

社会消费品零售额

表3—07　　单位:亿元

指　标　名　称	2011年	比2010年增长(%)	指　标　名　称	2011年	比2010年增长(%)
社会消费品零售额	1186.25	18.0	按行业分组		
按销售单位所在地分组			批发业	120.33	16.4
城镇	1007.56	18.0	零售业	926.19	18.1
#城区	713.66	18.0	住宿业	11.07	14.8
乡村	178.69	17.8	餐饮业	128.66	18.6

限额以上批发和零售业商品销售分类情况

表3—08　　单位:亿元

指　标　名　称	2011年	比2010年增长(%)	指　标　名　称	2011年	比2010年增长(%)
合　计	674.92	26.7	中西药品类	7.75	25.8
粮油、食品、饮料、烟酒类	79.02	23.1	文化办公用品类	8.48	109.5
服装、鞋帽、针纺织品类	113.51	24.4	家具类	82.05	31.8
化妆品类	4.45	14.6	通讯器材类	8.78	11.7
金银珠宝类	6.96	26.8	煤炭及制品类	6.01	44.3
日用品类	25.25	28.2	石油及制品类	37.00	27.2
五金、电料类	10.30	34.0	建筑及装潢材料类	23.46	28.6
体育、娱乐用品类	1.27	-0.8	机电产品及设备类	9.81	26.9
书报杂志类	3.69	-4.1	汽车类	167.40	36.3
电子出版物及音像制品类	0.21	30.5	其他类	35.27	3.2
家用电器和音像器材类	44.14	14.0			

地方财政收支

表 3—09　　单位：万元

指标名称	2011 年	比 2010 年增长(%)	指标名称	2011 年	比 2010 年增长(%)
地方财政收入	2035852	25.36	公共安全	144239	18.67
#税收收入	1374072	17.93	教育	613364	52.68
增值税	246639	7.69	科学技术	64376	33.08
营业税	298904	21.22	文化体育与传媒	40254	20.45
企业所得税	193380	43.58	社会保障和就业	275689	14.40
个人所得税	36617	13.71	医疗卫生	162554	29.11
资源税	13411	-0.74	节能保护	71768	1.06
城市维护建设税	121330	39.93	城乡社区事务	202834	18.86
房产税	35461	15.91	农林水事务	242838	35.36
城镇土地使用税	91428	-2.94	交通运输	62732	8.94
耕地占用税	87113	71.04	资源勘探电力信息等事务	105116	10.51
契税	160592	-12.70	商业服务业等事务	67565	6.76
非税收入小计	661780	44.25	金融监管支出	2429	0.24
专项收入	89327	35.24	国土资源气象等事务	14529	1.45
行政事业性收费收入	149924	18.54	住房保障支出	14724	1.50
其他各项非税收入	38875	74.29	粮油物资管理事务	4186	0.42
地方财政支出	2531938	25.42	储备事务支出	766	0.08
一般公共服务	333554	18.49	其他支出	103206	10.32
国防	5215	-11.08			

进出口与利用外资

表3—10

指标名称	单位	2011年	比2010年增长(%)	指标名称	单位	2011年	比2010年增长(%)
进出口总值	万美元	905548	34.7	日本	万美元	36245	43.8
进口总值	万美元	372886	38.5	#石油化工塑料橡胶	万美元	160904	71.6
出口总值	万美元	532662	32.1	纺织品	万美元	93310	20.3
#国有企业出口	万美元	40536	25.0	轻工产品	万美元	60149	16.8
三资企业出口	万美元	266377	25.3	高新技术	万美元	14972	29.6
#一般贸易出口	万美元	381224	35.6	利用外资			
加工贸易出口	万美元	151351	24.1	项目个数	个	32	10.3
#欧盟	万美元	89721	28.8	外商直接投资金额	万美元	44971	0.3
美国	万美元	102985	27.6	实际利用外资金额	万美元	71080	21.3
韩国	万美元	44238	32.4				

运输、邮电及旅游业

表3—11

指标名称	单位	2011年	比2010年增长(%)	指标名称	单位	2011年	比2010年增长(%)
公路通车里程	公里	10468	1.64	#外国人	万人次	13.73	19.49
公路客运量	万人	40339	2.16	香港同胞	万人次	3.66	44.59
公路货运量	万吨	25376	2.88	澳门同胞	万人次	0.13	17.2
公路客运周转量	万人公里	1375574	-7.11	台湾同胞	万人次	3.41	13.26
公路货运周转量	万吨公里	8581976	1.78	国内游客	万人次	3064.21	20.44
邮政业务总量	亿元	2.41		旅游总收入	亿元	262.50	23.0
电信业务总量	亿元	31.54	7.86	旅游外汇收入	万美元	11440.88	24.28
游客总人数	万人次	3085.13	20.43	国内旅游收入	亿元	255.17	23.04
#入境游客人数	万人次	20.92	22.09				

注:邮政业务总量不包括淄博市邮政银行、速递物流公司数据;2011年执行新的邮政行业不变单价,业务总量与同期没有可比性。

城市居民生活

表 3—12

指标名称	单位	2011年	比2010年增长(%)	指标名称	单位	2011年	比2010年增长(%)
平均每户家庭人口数	人	2.73	持平	#食品支出	元	4755	21.3
每一就业者负担系数(含本人)	人	1.78	-2.2	衣着支出	元	2056	7.6
年末人均现住房建筑面积	平方米	34.38	5.3	居住支出	元	1932	5.5
家庭总收入	元	26541	14.2	家庭设备、用品及服务支出	元	1290	12.8
#可支配收入	元	24955	14.6	医疗保健支出	元	985	59.4
#工资性收入	元	15570	9.7	交通和通讯支出	元	2448	5.8
工资及补贴收入	元	15199	8.7	教育文化娱乐服务支出	元	1723	12.3
其他劳动收入	元	371	73.1	其他商品和服务支出	元	805	76.8
经营净收入	元	2982	24.2	购房与建房支出	元	244	54.2
财产性收入	元	1333	75.3	转移性支出	元	2330	23.5
转移性收入	元	6656	13.3	财产性支出	元	54	45.1
借贷收入	元	10888	8.9	社会保障支出	元	1520	8.8
家庭总支出	元	20143	17.1	年存入储蓄款	元	15257	1.2
消费支出	元	15994	16.5	年末手存现金	元	3245	12.1

注:家庭收支均为人均指标。

农村居民生活

表 3—13

指标名称	单位	2011年	比2010年增长(%)	指标名称	单位	2011年	比2010年增长(%)
平均每户常住人口数	人	3.27	-1.20	财产性收入	元	290	-31.72
每一就业者负担系数(含本人)	人	1.44	0.02	转移性收入	元	665	76.54
人均年末生活用房面积	平方米	35.76	0.92	总支出	元	9504	20.23
总收入	元	13580	23.21	家庭经营费用支出	元	2028	38.09
纯收入	元	10878	18.30	购置生产性固定资产支出	元	85	-27.36
工资性收入	元	6405	24.50	生活消费支出	元	6458	13.77
#在本乡地域内劳动得到收入	元	4993	26.83	#服务性支出	元	1763	0.66
外出从业得到收入	元	1147	68.10	#食品	元	2266	21.55
家庭经营纯收入	元	3517	6.40	衣着	元	534	17.85
第一产业纯收入	元	2593	15.47	居住	元	997	-17.29
#农业收入	元	2089	-0.72	家庭设备、用品	元	434	21.86
牧业收入	元	433	277.09	交通和通信	元	926	58.66
非农产业纯收入	元	924	-12.80	文化教育、娱乐	元	642	4.61
第二产业纯收入	元	149	-31.78	医疗保健	元	539	13.74
第三产业纯收入	元	776	-7.89	其他商品和服务	元	120	-4.95

注:家庭收支均为人均指标。

人口和劳动工资

表 3—14

指 标 名 称	单位	2011 年	比 2010 年增长(%)	指 标 名 称	单位	2011 年	比 2010 年增长(%)
年末总人口(户籍)	万人	423.83	0.35	在岗职工工资总额	亿元	251.94	
人口出生率	‰	8.21	-0.76	企业单位	亿元	181.74	
人口死亡率	‰	5.90	-2.02	事业单位	亿元	51.56	
人口自然增长率	‰	2.31	1.26	机关单位	亿元	17.92	
年末常住人口	万人	455.63	0.51	在岗职工平均工资	元	38340	13.11
在岗职工年平均人数	万人	65.71		企业单位	元	35688	15.90
企业单位	万人	50.93		事业单位	元	48244	8.00
事业单位	万人	10.69		机关单位	元	45435	7.61
机关单位	万人	3.94					

价 格 指 数

表 3—15

指 标 名 称	以 2010 年为 100	指 标 名 称	以 2010 年为 100
居民消费价格指数	104.5	服务项目价格指数	102.6
食品类	110.3	商品零售价格指数	104.3
#粮食	106.8	工业生产者出厂价格指数	107.1
烟酒	107.1	#生活资料出厂价格指数	103.0
衣着类	100.1	工业生产者购进价格指数	112.4
家庭设备用品及维修服务	100.9	固定资产投资价格指数	103.2
医疗保健和个人用品	102.9	#建筑安装、装饰工程	104.4
交通和通信	100.1	房屋销售价格指数	105.2
娱乐教育文化用品及服务	99.8	房屋租赁价格指数	107.5
居住	105.8	土地交易价格指数	101.7

城 市 建 设

表 3—16

指 标 名 称	单位	2011 年	2010 年	指 标 名 称	单位	2011 年	2010 年
市政公用基础设施完成投资	亿元	38.4	37.91	城市使用液化气、煤制气、天然气总户数	%	71.2	70.2
年末城市道路面积	万平方米	3265	3135	城市气化率	%	98	97.8
人均拥有道路面积	平方米	17.24	16.9	集中供热面积	万平方米	4778	4499
年末营运公交车总数	辆	2827	2606	人均公园绿地面积	平方米	16	15.95
年末实有出租汽车	辆	6491	6488	建成区绿化覆盖率	%	42.6	42.2
城市平均每天供水量	万吨	87.4	84.5	污水处理率	%	93.5	92

社会保障

表3—17

指　标　名　称	单位	2011年	2010年	指　标　名　称	单位	2011年	2010年
城镇新增就业数	人	132410	139348	企业	万元	416795	353015
转移农村劳动力人数	人	91203	94685	发放养老金	万元	503518	435793
城镇登记失业率	%	2.75	2.72	#机关事业	万元	115720	109241
城镇居民最低生活保障人数	人	34896	36470	企业	万元	387798	326552
农村居民最低生活保障人数	人	82274	81342	新型农村社会养老保险参保人数	人	1326167	1255800
城镇养老保险参保人数	人	1010965	976439	城镇职工医疗保险参保人数	人	1142309	1123092
#机关事业	人	123442	123847	城镇居民医疗保险参保人数	人	817007	800161
企业	人	887523	852592	失业保险参保人数	人	657471	653862
收缴养老保险费	万元	521771	455589	工伤保险参保人数	人	837602	859729
#机关事业	万元	104976	102574	生育保险参保人数	人	576269	540110

自然资源

表3—18

指　标　名　称	单位	2011年	指　标　名　称	单位	2011年
一、土地面积	公顷	596492	交通运输用地	公顷	9883.97
#农用地合计	公顷	458856.01	未利用地	公顷	14774.02
耕地	公顷	211704.22	二、森林		
园地	公顷	58859.50	森林覆盖率	%	36
林地	公顷	104751.46	林木蓄积量	万立方米	572.52
其他草地	公顷	38610.48	三、水文、水利		
其他农用地	公顷	44930.35	1. 全年水资源总量	万立方米	120174
城镇村及工矿用地	公顷	99704.65	#水库蓄水量	万立方米	24916
#城市	公顷	18470.38	2. 多年平均地下水资源量	万立方米	91458
建制镇	公顷	20307.72	#年开采总量	万立方米	65780
村庄	公顷	54452.22			

（市统计局）

本部类编　辑：王　娟
副主编：徐　杰
校　对：马震刚
杨　凤

政党　政务

中国共产党
淄博市委员会

·重要会议·

1月7日，市委召开常委会，专题研究人才工作，通过《淄博市中长期人才发展规划纲要(2010～2020年)》。

1月8日，市委在山东理工大学召开常委扩大会议，专题研究淄博市与山东理工大学深化合作事宜。强调要紧紧围绕科学发展主题和转变经济发展方式主线，完善合作机制，搭建合作平台，发挥各自比较优势，努力促进双方在内涵发展上取得更大成效。

1月10日，市委、市政府召开全市工作情况通报会，向老干部通报2010年工作情况和2011年工作打算，征求改进工作的意见和建议。

1月10日，市委、市政府召开对口支援北川灾后恢复重建总结表彰大会，动员全市把援川精神转化为推动淄博老工业城市科学发展的强大动力，努力开创殷实和谐经济文化强市建设新局面。

1月14日，全市安全生产工作电视电话会议召开。

1月16日，市委召开党的建设领导小组会议，总结2010年党建工作，研究全市党建工作任务。

1月20日，市委召开常委会议，传达学习山东半岛蓝色经济区建设工作动员大会精神，研究贯彻落实意见。

1月24日，全市反腐倡廉工作暨中共淄博市纪委十届七次全体会议召开，回顾总结2010年的工作，研究部署2011年的党风廉政建设和反腐败工作任务。

1月26日，市委召开2010年度区县委书记、高新区工委书记抓基层党建工作专项述职会议。

2月9日，市委召开常委会议，集体学习《中共中央国务院关于加快水利改革发展的决定》。

2月25日，市委、市政府召开全市创建全国文明城市动员大会。

2月25日，全市环境保护工作会议召开，强调切实强化环境保护"命门"意识，推动环保工作和生态文明建设再上新水平。

3月15日，市委召开常委会议，传达全国两会精神，研究贯彻落实意见。

3月21日，全市科学技术奖励大会召开，表彰为淄博市科技事业和现代化建设做出突出贡献的科技工作者。

4月11日，全市工业转方式调结构暨"双百工程"大会召开，动员全市上下进一步增强主题主线意识，推动工业经济内涵发展。

4月22日，市委召开常委会议，集体学习杨善洲先进事迹，要求全市扎实开展向杨善洲学习活动。

4月25日，市委召开常委扩大会议，总结一季度工作，研究部署下一步经济社会发展任务，强调科学把握形势，加大工作力度，确保"十二五"时期开好局、起好步。

4月29日，全市工会工作会议暨庆祝"五一"

国际劳动节大会召开。

5 月 4 日，市委、市政府召开全市人口和计划生育工作会议，总结“十一五”时期全市人口计生工作，研究部署下一步工作任务，强调要稳定低生育水平，改善人口结构，提高人口素质。

5 月 5 日，全市实施固本强基维稳工程专题会议召开，强调要为迎接中国共产党成立 90 周年和创建全国文明城市创造良好社会环境。

5 月 5 日，全市第六次民族团结进步表彰大会召开。

5 月 9 日，全市节能考核奖励大会召开，安排部署 2011 年及其后一个时期的节能工作任务。

5 月 12 日，全市对外开放暨招商引资工作会议召开。

5 月 17 日，市委召开常委会议，部署安排食品安全工作。

5 月 31 日，全省公安机关推行“六小警务”现场会在淄博市召开。会议传达贯彻全国公安厅局长座谈会精神，学习总结高青县公安局“六小警务”的经验做法，研究部署在全省公安机关全面推行“六小警务”工作。

6 月 22 日，全市促进现代物流业发展工作会议召开。

6 月 30 日，全市庆祝中国共产党成立 90 周年大会在齐盛国际宾馆会议中心召开。

7 月 27 日，市委召开常委会议，听取市人大常委会关于“法治淄博”建设视察情况汇报。

7 月 28 日，淄博市暨张店区举行庆“八一”拥军优属座谈会。

8 月 1～4 日，市委举办理论学习中心组读书会。

8 月 2 日，市委召开常委会议，传达学习山东省委理论学习中心组读书会和省委九届十二次全体会议精神，研究部署工作任务。

8 月 5 日，中国共产党淄博市第十届委员会第十二次全体会议举行，审议通过《中国共产党淄博市第十届委员会第十二次全体会议公报》。

8 月 10 日，市委、市政府召开工作情况通报会。

8 月 18 日，市委、市政府召开全市创建全国文明城市工作会议。

8 月 19 日，举办深入学习胡锦涛“七一”重要讲话精神报告会。

9 月 29 日，市委召开常委会议，对国庆节期间的工作进行部署安排。

10 月 12 日，全市举行市委理论学习中心组学习孟祥民先进事迹报告会。

10 月 14 日，全市纪念辛亥革命 100 周年座谈会召开。

10 月 19 日，市委召开常委会议，认真传达学习党的十七届六中全会精神，研究部署贯彻落实意见。

10 月 22～23 日，全市科学发展现场观摩点评会召开。

10 月 24 日，市委召开常委扩大会议，在全市科学发展观摩点评的基础上，总结前三季度经济发展情况，研究部署第四季度工作，要求确保全面完成全年各项目标任务，确保实现“十二五”时期良好开局。

11 月 7～9 日，全市工业转方式调结构现场观摩会召开。

11 月 11 日，全市举办学习党的十七届六中全会精神报告会。

11 月 15 日，中共淄博市委十届十四次全体会议在张店举行。全委会深入学习贯彻党的十七届六中全会和省委九届十三次全体会议精神，听取和讨论市委书记刘慧晏受市委常委会委托作的工作报告，审议通过《中共淄博市委关于深入贯彻党的十七届六中全会精神加快建设文化强市的意见》《中国共产党淄博市第十届委员会第十四次全体会议关于召开中国共产党淄博市第十一次代表大会的决议》。

12 月 17 日，市委、市政府召开全市工业经济过万亿、“双百工程”暨促进内涵发展大会，动员全市上下坚定不移地走内涵发展的路子，加快推动淄博市由工业大市向工业强市跨越。

12 月 27 日，全市经济工作会议召开。会议要求着力推动经济内涵发展，坚持把保持经济平稳较快发展作为首要任务，把转方式调结构作为主攻方向，强化生态文明理念和人才科技支撑，深化改革开放，加快产业转型升级，加大产业布局调整和产业转移力度，推动全市经济持续健康较快发展。

（于海鹏）

·重要决策和工作部署·

1月13日，市委印发《关于在全市开展廉政风险防范管理工作的意见(试行)》。提出开展廉政风险防范管理工作的指导思想、目标要求、基本原则、实施范围、主要内容和保障措施。

2月24日，市委、市政府印发《关于创建全国文明城市工作的实施意见》。提出创建全国文明城市的指导思想、主要任务、实施步骤和工作要求，并对创建全国文明城市的各项工作任务进行量化分解。

2月27日，市委、市政府印发《关于加快水利改革发展的实施意见》。

3月21日，市委、市政府印发《关于2011年全市党风廉政建设和反腐败工作实施意见》。提出党风廉政建设和反腐败工作的指导思想、任务要求和保障措施，并对全市党风廉政建设和反腐败工作进行责任分工。

4月9日，市委、市政府印发《关于加快工业转方式调结构的若干政策意见》。

5月10日，市委、市政府印发《关于切实做好2011年招商引资工作的意见》。对进一步加强招商引资工作进行全面部署。

5月31日，市委印发《关于加强和改进新时期党对工会工作领导的意见》。

7月5日，市委、市政府、军分区印发《关于进一步做好新形势下征兵工作的实施意见》。

10月27日，市委、市政府印发《关于加强生态文明乡村建设的意见》。提出生态文明乡村建设的重大意义、总体要求、指导原则和任务目标，对进一步加强全市生态文明乡村建设进行全面部署。

11月18日，市委印发《关于深入贯彻党的十七届六中全会精神加快建设文化强市的意见》。提出文化强市建设的指导思想和目标任务，对进一步贯彻党的十七届六中全会和省委九届十三次全会精神，深化文化体制改革，加快文化强市建设进行全面部署。 （于海鹏）

·组织工作·

【全市组织工作会议召开】 1月25日召开。会议传达全省组织部长会议等有关会议精神和市委书记、市人大常委会主任刘慧晏在市委常委会听取汇报时的讲话精神，回顾总结2010年全市组织工作，通报表彰2010年度全市组织工作创新奖，对2011年工作进行安排部署。市委常委、组织部长刘中会出席会议并讲话。

（蒋万海　李　锋）

【组织工作创新】 年初确定一批重点创新项目。每月开展创新亮点工作点评展示、星级评定。继续开展组织工作创新奖评选，连续4年获得山东组工创新奖，评选出2011年度全市组织工作创新奖10项、提名奖6项。 （蒋万海　郑祥军）

【争做淄博组工"四讲"先锋】 集中开展党性教育月活动、"学先进、见行动"活动，向王彦生、杨善州、李林森等先模人物学习。邀请专家、老组工干部授课，到山东党性教育基地、鲁中监狱接受现场教育，举办争做"四讲"先锋演讲、"心里有话对党说"征文、"永远跟党走"红歌演唱会等活动，引导组工干部讲党性、讲学习、讲科学、讲奉献，以坚强的党性服务换届工作。开展换届纪律、公文写作等技能比武，轮流到党校主体班次跟班学习，选调干部到镇挂职，着力提升组工干部的素质能力。邀请市审计局对市组织部财务工作进行审计和讲课，查找廉政风险点，加强防范约束，保证换届风清气正。 （周其文　魏　涛）

【调研信息宣传】 年初，围绕全市党的建设和组织工作中心任务，研究确定21个重点调研课题，分解落实到各区县和市组织部各科室，形成一批高质量的课题研究报告。完成中央组织部"县级城区基层党建工作领导机制研究"、省委组织部"1+9"等重点课题，"县级城区基层党建工作领导机制研究"课题获中央组织部优秀调研成果二等奖。被中央组织部、省委组织部刊发通讯信息稿件110余篇条。集中开展系列组工宣传活动，在《中国组织人事报》、新华社《山东参考》等刊发一批有

影响力的稿件。　　　　　（李　锋　郑祥军）

【深化创先争优】　是年，全市各级党组织紧扣“科学发展、富民强市”主题，以“争做淄博先锋”为实践载体，递次推进党员先锋岗、党员先锋单位、党员先锋行业、党员先锋区县创建活动。建立提诺、审诺、承诺、践诺、评诺的“五诺”机制，开展新一轮承诺。在全市窗口单位和服务行业推广“六小警务”理念，实施“形象亮化、素质提升、惠民利民、品牌塑造”4项工程，开展争创“群众满意窗口、优质服务品牌、优秀服务标兵”活动，深化为民服务创先争优。深入开展“双百先锋宣传行动”，选树孟祥民、孙建博等一批在全国、全省有影响力的重要典型。　　　　　（吕红星）

【推荐和选举各级党代会代表】　是年，按照中央和省委部署要求，组织开展淄博市出席中国共产党第十八次全国代表大会、山东省第十次党代会和市第十一次党代会代表的推荐提名和选举工作。采取自下而上、上下结合、反复酝酿、逐级遴选的办法，进行酝酿推荐。按照推荐提名、组织考察、公示等程序，提出山东省出席党的十八大代表候选人初步人选中的省级党员领导同志8名、省级党内老同志3名，淄博市出席党的十八大代表候选人初步人选3名、出席山东省第十次党代会代表候选人预备人选54名。全市各选举单位通过召开党代表大会或党员大会、党代表会议，采用无记名投票的方式和差额选举的办法，选举产生出席市第十一次党代会正式代表496名。

【“两新”组织建设】　6月，在全市“两新”组织（新经济组织和新社会组织）中开展“建组织、扩覆盖”活动。针对非公有制企业流动党员多、社会组织中兼职人员党员多的实际情况，推行党员“一方隶属、多重管理、全程作用”的工作模式，加大“兼合式”党组织组建力度。至年底，全市“两新”组织中新单独组建党组织460个，新建立联合党组织232个。　　　　　（刘　晓）

【完成村“两委”换届选举】　3～6月，全市3245个村委会、3223个村党组织顺利完成换届选举，选出村“两委”成员11808人，整个换届工作平稳有序。村“两委”成员中，达到“三高三强三满意”标准（政治素质高、文化水平高、群众威信高、发展能力强、服务能力强、协调能力强、群众满意、党员满意、组织满意）的占87.9%；45岁以下占50.4%，较上届提高3.8%；具有大专以上文化程度的占16.2%，较上届提高3.6%；女干部占29.8%，较上届提高21.6%，村委会中有女性成员的达到100%。及时跟进农村矛盾纠纷集中摸排调处、村干部教育培训等后续工作，巩固扩大换届成果。　　　　　（宋成富）

【全面推行村级事务“五代管”制度】　7月，市委办公厅、市政府办公厅印发《关于全面推行村级事务“五代管”制度的意见（试行）》，全面推行村级资金、账务、资产、档案、公章依法委托乡镇代理管理、集中服务。7月13日，召开“加强村级规范化建设、巩固扩大村‘两委’换届成果”现场会，在全市推行村级事务“五代管”制度。　（刘志勇）

【庆祝建党90周年系列活动】　6月，联合市委党史委、淄博日报社举办以“学党史、增党性、当先锋”为主题的纪念中国共产党成立90周年党史党建知识竞赛。6月27日，召开庆祝建党90周年暨创先争优活动座谈会。6月30日，召开全市庆祝建党90周年表彰大会，市委书记、市人大常委会主任刘慧晏作重要讲话，对119个先进基层党组织、185名优秀共产党员、99名优秀党务工作者和7名优秀镇（街道）党（工）委书记进行表彰。走访慰问老干部、建国前老党员和生活困难党员，全市各级共发放慰问金600余万元。（吕红星）

【选聘高校毕业生到村任职】　是年，经过网上报名、资格审查、笔试、面试、体检、考察等环节，全市选聘25名高校毕业生到村任职。纪检、监察部门全程参与，同时聘请部分党代表、人大代表、政协委员、新闻记者现场监督。7月，所选聘到村任职的高校毕业生分别到淄川区、博山区、周村区、临淄区、高青县担任村书记助理或村主任助理。

（纪志远）

【构建援藏干部服务网络体系】　1月，召开第六批援藏干部迎新春座谈会。8月，市党政代表团赴西藏走访慰问。赴西藏参加援藏干部民主生活会，召开援藏干部派出单位负责人会议和援藏干部家属所在单位负责人会议。建立援藏干部信息库，制作发放援藏干部服务联系卡，进一步完善市、区县委组织部，援藏干部派出单位及家属所在单位“四位一体”的服务网络。

【选调生工作】 按照报名、资格审查、体检、考察、分配等程序，全市考录选调生54名。7月，在全市300余名基层选调生中组织开展学习王媛媛先进事迹、“青春在基层闪光”系列活动。10月，对全市1980年以来接收的758名选调生信息进行采集整理，建立信息库，进一步提升选调生工作规范化水平。

【结对帮扶和下派干部包村工作结束】 全市市直部门结对帮扶和下派干部包村工作，自2008年9月开始，2011年10月结束。3年内，市直各部门、单位和下派包村干部向帮扶村无偿提供或协调争取资金1568.16万元，帮扶物资574.42万元，新上各类发展项目90余个。印发《关于进一步发挥到村任职干部、下派包村干部在村“两委”换届选举工作中作用的通知》，引导到村任职干部、下派包村干部发挥积极作用。

【招考招聘工作实施阳光工程】 2011年，全市招考公务员492人，招聘市属事业单位紧缺人才93人，招聘市属事业单位工作人员511人，选聘高校毕业生服务社区75人，招募“三支一扶”大学生79人，审核办理公务员（参照公务员法管理人员）登记手续325人。在各类招考、招聘工作中，坚持公开、平等、竞争、择优原则，实施招考招聘阳光工程。 （刘胜虎）

【配合做好市级换届考察】 9月8～29日，配合省委组织部干部考察组对市级领导班子及市法院院长、市检察院检察长换届人选进行考察。9月8日召开全市领导干部会议，298人参加，进行民主测评、民主评议，并对新一届市级领导班子成员人选和市法院院长、市检察院检察长人选进行全额定向民主推荐，与124人进行个别谈话。9月21日，市委常委会研究提出拟提拔重用人选差额考察对象。配合省委组织部干部考察组对18名拟提拔重用人选考察对象进行深入考察，谈话听取711人的意见，书面征求1946人的意见。12月14日，市委常委会研究提出市委、市人大、市政府、市政协领导班子及市法院院长、市检察院检察长换届人事安排方案，并正式向省委呈报。12月15日，省委研究批复市级领导班子换届人事安排方案。

【组织开展区县换届考察】 8月12日，召开区县、镇换届工作座谈会，举办换届业务培训班，印发《关于做好区县、镇领导班子换届工作的通知》。9月30日，举办区县换届考察培训班，制定换届考察工作方案和实施细则。10月7～22日，抽调64人组成5个考察组，对区县领导班子进行换届考察。严格履行民主推荐、民主测评、民意调查和实地考察等12个考察步骤，对111名考察对象进行全面考察。将干部德的考察贯穿始终，首次实行干部考察实绩公示制。11月25日，市委研究同意区县党委、人大、政府、政协领导班子及市法院院长、市检察院检察长换届人事安排方案，并予以批复。 （杨新国　王洪波）

【完成镇党委、人大、政府换届】 镇领导班子换届工作自8月部署，12月27日结束，换届候选人均高票当选。换届后，全市59个镇党委领导班子成员520名，平均年龄38岁；镇人大领导班子成员118名，平均年龄43.8岁；镇政府领导班子成员226名，平均年龄37.9岁。换届后的镇党政领导班子中，配备30岁以下年轻干部79人，占成员总数的13.1%；女干部101人，占成员总数的16.7%；具有大专以上学历的585人，占成员总数的96.9%。 （杨新国　李　杰）

【公开选拔副县级领导干部】 确定19个职位面向全省或全市范围进行公开选拔，其中市直部门、单位副县级领导职位7个，市属事业单位副县级领导职位4个，高职高专院校副县级领导职位8个。551人报名，经过初选评价，328人参加笔试，50人进入面试，对30人进行组织考察，10人走上公选领导岗位。该次公选进一步完善初选评价办法，面试实行“大评委制”，增加德的专项考察内容，实行差额票决，进一步推进竞争性选拔工作的规范化。

【完成师团职军转干部安置】 对团职军转干部继续实行考试、考核相结合的办法择优安置，坚持做到“五个公开”，即公开考试考核办法、公开安置计划、公开考试考核成绩、公开排列名次、公开安置去向。27名师团职军转干部均得到妥善安置。

（王玉杰 许邦友）

【印发人才发展规划纲要】 1月7日，市委常委会专题研究人才工作，通过《淄博市中长期人才发展规划纲要（2010～2020年）》。进一步抓好任务分解，细化工作目标，明确责任单位和责任人，抓好贯彻落实。年内，各区县、高新区编制完成各自人才发展规划纲要。

【策划开展职业技能竞赛】 市人才工作领导小组办公室联合8个部门共同策划举办“十百千”职业技能竞赛，遴选10个重点行业和领域，分层次组织100场职业技能比武竞赛，分级表彰1000名技术（岗位）能手。年内，全市各级部门组织1560场次区域性、行业性大赛，全市16万名技能人才参加各类大赛，102万名职工参加各类岗位练兵。44名获各行业、各工种第一名的选手获“振兴淄博”劳动奖章、“淄博市技术能手”称号，570人获市行业技术能手称号，5200余人次受到表彰，该活动获2011年度淄博市组工创新奖。

【“淄博市人才工作好新闻奖”评选】 进行2010年度人才工作好新闻评选，收到参评作品60件，评出各类获奖作品19件，其中一等奖3件、二等奖6件、三等奖10件，淄博市推荐的1部作品获“山东省人才工作好新闻奖”一等奖。

（李碧录）

【加快高层次人才开发】 继续实施引进海外优秀人才“515”计划，引进海外优秀人才360余名。年内，新增“泰山学者特聘专家”“泰山学者海外特聘专家”“泰山学者药学特聘专家”各1名，全市有泰山学者8人。鲁泰纺织股份有限公司王方水成为淄博市第一位本土培养的泰山学者。

（满河军 李碧录）

【开展“走百企访千人”活动】 依托人才工作联系点，组织开展“走百企访千人”活动，全市走访企事业单位589家，座谈人数3928人，发放调查问卷5400余份，征求意见1600余条，帮助解决问题368个，为人才发展创造良好环境。

【完善人才工作运行机制】 印发《关于健全完善市人才工作领导小组运行机制的意见》，完善工作制度，细化领导小组成员单位主要职责。实行人才工作督促检查和情况通报制度，每月对人才工作开展情况进行一次调度，并以《工作动态》的形式发放到各成员单位、各区县。

（李碧录 杨 超）

【企事业单位中青年干部培训】 5月，在浙江大学举办全市企事业单位中青年干部素质能力提升培训班，选调2010年以来新提拔的干部和优秀年轻干部62名参加培训。突出干部需求和领导力、执行力提升，重点设置创新思维与管理、领导干部压力管理、团队建设、领导科学、沟通艺术、民主领导和危机处理等课程。

（熊 欣 马 忠）

【高职高专院校“职岗分离”管理改革】 1月，组织淄博师范高等专科学校完成“职岗分离”管理改革，对127个岗位进行竞争性选拔，5名科级干部走上中层正职岗位，25名科级干部走上中层副职岗位。全市4所高职高专院校全部完成“职岗分离”管理改革，该做法在《山东组工信息》《中国组织人事报》和新华社《山东参考》刊发，获2011年度山东组工创新奖。 （战化水 马 忠）

【原山林场等4家事业单位资源整合】 对市原山林场、淄博颜山宾馆、淄博宾馆和鲁中财会培训中心4家事业单位资源整合，将淄博颜山宾馆整建制并入市原山林场，淄博宾馆与鲁中财会培训中心合并，使用淄博宾馆牌子，隶属关系调整为市委接待处领导。加强与政府有关部门沟通协调，完善实施方案，做好有关工作，牵头推进整合工作实

施。（战化水　孙启娜）

【组织完成2010年度考核】　组成考核组，对8个区县和高新区、95个市直部门、168家市属企事业单位领导班子、1562名县级干部进行考核。12026名干部群众参加民主测评，与5708人进行个别谈话。同时，把干部选拔任用"一报告两评议"纳入年度考核同步完成。在完成实地考核的基础上，研究提出考核等次建议名单，并进行考核反馈。（战化水　袁长会）

【换届纪律学习宣传】　研究制定《严肃换届纪律保证换届风清气正工作方案》，在全面发放学习资料、纪律卡片、挂图的基础上，结合年度考核反馈，对市管县级干部进行换届纪律教育。制作印有换届纪律要求的文件袋、书签、提醒卡、监督卡、鼠标垫、扇子等，在淄博电视台滚动播出换届纪律动漫短片、电视字幕、公益广告等，开通学习换届纪律要求手机短信平台。先后发放学习资料58200余册、卡片45000余张、挂图1100余张、《致全市老领导、老同志的一封信》31200余封。组织1396名市管干部集中进行闭卷测试。对全市普遍进行一次电话抽测，成功抽测922人。

【受理举报查核】　畅通"12380"举报网站、电话、信访三位一体的举报受理平台，特别是换届期间，建立受理信访举报24小时值守工作机制，在市内主要报纸、电视台、网站等媒体上公布村"两委"换届举报电话、举报网站，对涉及换届的举报立即按规定程序办理。开发举报信息管理系统平台，对信访件有关要素的录入和电子扫描，实现即时保存、即时查询。（袁长会　王立峰）

【干部档案工作业务培训】　4月，举办2期干部档案工作业务培训班，培训学员191人，邀请省委组织部干部信息管理处处长刘洪斌进行专题辅导。组织业务知识考试，对成绩合格者发放淄博市干部档案管理资格证书。严格执行干部任前档案审核制度，对全市正科级干部档案审核工作进行督促检查，全市审核正处级干部档案296卷，正科级干部档案3816卷。

【编写制作干部档案工作培训教材】　编写《干部档案工作规范》教材，拍摄制作《干部档案工作规范电视培训教材》电视片，该片总时长约230分钟，包括干部档案审核、干部档案材料的收集与鉴别等六部分内容，该电视培训系列教材用生动活泼、直观易懂的方式展现政策规定及繁琐冗长的工作要求，技术指标达到市级以上电视台播出标准。（李淑爱　张　泳）

【完成2010年度党内统计和干部统计】　完成党内统计、干部统计工作，被评为2010年度全省党内统计工作全优报表单位、2010年度干部统计工作优秀报表单位。（张　泳　胡　浩）

【专题培训和省级以上培训学员选调】　年内，会同市发展和改革委员会、市经济和信息化委员会、市妇女联合会等部门到清华大学、北京大学、浙江大学、中组部全国组织干部学院等院校举办战略性新兴产业培育、中青年女干部、现代物流管理、舆情应对与机关党建等专题培训班23个，培训干部2200余人。选调156人次参加省级以上培训，选派8人参加省级以上组织的出国培训，10人参加省委党校党政干部研究生班学习。

【网络培训】　依托山东干部在线学习网，设计制作"淄博市干部教育网上班级"论坛，分为培训、交流、答疑、展示4个主体功能模块，下设网上专题班级、新锐观点、专家答复、互助答疑等多个子模块。坚持网络培训和实体培训相衔接，组织公共危机管理与舆情应对、中青年干部等5个在线学习培训班。

【组织名师送教】　是年，印发《关于进一步推进"名师"送教行动的通知》，采取摸清需求、查找问题、前期对接、现场指导、集中授课、互动交流、评估反馈、长期请教八步工作法开展送教活动。邀请省干部教育名师11人次到淄博市送教，培训干部2000余人。先后组织市级名师到基层送教78场，培训干部12000余人次。（牛　涛）

【国(境)外高端培训】　7～8月，分别赴中国香港、新加坡举办全市现代服务业和产业升级与政府作用发挥2期高端培训班，部分市直部门负责人，各区县、高新区党(工)委或政府(管委会)负责人，试点中心镇党委书记39人分别参加为期14天的培训。

【干部学风建设】 5月，印发《关于在干部教育培训中进一步加强学风建设的暂行规定》，对参学、教学、治学、督学等环节的学风建设作出规定。印发《全市重点班次学员、培训机构和项目组百分制考核办法(试行)》，把学员、培训机构、项目组在培训期间的各个环节和目标细化量化为具体分值，学员和培训机构互为主体、互相考核。中央组织部《组工信息》、《中国组织人事报》等刊登介绍该做法。（冯炳涛）

【示范班次培训】 3月和6～7月分别举办全市镇(街道)党(工)委书记培训班和全市中青年干部培训班2个示范班次，全市88名镇(街道)党(工)委书记和99名副县级后备干部分别参加培训。市领导带头授课，综合运用军事训练、课堂讲授、互动交流、现场教学、模拟演练、考试问效、网络培训等培训形式，提高培训实效。

【新疆喀什受援县干部现场培训】 3～4月，新疆喀什地区疏勒县、岳普湖县、英吉沙县、麦盖提县520名干部分5期到淄博市现场学习城市规划、小城镇和新农村建设、旧村改造以及农机生产等。（冯炳涛　牛　涛）

【远程教育】 投入730万元，为全市2900余个集中学习站点更新计算机设备，在全省率先全面完成设备更新任务。研制开发站点学用监管系统，首批在353个优秀站点安装运行。印发《关于推行"开放远教"的意见》，全市建成"开放远教"站点120余处。印发《淄博市远程教育工作经费竞标及审批使用办法》，确定实施10个中标项目，市级投入资金49万元对中标项目给予扶持，并对实施情况进行全面检查验收。（周宏伟　苏学凯）

【《淄博党建》栏目开办】 7月1日，在淄博电视台新闻综合频道开办《淄博党建》栏目。市委书记、市人大常委会主任刘慧晏出席开播仪式并宣布《淄博党建》栏目开播，栏目由市委党的建设领导小组主管，市委组织部、市委宣传部主办，淄博电视台具体承办，宣传展示全市党建工作、加强党员教育、推进创先争优，每期时长20分钟，每周一、三、五首播，周二、四重播。

（齐成舸　张　涛）

·宣传工作·

【理论宣讲】 在全省学习型党组织建设工作经验交流会上，市委常委、宣传部长郭利民作题为《着眼服务群众转变学风，提高群众工作水平》的典型发言。举办市委中心组学习孟祥民先进事迹报告会、学习胡锦涛"七一"重要讲话精神报告会、全市党委(党组)中心组学习秘书读书会；组织全市学习党的十七届六中全会精神宣讲团，在张店区、沂源县等区县开展集中宣讲。组织开展"优秀宣讲员、优秀宣讲稿"竞赛，实施"理论宣讲人才队伍建设130工程"，通过参加和举办培训班，培养一批基层理论宣讲骨干。开展为期2个月的集中宣讲中国共产党党史活动，宣讲50余场次，直接听众过万人。调整充实宣讲专家人才库，提高宣讲员的理论水平和宣讲质量。开展重大理论与实践问题应用对策性研究，加强宣教基地的规范化建设。进一步推进民生政策宣讲站工作，全市建有民生政策宣讲站870余家，民生政策宣讲员8000余名，安排专场宣讲1900多场，编印宣传手册10万余册，提高广大群众对民生工程的知晓率和满意率，扩大党的创新理论成果普及覆盖面和影响力。

【重大宣传活动】 完成市委十届十四次会议，市人代会、政协会，创建全国文明城市动员大会、第七届城市运动会等一系列重要会议的宣传报道任务；完成陶博会·新材料技术论坛等重大活动的宣传组织任务；组织庆祝中国共产党成立90周年、省市全委会、工业经济超万亿、保障和改善民生、中心城区大外环完工等重大主题的宣传；设立《积极创先争优 争做淄博先锋》栏目，报道鲁中候机楼、新星集团等一批文明服务窗口；树立淄博华润燃气有限公司燃气器具维修班班长陈虎等一大批基层先进集体和先进个人。开展"走基层、转作风、改文风"活动和"三个一切"群众路线主题教育活动;组织“走进宁夏石嘴山”大型集中采访活动,集中宣传淄博石嘴山工业园。

【精神文明建设】 在全国文明城市测评中,淄博市以全国第五名的优异成绩被中央文明委表彰为第三届全国文明城市,市地税局、市联通公司、市食品药品监督管理局、淄博黄河河务局被表彰为全国文明单位,沂源县城被表彰为全国文明县城,高新区卫固镇傅山村、临淄区凤凰镇北金村被表彰为全国文明村。前几批命名的全国文明单位、文明县城、文明村镇经复查全部合格。在全省文明城市测评中,被山东省委、省政府表彰为省级文明城市;完成由中央文明办组织的全国“道德模范故事汇”山东首场巡演活动;举办乡村学校少年宫项目全国启动仪式暨项目建设骨干人员培训班,全面推广全市乡村学校少年宫建设经验,并将学校乡村少年宫列入测评体系;孙建博获全国道德模范提名奖,实现淄博市全国道德模范零的突破;全市创建文明集市创新工作经验被中央文明委在全国推广,沂源县悦庄大集作为唯一农村集市典型被中央文明委列入2011年度全国农村精神文明工作典型。

【公民道德建设】 深入开展全市“四德践行日”主题实践活动,举办交通安全宣传教育“春风行动”、绿化美化净化家园行动、文明交通礼让出行行动等33项主题实践活动。每个月开展1～2次“四德践行日”主题实践活动的做法,成为全省推进“四德工程”建设的品牌和亮点,成为倡导广大市民和志愿者从自身做起、践行“市民公德100则”的有效载体。开展“爱党爱国爱家乡”主题教育活动、“一社区一品牌”活动,形成社区“四员”队伍建设组织网络。打造淄博“爱心”道德公益品牌。在全市开展“十百千”创建活动,举办“感动淄博”年度人物颁奖典礼。深化典型宣传,省内17家媒体对孟祥民的事迹进行深入报道,孟祥民先进事迹报告团在全省17市作巡回报告。中央电视台等中央各主要新闻媒体集中宣传报道原山集团孙建博先进事迹,李长春、刘云山分别作出重要批示,实现全市个人重大典型在全国新的突破。不断加强企业思想政治工作建设,深入开展以“当好主人翁,建功十二五”为主题的教育活动,为企业转方式调结构,实现科学发展奠定思想基础。进一步拓展企业思想政治工作的领域,丰富企业思想政治工作的内容。深入开展“六个一”“六个月”活动,在全市国有及国有控股企业中开展思想政治工作调研,广泛开展评优评奖活动,激发企业进一步做好思想政治工作的积极性。加强企业社会责任建设,组织全市第二届最具社会责任感企业和企业家评选活动。组织有关专家学者和企业家参与《大道鲁商》纪录片在淄博市的拍摄。

【文化建设和文化事业】 以文化产业招商、首届书画月、第三届文化创意展销会为平台和载体,推进文化体制改革。淄博市被中央宣传部等部门评为全国文化体制改革先进地区。在山东省文化产业发展座谈会上,淄博市以《加强指导,搭建平台,优化服务,着力推进文化产业大发展》为题做典型介绍,天鸿书业、鸿杰印务被评为全省文化企业30强。《人民日报》《大公报》《大众日报》等分别刊登《山东淄博发展文化产业促经济转型》《山东淄博:文化产业促经济转型》《淄博文化产业——经济转调的绿色引擎》等文章,推介宣传淄博文化产业发展经验。

历时4个月,在全市各级党政机关、企事业单位、学校、部队和镇(街道)、村(社区)开展爱国主义歌曲学唱、传唱、演唱活动。6月27日,在淄博广电大剧院举办“举党旗、唱红歌、跟党走”淄博市庆祝中国共产党成立90周年红歌演唱文艺晚会,2000余人参加序幕《深情的颂歌献给党》和《历史选择》《人民心声》《民族脊梁》《走向复兴》4个乐章的演出。

元旦、春节、元宵节期间,组织开展100多项群众文化活动。重点打造“文艺精品工程”,完成30集红色题材献礼电视连续剧《焦裕禄》进驻淄博的拍摄工作。牵头组织举办2011年全省文化下乡集中示范活动暨淄博市文化科技卫生“三下乡”、第四届农民艺术节活动。开展“打造‘15～20分钟’城乡公共文化服务圈”情况调研,调度全市各区县数字影院建设情况和民间五音剧团情况。

【对外宣传】 周密安排赴香港招商、陶博会等重大经贸活动的宣传,编制《魅力淄博》电视专题片,出版香港《大公报》淄博专版,邀请《中国日报》、香港《文汇报》《大公报》《香港商报》、香港经济传媒等主流媒体对淄博（香港）“十二五”发展规划新闻发布会及淄博市赴港经贸系列活动进行重点报道。组织“淄博网络媒体红色故土行”活动。组织安排市属新闻网站开辟专栏、制作专题、建立链接，用音视频、动画、图片等形式，做好全国“两会”、市“两会”、庆祝建党90周年和创建全国文明城市的网上新闻宣传工作；突出转方式调结构、统筹城乡一体化发展的主题，向海内外展示全市建设经济文化强市的新进展新成效。全面启动全市党委系统新闻发言人制度建设。

全年在省级以上重点外宣媒体发稿5900余篇。编辑出版《中国淄博》（2011版）外宣画册，周密组织《航拍淄博》活动，外宣品制作成效显著。做好《日本经济新闻》记者对市政府主要领导的采访工作。组织协调中央电视台《走遍中国》栏目“食在八方”全国八大菜系鲁菜专题在淄博市的拍摄工作。会同有关部门围绕全市经济社会运行情况、食品安全等内容召开新闻发布会17场，并利用市政府网站《新闻发布》专栏，加大对新闻发布工作的宣传力度。

【网络舆论管理】 严格网络舆论管理，印发和转发《深入整治非法网络公关行为专项行动工作方案》《关于进一步做好境外记者采访服务管理工作的意见》《关于做好重大突发事件境外媒体记者采访服务管理工作的意见》等52件加强网络管理的文件，落实防范和杜绝网络虚假新闻信息、属地新闻网站有害信息删除等规定。加强网络舆情监控和信息报送工作，增强监控工作的预见性、主动性、有效性。对“农村两委换届”“莲池强拆案”“典型工业城市‘治喘困局’”“淄博傅家毒豆芽事件”“‘李刚姐’打人事件”“淄博新地王”等新闻和论坛热点进行跟踪监控，形成网络正面舆论强势。

【舆情信息】 创建全市舆情信息QQ群，印发《淄博市舆情信息工作QQ群管理办法》。围绕深入贯彻落实党的十七届五中、六中全会精神、加快转变经济发展方式、推进学习型党组织建设、推进文化体制改革、发展文化产业、加强新兴媒体管理等重点工作，深入开展调查研究。组织完成各类调研课题15项，在省委宣传部《山东宣传工作》刊发调研和经验文章2篇，向省委宣传部报送舆情信息3500余条，完成省委宣传部重点舆情约稿12篇，在《山东宣传信息》刊发工作类信息28条，其中重点舆情信息得到中央、省委领导批示17次，编发《淄博宣传信息》65期。市委宣传部被省委、省政府表彰为“普法依法治理工作”先进单位，被省委宣传部表彰为全省调研工作先进单位、全省部刊工作先进单位和全省舆情信息工作先进单位。

（耿庆成）

·统战工作·

【思想政治教育】 组织召开市委十届十四次全会精神通报会，举办中国共产党十七届六中全会精神宣讲，统一广大干部、成员的思想。赴重庆统一战线爱国教育基地开展“重温历史 同心同行”主题教育活动。举办全市统战系统纪念中国共产党成立90周年统战知识竞赛，60余名统战干部、成员参加比赛。举办“多党合作 同心同行”书画展，展出各界代表人士的作品613幅，7000余人参观展览。吸收广大党外代表人士组建128人的全市统战系统合唱团，参加全市庆祝中国共产党成立90周年歌咏比赛，获一等奖。召开庆祝中国共产党成立90周年座谈会，筑牢多党合作的思想基础。

2011年6月18～19日，市统战系统举办“多党合作 同心同行”主题书画展

（康秀霞　摄）

【党外代表人士工作】 成立领导小组，制订实施方案，开展“党外代表人士队伍建设年”活动。深入60余个部门和单位开展集中调研，准确掌握全市党外代表人士队伍情况，严格标准，遴选、建立666人的党外代表人士综合数据库。强化调度督导，并于年底对各区县“建设年”活动进行集中督查。探索建立党外代表人士联系和教育管理“三个一”工作制度，召开一次座谈会，组织一次集中走访，开展一次谈心活动，细化完善《与各民主党派、工商联联系制度》《全市无党派人士工作制度》《关于建立和完善与党外代表人士联系交友制度的意见》等，不断提高党外代表人士工作规范化水平。举办各类党外代表人士培训班、学习班15次，建立党外代表人士实践锻炼基地，指导民主党派、工商联做好换届后培训工作，着力提升党外代表人士队伍的整体素质。做好市政协十届四次全会选举工作，增补6名市政协委员，2名副主席人选和4名市政协常委人选均高票当选。制定印发《关于推荐提名十一届市政协委员人选的意见》《关于区县政协换届人事安排工作的意见》，做好摸底调查、沟通酝酿、提名推荐等各项工作，稳步推进政协换届人事安排工作。

【服务经济建设】 围绕科学发展主题和加快转变经济发展方式主线，确定21项重点调研课题，引导各民主党派、工商联积极参政议政、建言献策，12篇议政报告得到市委、市政府主要领导批示。年内，全市统战系统提交各类提案、议案和议政报告200余件。召开民营企业家与山东理工大学专家教授对接会，15家企业与12名专家教授建立合作关系，协助市工商联组织会员企业参加2011中国·青海绿色经济投资贸易洽谈会、知名企业家胶南行等活动，为民营企业融资5.9亿元，转化科技项目15项，建设科研机构5个，促进非公有制经济的健康快速发展。深入开展“民企帮村 村企共建”活动，63家民营企业投入资金950万元，新建各类经济、社会项目36个，促进全市新农村建设。

【民主党派和工商联工作】 协助民主党派和工商联换届工作，为民进、九三学社、致公党市委分别增加1名领导班子职数，做好领导班子摸底统计、预测分析、民主测评、推荐、考察，以及换届大会的协调、组织、选举等工作，各民主党派市委主委、副主委、市委委员，市工商联（总商会）主席（会长）、副主席（副会长）、秘书长、执行委员会委员全部高票当选。

【服务社会】 开展民族团结进步宣传月活动，举办宗教代表人士培训班，营造民族团结宗教和谐的良好氛围。及时召开宗教工作联席会议，维护民族宗教领域的和谐稳定。做好黄埔同学会工作，及时了解和帮助黄埔同学会解决实际困难，为黄埔同学会申请困难补助金。深入开展社会服务“整村推进”活动，协助各民主党派捐建“同心书屋”6所，开展文化下乡、捐资助学等活动11次，培训农民工60人。继续开展非公有制经济人士回报社会感恩行动，引导387家非公有制企业投入资金（含物资折合）228.11万元，帮扶老革命、老红军、老模范等特殊人群。

【调研宣传】 开展统战工作调研，形成理论调研成果36篇；围绕庆祝中国共产党成立90周年、党外代表人士队伍建设年活动，以及民主党派、工商联换届工作，协调新闻媒体，开展系列集中宣传活动，在省级以上报刊刊发宣传文章30余篇，在“淄博统一战线”网站贴发各类图片和宣传稿件100余件，获全省统战调研宣传“四新工程”（调查掌握新情况、研究探讨新问题、总结一批新经验、推出一批新成果）先进单位奖。举办全市统战信息工作培训班，邀请中央统战部领导辅导授课，全年向上级统战部门、市委办公厅报送信息585条，编发《淄博统战信息》77期，采编信息700余条。

（王海娟）

·对台工作·

【对台经济】 2011年，新批台资项目11个，总投资17480万美元，合同利用台资16544.5万美元，实际利用台资14491.5万美元。7月中旬，参加省政府组织的“2011台湾·山东周暨第十七届鲁台经贸洽谈会”，达成400万美元采购合同，签订合作意向9个，总投资72699万美元。3次率专业团组赴台，就信息产业与岛内对口协会和知名企业进行定向洽谈对接。年内,受理台商投诉案件办结率达到100%。

【交往交流】 2011年,组织38个团组585人赴台交流,除经贸交流外,农业、卫生、教育、旅游、科技等领域继续稳步发展,工业、林业、畜牧业、天文等领域交流实现新突破。举办"海峡两岸(淄博)工业信息化和产业合作交流会议",加强信息产业互动合作,在高科技领域的交流合作逐步深化。举办"淄博台湾农林特产及地方名优特产博览会"。以山东理工大学和淄博职业学院为依托,高等教育深层次合作交流进展顺利。

【对台宣传和涉台教育】 年内,刊(播)发稿件47篇(幅),其中在《台湾工作通讯》、中国台湾网等省级以上涉台媒体发稿39篇(幅)。通过团组入岛和之前积累的岛内媒体资源,适时输出反映淄博市经济文化概况的文稿和影像资料。年内,在各级党校举办不同层次的台湾形势报告会6场,受众近3000人。 (王殿茂)

·政策研究·

【文件起草】 年内,政研室牵头组织淄博市统筹城乡发展、转方式调结构、基层党建、加快培育建设中心镇等系列调研活动,起草完成市委、市政府《关于加快推进统筹城乡发展的意见》《关于加快经济发展方式转变若干重要问题的意见》《关于加快培育建设中心镇的若干意见》《关于在部分经济发达镇开展行政管理体制改革和启动中心镇发展改革试点的意见(试行)》《关于加快我市物流产业发展的意见》等。

起草领导讲话20余篇。主要有市委领导在学习实践活动全国总结会淄博分会场的讲话和主持词、在全市农村工作会议上的讲话、在蓝矾股份深圳上市仪式上的讲话、致侨联常委会的一封信、全国厂务公开民主管理工作淄博分会场电视电话会议讲话、中央统战部考察调研座谈会讲话、在全市文联和社联五次代表大会闭幕式上的讲话等。

【宣传工作】 起草《坚持内涵发展突出三大重点奋力建设殷实和谐经济文化强市》《继续扎实推进节能减排家庭社区行动》等市领导署名文章,在省、市级以上刊物上发表。同时积极争取对上发稿,先后在《山东通讯》《调查与研究》《山东省情手册》等刊物发表《抢抓机遇 积极作为 加快融入黄河三角洲高效生态经济区建设》《关于沂源县高新技术产业发展的调研报告》《张店区和谐社区建设经验调查》《淄博经济社会发展的主要情况》等文稿。

【调查研究】 重点热点问题调研。围绕市委、市政府中心工作,突出重点,先后牵头组织关于基层党建、医药产业、纬度经济、轨道交通等方面的调研,形成一批较高质量的调研文稿。主要有《关于基层党组织建设的调查和思考》《把我市医药产业打造成为全国品牌产业集群》《关于纬度、光线与区域经济发展研究》《关于我市发展轨道交通的几点思考》《关于我市燃料电池的研发与应用前景分析》《桓台县城乡供水"同网同质"一体化的调查》等。

重大工作经验、重大典型的调研推广。主要抓好淄博市社会保障经验、淄博公路系统如何争创全省一流的经验、全市农村卫生发展情况、张店区和谐社区建设的经验、张店区地税分局推行行政问责制情况、凤凰镇大薄村村级文化建设、北博山镇镇村一体化发展的探索等工作经验和典型的调研推广。

对城乡统筹发展问题进行深化研究。政研室与有关部门就全市统筹城乡发展问题进行大量调研和深化研究,形成《关于依托"四个层级"加快推进中心镇、中心村建设的思考》《关于推进强镇扩权建设示范镇促进城乡统筹一体化发展的几点思考》《关于强化产业支撑促进城乡一体化发展的几点思考》等。

【办刊工作】 全年编辑出版《淄博工作》12期,编辑文字120万字。做好《决策参考》《全省各市每周工作动态》《呈阅件》的编辑工作。编发《决策参考》32期,合计18万字;编发《呈阅件》10余期,合计7万字;编发《全省各市每周工作动态》52期,合计25万字。 (郑海岩)

·编制工作·

【分类推进事业单位改革】 拟定《淄博市分类推进事业单位改革实施意见》及9项配套改革政策。成立全市事业单位改革领导小组并召开领导小组第一次会议。10月28日，召开全市分类推进事业单位改革暨事业单位清理规范工作会议，印发《淄博市事业单位清理规范工作方案》，按照清理规范工作程序，对80个部门、400余家市属事业单位进行摸底调查，逐步建立市属事业单位机构编制数据库。

【乡镇机构改革】 全面完成全市乡镇机构改革任务，全市乡镇（街道）由109个减至88个，基本取消3万人以下的乡镇；对乡镇机构、人员编制、领导职数等进行分类设置，平均每个乡镇设置行政机构4.29个、全额事业单位5.24个，使用行政编制34.52个、事业编制39.17个，配备领导干部8.2名。经济发达镇行政管理体制改革试点工作顺利开展，省级试点桓台马桥镇、市级试点淄川昆仑镇和临淄凤凰镇改革方案获通过。全面完成市县政府机构改革评估工作。

【重点行业和领域的体制改革】 推进行政审批制度改革，推动行政审批事项“两集中两到位”（部门行政审批服务职能向一个科室集中，部门行政审批服务科室向审批中心集中；部门行政审批项目进驻中心落实到位，部门对窗口人员的授权到位）。全市加挂行政许可科牌子25个、增设行政许可科7个，涉及32个部门、单位，调整整合行政许可事项183项。全市医药卫生体制改革工作顺利展开，全市批准设立基层医疗卫生机构76个，比原有机构数量减少15个，核定乡镇卫生院财政补贴事业编制4180名。加快理顺文昌湖旅游度假区管理体制和机制。

【优化机构编制资源配置】 通过撤并整合，统筹规划，合理调整机关事业单位的布局结构，重点在宾馆服务、医疗、特殊教育、工程质量安全等方面对有关机构进行撤并整合。做好机构编制的动态管理和统筹调整，成立淄博保税物流中心管理办公室。成立市食品安全委员会办公室，先后设立市食品药品不良反应检测中心、高新区分局食品药品稽查大队，理顺五个区分局食品药品稽查大队和各区药检所的关系，明确市药检所机构规格和人员编制。在城乡统筹、群众工作、安全生产、综合执法、商务执法、文化市场建设等重点领域加强机构建设。为16家单位制定机构、职能、编制规定。做好全市中小学教职工编制核定工作，对11所市属中学和600余家区县中小学的编制核定方案进行严格把关。

【人员编制管理】 加强机构编制实名制管理，在全市部署2011年市直机关事业单位机构编制实名制审核公示工作，建立机构编制实名制综合管理信息系统，将各单位机构和人员的百余项内容全部纳入信息系统进行动态管理。加强人员编制使用审批和备案管理，提出全市机关事业单位编制使用审核和人员经费管理工作的适用范围、原则、程序等。启用新的机关事业单位《编制使用通知单》和《编制备案通知单》，切实从源头管住、管好人员编制。对市属和部分区县事业单位公开招考计划进行编制和人员结构审核，招考工作人员1531人，为30个市属事业单位招聘紧缺人才155名，对2011年度军转干部安置计划和2010年度退伍兵安置到事业单位计划等进行审核。严格加

2011年10月28日，全市分类推进事业单位改革暨事业单位清理规范工作会议召开　（刘　鹏　摄）

强科级干部领导职数审核,对28个市直部门实施科级干部竞争上岗进行编制和领导职数审核。

【机构编制监督检查】 深化完善机构编制监督检查工作机制,转发《山东省机构编制监督检查工作办法(试行)》《机构编制"12310"举报受理工作规定》《山东省机构编制管理工作考核实施办法(试行)》,对违反机构编制管理有关规定的,坚决予以纠正和处理。加强事业单位监管,强化事业单位法人意识,市属事业单位年检合格率达99.36%。按照山东省机构编制委员会办公室通知要求,加强督导,有效推动全市基层医疗卫生机构绩效考核工作。切实提高日常登记管理业务服务质量,为150个事业单位办理有关登记手续。

(魏 猛)

·保密工作·

【宣传教育】 年内,开展以涉密人员为重点的培训教育,举办涉密人员、专兼职保密干部等培训班3次,累计培训630人次。为区县、市直部门和军工企业举办11期保密教育讲座。发挥党校保密教育主阵地作用,开设保密教育课,全市初任、在职公务员等3000多人受到保密教育。5月,在全市开展以"知保密 懂保密 会保密"为主题的保密宣传教育月活动;以学习《中华人民共和国保密法》及相关法律法规为重点,结合工作实际,组织机关全体工作人员及有关涉密人员积极参与知识问答、问卷调查等形式的保密知识竞赛活动,促进保密有关规章制度的贯彻落实。6月,开展"保密在我身边"征文活动。9月,组织市、区县党委、政府分管领导和保密行政管理部门全体干部52人参加全国窃密泄密案例警示教育展。研究制定《淄博市"六五"保密法制宣传教育规划》,抓好年度保密法制宣传教育基本目标、基本任务的组织实施。全年征订《保密工作》1029份,其中市保密局、张店区、淄川区、临淄区保密局被国家保密局《保密工作》杂志社评为通联工作先进单位;征订《学习贯彻保密法辅导读本》《信息公开保密审查工作手册》等223册;利用《淄博保密工作》开展保密宣传教育,全年印发《淄博保密工作》2期,在《山东保密》等刊物发表文章4篇。

【技术防范】 组织保密技术检查工作。组织全市专项保密检查,市保密局与市委办公厅、市经信委、市公安局、市国家安全局、市委机要局、市委信息中心等单位组成专项保密检查组,对各区县和部分市直部门、单位进行检查;3月22～25日,参加市政府办公厅组织的政府信息公开专项检查,采取听、看、查等方式,对市交通局、市档案局等6家单位的政府信息公开工作进行集中考核评估;4月18～20日,配合山东省专项保密检查组对市委办公厅、市政府办公厅、市委政法委、市委统战部、市国土局和周村区保密管理情况进行检查;7月9～10日,配合山东省安全厅对山东机器(集团)有限公司、中材高新材料股份有限公司(原山东轻工业陶瓷研究设计院)、淄博火炬能源有限责任公司3家军工企业的计算机网络安全情况进行保密检查。检查组针对发现的问题当场进行反馈,并下发整改通知书,要求限期予以整改。

加强政府信息公开门户网站保密管理。印发《互联网网站信息统计》的通知,并将全市互联网网站信息统计情况报省保密局,为加快门户网站涉密信息搜索监控平台建设提供科学依据。

计算机移动存储介质和现代办公设备的保密检查。印发《关于加强涉密网络测评工作的通知》《关于严禁使用电子邮箱存储、处理、传输涉密和内部办公信息的紧急通知》《关于对复印机使用情况进行调查统计的通知》等,督促各单位切实强化对现代办公设备的管理,防止失泄密情况的发生。

完善提高涉密办公计算机非法外联监控系统。建立完善监控与违规通报制度,督促违规单位立即采取切实可行的措施,限期进行整改,认真解决存在的问题,堵塞漏洞,消除失泄密隐患,确保国家秘密和工作秘密的安全。

【督查管理】 做好军工企业保密认证和复审工作,协助中航钛业有限公司、中航三林铝业有限公司、齐龙化工股份有限公司、山东博山电机股份有限公司、中材高新材料股份有限公司做好保密资格认证准备工作,5个单位顺利通过军工企业保密资格认证,同时根据省认证办要求,督促有关企业,落实整改措施,消除隐患,堵塞漏洞,确保涉密信息安全。做好涉密载体清理登记工作，及时汇总各部门上报的情况，加强公文资料的回收监销工作，全年回收销毁密级和内部公文资料12吨。协助市教育局、市人力资源和社会保障局、市财政局、市招生办公室、市卫生局、市司法局、市畜牧局等部门做好高考和各类专业资格考试试卷保密室的保密检查工作，确保各类考试试卷的安全保密和考试工作顺利进行。做好市党政专网管理工作，针对市直部门工作地点分散、办公地点时常变动的实际情况，对办公地点迁移、具备装机条件的，及时上门服务，按程序装机，全年为市委领导和市直有关部门安装、移装专网保密电话7部，为省换届巡视组和中组部干部考察组领导所住宾馆房间安装专用保密电话2次，保证各级领导秘密通信工作需要。配合市国土局、市经信委做好全市地理信息市场专项整治检查及网络信息安全保密工作，确保全市地理信息安全和合理利用。

（李兆军）

·离休干部管理·

【概况】 截至年底，全市有离休干部3973人。其中，机关1223人，事业单位1057人，企业单位1693人；红军时期参加工作1人，抗日战争时期参加工作752人，解放战争时期参加工作3220人；享受局级待遇2人，享受副局级待遇95人，享受处级待遇258人，享受副处级待遇1422人，享受科级及其他待遇2196人。

【落实政治待遇】 1.坚持情况通报制度。1月10日、8月10日，市委书记、市人大常委会主任刘慧晏代表市委、市政府向老干部通报全市经济社会发展情况，并广泛听取老干部的意见和建议。8月10日，市委常委、组织部长刘中会向老干部通报组织工作情况。2.坚持走访慰问制度。春节前夕，对40名担任过市级领导职务的离退休干部、3名驻淄博老红军和55名市直行政14级以上老干部和遗属进行走访慰问；召开庆“七一”离退休干部座谈会。3.坚持参观考察制度。5月、10月，两次组织担任过副市级以上领导职务的离退休干部到区县参观考察经济社会发展情况。4.坚持报告会制度。4月28日，举办全市离退休干部形势报告会，市发改委主要负责同志介绍淄博市“十二五”发展规划；5月26日，举办全市离退休干部健康知识报告会，邀请国内知名保健专家为离退休干部讲授保健知识。

【落实生活待遇】 制定《淄博市市属离休干部医疗保障管理办法》，将医疗统筹标准由1.6万元提高到2.5万元，年度调增比例从12%提高到15%。落实中央组织部《关于提高离休干部生活补贴标准和扩大发放范围的通知》精神，督导各区县、市直各部门将离休干部增发的津贴补贴于6月30日前发放到位。协调有关部门为603名企业离休干部发放各类补贴216.54万元。为移交至淄博市安置的军休干部发放住房补贴、生活津贴及护理费316万元。为市直部门60名特困离退休干部及遗属发放救助金14.5万元，为276名特困离退休干部遗属缴纳年度医疗保险4.97万元。

【服务管理】 向市直部门1200多名离休干部赠送老年人专用手机；开展无障碍设施进家庭活动，为40名自理能力差的离退休干部赠送轮椅、可视门铃、便池扶手、防滑地板等辅助器具49件(套)。制定《市委老干部局常规服务工作规范》；充分发挥老干部服务中心作用，为老干部提供政策咨询、精神慰藉、上门服务500余人次。全年处理老干部信件12封，接待到访300多人次。

【调研宣传】 围绕老干部工作重点课题，开展调查研究，全年撰写调研文章12篇；作为骨干力量，参加省委老干部局上报中央组织部重点课题调研。在省委老干部局《情况反映》《老干部工作通讯》刊发工作信息43篇(条)，在中央和省、市各级媒体刊发通讯信息27篇(条)。年内，编发《老干部工作信息》25期。

【开展活动】 组织离退休干部深入开展以“学党史、增党性、当先锋”为主题的“五进两讲”(进社区、进村居、进企业、进学校、进机关，讲党的光荣历史、讲党的优良传统)活动，组织传统教育、形势报告和文艺演出127场次，听(观)众达10万人次。组织离退休干部参加中央组织部“与党同呼

吸 共命运 心连心”征文活动，获一、二、三等奖43个，市委老干部局被中央组织部老干部局表彰为优秀组织单位。组织全市近100个离退休干部党支部、434名老干部党员结对帮扶133名困难家庭学生，帮扶资金23.6万元。举办“全市离退休干部庆祝建党90周年书画刻瓷展”，开展进社区、送春联等活动，引导老同志在促进文化繁荣、建设和谐社区中发挥积极作用。

（孙业忠　张　妍）

·党史工作·

【全市党史工作会议召开】 1月24日召开，市委书记刘慧晏出席并讲话。会议印发《市委关于加强和改进新形势下党史工作的意见》《淄博市2011～2015年党史工作规划要点》，表彰先进集体和个人。会后，各区县分别召开党史工作会议，并成立党史工作领导小组或建立党史工作联席会议制度。

【党史编研】 以新中国成立前淄博党组织光辉业绩为题材，编辑出版20余万字的《红色记忆》；着眼于党史育人，组织党史系列讲座，录制《淄博党史专题讲座》，在市党员干部现代远程教育网播出。同时发行《红色记忆》《淄博党史专题讲座》光盘。完成《王怀远书记口述史》编纂工作，全书分访谈实录、重要讲话、重大决策、大事记、常委会纪要5部分共28万余字。完成省委党史研究室部署的各项任务。完成淄博市抗日战争时期人口和财产损失大事记B卷本的修改、补充工作，共7.5万余字；完成《“菩萨司令”廖容标扎根于群众进行抗日游击战的历史考察与启示》《弘扬沂蒙精神始终保持党与人民群众的血肉联系》2个党史专题研究共1.5万余字；完成全省党史成果30年淄博部分的统计、整理、录入上报工作。

【宣传教育】 贯彻全国党史工作会议精神，着力促进新时期党史工作重心转移，初步实现从注重征集编研到注重资政育人的重要转变。开展“党史进机关、进学校、进社区”活动，组成宣讲小组到市直部门开展专项讲座；在《鲁中晨报》开辟《淄博先驱》专栏，在《淄博晚报》开辟《岁月如歌》专栏，组织开展参与全省、全市党史知识竞赛活动。

（张立民）

·党校工作·

【干部培训】 2011年，开设主体班次13个，联合办班2期，培训轮训干部1818人，超额完成年度培训计划，教学专题学员评议优秀率达98%以上。将学风建设摆在突出位置，坚决执行“十不准”纪律要求，通过强化培训纪律、示范班次、党性锻炼等，提升参训干部的作风水平、纪律意识和党性修养。

【专题教学】 市委、市政府主要领导以及市直部门、单位领导40余人次先后到校授课，聘请中央党校、国家行政学院、天津行政学院、省委党校多位高层次专家作报告；转方式调结构、生态文明建设、“十二五”规划、社会管理创新等内容充实到课程体系建设中，共开展42个专题的教学。

【科研工作】 省级课题立项2个、省级课题结项3个；省级党校系统课题立项7个；在省级以上刊物发表论文50篇；获得各级各类科研成果奖励79项。

【信息化建设】 做好文献资料管理、数字图书建设、电教设备维护和软件自主研发等常规工作，同时投入65万元升级网络办公教学系统，调整优化网站服务功能，加大信息资源建设、整合和共享力度。突出应用服务，进一步满足教学、科研和办公需要。

（张学鹏）

·市直机关党的工作·

【创先争优点评总结】 印发《关于在市直机关党组织和共产党员中深入开展创建淄博先锋活动的实施意见》《关于市直机关各级党组织做好新一轮公开承诺工作的意见》。分4个督导组对各部门活动开展情况进行调研、督导。向市委推荐表彰4个先进基层党组织、10名优秀共产党员和7名优秀党务工作者，向省委推荐表彰1个先进基层党组织、1名优秀党务工作者。召开市直部门创先争优活动推进会，印发《关于在市直窗口单位和服务行业开展"优秀服务窗口 优秀服务品牌和优秀服务标兵"活动的意见》。编印创先争优活动简报17期，被市委创先争优活动办公室《活动简报》采用稿件19篇。

【建设学习型机关党组织】 制定2011年学习型机关党组织建设工作安排和评价细则。创新"四个一"（日阅一文、月写一篇、季读一书、半年一讲）活动形式。开展"我最喜欢的书""最感动我的佳作"评选及读书征文活动。区县、部门推荐书目5804本、佳作592篇、读书征文545篇。评选出"我最喜欢的书"10本、"最感动我的佳作"10篇、优秀读书征文60篇，并赠送优秀书籍5000余册。分别邀请中央社会主义学院党组书记、第一副院长叶小文，中央党校校委委员、组织部部长赵长茂作高端讲座。各单位在组织人人上台讲课的基础上，推荐138名机关干部参加全市学习讲坛。在淄博机关建设网开辟网上学习平台，设立荐书榜，每月向党员干部推荐好书。在《淄博日报》继续开设建设学习型机关党组织专栏，刊登党员干部读书征文72篇。

【建设机关文化】 编印《建设机关文化塑造机关精神文集（2010）》。举办建设机关文化、塑造机关精神演讲比赛，73个部门154名选手参加。截至年底，市直有100个部门推出单位精神、896个科室确立科室理念、4260名机关人员提炼人生格言，做到理念上墙、格言上桌、精神入脑，达到"提高文化品位、彰显精神风貌、倡导人文关怀、促进事业发展"的阶段性目标。

【党建质量标准化管理】 制定2011年度《党建质量标准化管理工作安排》，完善考评细则。通过深入基层、召开座谈会、个别了解等形式，对区县、市直机关开展党建质量标准化管理工作情况进行调度、督导。印发《关于开展党建质量标准化管理认证工作实施意见》，制定认证内容及标准，指导各部门开展认证工作，对市安全生产监督管理局、市审计局、市科协、市农业局、国家统计局淄博调查队5个单位进行认证。加大标准化党员活动室建设指导、督导力度，22个部门新建标准化党员活动室。实现"活动有阵地、工作有记录、领导有责任、评价有标准"的工作目标。

【岗位练兵技能比武】 市委办公厅、市政府办公厅印发《关于深化岗位练兵技能比武工作的意见》。落实有荣誉、有地位、有待遇的措施，通报先进单位20个，奖励岗位能手178名。深化用项目"推"、用机制"引"、用典型"带"、用擂台"比"、用活动"促"的工作机制。分类制定各系统、行业练兵比武专业项目，市直103个部门结合业务职能设置专业项目178项。组织市直98个部门和各区县共1430人（其中县级干部244名）参加全市机关岗位练兵公共项目比武，进一步形成"练硬功、打擂台、强技能、出人才"的浓厚氛围。

【基层党组织建设】 做好党的组织生活和党费收缴管理工作，指导任届期满的19个基层党组织进行换届公推直选，制定印发《全市机关党建有关工作评价办法》。发展党员78人、转正85人，分2期对123名入党积极分子进行集中培训，做好党员亲情式管理工作。坚持对新任职的专职书记、副书记实行任前考察、谈话制度，调整充实党务干部23名。与市委组织部在中组部培训基地举办党务干部高端培训班，19名专职党务干部参加培训。召开离职党务干部座谈会。

【机关作风建设】 春节后集中开展机关作风督查活动。工委班子成员带队分4个督查组对市直95个部门的工作纪律情况进行督查。淄博日报社、淄博电视台对督查情况进行3天的连续跟踪报道。按照社会评议工作的总体要求，工委分5个组，赴五区三县、高新区、文昌湖旅游度假区，组织全市社会各界万名代表，对市直135部门的工作情况进行综合评价。发出问卷表10000份，收回表9756份。评价结果作为2011年市直部门目标管理社会评价考核结果。

【纪念建党90周年系列活动】 召开纪念建党90周年暨创先争优活动表彰大会，对35个先进基层党组织、121名优秀共产党员、35名优秀党务工作者进行表彰。举办"党旗飘扬·唱响淄博"歌咏大会，39个单位、32支代表队、3200多名党员干部参加演唱。编印发放《党旗飘扬·唱响淄博红歌集》2000册。组织开展“捐献图书、奉献爱心”活动，6700多名在职党员捐赠适合青少年阅读的各类图书23000余册；筹集2万元资金，购买44个图书架、10张阅览桌、60个阅览凳，为高青县2所学校建起党员爱心图书室。组织开展“回顾历史、珍惜荣誉”活动，向2050名离退休党员赠送带有个人影像的纪念瓷盘。印制赠送《健康日志》。开展“党在我心中”义务植树活动。

【党代表推选】 做好中国共产党第十八次全国代表大会、山东省第十次党代会、淄博市第十一次党代会代表候选人推荐提名工作，组织79个市直部门进行推荐，召开市直机关党代表会议，选举产生市直机关出席市第十一次党代会代表77名。

【党务公开】 制定工作实施方案，研究公开目录，细化工作项目，确定38项党务公开内容。制定《党务公开例行公开制度》《申请公开制度》《党内情况通报制度》《信息反馈制度》，使党务公开工作有据可循、有章可依，确保党务公开工作有序进展。构建宣传、沟通、建议3个平台，在淄博机关建设网公开机关党建工作内容，设立公开电话，开通党务公开电子邮箱。

【群团工作】 广泛开展“慈心一日捐”活动，市直各部门干部职工捐款250.5万元。开展节日送温暖活动，帮扶机关困难职工24名。推荐富民兴鲁劳动奖章1名，振兴淄博劳动奖状1个、奖章7名。参加全省机关第三届乒乓球比赛，获男团第六名、女团第二名和优秀组织奖。共青团组织深入开展“青年文明号”和争当“青年岗位能手”活动，举办团干部培训班，创建“市直机关青年林”。积极引导机关青年树立正确的价值观和婚恋观，成立市直机关青年交友联谊会，为200多名年轻干部搭建起公益性交友联谊平台。开展青年工作委员会创建试点工作，探索构建“团组织＋青年工委”工作网络。

【机关精神文明建设】 制定2011年精神文明建设工作意见。将文明单位创建向下属单位延伸。专门召开会议，对市直27个下属单位精神文明创建工作进行调研考核，提高机关精神文明建设整体水平。推荐上报市级文明单位20个，评选表彰市直机关级文明单位17个。做好淄博市争创全国文明城市测评材料报送和省、市道德模范推荐上报工作。对2011年度市直机关精神文明建设情况进行集中考核。

【信息宣传】 省委省直机关工委以“淄博经验”为主题，集中推广宣传淄博市机关党建工作的典型做法。撰写文稿入选省委组织部编辑出版的《谋创新、固根基——十七大以来山东省基层组织建设亮点集锦》。中央国家机关工委主办的《紫光阁》杂志在“纪念建党90周年增刊”中报道包括淄博市在内的10个基层机关党建工作典型。

（郑功卓 孔庆宏）

·信访工作·

【概况】 2011年，全市信访总量持续下降。到访人数比2010年下降13.4%，群众省以上写信比2010年下降14.5%，到省进京信访登记率保持在较低水平，无进京集体访，圆满完成各级“两会”、建党90周年、各级换届选举、党的十七届六中全会等重点敏感时期的信访工作任务。实现不发生到敏感地区恶性上访事件、不发生上访老户丢丑滋事事件、不发生群体性事件的目标。

信访事项办理质量显著提高。实现4个100%，即年内群众信访网上录入率达到100%，受理的网上信访案件按时办结率达到100%，中央、省、市领导批示的重要信访案件和市领导公开接访案件到期结案率达到100%，上级业务部门以及市委、市政府主要领导交办的重要信访案件结案上报率达到100%。全省信访局长会议在淄博市召开，淄博市作典型发言。国家信访局网站、《山东信访》、省《信访情况》、《大众日报》等新闻媒体40多次刊载淄博市群众信访工作的经验做法。

【落实群众信访工作责任制】 年内，先后召开市委常委会和市联席会议、座谈会等10余次，对不同时期的重点工作进行研究部署。市委书记、市人大常委会主任刘慧晏，市委副书记、市长周清利多次听取群众信访工作汇报，作出重要批示37

次，并阅批群众来信824件，对一些重大信访问题主动过问和处理；市委、市政府分管领导经常调度全市信访工作，对疑难复杂信访问题进行协调、具体指导；先后有19位市领导按照“一岗双责”要求12次到市信访局公开接访。

【创新信访工作机制】 1月25日，市委群众工作部挂牌。截至年底，全市五区三县均挂牌成立党委群众工作部，镇（街道）群众工作站和村（居）群众工作室的设立率达到90%以上，配备群众工作信息员4644名。投资120余万元，对市群众服务大厅进行全面改造升级，使接待、协调、办理等功能更加齐全。各区县投入资金1350余万元，新建或改建接访场所面积达7700平方米。绝大多数镇（街道）投资建设专门的办公地点。从8个市直部门分别抽调1名骨干力量到市委群众工作部帮助工作，市信访局的工作力量充实到近50人。绝大多数区县的群众工作部部长由区县委分管领导兼任；各区县共为信访部门新增编制40个，新增内设机构12个，整合110名年轻后备干部进驻群众服务大厅。制定《市群众服务大厅工作规范》等。

【信访预防】 1. 加强信访工作规范化建设。在全市组织开展信访工作规范化建设年活动，全市镇（街道）无重复越级上访、无群体越级上访、无跨区域上访达到80%以上。2. 深入开展领导干部接待到访工作。制定领导干部群众信访工作联系点、“一岗双责”、接访领导包案等制度，18名市级领导联系10个镇（街道）、8个部门，挂包15个不稳定村居、32起重点信访案件。在坚持坐班随机接访的基础上，进一步采取重点约访、重要信访案件专题报请领导阅批等方式，研究解决群众信访问题，同时加大暗访、抽查等力度，提高工作实效。全年，各区县参与接访的县级党政领导干部达1597人次，接待群众到访1026起5392人次，受理案件累计结案率达90%以上。3. 加强信息预警和分析研判。年内，基层联络员累计提报预警信息37627条，全市信访系统共排查化解各类矛盾纠纷2789起。向市委、市政府报送专报、简报等90余期，为分析研判群众信访形势提供重要参考。4. 开展网上信访和重复信访治理工作。全市信访事项网上录入率、到省上访案件办结率逐月提高，超额完成上级规定要求。对重复信访案件进行定期系统梳理，对案件进行集中交办，逐案落实包案领导、具体责任人，限期处结。进一步强化首接（问）负责制，信访案件办理质量和一次性处结率明显提高。

【化解信访积案】 3月下旬至6月，对162起重点疑难信访案件开展集中整治，通过采取市领导深入区县面对面交办，市委、市政府主要领导和分管领导开会调度以及周调度、月通报等措施，使交办案件的处结率达到95.7%。市政府拨专款300万元，建立全市信访应急处置和困难救助资金。截至年底，利用该资金成功化解信访案件36起。严把程序关和法律政策关，将符合终结条件的信访事项及时上报，纳入国家“三级终结”备案库。

（张　倩）

·接待工作·

【概况】 截至12月10日，接待到访宾客1703批、10044人次，与2010年全年相比分别增长31%和18%。接待车辆安全行驶18.5万公里。从严格接待标准、开发特色接待产品、提升服务水平3个方面入手，不断提升服务质量，控制服务成本，全年接待来宾人均费用比2010年下降15%左右。

【开发地方特色接待产品及服务】 先后推出既富有营养价值又具有地方特色的山东黑牛、“黑五类”杂粮、红旗水库野生鱼、博山中华猕猴桃、沂源红富士苹果等数十种食品和菜品。依托淄博深厚文化底蕴和产业特色，推出泰山鲁青瓷、华光华青瓷、鲁山青峰茶、醴云矿泉水等十余种特色接待用品。加强与上级主管部门的联系，加强与五大班子办公厅以及相关单位的沟通，加强对区县服务工作和所属宾馆、定点接待单位的指导，形成全市“一盘棋”的格局。将齐国历史博物馆、中国足球博物馆、周村古大街及2家新建酒店等具有齐文化、商埠文化和餐饮特色的资源纳入定点接待服务单位。

【宾馆体制机制改革】　4月，颜山宾馆与原山林场合并，撤消颜山宾馆建制；淄博宾馆与鲁中财会培训中心（憩园宾馆）合并，成立新的淄博宾馆，划归市委接待处管理。接待处成立整合工作领导小组和颜山宾馆、淄博宾馆2个工作组，制订工作方案，协调处理人、财、物等方面交接和遗留问题，顺利完成交接整合。指导支持齐盛国际宾馆、淄博宾馆在内部管理、劳动用工、工资分配、奖励激励、竞争择优等管理体制机制方面进行有益探索，尽快建立科学化、市场化的管理运营机制。引导齐盛国际宾馆加强职工教育培训、健全规范管理制度、狠抓内部节能管理、调整对外营销策略，不断提高对外影响力和吸引力，营业收入稳步攀升。

（李建波）

淄博市人民代表大会常务委员会

【淄博市第十三届人民代表大会第四次会议】　2月20～24日举行，与会代表408名。听取审议市长周清利所作的政府工作报告；审议市人民政府《淄博市国民经济和社会发展第十二个五年规划纲要（草案）》《关于淄博市2010年国民经济和社会发展计划执行情况与2011年计划草案的报告》《关于淄博市2010年预算执行情况和2011年预算草案的报告》；审查、批准《淄博市国民经济和社会发展第十二个五年规划纲要》《关于淄博市2010年国民经济和社会发展计划执行情况与2011年计划草案的报告》《关于淄博市2010年预算执行情况和2011年预算草案的报告》；听取审议刘池水所作的市人大常委会工作报告；听取审议刘亚宁所作的市中级人民法院工作报告；听取审议马爱国所作的市人民检察院工作报告。经过表决，一致通过关于上述各项报告的决议。

【重要会议】　市十三届人大常委会第二十五次会议。1月10日举行，表决通过《淄博市人民代表大会常务委员会关于接受高素贞辞去市十三届人大常委会委员职务请求的决定》《淄博市人民代表大会常务委员会关于淄博市人大常委会人事代表工作室更名并重新公布有关人员职务的决定》和人事任免案。

市十三届人大常委会第二十六次会议。1月25日举行，审议通过市人大常委会工作报告、市十三届人大四次会议议程、市十三届人大四次会议主席团和秘书长名单、关于市十三届人大四次会议列席人员范围的决定。

市十三届人大常委会第二十七次会议。1月31日举行，通过《淄博市人民代表大会常务委员会关于调整淄博市第十三届人民代表大会第四次会议时间的决定》。

市十三届人大常委会第二十八次会议。4月20日举行，传达第十一届全国人大四次会议、省十一届人大四次会议精神，听取审议市政府关于《淄博市碧水蓝天行动计划（2008～2010）》实施情况的报告、市政府关于《中华人民共和国仲裁法》贯彻实施情况的报告，听取审议人事任免情况的报告，表决通过人事任免案。

市十三届人大常委会第二十九次会议。6月29～30日举行，听取审议市政府关于2010年市级预算执行情况和其他财政收支的审计工作报告；听取审议市政府关于2010年财政决算的报告，审查批准市级决算并作出相应决议；听取审议市人大财政经济委员会关于2010年市级决算的审查报告；听取审议市人大常委会视察组关于“法治淄博”建设情况的视察报告；听取审议市法院关于全市法院量刑规范化改革情况的报告；听取审议市检察院关于全市检察机关预防职务犯罪工作情况的报告；听取市政府关于全市就业再就业情况的报告、关于全市体育工作情况的报告。会议表决通过人事任免案。出席会议的42名常委会组成人员，对全市就业再就业工作和体育工作进行满意度测评，全市就业再就业工作满意率为80.95％，基本满意率为19.05％，不满意率为零；全市体育工作满意率为92.86％，基本满意率为7.14％，不满意率为零。

市十三届人大常委会第三十次会议。8月10日举行，听取市政府关于《淄博市水资源管理条例（修订草案）》的说明，审议《淄博市水资源管理条例（修订草案）》。听取审议淄博市2011年上半年国民经济和社会发展计划执行情况的报告、淄博市2011年上半年预算执行情况的报告、关于全市循环农业工作情况的报告。审议通过人事任免案。

市十三届人大常委会第三十一次会议。10月27～28日举行，表决通过《淄博市水资源保护管理条例》，关于在全市公民中深入开展第六个五年法制宣传教育的决议，关于批准《淄博市依法治市第五个五年规划（2011～2015年）》的决定，关于"加快培植壮大新材料、精细化工等战略性新兴产业议案"审议结果的报告，关于"加强社区管理议案"审议结果的报告。审议并通过人事任免案。出席会议的40名常委会组成人员，对全市交通运输工作进行满意度测评，满意率为97.5%，基本满意率为2.5%，不满意率为零。

市十三届人大常委会第三十二次会议。12月30日举行，表决通过《淄博市人民代表大会常务委员会关于召开淄博市第十四届人民代表大会第一次会议的决定》。决定市十四届人大一次会议于2012年2月26日在张店区召开。审议通过人事任免案。

【重大决议、决定】 一、淄博市人民代表大会常务委员会关于淄博市人大常委会人事代表工作室更名并重新公布有关人员职务的决定。

二、淄博市人民代表大会常务委员会关于在全市公民中深入开展第六个五年法制宣传教育的决议。

三、淄博市人民代表大会常务委员会关于召开淄博市第十四届人民代表大会第一次会议的决定。

【地方立法】 年内，经省人大常委会批准，颁布《淄博市水资源保护管理条例》。

【监督工作】 市人大常委会围绕改革发展中的重大问题，先后听取审议市政府关于财政预决算、国民经济计划执行、关于蓝天碧水行动计划、全市循环农业情况、食品安全工作、"五五"普法、"四五"依法治市情况和"六五"普法、"五五"依法治市规划等报告，依法作出相应决议、决定。听取审议市中级人民法院关于全市法院规范化量刑实施情况和市人民检察院关于预防犯罪工作情况的报告。对残疾人保障法、消防法等法律法规的贯彻实施情况组织执法检查。对法治淄博建设和统筹城乡工作开展2次大型视察活动。主任会议成员还就城乡同源同网饮水安全、保障型住房建设、幼儿园和校车安全、物业管理等工作进行调研，督促相关部门采取措施，改进工作，切实保障和改善民生，维护社会和谐稳定。

全年受理人民群众信件和到访705件次，有效化解社会矛盾，维护人民群众的合法权益。做好规范性文件备案审查队伍、制度建设和报备审查等的各项基础工作，接受报备的规范性文件32件，备案审查工作稳步推进。

【代表工作】 继续组织代表开展争做"人民意愿的代言人，履行职责的明白人，经济发展的带头人，公益事业的热心人"活动和"访选民、听意见、提建议"活动，召开全市代表工作经验交流会，对64名优秀市人大代表、10个先进市人大代表小组进行通报表彰，激励代表依法履职，充分发挥作用。继续抓好市人大代表向原选举单位述职工作。围绕全市工作大局，精心组织指导代表开展多种形式的专题调研和集中视察活动。督促"一府两院"做好市人代会议案、人大代表建议的办理工作，常委会听取审议市政府关于"加快培植壮大新材料、精细化工等战略性新兴产业"议案和"加强社区管理"议案办理情况的报告，并表决通过有关专门委员会关于这两件议案审议结果的报告。积极做好132件代表建议的督办工作，及时召开市政府系统代表建议交办会，主任会议成员各选择1～2件建议进行重点督办，相关专门委员会协助督办，代表所提建议全部办结。

做好区县、镇人大换届选举工作，成立淄博市区县、镇人大换届选举工作联席会议，举办区县、镇人大换届选举工作学习班，对全市区县、镇两级人大换届工作进行部署和培训。主任会议成员分工联系指导区县、镇换届选举工作。联席会议办公室通过召开座谈会、调度会等形式，及时掌握工作进展情况，加强对选民登记、划分选区、选举等各个阶段的工作指导，充分调动选民参选的积极性。区县、镇人大换届选举工作圆满完成。

【依法行使任免权】 年内，任免国家机关工作人员94人,其中任职57人,免职37人。

【公民旁听常委会会议】 继续实行公民旁听常委会会议制度,全年先后有4名公民旁听常委会会议。 (巨荣俊)

淄博市人民政府

·重要会议·

第四十五次市政府常务会议。1月9日召开,听取市安全生产监督管理局和市人力资源和社会保障局关于2010年全市安全生产工作和安全生产大会筹备及全市安全生产工作先进单位与先进个人评选等有关情况的汇报;听取市人力资源和社会保障局关于淄博市依法行政"四五"规划实施工作先进单位和先进个人评选情况的汇报。

第四十六次市政府常务会议。1月26日召开,听取市发展和改革委员会《关于淄博市2010年国民经济和社会发展计划执行情况与2011年计划草案的报告》(汇报稿)及有关情况说明的汇报;听取市财政局《关于淄博市2010年预算执行情况和2011年预算草案的报告》(汇报稿)及有关情况说明的汇报。还就做好春节前后及节日期间的安全生产、社会稳定、应对干旱天气抓好农业生产等方面的工作作出安排部署。

第四十七次市政府常务会议。2月28日召开,听取市人力资源和社会保障局关于《淄博市市属离休干部医疗保障管理办法》(审议稿)的汇报;听取市科技局关于全市科学技术奖励暨科技工作会议筹备等有关情况、关于建议对新认定批准的省级和国家级企业重点实验室给予奖励资助的汇报;听取市人口和计划生育委员会关于全市人口和计划生育工作等有关情况的汇报;听取市政府办公厅关于《市政府领导工作补位制度》等有关情况的汇报。

第四十八次市政府常务会议。4月8日召开,听取市经济和信息化委员会关于《淄博市物流业发展规划》(审议稿)和《关于加快发展现代物流业的意见》(审议稿)、关于全市工业转方式调结构暨"双百工程"会议筹备等有关情况的汇报;听取市国土资源局关于淄博市土地级别与基准地价更新调整情况的汇报;听取市房产管理局关于《淄博市廉租住房建设与实物配租管理办法(试行)》(审议稿)及其说明、关于全省保障性安居工程和农村住房建设工作电视会议精神及贯彻意见的汇报;听取市法制办公室关于《淄博市房屋租赁管理办法》(审议稿)、《淄博市黄河河道管理办法》(审议稿)及其说明的汇报;听取市监察局关于市政府第四次廉政工作会议筹备等有关情况的汇报;听取市发展和改革委员会《关于加快工业转方式调结构的若干政策意见》(审议稿)、关于全省深化医药卫生体制改革工作会议精神及淄博市医改工作情况、《关于进一步优化功能区划和产业布局促进城乡统筹发展的指导意见》(审议稿)及说明的汇报;听取市民族宗教事务局关于全省第六次民族团结进步表彰大会和民族宗教工作会议精神及贯彻意见的汇报;听取市人力资源和社会保障局关于全市民族团结进步模范集体和模范个人评选情况、关于给予武警淄博市支队记集体二等功情况的汇报。会议还研究了其他有关事项。

第四十九次市政府常务会议。5月6日召开,听取市审计局关于全省审计工作会议、全省经济责任审计工作领导小组会议精神及全市审计工作会议、全市经济责任审计工作领导小组会议筹备等有关情况的汇报;听取市经济和信息化委员会、市人力资源和社会保障局关于全市节能考核奖励大会筹备等有关情况的汇报;听取市招商局、市商务局关于全市对外开放暨招商引资工作会议筹备等有关情况的汇报。会议还通报研究关于加快淄博保税物流中心建设等有关方面的问题。

第五十次市政府常务会议。6月20日召开,听取市政府征兵办公室关于全省征兵工作会议精神及贯彻落实意见的汇报;听取市教育局关于《淄博市接送学生车辆管理办法》(审议稿)及说明的汇报;听取市法制办公室关于《淄博市医疗卫生机构病死婴幼儿遗体处理办法》(审议稿)及说明、关于《淄博市水资源管理条例(修订草案)》(审议稿)及说明的汇报;听取市服务业办公室关于《淄博市服务业发展第十二个五年规划纲要》(审议稿)及说明的汇报;听取市审计局关于《淄博市领导干部经济责任审计暂行规定》(审议稿)和《淄博市领导干部经济责任审计结果运用办法》(审议稿)及说明的汇报;听取市文化市场执法局《关于在文化市场管理领域开展相对集中行政处罚权工作的实施方案》(审议稿)等有关情况的汇报。

第五十一次市政府常务会议。7月21日召开,听取市安全生产监督管理局关于全市安全生产工作情况的汇报;听取市教育局关于全省高校债务化解工作会议精神及贯彻落实意见的汇报;听取市人力资源和社会保障局关于全市城镇居民养老保险工作情况的汇报;听取市法制办公室关于《淄博市矿产资源开采监督管理办法》(审议稿)及说明的汇报。

第五十二次市政府常务会议。9月12日召开,听取市水利与渔业局、市财政局关于全省水利工作会议精神及贯彻落实意见等有关情况的汇报;听取市机构编制委员会办公室关于全省分类推进事业单位改革工作座谈会、事业单位清理工作会议精神及贯彻落实意见的汇报;听取市妇女儿童工作委员会关于《淄博市妇女发展"十二五"规划》(审议稿)、《淄博市儿童发展"十二五"规划》(审议稿)及说明的汇报;听取市法制办公室关于《淄博市危险化学品运输违法行为举报奖励办法(试行)》(审议稿)的汇报;听取市房产管理局关于《淄博市国有土地上房屋征收与补偿实施办法》(审议稿)等有关情况的汇报;听取市体育局关于《淄博市全民健身实施计划(2011～2015年)》(审议稿)及说明的汇报。会议还集体学习《中华人民共和国行政强制法》《中华人民共和国国家赔偿法》《国有土地上房屋征收与补偿条例》等相关材料。

第五十三次市政府常务会议。11月2日召开,听取市发展和改革委员会关于全省蓝黄两大发展战略实施情况督促检查工作总结会议精神及贯彻意见、关于全省钢铁产业结构调整试点工作动员会议精神及贯彻意见、关于全市医改工作进展情况的汇报;听取市房产管理局关于《淄博市公共租赁住房建设和管理办法》(审议稿)、《淄博市经济适用住房建设和管理办法》(审议稿)及说明的汇报;听取市法制办公室关于有关征地拆迁的规章和规范性文件专项清理情况的汇报;听取市人力资源和社会保障局关于2006～2010年全市普法依法治理工作先进集体和先进个人评选情况的汇报。会议还研究部署社会稳定、安全生产等有关工作。

第五十四次市政府常务会议。12月5日召开,听取市社会治安综合治理委员会办公室《关于进一步加强和创新流动人口服务管理工作的意见》(审议稿)及其说明的汇报;听取市经济和信息化委员会、市人力资源和社会保障局关于全市信息化工作会议筹备等有关情况的汇报;听取市商务局《关于加快商贸流通业发展的意见》(审议稿)及其说明和《关于全面提升经济开发区发展水平的意见》(审议稿)及其说明的汇报;听取市法制办公室关于《淄博市萌山水库保护管理条例》(修订草案)及其说明的汇报;听取市人力资源和社会保障局关于第二届淄博友谊奖评审情况的汇报;听取市财政局关于《淄博市试行国有资本经营预算的意见》(审议稿)等有关情况的汇报。会议还研究部署经济发展、安全生产、节能减排、社会稳定等重要工作。

第五十五次市政府常务会议。12月14日召开,听取市经济和信息化委员会、市人力资源和社会保障局关于全市工业经济过万亿、"双百工程"暨促进内涵发展大会筹备情况的汇报。

第五十六次市政府常务会议。12月30日召开,研究市政府部分领导成员工作分工。听取市法制办公室关于《淄博市酒类流通条例(草案)》(审议稿)及说明、关于有关行政强制规定清理情况、关于市级行政强制主体清理情况、关于《淄博市行政机关规范性文件制定办法》(审议稿)及说明的汇报;听取市安全生产监督管理局、市人力资源和社会保障局关于全市安全生产工作会议筹备等有关情况的汇报。(郑　滨)

·重要决策和工作部署·

1月4日,市政府办公厅印发《关于进一步加强房地产开发管理工作的意见》。

1月12日,市政府印发《淄博市2011年安全生产工作要点》。

1月12日,市政府公布《继续实施和调整的市级行政许可项目和非行政许可审批项目的决定》。

1月12日,市政府办公厅印发《关于深入推进行政审批制度改革的意见》。

1月17日，市政府印发《关于全面推进依法行政加强法治政府建设的意见》。

1月17日，市政府公布《淄博市行政执法监督办法》。

1月18日，市政府办公厅印发《关于进一步加强规划环境影响评价工作的意见》。

1月26日，市政府印发《关于进一步促进蔬菜生产保障市场供应的意见》。

2月18日，市政府印发《关于认真贯彻国发〔2010〕47号文件严格规范城乡建设用地增减挂钩试点切实做好农村土地整治工作的通知》。

3月8日，市政府印发《淄博市人民政府拟定地方性法规草案和制定政府规章程序规定》。

3月17日，市政府公布淄博市第四批市级重点文物保护单位保护范围。

3月17日，市政府印发《关于2010年度淄博市科学技术奖励的决定》。

3月18日，市政府印发《淄博市2011年国民经济和社会发展计划》。

3月18日，市政府印发《淄博市国民经济和社会发展第十二个五年规划纲要》。

3月22日，市政府办公厅印发《深入推进行政审批制度改革实施方案》。

3月22日，市政府办公厅转发市法制办公室等部门《关于在全市行政职能部门推行行政许可(服务)"两集中、两到位"工作及进一步规范和完善镇(街道办事处)便民服务中心建设实施意见》。

3月31日，市政府办公厅印发《进一步加强房地产市场调控工作的通知》。

4月2日，市政府办公厅印发《淄博市学前教育三年行动计划(2011～2013年)》。

4月4日，市政府公布2011年市重大项目名单。

4月9日，市政府印发《淄博市工业企业评价考核办法》。

4月9日，市政府办公厅印发《淄博市产业结构调整指导意见和指导目录》。

4月22日，市政府印发《关于市级新农保与国家新农保制度并轨的通知》。

4月22日，市政府印发《关于基层医疗卫生机构综合改革的实施意见》。

4月26日，市政府发布《淄博市房屋租赁管理办法》。

4月26日，市政府印发《关于进一步加强和改进城乡规划工作的意见》。

5月3日，市政府办公厅印发《淄博市廉租住房建设与实物配租管理办法(试行)》。

5月7日，市政府发布《淄博市黄河河道管理办法》。

5月20日，市政府印发《关于加快发展现代物流业的意见》。

5月21日，市政府办公厅印发《关于提高农村居民最低生活保障标准的通知》。

5月28日，市政府办公厅印发《淄博市食品安全违法行为举报奖励办法》。

6月7日，市政府办公厅印发《落实淄博市国民经济和社会发展第十二个五年规划纲要主要目标任务分工》。

6月18日，市政府印发《关于促进全市民营经济加快发展的意见》。

6月27日，市政府办公厅印发《淄博市中心城区老旧小区简易物业管理办法》。

6月29日，市政府办公厅印发《淄博市接送学生车辆管理办法》。

7月2日，市政府发布《淄博市医疗卫生机构病死婴幼儿遗体处理办法》。

7月24日，市政府办公厅印发《关于提高农村五保集中和分散供养标准的通知》。

7月25日，市政府印发《关于开展城镇居民社会养老保险试点的意见》。

7月25日，市政府办公厅印发《淄博市城乡建设用地增减挂钩试点工作实施办法》。

8月2日，市政府印发《淄博市矿产资源开采监督管理办法》。

8月29日，市政府办公厅印发《淄博市农村食品安全综合整治工作方案》。

8月30日，市政府办公厅印发《关于在全市危险化学品企业建立驻厂安全监督员制度的通知》。

9月15日，市政府办公厅印发《淄博市危险化学品运输违法行为举报奖励办法(试行)》。

9月19日，市政府办公厅印发《关于进一步加强道路交通安全工作的通知》。

9月27日，市政府办公厅印发《淄博市企业管理创新奖管理办法》。

9月30日，市政府印发《淄博市国有土地上房屋征收与补偿实施办法的通知》。

10月4日，市政府印发《淄博市妇女发展“十二五”规划》《淄博市儿童发展“十二五”规划》。

10月4日，市政府印发《关于贯彻〈山东省危险化学品集中交易市场安全管理暂行规定〉的意见》。

10月8日，市政府办公厅印发《淄博市国有建设用地使用权监管办法》。

10月11日，市政府办公厅印发《淄博市循环经济发展“十二五”规划》。

10月11日，市政府办公厅印发《淄博市节约能源“十二五”规划》。

10月12日，市政府印发《关于落实〈山东省贯彻《工伤保险条例》实施办法〉有关问题的通知》。

10月20日，市政府印发《关于推进供热计量改革与既有建筑节能改造的意见》。

10月20日，市政府办公厅印发《关于提高农村居民最低生活保障标准的通知》。

10月25日，市政府办公厅印发《关于加快全市林业产业发展的意见》。

11月24日，市政府办公厅印发《关于进一步加强乡村医生队伍建设的实施意见》。

11月25日，市政府印发《淄博市“十二五”节能减排综合性工作方案》。

11月29日，市政府印发《淄博市经济适用住房建设和管理办法》。

11月29日，市政府印发《淄博市公共租赁住房建设和管理办法》。

12月17日，市政府印发《关于试行国有资本经营预算的意见》。

12月21日，市政府印发《关于贯彻鲁政发〔2011〕41号文件进一步做好普通高等学校毕业生就业工作的通知》。

12月29日，市政府办公厅印发《关于加快淄博市软件产业发展的意见》。

12月31日，市政府印发《淄博市残疾人事业“十二五”发展规划》。

12月31日，市政府印发《关于加快推进残疾人社会保障体系和服务体系建设的实施意见》。

12月31日，市政府印发《关于加快商贸流通业发展的意见》。

12月31日，市政府印发《淄博市行政机关规范性文件制定办法》。

12月31日，市政府印发《淄博市依法行政第五个五年规划(2011～2015年)》。 （刘 涛）

·市民投诉暨市民建议征集·

【概况】 全年受理市民投诉电话、短信59664件，市长公开信箱电子邮件554件，群众信件55件；办理市民建议168件、人民网淄博视窗留言56条，办结率均达95%以上；办理领导批示件39件，承办省长信箱信件72件，办结率均为100%。

【开展“服务质量年”活动】 在全市政府投诉系统组织开展服务质量年活动，围绕全面提升服务质量和水平，进一步提高服务能力，不断加强干部队伍自身建设等方面进行，重点采取强化学习制度，细化和完善服务考评制度，推行服务讲评和晨会、周会、月会“三会”制度，及时解决受话服务和相关工作中存在的问题和不足。

【市民代表座谈会召开】 5月31日，在市民投诉中心召开市民代表座谈会，市长周清利与市民代表进行座谈交流，并就做好新形势下的市民投诉暨市民建议征集工作提出明确要求。6名市民代表结合各自工作和生活实际，就经济和社会发展提出意见和建议。市内多家新闻单位对市民代表座谈会进行集中宣传报道，进一步扩大市民投诉暨市民建议征集工作的社会影响力。

【强化督办落实力度】 创新督办机制，通过回访、二次回访等形式检查督促各有关承办单位提高办理质量和效率，将督办任务落实到科室、责任人，形成全员抓督办、促落实的格局。加大督办力度，针对群众反映比较集中的各类热点、难点问题，加大与有关区县和部门的协调力度，全程跟踪督办。将督办工作与调研紧密结合，先后多次到各区县、部门进行调研、督办。2011年，市民投诉中心为群众办实事7300余件次，收到市民表扬和感谢电话650余个。

【调研工作】　每月汇总分析投诉情况，全面掌握投诉的重点、难点问题，制定出详细的调研计划，确定3～5项调研题目，分解落实到各科室和有关工作人员，并作为年度考核和奖惩依据之一。《建议加强农村地区气象灾害预警信息工作力度》《建议采取措施加强城市生活垃圾分类管理工作》《关于尽快解决保健食品经营许可问题管理的建议》《燃气管道安全问题需要引起重视》《关于加强快递行业监管问题的几点建议》《关于尽快解决企业注册登记中环评、消防前置许可提交范围问题的建议》等调研成果进入领导决策。通过各种形式向市委、市政府领导提供有价值的调研报告和有关信息材料800余件条。

【市民建议征集】　通过正常征集渠道和新闻媒体，进一步扩大市民建议征集工作的社会影响力。2月，市两会召开之际，市民投诉中心对《鲁中晨报》收集整理的"市民两会建议"进行汇总、整理和转办，均按期办结。《鲁中晨报》进行集中宣传报道，进一步营造社会各界关心、支持、参与市民建议征集工作的舆论氛围。全年收到各类市民建议168件，涉及城建、交通、环保、质检、规划、教育、劳动保障等多个方面，《关于加强猪龙河中心城区段污染整治力度的建议》《应采取有效措施加强城乡环境综合整治的建议》《应采取有效措施对中小学校舍进行加固改造的建议》等建议被各级政府吸纳或参考。　（郑　强）

·应急管理·

【应急预案及演练】　2月，市政府办公厅印发《淄博市突发事件应急演练实施细则》。3月，市政府应急管理办公室印发《关于加强防灾应急疏散演练工作的通知》《2011年全市专项应急预案修订计划和演练计划》。5月，市政府应急管理办公室印发《淄博市常见突发事件处置流程库》，建立标准化突发事件处置流程。

【应急队伍建设】　7月，市政府办公厅印发《关于建立应急信息联络员制度的通知》，在全市基层单位建立信息联络员制度，将应急管理网络延伸到基层。10月，市政府办公厅印发《关于公布第二届市政府应急管理专家组成员的通知》，召开第二届市政府应急管理专家组成立大会暨颁证仪式，公布42名市政府应急管理专家组成员名单。

【突发事件处置】　全年发生6起较大以上突发事件，各级各有关部门迅速反应，准确判断，科学调度，处置得力，最大限度地使各类事故损失降到最低。"3·1"临淄区309国道交通事故、"5·28"桓台县宝源公司爆燃事故、"6·28"淄川区私采煤矿透水事故、"8·16"周村交通事故、"9·7"周村交通事故、"11·27"淄博山水水泥有限公司脚手架坍塌事故等都得到妥善处置。抽调专门人员，配合做好"7·22"京广高速特大交通事故国务院调查组的工作。

【宣教培训】　5月，在中国信息协会主办的第二届中国应急管理信息化高峰论坛暨成果评选中，淄博应急管理网站获中国应急管理信息化服务创新奖。10月，组织举办全市应急管理专题培训班，对全市各区县、市直部门的应急办主任（分管应急的办公室副主任）和信息联络员进行培训。12月，举办应急管理知识网络竞赛，在广大网民中普及应急知识。

【应急联动机制建设】　3月，市政府与驻军某部队签订军地联合应对重大突发灾害性事件框架协议，建立军地联席会议制度、应急信息共享机制、分灾种军地联动应急预案、军地技术交流机制、军地联训联演机制、军地抢险救灾物资保障、应急联络员制度等。3月，与省公安交警总队高速公路交警支队淄博大队签署《淄博行政辖区条管高速公路应急管理合作备忘录》，明确青银高速公路淄博辖区段发生突发事件后，实行条块联动、信息报告、应急处置工作配合等相关事项。9月，与毗邻七市（济南、东营、潍坊、泰安、莱芜、临沂、滨州）举行应急管理区域合作协议签字仪式，在突发事件信息通报、应急资源共享、突发事件协同处置、应急联合演练等方面加强合作，共同防范和应对跨区域突发事件。

【应急管理示范点建设】 1月，市政府办公厅印发《关于公布全市首批应急管理基层基础工作示范点的通知》。在临淄区召开现场会，对全市首批28个市级应急管理示范点进行授牌。

（张景春）

·食品安全工作·

【概况】 2004年12月，经市政府研究，确定成立淄博市食品安全协调委员会，委员会办公室设在市食品药品监督管理局，成员单位25个；2008年5月，淄博市食品安全协调委员会更名为淄博市食品药品安全委员会，成员单位调整为23个；2010年8月，淄博市食品药品安全委员会更名为淄博市食品安全委员会，委员会办公室设在市卫生局，成员单位23个；2011年4月，市政府对淄博市食品安全委员会组成人员进行调整；2011年7月，市委第187次常委会议决定，在市政府办公厅设立食品安全委员会办公室，核定行政编制8名，配备主任1名，副主任1名，具体负责市食品安全委员会的日常工作。市政府办公厅印发《关于调整市食品安全委员会的通知》，成立以常务副市长王顶岐为主任，副市长刘有先、唐福泉、韩国祥为副主任，25个部门主要负责人为成员的食品安全委员会，同时重新明确25个成员单位的职责分工。全市五区三县在政府办公室设立食品安全委员会办公室，高新区、文昌湖区也明确专门机构、人员和职责。

【工作机制】 协调联动机制。市食品安全委员会办公室定期召开部门联席会议，沟通情况，研究解决食品安全管理中存在的困难和问题；对全市重大的食品安全隐患，由市食品安全委员会办公室牵头，组织相关职能部门进行联合执法。

信息沟通机制。在全市范围内，建立市、区（县）、乡（镇）、村4级食品安全信息员队伍；创办《淄博食品安全简报》；规范食品安全信息的收集、报送、分析、通报和发布，为食品安全监管提供信息沟通平台。

监督考核机制。将食品安全纳入各级政府责任目标考核体系，并进一步加大考核力度，凡区（县）、部门发生重大食品安全事故的一律不得评为优秀；将年终考核与日常监管紧密结合起来，年初市与省、区（县）、部门签订食品安全责任书；将日常工作量化为考核指标，提高操作性、约束性和激励性。

【食品安全系列会议】 8月30日，在齐盛宾馆会议中心召开淄博市食品安全委员会全体（扩大）会议，传达市政府办公厅《关于调整淄博市食品安全委员会的通知》《关于认真开展农村食品安全综合整治工作的意见》，对综合整治工作的安排部署作说明。印发市政府办公厅《关于印发淄博市农村食品安全综合整治工作方案的通知》、市食品安全工作委员会《关于认真贯彻落实全国食品安全专题会议和省食品安全委员会第一次全体会议精神的通知》。

9月1日，召开学校食品安全工作调度会。汇报学校食品安全的工作情况，对学校食品安全工作进行调度和督促，进一步明确责任主体和工作重点内容。

9月21日、12月29日，分别在市工商局二楼会议室和齐盛宾馆会议中心召开全市食品安全工作调度会，调度食品安全监管主要责任部门的工作开展情况。

9月29日，在市公安局电视电话会议室参加“全省严厉打击‘地沟油’违法犯罪，加强餐厨废弃

2011年10月14日，省政府食品安全督查组对淄博市食品安全工作进行督导检查　　（董和俊　摄）

2011年12月13日，在潘成粮油批发市场联合执法检查

（董和俊 摄）

物管理专项工作电视会议”，对全市严厉打击“地沟油”违法犯罪和加强餐厨废弃物管理工作作出部署。

【法规培训】 11月14～17日，市食品安全委员会办公室与市委组织部在市委党校联合举办全市食品安全监管人员业务培训班。聘请国家行政学院、山东大学和山东行政学院3位专家教授授课，主要培训内容包括食品安全基础知识、法律法规、风险管理、标准建设、应急管理与媒体沟通等。编印《食品安全法律法规政策汇编》、辅导课件和典型经验材料。年内，全市组织开展培训160场次，培训人员8913人次。

【联合执法】 9月，印发《关于配合开展全市生猪屠宰肉品质量安全隐患蹲点排查工作的通知》《关于开展猪肉产品质量安全专项整治的通知》，组织市商务局、市公安局、市卫生局、市工商局、市质监局、市畜牧兽医局和市食品药品监督管理局，开展猪肉质量安全隐患排查。12月12日，召开开展全市严厉打击“地沟油”违法犯罪，加强餐厨废弃物管理联合执法检查会议。12月13日，对潘成粮油批发市场、海盛水产品批发市场、骄龙蒙古王海鲜火锅城、骄龙海鲜酒楼、张店孙茂废油加工部进行执法检查。

【专项整治】 2011年，全市先后组织开展打击食品非法添加和滥用食品添加剂、地沟油和餐厨废弃物、乳制品、肉制品、酒类、瘦肉精、塑化剂等重点品种的专项整治活动，通过明察暗访、突击检查、追踪溯源、举报排查等方式，及时发现和查处各类违法生产经营行为。围绕农村食品安全热点、难点问题，深入开展农村食品安全综合整治活动，坚持“疏、堵、监、帮”相结合的工作方针，采取联合执法进行综合整治，集中力量对全市农村食品生产、经营单位进行检查治理，重点抓好农村宾馆、饭店、饮食摊点、学校食堂的监管，规范农村食品生产、经营单位的管理制度，提高农村食品安全保障水平。

【信息宣传】 印发《关于贯彻落实国务院食品安全委员会办公室〈食品安全宣传教育工作纲要（2011～2015年）〉的实施意见》，指导区县和部门开展宣传教育工作。6月，市、区（县）同步开展食品安全宣传周活动，发放宣传材料4万余份，3万余人次进行现场咨询；召开食品安全专题新闻发布会，通报全市食品安全工作情况；开展“食品安全在行动”系列采访报道活动，邀请淄博日报社、市电台、市电视台等主要新闻媒体，对有关食品安全监管部门依法履行职责、加强监督管理的主要措施和主要成效进行专题报道，先后在媒体上登载专题文章32篇，电视报道8次，播放公益广告2条；各监管部门开展食品安全进社区、进学校、进农村、进企业、进机关的“五进”活动，组织街头咨询113场次，悬挂食品安全宣传条幅260幅，发放宣传资料11.4万余份，切实提高广大人民群众的科学消费意识和自我保护意识。市、区县政府均建立食品安全违法行为举报奖励制度，分别落实每年50万元、20万元的举报奖励资金，鼓励全社会对食品安全生产经营领域违法行为进行举报。11月11日，印发《关于加强全市食品安全信息工作的意见》，进一步明确工作原则、工作制度和职责分工，建立34名市级信息员队伍，选聘30名特邀监督员加强社会监管。 （韦夫芝）

·法制工作·

【政府立法】 印发《淄博市人民政府拟定地方性法规草案和制定政府规章程序规定》。对5部地方性法规草案和5部政府规章草案进行立法审查;市政府常务会议审议通过地方性法规草案2部,制定政府规章草案6部。对《淄博市城区建筑垃圾管理办法》等96件规范性文件进行制发前合法性审查。备案审查区县政府报备的规范性文件88件,市政府部门报备的规范性文件50件。向国务院、省政府、省人大常委会和市人大常委会上报备案政府规章6件、市政府规范性文件20件,报备率、及时率、规范率均为100%。对全市涉及征地拆迁的政府规章和规范性文件进行清理,废止政府规章1件;废止市政府规范性文件4件,修改3件;废止部门规范性文件1件。对全市包含行政强制事项的法规、规章和规范性文件进行专项清理。

【依法行政协调】 印发《淄博市人民政府关于全面推进依法行政加强法治政府建设的意见》《淄博市人民政府关于深入推进行政审批制度改革的意见》《淄博市依法行政考评办法》《淄博市行政执法监督办法》《淄博市依法行政第五个五年规划(2011~2015年)》。总结表彰依法行政第四个五年规划期间的先进单位和个人。完善依法行政考核细则,对各区县、市政府部门依法行政情况进行考核。

【法制监督协调】 对市级行政执法主体进行再次清理,确认市级行政执法主体118个,其中行政机关35个,法律法规授权组织32个,国家和省垂直管理行政机关和组织20个,依法受行政机关委托组织31个。办理行政执法证件1430个,审验55个,注销1368个。审验行政处罚听证主持人资格证件255个。对市级行政强制主体进行清理,审核确认市级行政强制主体63个,其中法律规定具有行政强制执行权的行政机关18个,法律授权具有行政强制执行权的组织6个,法律、法规规定具有行政强制措施权的行政机关22个,法律、法规授权具有行政强制措施权的组织17个。对43个市级行政执法单位执法情况进行检查。对68个市级行政执法单位136个行政处罚案卷进行评查。建立推行行政执法检查登记制度和案件统计报告制度。受省政府法制办公室委托,起草《山东省行政执法监督条例(草案)》。

【行政复议应诉】 年内,收到行政复议申请816件,受理788件,结案772件,其中,维持409件,撤销、变更、确认违法、责令履行62件,经调解、和解方式而终止的301件。从机构建设、人员队伍、装备建设、工作机制和监督机制5个方面对全市行政复议工作进行规范。对区县、市政府各部门行政复议机构设置、人员配备等情况进行调查和统计,建立全市行政复议机构和人员管理数据库。

【宣传培训调研】 全市法制工作信息被国务院法制办公室采用转载400余篇,被省政府法制办公室采用转载230余篇。3月,中国政府法制信息网开设"淄博法制信息专栏"。《法制日报》《山东工人报》《山东商报》《淄博日报》等市级以上新闻媒体刊发全市法制工作稿件60余篇。市政府法制办公室被国务院法制办通报表彰为2011年信息报送先进单位,被省法制办表彰为2011年全省依法行政宣传工作先进集体。编发《淄博政府法制》简报12期,淄博政府法制网站刊载工作信息650余篇。3月22日开展"全市依法行政宣传日"活动。编辑《纪念淄博市人民政府法制办公室建办20周年书法展作品集》。组织全市行政执法人员参加《山东省行政程序规定》培训,市级行政执法人员安排6期1800余人参加培训,区县自行组织本辖内行政执法人员的培训。对发展壮大县域经济、赋予区县更大经济管理权限和向文昌湖区放权2个课题进行调研。

【行政审批制度改革】 对市级行政许可项目和非行政许可审批项目进行新一轮清理,保留市级行政许可项目225项,非行政许可审批项目26项。推进行政审批"两集中两到位"改革。承办行政审批服务事项的科室由原来分布在45个部门和单位的134个科室减少到49个。完成联合审批电子服务系统研发,推行建设项目联合审批改革。

规范镇和街道办事处便民服务中心建设，召开现场会推广沂源县经验。年内，市行政服务中心受理行政许可审批（服务）事项64805件，办结64640件。（周洪光）

·对外及对港澳工作·

【外宾接待】 2011年，全市接待来自20多个国家（地区）的21万余人到淄博考察访问、技术交流、洽谈贸易、合作办厂、讲学留学、观光旅游、探亲访友等。重要的到访团组有菲律宾参议院农业考察团、德国马格德堡市经贸考察团、俄罗斯诺夫哥罗德市友好经贸代表团、韩国广州市经贸代表团、韩国广州市新农村建设考察团、英国萨里郡议会代表团、世界航空协会代表团、几内亚总统高级顾问团、美国博隆能源公司代表团等。

【因公出国(境)】 年内，全市审核因公出国（境）考察访问、学习培训、技术交流、参加会议等团组197批、592人次，办理护照189批、578本。市级领导出访团组16批，主要有市委书记、市人大常委会主任刘慧晏赴香港经贸招商团和随国家外国专家局赴美国培训团；市委副书记、市长周清利赴韩国、美国、加拿大友好经贸团；市委常委、市纪委书记赵启全赴德国、秘鲁、巴西经贸考察团；市委常委、副市长王顶岐赴英国、西班牙经贸代表团；市委常委、组织部部长刘中会赴德国、瑞士经贸考察团；市委常委、市委秘书长林建宁赴澳大利亚、美国、日本经贸考察团；市委常委、副市长周连华赴新加坡、日本经贸团；市委常委、统战部部长魏艳菊赴俄罗斯、瑞典、冰岛经贸考察团；副市长唐福泉赴德国、意大利、荷兰经贸团和赴日本经贸团；市人大常委会副主任吴明君赴柬埔寨、印度、尼泊尔考察团；市人大常委会副主任林春明赴新加坡、澳大利亚、中国香港经贸考察团；市人大常委会副主任韩家华赴英国、西班牙、希腊考察团；市政协副主席张建祥赴瑞典、英国经贸考察团；市政协副主席高峰岭赴加拿大、巴西、秘鲁经贸考察团等。

【友好城市】 年内，建立友好合作城市2个（英国斯托克市、德国马格德堡市），发展国际联络城市2个（英国伯恩茅斯市、加拿大萨斯卡通市），全市各类友好关系发展到140对，其中友好合作城市11对，友好合作关系城市10对，基层友好关系城市119对。继续与韩国广州市、法国拉罗什市、俄罗斯诺夫哥罗德市等友好城市开展经贸、文化、教育、体育以及公务员、青少年交流与合作。全年接待友好城市政府及友好协会来访团组6批67人次，9批市领导先后出访友好城市。

【涉外管理】 年内，办理外国人到淄博邀请函303批425人次；履行涉外案件处理牵头部门职能，加强与公安、检察、法院部门的协调沟通，积极稳妥处置涉外事件2起；严格执行在淄博市举办国际会议管理报批制度，受理市文化广电新闻出版局《关于召开第三届聊斋学国际学术研讨会的请示》；加强与外国驻华使领馆交往的指导管理，规范报批程序，马来西亚驻华大使、瑞士驻华大使先后到淄博市参加活动；加强预防性领事保护工作力度，编发《境外领事保护和协助指南》500份，协调处理境外领事保护事件3起。

【第三届英语大赛】 6～11月举办，分为选拔赛、初赛、复赛、决赛4个阶段和成人专业组、成人非专业组、高校专业组、高校非专业组、高中组5个组别进行。大赛在创新组织形式、提升比赛质量、扩大社会影响、办出特色、形成品牌等方面实现新突破，2万余人参赛。

【中国淄博陶瓷文化展在英国举办】 10月14日至12月14日，在英国萨里郡蓝特宝展览馆举办。展会由淄博市政府和英国萨里郡议会主办，市外事办公室、市陶瓷行业协会共同承办。萨里郡提供10万英镑支持，免费提供展馆最佳位置和展具，负责展品在英国期间的安全保卫，提供淄博市展会工作人员住宿和新闻媒体的宣传报道。展会期间，举办中英陶瓷投资贸易商务研讨会，达成多个合作意向。

【刘慧晏率团赴香港招商】 5月中旬，市委书记刘慧晏率经贸招商团赴中国香港参加2011香港山东周活动，召开2011淄博（香港）“十一五”成果及“十二五”规划新闻发布会，参加鲁港合作洽谈会和重大项目签约仪式，签订合作项目6个，总投资45.3亿美元。

【周清利率团出访】 5月19～29日，市委副书记、市长周清利率团出访韩国、美国、加拿大。在韩国拜会广州市市长赵亿东，确定2011年要互派陶瓷企业和优秀文艺演员参加对方陶博会，并在环保、水资源、新农村建设等领域达成合作协议。在加拿大多伦多举办淄博投资环境说明会，签订宏达矿业秘鲁邦沟铁矿项目境外融资协议并举行签约仪式；走访一批大企业，达成PPG与淄博市金晶集团就全氧燃烧超白窑炉技术转让及研发合作事宜、东佳集团与博隆能源扩大氧化钪产能项目事宜、普拉斯科能源公司利用世界顶尖的等离子技术在淄博市建设垃圾发电商业示范厂项目等十余项合作协议。

【日本记者专访市长周清利】 10月24日，日本最大的商业杂志《日经商务》联合日本权威机构，以10年来人均GDP增长率和人口增加数为评价指标，在总人口300万以上的城市中排出世界成长都市100强。淄博市同北京、重庆、东莞等城市入选，列世界第十六位，中国第四位。《日本经济新闻》特派记者到淄博市采访，详细了解淄博经济社会发展情况。12月5日下午，市长周清利在齐盛国际宾馆接受《日本经济新闻》记者川名如广的专题采访，对淄博市的基本情况、城市竞争力、产业优势及日资企业在淄博市发展情况等方面做介绍，重点介绍淄博市明显的区位优势，以及在资源、能源、土地保障、金融服务、引资引智方面的优惠政策。

2011年淄博市重要到访团组一览表

表4—01

到访日期	到访团组	代表团团长	到访目的
1月12～13日	马来西亚驻华大使团	萨鲁丁	考察博山区旅游业投资项目
3月16日	日本山口县教育观光团	田村宪正	探讨教育合作事宜
4月8～11日	英国萨里郡代表团	玛利莲	探讨陶瓷文化展事宜
5月5～6日	瑞士驻华大使团	顾博礼	参加三金集团股权并购活动
6月15日	美国博隆能源代表团	杨尚佑	探讨氧化钪产能项目
6月17日	加拿大奥格科技代表团	乔治	考察合作项目
7月1～2日	俄罗斯布拉茨克市议员团	萨维诺夫	探讨文化交流
7月7日	加拿大新材料代表团	康斯坦丁	考察合作项目
7月20日	几内亚总统高级顾问团	巴勒德	探讨矿业合作
7月24～27日	韩国新农村建设团	金焕会	考察交流新农村建设
8月2～7日	韩国广州市青少年代表团	黄春善	加强青少年交流
8月9日	卢森堡驻华大使团	柯意赫	考察慢性病控制项目
8月10～12日	世界航空协会代表团	麦斯威尔	考察高峰论坛城市
8月18～21日	英国萨里郡政府代表团	雷克	考察齐鲁汽车文化广场，商讨陶瓷展事宜
8月25～26日	韩国广州市政府代表团	郑升熙	参加山东——京畿友城联合体大会

续表 4－01

到访日期	到访团组	代表团团长	到访目的
9 月 4～7 日	韩国广州市政府代表团	郑升熙	参加陶博会
9 月 18～22 日	俄罗斯诺夫哥罗德市代表团	泽姆利亚科	探讨旅游、教育、经贸交流合作
9 月 22～29 日	菲律宾参议院代表团	弗朗西斯·潘吉利南	考察农业及食品业
10 月 20～22 日	美中关系基金会代表团	罗玲	采购黄原胶
10 月 24～26 日	韩国全罗北道青少年交流中心	郑镇海	探讨教育交流
11 月 6 日	美国耶鲁大学代表团	博如石	探讨文化交流
11 月 14 日	德国马格德堡市政府代表团	莱纳·尼采	探讨工业及旅游合作项目
12 月 5 日	日本记者代表团	川名如广	专题采访市长周清利

（王国栋）

·金融证券工作·

【企业上市融资】 年内，万昌科技、金城医药、瑞丰高材 3 家企业上市，首发融资 13.07 亿元；金晶科技完成增发，非公开发行 12127 万股，募集资金净额 15.77 亿元。全年实现融资和再融资 28.84 亿元。截至年底，全市有 22 家公司、24 只股票在境内外上市，累计融资 293 亿元。

【场外交易市场建设】 齐鲁股权托管交易中心的战略定位由“立足淄博，面向全省”提升为“立足山东，辐射黄河中下游地区”。围绕挂牌交易、股权私募融资、审核监管等方面，先后制定完善 16 项相关制度和规则，培养熟悉区域性场外交易市场工作的中介机构和高端人才，拥有证券、会计、法律等方面专业人才 40 多名。年内，实现挂牌企业 32 家，股本 11.1 亿股，私募股权融资 5.5 亿元，市值 34.05 亿元。截至年底，累计挂牌企业 46 家（市外企业 8 家），市值近 46.8 亿元。托管企业 136 家（市外企业 36 家）。开户数达 1.6 万人，交易金额近 1.5 亿元。培育和发展为市场服务的各类中介机构 132 家。

【小额贷款公司试点】 年内，6 家小额贷款公司获省金融办批复。2 家小额贷款公司完成增资扩股，共增资 1.62 亿元；2 家小额贷款公司从银行融入资金 1.65 亿元。截至年底，全市获批的小额贷款公司达到 16 家，总注册资本 18.68 亿元。已开业的 13 家小额贷款公司累计放贷 40.21 亿元，贷款余额 17.55 亿元。其中，“三农”累计贷款 25.07 亿元，中小企业累计贷款 14.00 亿元，两项占比达 97.16%。服务客户 4826 户，吸收就业 212 人，实现营业收入 2.13 亿元，营业利润 1.51 亿元，上缴税金 3689 万元。

【融资性担保公司规范整顿】 年内，全市 28 家融资性担保公司的规范确认获得省金融办批复，总注册资本 18.96 亿元。截至年底，全市 40 家融资性担保公司的规范确认获得省金融办的批复，总注册资本 27.19 亿元，为 1.99 万户新增担保额 74 亿元，在保户数 3.38 万户，在保责任余额 81.32 亿元。资产总额 31.96 亿元，净资产 27.44 亿元，资产负债率为 14.16%。计提各类风险准备金 2.04 亿元，代偿余额 2820 万元，拨备覆盖率为 723.85%。

【提高地方金融服务能力】 7 月 22 日，全市第一家村镇银行——沂源博商村镇银行正式营业。12 月 11 日，光大银行淄博分行正式开业。浦发银行淄博支行获批升格为分行，交通银行、招商银行在区县设立分支机构 3 家。临淄农村商业银行、张店农村商业银行先后设立。起草《淄博市银行业金融机构服务地方经济社会发展情况年度考核与评价暂行办法》，突出考核金融机构扩大信贷投放和对地方经济的实际支持力度，鼓励银行业金融机构加大信贷投放。建立全市金融稳定工作联席会议制度，组织实施金融突发事件应急演练，做好打击和处置非法集资有关工作。

淄博市上市公司基本情况表

表 4—02

序号	上市公司	上市地	上市时间	上市方式	总股本（万股）	实际流通股（万股）
1	大成股份	上海证券交易所	1995—12—06	A 股	21372.64	21372.64
2	金岭矿业(华光陶瓷)	深圳证券交易所	1996—11—28	A 股	59543.02	41480.7
3	鲁信高新(四砂股份)	上海证券交易所	1996—12—25	A 股	37217.96	20227.89
4	新华制药	深圳证券交易所	1997—08—06	A 股	45731.28	14273.15
		香港证券交易所	1996—12—31	H 股		15000
5	鲁商置业 （万杰高科）	上海证券交易所	2000—01—13	A 股	100096.8	33893.55
6	鲁泰 A	深圳证券交易所	2000—12—25	A 股	99486.48	45295.2
	鲁泰 B	深圳证券交易所	1997—08—19	B 股		32398.92
7	山东药玻	上海证券交易所	2002—06—03	A 股	25738.01	25738.01
8	金晶科技	上海证券交易所	2002—08—15	A 股	59008.37	36228.47
9	新华医疗	上海证券交易所	2002—09—27	A 股	13493.4	13493.4
10	博汇纸业	上海证券交易所	2004—06—08	A 股	50457.6	39198.37
11	瑞阳制药	新加坡证券交易所	2005—09—08	S 股		
12	鲁阳股份	深圳证券交易所	2006—11—30	A 股	23397.87	19929.77
13	东岳集团	香港证券交易所	2007—12—10	红筹股	208362.3	208362.3
14	联合化工	深圳证券交易所	2008—02—20	A 股	22298.4	15515.52
15	胜利管道	香港证券交易所	2009—12—18	红筹股	249000	249000
16	蓝帆股份	深圳证券交易所	2010—04—02	A 股	8000	2000
17	齐翔腾达	深圳证券交易所	2010—05—18	A 股	25956	6500
18	三维工程	深圳证券交易所	2010—09—08	A 股	6624.41	1660
19	齐峰股份	深圳证券交易所	2010—12—10	A 股	14725	3700
20	万昌科技	深圳证券交易所	2011—05—20	A 股	10828	2708
21	金城医药	深圳证券交易所	2011—06—22	A 股	12100	3100
22	瑞丰高材	深圳证券交易所	2011—07—12	A 股	5350	1350

（孟令昌）

·经济合作·

【合作项目】 市经济合作局组团参加5月19～22日举办的第十四届中国(重庆)国际投资暨全球采购会,达成经贸合作合同、意向12个,项目总金额11亿元。组织参加5月28日至6月1日举办的第十八届中国·天津商品交易暨投资贸易洽谈会。组织参加在天津举办的台湾精品博览会,促成山东淄博贵宝经贸有限公司与台湾金门酒厂的合作,该公司成为金门高粱酒在山东的总代理,同时还取得台湾懋华橄榄油山东总代理资格。组织淄博华光陶瓷、泰山瓷业等日用陶瓷生产企业参加10月24～26日在广西北流市举办的首届中国(北流)国际陶瓷博览会。跟踪落实加拿大动漫引擎项目,山东妙典网络文化有限公司以聊斋文化为背景推出首款大型3D网络游戏"狐ONLINE"获得国家有关部门的上市许可,每月在线玩家3万人左右,预计年产值1亿元,带动旅游、电信、IT、媒体广告等相关产业年产值达6亿元。

【区域合作】 1. 参与环渤海区域合作市长联席会组织的各项活动。5月底,副市长庄鸣出席联席会第十五次市长会议及"环渤海统筹城乡发展与合作高端论坛与交流"活动,代表市政府作题为《深化环渤海区域合作,加快老工业城市新的转型发展》的发言。2. 加强在环渤海区域的宣传与交流。为市长会议会刊和《渤海早报》等媒体提供宣传材料,筛选环渤海40个成员市经济社会发展情况及招商资料,在市经济合作局刊物、网站发布项目合作信息151条。协助天津红桥区在淄博市举办楼宇经济合作推介会。与解放军华北物资采购局对接,推介新华医疗等企业参与全军物资采购,13家企业进入采购名录,山东京都厨卫有限公司一次中标1400万元。3. 参与滨海新区开发建设。宏信集团投资6亿元建设的天齐广场已完成25层建设。4. 落实天津口岸办"无水港"项目。11月,保税物流中心通过国家有关部委审批,正式营业。5. 为外地驻淄博办事机构在登记备案、年度检验、到期换证等各方面提供优质服务。

【石嘴山淄博工业园建设】 5月18日,石嘴山淄博工业园奠基仪式举行。组织70余家相关企业到工业园区进行实地考察,确定以山东金晶集团为代表的首批入园企业7家,一期项目总投资40亿元,占地333.33公顷。完成石嘴山淄博工业园的控制性详细规划设计,并报请宁夏回族自治区批准,对园内道路及管网工程的设计、施工、监理进行公开招标。签署省(区)产业转移协议书,国家发展和改革委员会西部司已原则同意批复石嘴山淄博工业园区为国家级中西部地区承接东部地区产业示范园区。8月22日,由石嘴山市委组织部批准设立"中共山东淄博石嘴山工业园临时总支部委员会",进一步完善党的组织机构,强化组织职能。8月29日,淄博市人民政府办公厅印发《关于成立淄博石嘴山工业园建设指挥部的通知》,同时撤销宁夏石嘴山淄博工业园筹建处,完成园区建设行政职能的转换。制定印发《工业园建设管理办法》《企业项目入园管理办法》《入园项目审批流程手册》等,积极推行简便、快捷、廉洁、高效的办事承诺制度。园区建设指挥部商请淄博市审计局做好园区建设审计率先介入工作,对园区建设实行全方位审计跟踪,确保工程质量,促进廉政建设。协助企业做好建设、融资工作,落实园区企业的各项优惠政策。做好园区内供水、供气、市政和绿化等基础设施的建设与维护管理,切实加强环境保护的综合管理工作,年内园区基础设施建设投入9400万元。与市委宣传部、市新闻工作者协会共同组织走进宁夏石嘴山集中采访活动,系统报道宁夏石嘴山淄博工业园区的跟踪情况。

【产业梯次转移】 与陕西省铜川市进行数次对接考察,推进铜川"淄博耐火材料工业园"的谈判进程。铜川市政府成立以市长为组长的园区推进领导小组,市经济合作局制定合作建设工业园的具体工作流程。先后与河南省南阳市、安阳市以及内蒙古有关地区进行互访考察,并召开企业推介会,拓宽产业转移目标地区。

【对口支援】 1. 对口支援新疆。6月底,组织21家企业参加第七届中国新疆喀什·中亚南亚商品交易会,13家企业携产品展出,签订合作项目8个,项目总金额11.3亿元。参会代表团赴金岭矿业、鲁泰纺织等市重点企业在新疆地区投资建设的企业项目参观考察。2. 对口支援西藏。与第六批援藏干部协商确定2011年度援藏工作计划，并与市财政局协商落实2011年度300万元工作经费及时到位。走访慰问第六批援藏干部家属。3. 对口支援三峡库区。1月与重庆市忠县确定2011年度对口支援三峡库区工作计划。组织参加忠县于4月底举办的第二届中国柑橘文化节招商活动，与忠县任家镇政府签订农业种植合作项目1个。7月底，组织张店区、临淄区、博山区对口支援工作管理部门和20多家市内企业参加重庆市在济南南郊宾馆举办的三峡重庆库区招商引资暨经贸合作推介会。

【三峡移民管理】 做好全国两会期间三峡移民信访维稳工作，全市三峡移民思想稳定，没有发生移民上访事件。按照省移民局要求，比对筛选移民安置区县的三峡移民帮扶建设项目，确定周村区及桓台县的5个移民帮扶建设项目，并形成文字材料上报省移民局。及时足额发放三峡移民后期扶持资金。市经济合作局与市水利移民管理局于10月17日顺利办理三峡移民管理工作移交手续。市经济合作局承担的三峡重庆库区农村外迁移民安置管理工作任务顺利结束，市经济合作局不再负责三峡移民管理相关工作。11月下旬，审计署委托山东省审计厅对淄博市三峡移民资金使用情况进行决算审计。

【东西扶贫协作】 与重庆市石柱县拟订《淄博市与石柱县十二五扶贫协作工作规划》及2011年度扶贫协作石柱县工作计划。在“山东·重庆扶贫协作暨经贸合作项目签约仪式”上，与石柱县达成合作项目2个。10月下旬，组织赴石柱县实地考察2011年度扶贫开发项目建设情况，该项目主要建设内容为丫口组高山移民整体搬迁基础设施建设及配套工程，总建筑面积2466.88平方米，为单层钢结构。项目总投资471万元，其中淄博市对口援助300万元，石柱县政府自筹171万元。淄博市300万元扶助资金全部拨付到位。

（杨世春）

·史志工作·

【法制建设】 通过市社会科学普及周、网络媒体等宣传《淄博市地方史志工作条例》。加大对区县史志工作法制化建设的管理和指导力度，五区三县和高新区相继以政府名义印发地方史志工作规范性文件。7月，国务院法制办公室网站《政府法制动态》栏目刊登《淄博市史志办贯彻落实三级〈条例〉依法推进修志进程》信息，介绍市史志办在法制建设方面作出的探索、创新以及全市各区县法制建设的阶段性成果。年内，在山东省齐鲁新方志奖评选中，《淄博市地方史志工作条例》的制定实施被评为工作创新奖；在山东省齐鲁新方志奖评选中，市史志办被省政府办公厅表彰为全省史志工作先进单位。

【志书编纂】 第二轮修志进入收尾阶段。截至年底，全市规划编纂的10部志书全部完成评审，已出版8部。《淄博市志（1986～2002）》通过山东省史志编纂委员会终审和中国方志出版社审查验收，被评为2010年度全省唯一的优秀志书，获山东省社会主义新方志编修30年优秀志书奖，山东省地方史志办公室向中国地方志指导小组办公室推荐该志参加中国地方志精品工程志书评选。加大对基层志编修的指导力度，《淄博市中心医院志》《淄博监狱志》《齐都药业志》《淄博正华助剂股份有限公司志》相继出版。

【年鉴编纂】 《淄博年鉴（2011）》出版发行。全书设28个部类，正文65万字，有照片165幅，图表65幅，条目1200余条。完成《中国城市年鉴》《山东年鉴（2011）》（淄博部分）10余万字的供稿任务。截至年底，全市有6个区县开展年鉴编纂工作，其中临淄区、博山区、张店区实现一年一鉴。

【市情网站建设】 做好淄博市情网站的日常管理维护和对省情网动态信息上传，完成淄博市政府门户网站的维护和管理工作。及时添加地情资料，对《淄博概况》《历史上的今天》《淄博大事》等栏目进行补充完善，完成《淄博年鉴（2010）》近100万字的入库上网工作。全年发布史志动态信息60条、淄博要闻300条，其中被山东省情网采用18条。

【方志馆建设】　根据市文化中心建设办公室的要求，对市方志馆的功能布局和机构编制进行多次专题研究。市方志馆规划面积达3500平方米，馆舍主体工程封顶。同时，做好市方志馆机构编制争取工作。继续加强资料和信息搜集，做好志鉴交流及库存志书管理工作。全年交换、接收外地志鉴资料120余册，累计馆藏文献达3300余种、2万余册。

【《淄博工业大事记》出版】　按照市政府统一安排，为庆祝全市工业产值和主营业务收入双超万亿元，市史志办从11月上旬开始制订工作方案、收集汇总资料、撰写编辑稿件、征求各方意见，编修《淄博工业大事记》。12月15日，该书正式出版发行。《淄博工业大事记》全书30万字，收录照片500余幅，体例以编年体为主，辅以纪事本末体，简明完整、客观公正地记述淄博市工业从古至今发展的全部历程，重点记述改革开放以来特别是进入21世纪后淄博市工业贯彻落实科学发展观、转方式调结构、走内涵发展路子的突出业绩。

【服务社会】　参与《山东区域文化通览·淄博卷》编纂，撰写《绪论》《风味独特的饮食文化》2章。完成《山东省历史地图集》的资料核对、《诗赞山东（淄博部分）》的核稿、《志苑集萃》资料征集报送、《中华人民共和国第十一届全运会志（淄博部分）》的编纂等任务。

（群　言）

·档案工作·

【市档案馆创建为国家一级档案馆】　4月23～24日，国家一级档案馆测评组到淄博市对市档案馆创建"国家一级档案馆"工作进行测评。测评组听取市档案馆的创建工作汇报，实地检查档案新馆建设工地、档案馆库房、特藏室、资料室、查阅大厅、数字档案馆机房、爱国主义教育基地等，审核各类文件资料，并对照《市、县级国家综合档案馆测评细则》逐项评议，经审查评定，淄博市档案馆得分95.3分，达到国家一级档案馆标准，测评组确认市档案馆达到国家一级馆标准，并为市档案馆颁发国家一级馆的奖牌及证书。

【档案法制】　11月，市人大常委会副主任段立武带队，市人大常委会教科文卫委员会、市监察局、市发展和改革委员会、市档案局、市法制办公室联合组成档案行政执法检查组，对山东黑牛养殖基地、齐鲁CX汽车文化广场、新华制药总厂搬迁改造、淄博保税物流中心等11家省市重点建设项目单位贯彻实施国家《重大建设项目档案验收办法》和《淄博市重点建设项目（工程）档案管理办法》的情况进行专项执法检查，对部分项目单位档案工作中存在的问题提出整改意见。

【馆室业务】　市及各区、县普遍采取集中整档、以整代训的方式，指导各单位完成年度归档任务，对存在积压或整理不够规范的进馆单位进行集中督导。桓台县档案局采取"六统一"的做法，指导所属500多个单位完成年度整档工作。做好机构改革变动部门和区划调整乡镇档案工作，张店区等5个有机构变动的区县，结合工作实际，督促指导变动单位实现档案的安全管理和妥善处置。围绕社会保险、煤炭、安全生产、食品药品、住房公积金等涉民领域档案，通过加强业务培训、专门指导，帮助有关系统做好档案基础业务建设。全年有

2011年4月23日，国家档案局巡视员华丹为淄博市档案局授牌

（穆　雷　摄）

68个单位达到省二级以上标准，全市档案工作规范化水平进一步提高。

【资源建设】 是年，按照《档案法》《山东省档案条例》等有关法律法规的规定，对市级立档单位的归档范围、档案门类、整理标准以及进馆时限进行规范，将反映立档单位全面工作和活动的文字材料、影像资料、电子文档以及实物档案全部纳入接收范围，切实把对国家和社会、对广大人民群众具有保存和利用价值的档案接收进馆。年内，全市各级综合档案馆接收各门类档案1.5万余卷、4.7万余件进馆。市档案馆征集韩氏、张氏家谱及淄博籍画家作品等进馆，临淄区建立重点文物保护档案，沂源县征集2300余张珍贵历史照片档案进馆。继续做好全市重大活动和新闻声像档案拍摄、收集工作，市档案局先后参加全市重大活动71次，拍摄照片6000余张。做好市电视台《淄博新闻》、市电台《早新闻》的DVD光盘刻录工作。

【档案编研】 是年，编纂出版《中共淄博市委重要经济文件选编》。该书选编1981～2003年淄博市委印发的关于经济建设方面的部分重要文件，约45万字。这些文件是中共淄博市委在全市改革开放的各个重要历史时期，贯彻落实上级重要文件和指示精神，结合淄博市实际作出的重大决策部署，文件涵盖农业生产、工业、对外贸易、招商引资、劳动就业等方面的内容，是党政机关、社会各界工作查考、编史修志和历史研究的重要参考资料。

【服务利用】 是年，市、区县档案馆通过设立查档、咨询服务热线电话、网上查档、预约代查等方式，为各部门及社会各界群众提供方便快捷的档案服务。全年现场接待查阅档案、资料人员4400多人次，利用档案资料23000多卷(件)。在庆祝中国共产党成立90周年之际，为全市各媒体、各部门举办庆祝活动提供多种馆藏档案资料。

【信息化建设】 是年，继续加大市数字档案馆建设力度，重新对各类基础数据库进行调整，完成馆藏档案目录的录入和馆藏永久档案、重点部门长期档案全文数字化处理工作。加强档案网站建设，扩充网站栏目，不断扩大档案信息的利用范围，丰富档案信息利用手段，为社会各方面利用档案提供便利。继续加强对区县档案信息化建设的指导与监督，全市档案信息化建设稳步推进，张店区、临淄区开发完成档案全文数字化管理系统，周村区对原有档案网站进行整合改版，博山区、沂源县、淄川区继续大力充实数据库内容。

【宣传教育】 是年，围绕中国共产党成立90周年，深入挖掘馆藏档案资源，与市委宣传部等部门联合举办《纪念建党90周年、辛亥革命100周年淄博党史展》，联合市委党史委和淄博晚报社共同推出“岁月如歌——庆祝中国共产党成立90周年”系列报道和《淄博晚报·红色典藏》特刊。在淄博市数字档案馆网站建立“纪念建党九十周年”专栏，点击量达到9800多人次。市级(含市级)以上媒体刊登稿件136篇次，其中关于淄博市加强煤炭档案管理工作的文章被《中国档案报》和《山东档案》刊发。 (吕鹏 张莹)

中国人民政治协商会议淄博市委员会

【中国人民政治协商会议第十届淄博市委员会第四次会议】 2月19～22日召开。应到委员418人，实到407人。听取并批准主席岳长志所作的政协第十届淄博市委员会常务委员会工作报告；听取并批准副主席张建祥所作的政协第十届淄博市委员会常务委员会提案工作报告；列席市第十三届人民代表大会第四次会议，听取和讨论市政府工作报告、淄博市国民经济和社会发展第十二个五年规划纲要(草案)及其他有关报告；审议通过市政协十届四次会议关于常委会工作报告的决议、市政协十届四次会议关于常委会提案工作报告的决议、市政协提案委员会关于市政协十届四次会议提案审查情况的报告和政协第十届淄博市委员会第四次会议决议。会议期间，收到提案

2011 年 9 月 21 日，市政协委员视察全市文化市场综合执法情况

（孙 前　摄）

汇报；审议增补十届市政协副主席、常务委员候选人名单（草案）；审议大会选举办法（草案）及总监票人、监票人名单（草案）；审议市政协十届四次会议决议（草案）；审议市政协十届四次会议关于常务委员会工作报告的决议（草案）；审议市政协十届四次会议关于常务委员会提案工作报告的决议（草案）；审议市政协提案委员会关于十届四次会议提案审查情况的报告（草案）。

中国人民政治协商会议第十届淄博市委员会常务委员会第十九次会议。3 月 24 日召开，传达学习十一届全国人大四次会议精神和全国政协十一届四次会议精神；通报《政协淄博市委员会 2011 年工作要点》；研究安排政协工作。会后，市委常委、常务副市长王顶岐作关于“转方式、调结构，促进转变经济发展方式”的专题报告。

319 件，经审查立案 301 件。书面表彰市政协十届三次会议以来的《关于后金融危机时期可能出现的潜在问题及其宏观调控对策的提案》等 33 件优秀提案。同意荣玮因年龄原因辞去市政协副主席职务；增补王树武、吴宗杰为市政协副主席，增补孙永绥、周安颇、徐建祥、禚淑萍为市政协常委。

【重要会议】 中国人民政治协商会议第十届淄博市委员会常务委员会第十七次会议。2 月 20 日召开，审议辞去十届市政协副主席职务的决定（草案）；审议增补十届市政协副主席、常务委员候选人协商名单；审议大会选举办法（草案）及总监票人、监票人名单（草案）。会议决定：同意王永民、任德盈、孟鸿声、郭尚书、谭秀中因工作变动辞去中国人民政治协商会议第十届淄博市委员会委员职务；同意张洪亮、孟鸿声因工作变动等原因辞去中国人民政治协商会议第十届淄博市委员会常务委员职务，并提交全会备案；同意增补王树武、刘云燕、张明、赵希忠、贾元柱、徐建祥为政协第十届淄博市委员会委员；同意马家军任政协淄博市委员会社会法制委员会主任（试用期一年）；金晓莉任政协淄博市委员会副秘书长，不再担任政协淄博市委员会办公厅副主任职务；张学信不再担任政协淄博市委员会社会法制委员会主任职务；张玉不再担任政协淄博市委员会文教卫体委员会副主任职务。

中国人民政治协商会议第十届淄博市委员会常务委员会第十八次会议。2 月 22 日召开，听取市政协十届四次大会秘书处关于各组讨论情况的

中国人民政治协商会议第十届淄博市委员会常务委员会第二十次会议。7 月 22 日召开，听取市委常委、副市长王顶岐关于全市 2011 年上半年经济社会发展情况的通报，审议通过《关于促进全市机电装备产业科学发展的建议案》。决定：成亮文任政协淄博市委员会经济科技委员会主任；尚武任政协淄博市委员会办公厅副主任（试用期一年）；张梅任政协淄博市委员会文教卫体委员会副主任（试用期一年）；常承村不再担任政协淄博市委员会副秘书长职务；王庆生不再担任政协淄博市委员会副秘书长、经济科技委员会主任职务；樊萍不再担任政协淄博市委员会文史资料委员会副主任职务；姜闽英不再担任政协淄博市委员会台港澳侨和外事委员会副主任职务。

全市政协工作会议。9 月 26 日召开，贯彻落实全省政协工作会议精神，总结交流全市各级落实《中共中央关于加强人民政协工作的意见》的经验，研究部署进一步加强政协工作的措施。会后印发《中共淄博市委关于贯彻落实〈中共山东省委关于加强人民政协政治协商制度建设的意见〉的通知》，对人民政协政治协商的基本原则、内容、形式和程序予以规范，为人民政协充分发挥协商议政作用提供政治和制度保障。

2011年5月11日，市政协主席岳长志带领部分政协委员到西铁城(中国)精密机械公司就机电装备产业进行调研

(孙 前 摄)

中国人民政治协商会议第十届淄博市委员会常务委员会第二十一次会议。10月9日召开，传达学习全市政协工作会议精神，审议通过《中国人民政治协商会议淄博市委员会提案工作条例》，听取市政协人口资源环境委员会关于推进中心镇建设加快城镇化进程调研情况的汇报。

【履行职能】 在市政协十届四次会议上，集中围绕全市经济社会发展大局，特别是围绕"十二五"规划积极建言献策，会后形成《市政协十届四次会议协商讨论〈政府工作报告〉和"十二五"规划的意见建议》，报送市委、市政府。市政府专门就政协全会议政报告中的意见建议以正式文件回复市政协。市政府办公厅将报告中的内容分解到各职能部门，积极贯彻落实，意见建议中6个方面34条建议逐一答复办理。坚持把推动科学发展作为履行职能的第一要务，紧紧围绕市委、市政府关于2011年工作的部署要求，就城市建设重点工程、全市企业职工工资集体协商、农业综合开发、"法治淄博"建设、高等职业教育发展、创建全国文明城市、外事工作、文昌湖旅游度假区规划建设、文化市场执法、全市电影业发展、特种设备安全检查、市文化中心建设等工作开展调研或视察，配合全国政协、省政协开展科技评价机制建设、安全生产、行政复议在化解矛盾纠纷促进社会和谐中的作用、中小企业信用担保体系建设、保障房建设、预防和减少青少年违法犯罪情况等视察和调研。为推进全市"十二五"期间经济结构调整和发展方式转变，市政协先后到五区三县、高新区、文昌湖旅游度假区及40余家重点机电装备企业进行专题调研，赴外地考察学习，召开市发展和改革委员会、市经济和信息化委员会、市科技局、市统计局、市机械行业协会参加的机电装备产业发展座谈会。通过深入调研，基本摸清全市机电装备产业的发展情况和存在的突出问题，研究讨论全市机电装备产业发展的思路、重点和对策，特别是对加强整台套设备研发和制造能力、提高零部件配套水平、培养拳头产品和龙头企业以及产业的整体规划等问题进行论证，形成《关于促进全市机电装备产业科学发展的建议案》，市委、市政府主要领导对建议案作重要批示。为促进市委、市政府《关于加快培育建设中心镇的若干意见》的贯彻落实，加快社会主义新农村建设，对全市中心镇建设进行专题调研，调研重点从规划和制度层面，就中心镇的发展规划、管理体制、产业重点、项目选择、公共服务、生态环境等方面提出44条建议。组织全市各级政协组织、党派和政府职能部门，省、市、区县三级政协委员和各民主党派成员的力量，就深入推进生态市建设进行视察，提出要进一步完善工作机制、继续加大环境污染治理力度、调整优化产业和区域规划布局等建议，市委、市政府充分肯定市政协在推进生态市建设中的作用，并要求有关部门积极配合市政协的视察活动，共同推进生态市建设。

【提案工作】 市政协收到提案320件，经审查立案302件，其中民主党派、工商联提案37件，人民团体提案1件，界别提案2件，专委会提案3件，委员提案259件。经济建设方面的提案119件，占立案总数的39.4%。科教文卫体方面的提案90件，占立案总数的29.8%。涉及劳动人事、社会保障和民主法制等方面的提案93件，占立案总数的30.8%。所立提案分别送交68个单位办理。截至10月底，所立提案全部办复。在立案的302件提案中，已经解决的124件，正在解决和列入计划解决的163件，留作参考的15件，分别占提案总数的41.1%、53.9%和5%，提案者对办理情况均表示满意或基本满意。年内，根据全国、省政协提案工作会议精神，对市政协提案工作条例进行修订，经市政协十届二十一次常委会议审议通过后，市委办公厅以淄厅发〔2011〕28号文件予以转发。

【信息宣传】 4月26日，市政协历时两年编纂完成的《淄博历史文化遗产博览》一书举行首发式。全面完成省政协关于长江三峡移民"三亲"(亲历、亲见、亲闻)史料的征集工作。根据省政协统一部署，组织专业力量，历时两年，编纂完成《山东区域文化通览·淄博卷》。全年编发《淄博政协信息》31期，交流工作信息91篇，收集整理社情民意信息40篇，向市委、市政府和省政协报送13篇。在各类新闻媒体、网站发文近300篇次，其中省级以上40多篇，市政协被省政协评为2011年度宣传工作先进单位。进一步加强与各民主党派、工商联和无党派人士合作共事。发挥少数民族和宗教界委员的重要作用，宣传党和国家的民族宗教政策，促进民族团结、宗教和睦。充分发挥桥梁、纽带作用，畅通联系各界群众的渠道，协助党委、政府做好新形势下的群众工作。做好和港澳台侨联谊工作，组织委员赴台湾开展经贸文化交流，拓展同台湾岛内有关党派团体、社会组织、各界人士的联系和沟通，促进淄台经济和文化交流合作。做好上级政协和外地政协到淄博视察、考察、调研接待服务工作。 (赵秀秀)

中共淄博市纪律检查委员会

【重要会议】 1月24日，全市反腐倡廉工作暨中共淄博市纪委十届七次全体会议召开，传达学习十七届中央纪委六次全会和省纪委九届七次全会精神，回顾总结2010年的工作，研究部署2011年党风廉政建设和反腐败工作任务。市委书记、市人大常委会主任刘慧晏出席会议并讲话。市委常委、市纪委书记赵启全代表市纪委常委会作工作报告。

3月2日，市纪委监察局贯彻落实2011年反腐倡廉工作任务分工会议召开。主要任务是按照市委十届七次全会的部署，分解任务，落实责任，研究抓落实的措施，确保2011年各项工作任务目标顺利完成。

3月6日，中央纪委、监察部在山东省淄博市挂职锻炼干部欢送会召开。省纪委常务副书记、监察厅厅长王维新，市委书记、市人大常委会主任刘慧晏出席并分别讲话。

3月10日，全市纪检监察信访举报和案件检查工作会议召开。总结2010年全市纪检监察机关信访举报和案件检查工作，部署2011年工作任务。

3月15日，全市深化作风效能建设工作会议召开。对深化作风效能建设，扎实开展"百个科室大家评"和作风效能建设公开承诺活动作出部署。

3月18日，组织收听收看全国和全省贯彻落实2012年底前惩防体系建设工作要点电视电话会议，并对全市贯彻落实《2012年底前落实〈工作规划〉推进惩治和预防腐败体系建设工作要点》作出部署。

4月25日，全市开展党政机关公务用车问题专项治理工作和清理规范庆典、研讨会、论坛活动工作电视电话会议召开。对贯彻全国、全省会议精神，认真做好两项专项治理工作进行部署。

4月27日，市委常委、市纪委书记赵启全做客山东新闻网访谈直播厅，参加由中共山东省纪委、山东省监察厅与山东新闻网、山东商报联合开通的"山东纪委书记在线"活动。赵启全围绕"发挥纪检监察职能、推进反腐倡廉建设、关注人民群众利益、促进社会和谐发展"主题，就权力运行监控机制、反腐倡廉、行风评议、干部监督、行政效能等方面的问题与广大网友在线互动，倾听民意，了解民声。

5月24日，全市推进工程建设领域项目信息公开和诚信体系建设工作会议召开。传达《淄博市工程建设领域项目信息公开和诚信体系建设工作实施方案》。

5月31日，组织收看全省工程建设领域突出问题专项治理工作电视会议。

6月9日，全市反腐败工作领导小组全体会

议召开。传达全省纪检监察机关查办案件工作座谈会精神，学习省纪委等7部门《关于在查处违纪违法案件中加强协作配合的办法》，总结市反腐败工作领导小组成立以来的工作情况，部署工作任务。

6月23日，全市开展制度廉洁性评估试点工作会议召开。会议部署制度廉洁性评估试点工作。传达《市纪委关于开展制度廉洁性评估试点工作的方案》。

7月8日，全市科技防腐工作现场会在临淄区召开。会议现场学习临淄区"一平台四系统"的建设经验，对全市科技防腐工作作进一步安排部署。

9月1日，全市加快转变经济发展方式监督检查工作领导小组会议召开。会议传达贯彻全国、全省加快转变经济发展方式监督检查工作电视电话会议精神，部署全市监督检查工作。

11月14日～15日，市委常委、市纪委书记赵启全参加全国工程建设领域项目信息公开和诚信体系建设工作推进会并作典型发言。

【领导干部廉洁自律】 以对领导机关、领导干部特别是"一把手"的监督为重点，落实廉政谈话、领导干部个人重大事项报告、述职述廉、离任审计、党风廉政建设责任制等制度，督促领导干部严格执行廉洁自律各项规定。由市委、市政府领导同志带队，对区县、高新区和市直部门、单位落实党风廉政建设责任制情况进行检查考核。认真落实党政机关厉行节约八项要求。严格落实公务用车管理制度，违反规定使用公车现象得到有效遏制。

【党风廉政教育】 开展"以人为本、执政为民"主题教育活动，深入开展示范教育、警示教育和岗位廉政教育。组织全市党员干部认真学习贯彻《中国共产党党员领导干部廉洁从政若干准则》及《〈中国共产党党员领导干部廉洁从政若干准则〉实施办法》，继续深入实施党员干部警示诫勉制度。2011年，组织实施警示诫勉54人次，其中县处级干部2人、乡科级干部9人，全市各级纪委负责人同下级党政主要负责人谈话462人次，任前廉政谈话762次，诫勉谈话14人次，领导干部述职述廉7777人次。

【信访举报】 全年受理信访举报1583件次，比2010年下降0.88%，提供党员干部违法违纪线索244件，转立案176件，占立案来源总数的41.41%。市纪委直查快办信访件11件，发函交办47件，区县纪委直查快办信访件272件，党纪处分94人，移交司法机关34人。开展"信访百日"专项活动，对2010年下半年以来的群众到中央纪委、省纪委越级上访反映强烈的信访问题进行集中调处。对业务范围内的65批188人次上访中涉及的39个信访问题，分别制定专门解决方案，实行主办人制度，落实领导责任制、分级负责制、督查通报制，通过召开协调会、听证会、吸收群众代表参与信访问题调查、双向承诺、实名举报答复等措施，做到查清问题、弄清原因、恰当处理、及时反馈，息诉罢访36个；对业务范围外的信访问题，明确督办领导和具体联系人，协调督促相关单位认真办理，督办54次，息诉罢访28个。开展争创无越级集体访区县活动，周村区、高青县、沂源县3个区县被省纪委评为2011年无越级集体访区县。认真处理中央纪委、省纪委和市委、市政府交办的重要信访举报件，妥善解决一批疑难复杂信访案件。

【查办案件】 全市立案425件，其中涉及县处级干部1人，乡科级干部42人，万元以上案件42件，结案385件，处分315人。

【源头治理】 全面部署开展廉政风险防控工作，将风险防控覆盖到全市94个市直部门，435个下属单位和全部区县及其下属单位，实现对权力运行的全覆盖。注重发挥派驻机构驻在部门职能优势，明确由派驻机构负责监督推进防控管理工作。各部门单位抓住"找、防、控、评"四个环节，严格标准、规范程序，把风险防控贯穿权力运行全过程，初步建立起防得住、控得住的风险防控管理体系。全市各级各部门单位梳理排查风险点6.5万个，制定防范措施7.8万条。健全网络举报和受理机制，制定网络舆情监控处置办法，加强对反腐倡廉舆情特别是网络信息的收集、研判和处置，强化舆论引导，增强工作的前瞻性和主动性。认真开展制度廉洁性评估和“两委委员”提出罢免或撤换要求处理试点工作，加强对地方性法规、规章和其他规范性文件的廉洁性、合法性、科学性评估，有效堵塞制度漏洞。推进基层党务公开工作，专门成立领导机构，强化统筹指导，制定《关于在全市党的基层组织实行党务公开工作的意见》，规范党务公开的内容、重点、程序和形式，确保工作进度与质量的统一。6月中旬，在全省率先实现基层党务公开工作全覆盖。7月，在全省基层党务公开工作会议上介绍经验。

【监督检查】 重点围绕转方式调结构开展监督检查，专门印发实施意见，将转方式调结构监督检查任务细化为8个方面，明确到9个责任部门，并分头制定监督检查方案和有关政策文件，把工作具体化、工程化。市纪委监察局履行组织协调和督促检查职责，各责任部门发挥职能优势，通过听取汇报、查阅资料、实地检查等方式进行监督检查，对发现问题采取挂牌督办、台账销号、限期整改等措施，推动转方式调结构工作深入开展。全年检查项目2604个，发现问题228个，整改到位209个。加强对换届纪律的监督检查，确保换届风清气正。

【信息公开平台建设】 发挥科技防腐优势，进一步规范行政审批电子监察系统的运行管理，建立短信预警系统，提升电子监察的时效性。在全国非试点市率先推行工程建设领域项目信息公开和诚信体系建设，研发建立全市统一的信息公开共享平台，结合部门职能和项目审批、管理情况，制定符合淄博市实际的项目信息公开目录和信用信息目录。市、区县两级政府门户网站开通信息公开栏207个，公开工程项目信息2576条、信用信息933条。11月中旬，在全国工作推进会上作经验介绍并同步进行系统演示，受到与会专家和领导的好评。

【治理群众反映强烈的突出问题】 实施纠风惠民工程，会同有关部门重点对征地拆迁、住房保障、教育医疗、食品药品安全、环境保护、安全生产等方面损害群众利益的突出问题进行治理，督促各项民生政策措施的落实。继续巩固和深化“小金库”专项治理工作成果，深入开展清理和规范庆典、研讨会、论坛活动以及公务用车等专项治理工作，切实加强公款出国（境）管理，认真做好规范津贴补贴工作。2011年，清理违规公务用车106辆，党政干部因公出国（境）经费比2008～2010年平均数下降5.1%。

【作风效能建设】 开展“百个科室大家评”活动，选择105个与企业、群众利益密切相关的科室，采取职责公示、社会监督、群众评议等方式，切实解决在工作作风、服务质量和办事效率等方面存在的问题。开展作风效能建设公开承诺活动，就改进作风、提升效能、依法行政、廉洁从政等内容，组织市直部门以及具有行政管理和公共服务职能的单位主要负责同志在全市主要媒体公开承诺，并公开举报投诉电话，接受社会监督。全面启动政风行风热线电台、电视、报纸、网络“四位一体”运行新模式，建设开通“淄博纠风网”，深入开展政风行风评议。继续实行企业联系点制度，新增17家企业联系点，在市区两级设立近300家企业监测点，形成多方位、多领域的经济发展环境监测网络。加大投诉调查处理力度，全年受理群众投诉261件，对24名公务人员实施责任追究。

（王俊谋）

民主党派

【中国国民党革命委员会淄博市委员会】 思想建设。4月20日，民革淄博市委在张店区全民义务植树基地——玉黛湖景区开展植树活动，并召开30多人参加的座谈会。5月，民革党员和机关工作者11人参加市直机关工委组织纪念中国共产党成立90周年歌咏比赛。6月，机关全体工作人员参加统战系统纪念中国共产党成立90周年党史知识竞赛；征集作品44幅参加全市统战系统纪念中国共产党成立90周年书画作品展。10月14日，淄博市召开纪念辛亥革命100周年座谈会，民革市委副主委作会议发言。根据民革中央统一部署，5月21～25日，赴南京、安徽、无锡等地开展“观故居，走多党合作之路”

活动。12月，民革市委机关首次被民革中央评为全国优秀机关。

组织建设。重点学习中国共产党十七届五中和六中全会精神、全市统战工作会议精神。3月，民革山东省委在济南召开学习践行社会主义核心价值体系经验交流大会，周村区、张店区基层组织和9名民革党员分别被授予先进组织和先进个人称号。11月，民革市委举办骨干培训班，40余名骨干人员参加培训。年内，各级组织发展党员12名。民革市委积极开展"党外代表人士建设年"活动，研究制定《民革淄博市委2011年代表人士队伍建设工作方案》。9月，按照换届要求，严格组织程序，完成5个基层委员会和2个支部的换届工作。民革市委于11月7～8日召开民革淄博市第七次代表大会，选举产生新一届领导班子。

参政议政。1月，民革界别向市政协十届四次会议提交个人提案10件，集体提案4件，其中《转变发展方式，提高发展质量，大力发展服务外包产业》被确定为大会一号提案。向市政协十届三次会议提交的3件提案被评为优秀提案。民革市委的2篇调研报告《关于促进我市核级锆材产业发展的调研报告》《关于大力发展服务外包产业的建议》上报中共淄博市委，受到市委领导高度重视。 (梁文刚)

【中国民主同盟淄博市委员会】 思想建设。民盟淄博市委各级组织通过召开三八妇女节盟员座谈会、参加专题讲座、专题报告会、理论研讨、收听收看核心价值体系先进事迹报告等方式，深化盟员对社会主义核心价值体系的认识，深入推进树立和践行社会主义核心价值体系活动。4月，向民盟山东省委报送树立和践行社会主义核心价值体系先进集体及个人。开展多党合作宣传活动，组织盟员参加歌咏比赛、党史知识竞赛等活动，举办三八妇女节入盟感想座谈、书画展、征文等系列庆祝活动，推荐节目参加民盟省委庆祝活动。4月，民盟淄博市委举办庆祝民盟成立70周年座谈会。

组织建设。2011年，发展盟员32人。截至年底，淄博民盟有盟员637人。民盟淄博市委指导基层完成换届。11月7日，召开第六次代表大会，选举产生新一届领导班子。7月，在临沂举办全省民盟组织发展会议，民盟市委做典型发言。民盟淄博市委被民盟中央评为先进集体，3名盟员被民盟中央评为先进个人。

参政议政。以服务科学发展为第一要务，积极开展调研活动。5月，到淄博市双凤陶瓷有限公司、淄博长城酒业有限公司等企业调研，为中小企业发展建言献策。8月，形成《政府网络管理研究》《关于临淄区农村信用合作社情况的调查报告》等调研报告，报送中共淄博市委，得到市委、市政府主要领导批示。

社会服务。继续推进"整村推进"活动，民盟市委帮助桓台县新城镇西贾村、周村区西崖村兴建蔬菜基地，搭建信息平台，提供技术指导，同时积极协调建设所需资源。发挥自身人才优势，在民盟临淄区生态循环农业示范点建成后，开展技术培训、技术指导、技术咨询等工作，进一步扩大示范作用，带动周边区域大力发展生态循环农业，包括提高沼气生产、利用技术水平，发展绿色蔬菜、核桃生产基地，延长生态农业产业链。指导基层到偏远山区开展书画下乡、文艺汇演，建设老年服务中心，通过各种方式，丰富贫困山区群众的文化生活。 (民盟市委)

【中国民主建国会淄博市委员会】 思想建设。围绕纪念中国共产党成立90周年开展活动：组织参加淄博市统战系统"多党合作 同心同行"书画展、统一战线知识竞赛、全市市直机关红歌比赛和中共市委座谈会；6月，举行座谈会，制定开展"多党合作 同心同行"主题活动意见；与临淄区委统战部联合主办书画联展，并编印作品集；组织参加民建中央征文活动，会员张俊杰的诗歌《党颂》获优秀奖。组织学习中国共产党十七届六中全会精神，制定《民建淄博市委关于发挥自身优势，推动文化大发展大繁荣的意见》。会员郑德敬、魏元忠被表彰为全省统战系统树立和践行社会主义核心价值体系先进个人。

组织建设。科学制订方案，做好各级换届工作。9月22日至10月16日，各区委、基层委员会、市直各支部分别召开会员代表大会或全体会员大会，完成换届。10月30日，民建淄博市第十次代表大会在张店区召开，选举产生新一届领导班子。年内，发展 38 名会员，12 月举办新会员培训班，按要求建立新的代表人士队伍。4 月，桓台县基层委员会被民建省委机关确定为社会调研联系点并举行揭牌仪式。7 月，民建中央副主席张少琴到淄博市考察，参观会员企业江辰时装有限公司，与基层组织负责人进行工作座谈。

参政议政。在全国人代会上提交议案 2 件，建议 5 件；在省政协会上提交提案 3 件，大会发言材料 1 件；在市政协会上提交提案 50 件，其中集体提案 12 件，《关于采取具体措施加快发展现代物流业的建议》《关于加快我市服务外包产业发展的建议》等 6 件被确定为重点督办提案。议政报告《太河库区生态特色农业发展研究的报告》《关于建陶企业创新节能的调查》得到市委、市政府主要领导批示。

社会服务。新建成农家书屋 2 个，援建总数达 10 个。社会服务"整村推进"被中共山东省委统战部、省人力资源和社会保障厅评为山东省各民主党派工商联无党派人士为经济文化强省建设作贡献"社会服务优秀成果"。会员马学强被表彰为民建全国社会服务先进个人。

宣传工作。在《民讯》、民建中央网站、《联合日报》、《淄博日报》等发表文章、工作通讯 90 余篇。理论文章《核心价值观与民主党派发展研究》刊发于《山东民建》第 6 期。被民建省委表彰为 2011 年新闻宣传先进单位，《民建淄博市委自身建设工作浅谈》被表彰为新闻宣传优秀作品。

（王安徽）

【中国民主促进会淄博市委员会】 思想建设。5～6 月，组织参加纪念中国共产党成立 90 周年歌咏比赛、"多党合作、同心同行"书画展等活动。7 月，组织会员赴江西井冈山，参观根据地遗址和井冈山革命历史博物馆，学习领会中国共产党早期艰苦奋斗的精神，引导广大民进会员进一步巩固共同思想政治基础。

组织建设。准确把握中央和省、市委关于民主党派换届工作的方针、政策，确保换届工作的顺利进行。9～10 月，民进张店区、淄川区、博山区、周村区、临淄区 5 区基层委员会，山东理工大学委员会，教育委员会陆续召开会员大会，选举产生新一届领导班子，文化艺术委员会、市直总支委员会、淄博职业学院委员会也都按照规定作相应调整。11 月 5～6 日，民进淄博市召开第五次代表大会，选举产生民进淄博市第五届委员会。2011 年，全市发展会员 26 名。新发展会员仍以教育界优秀人士为主，同时吸收医药卫生界、新阶层和机关的部分优秀人士加入民进队伍。

参政议政。市政协十届四次会议上，民进市委《关于加强薛凤祚研究的提案》被评为优秀提案。《关于加强抗菌素分级管理和监管的建议》提交到民进省委，并由民进省委转交至省政协和民进中央，得到民进各级组织的重视，引起较大反响。

2011 年 7 月 16 日，民建中央副主席张少琴到淄博市考察会员企业

（毕海静　摄）

社会服务。六一国际儿童节前夕，民进淄博市经济支部会员到淄博盲校送温暖。民进淄博市工商支部组织开展"送温暖 献爱心"公益行动，购买花生油、面粉、鸡蛋、大米、绿豆和图书画册，到淄川区特教中心走访慰问。民进临淄区基层委员会于 12 月 20 日在齐鲁武校成立天下父母亲情教育基地。

宣传工作。定期向市委统战部、民进省委、民进中央报送信息，多条信息刊登在民进省委和民进中央的网站上，向市委统战部报送信息 60 条以上。在《山东民进》《淄博日报》等媒体发表信息。及时更新淄博民进网站。

（陈艳君）

【中国农工民主党淄博市委员会】 思想建设。以庆祝中国共产党成立90周年为契机，参加中国共产党党史知识竞赛、书画展、市直机关歌咏大赛和农工党省委举办的“中共建党90周年征文”活动，举办“中共建党90周年座谈会”。

组织建设。完成市、区两级换届任务。11月2日，召开农工党淄博市第六次代表大会，选举产生农工党淄博市第六届委员会。妇女工作委员会组织农工党女党员召开座谈会，庆祝三八妇女节。组织工作委员会和宣传文体工作委员会联合召开会议，讨论并通过《中国农工民主党淄博市委关于组织发展与党费收缴管理的暂行规定》《中国农工民主党淄博市委宣传信息工作先进集体和先进个人评选条件和办法》。发展34名新党员，为组织建设充实新生力量。

参政议政。利用市政协全委会平台建言献策。在淄博市政协十届四次会议上，提交提案30余件，内容涉及医疗卫生、教育、交通、环保等关系国计民生的各个方面。市委会向市政协十届三次会议提交的4件提案被表彰为优秀提案。深入调查研究，上报中共淄博市委《关于我市中小企业有关用地问题制约企业经营发展的调研报告》《关于充分发挥我市医疗资源构建优质医疗资源共享体系的调研报告》。农工党淄博市委被农工党山东省委评为社情民意信息工作先进单位。

社会服务。继续开展帮扶村活动。6月10日，市委会组织党员中的医疗专家到临淄区南术南村开展义诊服务活动，接诊420多人次，赠送药品价值20000多元。博山区、淄川区基层委员会分别组织党员、专家前往偏远山区、敬老院提供医学咨询和诊疗服务。贯彻落实农工党中央和省委关于开展“中国环境与健康宣传周”活动的精神，在全市范围内开展以“人居环境与健康”为主题的宣传周活动。

信息宣传。结合中国共产党成立90周年，及时宣传报道先进人物、先进事迹，及时把市委会及各基层组织的工作动态、经验、总结报送农工党山东省委和中共淄博市委统战部，并向全市各基层组织传达中共淄博市委以及上级组织指示精神和反映市委会的工作动态。

（张月红）

【九三学社淄博市委员会】 思想建设。5月，社市委开展纪念中国共产党成立90周年和辛亥革命100周年暨社章社史百题知识竞赛活动。6月，参加全市统战系统“多党合作、同心同行”纪念中共建党90周年大型书画展，收到各基层组织作品46幅，其中15幅作品参加展出，11幅作品入册。6月底，社市委组织纪念中国共产党成立90周年征文活动。11月25日，社市委举办40余名骨干社员参加的培训班。

组织建设。重点开展“党外代表人士队伍建设年”活动。4月底，在省委统战部召开的党外代表性人士队伍建设座谈会上，省委统战部部长张传林等对淄博市九三学社的组织工作尤其是博士成员发展工作给予高度评价。张店区基层委员会被社中央表彰为先进集体，社市委信息宣传工作、桓台县基层委员会社会服务工作被社省委分别表彰为先进集体，王济众、孟强、林玉柱被社省委表彰为社会服务工作先进个人。4月中旬，社市委认真按照市级民主党派代表人士推荐范围界定，通过摸底、统计工作，对符合条件的26名社员进一步考察汇总上报，积极配合社员所在区县统战部门的各项相关工作。年内，发展社员22名。截至年底，社市委有社员525名，其中具有高级职称者314名，占60%，博士成员17人，占全市民主党派所有博士成员的40%，硕士研究生69人。6月，在社省委常委会议上，社市委副主委孟强，山东理工大学教授、博士张录强被社省委聘为参政议政特约研究员，任期2年。6月，在社省委第十九次常委会上，张店区基层委员会做经验介绍，省政协、社省委所办报刊多次刊载基层组织建设经验。7月20日，社市委召开监督监察员座谈会。9月底到10月初，各基层组织完成换届工作。10月31日，九三学社淄博市第七次代表大会召开，选举产生社市委第七届委员会。12月1日，九三学社淄博职业学院支社成立。

参政议政。向市政协十届四次会议提交提案30余件，内容涉及经济、文化、医药改革、教育、民生等诸多方面。向市政协十届三次会议提交的5件提案被表彰为优秀提案，占全部优秀提案数的

15.2%，九三学社优秀提案数连续4年在市政协全部界别优秀提案中为数最多。社市委的集体提案《关于后金融危机时期可能出现的潜在问题及其宏观调控对策的提案》被评为市政协三次全会一号提案。社市委主委王济众在市政协会上提交的《加大对我市近代著名学者薛凤祚研究》受到临淄区委、区政府的高度重视。社市委提交的《关于加强太河水库水源地保护的建议》受到市政府、水利及相关部门的高度重视。

8月，社市委围绕全市节能降耗工作开展情况进行专题调研，形成《关于继续推进我市节能降耗工作的建议》报送中共淄博市委，受到市领导高度重视。9月，市经济和信息化委员会、市节约能源办公室等多部门对议政报告逐条进行自查和分析。同时，积极参加九三学社中央及山东省委的参政议政课题招标。3月底，社市委提交参政议政课题申报材料3份，其中《收入分配改革机制障碍与对策研究》经社省委推荐参加社中央参与竞标，《关于相对集中行政行政处罚权工作的调查与思考》被社省委选中。11月中旬形成调研报告，完成社中央、社省委课题上报工作。11月4日，社市委主委王济众应邀参加社省委承担的社中央重点理论调研课题研讨会，就“民主党派如何提高参政议政水平的深度思考”发表建议和意见。

信息宣传。2月，社市委主委王济众撰写的理论调研文章《探索建立参政党内部监督的有效机制》在中央统战部《调研参考》刊发。全年编辑出版《议政参考》2期。5月，在全省社务工作会议上，《探索建立参政党内部监督的有效机制》《九三学社淄博市委为高层次人才搭建“四大平台”》分别被评为2010年度全省思想宣传工作优秀作品一等奖和三等奖。

社会服务。进一步做好“整村推进”社会服务工作。重点做好对帮扶村荒山开发、养殖、种植、农产品加工等经济效益为主的生产性项目进行再次规划论证和项目建设。11月18日，社市委组织部分医疗专家，深入帮扶村开展“送医送药送温暖”社会服务活动，免费发放3000余元药品。

（九三学社市委）

【中国致公党淄博市委员会】 思想建设。致公党淄博市委以纪念中国共产党成立90周年和辛亥革命100周年为契机，加强对党员的爱国主义教育和优良传统教育。统一购买并向基层组织配发《身边的榜样——树立和践行社会主义核心价值体系先进人物事迹报告集》，组织党员认真研读《社会主义核心价值体系学习读本》《中国致公党党员学习读本》和新修订的《中国致公党简史》等。年内，召开纪念中国共产党成立90周年和辛亥革命100周年座谈会。组织市委会成员、张店区基层委员会集体观看《建党伟业》。同时，组织党员参加市委统战部组织的红歌演唱会、庆祝中国共产党成立90周年书画展等活动。

组织建设。年内，发展党员10名，同时确定14名致公党之友，举办学习班，对基本符合条件的申请入党人员进行教育培训。全市致公党员总数达到109名。致公党淄博市第三次代表大会于2011年11月1日在张店区召开，选举产生第三届市委会。

参政议政。在市政协十届四次全体会议上，以致公党市委名义提交集体提案3件、个人提案14件，致公党淄博市委在市政协十届三次会议上提交的《关于加大力度保护太河水库上游水源地的提案》、市委委员丁涛提交的《关于关注人们心理健康的提案》被表彰为优秀提案。由致公党市委提交致公党山东省委的调研报告《关于在我省大力发展低碳经济 建设低碳城市的建议》被省委会采用，作为致公党省委提案提交山东省政协十届四次全会。超额完成致公党山东省委的调研课题，上报致公党山东省委2篇调研报告《关于加快推进农业现代化促进农民持续增收问题的调查与思考》《山东省地热资源利用现状及建议》。致公党中央刊物《建言策》刊登由致公党淄博市委参政议政委员会委员王玉杰撰写的社情民意信息《关于积极应对国外冲击 提高我国民族种业核心竞争力的建议》。年内，致公党淄博市委提交中共淄博市委的议政报告《关于加快推进我市农村金融服务改革创新的建议》《关于加快推进农业现代化促进农民持续增收的调查报告》，得到中共淄博市委主要领导的批示和肯定。

宣传工作。年内，向致公党山东省委报送社情民意3条；向市委统战部报送信息共计60余条；向致公党山东省委报送信息46条，其中被致公党中央网站采用11条。“淄博致公”网站更新各类信息72条。

社会服务。年内，致公党山东省委和市委会发动党员分别捐建周村区中和街小学、淄川区罗村镇千峪小学、临淄区凤凰镇召口小学、临淄区凤凰镇南坞小学的4所“致公同心书屋”，为4所书屋选配科普、文学、艺术等多个门类的图书12000余册，总价值20万余元。市政协副主席、致公党淄博市委主委吴宗杰一行到“致公党淄博市委社会服务活动基地”——周村区大街办事处长安社区慰问中共老党员。

对台联谊。年内，应中国台湾文化部门的邀请，淄博市致公党员杨远飞随全国人大常委会副委员长许嘉璐等访问台湾，参加“纪念辛亥100周年两岸百家水墨大展”。（杨　曼）

群众团体

·淄博市总工会·

【市委工会工作会议暨庆祝五一国际劳动节大会召开】 4月29日，在齐盛国际宾馆召开。印发《中共淄博市委关于加强和改进新时期党对工会工作领导的意见(征求意见稿)》，对全国五一劳动奖章获得者、工人先锋号，省富民兴鲁劳动奖章获得者、工人先锋号，市振兴淄博劳动奖状(章)获得者、工人先锋号和市“十大金牌工人”进行表彰。先进模范代表向全市职工发出倡议书。

【六大行动与十件实事】 六大行动包括：“当好主力军，奉献‘十二五’”建功立业行动、“百万职工大练兵”素质提升行动、“依法普遍建会”基层工会规范化建设集中推进行动、“普遍开展企业工资集体协商”和谐劳动关系创建行动、“走近职工、化解矛盾”社会维稳行动、“扶困扶能、助你创业”困难职工关爱行动。十件实事包括：在张店中心城区市劳动人民文化宫设立职工服务中心，向职工提供面对面、一站式、全方位服务；巩固发展12家工友创业实训基地，培训4000名下岗失业人员和农民工；成立职工维权法律顾问团，为职工提供义务法律援助；建立3家市总工会困难职工爱心超市，减轻困难职工的生活负担；开通“女职工心声”服务热线，为女职工提供家庭、事业、维权等全方位的服务；发动百名企业家劳模与困难职工家庭“手拉手”结对帮扶，利用劳模企业家的影响带动更多企业家参与困难职工帮扶活动；为8000名职工和劳模办理职工互助补充保险，增强职工抗御风险的能力；建设50家市级示范职工书屋和10个农民工流动书箱，为职工学习文化、提高素质创造条件；建设150家乡镇(街道)和村居(社区)困难职工援助站，打造集信访服务、法律援助、生活救助和就业指导为一体的“一站式”服务平台；完善市总职工文体中心服务功能，为职工文体活动提供阵地，展示才艺搭建平台。

【技术比武】 是年，在市直机关、税务、教育、金融、交通、餐饮、建筑、卫生、疾控、食品药品10个行业、系统开展37个项目、1560场次的技能大赛，16.3万名职工参加各类技术比武，102万名职工参加岗位练兵、技能培训活动。涌现出行业技术能手(标兵)570名，5200人次受到表彰；全市申报提高职业(工种)技术等级的人数达7.82万人，其中技师和高级技师850人。推广新技术、新工艺1950项，解决技术关键5100项；全市职工提出合理化建议10.6万项，采纳实施3.4万项，节约创造价值达5.53亿元。12月9日，召开全市“百万职工大练兵”活动总结交流会，对44名行业技能大赛综合成绩第一名选手授予振兴淄博劳动奖章。

【职工服务中心“四级网络”建立】 4月30日，市总工会职工服务中心正式启动。5月6日，市总工会在临淄区召开全市工会职工服务中心网络建设推进会，进行动员部署。至年底，全市五区三县和79个乡镇全都建立职工服务中心，586个社区企业建立职工服务点，以市总工会职工服务中心为骨干，以区县工会职工服务中心为支撑，以镇街道工会职工服务中心为枢纽，以社区、企业工会职工服务点为基础的四级职工服务网络基本形成。职工服务中心整合工会服务资源，确定8项职能，设立11个服务窗口，基本涵盖职工的服务要求；

建立30项工作制度和12项岗位责任制度，设计开发新的服务管理软件，实现中心工作的制度化、程序化和规范化运行；与有关部门联合设立劳动争议调解联动服务中心等7个“联动服务中心”，实现工会职工服务平台与政府公共服务平台的有效对接；市、区县职工服务中心法律援助窗口由市、区县工会成立的职工维权律师顾问团的成员及其所在事务所轮流义务值班，心理咨询窗口与市心理卫生学会和山东理工大学心理系合作聘请有资质的心理咨询师提供服务，提高专业化服务的水平。至年底，全市工会职工服务中心网络接待职工到访和电话3.8万人次，其中职工服务热线3.3万人次，职工维权和法律援助4800多人次；实施困难帮扶1.8万人次，帮扶金额达到1186万元；开展心理咨询服务和举办心理健康知识讲座，4.3万名职工受益。

【群众工作室设立】 在各级工会层层设立群众工作室，群众工作室依托工会现有机构和人员，工会主席兼任工作室主任，主要职责是协助单位党政大力发展和谐劳动关系、做好矛盾纠纷排查化解和职工信访工作、及时向单位党政及上级工会反映报告职工的思想动态和所需所求。建立基层工会主席定期接访、谈心、工作日志档案、督办和反馈、职工舆情征集反映、矛盾纠纷排查、群体性突发事件应急处置等制度，使群众工作室发挥党群联心桥、社情民意直通车和工会工作导航器的作用。

【工会干部联系职工制度】 市总工会建立工会干部联系职工“活动日”制度，每个季度最后一个月的25日，全市万名工会干部下厂矿、进车间、入家门，面对面与职工座谈交流，实打实地为职工服务。每个活动日都确定一个主题，市总工会副县级以上领导分别带队到一个区县，通过召开座谈会、下发调查问卷等形式，征求职工的意见和建议，现场解答职工提出的问题。全年举办活动日4次，全市工会干部为职工办实事、解难题达5.8万件(次)。12月23日，第四个工会干部联系职工活动日，开展送温暖“百千万”爱心服务大联动活动，发动125名企业家劳模、1049名律师和心理咨询师、11500名工会干部，同一天到10600户困难职工家中，发放救助款物达950余万元，为贫困职工安排870多个就业岗位，为3.2万名职工提供心理咨询服务，举办法制讲座75场次，解答职工法律咨询1100多人次。

【爱心帮扶】 利用职工服务中心四级网络，积极发动社会力量参与职工服务工作。市总工会联合淄博商厦及其下属的9家超市设立职工爱心超市，通过工会补贴、商家让利，为职工提供优质、优惠服务。年内，全市工会设立爱心超市47家，为困难职工提供优惠147万元。12月28日，市总工会在市第八人民医院举行爱心医院授牌仪式，依托市第八人民医院及其所属2家社区门诊，设立爱心医院和爱心门诊，困难职工及其直系亲属可持爱心医疗证享受免普通门诊挂号费、查体7折优惠、大型检查8折优惠、住院费血液透析费减免等优惠。市总工会与市教育局、淄博联通公司、淄博供电公司等联合设立爱心学校、爱心彩虹、爱心通讯、爱心供热等爱心服务项目，形成一条龙爱心系列服务，使社会服务资源得到有效整合。

【职工动态直通车启动】 市总工会在基层设立100个职工动态直报点，聘请100名一线职工作为职工动态信息员，及时了解、收集职工关注的热点问题，关系职工利益的难点问题和影响职工队伍稳定的突出问题等职工舆情，通过在市总工会办公网上设立的专门平台，向市总工会传报动态信息。5月31日，全市职工动态直通车启动暨职工素质建设工程经验交流会议在市总工会召开，正式启动职工动态直通车，并向职工动态一线职工信息员代表颁发聘书。

【职工维权律师顾问团和心理咨询顾问团成立】 2月16日，全市维护职工权益优秀律师表彰暨职工维权法律顾问团授牌仪式在市总工会举行，对10名获“全市维护职工权益杰出律师、优秀律师”称号的律师进行表彰，“山东省维护职工权益杰出律师”获得者杨光磊和受表彰的10名律师被聘为法律顾问团成员和工会工资集体协商指导员。12月2日，市总工会与市心理卫生协会和山东理工大学教育与心理研究所合作，成立淄博市职工心理咨询服务顾问团。顾问团成员全部由取得专业资格证书的心理咨询师组成，为职工提供义务心理咨询服务。职工维权律师顾问团和职工心理咨询顾问团成立后，先后组织开展维权律师、心理咨询师进企业、走进电台直播间等活动。

【首届十大金牌工人评选】 4月29日，在市委工会工作会议暨庆祝五一国际劳动节大会上，对十大金牌工人进行了表彰。分别是：淄博柴油机总公司的王润芝、淄博矿业集团的孙德文、山东东岳有机硅材料有限公司的宋磊、山东药用玻璃有限公司的宋以伟、山东新华制药股份有限公司的李钦和、山东东泰矿业有限公司的杨朝聚、山东山博电机集团有限公司的柳先进、山东高阳建设有限公司的赵有喜、中国铝业山东分公司的徐鸿、山东齐赛纺织有限公司的曹玲玲。

【全市职工红歌大赛】 6月24日，市总工会在市广电大剧院举行联通杯颂歌献给党全市职工歌咏比赛，全市区县总工会、系统及各大企业的16支代表队、2000余名职工参加比赛。山东铝业公司、联通淄博分公司、淄博供电公司获特等奖，其余各队分获一、二等奖和优秀组织奖。

【“女职工心声”服务热线启动】 4月11日，市总工会在鲁泰纺织股份有限公司举行全市“女职工心声”三级服务热线启动仪式，决定逐步建立起以市总工会女职工部为第一级，各区县系统女职委为第二级，各乡镇、企业女职委为第三级的全市“女职工心声”热线网络体系，倾听来自女职工关于家庭、工作和权益维护等方面的诉求，为广大女职工排忧解难。至年底，各级工会女职工心声服务热线接听女职工热线2249个，为女职工解决实际问题579个。 （韩　冰）

·中国共产主义青年团淄博市委员会·

【基层团组织建设】 与市委组织部联合召开全市基层党建带团建工作会议，建立党委领导干部党建带团建工作联系点制度，市县两级党委领导建立联系点112个。抓好2011年度基层团建书记项目——园区团建工作，在东岳氟硅材料产业园等12个园区开展试点。制定《关于集中推进建筑业务工青年群体团建工作的意见》，在36家建筑企业建立务工青年团组织，在济南、青岛、济宁等城市建立市级驻外团工委，辐射外出务工青年1万余人。印发《全市乡镇（街道）团的组织格局创新工作实施意见》，全市88个乡镇街道完成组织格局创新工作。2011年，全市新建非公企业团组织553个，新社会组织团组织159个；全市848个农民专业合作组织中，97个农民专业合作社建立团组织，占符合建团条件专业合作社的69.8%，覆盖团员青年4144人。

【激发基层团组织工作活力】 完成38个市属机关、企事业单位团委和473个基层团组织的换届调整工作，调整充实团干部1684名。结合村“两委”换届，开展村居团组织换届工作，完成换届3157个，村居团组织书记进“两委”1276人，116名大学生村官经选拔走上团的工作岗位。召开“永远跟党走 奉献十二五”全市创先争优青年典型报告会和全市大学生村官向张广秀学习座谈会。评选表彰优秀共青团员90名、优秀共青团干部56名，五四红旗团委30个、五四红旗团支部（总支）56个。3个集体、1名个人受到团中央的表彰。19个单位、11名个人受到团省委表彰。1人获得山东青年五四奖章称号。

【青少年思想道德建设】 以庆祝中国共产党成立90周年为主题开展教育实践活动，召开全市各界青年代表学习“七一”重要讲话精神座谈会，部署开展深入学习“七一”重要讲话精神活动；组建“我与祖国共奋进”形势政策宣讲团，巡讲20场；举办庆祝建党90周年“永远跟党走”红歌传唱“四进”活动18场；开展全市青少年“学党史、知党情、跟党走”主题实践活动启动仪式暨千名青少年入团仪式、“祖国发展我成长”、“民族精神代代传”、“红领巾对党说”书信写作、“队旗飘飘映党旗”少先队员献词大赛等活动，直接参与青少年10万余人次。举办“历任雷锋班班长走进淄博”、庆祝新中国成立62周年青年集体婚礼等活动。成立淄博市少先队志愿辅导员协会，面向社会选拔吸纳公安民警、劳动模范、民间艺人等2000余人担任志愿辅导员。

【志愿者工作】　围绕服务创建全国文明城市，组织1000余名志愿者集中开展文明宣传、交通疏导、不文明行为劝阻等志愿服务，服务时间3万余小时；招募200余名志愿者完成第七届城市运动会淄博赛区志愿服务工作，上岗服务1700余人次，服务时间1.2万余小时；建立淄博共青团关爱农民工子女志愿服务基地，开设农民工子女公益课堂，免费提供文体类课程辅导，已开课80余课时，培训2500人次；在张店区杏园小学和淄川区昆仑镇磁村中心学校建设2所“七彩小屋”，组织开展“携手同行”关爱农民工子女志愿服务活动。

【服务新农村建设】　深入实施“联手共建新农村——双百工程”、农村青年科技特派员创业行动等。开展“爱心抗旱送甘露，青春建功新农村”行动，在春旱期间组建市、县、乡青年抗旱服务队75支，募集救灾资金5万元，打井3口，送水0.9万方。围绕发展农业支柱产业、优势产业和特色产业，推报高青县新村蔬菜农民专业合作社等申报示范性青年农民专业合作社，申请省财政专项扶持资金15万元。

【促进青年就业创业】　举办“2011青年创业在淄博”创业励志系列活动，700余名创业青年参加，向省创业就业基金会推荐13个创业项目；举办创业培训班4期，推出青年创业专题访谈节目10个、青年创业专题新闻50余条。通过团组织单独培训、与政府部门合作培训和示范项目培训，落实各类培训资金65.8万元，培训农村青年16703名。组织举办青年专场招聘会，103家企业提供就业岗位2876个，现场求职青年3000余人，初步达成就业意向1148人次。扎实做好农村青年信用示范户申请评定工作，为近百名农村青年信用示范户授信570万元，为75名农村青年信用示范户发放贷款421万元。继续加强与邮政储蓄、齐商银行等金融机构的合作，落实创业项目141个，实际发放贷款2585.4万元，带动1275余名青年实现就业。为7名优秀创业青年申请青春创业贴息20.1万元，15人获得省青年创业就业基金98万元的扶持资金，8人获得淄博市创业促进会38万元的无息贷款。

【青年文明号创建】　年内，新命名市级青年文明号99个，继续认定205个青年文明号集体，对100名集体负责人进行专题培训。在各级青年文明号集体中广泛开展“为民服务比贡献，创先争优做先锋”主题实践活动。深入开展青年文明号集体互观互检、公益助学、生态环保志愿行、真情助困进万家等活动，不断提升青年文明号的创建内涵。继续推进“双百工程”，截至年底，青年文明号集体向结对帮扶的落后村共投入基础设施建设资金135.2万元，新上各类项目37个，举办各类培训班48期，培训农民6800余人次，提供致富信息2242条，帮扶困难家庭758个，贫困生1083人，资助资金、物品约30余万元。

【青少年维权】　利用爱眼日、国际计量日、世界禁毒日等有利时机，组织开展社区青少年远离毒品行动、青春红丝带行动、眼镜免费检测、网络素养教育大课堂等系列青少年自护主题宣传教育活动，印发《青少年自护教育掌中宝》10000余册，在市级各大媒体开辟假期自护提示专栏，进一步提高广大青少年的自护意识。在临淄区开展不良行为或严重不良行为青少年教育管理服务试点工作，建立服务管理台账，定期进行法制教育、心理辅导、技能培训，成功转化青少年68人。开展“共同关爱 携手明天”关爱失足青少年活动，组织青联委员为在教人员提供职业培训、心理辅导以及就业岗位，57名劳教人员与企业达成初步就业意向。开展团委书记恳谈日活动，组织全市各级团组织书记深入企业、学校、社区，走近青年，了解青年所思、所盼、所需，组织召开座谈会120余次、文艺演出20余场次，发放慰问物资5万余元。不断深化“共青团与人大代表、政协委员面对面”活动，提升青年参政、议政的能力水平，《关于促进青年就业创业工作的提案》被市政协表彰为优秀提案。

【希望工程】　开展“希望工程圆梦行动”“真情助困进万家”等活动，累计筹资183.7万元，帮扶困难大学生373人。筹资67万元，完成3所希望小学建设工作。联合有关单位捐建“希望书屋”5所，募集爱心物资20余万元，受益青少年学生4100余人。开展“凝聚爱心、实现愿望——为百名贫困孩子圆新年梦想”活动，帮助200名困难孩子满足新年梦想。开展献爱心、助成长活动，向广西桂林、玉林、河池3地9所小学2300多名学生和教师捐赠字典，切实帮助广西边远小学解决缺乏字典的实际问题；五四青年节期间，为博山源泉镇希望小学捐赠700多套图书和学习用品；开展全市范围内义务教育阶段捐书活动，按照学校人数10∶1比例捐献图书，合计捐书4万册左右。

（丁运华）

·淄博市妇女联合会·

【概况】 2011年，全市各级妇联以建设“坚强阵地”和“温暖之家”为目标，抓好“1234”工程，突出组织建设一个重点，构筑政策维权、社会化维权两大体系，强化巾帼志愿、家庭教育、贫困救助3项服务，实施巾帼创业就业、增收倍增、岗位争优、节能减排家庭社区4项行动。

【组织建设】 女性进村“两委”工作实现突破，全市3401名女干部进入村委会，女性进村居“两委”比例达100%；党支部中有女性的村1023个，占31.7%；担任“两委”正职的女性111人。加强“妇女之家”示范建设，从省妇联争取64万元建立5处妇女儿童家园，为试点社区妇女儿童及家庭成员提供教育、维权、帮扶、就业、娱乐等一体化服务。实施女大学生村官成长支持行动，将女大学生村官列入村级优秀女性人才档案，与市委组织部等联合开展向王媛媛学习、“青春在基层闪光”演讲（征文）比赛。加强对各类妇女团体的联系与指导，完善执委工作制和妇女代表联系制，构建覆盖广泛、工作活跃的妇女组织网络。

【妇女维权】 构筑政策维权体系，对全市10年间的妇女儿童发展纲要537项监测统计指标进行数据汇总和分析，印发《淄博市妇女儿童事业》手册。市政府颁布妇女儿童发展“十二五”时期规划。扩大“两癌”检查项目社会知晓率，为2.3万余名农村妇女免（减）费进行“两癌”检查。与市司法局联合在全省率先成立市巾帼律师志愿服务团，开展“走进基层，服务民生”百名女律师牵手妇女之家结对活动，为全市50个社区及22个留守妇女免费提供法律援助服务。联合公安系统建成覆盖全市的110家庭暴力报警网络，建立家庭纠纷调解站、妇女维权站302个，全年全市接处家庭暴力警情1501起，及时调解家庭矛盾纠纷2000余起。推行妇女信访代理，由妇联干部、专业律师、心理咨询师等作为代理员，以主导、疏导、协作等方式免费提供代理服务，积极稳妥地把矛盾化解在基层、解决在源头。2011年，全市妇联系统接信件、信访案件676起，处结率达99%。

【儿童工作】 发挥智慧父母俱乐部作用，开展“让爱住我家”“父爱的力量”等家教体验式活动9期，组织知名专家讲座，推动先进家教理念进社区、进家庭。六一儿童节期间，联合16个部门开展“童心向党”红歌传唱、“爱党、颂党、做党的好孩子”、庆六一幸福家庭红歌大赛、宝宝运动会等活动。深入实施“春蕾计划”行动，联合有关部门开展“代理妈妈”献爱心、“有爱，不再孤单”、百家衣千家爱冬季温暖行动、“爱心献春蕾”捐赠、特困女大学生救助行动等，市女企业家协会等社会各界爱心团体和个人积极参与，与1000多名特困妇女结成帮

2011年3月14日，举办全市推动女性进“两委”工作骨干培训班

（市妇联　供稿）

扶对子，募集60.8万元帮扶特困女大学生和春蕾女童。

2011年5月4日，山东省妇女儿童工作委员会"两纲"终期监测评估检查组到淄博市检查妇女儿童纲要贯彻落实情况

（市妇联 供稿）

【志愿服务】 吸纳市高校爱心公益联盟、善美天使工程活动站等社会志愿服务队，建立各类巾帼志愿服务队1169支。以纪念中国共产党成立90周年和创建文明城市为契机，开展以"学党史、颂党情，比奉献、争优秀"为主题的宣传教育活动。启动红歌大家唱暨巾帼志愿服务行动，以"红歌颂党情·服务进万家"为主题，先后到56个社区开展红歌大家唱、"唱红歌，做义工"、幸福家庭红歌会等系列红歌传唱活动。同时，组织"心连心 手牵手"创业咨询服务、"快乐瞬间 共享和谐"、"感恩母亲 奉献社会"温暖在身边、"斐梵心善美行"关爱流动留守儿童心灵成长等系列志愿服务活动，直接参与群众5000余人。

【创业就业】 建立大姐家政服务社、市家政网络服务中心、淄博阳光职业培训学校和市家庭服务业协会四位一体的家庭服务网络体系。全年举办家政服务培训班88期，免费培训城市下岗及农村妇女7300余人，安置妇女就业6000余人，用户满意率达到98%以上。与淄博联通公司联合建立"联通未来巾帼创业站"5处。发挥创业导师团的作用，为100余名女大学生进行面对面的创业指导，帮助14462名妇女实现创业就业。与有关部门联合先后举行2011年"春风行动"启动仪式、春季用工洽谈会和女性创业就业公益专场招聘会。全市各级妇联组织举办招聘会34场次，提供女性就业岗位1.4万个，9042名妇女达成就业意向，1038名妇女实现转移就业。

先后召开全市妇女小额担保贷款工作推进会暨贴息发放仪式和全市实施"巾帼增收倍增行动"现场推进会，积极探索贴息和担保管理新模式。全年发放担保贷款8664.8万元，惠及34个劳动密集型企业、337名城乡妇女，扶持带动5000余名城乡妇女创业就业，落实贴息资金294.15万元。开展"巾帼科技淄博行"活动，全市各级妇联组织送科技下乡141次，为农村妇女义诊11946人，捐赠农资物品药品折合现金59100元。投入"扶持贫困母亲致富行动"项目专项资金30.78万元，帮扶60名贫困母亲发展地栽黑木耳项目。

【接受省"两纲"终期监测评估检查】 5月4～5日，山东省妇女儿童工作委员会"两纲"终期监测评估检查组到淄博市检查妇女发展纲要和儿童发展纲要贯彻落实情况。检查组听取实施"两纲"工作情况的工作汇报和有关职能部门发言，查阅有关档案资料，并到张店区特教中心、张店区法院、临淄区齐都医院、淄博亿百合食用菌发展有限公司、周村胜利社区现场考察。

【落实环保"876"倡议】 6月4日，按照创建环保模范城的部署，面向社区、服务家庭，与市环保局联合启动全市"环保生态低碳从我做起活动周"暨落实环保"876"倡议、"四德"践行日活动，开展"公益在身边"低碳家庭环保健康行活动和家庭低碳达标示范活动。倡导公民环保生态低碳八做到：节约水节约电，节约能源又减碳；举报违法我志愿，留住白云和蓝天；房屋装修要从简，保护生态最关键；少开车常骑行，全力支持大交通；多吃素少吃肉，身体健康又长寿；洗涤剂减量用，河清水净鱼虾游；不吸烟不酗酒，文明行为时常有；美环境种花草，回收垃圾废变宝。企业环保生态低碳七做到：煤改天然气，改前拒用高硫煤；建材原料集中破碎，粉性物料要进车间；节约能源降低消耗，全面实施清洁生产；新改扩建项目严格执行"环评"和"三同时"制度，环保设施稳定运转率达到100%；绿化裸露地面，设置绿化隔离带，减轻对周围环境和居民的影响；减少矿山开采，让生态休息；(活动周期间)鼓励减半燃煤减半排放。学生环保生态低碳六做到：敢当环保小卫士，小手牵住大人手；控噪声绿校园，垃圾分类量又减；一次文具要少用，资源回收加节能；生态文明争创建，消灭校内污染源；强意识重行动，减卡救树保环境；节约用纸节水电，旧物巧用节资源。同时，动员全市广大干部群众积极参与社会公德、职业道德、家庭美德、个人品德建设，全面提高市民道德素质和城市文明水平。（张　青）

·淄博市工商业联合会·

【思想政治工作】 开展《中共中央、国务院关于加强和改进新形势下工商联工作的意见》精神宣传月活动。组织机关人员参加全省"长星杯"新形势下工商联工作知识电视大奖赛并获三等奖。组织50余名民营企业家赴井冈山干部学院举办淄博市工商联第五期民营企业家培训班，开展"加强党性修养、坚定理想信念、弘扬优良作风"主题实践活动。编辑出版《淄博商会画册》。举办淄博市工商联首届民营企业迎新春文艺晚会。组织开展"树立宣传非公有制经济领域先进典型"活动。联合有关部门开展2011年淄博市"内涵发展十大杰出人物、创新之星、创业新秀"评选表彰活动。

2011年5月，市工商联在井冈山举办第五期民营企业家培训班（高茜　摄）

【组织建设】 11月17日，市工商联召开第十一次会员代表大会，选举市工商联领导班子和市总商会领导班子。指导各区县工商联换届。是年，发展会员821名。制定《关于加强工商联会员队伍建设的意见》。完善市工商联执常委数据库。新成立装饰材料、福建商会、轻钢结构3家行业商会。截至年末，全市工商联各级行业商会达43家，其中市级工商联直属行业商会18家。

【调研工作】 完成《关于我市加快推进行业协会商会改革发展的调研报告》，提出进一步促进行业协会商会改革发展的15条建议意见，得到市委主要领导肯定。完成《关于我市民营企业自主创新情况》等调研报告，提交《关于进一步解决我市中小型企业融资难题的建议》《进一步加强中小民营企业培训工作的建议》等政协提案。部分调研成果和建议意见得到党委、政府和有关部门的高度重视，被吸收采纳到市政府印发的《促进全市民营经济加快发展的意见》中。配合完成全国工商联、省工商联到淄博市开展"中小企业综合性调研"等任务。

【服务民企】 指导市工商联金融服务中心加强与各金融机构合作，设立"民营企业贷款担保绿色通道"，先后为民营企业解决融资贷款5.9亿多元。周村区工商联成立会员企业应急互助金理事会，高青县工商联协助成立民福小额贷款公司，江苏商会设立担保公司，西北商会组建复盛公投资公司，各区县工商联和行业商会通过举办融资对接会、银企联谊会等活动，拓宽企业融资渠道。指导市工商联科技服务委员会密切与企业联系，组织举办科技成果推介会、科技项目对接会，开展产学研合作，推广科技项目70多项，帮助民营企业转化科技项目15项，建设科研机构5个。年内，与市工商局、市质监局等部门建立工作对口联系制度。推荐民营企业参加全国工商联科学技术奖、2011年山东民营企业百强申报评

2011 年 6 月 29 日，市工商联与台湾桃园县商会缔结为友好商会

（高 茜 摄）

期，培训技能人才 1000 余人。深入开展“民企帮村”活动，全市工商联会员通过结对帮扶、产业带动、创业共建、招工扶贫等形式，投入帮扶资金 1.25 亿元，投入援建农村希望小学、架桥修路、卫生医疗等各项资金 3700 余万元。市工商联投资 5 万元援建的高青县刘王村黄河滩灌溉水渠工程投入使用。组织行业商会和会员企业开展“一对一爱心助学”、“春暖淄博”爱心行动、“关注民生亨得利光明行”等公益慈善活动。

选、2010 年上规模民营企业调研、全省劳动关系法律风险防范实务培训班等活动。

【经济联络】 组织民营企业家参加中国西部国际博览会、拉萨雪顿节经贸洽谈会、中国兰州投资贸易洽谈会、知名企业家薛城行、知名企业家胶南行、第五届全国山东商会联谊会等经贸活动，达成一批合作意向。邀请台湾桃园县商会到淄博市考察洽谈，缔结为友好商会；加强与美国商会和美国俄亥俄州扬斯顿商会的联系，建立企业交流合作平台。

【社会服务】 推动民营企业构建和谐劳动关系，博泵科技股份有限公司董事长孙龙平、公司员工张博分别被授予全国关爱员工优秀民营企业家和全国热爱企业优秀员工称号，2 家会员企业被评为山东省就业与社会保障先进民营企业。与市总工会等部门联合开展全市企业先进班组和岗位能手等评选表彰活动。联合举办 2011 年民营企业招聘周活动。指导市工商联教育培训委员会开展免费学技能绿色通道，举办各类技能培训班 12

【非公有制经济组织党建】 指导推动各区县工商联全部成立非公有制经济组织党工委。会同市委组织部、市委统战部开展专题调研，建立非公有制经济组织党建工作台账；印发《非公有制经济组织党建工作规范》，召开创先争优活动推进会，推进非公有制党建工作标准化建设。进一步规范非公有制企业单独建、联合建、挂靠建、派入建等组建形式，积极在园区、市场和行业商会组建基层党组织，新建非公有制经济组织党组织 339 个。开展“强信念 强责任 强奉献”主题践行活动，引导非公有制经济党组织广泛开展党员承诺践诺、党员责任区、党员示范岗、党员志愿者服务等党员服务品牌活动。结合纪念中国共产党成立 90 周年，开展“学党史 增党性 当先锋”主题实践活动和党史党建、爱党爱国、反对邪教知识竞赛。

（耿 靖）

本部类编 辑：马震刚
副主编：徐 杰
校 对：范立学
杨建明

地方军事

淄博军分区

【队伍建设】 2011年，淄博军分区党委以能力建设和先进性建设为主线，积极探索学习工作化、工作学习化的路子，组织开展“学习型党委”和“学习型领导干部”评选活动，激发各级党组织和党员干部的学习动力。学习贯彻《中国共产党军队委员会工作条例》，坚持按条例、按制度、按职责、按程序办事，科学决策、民主决策、依法决策的能力进一步提高。召开淄博军分区第五次党代会，选举产生军分区第五届委员会和新一届纪律检查委员会。利用检查调研、参加民主生活会、考核班子等时机进行面对面指导，提高团级党委领导科学发展的能力。开展“学党章、读党史、上党课、过党日、交党费”活动，提高党员干部的先进性意识。高度重视党风廉政建设，加强对大项工程建设、物资采购、经费使用、兵员征集、干部调整工作的监督检查，有效防止和纠正不正之风。

【军事训练】 开展信息化条件下岗位练兵比武，军分区机关在省军区组织的“一体化指挥平台”达标考核中全部达标。围绕可能担负的城市防空、保障部队机动、维护社会稳定等任务，重点抓好民兵重点分队的军事训练。民兵防空分队在潍北靶场高炮实弹射击考核中，准确击落拖靶，被省军区表彰为优胜单位。重视大学生军训工作，协调完成淄博市10所高校4700名新生的军训。

2011年6月29日，黄河防汛抢险民兵应急分队进行捆抛柳石枕训练（淄博军分区　供稿）

【征兵工作】 年内，市委、市政府、淄博军分区联合印发《关于进一步做好新形势下征兵工作的实施意见》，首次将大学生履行兵役义务列入公务员招考、事业单位招聘的基本资格审查范围；统一并提高义务兵家庭优待金标准，提高从大学生退役士兵中招聘事业单位人员的比例，鼓励企业积极接收退役士兵，提高退役士兵自谋职业补助标准和安置任务有偿转移金标准。《意见》为推动全市征兵工作科学发展提供了有力的政策支持和制度保障，被军委、济南军区和山东省军区转发。7月6日，市政府召开全市征兵工作会议，总结近年来征兵工作情况，部署征兵工作任务，明确要求区县结合《意见》，出台优惠政策，确保高标准高质量完成征兵任务。2011 年，全市征集大专以上学历新兵占征兵任务数的 29%。

【安全管理】 牢固确立安全发展理念，注重综合治理、科学防范、制度约束，突出教育整顿，加强检查督导，各项工作保持安全稳定。开展“学法规、用法规、守法规”活动，组织“学条令、正军容、严规矩”作风纪律教育整顿，依法办事意识进一步增强。落实《军分区正规化管理暂行规定》，战备、训练、工作、生活秩序更加正规。加大 GPRS 车辆定位系统监控力度，进一步规范车辆运行秩序。认真履行城市警备司令部职能，严厉打击假冒军人、军车行为。完善安全防护体系，坚持经常性检查排查制度，及时消除安全隐患。

【装备管理】 继续实行人武部副部长仓库轮流值班制度，对重要岗位人员进行政审，有效保证重点目标安全。实行安全目标责任制，民兵预备役装备连续 29 年无丢失、无被盗、无锈蚀、无霉烂变质现象发生。军分区民兵武器装备仓库被山东省军区评为“红旗仓库”。

2011 年 5 月，博山民兵防火分队进行风力灭火器实战演练　　（淄博军分区　供稿）

【双拥共建】 开展拥军优属、拥政爱民活动，为淄博市争创全国文明城市、全国双拥模范城“七连冠”贡献力量。严格落实党管武装制度，组织区县人武部党委第一书记工作述职，开展“党管武装好书记”、关心国防建设“双十佳”评选，强化地方党政领导和广大人民群众的国防意识。协调地方为驻军解决转业安置、自购住房、子女入学等实际困难。开展慈善救助进军营活动，对困难军人家庭进行救助。

【国防教育】 淄博军分区联合市委、市政府印发《关于进一步加强国防教育工作的意见》，推进全市国防教育工作深入开展。在中国共产党建党 90 周年、中国人民解放军建军 84 周年期间，组织开展多种形式的国防宣传教育，积极营造热爱国防、关心国防、支持国防的良好氛围。

【后勤保障】 淄博军分区围绕提高信息化条件下后勤综合保障能力，修订完善各类后勤保障预案。落实经费党委统管、军政主官目标理财、经费开支联审会签等制度。在省军区账目资产、预算评审及资金管理检查中被评为优秀单位。继续对军分区机关营院进行综合整治，新建篮球场、训练场，机关办公、训练和生活条件得到改善。军分区被表彰为住房清理工作先进单位。　　（左孝春）

武警淄博市支队

【队伍建设】 2011 年，武警淄博市支队按照“抓教育固根基、抓中心保安全、抓班子强干部、抓基层打基础、抓规范促稳定、抓作风正风气”的工作思路和“加强信息化、落实精细化、打造底蕴化、建设园林化、倡导温馨化”的目标抓好部队建设。建设学习型党委机关，争做学习型领导干部，开展“加强党性修养、锤炼思想作风”教育，清理违规占房 13 套。倡导“权力在阳光下运行、民主在空气中流动、官兵在蓝天下生活”的理念，在干部选拔任用、重大工程建设、大项经费开支等热点敏感问题上，全程公开、结果透明，纪委参与、力求公正。

调整使用干部52人，推荐技术学兵14人，优秀士兵提干1人，确定入党对象72人，转改士官109人。

2011年初春，武警官兵支援地方抗旱（武警淄博市支队　供稿）

【军事行政工作】 围绕执勤确保安全、处突确有把握、反恐确能制胜、维稳确保平安、救援确保有效的目标，召开执勤工作会议，对勤务值班、四哨动作、登记统计等进行规范，执勤秩序日趋正规。开展勤务专项治理整顿，先后3次协调市公安局监管支队和两所监狱对执勤目标进行安全鉴定，投资80万元对35处执勤隐患挂账销号，有效提高执勤目标安全系数。狠抓基础科目、干部跟班、定期考核等制度落实，组织新兵集训、勤训轮换、反恐分队比武、“滨海—11”实兵拉动演练，反恐分队比武获武警山东省总队第二名。完成应对非法聚集机动备勤、“两会”警卫、押解押运、武装巡逻和“陶博会”安保等各类临时勤务162起。加强对基层部队精细化管理，狠抓理念转变、日常养成、标准提升和讲评问责，提升部队管理水平。把“人车枪弹酒、水火电毒密、小远散直差”作为防范重点，每周确立治理重点，采取明确挂账销号责任、周一录像点评亮相、限期整改落实、“一日三点名”、轮休加班“三告知”、常态化巡查检查等措施，实现了秩序正规、纪律严明、内部和谐、安全稳定的目标。

【政治工作】 组织开展“培育当代革命军人核心价值观，永远做党和人民忠诚卫士”主题教育。支队被武警山东省总队表彰为思想政治教育先进单位。抓好形势政策、内部关系、法纪法规、心理健康、拥政爱民等经常性教育，全年为45名官兵发放困难救济金7.7万元，解决各类实际困难32个。跟进做好遂行多样化任务中的政治工作，结合“滨海—11”实兵演习，加强政策学习，完善各种预案，配齐器材装备，为完成中心任务提供坚强有力保证。研究制订《党委机关普遍考察重点帮建计划》，严格落实蹲点调研帮建制度，对相对薄弱的5个中队党支部实施重点帮建。

【后勤建设】 抓好后勤应急战备和力量建设，成立后勤应急保障分队。开展野战化、实用性训练，圆满完成部队常态化保障和“滨海—11”演习、全省城市间反恐演练等重大临时性应急保障任务。参加武警山东省总队后勤应急保障比武获第二名。制定完善经费管理、工程建设、物资采购等制度规定，倡导“以兵为本、安全节约、低碳环保、利于生活”等现代后勤建设理念。投资100万元为基层统一研发配备电磁炉灶、多功能电烤箱、食品保鲜柜、网络电子秤和伙食管理电子触摸查询器。筹措资金150万元，指导二中队、六中队、博山区中队、周村区中队改造完善配套设施，投资40万元新建车辆门禁综合管理系统，支队指挥中心和教导队建设稳步推进。每月组织司务长集体办公，开展炊事员、军械员、卫生员集中培训，后勤队业务能力建设明显增强。（于颖杰）

人民防空

【概况】 是年，淄博市被命名为济南军区人民防空先进城市，张店区人防办被表彰为济南军区人民防空先进集体；沂源县被表彰为全省人民防空先进城市，淄博市教育局、张店区人民武装部、临淄区人防办被表彰为全省人民防空先进集体。5月6日，全市人民防空会议召开，确定了以开展“人防行政执法年”“人防工程建设年”“人防队伍训练年”活动为主线，积极融入经济社会发展，推动人防建设整体跃升的总体思路。

2011年9月18日，组织社区居民进行人防演练　（王　程　摄）

18日，组织临淄区盛都社区居民和淄川区6000余名学生分别进行防空袭疏散演练。年内，组织社区居民、院校学生防空袭疏散演练8次。市人防机动指挥所分别于5月3日和5月16～22日，完成省级机关临战疏散演练和济南战区人防指挥通信装备展示暨跨省机动训练任务。10月17～21日，全市人防部门参加全省人防战法、训法培训和人防应急想定作业。人防视频会议系统、无线电台连通率保持100%；新增警报器4台，音响覆盖率、设备完好率、鸣响率均保持100%。9月18日，成功举行第13次全市防空警报试鸣。利用人防战备资源为防灾救灾服务，市人防办为驻淄高校配置人防应急救援箱，组织社区群众开展防空防灾技能培训，人防参与应急管理的功能进一步完善。

【人防工程建设管理】　年内，《淄博市地下空间开发利用规划及人防工程建设规划》修编工作启动。博山淋漓湖人防隧道建成。2月25日，市政府办公厅印发《关于人民防空工程建设有关问题的通知》，明确规划部门在审核发放《建设工程规划许可证》时，应当要求建设单位出具市人防主管部门对该项目建设防空地下室或易地建设防空地下室的审查意见。市人防办成立人防工程建设审批委员会，对人防工程建设标准进行完善，“结建”（结合民用建筑修建防空地下室）工程建设管理进一步规范。全市人防工程竣工面积10万平方米，易地建设费征收首次突破1亿元，工程完好率达85%。继续启动“夏季纳凉”工程，利用人防设施免费为群众提供休闲纳凉服务，人防工程平战结合开发利用率达78%，实现产值或营业额8.35亿元，利润1.67亿元，税收1000万元，新增加就业岗位1000余个。8月23日，省人防办主任张兆启率省人防民防战略研讨会代表视察淄博市人防建设。

【法制建设】　2011年，市政府第76号令公布人防行政许可事项，重新明确市人防办、人防指挥中心、人防监察站的行政执法主体资格。市人防办与市检察院联合起草《关于规范人防行政执法预防职务犯罪的意见》。制定《人防行政执法程序》和《行政执法岗位职责及执法责任》，严格制定并落实执法工作纪律及行政执法过错追究责任制、区域执法包干制、执法办案负责制。市人防办与张店区政府经多次协商，实现市、区人防部门联合

【指挥通信工作】　进一步完善疏散体系建设，全市建成疏散基地4处，疏散地域14处。空军某部赠送周村凤凰山疏散基地的歼教-6飞机安装到位。推进基层人防工作标准化建设，全市106个社区实现城乡疏散对接。9月

2011年10月，向驻淄高校发放应急救援箱　（王　程　摄）

执法，理顺人防执法体制。年内，市人防办工程科加挂行政许可科的牌子，人防执法体制进一步规范。开展全市防空地下室建设管理专项执法检查，整改存在问题，完善制度措施。查处“十一五”期间欠缴易地建设费项目146个，追缴人防费2500万元。市人防办被市委、市政府表彰为全市普法依法治理工作先进单位。

【人防宣传教育】 4月25日，市委党校、市人防办联合举办全市党政县级干部领导力提升进修班人防专题讲座。8月16～19日，市人防办与市教育局联合举办全市人防民防教育基地教师培训班。全市开展人防教育的各类学校达98所，免费发放《人防知识读本》、人防挂图4万余册(张)。依托淄博童安安全教育培训学校，投资建设全省首家体验式人防教育基地——市暨高新区人防民防教育基地。市人防办将张店区阳光花园人防工程部分区域改造为人民防空教育基地，向群众讲解人防知识。年内，全市利用素质教育基地建成人防民防教育基地8处，制作展板200块，发放宣传材料3000份，现场解答群众咨询500人次。市人防展馆被命名为市级科普教育基地。市人防办王嗣忠、杨蕾撰写的论文在全国人防工程情报网第十一届年会上发表，受到国家人防办表彰。

（杨　蕾）

本部类编辑：赵建国
副主编：王世伟
校　对：张耀江
李　建

·齐文化名人·

鲁　仲　连

鲁仲连(前295—前221)，又名连、仲子，齐人。齐国纵横家，稷下学宫后期著名学者、辩士，一生大部分时间在稷下学宫度过。12岁时从其师徐劫游于稷下，曾勇敢地和辩才举世无双的田巴辩论。他说：“那些对国家危而不能使安、亡而不能使存的人，就没有理由成为尊贵的有学之士！现在，我将使楚国撤退南阳的部队，使赵国撤回高唐的士兵，使燕国退却聊城的10万大军。言谈辩议所以称为高贵，是因为言辩能够退敌兵、保国家，使国家危而复安、亡而复存。先生的言谈，就是夜猫子叫，一出声人就厌恶！愿先生不要再言辩了。”从此田巴不再逞辩而改从其他学问，终身不敢再提自己的辩论之能。

前278年，田单攻聊城年余未下，鲁仲连自告奋勇，写了一封信射入聊城城中，以荣辱利害劝说守城燕将。燕将看后自杀，燕军退去。

鲁仲连一生匡扶正义，扶危济国，善计谋划策，不肯仕官任职，常周游各国，排难解纷，不受酬报。《汉书·艺文志》有《鲁仲连子》14篇，今佚，有清朝马国翰辑本。

法　　治

政法与综合治理

【固本强基维稳工程】 2011年是实施固本强基维稳工程决策部署的最后一年。全市政法机关坚持把实施固本强基维稳工程作为服务第一要务、履行第一责任的重要平台和有效载体，做好固民生之本、强执政之基、维护社会和谐稳定各项工作，解决了一批基础性、源头性、根本性问题，实现固本强基维稳工程的既定目标。市委政法委作为工程领导小组办公室和多项具体工作的牵头单位，严格落实日调度、周通报、月例会、季报告等工作制度，健全完善信息分析研判、经验交流推广、社会稳定风险评估等长效机制，形成一批富有特色、卓有成效的工作模式，推进固本强基维稳工程制度化、规范化、常态化。

【维护社会稳定】 做好重大活动和节日期间的安全保卫，组织政法综治维稳部门开展联合集中办公，落实24小时值班、集中研判、集中处置等制度，妥善化解、消除一批苗头性、倾向性问题和隐患。加大网络监管力度，及时发现、删除、过滤、封堵网络非法信息，依法查处网络违法犯罪。做好各类重点群体的管理、服务、教育、疏导、稳控工作，妥善化解利益诉求问题，加强对重点单位、要害部位、敏感区域的监管，积极做好公共安全工作，确保全市社会大局和谐稳定。

【创新社会管理】 全市政法机关认真学习胡锦涛在省部级主要领导干部社会管理及其创新专题研讨班上的重要讲话精神，在社会管理的理念、体制、机制、方法等方面进行探索创新。市委、市政府制定《关于加强和创新社会管理的实施意见》，明确社会管理的指导思想、工作目标和重点任务。3月15日，市委政法委组织召开全市政法系统社会管理创新工作会议，确定政法机关推进社会管理创新的总体思路和工作重点。组织有关政法部门赴广东深圳等地学习考察流动人口服务管理、刑释解教人员安置帮教、重点青少年群体服务管理等方面的经验做法，开展重点项目试点，取得明显成效。总结推广高青县公安局“六小警务”的经验做法，周永康等领导对“六小警务”给予充分肯定，要求学习推广。5月29日，省委组织部专门组织参加全省第二期“社会管理及其创新”专题培训班的80名县(市、区)长实地考察“六小警务”；5月31日，省公安厅在淄博市召开现场会，部署在全省公安机关推行“六小警务”；6月5日，市委、市政府作出关于学习“六小警务”精神、进一步加强社会管理及其创新的决定；6月23日，市委政法委组织召开全市政法系统学习“六小警务”精神、创新社会管理工作会议。市委办公厅、市政府办公厅印发《关于进一步加强和创新流动人口服务管理工作的意见》，在沂源县开展加强和创新流动人口服务管理工作试点，探索建立县、镇、村三级服务管理体制，有效解决流动人口“人由谁来管、业从哪里就、房从哪里租、费从哪里支”的问题，初步形成“党政领导、综治牵头、公安主导、部门联动、齐抓共管”的流动人口服务管理格局。8月8～9日，全省政法委书记专题研讨班到淄博市学习社会管理创新工作经验做法。

【社会治安综合治理】 1. 严打整治斗争。1月5日，组织开展以“防盗抢、防事故、防破坏、防群体性事件和治安整治”为主要内容的“四防一整治”专项行动；8月19日，开展以“打黑恶、反盗抢，整隐患、降事故，抓预防、保平安，调纠纷、促和谐，抓管理、建机制”为重点的综合整治安全预防专项行动，始终保持对刑事犯罪的凌厉攻势和高压态势。刑事案件、治安案件发案数分别下降4.1%、12%，可防性案件下降1%。2. 矛盾纠纷排查调处。健全完善矛盾纠纷定期排查调处制度，坚持抓早、抓小、抓苗头，实现“底子清、情况明、信息灵、政策准、措施实、效果好”的目标。从4月开始，在全市部署开展“进村入户访民情、事了人和化纠纷”活动，组织政法干警和综合治理干部进村入户，深入摸排各类不稳定因素，及时发现、妥善化解矛盾问题。年内，全市排查重大矛盾纠纷1428起，化解1358起，化解成功率达95.1%。完善大调解体系，印发《关于建立和创新劳动人事争议预防调解大协作机制的意见》《关于进一步加强医患纠纷预防和调处工作的意见》，成立淄博市医患纠纷维权协会，在各区县交警大队设立道路交通事故人民调解委员会，依托行业、社会力量化解矛盾纠纷。3. 社会治安专项治理。印发《淄博市接送学生车辆管理办法》，组织检查督导组，对全市学校、幼儿园及周边安全稳定工作进行检查督导，确保校园校车安全。组织开展打击传销、道路交通、消防安全隐患排查整治、校园及周边治安综合治理等专项行动，及时发现和消除治安隐患，净化社会环境。4. 见义勇为事业。3月2日和12月23日召开表彰大会，表彰奖励见义勇为先进个人85名、先进单位34个、先进群体4个，发放奖金52.6万元。3名见义勇为先进个人被推荐为2011感动淄博年度人物候选人，6人被推选为淄博市道德模范候选人，4人被表彰为山东省见义勇为先进分子。5. 法制宣传教育。推进“法治淄博”建设。5月，淄博市被中宣部、司法部表彰为2006～2010年全国法制宣传教育先进城市。

【涉法涉诉信访工作】 落实各级党委政府领导、党委政法委牵头协调、政法部门主体主办“三个责任”，化解涉法涉诉信访突出问题工作走在全国前列。2010年下半年至2011年上半年中央政法委交办的58起涉法涉诉重复进京上访案件全部化解息诉。集中清理专项行动中自行排查确定的95起涉法涉诉信访积案，息诉罢访93起、终结2起，化解率达到100%。2011年9月中央政法委新交办的58起涉法涉诉进京上访案件，年内化解56起，化解率为96.5%。淄博市分别在9月18日、12月30日中央政法委继续化解进京上访案件交办会议、集中化解进京上访案件工作座谈会上作典型发言。做好涉法涉诉信访人员的管理稳控工作，全市没有发生涉法涉诉信访滋事事件。

【服务经济发展】 全市政法机关发挥打击经济犯罪、调节经济关系、维护市场秩序、提供司法服务的职能作用，制定实施一系列服务保障措施，增强服务和保障效能。审判机关推进创新型、服务型、高效型、主动型司法，制定《关于进一步为全市金融经济安全运行提供司法服务和保障的指导意见》，组织开展争当“服务发展标兵”、争创“服务发展优质窗口”活动，全年审执结各类案件50735件。检察机关探索建立经常性联系企业等服务机制，开展查办工程建设领域职务犯罪、查办危害林业资源和环境资源渎职侵权犯罪、查办和预防行政执法司法人员职务犯罪等专项工作，立案查处132人，确保重大项目资金安全。公安机关实行治安向导员制度，对重点项目、重点工程以及外来投资的规模以上企业由副科级以上民警提前对接、靠上联系、跟踪服务，协调落实安全防范制度和措施；开展打击银行卡犯罪、打击整治发票犯罪、打击假币犯罪、打击侵犯知识产权犯罪等专项行动，破获经济犯罪案件266起，挽回经济损失1384.8万元。司法行政机关组织做好政府和企业法律顾问工作，联合相关部门成立职工维权法律顾问团，举办“走进厂矿、走近职工”法律服务日，实施“基层法律服务农村全覆盖工程”，深化“法律援助便民服务”主题活动，年内办理各类法律援助案件3000余件。

【政法队伍建设】 根据中央和省委政法委的统一部署，在全市政法机关部署开展“发扬传统、坚定信念、执法为民”主题教育实践活动，2月9日、5月11日召开全市政法系统开展主题教育实践活动动员会和现场会，坚持把加强思想教育、促进作风转变、构建和谐警民关系贯穿于活动的始终。加强思想政治教育，各级政法机关广泛开展话传统、学党史、读经典、观好片、瞻旧址、温誓词，以及红歌演唱会、主题演讲比赛等正面教育活动。加强作风效能建设，开展创先争优活动，在全体干警中开展岗位担当、换位思考和"抓主题教育实践，创特色政法品牌"三个大讨论。全面推行阳光执法，建立健全干警执法办案业绩档案，进一步规范干警执法行为，提高执法质量和执法公信力。加强和谐警民关系建设，全市政法系统671个政法党支部全部确定基层单位联系对象，7206名党员干警全部确定联系帮扶对象，所有领导干部都建立联系点，并对帮扶联系对象进行走访、慰问。2011年，全市政法干警共走访群众13万余人，为群众办好事、实事6万余件，为困难群众捐款捐物折合人民币320万元。（王吉政　革建军）

公　安

【概况】 2011年，淄博市公安局在省公安厅委托省社情民意调查中心开展的调查中，群众综合满意率达97.39%，比2010年提升0.46个百分点，位居全省第二；在省委、省政府对全市8个方面科学发展综合考核群众满意度测评中，社会治安名列第一。

维护社会稳定。加强信息预警，强化对敌斗争和网上斗争，破获一批邪教案件，发现、删除、封堵网上有害信息3400条。妥善处置一批群体性上访事件，全市信访积案息诉率达到100%，公安部和省公安厅交办的案件全部结服。加快推进打防控一体化建设，共破获各类刑事案件17800起，抓获犯罪嫌疑人5015人，其中抓获网上逃犯1130人。加快警务综合应用系统建设与应用，尤其是情报平台服务实战功能日益凸显，通过情报平台推送的指令抓获各类犯罪嫌疑人826人。

社会管理创新。"六小警务"被评为全省公安社会管理创新一等奖。总结推广沂源县"人房同管、城乡一体，证档互通、用管联动，服务为先、动态管控"的流动人口管理服务模式。治安、交通、消防管理、交通事故4项指标分别下降8.3%、4.2%、11.3%、4.8%，火灾事故起数、经济损失数分别下降35.5%和39.3%。

警民关系建设。开展"警民恳谈"活动，全年为群众解决实际问题2839个。拓展并完善"淄博公安民生服务在线"，组织开展"警民在线"和"十长上线访民生"活动67期，参与群众230万人次，互动释疑3588条。淄博公安民生服务在线先后被评为全省公安机关优秀网站和山东省优秀网站。

公安队伍建设。开展主题教育实践，强化教育训练，开展岗位练兵活动。开展"涉案人员非正常死亡、涉案财物管理问题"专项治理，有效防止违法违纪问题发生。组织开展科级干部竞争上岗，激发队伍活力。2011年，市公安局户政管理处被全国妇女巾帼建功活动领导小组命名为全国巾帼文明岗；交警支队张店大队党总支被省委表彰为山东省先进基层党组织；张店分局刑侦大队教导员郑青峰被中央政法委表彰为全国政法系统优秀党员干警；全市公安机关有11个集体和33名个人分别立一、二等功，106个集体和226名个人受到省、市级表彰。

【推行"六小警务"】 2009年，高青县公安局总结推出以"顺民心，从小处想起；惠民生，从小事做起；保民安，从小案抓起；解民结，从小纠纷调起；排民忧，从小隐患整起；合民意，从小节改起"为内容的"六小警务"，得到社会各界充分肯定。2011年，淄博市公安局决定在全市公安机关推行"六小警务"。3月10日，省长助理、省公安厅厅长吴鹏飞在淄博调研时，对"六小警务"做法给予充分肯定，并要求在全省总结推广。周永康、孟建柱分别作出重要批示，肯定"六小警务"的做法。市委、市政府下发《关于学习"六小警务"精神，进一步加强社会管理及其创新的决定》。5月31日，省公安厅在淄博召开现场会，总结推广"六小警务"的经验做法。

【维护社会政治稳定】 2011年，市公安局围绕重大政治活动、敏感节点，搜集各类情报信息3380条上报市委、市政府，1570条上报省公安厅。对各类重点工作对象实行滚动式排查，掌握重点人活动动向，配合有关部门做好稳控工作。深入推进战略支撑点和派出所国内安保工作站建设，夯实维稳工作根基。年内，共摸排重点人146人，落实控制力量340人，做到重大事件预警率100%，重点人稳控率100%，确保社会政治稳定。

【打击刑事犯罪】 2011年，公安刑警部门破获刑事案件14855起。其中，破现案5728起，积案5844起，外地案件3283起。抓获犯罪嫌疑人4633人，打掉犯罪团伙220个，抓获团伙成员1070人。在持续严打高压态势下，全市刑事立案比2010年下降4.8%。在“清网行动”中，抓获网上逃犯1130人，其中公安部B级通缉逃犯2人，部挂牌督办逃犯1人，故意杀人重点逃犯9人，行动前逃犯679人，在全省网上逃犯底数1000人以下的地级市中排名第一。全市公安机关有1个集体和11名个人受到省公安厅表彰。其中，市公安局被省公安厅记集体二等功；市委常委、政法委书记、市公安局局长岳华东被省公安厅记一等功。

【治安管理】 市公安局深化社会治安打防控体系建设。截至年底，全市安装视频监控探头59746个，其中与公安机关联网的9286个。通过监控系统提供线索破案5187起，抓获违法犯罪嫌疑人6366人。有专职保安巡逻队员7189人，通过巡逻抓获各类违法犯罪嫌疑人2166人，其中逃犯238人；破获各类案件2876起，查处治安案件3312起。建立城乡社区警务室720个，社区警务覆盖率100%。3～10月，先后开展治爆缉枪和重点区县管制刀具等违禁物品清缴行动，查破涉危案件1起，收缴雷管487枚、剧毒化学品476.5克、枪支11支、子弹113发、炮弹13枚、手榴弹3枚、管制刀具77把、仿真枪8支、弩6把。开展“打四黑除四害”（打击严重危害群众生命健康的“黑作坊”，严重破坏社会诚信、极易诱发诈骗等违法犯罪活动的“黑工厂”，严重危害公共设施和群众财产安全的“黑市场”，严重危害青少年身心健康、败坏社会风气的“黑窝点”）专项行动，查获各类涉黄涉赌治安案件36起，治安拘留118人，治安罚款8人；侦破涉黄涉赌刑事案件6起，抓获嫌疑人17人。破获瘦肉精、地沟油、假生产资料、有毒有害食品等刑事案件12起，涉案价值1000万元。开展打击侵犯知识产权和制售假冒伪劣商品“亮剑”行动，市公安局被评为全国打击侵权盗版先进集体。

【110规范化建设】 2011年，市公安局以接警快、出警快、处置好、群众满意为目标，以扁平化指挥体系（扁平化指挥体系是指由指挥中心直接下达指令，调度一线警力的“点对点”式指挥结构）建设为核心，以规范指挥调度、现场处置、监督检查为重点，全面推进110规范化建设，初步实现接警调度程序化、着装携装标准化、现场处置规范化、监督管理制度化。创新110监督检查工作模式，依托公安网、互联网，通过综合应用GPS卫星定位系统、110接处警系统等科技手段，实行网上勤务检查，对全市110接处警工作实行全程、实时、动态监督检查。10月下旬，成立110接处警课题组，对全市110接处警工作进行专题调研。

【打击经济犯罪】 2011年，全面贯彻落实第三次全省公安机关经济犯罪侦查工作会议精神，先后组织开展打击银行卡犯罪、打击整治发票犯罪、打击侵犯知识产权和制售伪劣商品犯罪等专项行动，深入开展“积案攻坚”会战。年内，全市公安经侦部门受理经济犯罪案件348起，立案302起，涉案金额14.4亿元，破案284起，挽回经济损失1700万元，抓获犯罪嫌疑人317人。全市经侦部门31个集体、68名民警受到表彰奖励。市公安局经侦支队被市委、市政府评为全市实施固本强基维稳工程先进集体，荣立集体三等功。

【户政管理】 2011年，市公安局探索实行居住证制度，强化流动人口和租赁房屋管理。8月，制定《关于进一步加强和创新流动人口服务管理工作的意见》，首先在沂源县试点推行居住证制度，建立专门流动人口管理机构，实行县、镇、村三级管理模式。推进户籍制度改革，制定《淄博市公安局关于推进户籍管理制度改革的意见》。在全市范围内组织开展流动人口和出租房屋集中清理整治专项行动，实行流动人口涉案人员案前管控责任倒查制度，统一规范重点人口、监管对象、工作对象的档案。11月10日，省公安厅在淄博召开全省户口登记管理清理整治现场推进会，在全省推

2011年5月15日，打击和防范经济犯罪宣传日活动现场

（赵雪莲　摄）

广淄博市实有人口管理经验。

【出入境管理】　2011年，全市公安机关出入境管理部门以外国人动态管控体系、文明窗口建设、信息化建设和队伍管理为重点，全面加强出入境管理工作。年内，在全市范围内开展清理整顿“三非”（在中国非法入境、非法就业、非法居留）外国人专项行动，重点对越南、缅甸等毗邻国家非法务工人员进行清理。对在全市居留、停留的97名缅甸人和7名越南人进行重新排查，对重点用工单位、建筑工地、家庭式旅馆、村居等场所进行摸底，掌握境外在淄人员的数据和动态，并对96家涉外单位和284名常住境外人员的信用等级进行集中评定。在市纪委组织开展的“百个科室大家评”活动中，出入境管理分局获全市行政执法类科室第二名。8月1日，全省公安机关创新出入境管理工作现场观摩推进会在淄博召开，观摩学习淄博市公安局在境外人员临时住宿登记管理方面的经验做法。

【监所管理】　2011年，淄博市看守所创新社会管理，打造“阳光监所”，实行每月对社会开放制度，以人大代表、政协委员、执法监督员、律师、在押人员家属为重点开放对象，每月定期向社会开放。全年开放12次，参观人员逾300人次。足额落实在押人员伙食标准，尊重和保障外籍、少数民族人员的宗教信仰和生活习惯，确保在押人员饮食卫生和健康。建立健全心理干预机制，开展人文关怀。在节日期间，组织在押人员开展娱乐活动。以打亲情电话、“祝福寄家人”等活动给在押人员以亲情关怀。建立被监管人员投诉调查处理机制，畅通在押人员约见驻所检察官渠道，切实维护在押人员的合法权益。

【反恐基础防范】　2011年，市公安局不断强化反恐怖基础防范工作。审查确定全市第二批反恐怖防范重点目标部位，组织专项督导检查6次，检查重点部位67个，落实整改措施114条；发放《公民防范恐怖袭击手册》10万册，群众防范意识和自我保护能力进一步增强；强化涉恐因素排查管控，配合有关单位核查来自重点区域人员20人。在全市开展涉恐危险物品基础信息专项摸排，登记相关单位基础信息，落实安全管理和基础防范措施。组织武警、特警、刑侦、治安、通信以及120急救、电力等应急处置力量900余人次、车辆110余部次进行反恐怖应急预演。9月19日，圆满完成全省处置劫持人质恐怖袭击事件对抗演习任务。特警支队被评为全省公安反恐信息化应用比武竞赛优秀单位。

【禁毒工作】　市公安局健全禁毒工作机构，抓好禁毒教育宣传，全年破获毒品案件73起，抓获毒品犯罪嫌疑人135人，查获吸毒人员68人，强制隔离戒毒6人，缴获冰毒896.52克、大麻6.5克、氯胺酮288.61克、冰毒片剂（麻古）540片、海洛因0.5克、杜冷丁514支、罂粟壳80克，铲除罂粟1806株。11月，在全省公安禁毒信息化应用比武竞赛中，市公安局代表队获个人第二名、团体第四名。

【执法规范化建设】　制定《淄博市公安局2011年执法规范化建设实施意见》，严格落实责任制，形成主要领导亲自抓、分管领导靠上抓、班子成员齐抓共管的组织领导机制。截至年底，制定完善执法制度121项。印发《淄博市公安局鼓励在职民警参加国家司法考试暂行规定》，对报名参加且通过国家司法考试的民警提供便利条件并予以奖励。全市公安机关通过国家司法考试的民警累计达60名。加强网上办案日常监督管理，推行使用执法记录仪，对办案场所、监管场所等重要执法活动和重点执法场所实行全方位、全过程的实时记载、监督。全市各级公安机关先后投资1181万元改造升级执法场所，完成114个派出所办公条件的改造工作。

【公安科技】 实施科技强警战略，推进公安信息化建设及深度应用，科技管理水平明显提升。交警支队研发的“车管便民服务信息管理系统”和“基于虚拟现实技术的道路交通安全教育培训系统”分获省公安厅科技进步奖二等奖。国内安保支队研发的“交互式日志数据管理系统”“活力蜘蛛信息汇聚分析系统”和刑侦支队研发的“淄博刑侦现场勘查信息平台”通过省公安厅组织的科技成果鉴定并申报2011年度省公安厅科技进步奖。交警支队的“基于信息技术的交通管理机制创新研究”通过公安部应用创新项目立项。

【公安宣传】 2011年，全市公安宣传部门以规范建设为抓手，以“树立警察形象、密切警民关系”为主线，为公安工作提供有力的思想保障、舆论支持和精神动力。至年底，全市公安机关在新闻媒体发稿11780篇，其中在国家级媒体发稿354篇、在省级媒体发稿967篇。编辑、制作《淄博警方报道》电视栏目42期，编发《一周警情播报》42期，制作宣传栏138块，摄制电视专题片86个，拍摄资料图片6002幅。

【交通管理】 2011年，市公安局交通管理部门开展“安全生产基层基础深化年”活动，健全“政府组织领导、公安主导推动、部门齐抓共管、单位具体负责、社会广泛参与”的道路交通安全管理机制；扎实开展“畅通安全行”主题活动，综合整治城乡道路交通秩序；以“关爱生命、文明出行”为主题，以集中宣传、网络讨论等形式，深化交通安全宣传教育；以创新服务为重点，制定了《强势推进“六小警务”工作36项措施》。11月5日，全省公安车管部门深化“小警务”暨社会管理创新现场推进会在淄博召开，推广淄博交通管理工作经验。年内，全市发生道路交通事故1374起、死亡345人、伤1328人，直接经济损失586.7万元，万车事故死亡率为3.05，与2010年相比，4项指数分别下降8.3%、4.2%、11.3%、4.8%。

【消防管理】 2011年，全市检查消防单位58044家，发现火灾隐患45639处，当场督促整改火灾隐患43830处，依法临时查封单位818家，责令“三停”（停止施工、停止使用、停产停业）582家，行政拘留279人，强制执行254处，罚款1795万元；审批建筑工程审核项目378个、验收项目351个，依法办理消防设计备案抽查418个、竣工验收备案抽查184个；依法认定火灾事故原因46起。

【纪检监察】 2011年，全市公安机关调整充实专职力量，各分局、县局均配备5人以上的纪委委员。坚持“标本兼治、综合治理、惩防并举、注重预防”的方针，深化各类专项治理，创新廉政风险防控机制。年内，全市公安纪检监督部门受理群众来信、来访、电话举报投诉191件，依法依纪处理民警4人。

2011年，开展民警心理行为训练活动　（赵雪莲　摄）

【网络安全监察】 2011年，全市公安网络安全监察部门以互联网信息巡查为重点，加大搜集、研判力度，整理上报情报信息2700余条，其中公安部采用45条，公安部有关部门采用450条，省公安厅采用300条；整理上报舆情动态300余期；删除当地违法信息及公安部专项巡查处置信息3400条，关闭非法网站论坛栏目等15个，通报异地违法有害信息5000余条。以网上重点人员管控为着力点，建立情报专案10起，破获案件7起，直接抓获犯罪嫌疑人17人。破获各类涉互联网违法犯罪案件149起，抓获犯罪嫌疑人206人。“清网行动”中，抓获逃犯45人。推进虚拟社会管理创新，在全市569家重点联网单位、非经营性上网服务营业场所安装互联网安全管理审计系统，IP管控率达到100%。

捐建爱心小图书室活动　　（赵雪莲　2011年9月28日摄）

【公安信访】 2011年，全市公安机关接待处理群众来信来访879件，比2010年下降3.8%；处结845件，处结率为96.1%，信访形势持续好转。接待处理各级督办、交办、函查案件26件，处结率为100%；重大节会期间未发生上访人员进京现象，公安信访环节未发生任何问题。开展信访积案“清仓见底”专项治理，排查清理信访积案92起（其中省公安厅交办41起），全部息诉，实现预期目标。

【教育训练】 2011年，市公安局加强教师和教官队伍建设，制定《淄博市公安局教官聘任和管理规定（试行）》，组织民警训练基地55名专职教官到基层一线开展为期3个月的调研和挂职；淄博训练基地推出部队士官全程跟训、学管一体化等举措，完成37个班次的训练任务，培训学员4310人次。在省公安厅组织的全省公安机关警务实战教官技能比武中，10名参赛教官全部被评为全省警务实战标兵教官；在全国机关警务实战教官技能比武中，3名教官获得全国公安全能实战教官称号。年内，市公安局政治部主任张宇海被表彰为全省公安教育训练工作先进个人并记一等功；淄博人民警察训练基地立集体二等功。

【警务督察】 2011年，全市各级警务督察部门在“清网行动”期间成立10个督导组，每周对各区县“清网行动”进行督导检查，每天调度工作情况。组织开展明察暗访150次，发现各类问题200余条，对发现的问题及时下发督察法律文书，督促相关单位进行整改。加强网上督察建设应用，推进警务督察工作信息化建设。6月，投资21万元的网上督察信息中心建成并投入使用。

【综合执法办案】 2011年，市公安局直属分局加大打击阻碍执法、暴力抗法和污染环境等违法犯罪活动力度，先后组织或联合开展集中整治非法开采地下水资源、噪音污染专项治理、规划执法检查和查处非法广告牌等专项行动。全年组织开展联合执法1166次，调处、化解各类矛盾纠纷176起；办理各类治安案件7起，行政拘留8人；办理刑事案件10起，依法处理22人。

【打击涉林违法犯罪】 2011年，森林公安机关扎实开展以打击破坏林地资源违法犯罪为主要内容的“亮剑行动”和以打击破坏森林和野生动物资源违法犯罪为主要内容的“春季攻势”专项行动，集中查处一批涉林案件。全年受理各类涉林和野生动物刑事、行政案件97起，查处95起。其中，受理森林和野生动物刑事案件8起，查处8起；受理森林和野生动物行政案件89起，查处87起。处理各类违法涉案人员218人次；收缴被盗被毁林

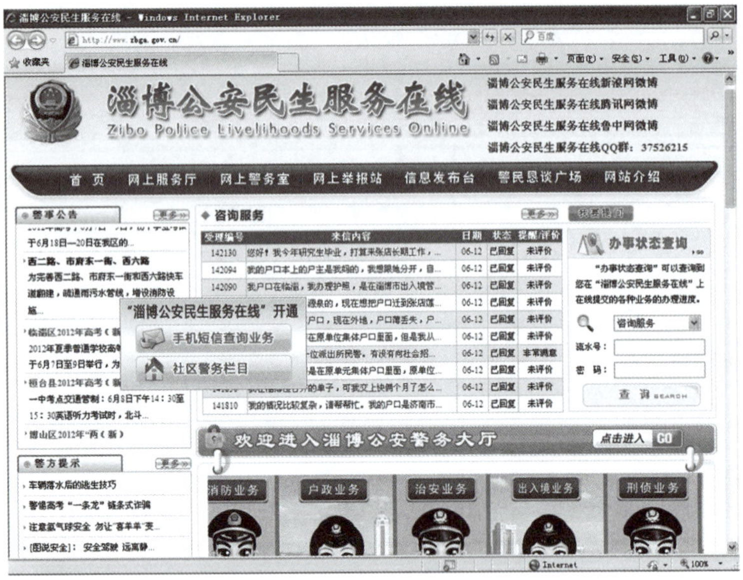

淄博公安民生服务在线网站首页

木树木94立方米，涉案金额88万元。

【开通“淄博公安民生服务在线”】 2011年1月，“淄博公安民生服务在线”网站开通。该网站共设5大板块，可通过互联网办理全市公安机关8个部门的95项公安业务。全年办理公安业务43万余件，答复群众咨询4000余次，发布各类警务信息5300余条，网站总访问量达227万人次，日均访问量近万人次。举办“警民在线”活动67期，答复网民各类咨询、投诉、意见、建议2948条，参与网民总数达224.3万人次。网站附属的腾讯QQ群出入群人数累计达4000余人次，解答群成员咨询1万件，接受群众求助978件。3月，在新浪网、腾讯网以“淄博警方”为名注册开通微博。至年底，关注总数超过7万人，发布微博5000余条，回复网民各类咨询、投诉、意见、建议近8000条。2月，“淄博公安民生服务在线”被省公安厅评为全省“公安服务在线”优秀网站。11月，在山东省第二届优秀网站评选活动中，被授予山东省优秀网站称号。

【建立民警健康档案】 2011年，市公安局按照公安部关于建立健全民警身体健康档案的通知要求，进一步落实从优待警措施。5月，与市第四人民医院达成协议，由该院抽调10名业务骨干，分期分批到市局机关、局直单位和直属分局为近千名民警、职工进行健康查体，并为每位民警建立健康档案。

【保安服务】 2011年，全市各保安公司有1199家服务单位，为公安机关提供破案线索125条，协助破案125起，抓获各类违法犯罪嫌疑人40人，缴获赃款、赃物折款52.5万元，制止打架斗殴77起，抢险救灾74起，为用户、群众挽回经济损失85.8万元，为群众做好事实事286件，拾金不昧总额19.76万元。收到表扬、感谢信166封，电话表扬285次，用户单位奖励现金11.8万元。7名保安队员被评为省优秀保安员，用户单位服务满意率达96%。

【工会工作】 2011年，市公安局工会组织了2011年新春文艺晚会《警魂颂》大型文艺演出；先后开展“巾帼建功”“创先争优、立功创模”“警民一家亲”和帮扶解困等活动；组织捐款18.06万元，发放劳模慰问金2万余元。10月，李莉作为淄博市政法系统代表出席山东省妇女第十二次代表大会。市公安局工会被市总工会评为全市工会工作先进单位。 （单联国　常德功）

检　察

【服务大局】 2011年，全市检察机关强化服务意识，突出服务重点，组织开展转方式调结构专题调研和“问计、问需、问效”等活动，走访单位196家、家庭765户，广泛收集社情民意，增强服务的针对性。健全完善服务经济社会发展意见，探索建立经常性联系企业、“三项预防进企业”（预防网络进企业、预防宣传进企业、预防制度进企业）等服务机制，统筹发挥打击、预防、教育、监督、保护等职能，回应经济社会发展的司法需求。改进执法方式，坚持执法讲大局、保民生、求公正、促和谐，努力实现法律效果与政治效果和社会效果相统一。市检察院连续7次被最高人民检察院授予全国文明接待示范窗口称号，连续4年被表彰为省级文

2011 年 9 月 23 日，市检察院检察长马爱国参加大众网《请问检察长》栏目现场 （孙智强 摄）

明单位。

【维护社会稳定】 全市检察机关坚持打疏结合，注重防范化解，全力维护社会稳定。始终把维护稳定作为第一责任，与公安、法院等部门密切配合，批捕犯罪嫌疑人 2050 人，起诉 3459 人。始终保持对严重刑事犯罪的严打高压态势，积极参与打黑除恶、打击“两抢一盗”（抢劫、抢夺、盗窃）等活动，批捕故意杀人、故意伤害、抢劫等严重刑事犯罪案件 203 人，起诉 261 人。践行和谐执法理念，贯彻宽严相济刑事政策，积极稳妥地推行刑事和解、附条件逮捕和附条件不起诉等工作，依法对 66 名初犯、偶犯、过失犯等轻微犯罪人员作出不捕不诉决定。实行法律文书说理答疑、申诉案件公开听证、阳光鉴定等制度，赢得群众对检察工作的理解和认同。严格执行执法办案风险评估预警制度。结合执法办案，加强对涉检不稳定因素的分析研判和排查疏导，确保将涉检信访的苗头和隐患化解、消除在初始和萌芽状态。

【查办职务犯罪】 年内，全市检察机关共立案查处贪污贿赂犯罪案件 112 人，其中大要案 75 人；立案查处各类渎职侵权案件 48 人，其中重特大案件 46 人，所起诉案件，法院全部作出有罪判决，案件质量居全省前列。严格落实安全文明办案的各项措施，探索推行自侦、技术、法警三部门同步参与、相互制衡的讯问犯罪嫌疑人全程同步录音录像系统启用制度，完善纪检组、督察办、法警支队“三位一体”办案安全保障机制，确保安全文明办案。

【刑事诉讼监督】 是年，全市两级检察机关强化监督意识和监督措施，督促有关部门立案 55 件，纠正不应当立案而立案 61 件。重点对公安机关移送案件中列明的“在逃”“另案处理”等情形进行监督，追加逮捕 47 人、追加起诉 202 人，均被追究刑事责任。试行驻派出所检察员监督制度，加强对公安派出所刑事诉讼活动的监督，促进规范执法。与相关部门召开联席会议，就刑事审判中存在的问题进行沟通交流，会签《关于办理危险驾驶犯罪案件有关问题的会议纪要》《刑事“两简程序”诉讼文书样式》。推进量刑规范化改革，深化量刑建议工作，促进刑事审判活动进一步规范。落实《关于加强和改进刑事抗诉工作的意见》，推行对部分案件判决实行上下两级院同步审查制度，提出抗诉 24 件。开展监管场所事故情况复查和看守所械具、禁闭使用情况专项检查，提出纠正意见 94 件，纠正监外执行违法 18 件，办理被监管人员又犯罪案件 128 人。检察环节连续 13 年无超期羁押。

【民事行政诉讼监督】 全年受理民事行政申诉案件 166 件，立案 135 件，依法提出和提请抗诉 55 件，提出再审检察建议 39 件，法院再审改判、发回重审和调解结案 45 件，办理督促支持起诉等新型案件 28 件，对 37 件判决裁定正确的案件做好服判息诉工作，把矛盾化解于执法办案过程。

【职务犯罪预防】 利用警示教育基地和警示教育展览室，开展警示教育 244 场次，受教育人员 35000 余人。组织“警示教育今日谈”系列讲座，开展“五谈五讲”（谈案例讲体会、谈问题讲原因、谈行为讲危害、谈改进讲措施、谈思想讲转变）活动，使廉政思想意识“入脑入心”。深化系统预防，加强与国税、工商、供电等部门的联系，联合制作预防幻灯片、编印预防宣传手册，协助摸排职务犯罪风险点，推进社会化预防协作体系建设。

【专项工作】 年内，全市检察机关立足解决党委政府关注，社会各界关心的热点、焦点问题，促进经济社会发展环境的持续优化。围绕工程建设领域突出问题进行专项治理，开展查办工程建设领域职务犯罪专项工作，立查案件18人，促进工程建设市场秩序进一步规范。组织“预防工程建设领域职务犯罪、推进社会管理创新”专项活动，对市文化中心、保障性住房建设等涉及资金138亿元的14项重点工程项目开展同步预防，提供预防咨询415次、行贿犯罪档案查询892次。围绕国家环保模范城创建工作，组织开展查办危害林业资源和环境资源渎职侵权犯罪专项工作，立查案件8人；开展依法打击破坏环境犯罪专项工作，巩固环境整治成效，批捕案件12人，起诉16人。开展查办和预防行政执法人员、司法人员职务犯罪专项工作，立查案件74人，促进廉政勤政建设和公正廉洁执法。组织全国检察机关惩治和预防渎职侵权犯罪展览淄博巡展，市、区县两级206个单位11000多名机关、企事业单位工作人员参观展览。

【涉农检察工作】 落实中共淄博市委《关于加强推进统筹城乡发展的意见》，服务农村改革发展。组织“服务农村两委换届乡村行”活动，提出有价值的预警信息和对策建议157条。强化涉农检察工作，加强派驻检察室建设。全市19个派驻检察室共办理基层群众来信来访435次，调处矛盾纠纷214次，参与办理职务犯罪案件32人，配合监督立案12件。

【维护群众利益】 坚持把群众工作贯穿于检察工作全过程。组织开展打击危害食品药品安全犯罪专项行动，积极参与严厉打击“地沟油”违法犯罪专项工作，批捕此类案件15人，起诉22人。部署开展查办危害民生民利渎职侵权犯罪专项工作和查办侵害农民利益、危害群众权益职务犯罪专项工作，立查案件62人。加大对非法集资、非法吸收公众存款等涉众型经济犯罪的打击力度，批捕案件26人，起诉15人。把劳动争议、保险纠纷、社会保障等涉及群众切身利益的民事行政判决作为重点，综合运用违法调查、抗诉、检察建议等手段，强化法律监督，共办理案件77件。出台办理民事行政执行监督案件实施办法，切实保障当事人的合法权益。落实“首办责任制”、检察长接访和公开听证答询等制度，组织开展涉检信访积案化解、案件评查活动，全年受理群众来信来访1849件次，集体访、告急访14件，检察长接访238人次。受理热线事项3436件，提供法律咨询2959件，提供维权救助、协助解决民生事项132件。健全完善办理未成年人犯罪案件“案前品行调查、案中心理疏导、案后跟踪帮教”机制，强化对未成年人的管理和保护。

【创新社会管理】 全市检察机关落实检察环节综合治理措施，定期组织矛盾纠纷排查化解，发挥62个综合治理联系点作用，配合有关部门对重点行业和场所进行治安排查24次。加强校园及周边环境治安综合治理，与53所学校开展安全共建。强化行政检察，制定办理行政执法检察监督案件实施办法，依法监督纠正行政机关不作为、乱作为32件次。依托乡镇检察室设立社区矫正办公室，强化对社区矫正各环节的法律监督；与公安、司法行政等部门建立社区矫正信息联动、走访机制，合力做好矫正对象的帮教管理工作。完善网上涉检舆情引导、应急处置等机制，加强对全体干警特别是41名网络评论员舆情意识和基本常识培训。延伸扩展办案效果，形成调研报告59

2011年5月18日，“法制与责任——全国检察机关惩治和预防渎职侵权犯罪展览·淄博巡展”在市博物馆开幕

（石 磊 摄）

篇，向党委政府和有关部门提出消除隐患、完善制度、加强管理等方面的检察建议147项。

【检察队伍建设】 组织“发扬传统、坚定信念、执法为民”主题教育实践活动，开展“三个大讨论”（岗位担当、换位思考、抓主题教育实践创特色政法品牌）、“双联”（一名党员联系一个帮扶对象，一个支部联系一个基层单位）等活动，不断把主题教育实践活动引向深入。开展“维护人民群众合法权益、解决反映强烈突出问题”专项检查和“以人为本、执政为民”教育活动，涌现出以全国政法系统优秀党员徐会生为代表的一批先锋模范人物，有36个集体和58名个人受到市级以上表彰。组织干警参加高检院执法规范化轮训和省检察院执法规范化讲座17场次。组织公诉人对抗赛、信息化应用竞赛等各类业务培训、岗位练兵活动152场次，21人次在省级以上评比竞赛中获奖。组织收看警示教育片134次，编发局域网《廉政之窗》栏目38期。全面推行人民监督员制度，定期召开执法执纪监督员座谈会，自觉接受社会各界和人民群众的监督。 （王玉红　司书林）

审　判

【概况】 2011年，全市法院共受理各类案件51377件，审执结50735件。其中，市法院受理各类案件3615件，审执结3615件。市法院获省级文明单位称号，淄川区法院被最高法院表彰为全国优秀法院，临淄区法院被省法院记集体一等功。

【服务经济发展】 推进创新型、服务型、高效型、主动型司法，做到五个“努力提高”，即：努力提高为全市转变经济发展方式提供优质司法服务水平；努力提高审判工作品牌效应；努力提高适用法律的精准度；努力提高一审、二审案件服判息诉率；努力提高化解审判难题的司法能力。开展民间借贷、企业破产等专项调研，组织召开全市法院民间借贷案件质量评查及疑难问题研讨会，制定印发《关于进一步为全市金融经济安全运行提供司法服务和保障的指导意见》。

【刑事审判】 是年，全市法院受理一审刑事案件2810件，审结2785件，判处罪犯3861人。判处5年以上有期徒刑618人，占判处总人数的16.01%；判处非监禁刑2040人，占判处总人数的52.84%。继续深化量刑规范化改革，承担全省法院2011年度重点调研课题，形成《关于建立完善量刑规范化庭审程序的调研报告》，制定《刑事案件一、二审量刑规范化庭审程序》，被省法院采纳推广。加大对集资诈骗、非法吸收公众存款的打击力度，组织开展严厉打击侵犯知识产权和制售假冒伪劣商品专项行动，以及依法严惩危害食品安全及相关职务犯罪专项活动。建立完善开庭听证、公示等确保减刑假释案件公正、公开审理的工作机制。全年依法审理减刑假释案件3660件。

【民商事、行政审判】 2011年，全市法院受理各类民商事案件32188件，审结31577件。制定《企业破产案件标准化审判管理规程》《审理公司强制清算案件操作规程》等制度文件，规范破产案件审理模式。组织召开全市法院司法确认工作现场会，加强对基层法院业务指导。召开知识产权司法保护新闻发布会，首次以《淄博法院知识产权司

2011年1月19日，市中级人民法院综合审判大楼启用，图为法官宣誓仪式　（市中级人民法院　供稿）

法保护状况白皮书》形式，向社会公开知识产权司法保护情况。审结专利权、商标权、著作权等知识产权案件227件。

全年受理各类行政案件2104件，审结2100件。保障相对人合法权益，监督支持行政机关依法行使职权。加大调解力度，完善行政争议多元化解机制，做好行政协调、行政复议和行政诉讼的衔接与配合。发布行政审判白皮书，系统地向社会各界介绍全市法院行政审判情况，提出促进依法行政的司法建议。采取措施，规范国家赔偿工作，实行决定赔偿案件法院内部通报制度。全年办理国家赔偿案件29件。

市法院结合2011年民间借贷案件多发的情况，主动送法进企业

（市中级人民法院　供稿）

【执行工作】 是年，全市法院受理执行案件14176件，执结14176件。加大仲裁申请执行案件以及执行复议案件办理力度，采取限制被执行人高消费等10项措施，深入开展反规避执行专项活动。召开全市法院反规避执行专项活动新闻发布会，向媒体和社会通报活动开展情况。继续开展“无执行积案先进法院”创建活动，提高案件自动履行率、执结率和标的实际到位率。

【审判监督和涉诉信访】 全年受理各类申诉、再审案件146件，比2010年下降17.51%。规范相关案件的裁判尺度，建立完善再审、发回改判案件通报和异议反馈制度，对2007年后市中院指定审理和中院一、二审裁判生效后被提起再审的案件，逐一进行复核审查和责任倒查，对存在问题的坚决实行“问责”。以群众路线为统领加强信访责任机制建设，做好初信初访工作和重点案件办理工作，市法院在最高人民法院化解涉诉信访突出问题及预防群体性事件工作座谈会上作典型发言。

【司法为民】 立足调解优先、调判结合原则，加强辨法析理、教育疏导、评断答疑等工作，促使当事人信服裁判。是年，市法院一审服判息诉率77.25%，二审服判息诉率97.41%，再审服判息诉率100%，一审民商事案件调撤率49.05%，基层法院60.75%。实施诉讼服务大厅一站式服务，市法院被最高法院表彰为全国法院“立案信访窗口”建设先进集体。

【审判管理】 以审判执行标准化为统领，推进审判管理创新。落实收结案动态平衡、指标数据定期通报等制度，推行流程随机分案、当庭合议等做法，加强诉讼程序的衔接配合，提高审判效率。是年，市中院法定审限内结案率及案件结收比达100%。完善案件质效动态分析、发回和改判案件责任认定机制，涉再审、改判的案件提交审委会讨论。召开第二次审判管理工作会议，印发《关于加强审判执行标准化建设的指导意见》，制定民商事案件立案标准、案件质量评查程序标准等20余项，审判执行标准化理论研究和子系统建设取得阶段性成果。成立司法技术与装备管理局，内辖网络技术管理处、涉案资产管理处、装备管理处、司法技术管理处。建立审判管理数字化平台，整合流程监控、庭审监督、裁判文书网上评选等系统，实现管理信息查询、应用等功能的网络化运行。完善涉案资产管理体制，设立涉案资产管理网站，印发《涉案资产管理规定（试行）》等制度，推动涉案资产管理工作良性发展。全年收案123件，结案60件，处理涉案资产244宗，过付案款2.09亿元。

【基层工作】 2011年，基层法院和人民法庭共审执结各类案件47120件，占全市法院办案总量的92.87%。建立完善层级管理和全员管理责任体系，明确法庭管理的指导部门和职能分工，有效落实对法庭业务监督指导的责任。通过审理二审、再审案件，不断增强对基层法院的监督指导力度。是年，市法院共受理各类二审案件2538件，再审案件103件，二审改判发回重审率为8.54%。组织召开全市法院人民法庭工作会议，引导基层法院深化职权配置优化型、为民服务便捷型、公信司法满意型人民法庭建设。是年，基层法院一审服判息诉率达到92.38%。

【司法公开】 完善阳光司法，自觉接受监督。摆正监督与被监督的关系，专门针对行政机关负责人出庭应诉情况和行政机关依法行政情况，向市人大常委会作专题汇报。主动接受市人大常委会对“法治淄博”建设、规范化量刑改革实施情况的检查。邀请部分省市人大代表、政协委员到各级法院视察指导工作，面对面听取对法院工作的意见建议。全年审结检察机关抗诉案件55件，其中抗诉理由成立、依法予以改判的8件。落实人民陪审员制度，全年人民陪审员参审案件7912件8033人次。

【法官队伍建设】 是年，印发《关于提升法官人格魅力的实施意见》，打造法官素质提升、法官人格魅力展示、法官制度管控、法官人格魅力评价“四个平台”。选拔任用15名县级干部，组织11名科级领导职位进行竞争上岗。全市法院招录公务员37名；从基层法院考录、遴选法官5名；招聘紧缺专业人才1名；为基层法院考录初任法官10名、选调生3名。制定《助理审判员选任办法》，加强对新进人员、初任法官及书记员的教育、管理。坚持把强化教育摆在首要位置，强化“忧患意识、岗位担当意识、作风效能意识”教育和革命传统教育、党性教育、司法良知教育、社会主义司法核心价值观教育。以实施“业务带头人”制度为带动，发挥“办案能手”“调解能手”“三零法官”(零投诉、零错案、零信访)的示范引领作用，确保活动取得实效。开展以“一名党员联系一个帮扶对象、一个支部联系一个基层单位”为主要内容的“双联”活动。年内，市法院联系基层单位17个，党员干警联系失学儿童、特困农户、下岗工人及残疾困难家庭186个，为特困群体捐款近10万元。

【司法保障与物质装备】 1月19日，市法院综合审判楼投入使用。建立完善案件办理情况查询机制，依托信息化手段，对案件庭审全程录音录像、同步录入电子档案，最高法院可远程提讯、复核死刑案件。信息化系统实现整体良性运转，科技法庭功能得到充分发挥。新建数字化拍卖大厅，对局域网进行升级，“一卡通”系统投入使用，会议室加装视频展示系统，实现功能复合化、多媒体化。

(祝奉田)

司法行政

【“法治淄博”建设】 4月19日，市委、市政府调整“法治淄博”建设工作领导小组成员。4月22日，市司法局制定《关于开展司法行政服务“法治淄博”建设活动的意见》，在系统内确定法治建设重点项目18项，对全面参与“法治淄博”建设作出安排部署。5月13日，市委办公厅、市政府办公厅印发《关于在全市开展“法治淄博”建设整体推进年工作的意见》，确定“法治淄博”整体推进年工作的指导思想和“抓好领导干部学法用法工作”等重点工作30项，对2011年“法治淄博”建设进行全面安排部署。4～6月，市人大常委会采取基层调研、听取汇报、召开座谈会、问卷调查等多种形式，开展“法治淄博”建设视察。

【普法依法治理】 5月20～21日，在全国法制宣传教育工作会议上，淄博市被中宣部、司法部表彰为2006～2010年全国法制宣传教育先进城市。9月20日，市委召开常委会议，通过《市委宣传部、市司法局关于在全市公民中开展法制宣传教育的第六个五年规划》和《淄博市依法治市第五个五年规划》。10月27～28日，市十三届人大常委会召开第三十一次会议，审议通过“六五”普法依法治理规划、“五五”依法治市规划，作出《淄博市人大常委会关于在全市公民中继续开展法制宣传教育活动的决议》和《淄博市人大常委会关于批准〈淄博市依法治市第五个五年规划〉的决定》。11月8日，全市普法依法治理工作会议暨“全国法制宣传教育先进城市”揭牌仪式举行。

【律师工作】 2月16日，市司法局联合市总工会、市律师协会组织召开全市维护职工权益杰出律师和优秀律师表彰大会，并成立职工维权法律顾问团。4月7～9日，在山东省第七次律师代表大会上，淄博市有7名律师当选理事，1名律师当选监事。4月12日，市司法局联合市总工会、市律师协会开展“走进厂矿、走近职工”法律服务日活动。9月24日，市委组织部、市委政法委和市司法局联合组织召开全市律师行业党的建设工作会议。12月6日，市人大常委会成立淄博市地方立法律师咨询团，聘任10名资深律师为成员。12月22日，徐文业被评为2008～2010年度全国优秀律师。12月25～27日，崔冠军作为淄博市唯一代表参加全国第八次律师代表大会。2011年，社会执业律师增至831人，比2010年增加96人。全市律师办理各类法律事务8952件，为1753家机关、企事业单位担任法律顾问。

【公证工作】 是年，公证行业巩固传统优势公证业务，拓展业务资源，实现稳步健康发展。全年办理各类公证业务16253件，增长6.5%，实现“零错证、零投诉、零上访”目标。落实《山东省公证法律援助实施办法(试行)》，为贫弱群体提供法律援助，全年办理公证援助事项471件。1～2月，组织开展2010年度全市公证机构及公证员年度考核，全市8个公证机构、8名机构负责人、31名执业公证员均达到合格以上等次。7月，组织开展全市公证质量专项检查。市司法局公证管理科被省公证协会授予全省公证管理工作先进集体称号。鲁中公证处党支部被中共山东省委授予山东省先进基层党组织称号。贾晓杰被省司法厅表彰为山东省十佳公证员。

【基层法律服务】 继续加强行政管理和行业管理两结合的管理体制，强化对全市基层法律服务工作者的职业道德、执业纪律和业务培训。组织开展“服务‘法治淄博’建设，促进社会公平正义”主题实践活动。全市基层法律服务队伍共与342个村居结成法律服务对子，举办法制宣传100余场次，为695个法人单位担任法律顾问，代理法律事务近5000件，为乡镇、村居化解矛盾纠纷1500余件。桓台天成法律服务所祝延忠被省司法厅表彰为全省十佳基层法律服务工作者。

【法律援助】 开展“关爱弱势群体，法律援助进万家”活动，向低保人群发放法律援助绿卡，向各行政村发放《法律援助便民服务手册》，进一步畅通法律援助便民通道。5月，在全市开展“残疾人法律援助月”活动，提高法律援助在残疾人中的知晓率。与淄博职业学院联合开展“牵手贫困大学生，构筑特困生法律援助‘绿色通道’”活动。与淄博监狱联合设立淄博监狱法律援助工作站，为服刑人员义务提供法律援助咨询。6月，在全市开展“法律援助便民服务公示牌进村居”活动，方便群众寻求法律援助。7月，在全市组织开展法律援助宣传月暨“万名律师赶大集”活动。8月，向全市80万联通用户发送公益短信。在全市设立14家“全省法律援助受理点”。2011年，全市办理法律援助案件2921件，增长21.5%。

【司法鉴定】 做好司法鉴定资质认证认可、执业监管和业务指导，不断完善“三联”(联会、联评、联考)工作法。4月，市司法局在全省司法鉴定工作会议上作典型发言。4月16日，全市司法鉴定工作会议召开。4月22日，司法部司法鉴定管理局对“三联”工作方法予以高度评价。制定印发《“司法鉴定许可证”“司法鉴定人执业证”延续工作的实施意见》《司法鉴定质量监督检查办法》《司法鉴定执业分类规范》。6月，按照司法鉴定规范执业专项检查活动要求，指导各司法鉴定机构开展延续登记工作。2011年，全市各类司法鉴定机构办理司法鉴定3700余件，采信率98%以上。

【司法考试】 是年，圆满完成2011年度国家司法考试淄博考区考试考务工作。全市有1420人报考，120人成绩合格。

【司法所建设】 抓好《关于理顺全市司法所管理体制工作的意见》的贯彻落实，深入各区县督导司法所管理体制理顺工作。5月30日，博山区司法局被司法部表彰为全国司法所建设先进单位，张店区南定司法所和沂源县南麻司法所被表彰为全国先进司法所。

【人民调解】 是年，29 名人民调解员被表彰为淄博市人民调解能手，11 名人民调解员被省司法厅表彰为山东省人民调解能手。积极介入道路交通、医患纠纷、劳动人事争议等矛盾纠纷调解。8 月 22 日，与市公安局联合印发《关于推行人民调解委员会调解道路交通事故民事损害赔偿工作的实施意见》。12 月 19 日，市医患纠纷人民调解委员会成立。全年调处各类矛盾纠纷近 3 万件，成功率 96.8%。

【安置帮教】 1 月 10 日，淄博舜宝工贸公司作为淄博市安置帮教基地代表，在全省安置帮教工作会议上作典型经验介绍。4 月 24 日，市司法局联合淄博监狱举办全市服刑人员帮劝大会，共有 3000 多名服刑人员接受教育。7 月 8 日，市司法局、共青团淄博市委、市劳教所、市青年联合会在市劳教所联合举行以“共同关爱携手明天”为主题的解除劳教人员安置帮教岗位对接活动，72 名即将解教的劳教人员找到就业岗位。按照省司法厅统一部署，做好服刑在教人员基本信息核查工作，核实率居全省第三位。是年，全市刑释解教人员帮教率 100%、安置率 98.3%、重新犯罪率控制在 2%以内。

【社区矫正工作】 4 月，印发《关于加强基层工作信息统计管理平台社区矫正工作统计报表的通知》《关于开展辖区内服刑在教人员调查摸底的通知》《关于加强刑释解教人员信息管理系统规范运行的通知》，督促区县进一步加强社区矫正工作规范化建设。年内，全市累计接收社区矫正对象 973 人，无一人重新犯罪。

【监狱劳教】 是年，市劳教所以开展“场所管理规范化建设年”活动为载体，完善精细化管理体系，连续 13 年实现“四无所”（无逃跑、无非正常死亡、无重大生产安全事故、无所内发案）目标，劳教人员所内改好率 97%以上，难改人员转化率 90%以上。10 月 31 日，市劳教所与鲁中监狱签订土地转让协议，劳教所搬迁工作取得重大进展。1 月 10～11 日，在全省司法行政工作会议上，市劳教所被省司法厅记集体二等功，被省劳教局评为先进劳教单位。12 月 22 日，在全国司法厅（局）长工作会议上，市劳教所被评为全国司法行政系统先进集体。

【队伍建设】 1 月 10～11 日，在全省司法行政工作会议上，市司法局被省司法厅荣记集体二等功。2 月 16 日，市司法局召开“发扬传统、坚定信念、执法为民”主题教育实践活动动员大会，在全系统部署开展“发扬传统、坚定信念、执法为民”主题教育实践活动。7 月，省委创先争优争做齐鲁先锋活动领导小组办公室以《淄博市围绕提升“四种能力”推动律师行业创先争优》为题，对淄博市司法行政系统开展律师行业创先争优活动的经验做法给予肯定。（姜淑怡）

仲　裁

【概况】 2011 年，淄博仲裁委员会办公室努力提升仲裁为经济社会发展、为维护社会稳定服务的

2011 年 9 月 23 日，组织骨干仲裁员进行仲裁理论与实务研讨交流

（王　勇　摄）

积极作用，发挥仲裁制度解决经济纠纷便利、快捷的优势，拓展服务领域，化解社会矛盾，促进社会和谐稳定。全年受理各类经济纠纷1153件，标的额3.1亿元。

【仲裁法律制度推行】 巩固保险、房地产、建设领域的工作成果，与律师事务所、行业协会组织、中介组织加强联系，引导工业企业在工业品买卖合同中签订仲裁条款。与金融行业加强沟通，对金融行业贯彻落实《中华人民共和国仲裁法》的形式、办法及途径达成共识。会同市商务局对全市涉外企业进行调查，共同拟定《关于进一步做好仲裁为涉外企业服务的意见》。改进宣传的途径和方式，加强与企业集团及社会公益组织的联系。在全省率先设立道路交通事故损害赔偿仲裁调解中心，调解道路交通事故损害赔偿争议820件。

【仲裁员管理】 坚持对仲裁员进行廉洁办案教育，加强对仲裁员参与仲裁活动的监督，严格执行《违纪仲裁员处理办法》。倡导调解结案的和谐仲裁工作理念，培养仲裁员"以调促和"的工作意识，提高调解和解率。增聘仲裁员69人。

【仲裁业务开展】 加强案期管理，抓好案件各个环节的衔接，及时督促仲裁庭在规定期限内结案。严格程序管理，落实《办案秘书工作规程》，确保案件审理程序性事务工作准确到位，按期结案率97%。加强监控仲裁员参与庭审情况。对重点案件，特别是涉及群众切身利益的集团性案件跟踪督办，确保案件质量。加大仲裁案件的调解力度，对仲裁案件实行开庭前、开庭中、开庭后的全程调解模式，调解和解率76.5%。落实《裁决书核阅参考意见》，避免同类型、同性质案件裁决结果不同现象的发生。 （闫世学 张 珂）

本部类编辑：赵建国
副主编：王世伟
校 对：王 娟
耿 超

工　　业

综　述

【概况】 2011年,全市工业企业围绕“转方式、调结构”主线,狠抓结构调整、技术改造、自主创新、节能降耗、信息化推进等工作,工业经济保持平稳较快发展。全市规模以上工业企业3178户,实现增加值比2010年增长14.22%;实现主营业务收入9352.07亿元,增长24.6%;实现利税1209.33亿元,增长28.4%;实现利润744.49亿元,增长36.4%。工业品累计产销率99.38%,提高1.26个百分点。地方工业销售收入、利润、利税分别实现7999.24亿元、708.41亿元、1053.22亿元,分别增长24.76%、38.20%和33.04%。

【工业经济总量过万亿元】 2011年,全市工业总产值10265亿元,全部工业企业实现销售收入10102亿元,淄博市成为全省第三个、全国第十六个工业销售收入过万亿元的城市。工业经济连续实现跨越,质量和效益显著提高。1988年,全市工业经济总量突破百亿元;2000年,突破千亿元;2011年突破万亿元。新中国成立后,全市工业产值过百亿元用了39年,从百亿元到千亿元用了12年,从千亿元到万亿元用了11年。销售收入过百亿元用了41年,从百亿元到千亿元用了12年,从千亿元到万亿元用了9年。工业利税过50亿元用了49年,从50亿元到百亿元用了5年,从百亿元到千亿元用了8年。

【结构调整】 组织实施工业“十二五”发展规划和电子信息、机械、轻工、纺织、建材、冶金、化工、医药、陶瓷9个行业规划,制订《加快工业转方式调结构若干政策意见》,推动全市工业结构调整和转型升级。2011年,全市规模以上工业完成固定资产投资710.38亿元,增长10.77%,其中技术改造投资624.22亿元,增长10.4%,占工业固定资产投资的87.87%,占全社会固定资产投资的41.6%。全年高新技术产业总产值2544.9亿元,占规模以上工业总产值的26.6%(新口径),较年初提高1.25个百分点。高新技术产业投资224.26亿元,增长34.3%,增速较全部投资快10.6个百分点。公布实施第一批重点产业链,配套的15个重点项目中有4个项目投产。全市物流业实现增加值280亿元,占全市GDP的9%,占第三产业增加值的24%。

【战略性新兴产业】 2011年,新材料、精细化工、新能源及节能环保设备、新医药、电子信息、汽车及机电装备等战略性新兴产业发展势头强劲。全年实现主营业务收入突破3004.6亿元,增长29.18%,占规模以上工业的比重为31.65%;实现利税410.55亿元,增长39.66%,其中利润284.95亿元,增长45.92%,主营业务收入、利税、利润增速分别高于全市平均水平4.57、11.3和9.5个百分点。

【节能降耗】 在省政府“十一五”时期节能考核中,市政府被表彰为全省“十一五”节能突出贡献单位,7个单位被评为全省节能先进单位,11人被评为全省节能先进个人。2011年,全年万元GDP

能耗降低3.7%，全年实现节能量216万吨标准煤，全面完成年度节能目标，“十二五”节能工作实现良好开局。印发《节约能源“十二五”规划》《“十二五”节能减排综合性工作方案》，对《淄博市固定资产投资项目节能评估和审查办法》《重点用能企业考核办法》等文件进行修订完善。全年评估和审查投资项目1010个，遏制高耗能行业过快增长。完成铸造、造纸、印染、耐火材料、烧碱、原料药及医药中间体6个行业节能减排专项意见。实施工业炉窑、摩擦压力和绿色照明产品升级三大改造工程，全年改造炉窑110台，淘汰42台；改造摩擦压力机51台，年可节电3000万千瓦小时。在纺织行业推广应用LED灯4万盏，年可节电650万千瓦时。印发《淄博市重点节能技术、产品和设备推荐导向目录（第三批）》，公布化工、机械等9个行业55项节能技术。创尔沃热泵技术有限公司地源热泵机组等12项节能技术，列入省重点节能技术、产品和设备推广目录。建设淄博高新区、齐鲁化工区、高青经济开发区、博山经济开发区4个特色产业循环经济示范园区，培育赤泥、粉煤灰、铁尾矿、废旧塑料4个资源综合利用示范基地，建设50个循环经济示范项目。131家企业开展清洁生产审核，90家企业自愿开展审核。7家企业开展能源管理体系建设试点，360家企业370名节能管理人员参加全省能源管理师资格培训考试。组织万吨标准煤以上重点用能企业填报能源利用状况报告，22家企业开展节能自愿协议试点，16家企业开展节能对标活动，586家企业开展能源监测。

【淘汰落后产能】 2011年，17家企业被列入淄博市淘汰落后产能计划，其中4家企业列入国家淘汰落后产能计划。截至年底，17家企业全部完成生产设备拆除。组织淘汰落后产能补助资金申报和争取，增强企业主动淘汰积极性，全市获淘汰落后产能奖励资金1.32亿元。山东隆盛钢铁有限公司争取到省淘汰落后钢铁产能补助资金540万元。

【自主创新】 强化企业技术创新主体地位，推动创新要素加速向企业聚集，鼓励引导企业加大研发投入，加快科研成果产业化步伐，自主创新驱动区域发展能力不断增强。全市省级以上工程技术研究中心和企业技术研究中心达到193家（国家级7家），比2010年增加28家，新增市级企业技术中心26家。238个项目被列入省技术创新项目计划。开发新产品、新技术2000余项。动态无功发生器、船用双燃料发动机、美洛西林钠等20余项科技成果实现产业化。举办“陶博会”、精细化工产学研洽谈会、新医药论坛等活动，发布成果540项，达成合作意向110项。有20多家企业与高校签订共建研发中心协议。90%的规模以上企业与高等院校、科研院所开展技术合作与交流，建立产学研基地和研发实验室300余个。新增省级工业设计中心2家。举办“创意淄博”2011年工业设计大赛，有40余所高校参赛。举办工业设计创意展，展出优秀工业设计产品100件。与中国空气动力研究发展中心、中国核动力研究设计院等单位就核电装备制造、小弱信号智能处理等达成合作意向，7个项目进入合作实质性阶段。全市地方企业主要装备水平达到国际先进水平的占26%，达到国内先进水平的占40%。中国名牌、中国驰名商标总数分别达到30个和47个。

【百项重点项目】 加强“百项重点工业项目”遴选、调度、管理和考核工作，强化综合协调和要素保障，及时解决项目建设过程中出现的矛盾和问题。2011年，百项重点工业项目计划总投资436.76亿元，有107个项目开工建设，完成固定资产投资180亿元，占年度固定资产投资计划的91.39%。57个项目竣工投产，年可新增销售收入361.39亿元、利税70.51亿元。

【百强企业】 制定《淄博市工业企业评价考核办法》，完善企业评价考核机制，引导企业自觉转方式调结构。加大土地、资金等生产要素保障力度，推动企业技术创新，百强企业各项指标增幅超过全市工业平均水平。2011年度百强企业销售收入增长25.15%，总量占全市规模以上工业企业的比重达41%。

淄博市首届功勋企业及
2011年度工业百强企业名单

一、淄博市功勋企业名单

1. 中国石化股份有限公司齐鲁分公司
2. 东岳集团

3. 山东能源淄博矿业集团有限责任公司
4. 山东金诚石化集团有限公司
5. 山东博汇集团有限公司
6. 鲁泰集团
7. 山东电力集团公司淄博供电公司
8. 南金兆集团有限公司
9. 淄博傅山企业集团有限公司
10. 山东北金集团有限公司
11. 山东药玻集团
12. 山东金岭铁矿
13. 中国铝业山东分公司
14. 山东汇丰石化集团有限公司
15. 金晶(集团)有限公司
16. 淄博齐翔石油化工集团有限公司
17. 蓝帆集团股份有限公司
18. 瑞阳制药有限公司
19. 张店钢铁总厂
20. 山东新华制药股份有限公司

二、百强企业名单

(一)明星企业

1. 山东东岳化工有限公司
2. 鲁泰纺织股份有限公司
3. 山东海力化工股份有限公司
4. 山东东岳氟硅材料有限公司
5. 山东东佳集团股份有限公司
6. 山东华联矿业股份有限公司
7. 山东齐峰特种纸业股份有限公司
8. 淄博加华新材料资源有限公司
9. 山东建兰化工股份有限公司
10. 信缔纳士机械有限公司
11. 山东博汇纸业股份有限公司
12. 山东淄博山川医用器材有限公司
13. 淄博银仕来纺织有限公司
14. 淄博欧木特种纸业有限公司
15. 淄博宏达钢铁有限公司
16. 淄博柴油机总公司
17. 山东金顺达集团有限公司
18. 山东鲁阳股份有限公司
19. 山东新华医疗器械股份有限公司
20. 山东华夏神舟新材料有限公司
21. 胜利油田高青石油开发有限责任公司
22. 山东联合化工股份有限公司
23. 山东贵和显星纸业有限公司
24. 山东德信皮业有限公司
25. 山东华安新材料有限公司
26. 淄博泰光电力器材厂
27. 山东蓝星东大化工有限责任公司
28. 山东齐鲁石化开泰实业股份有限公司
29. 山东齐都药业有限公司
30. 淄博兰雁集团有限责任公司

(二)优秀企业

31. 淄博包钢灵芝稀土高科技股份有限公司
32. 山东联创节能新材料股份有限公司
33. 山东泰宝防伪技术产品有限公司
34. 淄博汇银纺织有限公司
35. 山东东华水泥有限公司
36. 山东淄博新达制药有限公司
37. 高青鲁明石油科技开发有限责任公司
38. 淄博金城实业股份有限公司
39. 淄博万昌科技股份有限公司
40. 山东博丰利众化工有限公司
41. 山东侨牌集团有限公司
42. 山东赫达股份有限公司
43. 山东舜天矿业有限公司
44. 山东扳倒井股份有限公司
45. 山东蓝帆化工有限公司
46. 山东博润工业技术有限公司
47. 山东省淄博蠕墨铸铁股份有限公司
48. 山东瑞丰高分子材料股份有限公司
49. 山东齐隆化工股份有限公司
50. 山东唐骏欧铃汽车制造有限公司
51. 淄博乌金泰资产管理有限公司
52. 山东胜利钢管有限公司
53. 山东美陵化工设备股份有限公司
54. 山东齐胜工贸股份有限公司
55. 淄博万昌化工设备有限公司
56. 山东齐旺达石油化工有限公司
57. 山东东大一诺威聚氨酯有限公司
58. 山东宏信化工股份有限公司
59. 华电淄博热电有限公司
60. 淄博鲁华泓锦化工股份有限公司

(三)先进企业

61. 山东坤升控股有限公司
62. 山东凯日化工股份有限公司

63. 山东省生建重工有限责任公司
64. 山东三金玻璃机械有限公司
65. 山东珑山实业有限公司
66. 山东东泰矿业有限公司
67. 山东龙泉管道工程股份有限公司
68. 山东硅苑新材料科技股份有限公司
69. 华能辛店发电有限公司
70. 中国石油化工股份有限公司催化剂齐鲁分公司
71. 山东盟诚电气有限公司
72. 华能淄博白杨河发电有限公司
73. 淄博大桓九宝恩皮革集团有限公司
74. 淄博崇正水泥有限责任公司
75. 山东金城医药化工股份有限公司
76. 山东锐博化工有限公司
77. 山东祥和集团股份有限公司
78. 沂源县鲁村煤矿有限公司
79. 淄博工陶耐火材料有限公司
80. 山东华狮啤酒有限公司
81. 山东沃源新型面料股份有限公司
82. 淄博市王庄煤矿
83. 淄博市淄川区宝山水泥厂
84. 中材淄博重型机械有限公司
85. 山东颜山泵业有限公司
86. 淄博德信联邦化学工业有限公司
87. 淄博嘉周化工有限公司
88. 金堆城钼业光明(山东)股份有限公司
89. 淄博大亚金属科技股份有限公司
90. 淄博水环真空泵厂有限公司
91. 山东建华鑫国管桩有限公司
92. 中材高新材料股份有限公司
93. 山东新世纪钢结构工程有限公司
94. 山东鲁维制药有限公司
95. 淄博美林电子有限公司
96. 山东巨明机械有限公司
97. 山东齐鲁石化机械制造有限公司
98. 山东得益乳业股份有限公司
99. 淄博中材庞贝捷金晶玻纤有限公司
100. 山东先河悦新机电股份有限公司

【创新成长型工业企业】 完善创新成长型企业综合培育机制,创新成长型企业成长迅速,制定并落实《淄博市工业企业评价考核办法》和《关于支持创新成长型工业企业加快发展的意见》,兑现2010年度创新成长型工业企业发展专项资金1420万元和市级税收留成超增长等额奖励政策890万元,加大资金、电力等要素保障力度,创新成长型企业效益增长45%,对全市战略性新兴产业贡献率达到8%以上。

淄博市创新成长型工业企业名单

1. 淄博泰光电力器材厂
2. 淄博山大奥太电气有限公司
3. 山东金城医药化工股份有限公司
4. 山东鲁维制药有限公司
5. 淄博先河悦新机电股份有限公司
6. 山东陆骏电动车有限公司
7. 淄博水环真空泵厂有限公司
8. 山东淄博民康药业包装有限公司
9. 山东齐鲁华信实业有限公司
10. 山东恒沣膜科技有限公司
11. 山东环绿康新材料科技有限公司
12. 淄博泰宝防伪技术产品有限公司
13. 淄博凯胜电子技术有限公司
14. 山东早春创尔沃热泵技术有限公司
15. 山东丽村生物科技有限公司
16. 山东富欣生物科技股份有限公司
17. 山东瑞丰高分子材料股份有限公司
18. 淄博长征教育科技有限公司
19. 山东天利和软件有限公司
20. 山东信通电器有限公司
21. 山东齐鲁科力化工研究院有限公司
22. 山东联创节能新材料股份有限公司
23. 山东雷帕得弹簧有限公司
24. 鲁丰织染有限公司
25. 淄博汇银纺织有限公司
26. 淄博市兴鲁化工有限公司
27. 淄博市临淄银河高技术开发有限公司
28. 山东东岳神舟新材料有限公司
29. 山东欧错空调科技有限公司
30. 山东德信皮业有限公司
31. 山东鑫泉医药中间体有限公司
32. 淄博嘉泽纳米材料有限公司
33. 山东东大一诺威聚氨酯有限公司
34. 山东博润工业技术有限公司

35. 淄博三林新型材料有限公司
36. 山东淄博新达制药有限公司
37. 山东新华安得医疗用品有限公司
38. 淄博淄柴新能源有限公司
39. 淄博万昌科技股份有限公司
40. 山东博洋新材料科技股份有限公司
41. 淄博海洲粉末冶金有限公司
42. 山东华安新材料有限公司
43. 淄博欧木特种纸业有限公司
44. 山东天野塑化有限公司
45. 山东正华隔膜技术有限公司
46. 山东长志泵业有限公司
47. 山东中保康医疗器具有限公司
48. 淄博永华滤清器制造有限公司
49. 帝斯曼淄博制药有限公司
50. 山东德森机电科技股份有限公司
51. 淄博莱宝电力电容器有限公司
52. 山东金苹果实业有限公司
53. 山东齐芯微系统科技有限公司
54. 淄博国利新电源科技有限公司

【企业管理】 加大引导支持力度，全市企业基础管理水平明显提高，对发展质量和效益的贡献日益增大。全市90%的重点企业制定生产现场管理制度、考核制度、技术标准等，47.5%的重点企业实施企业资源计划管理(ERP)，34.5%的重点企业实施流程再造。组织开展现场观摩活动、举办高级研修班和高层次专题讲座，全年培训企业家、企业中高层管理人员3000余人次，有2家企业和2项管理创新成果获得山东省企业管理奖，获奖数量居全省首位。48户企业被评为省级诚信企业。组织召开全市企业管理创新经验交流会议，印发《淄博市企业管理创新奖管理办法》，30家企业获得淄博市企业管理创新奖。全市规模以上工业企业销售收入过100亿元的10家，过50亿元的18家，过10亿元的77家，11家企业进入全省工业企业100强，6家企业进入中国工业企业500强。

【项目争取和资金协调】 2011年，全市争取技术改造专项补助资金2731万元，增长49.64%，进口设备减免关税5114万元，增长179.82%。17个省新兴产业和重点行业获专项补助资金980万元；4个国家重点产业振兴和技术改造获专项资金1030万元；3个国家重点产业振兴和技术改造中小企业获专项资金721万元。34个节能项目获国家、省资金扶持6233万元，项目达效后年可节约标准煤160万吨。2个节能技术改造政府奖励扶持备选项目获补贴778万元；2个资源节约和环境保护2011年中央预算内投资备选项目获补贴1290万元；3个资源节约和环境保护2012年中央预算内投资备选项目获补贴1390万元；12个“十一五”节能技术改造终算项目获补贴2200万元；13个省重大节能技术产业化项目获补贴350万元。

【企业诚信建设】 成立淄博市企业信用评价管理委员会，设立淄博市企业诚信建设工作办公室。印发《2011年度企业诚信建设评价实施方案》，明确企业诚信建设实施步骤、评价标准。26家企业被评为第二批省级诚信企业。组织48家省级诚信企业参加省经信委组织的轮训，提高企业诚信经营意识。 (孙耀祖)

煤炭工业

【概况】 截至年底，淄博市有煤炭生产企业25家，其中生产矿井23处，技改矿井2处，年核定生产能力500万吨，全市煤矿安全生产形势持续稳定。有煤炭经营企业349家，全年经营煤炭3800万吨，煤炭价格平稳。市煤炭局被省政府安委会表彰为全省安全生产工作先进单位，保持省级文明机关称号。

【“双基”建设】 制定《区县煤炭管理部门和煤矿企业安全生产目标考核奖惩办法》和《淄博市煤矿领导轮流带班下井管理办法(试行)》，强化企业安全主体责任落实。开展安全生产基层基础深化年活动，狠抓煤矿安全质量标准化建设。市煤炭局每半年召开一次全市煤矿安全质量标准化现场会，区县每季度召开一次现场会，把标准化创建作为煤矿安全考核的重要依据。13处矿井达到省一级标准化矿井，达标率达59%，其中东泰公司达到国家级标准。引导煤矿企业推进机械化生产，逐矿研究制定推进方案。2011年，全市煤矿用于机械化升级改造的资金达2亿元。加强培训机构建设，全市煤矿安全三级、四级培训机构在教室安装视频监控并与市、区县煤炭管理部门联网。邀请国家安监总局培训中心、省政府应急办领导专家到淄博授课，有800余人接受培训。推进教考分离，组织巡监考140多场次，处理考试作弊事件4起。强化全员全过程培训，全年培训相关人员5508人。开展应急物资储备专项检查，组织煤矿开展应急预案演练，督促煤矿严格执行停产撤人规定，汛期共撤出井下作业人员7456人。加强煤矿监控系统管理，规范煤矿使用的28种调度记录台账，调度质量标准化做法在全省推广。

【煤矿安全监管执法】 组织防治水专家对全市煤矿水害排查治理方案和雨季“三防”计划进行论证审查。开展专家查隐患、执法促整改活动，查出隐患450条，提出建议172条，全矿停产2处，停采区1个，停用绞车4台套，行政处罚2.1万元。配合国土部门和区县政府对历年来关闭的500多处小煤井进行复查，对填平夯实不到位的矿井实施进一步回填整治。全年查出各类违法行为和隐患问题1436条，立案查处4起，下达行政处罚决定书5份，行政处罚72.6万元。3月，全省推进煤炭行政执法工作会议在淄博市召开，淄博市煤炭行政执法工作经验在全省推广。

2011年8月，副市长许建国到东泰公司井下检查指导工作

（市煤炭局　供稿）

【煤炭能源保障】 严格实行煤炭经营企业市场准入和退出机制，加强煤炭经营资格证动态管理，对全市375家煤炭经营企业进行年度煤炭经营资格证年检，依法吊销26家。扶持龙头企业提升市场竞争力，组织召开“银企座谈会”，为企业协调贷款6000万元。开展诚信企业建设和评比，引导煤炭经营企业依法诚信经营，煤炭市场规范有序。加强煤炭市场需求预测，抓好电煤调运和储备。11月，协调承办2012年中国（淄博）煤炭市场研讨暨交易会。　　（刘建德）

淄博矿业集团

【概况】 2011年3月21日，山东能源集团组建成立，淄矿集团成为山东能源6家权属企业之一。淄矿集团全年实现销售收入249亿元，比2010年增长41.4%；实现增加值14.5亿元，提高55%；资产总额278亿元，增长21.6%；完成基本建设投资20.2亿元，增长156%；非煤产业实现销售收入150亿元，增长63%。集团被授予山东省明星企业、淄博市功勋企业等荣誉称号。

【煤炭生产】 集团全年生产煤炭1577万吨，增长9.8%，其中实现膏体充填采煤33万吨。采、掘机械化水平分别达到97.2%和99%。全年累计找煤扩量122万吨；采区资源回收率达73.9%。

【重点项目建设】 年内，内蒙古双欣矿业杨家村矿井建成并通过整体验收。内蒙古黄陶勒盖公司世林化工项目设备安装基本结束，进入单机调试阶段。新河煤矿技术改造、唐口压煤村庄搬迁、医疗器械产业新园区建设取得积极进展。“突破埠村”战略取得阶段性成果。

【转变发展方式】 全年生产精煤、块煤410万吨，增长40%，结构性增收2.3亿元。水泥建材产业高标号水泥

成为主导产品，占总产量的85%，经济效益增长两倍。人均效率和人均效益分别达到25.2万元和8.8万元，分别比2010年提高13.3%和12.9%。加大科技创新力度，完成科技投入2.3亿元。实现节能量折合标准煤11500吨，利用瓦斯、水泥生产余热发电8200万千瓦小时，矿井水、煤矸石综合利用率分别达70%和92%。

【安全生产】 全年集团各项安全投入达2.43亿元。唐口、许厂、岱庄、埠村4家煤矿被评为国家级安全质量标准化煤矿；新吉克矿业公司被评为全国煤矿职业安全健康先进单位。淄矿集团被省政府安委会评为安全生产基层基础工作先进企业。

【和谐矿区建设】 2011年，集团员工人均收入增长20.2%；提高职工补充医疗保险报销比例，增加报销项目。调整职工住房公积金和住房补贴，把井下合同制工人纳入执行范围。引进邮政储蓄银行网点，方便离退休人员生活。投入1470万元，改造生活区污水排放和供暖、供电、供水系统。向1951户困难职工发放援助金、助学金等392万元。完成天安公司、设计院等单位的产权关系理顺工作。（弋永杰）

电力工业

【概况】 2011年底，全市共有35千伏～500千伏变电站335座，变电总容量1819.9万千伏安，35千伏～500千伏线路410条，线路长度3592.64公里。淄博电网年最高供电负荷396.9万千瓦，全市社会用电总计完成329.5亿千瓦小时，增长5.65%，其中，工业用电完成286亿千瓦小时，占全社会用电的86.8%，增长6.0%；城乡居民生活用电完成22.271亿千瓦小时，占全社会用电的6.76%，增长1.98%。网内南定电厂和华能辛店、白杨河电厂等省统调电厂完成年发电量107.79亿千瓦小时，地方电厂及企业自备电厂完成年发电量91.71亿千瓦小时。

2011年6月10日，110千伏李家变电站智能化改造竣工，成为集团公司老旧站智能化改造的标板示范工程（赵 岩 摄）

【淄博供电公司】 截至年底，淄博供电公司有职工1588人，辖35千伏及以上变电站93座，变电总容量1001.14万千伏安，输电线路2084.4公里，年售电量285.5千瓦小时，公司企业规模、设备容量、售电量等均居全省供电单位前列。是年，公司以加快坚强智能电网建设为主线，以确保安全稳定为基础，以依法治企和标准化建设为提升管理的有效途径，扎实做好电力保障和优质服务。公司连续5年保持"全国'安康杯'竞赛优胜企业"称号，获全国模范劳动关系和谐企业、全国"安康杯"竞赛示范企业、全国电力行业用户满意服务单位、山东省安全生产基层基础工作先进企业、淄博市功勋企业等荣誉称号。

安全生产。高质量完成春检、秋检任务。建成市、区县两级24小时应急指挥中心，编制24项市县两级应急预案，形成完善的应急体系。开展"迎峰度夏保电大会战"，落实电网风险防控措施，实现电网稳定运行和电力可靠供应。截至12月31日，公司实现连续安全生产4706天，再创历史最高纪录。

电网建设。2011年，公司开工、投产项目总投资逾百亿元。滚动修编《淄博市域"十二五"电网发展规划》和《淄博"十二五"配电网规划》。实施电网建设提速活动，开工35千伏及以上工程

19 项，投产 7 项，新增变电容量 40.5 万千伏安、线路 50.1 公里，公司变电总容量突破 1000 万千伏安。完成 110 千伏李家、张店等 3 座老旧变电站的智能化改造。智能配网建设项目全面启动，2011 年农网改造升级工程全部完成。新农村电气化建设任务提前完成，新建成 14 个电气化镇、341 个电气化村。“一户一表”改造完成 25 万户，安装智能电能表 41.5 万只，用电信息采集覆盖率达 84%。建成淄博客运中心、积家两个电动汽车临时充电站。

2011 年 2 月，开展“彩虹春雨”抗旱保电大会战，为返青麦苗送去“及时雨”

（远德亮　摄）

供电服务。开展“彩虹春雨”抗旱保电大会战，组织 142 支抗旱保电“彩虹服务队”深入田间地头做好服务。在全省供电系统率先构建城市社区供电服务网，就近开展线路抢修、故障排查、用电宣传。加大重要客户电力隐患整治力度。高质量完成北京路、重庆路等 5 条道路的路灯升级改造，公司所辖路灯亮灯率保持在 99%以上。在全市行风评议中列第一名，所属区县公司均取得行风评议第一或免评单位称号。

党建和精神文明建设。开展“企业文化落地”主题实践，“善小”活动案例获国家电网公司企业文化三等奖。成立三级“国家电网彩虹党员服务队”和“善小志愿服务队”，创新实施为民服务举措，受到社会各界好评。　　（吴　哲）

【华能辛店电厂】 2011 年，华能辛店电厂以深化安全基础和提高保障能力为目标，以反违章工作为重点，稳步推进安全标准化创建，提高安全管理水平。加强设备运行维护，坚持全过程技术监督和闭环管理，圆满完成 6 号机组 C+级检修和 5 号机组 C 修任务，设备健康水平进一步提高。实施水塔全塔配水系统改造、凝结水泵深度变频改造、脱硫 GGH 换热元件更换等节能改进项目。成立脱硫技术攻关等 15 个攻关小组以及煤耗、厂用电等 6 个专项工作组，现场解决实际问题。成立脱硝项目工作机构，完成项目可行性研究。脱硫系统投入率达 98%，通过各级环保部门核查，二氧化硫及氮氧化物排放指标达到国家标准，未发生环保事件。

（华　新）

2011 年 10 月 28 日，淄博客运中心充电站建设完成

（任建华　摄）

【华能淄博白杨河发电有限公司】 2011 年，公司制定《燃料供应规划方案》，明确燃料采购目标、原则、措施及重点，购进煤炭 250 万吨，确保发电供热需求。全年落实电量计划 46.59 亿千瓦小时，完成发电量 46.06 亿千瓦小时，设备利用时间完成 5175 小时。综合供电煤耗同比降低 7.66 克/千瓦小时，厂用电率降低 0.19 个百分点。加强脱硫、脱硝和除尘设施管理，环保设备设施运行正常，顺利通过环保部

华能淄博白杨河发电有限公司厂区

（李小勤　摄于 2011 年 11 月）

总量减排核查、省政府脱硫电价核查。公司获山东省电力安全生产先进单位、淄博市工业百强企业、山东省“安康杯”竞赛优胜单位等荣誉称号。

安全生产。开展安全生产基础基层年、安全保障能力提升年、百日反违章专项整治、安全生产月以及季节性安全大检查等活动，推进安全生产管理体系建设。严把外包资质审查和现场监督关，企业安全管理水平稳步提升。实施检修全过程管理、缺陷动态管理。全年安全形势总体平稳，未发生人身伤害事故和一般及以上设备事故。

企业管理。开展责任落实年活动，健全责任分工、落实、监督和考核机制。推进信息化建设，火电资产财务一体化、新办公 OA 系统上线运行。检修部电气专工王福晶被授予全国青年岗位能手荣誉称号。9 月 16 日，2×300 兆瓦“上大压小”供热机组建设及运营管理通过竣工验收。该工程“岩土工程勘测”“大直径圆形煤场设计”两项成果获 2011 年度山东省优秀工程勘察设计一等奖。申报的“十二五”光伏发电项目已纳入省、市规划。　（张春峰）

【**华电淄博热电有限公司**】　2011 年，华电淄博热电有限公司完成发电量 25.9 亿千瓦小时，完成承包指标的 101.57%；完成售热量 634.62 万吉焦，完成承包指标的 117.52%；综合供电煤耗 354.1 克/千瓦小时；上缴税款 1314.88 万元。公司 2×330 兆瓦项目快速有序推进，主体工程土建进入收尾阶段。

安全生产。开展“知责与尽责”安全大讨论，进行安全文化示范站点评选，夯实安全生产基础。高标准完成 1、2、3 号机组检修，有 3 项小指标创历史最佳值，连续 6 年获全国 CFB 锅炉“135 兆瓦～150 兆瓦供热机组”竞赛一等奖。

环保工作。2×220 吨/天城市污泥干化利用环保工程投产。该工程每年可处理污泥 13 万吨，可为淄博市节省耕地 20000 平方米，节省填埋费用 2000 万元，开辟城市污泥处理的新途径。9 月，开始利用外来超纯中水作为锅炉补给水，年可节约自来水 175 万吨。

新能源项目建设。按照“多点开发、重点突破，统筹推进、跨越发展”的新能源开发思路，推进新能源项目建设。截至年底，与各级政府达成风电开发项目意向 8 个，涉及容量 60 万千瓦。成立相应组织机构做好海上风电特许权招标准备工作；与中石油昆仑天然气利用有限公司山东分公司签订分布式能源战略合作协议。

对外供热。公司投入 1000 万元用于设备和

2011 年 5 月 16 日，华电淄博热电有限公司城市污泥干化利用工程竣工典礼　（陈雪芹　摄）

热力管网的检修维护，提高服务质量和供热可靠性。2011年，公司制定多项应急方案，派专人定点赴山西、河北等地煤矿催购煤炭，保障供热用户温暖过冬。 （吕大川）

建材冶金工业

【概况】 2011年，全市建材冶金工业规模以上企业625家，完成工业总产值2100亿元，比2010年增长20.82%；实现销售收入2096亿元，增长23.37%；利税276亿元，增长30.86%；利润178亿元，增长31.40%。其中，建材工业规模以上347家企业工业总产值、销售收入、利税和利润分别为902亿元、898亿元、134亿元和83亿元，分别增长22.15%、25.52%、31.25%和32.44%；冶金工业规模以上278家企业工业总产值、销售收入、利税和利润分别为1198亿元、1198亿元、142亿元和95亿元，分别增长19.84%、21.80%、30.49%和30.51%。主导产品产量：水泥熟料1027万吨，下降4.79%；水泥1799万吨，增长8.44%；建筑陶瓷8.1亿平方米，增长3.25%；平板玻璃2251万重量箱，增长0.56%；玻璃纤维纱35万吨，增长10.59%；铁矿石原矿510万吨，下降8.79%；生铁634万吨，下降0.94%；粗钢558万吨，增长14.58%；钢材322万吨，增长11.51%；氧化铝226万吨，增长11.48%；耐火材料制品322万吨，增长15.36%；焦炭349万吨，增长3.45%。

【重点项目建设】 是年，投资1000万元以上的项目共计42个，总投资126.4亿元，完成年度投资45.4亿元，累计完成投资71.6亿元，项目全部建成投产后年可新增销售收入322亿元。

被列入淄博市2011年度百项工业重点项目的建材冶金项目19个，总投资48亿元。淄川宝山水泥厂旋窑熟料生产线余热发电项目、中材高新材料股份有限公司年产60000条（2500吨）精细熔融石英陶瓷辊生产线项目竣工投产；山东华群新材料科技有限公司12万吨/年环保树脂复合材料项目一期工程（投资2亿元）完工；淄博威斯顿不锈钢制品有限公司年产5万吨不锈钢管和2万吨大口径焊管项目完成投资3亿元；淄博森钛新材料有限公司年产5000吨钛合金板带材生产线项目一期进入调试阶段；山东凤阳集团股份有限公司30万吨/年无取向硅钢片项目进入设备安装阶段；淄博宏泰防腐有限公司年产5000吨高性能稀土镁合金材料及深加工产品技术改造项目形成3000吨的生产能力。

列入淄博市2010年百项重点续建项目5项，总投资31.2亿元。张店钢铁总厂1350立方米高炉炼铁工程于1月投产；淄博德诺铝业有限公司2.5万吨铝箔二线于9月投产；淄博海州粉末冶金有限公司30万吨还原铁粉项目建设完成；中材庞贝捷玻纤有限公司6万吨无碱玻纤池窑拉丝生产线项目完成设备订购；淄博科勒有限公司250万件高档卫生洁具生产线项目一期于年底投产。

建成和在建的1000万元以上的重点技改项目18个，总投资47.2亿元。其中总投资1亿元以上的项目有10个，总投资44.2亿元。完成的技改项目：张店钢铁总厂投资6386万元的烧结、转炉及轧钢加热炉余热发电项目和轧钢配套项目，南金兆集团100万吨选矿、2万吨铸件项目，北金集团120万吨氧化球团、120万吨水泥粉磨站项目，淄博凤阳彩钢板有限公司30万吨高档装饰板生产线项目二期（投资1.8亿元），淄博雷法有限公司投资4750万元的3.5万吨高镁砖生产线项目。

【产学研联合】 市建材冶金行业协会组织行业内重点企业与北京科技大学展开全面合作。南金兆集团、傅山集团、北金集团与北科大就铁前原料优化、钢种优化等项目达成合作协议。淄博海洲粉末冶金公司依托北科大和清华大学，成立粉末冶金材料研究院。山东龙泉管道股份公司与北科大成立山东龙泉管道新材料工程技术研究院。组织企业与山东理工大学加强产学研联合，加快行业结构调整步伐。从中科院上海硅酸盐研究所筛选一批高端项目向重点企业推介。牵头组织中国建材规划研究院为淄川区编制“十二五”钙业发展规划。

【节能减排】 制定“十二五”期间23项重点建材

冶金产品能耗定额，引导企业节能减排。推荐4家企业的4个项目进入淄博市2011年度“节能30项”项目。年可节约标准煤2.94万吨，利用余热发电6680万千瓦小时，综合利用煤矸石2.5万吨。加快淘汰落后产能步伐，全年关停建陶生产线100条，淘汰落后建陶产能2亿平方米。关停420立方米高炉一座、320立方米高炉两座，淘汰落后炼铁产能135万吨。取缔关停环保、质量不达标的小耐火厂34家。全年为行业内企业落实国家及地方淘汰落后补助资金3765.2万元。

【行业管理与服务】 1. 对全市钢铁企业进行调研，提出淄博市钢铁企业结构调整意见。对全市建陶工业品牌建设情况进行专题调研，提出加快全市建陶行业品牌建设的意见。2. 制定《全市耐火材料结构调整实施意见》，报市政府行文颁布。3. 论证引入100万吨球磨铸铁管、年产100万平方米太阳能钒钛黑瓷等项目，推荐上报淄博三林集团与中航集团共同投资35亿元的航空新材料产业链项目。4. 承接全市建材冶金行业工程技术人员初级职称评审工作，224名专业人员取得初级专业技术职务资格。5. 加大行业和政策法规的宣传力度。《中国建材报》和《淄博日报》辟出专栏报道淄博市水泥工业转方式调结构取得的成就。6. 组织重点钢铁企业负责人赴河北唐钢集团学习“绿色转型”及精细化管理，赴宝钢集团学习能源管理中心与企业信息化建设经验。

（卢方钟）

【山东崇正投资有限公司】 截至年末，山东崇正投资有限公司资产总额10.49亿元，职工1534人。全年生产水泥293.7万吨，光盘1838万张，玻璃深加工31.11万平方米，木门1.15万樘。完成现价工业总产值92315万元，实现销售收入（含营业收入）90728.7万元，利税9227.3万元。

重点项目。淄博崇正水泥有限责任公司余热发电项目并网运行，旋窑配套能力和经济效益进一步提升。山东沾化崇正水泥有限公司100万吨水泥改造项目及30万吨微矿粉项目竣工投产。石灰石矿山项目投入运行。尼日利亚水泥粉磨站投产。淄博崇正光伏科技有限公司注册设立，新上50兆瓦光伏电池组件项目。天津金旺崇正新型建材有限公司注册成立，40万吨微矿粉项目于天津静海县开工建设。

企业管理。发起设立山东崇正投资有限公司，为集团快速发展提供体制保障。完成淄博崇正盛达家私有限公司重组，兼并淄博崇泰塑编有限公司。淄博崇正光伏科技有限公司与淄博崇正镭射音像有限公司完成合并。

品牌建设。2011年，集团获山东建材行业节能减排功勋企业、淄博市节能减排突出贡献企业等荣誉称号。淄博崇正水泥有限责任公司，取得美国石油协会油井水泥API认证证书；“崇正”牌水泥被评为环渤海地区建材行业知名品牌，在2011“天瑞”杯全国第十三次水泥品质指标检验大对比中获“全优单位奖”。集团所属的山东淄博锦宏水泥有限公司生产的“柳泉”牌水泥被评为环渤海地区建材行业知名品牌。淄博崇正盛达家私有限公司，获得“全国木门30强”“企业信用评价AAA级信用企业”“全国绿色建材诚信供应商”等荣誉称号。

（张玉成）

中国铝业公司山东企业

【概况】 2011年，中国铝业公司山东企业（山东铝业公司、中国铝业山东分公司，以下简称中铝山东企业或企业）强化管理，优化指标，堵塞漏洞，生产经营全面向好。山东铝业公司实现营业收入18.11亿元，利润1.11亿元，上缴税金1.89亿元。中国铝业山东分公司实现营业收入81.21亿元，利润总额21万元，上交税金3.29亿元。主导产品氧化铝生产226万吨，比2010年增长12%；化学品氧化铝70万吨，增长2%；电解铝及再生铝合金7.9万吨；烧碱17万吨，增长14%；液氯15万吨，增长13%；水泥熟料203万吨，水泥141万吨。

【控亏增盈】 优化产品结构，精心组织产销。发挥拜耳法氧化铝成本比较优势，努力提高产销量，最高月产量达21.16万吨。化学品氧化铝月均产量稳定在5.5万吨以上。氯碱生产采取避峰填谷和弹性生产方案，实施精益管理。氧化铝综合能耗降低18.3千克标准煤/吨；电解铝综合能耗降低41.3千克标准煤/吨；化学品氧化铝原料综合电耗、汽耗均降低19.6%；水泥熟料标准煤耗、烧碱综合电耗分别降低5.1千克标准煤/吨和126千瓦小时/吨。全年完成节能量5.1万吨标准煤。在设备招标中引入竞争机制，实施粉煤灰公开拍卖、提高煤炭直供比例、废旧物资统一拍卖等措施，合计增收8000万元。

【结构调整】 27万吨/年拜耳法氧化铝挖潜改造工程提前3个月投运，氧化铝产能跃居中铝公司成员企业首位。对第二氧化铝厂和特材厂拜耳法氧化铝生产线实施一体化管理，重组整合烧结法氧化铝与化学品氧化铝生产板块，降低化学品氧化铝生产成本。全面完成80千安电解槽淘汰处置工作，开发出复层大板锭、压铸件等新产品。建成赤泥集中压滤项目，扩建赤泥选铁除砂生产线，年增赤泥处理能力140万吨。在全国有色金属工业科技大会上，公司被指定牵头组建全国氧化铝赤泥综合利用产业技术创新战略联盟。与张店区政府达成共同建设淄博市高新铝材料产业园和循环经济产业园的共识。山东铝业工程有限公司整体划转中铝国际工程有限公司。完成青岛美特容器公司股权转让。氯碱节能改造项目完工。鲁中实业水玻璃扩产项目达标达产，新建特种氧化铝项目启动。中国铝工业博物馆、微粉氢铝和拟薄水铝石生产线、热电厂炉机节能环保改造、新建糊树脂生产线、青岛博信铝业公司搬迁改造、黄山西石灰石矿开采等项目按计划推进。

【技改研发】 公司7项科技成果通过中国有色金属工业协会组织的专家鉴定，由中铝山东企业首创的“低温拜耳法赤泥与烧结法赤泥干法筑坝技术”达到国际领先水平，“拜耳法赤泥资源化利用技术研发”被公示为国家科技部“863”项目课题。开发成功低钠大孔氧化铝微球、中白填料等新产品，获专利授权15项。牵头制定7项有色金属行业和中铝公司企业标准。5种型材产品通过中国有色金属工业协会金杯奖复评。

【企业管理】 调整部分中层管理人员和组织机构，中层干部比2009年管理改革创新前累计减少58人。全年减少机关管理人员51人、科级机构19个。推进基层单位劳动组织优化，实施定员管理，促进人力资源合理配置。深化收入分配管理改革，加强工资总额管控，修订科研设计单位绩效考核办法。按照中铝公司收入分配改革试点要求，实施员工基本工资制度改革，理顺岗位、技能、效益、贡献与工资收入的分配关系。企业被评为山东省安全生产基层基础工作先进企业和淄博市安全生产先进单位。实施热电厂01、02号炉烟气除尘脱硫升级改造等6项环保项目。“无泄漏工厂”创建工作通过中铝公司检查验收。

【和谐企业建设】 通过挖潜增效、提高住房公积金缴存比例等方式，实现员工收入恢复性增长。对部分基层单位员工工作餐和单身宿舍进行统一规范管理。救助困难员工1327人次，发放救助金125万元。建立职工医疗救助基金，恢复员工荣誉疗养和安康投保工作。推进老旧工矿居住区改造，累计完成2.4万平方米，在建拟建5.9万平方米。

（王德国）

化学工业

【概况】 2011年全市规模以上化工企业727家，实现销售收入3534.2亿元，利税431.22亿元，利润244.7亿元，比2010年分别增长32.55%、33.9%和52.06%。其中，地方化工企业726家，完成销售收入2705.95亿元，利税327.65亿元，利润236.69亿元，分别增长36.53%、47.26%和51.56%。规模以上地方化工企业的各项指标均超出全市工业企业平均水平。山东富欣生物科技股份有限公司技术中心、山东兴辉化工有限公司技术中心、山东瑞丰高分子材料股份有限公司技术中心被认定为省级企业技术中心。山东博丰利众化工有限公司的“鲁桓及图”商标被认定为中国驰名商标；山东联创节能新材料股份有限公司的“联创”、淄博北方淄特化工有限公司“淄特及图”、淄博建龙化工有限公司的“建龙”商标被认定为山东省著名商标。

【化工骨干企业】 全市30家重点骨干企业整体水平再上新台阶。龙头企业高速度、高质量发展,带动效应明显。金诚石化实现销售收入290亿元,东岳集团实现销售收入203亿元,汇丰石化实现销售收入156亿元,蓝帆集团、齐旺达集团和海力化工销售收入均超过50亿元。2011年,万昌科技、瑞丰高材和金城医药成功上市,融资总额超过30亿元,另有鲁华泓锦等6家企业完成上市前准备工作。

【重点项目建设】 2011年,列入市重点技改导向的化工项目68项,计划总投资258.26亿元(建成后可新增销售收入783.35亿元、利润91.62亿元、税金55.11亿元);列入市百项重点的化工项目30项。其中建成或基本建成的项目有:齐鲁公司4万吨/年丙烯腈,金诚石化20万吨/年针状焦,东岳化工10万吨/年有机硅单体、7300吨/年高性能聚四氟乙烯,海力化工20万吨己内酰胺,鑫泉医药中间体公司2700吨抗生素中间体、800吨医药中间体项目,山东瑞丰高分子1.5万吨ACR、2万吨MBS扩改,汇丰石化80万吨低碳烯烃项目。建设中的项目有:鲁华泓锦5万吨异戊橡胶、3万吨碳五技改,山东一诺威6万吨聚氨酯预聚体,山东东岳集团5.8万吨高分子系列产品、5.81万吨含氟高分子聚合物产品,山东宏信5万吨树脂多元醇,万昌科技原甲酸酯扩产改造及医药中间体项目,国金化工13万吨/年环氧氯丙烷、40万吨氯碱,嘉周化工5万吨/年丁二醇,山东民基5万吨/年氯乙酸、3万吨/年环氧氯丙烷,永大公司5万吨/年环氧丙烷,大成农药9万吨烧碱改造,山东蓝矾15万吨丁辛醇,齐旺达100万吨液化气芳构化。

【产业链条】 11月4日,市政府办公厅下发《关于下达2011年度重点产业链(第一批)专项资金计划的通知》,全市有6条产业链15个项目获资金支持。东岳集团氟硅材料产业链、海力化工工程塑料(尼龙6、尼龙66)产业链各获补助100万元。

【行政管理与服务】 1. 编制完成《淄博市化学工业“十二五”发展规划》和26个重点化工产品的能耗定额及标准。2. 落实产业政策,组织市重点化工企业学习化工行业“十二五”规划和《淄博市氯碱工业结构调整指导意见》。3. 举办青岛科技大学院士博士淄博行活动、第四届中国·淄博精细化工产学研洽谈会暨巴伐利亚州—淄博化工产业发展论坛。4. 联合金诚石化等6家重点化工企业和淄博职业学院,建成全市唯一的化工行业人才培训基地,全年为100多家化工企业培训各类化工人才1000余人次。5. 发行《淄博化工通讯》4期,淄博市化工协会网站成为化工行业对外宣传和招商引资的窗口。6. 做好行业经济运行监测,按月汇总重点企业报表,定期分析全市化工经济运行情况;完成化工工程初级职称评审工作。7. 协助上市化工企业办理国家、省禁止化学武器办公室的有关审查手续,为4个重点项目办理上报手续,对3家企业进行现场考核,对186家受监控化学品生产企业进行年度核准。8. 审核上报农药新产品和换证产品39个,接受省农药生产条件考核组考核农药企业3家,考核产品13个,均一次通过考核。9. 调研全市重点化工企业的经济运行、重点项目建设、技术创新、节能减排情况,撰写完成调研报告。 (代丽丽)

【山东蓝星东大化工集团】 2011年,蓝星东大实现营业收入19.97亿元,比2010年增长18%;实现EBITDA(税息折旧及摊销前利润)1.66亿元,增长55%;实现利润1.19亿元,增长116.5%。生产聚醚14.84万吨,增长8%;销售14.7万吨,增长12%;生产环氧丙烷8.12万吨,增长8%。人均劳动生产率突破200万元。职工年人均收入增长22%。2011年,聚醚多元醇销量和市场占有率稳居国内同行业第二位,销售利润率首次跃居国内同行业第一位。集团成为中国聚氨酯协会聚醚专业委员会主任委员单位,成为国内环氧丙烷、聚醚行业的领军企业。

生产经营。环氧丙烷全年增产6000吨,聚醚生产实行大线负责制,生产线控制更加优化。销售部门实施大客户、大市场营销战略,聚醚大客户销售比例由57%提高到68%。实现出口交货值1.3亿元人民币,同比增长46%。推行物流优化,全年铁路运输比例比2010年提高32.7%。

科技创新。2011年,集团被科技部认定为国家火炬计划重点高新技术企业。高官能度高活性聚醚多元醇SD－101研发、单官能度高分子量聚醚多元醇BMC－3000研发通过省级新产品鉴定。主持起草编制《六羟基聚醚多元醇》和《二羟基聚醚多元醇》两个聚醚行业标准，并通过评审。完成专利申报27项。投资3600万元，实施技改技措项目22个。全年环保投入1224万元，建成废气焚烧炉，解决环氧丙烷厂、阴树脂装置异味问题。全年化学需氧量排放量降低11.2%，外排污水合格率持续达标。万元产值综合能耗为0.214吨标准煤，降低14%；万元工业增加值能耗为1.334吨标准煤，降低16%。

企业管理。完善薪酬体系，实现职工工资的系统自动化核算。修订并执行《员工手册》《职工休假管理规定》等规章，实现培训管理系统化。足额缴纳六项社会保险和住房公积金970万元。资产负债率从年初68.68%下降到56.48%。全年净减员107人。（赵明华）

齐鲁石化

【概况】 中国石油化工股份有限公司齐鲁分公司（简称齐鲁分公司）、中国石化集团资产经营管理有限公司齐鲁石化分公司（简称齐鲁石化分公司）通称齐鲁石化，是中国石化集团直属的拥有石油化工、盐化工、煤化工、天然气化工等加工工艺最为齐全的炼化企业。拥有大型石油化工生产装置90余套，可生产各类石化产品120余种。

截至年底，齐鲁石化拥有固定资产原值397.719亿元，净值156.91亿元。设直属单位27个、机关部门23个、直属机构9个、部门挂靠机构8个、驻外机构4个。用工总量34162人，其中正式员工26939人，劳务用工7223人。有专业技术人员5146人，其中高级职称501人，中级职称1625人，初级职称989人。

全年实现营业收入828亿元，增长21%；实现利润8亿元，利税106亿元，增长6%。效益排名跻身中国石化炼化板块前列。全年加工原油1072万吨，生产成品油598万吨、乙烯85.2万吨、塑料114.7万吨、橡胶40.4万吨、丁辛醇33.1万吨、烧碱46万吨、丙烯腈6.35万吨、腈纶5.92万吨，发电38.6亿千瓦小时。其中，原油加工量和成品油、橡胶、丙烯腈的产量创历史新高。在国内首家开发生产的茂金属催化剂聚乙烯产品，全年获专利授权9项。

2011年6月5日，齐鲁石化总经理李安喜慰问公司环保卫士
（齐鲁石化公司　供稿）

【安全生产和环境保护】 持续深化“我要安全”和“今天我是安全员”活动，增强安全责任意识。塑料厂高压聚乙烯装置连续运行210天，第二化肥厂煤气化装置连续287天，均创历史最好成绩。完成重大隐患治理项目19个，35千伏及以上变电站快切设施全部投运。治理以跑冒滴漏为重点的化工异味，现场情况明显改观。供排水厂污水处理装置按排污最高标准连续达标排放300天，创历史最好水平。全年工业废水、化学需氧量和二氧化硫排放量分别下降15%、38%和3%。全年未发生安全、环保上报事故。

【企业管理】 建立健全公司、厂、车间三级优化组织，完成重点优化项目114个，增效14.2亿元。开辟南帕斯凝析油等3个进口原油新油种，全年进口原油采购价格比中国石化集团公司平均水平低1.42美元/桶。提高自产石脑油质量，裂解原料中轻烃投用比例增加4个百分点。高标号汽油增产36万吨；航空煤油增产6万吨，比2010年增长16%；低凝点和国Ⅲ柴油增产19万吨，增长25%；沥青产量突破60万吨，增长49%；化工聚合级丙烯增产7万吨，高压聚乙烯增产8000吨，丙烯腈增产1.92万吨，新产品和专用料比例提高35个百分点。新建催化干气回收乙烯装置运行良好，提高了芳烃抽提负荷，做到“宜油则油、宜烯则烯、宜芳则芳”。全年催化油浆少出厂10万吨；炼油氢气单耗降低14%、节约氢气1.4万吨；原油加工损失和乙烯加工损失分别降低0.19和0.08个百分点；炼油综合能耗和乙烯燃动能耗分别降低4.06和36.7个单位。公司累计节能15万吨标油，节水524万吨，节电1.2亿千瓦小时，节约氮气4708万立方米。外购橡胶原料实现零途耗。

用好中国石化总部增产奖励政策，争取高价成品油配置20.2万吨。强化预算管理，全员成本目标管理系统投入试运行，降低采购成本4亿元，节约率达5.1%。清理1年以上无动态物资7520万元，库存结构进一步优化。“财务定价格、销售卖产品”的自销产品定价推价机制收效明显，实现增效7500万元。液化气售价连续17个月在中国石化驻鲁企业排名第一，连续5个月在全系统排名第一。全年清欠1.56亿元，实现历史性突破。盘活胜利大厦、钻石商务大厦等闲置房产，完成部分单位办公场所的优化。规范处置报废资产，实现处置收入5700万元。建立法律风险报告制度，完成重大合同管理流程再造。

【橡胶产量突破40万吨】 截至年底，齐鲁石化合成橡胶产量达到40.3万吨，成为国内首家年产量超过40万吨的合成橡胶生产企业。橡胶年产量占到中国石化全年总产量的30%，占国内总产量的16%，橡胶产值超100亿元。公司投资2980万元，新上“停用水煤浆锅炉、优化氨制冷改造”项目，6月17日动工，11月30日开车成功。投用后，运行30多年的65吨/小时蒸汽锅炉停止使用，每月可增效300万元。

【丙烯腈装置技术改造项目开车成功】 腈纶厂8万吨/年丙烯腈装置技术改造项目总投资2.23亿元，2010年2月1日动工，2011年6月10日装置开工，6月13日产出合格产品。改造后产能将由4万吨/年增至8万吨/年。7月13日，装置负荷达到设计值的110%，进入高负荷生产状态。

【炼油厂催化干气回收乙烯装置投产】 炼油厂催化干气回收乙烯建设项目是国内首套浅冷吸收工艺催化干气回收乙烯装置，总投资9000万元，2010年9月20日开工，2011年9月22日一次开车成功。该项目核心技术采用浅冷油吸收工艺回收催化干气中碳二组份作为乙烯原料，属国内首创。该装置每年可回收催化干气中的碳二组份5.59万吨，可替代10万吨的石脑油消耗。

【第二化肥厂甲烷化改造项目开车成功】 第二化肥厂甲烷化改造项目投资949万元，新增氧化锌脱硫槽、甲烷化炉、甲烷化换热器、甲烷化水冷、水分离器等及相应的配套改造。5月26日开工，11月17日一次投料成功。设备投用后，氢气产能由3.6万立方米/小时提高至5万立方米/小时。

【科技成果通过省级鉴定】 年底，齐鲁石化公司研究院承担的新型含硫废气处理催化剂的研制及

2011年5月18日，橡胶厂职工消除冰机缺陷　（孙即祥　摄）

2011年"七一"前夕，公司表彰"齐鲁先锋"

（齐鲁石化公司　供稿）

应用、重油催化裂化连续乳化进料技术开发与应用、菲涅尔透镜用PVC片材的开发及应用和乙烯裂解原料与工艺条件优化等创新成果通过省级科技鉴定。

【人员培训】 2010年四季度，公司启动"大培训"活动，截至2011年底，累计举办各类培训班5016个、培训人员8.35万人次，相继完成一线工人、两级管理人员、科级干部、处级干部轮训。一线工人培训突出增强责任心、提高操作技能，推行持证上岗。两级管理人员和科级干部培训，强调敬业精神、提升专业素质。处级干部轮训提出变革思维方式、提高领导水平要求和目标。

【和谐企业建设】 年内，公司党委组织"两个为什么""三个想没想到"和"打造高度负责任、高度受尊敬企业"的大讨论，举办一线职工事迹报告会和"变革思维、提高素质、打造一流"经验交流会，推出一批先进典型。《齐鲁石化报》改版为日报；齐鲁石化电视教育频道开通；在知名网站建立企业官方微博。"七一"前夕，评选出百名"齐鲁先锋"。7月，齐鲁石化炼油厂孙振光被中国石化集团公司党组授予廉洁从业优秀领导人员先进典型称号。完善薪酬分配制度，员工收入大幅增长。

（曹钰梅）

医药工业

【概况】 2011年，全市规模以上医药工业企业实现销售收入338.37亿元，比2010年增长21.23%；实现利税45.83亿元，增长21.65%；实现利润29.46亿元，增长22.23%。新产品左旋多巴产量增长52.94%，头孢呋辛酯分散片产量增长124.52%，盐酸二甲双胍缓释片产量增长78.51%。医疗器械高附加值产品、医用X射线、医用高能射线、一次性使用精密药液过滤器分别增长73.08%、81.82%、109.13%。中成药片剂产量增长37.33%。全市规模以上医药工业企业产销率为98.63%。金城医药成功在创业板上市；新华制药成功收购高密天达生物医药公司。

【重点项目建设】 是年，全市医药工业技术改造在建项目37个，累计完成投资23.51亿元，有20个项目竣工投产。列入全市"百项重点"医药工业项目10个，其中6个项目竣工投产。新华制药搬迁改造顺利推进，首批项目竣工试车。

【技术创新】 齐都药业博士工作站成立，新达制药加盟省新药创制大平台，山东药玻建立省级工业设计中心；瑞阳制药建立国家级企业技术中心，新华制药与山东大学、淄博高新区联合筹建山东大学淄博生物医药研究院。截至年底，淄博市医药工业企业有3家国家级企业技术中心、15家省企业技术和工程技术中心、2家院士工作站和7家博士后工作站。医药工业研究开发费用投入达到3亿元，增长23.13%。医药工业正在研发的新产品项目达105项，24个项目获得国家、省、市政策专项资金4753.7万元。医药企业获得医药新产品国家注册批件19项，获发明专利136项，获实用新型专利205项，17个新产品通过市级以上鉴定。瑞阳制药的"美洛西林钠及复方制剂技术创新与产业化"项目获得国家科技进步二等奖；金城医药的"第三代头孢抗菌素中间体活性脂关键技术及产业化"获国家科技进步二等奖。

【出口贸易】 是年，全市规模以上医药工业完成出口交货值61.7亿元人民币，比2010年增长6.38%。其中药品生产制造业完成出口交货值

34.93亿元人民币，增长14.13%。新华制药固体制剂获得欧盟制剂产品认证证书。

【行业服务】 召开全市医药工业技术创新工作座谈会，明确在技术创新、招才引智等方面的工作思路和措施。召开淄博医药产业发展战略报告暨项目洽谈会，邀请《医药经济报》首席专家干荣富作医药转方式调结构主题报告。特约中国药科大学、浙江大学、沈阳药科大学、山东大学发布医药科技成果项目182项，20个项目达成合作意向。举办淄博生物医药发展高峰论坛；组织骨干医药流通企业赴烟台，考察学习山东瑞康医药公司先进管理经验；组织企业参加全省医药行业职业技能大赛，市医药行业协会获大赛组委会“组织奖”。金城医药、齐都药业获首届市企业管理创新奖。

（高 静）

【山东新华医药集团】 2011年，公司产品左旋多巴、新布洛芬生产线获得欧盟COS证书；异丙安替比林通过德国联邦卫生部(BGV)的欧盟GMP认证；206车间通过英国卫生部的GMP检查。制剂产品出口欧美市场，迈出具有决定意义的一步，全年完成出口5000万片。出口创汇1.71亿美元，增长23.26%。公司年出口额过1000万美元的产品达到6个，形成国际贸易支柱产品群。

总厂区搬迁。湖田园区建设取得阶段性成果，完成11个建筑单体。1.5万吨阿司匹林系列及1万吨水杨酸产品工程建成试车。现代化学药物产业化中心进入设备安装和净化装修阶段。投资5000万元的环保设施一期工程建设完成，废水处理能力达到3500吨/天。

节能减排。新华制药高质量地通过山东省能源管理体系建设试点单位现场评价、节能标准化试点单位评估验收，获得山东省首个能源管理体系认证证书。推广应用节能新技术，节约能源成本935万元，万元产值能耗降为0.279吨标准煤/万元，同比下降8.5%。投资1970万元，实施环保治理25项，外排废水、化学需氧量、氨氮排放量分别降低14.96%、15.65%和14.9%。

科技进步。新华国际医药工业园西园被列入淄博市高新区“六五三五”工程(建设六个特色产业创新园、五个产业示范基地、三个有色金属新材料板块，优化五大创新创业环境)。公司与淄博高新区管委会、山东大学共建的山东大学淄博生物医药研究院正式成立，与华东理工大学、清华大学等多家科研院所达成合作意向。新华制药通过国家认定企业技术中心复审和国家高新技术企业复审。新达制药通过淄博市企业技术中心认定和山东省高新技术企业复审。

新产品研发。年内，公司取得甲磺酸帕珠沙星新药证书，取得生产批件3个，完成生产交接项目2个、中试项目18个、小试项目14个。获专利授权6项。苯磺酸氨氯地平、舒马普坦产品试产成功。

（李传道）

【山东新华医疗器械集团】 2011年，山东新华医疗器械集团实现货币收入27.12亿元、利润总额1.60亿元、利税2.50亿元，比2010年分别增长31%、69%和34%。各项经营指标再创历史新高。

自主创新。三级研发体系日趋完善。全年申请专利169件，其中发明专利36件；获得授权专利112件，其中发明专利7件。获得4件软件著作权。由公司主持和参与起草的国家、行业、地方标准和国家规范19项，其中，国家标准7项，行业标准12项；发布实施国家标准2项，行业标准1项；起草企业标准10项、医疗器械注册标准24项。购置更加先进的加工中心、焊接机器人、磨光机器人、废水处理和烟尘处理等设备，进一步提高压力容器、大型部件、钣金加工制造能力。

结构调整。集团经营方式正在逐步由过去出售产品向经营整体解决方案的转变。集团可为用户提供中心供应室整体解决方案、放射诊疗系统整体解决方案、大输液工程整体解决方案、数字化手术室整体解决方案、医用环保处理整体解决方案、微生物实验室整体解决方案、口腔科整体解决方案等产品线。其中，中心供应室整体解决方案、放射诊疗系统整体解决方案、大输液工程整体解决方案的产量、质量和市场占有率居国内第一。消毒灭菌、制药装备、放射治疗和一次性输注器械等领域的专业影响力进一步增强。营销网络遍及全国大多数地级市。集团有营销人员422名、客服人员246名。

控股公司。2011年，上海泰美医疗器械有限公司实现营业收入3.26亿元、净利润1224.33万元，分别增长169.33%和127.86%；北京威泰科生物技术有限公司实现营业收入1.08亿元、净利润1359.06万元。（新 华）

机械工业

【概况】 2011年，全市机械工业规模以上企业完成总产值1483亿元，比2010年增长22.54%；实现销售收入1451亿元，增长23.34%；占全市工业比重达到16.6%，较2010年提高1.5个百分点；实现工业增加值400亿元，增长23.1%；实现利税209.8亿元，增长22.48%；实现利润138.4亿元，增长29.78%。淄博柴油机总公司、山东唐骏欧铃汽车制造有限公司、山东新华医疗器械股份有限公司、山东省淄博蠕墨铸铁股份有限公司等22家机械工业企业被评为全市工业百强企业。

【产业转型与结构升级】 2011年，全行业在建规模以上技术改造项目123项，完成投资152.6亿元。列入全市百项重点工业项目的有26项。行业重点调度项目50个，有46个项目开工建设，开工率达到92%，完成投资53.8亿元。山东胜利钢管有限公司年产36万吨高等级油气输送管道项目、华成集团增速齿轮箱及精密减速器项目二期工程、山东省淄博蠕墨铸铁股份有限公司年产10万吨铸锻联产项目、山东派力迪环保工程有限公司工业异味气体处理成套设备及工程应用项目、山东巨明机械有限公司多功能联合收割机等项目竣工投产。淄柴新能源公司的生物质气体发电机组和乏风氧化装置、华成集团的精密机械传动设备、西铁城（淄博）精密机械有限公司的精密数控机床、山东省生建重工有限责任公司的高速机车闸瓦项目、山东齐鲁石化机械制造有限公司的大型锻造与旋压机械加工项目、山东淄博蠕墨铸铁股份有限公司的特种材质铸锻件联产项目、三林集团的开关磁阻电机及控制成套项目、山东博润工业技术有限公司的煤炭洗选及智能快速装车系统、山东长志泵业有限公司的核电用泵项目、山东嘉丰玻璃机械有限公司的多组多滴料制瓶机项目的技术水平达到国内同行业领先水平或国际先进水平。博山经济开发区机电及泵类产品产业园区被确定为山东省新型工业化示范基地。以轻卡、发动机、新型建材机械、造纸机械、玻璃机械、机床设备等为主的主机成套设（装）备产业进一步发展壮大。专业化协作、社会化配套的产业格局日益完善。电动汽车、高端精密机械、新能源（地热、生物质、风能等）装备、核电装备及设备得到快速发展。

【技术创新】 全行业专利技术申请和拥有量快速增加，拥有自主知识产权的核心技术不断取得突破。年内，全行业新增省级企业技术中心3个、省级工程技术研究中心3个、院士工作站3个、市级企业技术中心8个。企业申报各类专利技术1000余项，开发各类新产品800余种，制定企业、地方、行业及国家标准40余项。淄博柴油机总公司研发的“1000千瓦自动化机组设计开发”等45个新产品开发项目被列入省级技术创新项目计划。山东新华医疗器械股份有限公司大输液软包装全自动制袋灌封机等9家企业的相关产品列入山东省第一批高端技术装备新产品推广目录。淄博休普电机电器有限公司的“年产20万套电动车电机控制系统”项目、淄博德普达电机有限公司的“年产20万台电动汽车多功能电机”项目、山东山博电机集团有限公司的“电动汽车驱动电机及控制系统”项目被列为2011年度山东省新能源汽车关键零部件的扶持项目。山东博润工业技术有限公司生产的精确快速智能装车系统等5项整机装备被列入山东省“重大装备首台套”项目；淄博水环真空泵厂有限公司智能型煤矿井下瓦斯抽放泵站等19种新产品获得山东省机械工业科技进步奖。山东理工大学机械工程学院和市机械行业协会签订产学研长期合作协议；山东省机械设计研究院与周村区建立长期战略性合作关系；山东先河悦新机电股份有限公司、山东颜山泵业有限公司、山东同汇机电有限公司与山东理工大学等高等院校签订共建技术研发中心及项目开发等一批产学研合作项目。

【产业链发展方案】 根据市委、市政府《关于加快转方式调结构的若干政策意见》，筛选新能源（气体机、乏风氧化装置、热泵机组与高效换热器)、汽车、电动汽车、感染控制医疗设备、精密减速机及风电增速齿轮箱5个产业链作为重点,组织编制《汽车产业链发展方案》《电动汽车产业链发展方案》《新能源装备产业链发展方案》《风力发电成套装置产业链发展方案》《感染控制技术与装备产业链发展方案》5个行业重点产业链发展方案并开始实施。

【资金争取】 年内,全行业获新能源装备扶持资金、科技重大专项扶持资金、国家重点军工项目扶持资金、国家重点节能专项财政奖励资金等各类政策性优惠资金4600多万元。山东鲁信高新技术产业股份有限公司争取国家重点数控机床及重大基础件专项扶持资金1143万元(到位430多万元);淄博凯阅电器股份有限公司、淄博恒微电器有限公司等企业争取国家节能技术改造项目补助资金650万元;泵业产业集群、汽车板簧产业集群获山东省支持中小企业集群发展专项扶持资金1000万元;淄博义丰机械有限公司争取省重大节能技术产业化项目补助资金100万元;淄博休普电机电器有限公司等3家企业获山东省新能源汽车关键零部件项目财政扶持资金300万元;山东博润工业技术有限公司等5家企业获“国家、省首台套”项目支持资金50万元;山博电机集团高速伺服电机等8个项目被列为市节能示范项目,获市财政奖励资金240万元。协助34家企业向交通银行山东省分行申请中小企业流动资金贷款10亿元,落实3.5亿元;协调23家企业向建行山东省分行申请中小企业流动资金贷款3亿元。山东伯仲真空设备有限公司等3家企业在齐鲁股权交易中心上市交易,直接融资3000万元。

【企业管理】 全行业继续推行规范化、精细化、个性化、人性化、自主化管理。华泰轴承、唐骏欧铃、华成集团等6家企业获淄博市首届企业管理创新奖;永华滤清器通过中国机械工业企业管理协会管理进步示范企业验收;鲁信高新、山博电机等9家企业被评为山东省机械工业文明单位。

【机械行业企业家联盟】 4月8日,由行业内骨干企业董事长参加的淄博市机械行业企业家联盟成立。联盟宗旨是引导企业家关注行业整体利益和全市机械工业发展战略,搭建企业家交流合作的平台。制定《关于加强联盟企业配套协作促进产业链延伸的意见》《联盟成员企业配套协作指导目录》等指导性文件,促进成员间的交流合作。邀请中国机械工业联合会执行副会长蔡惟慈等到淄博举办机械工业发展形势报告会、国际政治经济形势报告会和国家产业政策解读答疑专题座谈会。

【行业管理与服务】 制定《淄博市铸造行业“十二五”节能减排意见》并颁布实施。先后组织50家企业参加2011年第六届中国(山东)国际装备制造业博览会、2011年第六届印度尼西亚中国机械与电子产品贸易展览会、2011东盟(曼谷)中国进出口商品博览会。4月8日,对“创尔沃热泵杯”机械工业设计大赛获奖单位、全市机械行业优秀创业者、全市机械工业强镇进行表彰奖励。公布全市机械行业最具影响力10项产品标准和行业最具影响力10项专利技术,发布2010年淄博市机械行业十件大事。市政协首次以建议案的形式向市委、市政府提交《关于加快发展淄博市装备制造业建议案》,提出加快全市装备制造业发展的建议。　　(赵增勇　王万忠　张振富)

【山东鲁信高新技术产业股份有限公司】 山东鲁信高新技术产业有限公司是山东鲁信创业投资集团股份有限公司的全资子公司,是中国磨料磨具工业的领军企业,主要生产磨料、磨具、砂布砂纸、卫生洁具4大类产品。2011年,公司磨料磨具产业收入3.69亿元,比2010年增长13.89%;实现利润1619.57万元,增加1384.31万元。

生产经营。坚持细化产品结构,加大高端产品研发投入,新产品CA磨料及半脆刚玉、锆刚玉产品实现批量供应。全年磨料产量13760.52吨,实现收入1亿元。磨具产量3653.60吨,实现收入6531.99万元,增长6.78%。砂布砂纸公司全年出口增长50.50%,产能由500万平方米提高到1000万平方米,完成产量10049万张,增长11.80%,实现收入5035.13万元,增长17.98%。信博洁具公司生产洁具96970套,销售88246套,实现收入1436.93万元,增长86.65%,实现利润

16.31万元，首次实现盈利。理研泰山公司完成产量1196万平方米，增长12.83%，实现收入13923万元，增长14.57%。

技术创新。2011年，陶瓷微晶磨料及磨具制备技术课题取得重大进展，白色CA磨料实现向日本客商批量供货；蓝色CA产品实验室试验取得成功。成立淄博泰诺超硬磨具有限公司，超硬磨具研发工作正式起步。"树脂磨轧辊砂轮研制开发"成功立项；"1550树脂切割砂轮研制"研发取得初步成果。"高档数控机床与基础制造装备"2010年科技重大专项课题国家专项补助款432万元全部到账。与郑州磨料磨具研究所共同申报的2012年"高档数控机床与基础制造装备"重大专项项目通过工业与信息化部专家论证。

（李 婧）

电子信息产业

【概况】 2011年，全市电子信息制造业规模以上企业144家，实现主营业务收入305.88亿元，比2010年增长18.7%；实现利润30.88亿元，增长39.72%；实现利税43.76亿元，增长29.01%。全市电子信息产业重点支持集成电路、电力电子两大优势产业，着力打造集成电路产业链、三条电力电子领域产品链。产业(品)链关键环节项目进展顺利，部分项目成功投产。恒汇电子公司的20亿支智能卡模块封装载板项目打破国外垄断，成为国内第一家、全球第三家能够生产IC封装载板的企业。

【合作交流】 4月，市政府与台湾地区电机电子工业同业公会签订友好合作备忘录，推动淄博市信息产业企业与电电公会会员之间的技术、贸易及产业合作。与台湾财团法人资讯工业策进会签订战略合作意向书，促进双方人才、技术交流，为共同建设信息化合作交流平台奠定基础。市经信委与台湾清华大学通讯研究所签订无线通讯及信号处理合作协议，推动产学合作，提高企业的国际竞争力。12家台湾企业与淄博市相关企业签订合资合作协议。动态无功发生器、传感器式高压电能表等一批技术领先、市场广阔的电子信息产品实现产业化。

【扶持资金争取】 2011年，全市电子信息制造业产业有4个项目得到省信息产业发展专项资金150万元支持。6个项目获得淄博市信息产业发展专项资金85万元支持。12个项目获得市产业链发展资金2500万元扶持。

【企业信息化建设】 2011年，淄博市深入推进信息技术改造传统产业，信息技术在企业产品研发设计、生产过程控制、产品营销、企业管理等关键环节得到广泛应用，90%的规模以上企业应用MIS、CAD、CAM、CIMS、ERP等信息系统进行管理。信息技术的应用使企业产品设计周期缩短62%，开发成本降低37%。信息化对企业效益增长平均贡献率达28%，对于水泥、玻璃等行业节能减排的贡献率超过50%。

【"两化"融合】 深入推进信息化、工业化融合试验区建设，制定推进"两化"融合试验区建设的实施意见，提出推进"两化"融合和建设试验区的原则思路、发展目标、主要任务、重点工程、政策措施。实施"两化"融合示范项目30项，有8个项目列入省信息技术推广应用重点项目，12个项目进入省"两化"融合"四个一百"工程(到2015年，全省培育、认定100个信息技术推广中心、100个数字化装备制造中心、100个智能化供应链管理中心、100个能源监测自动化控制中心)。开展"两化"融合助企行动，在建材冶金、纺织、机械等行业的160家企业中推广适用技术与装备。电子商务应用深入发展，有3家企业成为省首批电子商务认定企业。

【社会信息化工作】 开展专项保密、数据安全管理备案等检查，为信息安全提供保障。加强"无线城市"建设，全市基本实现城区、主要乡镇网络全覆盖。做好应急联动、政府移动办公自动化系统、医务通、智能公交等应用项目，有40多个重点项目建设完成并投入使用。 （孙耀祖）

陶瓷工业

【概况】 2011年,全市陶瓷行业实现产值213亿元,比2010年增长25.6%;完成销售收入205亿元,增长27.2%;实现利税26.2亿元,增长32.1%;实现利润19.3亿元,增长37.8%;实现出口创汇3.3亿美元,增长16%。截至年底,全市陶瓷企业278个,从业人员10万余人。日用陶瓷产量16亿件,增长7%;高档瓷产量4亿件,增长16%。

【创意淄博"华光杯"日用陶瓷设计大赛】 1月11日,由淄博市经济和信息化委员会、淄博市陶瓷行业协会承办的创意淄博"华光杯"日用陶瓷设计大赛在中国陶瓷馆举行。清华大学、北京大学、武汉科技大学、广州美术学院等20所大专院校和淄博6家企业的232位选手、251套作品参赛。大赛分社会组和高校组两个赛区,华光陶瓷设计的《溪边晴川》文房用具获社会组金奖,山东工艺美术学院设计的《蹴鞠印象》获高校组金奖。

【淄博陶瓷烧制技艺入选国家级"非遗"名录】 5月23日,国务院公布第三批国家级非物质文化遗产保护项目名录,由淄博泰山瓷业有限公司为保护单位申报的淄博陶瓷烧制技艺被批准为国家级非物质文化遗产保护项目。

【"淄博陶瓷 当代国窑"地域品牌企业产品检测】 8月3～10日,由市委宣传部、市工商局、市质监局、市陶瓷行业协会组成的"国窑"品牌企业产品检查检测工作组,对淄博华光陶瓷有限公司、山东硅苑科技新材料有限公司、淄博华洋陶瓷有限公司、山东泰山瓷业有限公司、山东福泰陶瓷有限公司生产、淄博国华陶瓷有限公司、淄博金马陶瓷有限公司、淄博华浩陶瓷有限公司、淄博鲁玉陶瓷有限公司产品进行抽样检测,质量全部合格。9月6日,检测结果在《淄博日报》公示。

【8人被授予中国陶瓷艺术大师称号】 8月13日,在由中国轻工业联合会、中国陶瓷工业协会联合举办的中国陶瓷文化历史名城、中国陶瓷艺术大师颁证大会上,何岩、吕泉、孙兆宝、闫先公、董善习、罗晓东、乔希儒、王一君被授予中国陶瓷艺术大师称号。淄博市累计有14人获中国陶瓷艺术大师称号。

【山东陶瓷艺术创新大赛】 8月18～19日,由山东省轻工业办公室、山东陶瓷工业协会、淄博市陶瓷行业协会举办的"华光杯"山东省陶瓷艺术设计创新评比暨第五届全国刻瓷艺术作品大赛在淄博中国陶瓷馆举行。大赛收到参赛作品367套(件),评出金奖23个,银奖34个,铜奖53个。淄博市获金奖3个,分别是耿家勇的陶艺作品《快乐生活》、刘永强的刻瓷《山水秀色》、马志河的大型刻瓷壁饰《罗汉图》。

山东省陶瓷艺术大师刘永强创作的刻瓷双瓶《山水秀色》 (钱景华 2011年8月19日摄)

【淄博市陶瓷艺术大师首次评选】 经市政府研究决定,由市经信委牵头,由淄博市陶瓷行业协会组织评选淄博市陶瓷艺术大师。5月,评选工作启动,有74人申报,23人被评为淄博市陶瓷艺术大师。

【“淄博陶瓷 当代国窑”地域品牌授权】 9月7日，“淄博陶瓷 当代国窑”地域品牌第四批授权仪式在淄博陶瓷科技城举行。淄博博山金马瓷器有限公司、淄博鲁玉陶瓷有限公司、淄博华浩陶瓷有限公司通过评审，获得“淄博陶瓷”地理标志证明商标和“淄博陶瓷 当代国窑”地域品牌使用权，硅苑科技、华光瓷业复审合格，使用权获续延。

【2011淄博陶瓷珍玩拍卖(展示)会】 9月4日，“淄博陶瓷 当代国窑”2011淄博陶瓷珍玩拍卖(展示)会在淄博荣宝斋举行。拍卖会共征集陶瓷琉璃艺术品2000余件，精选367件进行拍卖、展示，其中，当代陶瓷119件，古代陶瓷248件。现场成交1282.9万元，成交率86.92%。现代拍品成交额370.82万元，成交率92.4%；古代拍品成交额912.08万元，成交率84.3%。

【中国(淄博)国际木火节】 9月1日，2011中国(淄博)国际木火节在淄博泰山瓷业有限公司开幕。来自罗马尼亚、韩国、土耳其、美国、阿根廷等14个国家的62名陶艺家出席开幕式并现场进行陶艺制作。

【“淄博陶瓷 当代国窑”展】 9月6日，“淄博陶瓷 当代国窑”展在淄博国际会展中心举行。展区面积近5000平方米，分为“淄博陶瓷 当代国窑”地域品牌授权企业精品展区、14位国家级陶瓷艺术大师作品展区、山东陶瓷创新评比获奖作品展区、第五届全国刻瓷艺术大赛获奖作品展区、“创意淄博”设计大赛陶瓷作品展区、陶瓷艺术工作者现场表演区六大展区。

【博山区成为全省首家出口日用陶瓷质量安全监管示范区】 8月11日，博山区出口日用陶瓷质量安全监管示范区顺利通过山东检验检疫局专家组验收，成为山东省首个出口日用陶瓷质量安全监管示范区。示范区内获得出口日用陶瓷质量许可证企业22家，获得输美认证企业10家，2家企业通过ISO 9000质量管理体系认证，其他企业均按照ISO 9000建立质量管理体系。

【赴英国举办陶瓷文化展】 10月14日，中国淄博陶瓷文化展览会在英国萨里郡蓝特宝展览馆开幕。英国文化大臣杰里米·亨特，淄博市副市长韩国祥及中英两国的陶瓷艺术家、企业家和贸易代表200余人出席开幕式。展览会分为古代陶瓷、现代日用陶瓷、现代艺术陶瓷、大师现场表演和产品销售五部分，展出各类展品1000多(件)套。展览会历时两个月，观众总人数1.5万人。

【山东日用陶瓷产业技术创新战略联盟成立】 11月16日，山东省日用陶瓷产业技术创新战略示范联盟在山东硅元新型材料有限责任公司成立。山东硅元新型材料有限责任公司、山东华光陶瓷股份有限公司、山东银凤陶瓷股份有限公司、山东福泰陶瓷有限公司、淄博金马瓷器有限公司等14家陶瓷企业和山东理工大学、山东轻工业学院、山东工艺美术学院等高等院校代表参加会议。会议讨论通过山东省日用陶瓷产业技术创新战略示范联盟协议书，选举山东陶瓷工业协会理事长、淄博市陶瓷行业协会会长韩克新为理事长。

(钱景华)

【淄博华光陶瓷科技文化有限公司】 2011年，淄博华光陶瓷科技文化有限公司实现扭亏为盈。企

2011年10月14日，英国当地观众参观淄博陶瓷文化展

(钱景华 摄)

业改革调整取得重大成果，汇宝、华龙公司破产清算工作全面完成，企业内部下岗职工得到妥善安置。职工收入平均增长14.12%，多年欠缴的职工养老保险等历史遗留问题得到解决。按照市政府深化企业改革的整体部署，完成淄博华光陶瓷科技文化有限公司的筹建工作。

市场营销。骨质瓷公司“大作坊”和“豪门仕风”高端系列产品销售实现突破，以高档商场品牌专柜为主的渠道和终端建设加快推进，华光南京专卖店和集展示、营销、设计于一体的广州营销中心相继试营业。华创公司陶瓷缸套和小型泥浆泵缸套市场不断扩大，销售收入增长10%。永磁公司销售收入增长43%，创历史最好水平。

自主创新。骨质瓷公司10个新造型、新画面投入生产。“红色记忆”系列茶杯投放市场。“致远”茶具在众多的“陶博会”参选礼品中一举夺冠，被定位“陶博会”专用礼品，这是华光产品第七次被选定为“陶博会”礼品。在陶瓷艺术设计创新评比中，获国家级金奖2个、银奖1个。落实科技创新项目35项。华创公司承担制定的陶瓷缸套国家标准颁布实行。60米骨质瓷烧成隧道窑节能改造项目被列入淄博市2011年度“节能30项”项目。

企业管理。加大财务收支专项审计和工程项目审计力度，工程项目结算审计158万元，审减额23.5万元，审减率14.87%。加强资产管理，兴业公司、物产公司、物业经营公司加大招商招租力度，盈利能力有所提高。在骨质瓷公司推行产销存和质量管理统计数据ERP管理，提高企业管理效能和整体运作效率。开展以建厂50周年为主题的企业文化活动，编辑出版《华光陶瓷大事记》和《华彩乐章》。　　（冯衍伟）

纺织工业

【概况】　2011年，全市纺织行业加快转变发展方式，不断提升科技、管理和营销水平，全年主要经济指标实现较快增长。全市规模以上纺织企业186家，完成工业总产值314.09亿元，比2010年增长9.1%。生产纱20.99万吨，增长27.8%；布5.65亿米，下降48.98%；服装6616万件，增长0.76%；化学纤维8.73万吨，下降6.22%。棉纺企业为规避棉价波动对生产成本的影响，加大涤纶等化学纤维的用量，优化和调整产品结构。全年累计生产纯棉纱13.61万吨，下降3.69%；棉混纺纱0.73万吨，增长2.59%；化纤纱6.65万吨，增长321.8%；纯棉布4.27亿米，下降56.19%；棉混纺布0.86亿米，下降5.02%；化学纤维布0.51亿米，增长25.92%。全年纺织服装实现出口创汇14.97亿美元，增长21.3%。其中，纺织业实现出口创汇9.33亿美元，增长20.3%；服装业实现出口创汇5.63亿美元，增长23.20%。

【技术改造】　是年，在建的重点技改项目有：兰雁集团应用先进技术装备提升牛仔布品质项目，总投资5600万元；鲁泰公司年产18万锭纺纱及5万锭倍捻生产线项目，总投资5.8亿元；色织布生产线节能技改项目，总投资6420万元；鲁丰织染公司5000万米高档匹染面料项目，总投资6.6亿元；大染坊集团50万米宽幅提花面料技改项目，总投资7148万元；兰骏集团年产1000万米新型纺织面料生产线项目，总投资1.2亿元。

【科技创新】　是年，大染坊公司、海思堡公司、幸运风公司技术中心获得省级企业技术中心称号。海思堡公司与东华大学共建的东华—海思堡技术研发中心揭牌。淄博奈海企业管理咨询有限公司成功入股青岛康通海洋纤维有限公司，其海藻纤维产业化项目迈出实质性步伐。鲁泰公司“无缝线高效制衣成套技术及其产业化”项目获得省科技进步一等奖；“半缸染色节能工艺关键技术应用及推广”项目通过省科技厅验收；扭妥纺工业化成套技术推广达国际领先水平；管状礼服面料规模化生产的研究与泡沫整理技术的产业化应用达国际先进水平。银仕来公司色纺DTY150D/JC21竹节纱/JC32交织面料，玉米、竹纤维织物丝绸大提花面料，多元纤维仿色织面料，细旦天丝、真丝交织高密家纺面料通过鉴定。

【企业管理】　是年，市经信委与市纺织协会联合在全市纺织行业开展以“整理、整顿、清扫、清洁、素养和安全”为主要内容的6S管理活动，引导企业积极提升现场管理水平，推进企业管理由粗放式向精细化转变。鲁泰公司获2011全国纺织行业管理创新成果大奖。鲁泰公司、兰雁集团、银仕来公司、海思堡公司获得首届淄博市管理创新大奖。鲁泰公司、兰雁集团被授予中国纺织品牌文化50强企业称号；刘石祯、盛文中获中国纺织品牌文化建设领军奖。8家企业获“十一五”山东纺织优秀企业发展奖，7位企业家获得“十一五”山东纺织优秀企业家称号。

【行业管理】 1.组织举办以“感受时尚”为主题的淄博纺织企业进东华活动。协助淄博华丽时装刺绣有限公司在深圳举办以“依步达绽放大梅沙”为主题的时尚发布活动；协助幸运风公司成功举办“共赢天下”时尚发布会；召开海思堡“时尚之旅”发布暨全市纺织转型发展观摩交流会。2.中国棉纺协会、淄博市纺织协会和银仕来公司共同主办首届全国“银仕来杯”大提花面料创意设计大赛，共收到参赛作品332件，评出入围作品30件、金奖1项、银奖2项、铜奖3项、最佳奖5项。银仕来公司被授予中国大提花面料精品基地称号。3.举办全市服装打版工职业技能大赛。组织企业参加海峡两岸（淄博）工业信息化和产业合作交流会，引导企业加快信息化建设。4.市纺织协会与台湾财团法人资讯工业策进会（资策会）、台湾羽冠公司签署信息化合作协议，共同打造淄博纺织服装智慧云端公共服务平台，将从建设纺织服装接单中心、打样中心入手，逐步推进行业信息化建设。5.在全行业推广实施绿色照明工程，推广LED灯3万支。6.牵头制定2011～2015年淄博市纺织行业重点产品能耗定额标准14项。7.协助鲁泰公司举办“十一五”国家科技支撑项目——“新型改性淀粉浆料生产与替代PVA应用关键技术”现场推广会。8.定期编发《淄博纺织会刊》，出版《我的美丽纺织》《转型集结号》文集；开展重振淄博丝绸调研、服装产业链专题调研、经济运行调研。 （李　谦）

【淄博兰雁集团有限责任公司】 2011年，集团实现销售收入16.57亿元，比2010年增长3.5%；利税8771万元，增长3.21%；出口创汇8227万美元，增长21.04%。企业被市委、市政府表彰为全市工业明星企业，进入全国服装行业百强企业行列。

市场开发。外销主抓东南亚、中东等新兴市场开发，确保订单总量稳定。内销重点抓好广东、浙江、江苏等市场的开发。针对不同客户群分高、中、低档进行自主研发，全年开发新产品423个，其中自主研发品种184个。加快非棉产品研发，全年开发粘棉、含涤等非棉类产品130个。

内部管理。开展人员优化组合，对长期病、事假人员分不同情况进行清理，其中办理解除劳动合同150人。开展以“定人、定编、定销、定产”为主要内容的深化企业内部管理筹备工作。对职工医院实行全面剥离，对医院工作人员进行妥善安置。

节能环保。通过采取试用新药剂、启用离心式脱水机等措施，有效降低污水处理费用，每吨污水处理费用降低0.48元。束状染色机完成变频改造，日光灯逐步更换为LED节能灯，可降低能耗50%。

项目建设。柬埔寨一期项目顺利投产，柬埔寨公司有职工600余人，2011年生产服装近50万件，当年投产即实现盈利。越南分公司完成前期设计规划并开始厂房基础建设。房地产项目进展顺利，兰雁嘉园项目售出80%以上。周北电厂与凤阳集团合作项目顺利投产。 （贾　科）

丝绸工业

【概况】 2011年，全市桑园发展到733公顷，比2010年增长12%。各丝绸企业收购蚕茧16万公斤，生产厂丝513.14吨、丝织品1318.72万米，印染丝织品3172.32万米，生产服装5.48万件、制品179.22万件，染丝456.4吨。实现销售收入5.4亿元，上缴税收1110.06万元，创汇1822.1万美元。4月29日，市中级人民法院下达天力公司破产终结裁定，天力公司破产工作基本结束。

【服务企业发展】 市丝绸公司发挥职能作用，增强工作实效，深入企业了解运行情况，形成意见、建议和调研报告报送相关部门。3月18日，山东丝绸协会淄博办事处成立，成员单位24家。先后组织高青黄河淤背建园现场观摩交流会，转方式、调结构开发差异化特色高端丝绸产品现场交流会，丝绸文化创意产业暨市场形势研讨会等活动。以“淄博丝绸 生态文明”为主题，组织企业参加淄博市第三届文化产业博览会，展示淄博丝绸从传统产业向文化创意产业发展所推出的作品和成果。领取发放军转干部长效机制款204.87万元，发放离休干部生活补助费27.13万元，帮扶困难职工497人次。

【蚕茧基地建设】 市丝绸公司与淄博黄河河务局达成共识，利用黄河淤背建设桑园。2011年，高青和润丝绸公司利用沿黄淤背土地建设桑园70余公顷取得成功，在桑园建设史上尚属首次。引进山东农业大学最新科研成果，在高青建成全省最先进、规模最大的小蚕人工饲料育示范基地。

【技术改造与产品研发】 淄博大染坊丝绸集团公司实施年产50万米宽幅真丝家纺面料技术改造项目，新增宽幅经棉纬丝提花面料年产能力20万米和宽幅经线真丝提花面料年产能力28万米；开发各类新型面料47种，获国家专利13项；推出《四代伟人像》及《人民日报》《大众日报》《淄博日报》七一特刊珍藏版。淄博海润丝绸公司引进意大利圣东尼无缝针织机，开发无缝真丝针织内衣产品。真丝宽幅产品渐进染色工艺和丝绵斜纹服装面料后整理工艺分获中国纺织行业协会优秀印染面料一、二等奖；丝毛绸获创意淄博工业设计优秀奖。实施无缝真丝针织项目。淄博凯利丝绸公司生产的多品种特色围巾、防辐射面料，山东华安丝绸服饰有限公司生产的和服配件和服饰材料受到国际市场的欢迎。高青公司开发出桑芽茶、蚕沙保健枕；淄博恒盛丝绸公司生产的蚕蛹食品成为周村有代表性的健康食品，生产的蚕丝被品种增加，质量提高，产销率增长100%。　（曹永志）

轻　工　业

【概况】 2011年，全市轻工行业规模以上企业579家，实现工业总产值1073.9亿元，比2010年增长17.4%；实现销售收入1068.7亿元，增长18%；实现利税137.4亿元，增长22.5%；实现利润90.5亿元，增长28.2%。全行业有中国名牌11个；有中国驰名商标、山东省著名商标200余个。20家轻工企业成立技术（工程）研发中心，其中省级技术研发中心8处。山东齐峰特种纸业股份有限公司、汇祥健身器材有限公司建有院士工作站。

【行业管理与服务】 2011年，加大对造纸、塑料、家具、食品饮料等重点行业及龙头企业的调度，对34项年度重点技术改造项目进行跟踪服务。完成山东省轻工系统首席技师、高级技师、技师职业资格评审。着手筹建淄博轻工系统高级专家数据库及轻工行业发展战略顾问组。组织40名国家级、省级、市级评酒员，对全市酒类企业的白酒、啤酒产品进行质量鉴评。9月9日，山东省特种香型白酒产品质量监督检验中心落户淄博。搭建信息服务平台，及时充实、更新淄博轻工网、淄博工艺美术网和淄博家具网。7月，《齐鲁工美》画刊创刊。成功举办第四届山东古典红木家具暨家居

2011年10月21日，山东第四届古典红木家具暨家居书画艺术品博览会现场　（市轻工行业协会　供稿）

书画艺术品博览会；在北京举办“印象·中国”2011鲁派内画全国巡展北京首展。创建淄博市工艺美术大师珍品馆。组织举办全市“慈善杯”工艺美术创意设计大赛及首届鲁砚艺术展。

【9人获中国玻璃艺术大师称号】 在由中国轻工业联合会和中国日用玻璃协会联合组织的首届中国玻璃艺术大师评选中，全国有13人被评选为中国玻璃艺术大师，博山区有9人获此荣誉。分别是孙即杰、李东晓、王乃宝、张广忠、李峻峰、李慧同、张晓森、信德胜、徐月柱。

【首届淄博市工艺美术大师评选】 根据国务院《传统工艺美术保护条例》和《山东省传统工艺美术保护办法》，市政府决定从2011年开始举办淄博市工艺美术大师、陶瓷艺术大师评选，每4年一届。制定《淄博市工艺美术大师、淄博市陶瓷艺术大师评审管理办法》，成立专门评审工作机构。评选历经5个月，评出淄博市工艺美术大师35名。颁证仪式于11月9日举行。

【基地建设】 截至年底，全市有轻工产业基地(集群)9个，其中，国家级产业基地5个，省级产业基地4个。2011年，临淄区凤凰镇被授予“中国绿色食品第一镇”称号；淄川区西河镇被中国工艺美术协会命名为“中国古典红木家具之乡”；博山区被山东省五金衡器工业协会授予“山东省健身器材生产基地”称号。 (田　洁)

【金晶(集团)有限公司】 2011年，金晶(集团)有限公司强化战略管理，运行质量进一步提高，实现销售收入44.53亿元，比2010年增长19.65%，实现利税5.17亿元，增长6.16%。集团浮法玻璃及其延伸产品产量4179万重量箱，深加工玻璃1160万平方米，生产纯碱109万吨。继“金晶”牌系列浮法产品获评“中国名牌”之后，“金晶”牌中空玻璃再次获此殊荣，“金晶”商标获中国驰名商标称号。

结构调整。开发出在线镀膜玻璃，产品主要指标达到国际先进水平。金晶颜色玻璃、阳光膜达到规模化生产。开发出18000毫米×3300毫米世界最大板面超白玻璃、水晶灰玻璃、2毫米汽车玻璃。超白玻璃品质明显提升，生产成本大幅降低。与中科院、美国纽约州立大学建立产学研合作关系。

项目建设。滕州金晶二线、廊坊金彪一线按计划放水冷修；淄博公司余热发电“四炉一机”并网运行，基本满足自我供电；滕州金晶余热发电项目顺利推进；离线镀膜项目通过国家级项目验收。

软实力建设。绩效管理进入运用新阶段，集团企业战略执行的质量和效率得到明显提高。优化浮法事业部制度流程，与信息化应用系统整合。推进生产过程自动化，依托ERP信息化建设，自主开发BI、BC、RFID等应用系统。年内，集团获山东省企业管理奖。 (陈　鹏)

【山东凤阳集团股份有限公司】 山东凤阳集团公司是集家具制造、营销物流、餐饮服务、轻钢建材于一体的多元化大型集团公司，下属淄博凤阳大酒店有限公司、淄博凤阳彩钢板有限公司、淄博凯景镀锌薄板有限公司、淄博凤阳家具城有限公司、凤阳凯瑞家具有限公司。2011年，实现销售收入37.3亿元，利税1915万元，总资产18亿元。

生产经营。调整产品结构，新上凤阳现代红木家具，市场反应良好，签约省级经销商30家。4月，在青岛家具展览会上，推出新款床垫、沙发，受到消费者欢迎。2011年，推出新款沙发57套，床垫23件。4月，凤阳枫珠磁疗健康床垫和凤阳2106雕刻沙发被评为青岛家具展览会最佳参展产品。1月，凤阳股票在淄博齐鲁股权托管交易中心挂牌交易。

项目建设。凤阳工业园建有建材薄板生产线12条。产品有冷轧薄板、镀锌薄板、镀锡板、镀铝锌硅板、彩板，形成链式产业结构。2011年，新上高档装饰板二期工程，主要为一期工程(2010年5月投产，总投资1.5亿元)配套。新上年产30万吨无取向硅钢片项目，计划投资4.6亿元。

(谭启花)

本部类编辑：赵建国
副主编：安永善
校　对：张耀江
李　建

农　　业

综　述

【农业和农村经济】 2011年，全市实现农业总产值135.87亿元；农民人均纯收入首次逾万元，达到10878元，比2010年增长18.3%；粮食总产达到177.57万吨，增长1.2%，自2002年以来连续第九年增产。桓台县小麦平均亩产547公斤，居全省第一。蔬菜总产393万吨，形成保护栽培、城郊蔬菜、越夏种植三大板块。加快推进都市农业，命名第二批40家都市农业示范园区。农业标准化及品牌农业发展势头良好，市级农业标准化基地突破6.67万公顷（100万亩），“三品一标”（无公害农产品、绿色食品、有机农产品和农产品地理标志）产品达到238个。农业产业化水平进一步提高，山东兔巴哥食品有限公司成功申报为国家级龙头企业，市级以上重点龙头企业达到122家。新增农民专业合作社441家，总数达到1535家。加强农业基础建设，增强农业综合生产能力。完成阳光工程培训农民1.1万人，新型农民科技培训工程培训学员1.2万人，农民创业培训800人。加强农业科研工作，2个蓖麻育种项目达到国际领先水平，获省农牧渔业丰收奖2项、市第十三届自然科学优秀学术成果奖17项。新建农村户用沼气池6639个，户用沼气池保有量达到9.37万个，有大中型沼气工程4处、农村沼气服务体系106个，建成生态能源示范村86个、“千池镇”15个。在全市继续实施玉米秸秆全面禁烧和转化利用工作，玉米秸秆转化利用率达93.16%。各项惠农政策全面落实，兑付粮食直补资金1.97亿元，良种补贴4082.5万元。开展政策性保险，小麦、玉米、棉花投保面积5.43万公顷。对上项目争取实现新突破，争取省以上项目38项，总投资33509.56万元，比2010年增加3966.56万元，增长13.4%。国家新增千亿斤粮食产能规划项目、旱作农业建设项目等再次落户淄博，临淄区成为全省首批现代农业示范区。继续实施“建设农村殷实小康十大工程”，市农业局牵头承担17项具体建设项目。市农业局完成制定《淄博市“十二五”农业农村经济发展规划》任务。

（朱锡玉　李安忠）

【都市农业】 是年，评选命名第二批40家市级都市农业示范园区。全市70家都市农业示范园区开发利用面积达8000公顷，完成投资25亿元，实现收益4亿元。组织召开全市都市农业工作现场会，市财政拨款200万元奖励都市农业园区。

（吕承强）

【农业龙头企业集群建设】 是年，全市市级以上农业产业化重点龙头企业达到122家，其中国家级2家、省级24家。市级以上重点龙头企业固定资产55亿元，比2010年增长37.5%；实现销售收入156亿元，增长20%；实现利税10.5亿元，增长16.6%。全市农业产业化龙头企业带动农户37万户，带动基地10.4万公顷，安置农民工4.2万人，户均增收2300余元。组织55名龙头企业负责人及区县产业化负责人赴浙江大学参加业务培训。制定“一贴、一补、三奖励”的财政扶持政策，即贷款贴息、投资补助、出口奖励、科技创新奖励和特色发展奖励。市财政安排620万元专项资金，用于重点扶持42家龙头企业。桓台县新城镇河南村成为全国首批“一村一品”专业示范村（镇）。

【对外合作】 年内，先后组织5家企业参加省政府组织的山东名优农产品香港精品展、4家企业参加省农业厅组织的龙头企业新疆行、9家企业参加省畜牧博览会。各项展会共展出全市龙头企业的60多个产品，签订合同、协议3.29亿元。淄博山珍园食品有限公司、淄博桔缘食品有限公司成为出口农产品质量提升示范企业，分别获得40万元的省财政补助。（王　兵）

【农民专业合作社】 是年，全市在工商部门登记注册的合作社共1535家，成员出资总额28.9亿元，辐射带动农户20多万户。评选出第二批淄博市农民专业合作社示范社40家。

【农村土地承包】 年内，开展农村土地承包情况调研，摸清全市农村土地承包经营的基本情况。指导区县、镇加强土地承包档案管理，70%的镇建立标准档案室。加强农村土地流转体系和调解仲裁体系建设，38个镇成立土地流转有形市场，82个镇（街道）建立调解委员会。临淄区被列为全国农村土地承包经营权登记试点单位。

（魏汝春）

【农技推广体系建设】 2011年，基层农技推广机构改革与建设有新进展，桓台县、临淄区、沂源县3个示范县（区）的农技推广机构均纳入全额拨款事业单位。科技试验示范基地作用进一步发挥。利用32个示范基地，集中向农民展示优良品种及栽培技术，观摩培训农民2万余人。296名农技人员和3000个示范户较好地发挥了技术指导和示范带动作用。示范户、辐射户主导产业亩增产幅度同比高于普通农户10%～40%。基层农技推广机构条件建设实现新突破。3个示范县区的17个镇列入全省首批乡镇农技推广站条件建设任务，项目总投资204万元，每镇12万元，用于购置科技入户直通车和办公仪器。

【农民培训】 淄博市代表山东省接受农业部阳光工程培训工作检查。整合办学院校优质资源，招标认定培训基地20家，建立可容纳2万人的培训基地。全年完成农业职业技能培训1.1万人，涉及专业18个；劳动技能鉴定5050人。编辑出版《希望从这里起步——淄博市农民培训典型选萃》一书。

【修订《淄博市农业丰收奖奖励办法》】 是年，对原《淄博市农业丰收奖奖励办法》进行修订，增设“农业技术推广合作奖”奖项，农业技术推广成果奖奖励标准提高至一等奖10000元、二等奖5000元、三等奖3000元，比原标准分别提高5000元、2000元、1000元。（孙淑珍）

【科研成果】 年内，淄博市农技推广中心获首届山东省农业技术推广合作奖，市农科院获8项省、市科研成果奖，“西葫芦新品种选育与推广”获省农牧渔业丰收三等奖，“高产、高油蓖麻杂交种的选育及推广”获省农业科学院科技进步一等奖，“西葫芦新品种选育及推广”获省科技开发成果二等奖，“西葫芦设施专用品种选育及细胞工程育种技术研究”获市科学技术进步二等奖。农业科研成果获淄博市第十三届自然科学优秀学术成果奖一等奖3项、二等奖5项、三等奖9项。在国家和省级刊物发表学术论文24篇。淄博市农业科学研究院被列为省小麦创新团队综合试验站，有2人被省农作物品种审定委员会评为“十一五”区域试验先进个人。（孙淑珍　钟　芳）

【3个科研项目通过省级鉴定】 是年，有3个科研项目通过省级鉴定，达到国际同类研究领先水平。1.抗盐碱蓖麻新品种选育及推广项目。该项目广泛收集国内外蓖麻种质资源，利用轮回选择等技术方法，筛选出高抗盐碱、综合性状优良的资源25份。育成的“淄蓖麻7号”“淄蓖麻8号”通过省级农作物品种评审委员会审定，形成适合山东、海南、新疆、内蒙古等省、自治区不同生态区域的栽培技术规程。累计推广面积10.51万公顷，实现经济效益5.19亿元。2.14.67万公顷（220万亩）蓖麻杂交种推广及深加工项目。该项目收集国内外蓖麻种质资源1050份，利用孤雌诱

导、轮回选择等技术方法，筛选出综合性状优良、配合力较高的雄性不育系资源。选育出高产高油杂交种6个，其中2个通过省级农作物品种评审委员会审定。通过配套栽培技术研究，形成适合不同生态区域的栽培技术规程。与澳大利亚民盛生物燃料有限公司等合作进行蓖麻深加工及能源化利用。累计推广栽培面积14.75万公顷，实现经济效益7.03亿元；化工产品开发实现经济效益3.4亿元，出口创汇0.6亿美元。3. 应用MLHD方法研究鲁中地区农田杂草发生规律与综合治理技术项目。该项目研究农田主要杂草的发生规律，探讨多种除草剂的杀草谱及玉米等农作物田间杂草最少用量防治技术，筛选出防治玉米田杂草的高效光敏除草剂，研究编制MLHD剂量表，确定杂草不同生育阶段的除草剂最少剂量。累计建立示范基地4.51万公顷，除草剂用量减少30%以上，防治效果达95%以上，实现经济效益5151.65万元。同时，开展小麦育种、玉米育种、蔬菜育种、蓖麻育种、食用菌菌糠综合利用、植物保护等6项科研项目。

【科技交流与合作】 2011年，参加国际学术会议3次、国内学术会议8次，赴国外技术指导、参观考察10余人次，接待国外客户50余人次。以中国农技推广协会为依托，成立中国蓖麻产业战略联盟，淄博市农业科学研究院为副理事长单位。截至年底，淄博市农业科学研究院已成为3家国家级学会的副理事长单位。　（钟　芳）

【科技下乡】 2月22日，淄博市暨高新区抗旱双保和送农业科技、法律、放心农资下乡活动启动。年内，制定送农业科技下乡活动实施意见，实施千名科技人员下乡促春管活动，组织参加市科技活动周、市科普宣传周活动。

【《现代农业》频道建设】 是年，出台《现代农业频道管理暂行办法》，组织农业专家自制农技推广节目46期，全年频道播出节目6320小时，受到农民欢迎。

【市农民体育协会】 8月30日，市农民体育协会第三届会员代表大会召开。年内，组织46名运动员参加在临沂、滨州、威海、烟台、泰安等地举办的山东省第七届农民运动会，取得9金、8银、5铜共22枚奖牌的历史最好成绩。　（孙淑珍）

【市农业广播电视学校建校30周年】 12月26日，市农业广播电视学校举行建校30周年庆祝大会。30年间，市农广校为社会培养中等学历以上人才3.35万人，承担“绿色证书”培训7.6万人，培训农村基层干部5000多人，进行各种初等农业技术培训80万人次，组织各种培训班和科技下乡活动5000多场次，向农民发放科技书籍、光盘、明白纸200余万份，建立农民科技书屋127处，宣传推广农业新技术50多项，多次受到农业部表彰，是全国育才兴农示范学校。　（鲁秀梅）

【沼气池建设】 是年，新建农村户用沼气池6639个，80%以上达到“一池三改”或“一池四改”的标准。全市户用沼气池达到93745个，年产沼气3200万立方米，节约燃料费2400万元；沼液、沼渣综合利用率达到93%，农作物施用沼肥面积2万公顷，节省肥料支出3000万元以上。建成生态能源示范村86个、“千池镇”15个；已建大中型沼气工程28处，在建4处。淄博成为全省大中型沼气工程最密集地区之一。沂源县农村沼气池发展到4万户，居全省第一。　（张　浩）

【首届农业创意设计大赛】 8月19日，举办“向荣农业杯”淄博市首届农业创意设计大赛。以“创意、创新、创造”为主题，收到参赛作品89件，涵盖农产品研发、生产、包装、加工、营销、服务、品牌推广等多个环节，评出金奖3个、银奖6个、优秀作品奖11个。　（马志祥）

【农业行政审批】 是年，经市编办批准，市农业局成立行政许可科，挂靠政策法规科，承担17项行政许可和服务职能，包括：国内农业转基因生物标识审查、认可；食用菌生产经营许可证（栽培种）审核、核发；植物调运检疫审批；植物产地检疫审批；农作物种子生产许可证审核、核发；农作物种子经营许可证审核、核发；对在国家重点保护野生植物生长地或周边地区实施建设项目环境影响评价报告书进行审查批准；农业建设项目的环境影响评价文件审查、审批；国家重点保护野生植物采集许可证（二级野生植物采集）、出售、收购国家重点保护二级野生植物申请表、蚕种生产许可证、蚕种经营许可证、食用菌菌种生产经营许可证（母种和原种）、农药广告、农作物种子生产许可证、农作物种子经营许可证的审核报批；学生饮用奶定点生产企业资格认定。

【农业综合执法】 是年，市农业行政执法支队、博山区农业行政执法大队被农业部列为农业综合执法规范化建设示范单位。示范单位要达到“四有”标准：有完善的执法制度、有必要的执法工作经费、有必需的执法取证设备、有便捷的现场速测设备。由市农业行政执法支队制作的《经营擅自修改标签内容农药案》被评为全国农业行政处罚优秀案卷。案卷中的行政处罚决定书被评为6个全国农业行政处罚优秀文书之一。

（孙鸿彬　韩　冰）

【法制宣传】 12月12日，市农业局制订《淄博市农业系统法制宣传教育第六个五年规划（2011～2015年）》。年内，制作《中华人民共和国农村土地承包法》《中华人民共和国农产品质量安全法》等法律讲座宣传节目，在现代农业电视频道滚动播出；在《淄博农业》登载《大中专院校农村生源毕业生的土地承包权问题》《符合什么条件可以申请听证》等案例，以案说法。

【农资打假护农活动】 是年，组织开展农资打假护农活动。印发资料12万余份，宣传农业法律法规、农资识别及科学使用知识。对农资产品质量实行预警和动态监控，围绕种子、农药、肥料等重点农资产品，对辖区所有农资生产经营企业、农资批发市场和乡村农资集散地展开拉网式检查，出动执法人员5600余人次，检查农资生产企业1225个（次），整顿农资市场120个（次），查获违法农资3500公斤。加强农资信用监管，指导农资经营网点建立经销档案。搞好放心农资进村入户工作，供应和储备化肥10万吨、农药453吨、农膜400吨。通过庄稼医院、服务中心、专业社、农资直营店等基层供应服务组织，开展测土配方、技术咨询、科技培训等活动。（孙鸿彬）

【农药监管】 是年，启动农药登记备案和高毒农药定点经营两项监管制度。46家企业的303个农药产品登记备案，首批设定36家高毒农药定点经营单位。（刁春明）

【“一十百万”良种工程】 2011年，在全市实施“一十百万”良种工程：即建立一个鲁中地区设施最完备、手段最先进的农作物种子质量监督检测中心，有10个农作物新品种通过国家、省农作物品种委员会的审定，建立完善100处主要农作物新品种试验示范点，建成6667公顷（10万亩）良种繁育基地。市农作物种子质量检验站通过省农业厅资质认证，春秋季种子抽检工作取得良好效果。有29个农作物品种参加省品种试验，其中鲁中农作物研究所的1个玉米品种通过省农作物品种委员会审定。开展农作物品种跟踪评估工作，安排小麦、玉米品种评估网点40处。全市落实小麦种子4200公顷，棉花制种田200公顷，玉米外繁基地267公顷。（魏　滨）

【绿色有机示范区县、镇创建】 年内，对符合条件的1个区县、6个镇、13个标准化基地和蔬菜标准园、22个农产品认证单位、19个基层速测点落实扶持奖励159万元。新认证无公害农产品2个，总数达到35个；新认证绿色农产品1个，总数达到108

2011年6月1日，省专家考察小麦品种　　（魏　滨　摄）

个;新认证有机农产品9个,总数达到82个;新增地理标志农产品5个,总数达到13个。

【农产品检测】　是年,代表山东省接受农业部农产品例行检测4次,接受省农业厅抽检3次。市农业局作为全省首家市级单位开展50种农药的例行检测,共组织抽检4次。年内,部、省、市共抽取样品747个,平均合格率为97.7%,其中省农业厅3次检测平均合格率为99.5%,创历史最好水平。

【全国首个有机红富士苹果示范基地】　8月28～29日,农业部绿色食品管理办公室组织专家成立现场考核组,对沂源县申报创建全国有机农业示范基地进行实地考察。通过听取汇报、材料审核、现场检查、农户访谈及质询答疑,沂源县成为全国首个有机红富士苹果示范基地。沂源苹果曾获省部级荣誉称号40多个,连续6次在全国绿博会和农产品交易会上获得金奖和最畅销产品奖,先后被指定为北京奥运会、第十一届全运会和上海世博会专用苹果,获得农业部颁发的《中华人民共和国农产品地理标志登记证书》,成为山东省第一个获准使用地理标志的苹果产品。　（王　敬）

【扶贫开发】　是年,扶持实施主导产业项目,小型水利、生产路等基础设施建设项目,贫困劳动力农业科技培训项目,扶贫贷款贴息项目和国家、省级互助资金试点项目等1200个项目建设。共落实中央、省、市财政扶贫资金915万元,覆盖贫困村190个、低收入人口3.9万人,实现人均增收960元,2.8万人稳定脱贫。沂源县鲁村镇、南鲁山镇,淄川区西河镇、太河镇,博山区池上镇、博山镇,高青县木李镇、常家镇的150个村被山东省确定为新一轮扶贫开发重点扶持贫困村。

（王　强）

种　植　业

【概况】　2011年,全市农作物总播种面积30.81万公顷,比2010年增加800公顷,增长0.3%,连续5年实现增长。粮食作物播种面积25.53万公顷,减少867公顷,下降0.3%。全市粮食生产再次实现丰产丰收,产量达177.57万吨,是新中国成立后最高产量,也是自2002年后连续第九年增产。其中,夏粮单产419.3公斤,总产77.36万吨;秋粮单产505.1公斤,总产100.21万吨。夏粮、秋粮单产、总产均创历史新高。全市经济作物种植面积5.27万公顷,比2010年增加1667公顷,增长3.3%。棉花种植面积8067公顷,增加267公顷,增长3.5%;油料种植面积6800公顷,增加533公顷,增长7.9%;药材种植面积4600公顷,增加67公顷,增长1.8%;蔬菜种植面积2.8万公顷,增加733公顷,增长2.8%;烟叶1333公顷,减少100公顷,下降6.8%。

【应对春季旱情】　2011年春,全市遭遇60年一遇的特大干旱,受旱农作物面积达12.25万公顷,其中冬小麦受旱面积6.58万公顷(轻旱面积6.32万公顷、重旱面积0.26万公顷),5200公顷旱地缺墒,3876眼机井出水不足,6.97万人、3.7万头大牲畜出现临时性饮水困难。全市积极应对,落实省以上补贴资金1585万元,落实市财政抗旱资金1000万元。

【百万亩高产优质专用粮食基地提升工程】　继续实施百万亩高产优质专用粮食基地提升工程,项目区小麦平均单产475公斤,比2010年增长5%;玉米平均单产585公斤,增长3.5%。

【粮棉油高产创建示范片建设】　是年,在高青县建设万亩棉花优质高产创建示范片1个。建设万亩粮油优质高产创建示范片11个,其中建设万亩小麦优质高产创建示范片6个,临淄区、桓台县、高青县各2个;建设万亩玉米优质高产创建示范片5个,临淄区、桓台县各2个,高青县1个。桓台县唐山镇整镇制实施粮食高产创建,示范片内实行“六统一”,即统一区域布局、统一技术培训、统一优质品种、统一技术标准、统一管理模式、统一机收。桓台县索镇镇睦和村0.67公顷(10亩)高产攻关田经省专家实打验收,单产达759.18公斤,刷新全市小麦单产纪录。

【良种补贴】 2011年，小麦、玉米、棉花、水稻良种推广补贴项目实现覆盖。实际完成小麦良种推广补贴10.93万公顷，补贴农户315779户，补贴小麦良种1209.3万公斤，兑付补贴资金1639.3万元；完成玉米良种推广补贴14.80万公顷，补贴农户627207户，兑付补贴资金2219.6万元；完成棉花良种推广补贴9473公顷，补贴农户60152户，兑付补贴资金213.2万元；实际完成水稻良种补贴460公顷，补贴农户1472户，兑付补贴资金10.4万元。 （齐鲁涛）

【种植制度改革】 为实现小麦、玉米双季高产，引进小麦宽幅精播高产栽培技术和玉米"一增四改"（合理增加种植密度，改种耐密型品种、改套种为直播、改粗放用肥为配方施肥、改人工种植为机械作业）高产栽培技术，改变传统的小麦单行条播、玉米套种模式。是年，小麦宽幅精播推广面积达到3.73万公顷，比2010年增加2.84万公顷；配套示范推广玉米"一增四改"高产栽培技术，大幅提高夏玉米整齐度，降低病害发生程度，逐步探索形成小麦、玉米一体化高产栽培模式。

（徐元锦）

【有害生物预警防控】 5月31日，在周村区首次发现全国检疫性有害生物——黄瓜绿斑驳花叶病毒，迅速启动《淄博市农业植物重大生物灾害应急处置预案》，72小时内将疫情扑灭铲除。

二点委夜蛾危害症状 （周 真 摄于2011年7月2日）

【防治玉米虫害】 是年，首次发现玉米二点委夜蛾虫害，发生面积达3.45万公顷。其幼虫钻蛀玉米幼苗根茎部或切断浅表层根，导致玉米倒伏或死亡，造成缺苗断垄，严重影响玉米产量，防治难度极大。灾害发生后，制作《紧急查治二点委夜蛾》专题节目，在淄博数字电视现代农业频道24小时不间断滚动播出，每天在《天气预报》栏目中发布虫情最新情况和防治技术，通过人工防治、药剂防治、物理防治及毒饵防治等措施，至7月下旬，田间虫口数量显著降低，有效控制了虫害。

（周 真）

农业综合开发

【概况】 2011年，全市农业综合开发项目完成投资11580万元。安排土地治理项目5333公顷，投资8416万元（其中各级财政资金7890万元）。扶持产业化经营补助项目19个，其中财政补助项目10个，投资3164万元（其中各级财政资金570万元）；贷款贴息项目9个，贴息贷款额3.15亿元，中央财政贴息资金663万元。6月，全市农业综合开发2010年度项目建设和管理综合得分96.5分，其中市级管理得满分，综合得分列全省第一。

【土地治理项目建设】 2011年，全市土地治理项目建设任务共5333公顷，其中中低产田改造4667公顷、高标准示范田666公顷。完成的主要建设任务有：铺设地下管道403.7公里，新建地上防渗渠13.5公里，配套输变电线路92公里，修建塘坝16座，新建排灌站54座，新建蓄水池63座，扩建加固蓄水池3座，新打机井128眼，修复配套机井477眼，疏浚沟渠195公里，修建桥涵1005座，修建生产路251公里，整修梯田埂17.4公里，新植农田防护林26万株，新技术、新品种示范推广面积1907公顷。同时，培训农民10200人次。项目区山水林田路得到彻底整治，机电井泵等全面配套，先进农业科技成果得到广泛应用，建成优质、高产、稳产、节水、高效的基本农田及部分高标准农田，抗御自然灾害能力显著增强，农业综合生产能力大幅提高。年新增粮食生产能力879.6万公斤，新增种植业总产值5113.8万元，项目区农民年收入增加总额3338.4万元。

【农业产业化】 2011年，农业产业化经营项目新增产值1.03亿元，新增利税0.14亿元，带动农户6800户，受益农户增收总额2482万元。围绕“粮、牧、菜、果”四大主导产业和特色优势产业，对张店盛乡源农产品市场、山东大地肉牛清真有限公司、淄博梨花面粉有限公司、沂源山川果蔬食品有限公司、淄博七河绿色食品有限公司、淄博康润奶牛养殖专业合作社等龙头企业和农民专业合作社进行重点扶持，推动现代农业产业体系建设，提高农产品市场竞争力和品牌影响力。

【项目管护】 2011年，开展《淄博市农业综合开发项目管护办法》实施5周年宣传活动，进一步营造依法管护氛围。制定《淄博市农业综合开发土地治理项目市级管护资金管理办法》，明确市级管护资金变按面积分配为按工作量分配，调动基层搞好管护的积极性。全市各级共投入管护资金449万元，2.91万公顷项目区列入市级管护范围，其中93.2%达到良好以上管护水平。

【支持农业转方式调结构】 依托农业综合开发平台，发展特色农业、都市农业、有机农业等高效农业，增加农民收入。在张店区、周村区发展都市农业，对张店华煜玫瑰育苗基地、湖田项目区核桃基地等进行开发建设，建成兼具生产、生态功能的高效都市农业示范片，景观效益突出。在博山区、淄川区、沂源县、高青县发展有机农业，扶持龙头企业，推广应用科技成果，项目区有机农业基地面积比2010年增加1333公顷，总面积达7733公顷，认证品种达30余个。博山区上瓦泉项目区建成67公顷（1000亩）以有机韭菜、有机草莓为主的生态农业科技示范园区，增加农民收入178万元，人均增收1200元。

【新农村建设】 发挥农业综合开发项目和资金优势，把农业综合开发纳入新农村建设的有机整体。坚持基础设施建设和村镇基础设施建设有机结合，促进农村面貌和农业生产条件改善。博山区石马镇2011年度土地治理项目规划与新农村建设规划紧密结合，既方便生产又兼具景观功能，467公顷项目区将全部建成有机农产品生产基地和苗木基地。 （宗 宁）

蔬 菜 业

【概况】 2011年，全市蔬菜播种面积完成6.97万公顷，与2010年持平；总产量393万吨（含瓜、果类），增长2.3%；总产值44.8亿元，受价格波动影响减收3亿元。

【中国·淄博第三届名优蔬菜展销推介会】 1月6～7日，中国·淄博第三届名优蔬菜展销推介会在盛乡源农贸市场举行。展销推介会以“绿色、品牌、放心”为宗旨，共设30个展位，参展产品为通过“三品一标”认证的蔬菜和淄博名优蔬菜，共500多个品种。上海曹安菜篮子建设公司、韩国大洞农产株式会社等50多个客商参加会展活动。

【出台扶持蔬菜产业发展政策】 1月，市政府印发《关于进一步促进蔬菜生产保障市场供应的意见》，制定扶持蔬菜产业发展的政策，加大对蔬菜标准化生产的支持力度。支持蔬菜标准化生产基地（标准园）建设，经验收合格，认定为市级无公害、绿色、有机蔬菜标准化生产基地（标准园）的分别补助5万元、8万元、10万元。支持蔬菜质量品牌化建设，对当年获得无公害蔬菜、绿色蔬菜、有机蔬菜和农业部地理标志认证的，分别给予1万元、2万元、3万元和1万元的奖励。支持蔬菜标准化生产示范乡镇、区县建设，对评为市级蔬菜生产标准化乡镇、区县的，分别给予10万元、20万元奖励。加大蔬菜科技推广和质量安全建设支持力度，每年在全市支持推广5～8个先进实用的科技项目。支持基层检测室和速测点建设，按照市、区县、建设单位1∶2∶2的比例，对购置的速测仪器进行补贴。

2011年10月22日，周末车载放心菜进社区活动启动

（孙东文　摄）

【组织参加创业培训】　6月23～30日，市蔬菜办和团市委联合组织蔬菜基地、示范园、专业合作社等单位的13名负责人，参加团中央在上海种都种业公司举办的“促进农村青年就业创业——上海种都项目”培训班。有3个蔬菜基地与上海种都种业公司签订技术支持协议，1个蔬菜基地与湖南益阳蔬菜加工企业签订深加工项目。

【放心菜进社区】　10月22日，由市蔬菜办、市商务局、市电视台共同举办的周末车载放心菜进社区活动，在张店区世纪花园社区举行启动仪式。进社区的蔬菜产品质量安全可靠，销售价格较低，新鲜度高，采收后3～4小时内进入社区。启动仪式上，淄博于佳园农业发展有限公司组织新鲜蔬菜30余种，吸引大批社区居民踊跃购买。

【蔬菜标准化基地建设】　2011年，全市新建绿色蔬菜基地6333公顷，累计达到5万公顷。山东万鑫生态农业专业合作社的科技示范园高标准日光温室蔬菜基地开工建设。全市新建一批集中连片、高标准、高档次蔬菜生产基地，连片6.67公顷（100亩）以上规模的基地达到24个。博山区池上镇出口桔梗备案种植基地发展到2000余公顷。周村区王村镇在瘠薄山地开发连片20公顷（300亩）的保护栽培土豆基地，亩收入达6000余元。全市逐步形成保护栽培蔬菜、城郊蔬菜、越夏蔬菜三大板块，品种结构不断优化。由于蔬菜结构合理，4月中下旬和11月，全市有效规避了2次较大菜价波动的冲击。

【食用菌生产】　年内，完成300万平方米优质食用菌基地建设任务，优质食用菌基地面积达到303.8万平方米，鲜菇产量达到6.5万吨，实现产值3.5亿元。建成黑木耳、香菇、双孢菇、花菇、金针菇、鸡腿菇等食用菌基地。七河、诚信、亿百合、花山等8大龙头企业进一步发展壮大，其中总投资3000万元的山东七河生物科技股份有限公司食用菌工厂化生产基地100栋钢架食用菌大棚、50座智能调控菇房建设工作全面完成并投入试运行。

【蔬菜标准园创建】　抓好沂源悦庄韭菜、临淄翠竹大棚蔬菜2处国家级标准园的配套完善和建设管理，指导推进6处市级蔬菜标准园的规范化建设。年内，临淄区获丰蔬菜标准园、文昌湖莲藕标准园被确定为第二批获扶持的国家级蔬菜标准

国家级蔬菜标准园——沂源悦庄有机韭菜标准园

（王志强　摄于2011年8月26日）

园。淄川区富硒蔬菜标准园、周村区有机贡韭标准园、沂源县有机韭菜标准园获得市级财政扶持。山东绿龙高效生态农业示范园、山东向荣农业发展股份有限公司、淄博博山舜耕蔬菜专业合作社等企业的蔬菜标准园发展迅速。截至年底，4处国家级蔬菜标准园全部通过省农业厅的验收。

【工商资本投资蔬菜产业】 年内，工商资本进入蔬菜产业的规模和速度明显加快。占地133公顷、总投资7.38亿元的山东绿龙高效生态农业示范园在高青开工建设，主要发展食用菌工厂化栽培和蔬菜智能温室。全市新开工建设投资额千万元以上的蔬菜产业项目15个，其中3个项目投资过亿元。

【蔬菜科技示范推广】 年内，先后印发技术指导意见4期350余份，发放明白纸5800余份，为群众进行现场技术指导48次。推广生食西葫芦、巴西菇等新品种46个，推广套袋栽培、秸秆生物反应堆等成熟实用技术12项，安排液态石灰氮、灰树花出菇等试验8个。沂源县鲁村镇黄瓜基地应用秸秆生物反应堆技术后，每棚增收2000余元。先后举办蔬菜优质高效安全生产新技术等培训活动6期(次)，累计培训技术骨干7400余人。

【蔬菜品牌认证】 2011年，全市有12个蔬菜品种启动"三品一标"申报认证程序，3个地方名产蔬菜品种重点培育工作全面完成。获得"三品一标"认证的蔬菜达48个品牌、178种产品，其中有机蔬菜产品47个、绿色蔬菜产品124个、地理标志产品7个，"沂蒙山"蔬菜商标被省工商局命名为山东省著名商标，"荆家四色韭黄"被列入淄博市非物质文化遗产保护名录。

【蔬菜流通】 2011年，在省外大中城市建立蔬菜直销市场22个，新开辟上海曹安、福州海峡两岸2处大型外埠市场，开辟北京、天津等蔬菜运销通道12条，发展运销组织1100个，蔬菜外销率稳定在85%以上。发放绿色通行证3100余份，凭通行证往返一趟太原，可节约1500余元，深受运销户青睐。蔬菜生产效益更加显著，临淄区皇城镇1亩大棚年收入可达5万元以上，成为当地居民增收致富的主要渠道。市蔬菜办配合市商务局举办首次"农超对接"活动。淄博众得利公司与北京物美集团签订"农超对接"协议，日供北京优质蔬菜10吨，带动基地内菜农人均年增收1000余元。探索开展"基地直供"供货方式。淄川区清水源蔬菜专业合作社与潍坊市昌乐二中合作，在太河镇响泉村建立200公顷生产基地，开展蔬菜直供。在全市组织开展蔬菜生产园区放心菜直供居民社区试点，让城乡居民第一时间吃上安全、优质、新鲜、便宜的放心蔬菜。

【菜篮子产品质量检测】 4月，市菜篮子产品质量监督检测中心通过省级检测资质认定。中心将气相色谱仪NPD检测器升级为FPD，检测标准上升为农业部现行使用的对全国各省的抽检标准(NY/T761—2008)，检测项目涵盖蔬菜质量安全项目中的95个农药残留项目，检测的覆盖面、准确度、精确度大幅提升。

【蔬菜产品质量检测】 加强三级检测网络体系建设，全市区县蔬菜质量检测站达到8个，基层蔬菜产品质量速测点达到251个，涵盖主要蔬菜基地、农贸市场、超市等。组织区县检测站和基层速测点对产地、市场、超市蔬菜产品开展"日检""批检"，做到不合格产品不出基地、不上货架。配合农业部、省农业厅对全市蔬菜产品质量进行4次抽样，抽取样品120个，抽检合格率98%。安排全市生产基地、批发市场蔬菜产品每月例行送检，累计检测样品2480个，检测合格率98%。

(孙东文)

林　业

【概况】 2011年，全市完成造林12240公顷，完成年度计划的138.5%，造林面积创历史新高；新建高标准农田林网6800公顷，完成全年任务的102%；林业育苗1067公顷，完成年度任务的107%；绿化骨干道路210公里，完成年度任务的105%；林业总产值120亿元，比2010年增长20%。12月，淄博市人民政府被全国绿化委员会

高青县小清河水系绿化　（侯贺良　摄于2011年6月27日）

授予国土绿化突出贡献单位荣誉称号。

【森林资源培育】　1. 森林围城工程。结合都市农业建设，大力发展城郊片林、环城林带等生态绿地，最大限度地扩大城市森林面积，着力构建多树种、多层次、多效益的城市森林景观。重点对中心城区周围山体、道路、水系、村镇及闲散地进行绿化美化，完成造林1333公顷，完成年度任务的100%。2. 中心城区大外环绿化工程。该工程包括张博路附线北延、湖南路北延、果周路3条道路绿化，全长42.03公里，涉及张店区、周村区、桓台县和高新区。按照道路竣工一段绿化一段的原则，完成绿化里程38公里。3. 荒山绿化工程。实行专业队合同化管理的造林模式，在南部山区完成造林6100公顷，占年计划的183%。4. 水系绿化工程。以保护水源地和建设水系防护林带为重点，在太河水库、文昌湖、田庄水库周围及淄河、孝妇河等主要河流两侧完成造林2293公顷，占年计划的115%。5. 林业产业振兴工程。以增加农民收入为目标，在南部山区新建优质标准化果品基地867公顷、改造提升4333公顷；在张周路两侧改造提升优质苗木基地200公顷；在高青、桓台县建设工业原料林基地1267公顷，完成年度任务。6. 湿地保护与恢复工程。重点实施国家立项的马踏湖湿地生态修复项目，芦苇复壮330公顷，封湖育草1000公顷。3个码头、2个瞭望塔、9个检查哨卡、3个管理站建设竣工。7. 村镇绿化美化及农田林网建设工程。建设绿化示范村80个，完成年度计划。建设高标准农田林网6800公顷，完成年计划的102%。

【集体林权制度改革】　是年，全市2200个有林权制度改革任务的村基本完成基础工作，对18.06万公顷集体林地明晰了产权，顺利通过省级验收。

【森林资源保护管理】　2011年，实现全市无重大森林火灾、无重大林木病虫害、无重大毁林案件的管护目标。1. 森林防火工作。面对高火险形势，层层落实行政首长负责制，制订森林防火预案。开展重点林区的森林防火指挥员培训和防火专业队防扑火演练。市、区县投资1000多万元，购置运兵车、远程灭火炮等防火装备，森林防火能力进一步加强。年内，增援济南市、莱芜市、临沂市森林火灾扑救工作，得到当地政府和省森林防火指挥部领导的肯定。2. 林业有害生物防控工作。在美国白蛾防控工作中，全市各级加强预测预报，

2011年6月3日，在桓台县迎宾大道路旁片林进行有害生物检查
（王俊亮　摄）

科学制订防控预案，积极开展飞机防治，完成作业面积10.13万公顷，防治面积是历史上最大的一次。通过检查验收，有虫株率降到万分之一以下，防控效果得到省检查组的高度评价，《大众日报》《中国绿色时报》《山东绿化》《淄博日报》等媒体先后进行了采访报道。积极开展松材线虫病、松阿扁叶蜂、杨尺蠖等有害生物的监测、除治工作，完成省规定的防治指标。3. 林政执法工作。严厉查处乱占滥用林地、乱砍滥伐林木等各种毁林案件，全年共查处林业案件65起。完成全市林地保护利用规划编制工作。制定全市森林经营方案，并在国有林场进行森林经营试点。积极争取省林业局森林经营试点项目，面积4067公顷。

【国有场圃建设】 2011年，原山林场、铁山园艺场、萌水苗圃等单位承揽绿化工程额5000多万元。鲁山林场配套完善镜泊湖多功能接待用房及观光餐饮长廊，新上拓展训练中心1处，开通市旅游集散中心至鲁山旅游专线。原山如月湖湿地公园开园，原山林场完成宾馆升级改造、原山大厦亮化及云步桥维修工程，举办全国第二届极限摩托车特技精英赛。沂源县鲁山景区通过国家AAAA级景区评审，织女洞景区成功举办第四届中国(沂源)七夕情侣节。全市各级森林公园旅游综合收入6500万元。 (闫旭峰)

农 机

【概况】 2011年，全市农机总动力达到340.46万千瓦，农机总值28.27亿元，农机总收入31.76亿元。拖拉机拥有量达到25667台，其中大、中型拖拉机15340台；拖拉机配套机具52267部，其中大、中型30720部。粮食生产机械发展速度加快，有联合收获机8754台，其中玉米联合收获机3436台。设施农业机械、畜牧业机械、农产品加工机械和农村其他各业机械增长迅速。全市实现机耕面积15.18万公顷，机收面积24.02万公顷。其中，粮食作物机播水平达94.20%，机收水平达92.04%。全市农作物耕种收综合机械化水平达到87.01%，其中粮食作物耕种收综合机械化水平达到95.02%。

【农机购置补贴】 是年，全市争取中央农机购置补贴资金5320万元，市、县(区)累加补贴资金490万元，带动农民投资1.2亿元，受益农户9285户。新购置各类补贴农机具1.4万台(件)，其中80马力以上大型拖拉机691台、玉米联合收获机346台、小麦免耕播种机94台。新增农机动力5.99万千瓦。粮食生产主要环节作业机械，粮食烘干、种子处理等产前、产后机械，薯类、花生、棉秆拔除等经济类作物作业机械，挤奶器、畜禽孵化等机械得到推广，电动卷帘机等设施农业机械得到大面积应用。高效、大型、复式机械持续增长，大、中型与小型机械、粮食生产机械与经济类作物机械和农村其他各类机械比例趋于合理，农机结构趋于优化，农业机械化装备水平得到全面提升。

【玉米机收及秸秆综合利用】 是年，全市玉米实现机械收获13.53万公顷，机收率91.5%，比2010年提高6.3个百分点。张店区、临淄区、周村区、桓台县、高青县和高新区、文昌湖区机收率100%。全市完成机械还田面积7.69万公顷。首次引进推广200马力以上大型带穗青贮饲料收获机4台，填补全市玉米全株青贮的空白。推广茎穗兼收型玉米联合收获机120台，完成秸秆机械化青贮面积5.126万公顷，实现玉米机收水平与秸秆青贮水平双提高。玉米秸秆综合利用渠道得到拓宽。推广秸秆固化技术，引进推广各类秸秆固化设备20套，固化玉米秸秆15万吨。玉米机收作业链进一步拓展。

【农机推广】 是年，全市继续推广粮食烘干设备，新增粮食烘干示范点2处，推广大型粮食低温烘干机9台，日烘干能力达到1000余吨。全市完成小麦机械化保护性耕作面积2.3万公顷；完成玉米机械化直播面积8.93万公顷，占玉米种植面积的70%，比2010年增加9334公顷；完成小麦机械化宽幅精播面积4万公顷。临淄区被省农机局确定为机械化深松技术推广项目县，争取项目资金1000万元。推广土壤深松机145台，8个区县实施机械化深松，深松土地2.4万公顷。

【农机监理】 是年,全市检验拖拉机、联合收割机12579台,新落户拖拉机2581台,新办驾驶证1123个,机械检测拖拉机2368台,农机挂牌率、年检率、持证率分别达到82%、83%、81%。"平安农机"示范创建活动扎实有效,创建示范县(区)3个、示范镇33个、示范村233个、示范户1277个。全市未发生农机重、特大事故和行政诉讼等纠纷案件,农机安全生产形势稳定。

2011年,桓台县引进的3WX—280型自走式旱田作物喷杆喷雾机

(苏 婷 摄)

【农机修配管理】 截至年底,全市建成农机维修服务中心6个,在建4个;组建以农机维修为主的农机服务合作社12个,承担70%以上大型农机具的维修、保养任务;创建星级文明农机维修厂(点)158个。全年共接受农机消费咨询57次,受理投诉案件3起,全部调解成功,赔偿农机消费者直接经济损失1.2万余元,挽回经济损失5万余元。

【农机专业合作社组织】 是年,全市新建农机合作社30个,总数达154个,实现每个镇有2个以上农机专业合作社,70%以上的农机作业由合作社完成。"三夏、三秋"期间,各农机专业合作社、农机服务组织共组织11000余台机械参加跨区作业,完成跨区作业面积39.05万公顷,作业收入3.09亿元,比2010年增加3451万元。

【农机人员培训】 是年,全市共举办各类培训班、现场演示会300余次,培训各类农机人员3.46万余人。结合开展"阳光工程",对农机手进行系统正规的理论和实际操作培训,提高农机手安全意识和业务水平,使农机手在农业生产中发挥重要作用。

【等离子体种子处理技术应用】 是年,淄川区在全省首家引进等离子体种子处理机的基础上,建立小麦、玉米、花生等离子体种子处理技术试验基地各1处,并对各类种子进行对比测试。结果表明,使用等离子体种子处理技术经济作物增产效果优于粮食作物,示范效果得到试验农户的认可。

【研制新型玉米精播机械】 是年,淄博市农业机械研究所设计研制出新型玉米精播机械——2BYJ型玉米精量播种机。该机通过山东省农业机械试验鉴定站的推广鉴定,进入山东省农机产品补贴目录。

【引进新型喷雾机】 是年,桓台县乐农机械化病虫害防治农民专业合作社引进3WX－280型自走式旱田作物喷杆喷雾机。该机可实现农田作物全过程施药作业,广泛应用于小麦、棉花、大豆等农田作物以及葱、姜、蒜等蔬菜作物,填补全市大田管理环节机械化的空白。

【沂源县村级机械化植保合作社】 沂源县农机局在重点村建立53个村级机械化植保合作服务组织,其中在工商局注册的合作社达到18个。在全县推广使用310余台烟雾机、890台机动喷雾机,配备液体施肥枪100个、杀虫灯30台。以烟雾机推广应用为代表的新型植保机械化走在全省前列。 (苏 婷)

畜 牧 业

【概况】 2011年,全市畜产品生产能力不断增强。全市有市级以上畜牧龙头企业34家,其中国家级2家、省级6家、市级26家。截至年底,全市生猪存栏107.52万头,比2010年增长8.24%;牛存栏22.88万头,增长6.31%;羊存栏62.91

万头，增长7.41%；家禽存栏2404.32万只，增长13.72%；肉蛋奶总产量68.31万吨，增长14.02%。

【建设三大畜牧板块】 1. 山东黑牛产业优势板块。高青黑牛作为国内高档肉牛新种质，被省政府定名为山东黑牛。10万头山东黑牛产业开发项目列为省长“菜篮子”工程和山东省科技厅自主创新重大专项，面向全省范围推广。截至年底，山东黑牛存栏2.6万头。2. 良种生猪产业优势板块。以临淄、淄川、周村3个区为重点，大力发展标准化、规模化生猪生产，3个区生猪存栏51万头，年出栏500头以上生猪的标准化场103处，形成稳固的生猪供应基地。3. 沂蒙黑山羊产业优势板块。建设山东省沂蒙黑山羊原种场和6个沂蒙黑山羊繁育场，组建沂源黑山羊、红山羊工程技术研究中心。沂源县山羊存栏40万只，其中黑山羊存栏32万只。

【山东黑牛科技示范工程启动】 8月26日，黄河三角洲优质肉牛科技示范工程在高青县正式启动。省黄三角建设办公室、省科技厅、省畜牧局及有关部门协同山东布莱凯特黑牛科技股份有限公司共同实施黄河三角洲优质肉牛科技示范工程，至少在10个县、100个乡镇、1000个村、10000个养殖户中开展山东黑牛产业化推进行动，省政府确定淄川、高青、无棣、阳信、沾化、惠民、垦利、广饶、利津、莱州10个具有肉牛养殖基础的区县(市)作为示范县，逐步形成“十县、百乡、千村、万户”梯次发展格局。山东黑牛项目纳入山东黄河三角洲100个重大项目管理，成为省政府确定的重点项目。

【项目及政策扶持】 全年对上争取生猪标准化规模养殖场改造、奶牛良种补贴、畜禽标准化创建、菜篮子畜牧项目建设、能繁母猪补贴等各类畜牧项目18类共73项；落实各级财政资金4336万元，其中省级以上资金3367万元。

【饲料生产】 2011年，全市共有饲料生产企业42家。其中，浓缩饲料、配合饲料、精料补充料、单一饲料生产企业30家，动物源性饲料生产企业1家，添加剂和添加剂预混合饲料生产企业11家。从业人员1412人。全市有年产量10万吨以上企业1家，2万吨以上企业9家。饲料生产总量达到50万吨，比2010年增加8万吨，增长19%；饲料工业总产值15亿元，比2010年增加3亿元，增长25%。

【玉米秸秆青贮】 2011年，全市有青贮池5320个，其中新建130个；有青贮机械3379台，其中新购224台。全市玉米秸秆青贮总量212.82万立方米，比2010年增长16%。其中，禁烧区青贮总量99.17万立方米，增长13%。禁烧区新建100头以上奶牛场8处，肉牛场27处。《淄博日报》刊登《秸秆禁烧走向常态的背后——我市“秸秆青贮过腹还田”技术路线探析》及《秸秆青贮 过腹还田》等文章，对全市秸秆青贮工作成绩进行专题报导。

【信贷支持畜牧业发展】 6月，市畜牧兽医局和山东省农信联合社淄博办事处联合制订《关于做好信贷支持畜牧业发展的意见》，确定在继续对畜禽养殖、加工、流通和服务等企业主体和养殖场信贷支持的基础上，重点加大对与龙头企业建立合作关系和能够形成养殖、收购、加工、销售于一体的完整产业链的农民专业合作社、养殖大户、养殖场的支持。

【品牌化创建】 2011年，全市有无公害产地认证19个，无公害产品认证4个，有机产品认证5个，“三品一标”认证总数11个。得益乳业公司列入山东省十大畜牧品牌企业，沂蒙黑山羊列入全省十大地方畜禽品种，山东淄博清梅居系列食品被列入山东省十大传统地方畜产品名吃。

【标准化生态饲养】 启动国家、省、市、县标准化小区四级联创机制。截至年底，全市建成国家级标准化示范场11家、省级示范场13家。全年共改建标准化规模养殖场56家，投入财政扶持资金1770万元。高青县肉鸭产业化项目形成规模优势，全县肉鸭出栏1800多万只。桓台县优质肉鸡产业化项目进展顺利，全县出栏肉鸡1200万只。全市存栏5000头(只)以上林下养殖场达10余处，林下养殖面积超过1万公顷。生猪发酵床面

2011 年 8 月 26 日，黄河三角洲优质肉牛科技示范工程在高青县启动
（薛乐全　摄）

积 25 万平方米，存栏生猪 20 万头。

【畜产品质量安全监管】 2011 年，组织人力集中开展“瘦肉精”、生鲜乳、兽药、饲料四大专项整治行动。全年共出动执法人员 14769 人（次），检查生产经营单位 8510 家，查处问题 9 起，责令整改 5 起，涉及金额 3.4 万元，吊销营业执照 3 家，整治重点区域 29 个。对全市 82 家奶站进行标准化管理，严把生鲜乳生产、收购和运输三个关键环节，保证原料奶质量。全市有 GSP（药品经营质量管理规范）兽药达标经营企业 134 家，市及 7 个区县通过省兽医实验室考核。在全市推广张店区报检中心、桓台县产地检疫和淄川区、周村区的远程监控经验做法，保障畜产品质量安全。

【检疫监督】 严格产地检疫和屠宰检疫，落实检疫申报制度，规范检疫操作程序，确保出栏和屠宰畜禽质量安全。2011 年，全市产地检疫生猪 96.21 万头，禽类 4120.85 万只，牛羊 8.88 万只。屠宰环节检疫生猪 57.36 万头，禽类 2736.02 万只，检出病畜禽 6824 头（只），全部进行无害化处理。

【重大动物疫病防控】 突出搞好集中免疫，确保免疫密度和免疫效果。全市共使用各类疫苗 3405.5 万毫升，免疫生猪 145 万头（次），免疫牛、羊 143 万头（只次），免疫家禽 5020 万羽（次），存栏畜禽免疫率均达到 100%。全年共拨付市级财政疫苗经费 201 万元，检测经费 130 万元，防控经费 150 万元。顺利通过省防控重大动物疫病指挥部组织的春秋两季检查验收，连续 7 年获得全省重大动物疫病防控工作先进单位。5 月 27 日，市防控重大动物疫病指挥部在淄川区组织突发高致病性禽流感疫情应急演练。同时，搞好疫情监测，共普查、监测父母代种畜禽场 71 个（次），商品代畜禽场（点、户）1275 个（次），散养户 2260 户，交易市场 18 个（次），屠宰场 12 个，采集样品 25061 份，血清学检测 47699 份（次），病原学检测 240 份，均达到国家要求的免疫保护水平。高青县代表山东省参加了农业部秋防检查验收。　（卢　利）

水利与渔业

【水利政策】 2011 年，全市认真贯彻中央、省委 1 号文件精神，制定多项政策，推动水利改革发展。2 月 27 日，市委、市政府印发《关于加快水利改革发展的实施意见》。9 月 13 日，市政府印发《关于贯彻落实〈山东省用水总量控制管理办法〉的实施意见》，确定“十二五”期间，全市年用水总量控制在 12.87 亿立方米以内，其中地表水用水总量控制在 2.00 亿立方米，地下水用水总量控制在 6.37 亿立方米，引黄用水总量 4.00 亿立方米，南水北调引水用水总量 0.50 亿立方米。9 月 19 日，市政府颁布《淄博市地方水利建设基金筹集和使用管理实施细则》。9 月 26 日，全市水利工作会议召开，学习贯彻中央和全省水利工作会议精神。11 月 25 日，市人大常委会修订颁布《淄博市水资源保护管理条例》。

【防汛抗旱】 是年，全市有防汛抢险队 20 支、3.8 万人，专用防汛抗旱物资储备 2600 万元。投资 255 万元，启动防汛视频调度会商系统建设。投资 260 万元，完成全市 5 座大中型水库、32 座小

国家水利风景区——博山五阳湖

（岳国喜　摄于 2011 年 9 月 11 日）

(一)型水库的视频监控系统安装工作。投资 1710 万元,实施南部山区山洪地质灾害防治非工程措施建设,其中沂源县项目基本完工。6 月,投资 3040 万元,完成小清河淄博段应急治理主体工程。投资 2.01 亿元,规划实施孝妇河、淄河及北支新河近期治理项目,于 12 月底前完成张店区孝妇河干流治理。组织开展病险水闸、病险塘坝和新一轮病险小型水库除险加固工作,投资 835.37 万元,完成沂源县刘家庄水库和郭家上峪水库的除险加固建设任务。

【水资源管理】　全面推进全省最严格的水资源管理制度试点工作,调整确定"优先利用客水,合理利用地表水,控制开采地下水,积极利用雨洪水,推广使用再生水,大力开展节约用水"的用水原则。加强"三条红线"(水资源开发利用控制红线、用水效率控制红线、水功能区限制纳污红线)管理,市水利与渔业局先后制定印发《淄博市 2011～2015 年用水总量控制指标》《2011 年度用水控制指标》《淄博市水功能区限制纳污控制指标》《淄博市水功能区 COD、氨氮限制纳污分配指标》《淄博市 2011～2015 年用水效率控制指标》和《淄博市水量平衡测试管理办法》。2011 年,全市实际用水总量为 10.69 亿立方米,较 2010 年减少 0.3 亿立方米;累计完成水资源论证项目 83 个,完成水量平衡测试单位 165 家。8 月 29 日,启动全市水资源专项执法检查。截至年底,完成 1500 余家企业(单位)的取用水情况检查。完成中日合作节水型社会建设示范项目。

【生态建设】　加强水土保持工作,完成 8 条水土保持小流域治理项目,完成投资 1134.05 万元。7 月,完成淄川区、沂源县被列入全国第一批水土保持监督执法能力建设试点县任务,并通过省级初步验收。全市审批水土保持方案 120 项,治理和改善水土流失面积 100 平方公里。博山区五阳湖生态湿地被评为国家水利风景区,张店区玉黛湖、博山区淋漓湖、沂源县铜陵湖和桃花岛水利风景区被评为省级水利风景区。全市共有国家水利风景区 6 处,省级水利风景区 11 处。

【农村水利建设】　4 月,完成桓台县、高青县 2010 年度小型农田水利重点县建设任务、2010 年度高青县刘春家、马扎子引黄灌区续建配套与节水改造项目及沂源县田庄水库灌区节水改造项目建设任务。其中,小型农田水利重点县建设通过省级验收,被评为优秀等次。11 月初,启动 2011 年度桓台县、高青县、沂源县小型农田水利重点县项目建设和马扎子引黄灌区续建配套与节水改造项目。全年组织实施 3 批中央投资农村饮水安全工程,总投资 1.45 亿元,解决 25.53 万农村居民、7.08 万农村学校师生的饮水安全问题。全市累计开工水利工程项目 695 项,完成水利建设投资 11.05 亿元,修复水毁工程 70 处,新增防渗渠道 40 公里,加固堤防 150 公里,疏浚河道 190 公里,清淤渠道 380 公里,加固水库 2 座,新建塘坝、灌溉机井、池窖等小型水源工程 300 个,改善灌溉面积 7000 公顷,发展节水灌溉面积 2300 公顷,改造中低产田 200 公顷,新增除涝面积 100 公顷。

【城市供水】　是年,全市城市日供水能力达到 122 万立方米。其中,引黄供水能力 25 万立方米,市自来水公司供水能力 41 万立方米。加快南水北调淄博段工程建设。截至年底,累计完成南水北调干线工程实物工程量 3500 万元,完成干线工程总量的 50%。地方配套工程具备开工条件,

2011年6月28日，引太入张供水工程竣工　（王兆成　摄）

工作进度居全省第一，并通过农发行贷款落实5亿元的地方配套资金。6月28日，投资3.65亿元的引太入张供水工程竣工运行，日供水能力达到10万立方米，中心城区初步形成黄河水、太河水、大武水等多水源供水保障体系。实施中心城区供水管网改造提升工程，新建和改造中心城区供水管线43.8公里。8月1日，启动张店东部化工区供水工程建设，并将其纳入南水北调地方配套工程末级管网体系，概算总投资1.8亿元。截至年底，已铺设管网7公里，完成投资1400万元。7月底，东岳集团引黄供水专线工程完工并投入运行，日供水量达到1万立方米，完成投资800万元。

【渔业发展】　是年，全市渔业养殖面积5480公顷，养殖产量2.49万吨，比2010年增长5.9%。新创建高青县常家镇大芦家和太河水库2个健康养殖示范区，新增水产健康养殖区面积666.7公顷，全市健康养殖示范区9个、总面积993.3公顷。实施渔业增殖放流活动，全年向太河水库投放鲢鱼、鳙鱼和草鱼苗种650万尾。加强渔业品牌建设，完成高青县“大芦湖”水产品商标注册登记工作。加强渔业监督管理，成立淄博市渔业技术服务顾问团，建立水产品质量月报和现代渔业发展季报制度。11月2日，市政府印发《关于加快发展现代渔业的意见》，部署开展现代渔业“5111”工程，即规划建设沿黄地区池塘精养区、北部平原设施渔业区、中心城区休闲观光渔业区、中部丘陵优质渔业养殖区和南部山区生态渔业养殖区“五大渔业经济区”，建设现代渔业基础工程，建立健全水域滩涂养殖证制度，完善水产品质量安全监督管理工作体系。市水产管理处编制完成《淄博市现代渔业发展规划》。

【水利移民后期扶持】　10月28日，市水利移民管理局挂牌成立，隶属市水利与渔业局管理，为副县级财政拨款事业单位。11月17日，三峡移民管理工作由淄博市经济合作局移交淄博市水利移民管理局，淄博市在全省首家实现三峡移民和大中型水库移民统一管理。加强移民人口动态管理，截至年底，全市三峡移民人口为1225人，核减人口32人；大中型水库移民人口为36591人，核减人口1346人。开展水利移民扶持资金兑付和扶持项目管理工作，全年兑付大中型水库移民后期扶持资金2121.77万元。全年实施大中型水库移民后期扶持项目16个、小型水库移民后期扶持项目35个，分别完成投资764.58万元和939.79万元。

【依法治水】　加强水政执法队伍建设，9月21～27日，组织开展全市水利依法行政培训活动。抓好水利执法工作，开展全市水资源专项执法检查活动、小清河综合整治行动和全市河道采砂专项整治行动，全市骨干河道内成规模采（洗）砂行为得到遏制。开展水利普查工作，取得普查数据收集与预处理初步成果。抓好行政许可管理，全年审批水利、渔业行政许可事项82项。加强水利规费征收工作，全市依法征收水资源费1.734亿元、污水处理费7500万元、河道工程维护费4056万元、水土保持设施补偿费700万元。

（贾希征　王兆成）

黄河河务

【黄河防汛】　2011年，扎实落实以行政首长负责

2011年7月16日，在高青县黄河北杜控导工程开展抢险演习

（李 斌 摄）

的生产生活条件和淄博黄河水利风景区的环境建设。

【行政执法管理】 5月7日，市政府颁布《淄博市黄河河道管理办法》，自7月1日起施行。市政府拨款50万元用于黄河河道管理工作，并于2012年起将此项费用正式列入政府预算长期执行。启动"六五"普法工作，开展"世界水日"和"中国水周"宣传活动。加强执法队伍建设和管理，黄河公安队伍全部配齐，建立水政、派出所协作配合机制，形成执法合力。年内，淄博黄河河务局被评为全国文明单位。

制为主要内容的防汛责任制。汛前，市政府成立黄河防汛指挥部，进一步强化黄河防汛的组织领导。按照清晰明了、可操作性强的原则对《黄河防汛预案》等进行重新修订，加强防汛队伍建设，落实防汛队伍3.8万人。所属第九专业机动抢险队参加防汛抢险综合演练，组织黄河民兵应急抢险队进行为期2周的集中训练，提高抢险能力。调水调沙期间，处理各类险情12次，圆满完成汛前调水调沙任务，确保黄河工程安全。

【工程建设与管理】 年内，按照新颁布的《黄河工程土地补偿办法》，及时将土地补偿费2144万元全部支付到高青县政府，用于沿黄群众改善生产生活条件。按要求完成防洪工程规划及建设任务，配合省黄河河务局设计院完成淄博黄河近期防洪工程占压地处理及移民安置的实物调查。严格执行"管养分离"的政策规定，不断完善维修养护运行机制，杜绝挤占养护经费，确保工程安全、资金安全、干部安全。加强合同管理，狠抓日常养护，推动工程管理工作全面开展。继续做好工程建设领域突出问题专项治理工作。加大工程巡查力度，巩固工程管理范围内违章事项专项整治成果。开工建设淄博黄河建设管理养护基地，主体工程已封顶。努力改善基层职工

【黄河水资源管理】 严格用水计划和供水监管，采取远程监控、定期与不定时"飞检"和蹲守等措施，强化最严格水资源管理制度的监督检查，依法管水，提高黄河水资源的利用效率。积极协调配合，及时供水抗旱，为战胜2011年春旱和淄博市连续9年农业丰收做出积极贡献。全年累计供黄河水1.75亿立方米。

【打造黄河桑园】 年内，利用地方大力发展丝绸产业的机遇，与淄博市丝绸公司、高青县政府达成联合经营、共同开发黄河淤区的协议。由丝绸公司提供树苗、技术和以保护价收购蚕茧，共同打造包括采叶园、育苗园、十里黄河观光采摘长廊等项

2011年夏，黄河大堤 （李 斌 摄）

目在内的千亩桑园。同时，桑条具有韧性大、拉力强、便于裹护的特点，可就地取材用于防汛抢险。

（李　斌）

水　文

【概况】 淄博市水文局于1963年成立，隶属于省水利厅，是省水文局派出机构，为省财政全额拨款的公益性事业单位，主要负责全市范围内的水文行业管理和水文水资源勘测研究工作。2008年7月，实行省水利厅和淄博市政府双重管理，列入市政府管理。内设8个科室，有正式职工55人，其中高级职称10人、中级职称15人。设有市水环境监测中心、水文监察支队2个机构，并加挂市水土保持监测站牌子。2011年，全市设有国家基本水文站12处、雨量站95处、地下水观测井145眼、水质监测站120处，形成上下结合、量质并重、星罗棋布、功能完备的水文监测网络，为防汛抗旱、抢险救灾、水资源开发利用和管理保护提供科学依据。

【防汛抗旱】 针对年初严重春旱，启动抗旱应急预案，对墒情监测进行专题研究和部署，加密监测站点和频次，发布全市旱情信息6期。汛前召开防汛工作会议，汛期实行特别工作制度，密切注视雨水情变化趋势，将各类防汛信息及时、准确传递到各级防汛指挥部门。全年各主要河道、水库完成洪水测报30场次，累计编发雨水情手机短信1.2万余条，报送实时雨水情信息32期和水资源信息简报、月报24期。9月中旬，全市发生持续强降雨，5大水库全部溢洪。针对太河水库汛情，准确发布3次洪水预报，发挥水文工作在危急时刻的关键作用。

【区域用水总量监测】 年初，编制年度区域用水总量监测实施方案，将雨量站由40处增加到55处，径流站由7处增加到10处，新设城乡生活用水典型村22处，对14处农业灌溉典型区进行优化调整，加大巡测范围和覆盖面。进一步强化物质保障，购置电波流速仪、管道流量计、GPS定位仪等先进设备。协助市水利部门加强中心城区供排水企业的管理，开展供、用、排水平衡测试，安装计量水表，实施远程监控，使全市水资源管理更加科学规范。

【水环境监测】 积极开展水质监测，围绕供水安全、生态安全，完成地表水、地下水、供水水源地、重要水功能区、入河排污口零点行动等各项监测任务。全年共分析水样679个，提供监测数据2万余个，核查废污水排放规模大于300立方米/日或10万立方米/年的入河排污口40个。8月，针对孝妇河梅家河段死鱼现象，开展梅家河水质应急监测工作，对16个敏感项目进行取样化验，向上级提交监测报告。年内，市水环境监测中心通过国家计量认证复查评审。

【城市水文建设】 11月，中心城区防洪预警系统建成并投入运行。该系统主要包括：1.根据城区河道流域情况，按照广覆盖、易监测原则，新增设15处雨量观测站、3处水文站、5处水位站，在低洼易涝易积水地段、铁路桥洞设立10处积水观测点。2.完成全市95处雨量遥测站的升级改造，确保基本雨情信息准确及时。3.设立城市防洪信息中心，通过网络和计算机技术，自动接收处理各站点实时信息，开展城市水文模型研究，进行洪

2011年建成的淄博市中心城区小庄水文站　　（张振华　摄）

水预报预警。实现对中心城区暴雨、洪水、低洼积水等资料的全面收集，实时监测、传输、汇总、分析雨水情信息，及时掌握实时降雨过程和区域分布情况，提前预报各片区、河道及上游洪水的强度和走势，及时发布洪水和积涝预报预警。

【水文服务】 2011 年，按照“大水文、大服务”的发展理念，积极开拓服务领域，共完成水资源论证、洪水影响评价、水土保持监测、水平衡测试等服务项目 20 余个，涉及化工、医药、食品、新能源等多个行业，取得显著的经济效益和社会效益。

（张振华）

本部类编辑：纪　瑗
副主编：安永善
校　对：王　娟
耿　超

·齐文化名人·

姜　尚

姜尚（前 1139—前 1015），字子牙，号飞熊，东吕乡东吕里（今山东省日照市东）人。齐国第一任国君，被尊称为太公。伟大的军事家、政治家、思想家。他的祖先在舜时为“四岳”（四方部落）之一，曾帮助大禹治水立过功，被封在吕（今河南省南阳市西），故又称为吕尚、吕望。

姜尚年轻时在朝歌（今河南省淇县）当过屠夫，宰牛卖肉，也曾在孟津开过酒店。他满腹经纶，才华出众，阅历过人。他年逾花甲，仍在寻机施展才能和报负。听到西伯（周文王）正在广求贤良，于是便在岐山西南渭水的一条叫兹泉的河源头钓鱼，等待西伯。西伯出猎路遇姜尚，谈得十分投机，拜他为军师。他辅佐文王用政治怀柔与武力征伐相结合的手段，扩大了姬周的势力范围，史称“天下三分，其二归周者，太公之谋计居多”。文王病死，他又辅佐文王之子武王，被武王尊称“师尚父”。他以仁政辅佐武王，继续壮大西周力量。周武王元年（前 1046 年），双方在牧野（今河南省新乡市牧野村）大战，他率领大军攻入商都，推翻商朝。前 1045 年被周武王分封于齐，建都营丘。他刚到营丘，即遇到东方莱夷侵袭。他击败莱夷后，从齐地实际出发，以法治国，“因其俗，简其礼”，迅速稳定社会秩序；采取尊贤尚功的政策，选拔有才能、有建树的人，让他们在国家建设中发挥应有作用；采取“通商工之业，便鱼盐之利”的经济政策，“劝女工，极技巧”“宜桑麻”，因地制宜，以工商兴国，使五业俱兴，人民归服，齐国日渐强盛。武王去世后，他又协助周公旦平定“三监之乱”，为二次安周作出卓越贡献，从而得到了周天子的封赐，齐国版图越来越大。

姜尚托名的主要著作有《六韬》（6 卷）、《阴符经》（1 卷）、《太公阴谋》（3 卷）、《太公金匮》（2 卷）、《三略》《太公丹书》《素书》《太公阵法》和《太公军镜要术》等。

交通　邮电

交通运输

【干线路网建设】 2011年，淄博市公路建设克服融资渠道收窄，立项、土地、环保等刚性约束增多，拆迁难度加大，资金拨付周期延长，建设成本增加等因素影响，在全省率先完成建设计划，并连续第五次夺得“工程优质杯”第一名。全市共实施中心城区大外环、薛馆路沂源段、庆淄路高青段等6个公路重点项目，建设总里程111.3公里。累计完成投资12.93亿元，建成通车74.1公里，基本建成区际“三纵三横”干线路网，公路通行能力显著提升。

【中心城区大外环项目】 项目总投资11.09亿元，全长66.5公里，其中新建45.74公里、利用老路20.76公里。新建路段包括G205张博附线北延长线工程(西外环)、S235湖南路北延长线工程(东外环)、G205果里至周家段工程(北外环)、南外环西延工程4个项目。项目新征土地110公顷，拆迁房屋14万平方米，迁移管线116条，建设路基小桥涵33.2公里，征地拆迁涉及张店区、淄川区、周村区、桓台县、淄博高新区。11月10日举行竣工通车仪式。大外环的建成通车，对城市框架的扩展、城市承载力和中心城区的辐射带动能力的提升以及“中心凸显，十字展开，组团发展”的发展战略支撑作用明显。

【中心城区客运资源整合搬迁】 市委、市政府为优化客运场站布局，缓解交通压力，决定整合中心城区客运资源，兴建淄博客运中心。中心于2008年下半年开工，占地21.7公顷，总投资3.3亿元，

2011年11月10日，淄博市中心城区大外环工程竣工通车　　（张维杰　摄）

2011 年 5 月 19 日，淄博客运中心正式启用　　（市交通运输局　供稿）

2011 年 4 月底竣工。为配合火车站广场周边车站整体搬迁，市公交公司张店分公司改造为淄博公交东站。4 月下旬，组织召开新闻发布会、客运企业座谈会、周边市运管处长座谈会、系统老干部座谈会和迁站动员大会，发放宣传材料 20 万份，群发迁站手机短信 70 万条，开通旅客乘车咨询热线 4 条。5 月 19 日至 6 月 1 日，市交通运输局机关、运管处等干部职工 200 余人分成 8 个组，从早 5 点至晚 8 点，在新老客运站疏导客流，维护秩序。其间，免费运送旅客 10 万人次。5 月 19 日当天，400 多个省市际长途班次、8000 多个市内公交班次全部实现从新客运中心和公交东站始发，实现平稳过渡，在省内开创了班线客运、公交一次性整合搬迁的成功范例。

【农村公路建设】 年内，市政府印发《关于农村公路管理养护工作的实施意见》，明确指导思想、工作目标、责任体系、资金筹集渠道和路政管理等内容。在临淄区、桓台县启动村级公路网化示范县活动。全市建设农村公路 321 公里，完成投资 2.53 亿元，新增通油路行政村 4 个，行政村通油路率达 99.7%。

【服务保障能力建设】 全年新增和更新客运车辆 484 辆，更新客运出租汽车 420 辆，新增危险货物运输车辆 804 辆、重型载货汽车 2811 辆、专用运输车辆 407 辆，全市营运客货车辆近 6 万辆，运输能力不断增强。实施道路精细化养护和预防性养护，完成养护总投资 2.01 亿元，干线公路优良路率达 86.21%。推进路政执法规范化建设，查处路政案件 1069 起。全面完成通行费征收任务，高速公路电子收费各项业务指标保持全省第一。争取省财政资金 6920 万元，对 139.4 公里一级公路加装中央隔离设施。各区县按照市政府的统一部署，实施公路综合整治，绿化公路路域、拆除违章建筑、硬化平交道口、清理占路经营、迁移沿路集市，提升公路通行环境。

【运输市场行业管理】 建立健全节能减排考核体系，开展车船路港低碳交通专项行动，节能减排目标任务全面完成。淄博交运集团“LNG 液化天然气在客车上的应用研究”获得交通运输部节能减排专项补助 66 万元；市公路局“钢—混凝土组合结构在跨铁路桥梁加固改造中的应用研究”获省厅科技专项补助 20 万元。开展行业质量信誉考核，考核客运企业 60 家、出租企业 42 家、危险品运输企业 119 家、汽修企业 264 家、驾校 29 家。加强客运站驻站监管，建立出租车 GPS 信息平台，实施机动车维修竣工合格证和质量保证期制度，推行驾校“三限一定”制度（学员数量限额、在校培训限期、培训收费限价和定训练场地）。开展客货运输市场秩序专项整治行动，严肃查处客车超员、违法铁水运输、“黑驾校”和“黑校车”等非法违法行为，全年查处超限车辆 11989 辆次、各类“黑车”1560 台、非法危化品运输行为 132 起。

【城市公交】 推进公交优先战略，投资 2835 万元，新增更新环保型天然气公交车 30 台、中巴车 159 台，新开通集约化经营线路 3 条，收回改造租赁经营线路 4 条，调整优化线路 29 条。7 路、138

2011年10月建成通车的中心城区东外环(S235湖南路北延长线工程)
(刘兆新 摄)

路、159路三条公交线路末班运营时间延长至晚上9点。贯彻执行公交IC卡4、6折优惠和特殊群体免费乘车政策,承担公益性、指令性支出1.3亿元。截至年底,中心城区公交车全部更换为环保型公交车,公交线路公营率100%。

【文明和谐交通建设】 对照创建全国文明城市交通运输方面考核标准,强化责任,全力以赴,连续3次检查验收均取得优异成绩。全系统创建省级文明单位21家,市级文明单位10家,省级文明行业和文明子行业11家。全年事故起数、死亡人数、经济损失都控制在指标之内。市交通运输局被省国防动员委员会表彰为2011年度关心国防建设十佳单位。新组建的交通产业工会被表彰为全国交通建设系统先进工会。开展窗口单位、服务行业"为民服务、创先争优"活动。开展廉政风险防范管理和工程建设领域突出问题专项治理、商业贿赂治理等活动,加强惩治和预防腐败体系建设。制定《交通运输路面执法领导带班规定》,进一步健全交通执法监督机制。

(市交通运输局)

【G205张博附线北延长线工程(西外环)】 项目总投资3.54亿元,于2010年4月初开工建设,2011年5月底建成通车。该段为一级路,全长14.4公里。G309至兰雁大道段7.6公里,路面宽31.5米、路基宽33米;兰雁大道至高淄路段6.8公里,路面宽23米、路基宽24.5米。新建孝妇河大桥及上跨济青高速公路大桥各1座。

【S235湖南路北延长线工程(东外环)】 项目总投资3.81亿元,于2010年4月开工,2011年10月建成通车。该段为一级路,全长12.7公里(其中高新区境内7.4公里,桓台县境内5.3公里),路面宽23米,路基宽24.5米,新建上跨济青高速公路大桥1座、中桥4座。

【G205果里至周家段工程(北外环)】 项目总投资2.72亿元,于2010年4月开工,2011年11月初建成通车。该段为一级路,全长14.8公里(其中桓台县境内11.2公里,高新区境内3.6公里),路面宽23米,路基宽24.5米,新建中桥3座。

【南外环西延工程】 项目总投资1.02亿元,于2011年6月初开工建设,11月初建成通车。该段为一级路,全长3.84公里,路面宽23米,路基宽24.5米。

【S329薛馆路沂源段改建工程】 该段为二级路,全长44.4公里,其中沂源城区改造段17.4公里,路面宽15米;其余老路改造段27公里,路面宽10米。新建大桥1座、中桥3座,加固改造中桥5座。项目总投资3.69亿元。2010年完成刘家大峪至莱芜界段13.5公里。南踅庄至刘家大峪段17.4公里于2011年8月开工,11月底建成通车。剩余路段计划2012年完成。

【S246庆淄路高青段改建工程】 该段为一、二级路,全长21.2公里,路面宽23米,路基宽24.5米。项目总投资2.56亿元,2011年8月开工,11月初完成一级路起点至花沟路段11.3公里路面主体工程,11月底建成通车,剩余路段计划2012年完成。

(市公路管理局)

铁　　路

【安全生产】　2011年，淄博车务段强化问题意识，实施问题管理，动态排查控制安全隐患。狠抓作业过程监控，现场作业得到有效控制。完善安全逐级负责制，加大安全考核力度，强化关键时期安全工作要求，确保了春运、暑运、军运、专运安全。

【客货运输】　年内，科学优化客运组织，确保春运、暑运、节假日等黄金时段产生黄金效益。加强售票组织，抢占市场份额，客运业务效益实现增长。强化货源组织，稳定大宗货源，提高货运收入率，货运业务收入大幅增长。提高技术站阶段计划兑现率，优化中间站运输组织，释放站间互补优势，整体运输效益明显提高。提前26天完成全年运输收入指标。

【经营管理】　2011年，启动新的行政机构编制，重新界定科室职能和职责分工，建立健全岗位责任制和岗位工作标准，提高管理效能。强化全面预算管理，实行职能部门与财务部门联考，资金管理与合同管理联控，出色完成成本控制目标。加强劳动工资管理，分配向苦、累、脏、险岗位倾斜，向偏远岗位和窗口岗位倾斜。强化依法管理意识，实行经营管理性文件法律审核和目录管理、技术管理文件技术审核和目录管理。全面清理各项规章制度，建立电子规章系统。加强法律事务管理，规范合同审核程序，确保合同合法合规，有效履行。

【服务质量】　开展服务旅客创先争优活动，以解决旅客反映强烈的购票难为突破口，开办电话订票和互联网购票业务，设立自动售票机10台。投资364万元，更新、整修客服设备设施，清理规范客运标示牌。量化保洁质量标准，候车环境明显改善。统一规范服务流程和标准，抓好客运标准化落实，聘请社会监督员10名。

【职工队伍】　落实《职工教育培训计划》，全年培训员工13054人次。举办行车、客货运等24个工种岗位练功和职业技能竞赛，选拔段一级技术能手32名，10人获济南铁路局技术能手称号。加大青年干部培养力度，选拔22名大中专生到主要行车岗位挂职锻炼。开展全面质量管理攻关，解决一批安全生产关键问题，全段取得全面质量管理成果36个，获铁道部优秀成果1个，获路局优秀成果4个。

【改善职工生活条件】　2011年，全段职工人均收入实现较快增长。筹措资金150万元，改善生产生活设备设施。大幅提高通勤职工交通补助标准，继续实行艰苦岗位补贴和小站生活补贴。发放生活困难补助55.3万元、补助困难家庭就医62.7万元、助学5.7万元。淄博车务段被山东省工会评为劳动关系和谐企业。　（孙守章）

邮　　政

【概况】　2011年，淄博市邮政局实现业务收入2.69亿元，收支差额累计完成1457万元，营运质量显著提高。继续保持省级文明单位和全省消费者满意单位称号。12月21日，市邮政局被省总工会表彰为山东省劳动关系和谐企业，被授予山东省富民兴鲁劳动奖状；宋立华被授予山东省富民兴鲁劳动奖章。

【邮政服务】　2011年，全市邮政营业网点全部开办普遍服务业务，保证普遍服务对营业时间和时限频次的基本要求。开展机要通信管理达标活动，连续29年实现质量全红。

【“三惠”工程】　市邮政局坚持把“服务三农、服务民生、服务中小企业”作为邮政发展的基础，扎实推进惠农工程、惠民工程和惠企工程。

惠农工程。全市建成乡镇区域物流配送中心16处，乡镇直营店80处，村级加盟店807处。参与政府“抗旱保苗”和“弱苗补助”采购招标和“新农保”工作，建成覆盖全市的物流配送网络。聘请高级农艺师进行技术培训，将农资产品、农技知识送到农家。

惠民工程。全年新增信报箱格口4000个，总数突破11万个。贯彻执行市政府办公厅《关于加强城镇住宅楼邮政信报箱群建设管理工作的通知》，开展创先争优客户走访，真正做到为民服务、送邮到家。全市邮政便民服务站达到1121处，开展通信、水电费收缴、票务订购等服务。

惠企工程。牵头举办邮政服务中小企业论坛，联合市中小企业局，邀请省著名专家为全市50余家中小企业代表授课，为会员企业提供"一站式"综合邮政服务。截至年底，市邮政局利用丰富的名址信息库资源，共为700余家中小企业寄发产品宣传促销函。

【业务发展】 邮务类业务实现收入1.19亿元，占总收入的44%。函件、集邮、报刊、电子商务、包裹业务均完成年度目标。各项业务结构调整取得新进展。数据库商函业务收入提前超额完成全年收入，增长23%；账单业务增长32.02%；报刊零售业务增长44.45%；商务期刊业务增长22%。《半月选读》单期发行数最高达16908份，创全市邮政单刊发行纪录。个性化邮票业务完成8.6万版，提前1个月完成翻番目标。票务业务收入增长147.82%，实现历史性跨越。金融业务实现收入1.33亿元，邮政储蓄余额达87.29亿元。新增余额市场占有率较年初提高4.41个百分点。

【服务质量】 全市邮政用户满意度不断提升，全年认定有理由投诉6件，下降25%，用户投诉处结率达到100%。淄川磁村支局、临淄敬仲支局被评为省级示范窗口。继续开展"星级人员和星级窗口"评定，全年有22人被省邮政公司评定为四星级服务人员，11个窗口被评定为三星级以上服务窗口。全面落实营业环节流程规范，网上清单及时准确率达99.5%；国内给据邮件信息上传及时率达到99.9%；给据邮件总包发送率保持在99%。

【基础设施建设】 截至年底，全市营业网点硬件设备全部更新完毕。全市营业台席370台终端全部更新为图文终端，并更新配备二代身份证验证仪47台。改造完成营业网点监控和市局集中监控工程。全市投递应用系统全部上线。2011年，投资320万元对8处网点进行标准化改造。

【网络运行流程优化】 市邮政局以支撑各项业务发展需要和提高网络运行质量为核心，开展网络运行流程优化活动，先后在市邮政局完成进口邮件报刊分拣前置、大宗函件邮编预处理及分拣前置；在县(区)局完成县(区)内邮路外包、内部处理大班组制改革、县(区)内邮件容器改革、分拣分发业务外包等工作，提升实物网、信息网的运行效益和质量。县(区)内邮件容器改革在集团公司会议上做经验推广。

【企业管理】 强化绩效考核和薪酬管控，建立员工薪酬正常增长管理机制，实施绩效工资挂钩奖励、核发员工贡献奖。以提升运行效益为核心，强化预算管理，细化成本费用管理。坚持依法治企，牢固树立风险防控及合规经营意识。发挥业务、风险、审计三道防线作用，杜绝"小金库"现象，严禁低资费、跨区域揽收等违规行为，坚决制止保险误导销售和储蓄违规经营问题，保证邮政资金、通信生产安全和网络的平稳运行。

【创新发展】 市邮政局投资70万元，自主研发成

邮政投递队伍 (许文胜 2011年10月23日摄)

2011年9月28日，淄博直邮协会成立　　（许文胜　摄）

盖工程。完成大型居民区及关键站点的规划、建设和网络优化。

信息化建设。2011年，以"智慧淄博"建设为统领，在"智慧公交""智慧医疗""智慧校园""平安淄博""3G手机应用"方面取得阶段性成果。其中"智慧淄博"建设项目被淄博市经济和信息化委员会、淄博市企业联合会授予第二十一届淄博市企业管理现代化创新成果和优秀应用成果一等奖。免费为旅游景区、宾馆、酒店提供三维城市标注、搜索等信息化服务，打造三维城市旅游平台。

功"邮政客户会员管理系统"。该系统可以在寻找有效客户资源、提升客户管理水平、提高服务质量方面提供各项管理功能，逐步建立起集客户开发、分析、挖潜、维护和评估于一体的客户管理机制。

【淄博直邮协会成立】　9月28日，淄博直邮协会成立大会暨直邮助力中小企业发展论坛在淄博市邮政局举行。会议审议通过《淄博直邮协会章程》，召开了第一届第一次理事会。协会有会员单位48家。　（许清丽）

通　信

【中国联合网络通信有限公司淄博市分公司】　2011年，联通淄博市分公司被中央文明委授予全国文明单位称号，被评为全国实施用户满意工程、用户满意服务单位，中央企业思想政治工作先进单位，获山东省富民兴鲁劳动奖状。

网络建设。2011年，公司研发成功故障流程控制系统和综合调度辅助系统，故障监控及时率和故障处理效率明显提高。推进"光进铜退"工程，提高光缆到村比例。在高速铁路、高速公路沿线全面启动3G网络优化覆

客户服务。2011年，公司启动3G服务集中整治专项活动，完成36项改进措施和222个问题点的网络优化，用户投诉量和万门投诉率大幅下降。开展多种形式的服务技能大赛，持续提升服务质量。

经营发展。2011年，公司移动用户增长迅速，行业信息化应用用户数居全省第一，综合绩效考核指标列全省第三位。全面推进宽带和创新型业务发展，统筹抓好固话业务和融合业务发展。

回报社会。全年上缴地方税收4000万元，捐款捐物近800万元。完成"淄博纠风网"建设，启动"116114"法律顾问业务，与市和张店区中小企业局合作开通"114"中小企业服务热线。建设联通未来巾帼创业站、联通未来青春创业社，帮助下岗女工、大学生解决就业、创业问题。

（张文超）

2011年4月19日，山东联通"116114"法律顾问热线开通

（牟可平　摄）

2011 年 5 月 17 日，淄博市移动信息化助建新农村活动启动

（淄博移动通信公司 供稿）

【中国移动通信集团山东有限公司淄博分公司】 2011 年，淄博移动通信公司持续保持快速发展，客户总数突破 380 万，移动电话市场占有率达到 80%，发展规模创历史新高。全年运营收入、净利润在全省移动通信系统内均保持前列。利税逾 2 亿元，列全市通信行业首位。全年开发推广产品及新业务 200 余种，营销服务网点累计超过 1 万家，短信营业厅、网上营业厅等电子渠道得到广泛推广，电子渠道占比超过 60%。

服务质量。坚持“客户为根，服务为本”理念，落实透明消费举措，进一步提升一线营业窗口服务质量和业务办理效率。持续推行服务监督机制，提升客户投诉一次解决率，客户满意率达 99.2%。开展“以服务促营销，向服务要效益”的体验营销活动，推进营业厅由单一服务厅向营销服务综合厅转型。

通信保障。投资 3 亿元，科学规划、组织 TD、GSM、WLAN 等各类网络工程建设，新建 2G、3G 基站近 500 个，基站总数达 3000 余个，城乡网络信号覆盖率达 99.99%。开展预防性网络维护，完善各项应急通信保障预案，实现全年网络安全畅通。

无线宽带建设运营。开展无线宽带网络建设，全年建成开通无线宽带接入点 2.8 万个，覆盖热点区域 1100 个。

信息化建设。面向政务、农业、银行业等多个领域开发行业应用和信息化产品。齐商银行“96588”呼叫中心接入系统。完成全省首家“金税三期”建设项目。与山东城联一卡通公司合作推出公交、出租车无线刷卡业务，淄博市成为全省第一个开通无线刷卡服务的城市。与市农业局合作开展移动信息化助建新农村活动，累计建成移动信息化示范村 500 余个。专线和“校讯通”业务发展居全省第一位。

和谐企业建设。积极承担社会责任，协助开展“文明创城”宣传，捐建 5 所学校“全球通红十字”书库，协办全民健身节、爱心送考、捐助贫困女大学生等公益活动。公司获全省“安康杯”竞赛优胜企业、淄博市对口支援北川灾后恢复重建工作先进集体、淄博市首届最具影响力示范诚信企业、全市消费维权先进单位等荣誉称号。（魏光明）

【中国电信股份有限公司淄博分公司】 中国电信淄博分公司为中国电信集团直属企业，业务范围涵盖固定电话、移动通信、互联网接入及应用等综合信息服务，拥有淄博境内 70%的国家干线传输网资源以及覆盖淄博全境的 3G 网络。截至年底，用户规模突破 50 万。2011 年，公司实施了“无线城市”工程、“信息化助企”工程，全面推进“光网城市”建设。

“无线城市”工程。2010 年 7 月，山东电信与淄博市政府签订“无线城市”战略合作协议。淄博电信累计投入项目建设资金 2 亿元，完成淄博市政府应急指挥平台建设，实施工商、烟草、安监、交警、数字矿山、企业“翼机通”等行业信息化工程。其中，淄博市政府应急指挥平台获 2011 年中国应急管理信息化发展进步奖。该平台向区县的延伸工程已全面展开。

信息化助企工程。2011 年，淄博电信全面启动信息化助企工程。面向企业推广普及新一代信息化技术，每年建设 800 家以上信息化应用示范企业。淄博电信承建的企业智能管理系统在山东药玻等 30 余家大中型企业投入应用。企业及其分支机构可实现全天多波段、全智能化的考勤、门禁、排班、视频监控等调度管理。面向中小企业提供“信息助手”服务，全年为 500 余家中小企业提供包括客户管理、订单和商品管理、短信服务、商品管理等信息化应用服务。

“光网城市”建设。根据中国电信集团“光网城市”总体规划，淄博电信自2010年开始大规模部署光纤到户工程，采用业界标准最高的GPON(吉比特无源光网络)设备，出口带宽高，用户覆盖广。2011年达到近5万线的接入能力。

推进社会信息化。淄博电信以“光网城市”建设和优质3G网络为依托，推进社会各领域的信息化应用。在数字校园领域，建设统一的数字校园平台，提供移动办公、学生生活管理、教育管理等功能。该平台已在山东丝绸纺织职业学院、淄博师专、山东水利技师学院投入应用，覆盖在校生2万人。在非煤矿山信息化领域实施“矿安天翼”工程，在省内非煤矿区首次实现井上与井下随时随地通信、人员井下实时定位、井下实时监控、井下广播、考勤管理等一揽子信息化功能。

(光　浩)

本部类编　辑：赵建国
副主编：安永善
校　对：张耀江
李　建

·齐文化名人·

齐　宣　王

齐宣王(?—前301)，姓田名辟疆，前319年继齐威王为田氏齐国第五代国君。他励精图治，图霸称王，使齐国始终处于与秦国分庭抗礼的地位。特别是在招揽人才、尊重知识方面建树最大，使稷下学宫发展到了巅峰。

他即位后对内勤于修治，对外合纵睦邻。前314年，燕国发生内乱，他乘机发兵干涉。只50天就攻占了燕国都城蓟(今属天津市)。前301年，他联合魏、韩两国，派大将匡章进攻楚国方城，齐军用计渡过党沘水，在垂沙(今河南省唐河县)大败楚军，使楚不得不向齐屈服，齐国的霸主地位得到了进一步巩固。

他招揽贤士，说：“寡人忧国忧民，因愿得士以治之。”耗费巨资招徕天下各派文人学士来到稷下学宫，使稷下学宫进入鼎盛。稷下学宫集中了各学派的学人，著书立说，开展学术研究，形成了前所未有的百家争鸣局面，创造了中国灿烂的先秦文化，对后世影响深远。

他兼听博纳，择善而从。扩建雪宫时，钟离春当面指责他，他接受谏言，“立停渐台”。出猎时遇到临淄少年闾丘卬，谏他“选良吏，平法度，赈乏以时，令少敬长”。他给以厚礼对待，并决定起用闾丘卬。他知人善任、用人不疑。齐军攻败燕国后，别的国家都谋划救燕。秦国为了打击齐国对外进攻的势头，率先进攻齐军以救助燕国。齐宣王命令匡章迎击秦军。两军相对而扎营，都不敢贸然进攻。匡章决定智取秦军，就派使者不断来往于秦齐营地。齐使者不明匡章用意，再三向他报告说匡章要率军投降秦军。他镇定自若，不作表示。当大臣们劝宣王派军镇压匡章时，他自信匡章不可能叛变。过了一段时间，侦察报告说齐军大胜，秦军大败。他的用人不疑，使匡章为齐国立下战功。

城建 环保

城乡建设

【城市基础设施建设】 2011年，淄博市市政公用基础设施完成投资31.43亿元。确定城建重点项目24大项、70小项，涉及城市路网工程、园林绿化、治污减排、文化中心建设以及“两区三村”（棚户区、老旧工矿区和城中村改造、城郊农村改造建设、农村危房安置改造）改造工程等。文化中心建设、淄博植物园景观改造续建工程、中心城区积水点改造等一系列城建重点工程相继实施。文化中心工程的图书档案规划展示中心完成主体施工，并获全国建筑业绿色施工示范工程奖，为全市唯一获此殊荣的工程项目。运动员公寓景观绿化工程获园林工程最高奖——国家优秀园林工程金奖。各区县确定重点工程164项，涝淄河综合整治续建、周村区孝妇河滨河公园、淄川区樊家窝湿地公园二期工程、博山区汪溪湖湿地公园等城建重点工程均实现预期目标。

城市道路建设。全市新增道路长度50.43公里、新增道路面积117.24万平方米；改造道路长度19.68公里、改造道路面积42.28万平方米。中心城区12条道路建设及改造工程、临淄区晏婴路东延续建、桓台县镇南大街与沂源县振兴路建设等一系列城建重点工程相继组织实施。

污水处理。新增雨水管道38.81公里、污水管道53.18公里，中心城区积水点改造工程全部完成。全市污水处理厂14座，日处理能力80.5万吨，基本达到“一级A”的排放标准，污水处理厂集中处理率93.5%，列全省第三位。

市容环卫。新建垃圾中转站13座、地下箱式收集站88个，新购置车辆74台，新增垃圾池（箱、房）2106个。城市生活垃圾全部实现无害化处

2011年5月，改造后的淄博市植物园一角 （市住房和城乡建设局 供稿）

理，位居全省首位。

【园林绿化】 全年新增园林绿地292公顷，改造238公顷，建成区绿化覆盖率达到42.6%，绿地率达到36.5%，人均公园绿地面积16.3平方米。国家生态园林城市创建工作全面展开，对照新的国家生态园林城市标准，做好工作任务的分解落实。实施绿化重点工程60项，开展以增绿、造景为主的城市河道综合整治。加强行业管理，完善建设项目附属绿化工程竣工验收备案管理规范，实现社会绿化及专业绿化管理监督全覆盖。加强古树名木保护管理工作，制定《淄博市园林绿化养护管理标准(试行)》，处理违法侵占绿地案件11起。全市注册爱绿护绿志愿者1000余名。修改完善《博山风景名胜区总体规划》和《黑铁山风景名胜区总体规划》。

【城乡环境综合整治】 围绕创建全国文明城市，实施城乡环境综合整治活动。加大对重点部位的整改力度，对环境卫生、公园绿地、公共场所等重点工作部位进行重点整治。开展高淄路环境综合整治、河道垃圾整治等专项治理活动，实现环境整治常态化。加快数字化城市管理系统建设。张店区完成监督中心、指挥中心体制建设，人员编制全部到位，制定并完善岗位责任和管理规定，完成城市部件和地理信息的数据普查和入库。加快推进城乡环卫一体化进程。健全“区县—乡镇(办)—村居”环卫管理体系，全市镇村主要道路两侧乱堆乱放基本清除，“户集、村收、镇运、集中处理”城乡垃圾一体处理体系基本建立。2011年是全省和谐城乡建设行动的第二年。7月19～20日，省和谐城乡建设行动现场考核组对淄博市进行考核，对全市和谐城乡建设行动给予高度评价。

【村镇建设】 2011年，全市完成村镇建设投资70亿元，完成住宅建筑280万平方米、公共建筑56万平方米、生产建筑160万平方米。以抓好马桥镇、昆仑镇和凤凰镇三个试点镇建设为重点，全面推动各中心镇小城镇建设。全市30个中心镇完成基础设施建设项目258个，完成投资14.3亿元。以村庄整治、环境优化为切入口，优先培育10个中心村，不断加快村庄基础设施建设。6个镇获山东省小城镇建设示范镇称号，46个村获山东省村庄建设示范村(新型农村社区)称号。加强桓台县新城镇国家历史文化名镇和周村区王村镇李家疃村国家历史文化名村的保护工作。全市古村落古民居普查结束，总数达74处。2011年全市“棚户区、老旧工矿区和城中村改造”建设开工项目94个，完成安置房建设175万平方米，安置居民15867户。农村住房建设新开工38365户，农村危房安置改造完成6397户，均超额完成年度计划。

【房地产开发】 落实国家、省对房地产市场的各项调控政策，供应紧张、房价过快上涨的问题得到有效抑制。全年完成开发投资197.19亿元，比2010年增长18.1%。房地产企业坚持品牌引导，综合实力逐步提升。对271家房地产开发企业开展信用评价，4家企业被评为AAA级信用企业，5家企业入围2010年度全省房地产开发企业综合实力50强企业。建设条件意见书工作在全市范围内展开，开发项目全程闭合监管进一步实现。完善开发项目竣工综合验收备案制度。全市办理竣工备案项目77个，总面积269.80万平方米。

【建筑业】 全年完成建筑业总产值666.38亿元，比2010年增长20.09%，创历史新高；实现增加值178.14亿元，增长21.37%；实缴税金22.13亿元，增长21.19%。建筑业从业人数34.96万人，其中工程技术人员28798人，经济人员2847人，一级建造师1441人，二级建造师6889人。桓台县位列全省建筑业“十强县”第一名。组织14家企业申报全省建筑业综合实力50强，其中10家企业进入全省建筑业综合实力50强行列。全年受理农民工投诉722起，涉欠金额7066.4万元，涉及农民工4568人。对687家建筑企业进行资质考核，47家企业被撤回资质证书，62家企业被责令限期整改，3家市外企业被清理出淄博建筑市场。47家企业被评为AAA诚信企业，比2010年增加10家。全年招标工程项目769个，建筑面积1206.4万平方米，工程造价173.51亿元，增长49.5%。外出施工企业194家，外出施工产值290.65亿元，增长24.71%。

【勘察设计业】 开展勘察设计市场专项检查，检查市内勘察设计单位90家，1家勘察单位的资质被取消。跨专业设计、跨专业校审、校审不全的问题得到遏制。勘察设计质量和水平取得突破性进展。2011年，淄博市获省优秀工程勘察设计一等奖4项、二等奖6项、三等奖9项；获得部优秀工程勘察设计二等奖1项、三等奖2项；获得省优秀QC小组一等奖1项、二等奖2项、三等奖9项；获得省援疆新农居及基层组织阵地工程设计方案竞赛一等奖1项、二等奖3项、三等奖6项，均创历史最好成绩。建立淄博市勘察设计企业和从业人员诚信评价体系，对勘察设计单位及从业人员的市场行为、质量行为进行实时记录，强化日常动态监管。强化施工图技术审查，确保审查质量，审查出违背强制性条文1333条次，发现重大安全隐患15个。

【建筑工程质量监督】 2011年，全市累计监督质量工程4007个，建筑面积2387万平方米，受监工程保持质量受控状态，未发生质量责任事故。对保障性住房质量进行摸底检查，开展打击“瘦身钢筋”活动，严查分户验收。建筑安全生产工作保持平稳发展，有效监控重大危险源，全市监督工程连续3年未发生较大以上安全事故。全年监督安全生产工程项目1699个，单体工程3662个。采取主动联系、靠前指导和抓两头、带中间的监管办法，重点强化“两区三村”工程安全生产工作。

【建设科技与建筑节能】 150万平方米太阳能光热建筑一体化应用任务指标分解到各区县，确保全市城市规划区和县城12层及以下居住建筑、医院、学校等集中供应生活热水的公共建筑全部使用太阳能光热建筑一体化。全市采用土壤源、浅层水源和污水源等热泵空调技术应用建筑面积达300万平方米。全市新建节能建筑竣工面积151.9万平方米，设计和施工阶段执行节能标准比例均达100%，建筑节能评审认定一次性达标率98.2%，位居全省前列。细化分解既有建筑节能改造任务，落实既有建筑节能改造项目15个，改造面积75.98万平方米。

【城建档案及地下管线工作】 2011年1月1日起，山东省统一使用山东省建设工程档案移交合同书（责任书）、山东省建设工程档案预验收意见书、山东省建设工程档案合格证，不建立建设工程档案的工程不准施工。抓好“两书一证”制度的落实，做好城建档案的备案验收、整理及利用工作。整理完成待入库档案资料2400余卷，利用档案600余卷，利用照片4000余张。完成西四路、西六路、张辛路、东四路、洪沟路等部分路段的地下管线普查，管线探测125.3公里，道路竣工测量1.4平方公里，为中心城区积水点改造施工储备准确的基础资料。组织对中心城区2011年新建、改建道路地下管线进行跟踪调绘，现场定位调绘管线82.6公里。完成张周路新增综合管线及城区热力管线改造数据处理，管线长度100公里。

（陆　洋）

环境保护

【概况】 2011年，全市环保投入45亿元，整治污染企业1346家，关停各类土小企业535家，环境空气质量进一步改善。空气质量好以上天数达到185天，比2010年增加45天；二氧化硫和可吸入颗粒物平均浓度分别下降3.2%、7.1%。省控河流断面全部达到恢复鱼类生长的标准要求。全市所有饮用水源地水质达标率100%。区域环境噪声全部达到环境功能区划标准。公众对城市环境保护满意率达85%以上。市环保局被授予全国环保系统先进集体荣誉称号。

【主要污染物减排】 超额完成“十一五”期间主要污染物减排任务。环保部、省环保厅反馈淄博市“十一五”期间主要污染物减排情况：二氧化硫净削减量为101771.12吨，完成减排目标的169.03%，净削减率为27.31%，净削减量占全省的13.57%，削减率为全国平均水平的1.91倍；化学需氧量净削减量为11541.96吨，净削减率为19.06%，完成减排目标的142%，削减率为全国平均水平的1.53倍。主要污染物削减量位列全省17市第一名。制定《淄博市“十二五”减排综合性工作方案》，确定“十二五”期间的减排方案、目标、项目、措施。推进2010年污染源普查动态更新工作，成立市污染源普查动态更新工作领导小组和数据质量审核小组，协调市统计局、市农业局、市交警支队车辆管理所等部门召开2010年普查动态更新数据工作会议，明确相关单位的任务及完成时间，保证污染源动态数据的准确性和科学性。加强污染源减排项目的运行管理，对不正常运行治污设施的企业进行处罚，确保治污治理设施正常运行。2011年，全市完成81个减排项目，完成率97.6%。严格执行排污总量确认污染物替代比例，严控新增量。对新增污染物排放量新、改、扩建项目所替代的污染物必须来自合法企业，并且必须在“十二五”期间污染物总量控制计划中，共确认项目98个。

【大气污染防治】　对化工企业实行24小时无缝隙、全方位、网格式监管，对违法排放化工异味的企业依法关停治理。2月17日，淄博东部化工区化工废气集中焚烧工程投入运行，每年减少排放化工废气、臭气约8亿立方米。对垃圾焚烧电厂实施垃圾分类处理，防止焚烧塑料、橡胶等异味产生。环保部门先后6次组织召开中心城区及周边化工企业污染治理专题会，现场解决问题30个。东部化工区22家违规排放企业被责令停产整治，新上化工异味治理设施26台套。齐鲁石化公司投资3500万元，新建5项废气治理设施，整治排放小点源4892个。全市37家电厂93%完成电袋除尘设施改造，90%完成炉后脱硫设施改造，污染物排放基本达到市控标准。对中心城区大外环内建陶、砖瓦生产企业逐步实施关停。全市9条旋窑水泥生产线更换袋式除尘设施，完成粉磨站高效除尘设施建设工作。钢铁生产企业有12台烧结机建成脱硫设施和除尘设施，焦化行业全部建成氨法脱硫设施和袋式除尘设施，2家建成干熄焦装置。确定扬尘污染综合防治的工作重点和55个重点镇（街道）扬尘污染治理任务。出动执法人员1460人（次），与交警、交通、城市执法等部门联合专项检查30次，对中心城区及周边9个重点镇（街道）和13家重点企业道路冲洗保洁情况进行督导检查。对六大重点片区、63家重点企业扬尘防治工作督导检查720人次，督导安装防尘抑尘网17600平方米。检查各类工地1263个（次）、道路630余条（次）、企业960家（次），下达限期整改通知书102份。

【水污染防治】　全市环保部门大力推行社区、企业—污水处理厂—湿地—拦河坝模式的治水体系，狠抓重点流域的水污染综合整治。市政府先后3次召开水污染防治工作会议，全面部署水污染防治工作。市环保部门做到一周一调度，半月一通报，现场督导孝妇河、猪龙河重点流域的水污染防治工作。以孝妇河、猪龙河、乌河、支脉河为重点开展高标准综合整治，封堵排污口185处，铺设雨污分流管道100公里，完成马踏湖等5处湿地建设，整治河道60公里。全市8条重点河流15个河流断面全部达到恢复鱼类生长要求。重点抓好116家重点企业的深度治理，对大成农药等企业实施停产治理。对涉水企业进行调查摸底，265家涉水企业建立环保档案。完成地表水水源地、农村饮用水水源地基础环境状况调查评估，更新城镇饮用水水源地基础资料。对水源地范围内的企业进行全面普查，集中开展水源地环境专项检查，对180个项目提出整改意见，大武水源地内33家企业被关停。齐鲁化工区内133家企业实施管网出地工程，实现管网架空出地8893米，建设事故应急池123处。齐鲁石化公司开展环保深度治理，完成治理5507项。19处饮用水源地保护区通过省专家论证。饮用水源地保护区全部安装标示牌。

【生态市建设】　积极开展创建国家环保模范城工作，对2011年度创建目标任务进行分解，落实到各区县。市委组织部、市委宣传部、市环保局等10部门联合印发《关于开展生态文明示范系列创建工作的通知》，市政府召开全市生态文明系列创建动员大会，各区县、镇（街道）、部门、单位陆续开展生态文明区县、生态文明镇（办）、生态文明村居、生态文明学校、生态文明家庭创建工作。根据《2010～2012年度生态市建设县（区）长目标责任书考核办法》，开展生态区考核验收。督促张店区、博山区、桓台县、沂源县根据考核办法的要求进行自查，向生态省创建工作办公室提交验收申请报告。组织18个镇申报省级生态镇，8个镇申报全国生态镇，5个村居申报国家级生态村，16个村申报省级生态村。对全市71条小河流中有污水排入的15条小河流每周进行现场检查，每月对监督检查情况进行通报，对小河流的水质超标问题进行专项检查，督促相关区县完成跃进河、南阳明沟、支脉河的治理工作。完善对镇环境保护工作的考核机制，每月对全市重点镇环境保护工作情况进行检查、通报。抓好重点企业清洁生产审核工作，全市36家重点企业已全部完成清洁生产审核报告。评选出瑞阳制药、齐鲁伊士曼精细化工、淄博德信皮业等10多家清洁生产审核典型示范企业。在9家电厂推行污泥焚烧技术，完成中国铝业山东分公司和华电淄博热电公司赤泥堆场和粉煤堆场搬迁工作方案的制订。

【环境信访】 利用周末在重点镇定期开展环境信访接访，现场解决群众反映的环境问题，难以立即处理的问题交专人督办。在淄川区岭子镇开展环境信访大接访活动，倾听基层群众的环境诉求。市环保部门全年受理各类信访177件，比2010年下降42.7%。受理群众电话投诉2515起，办结率100%。

【环境应急能力建设】 建立完善环境应急预案处置体系，印发《关于开展环境应急预案备案工作的通知》《关于做好应急预案评估工作的通知》，明确预案管理程序，做好重点行业、高危企业、重点污染源单位应急预案的评估及备案，提高环境应急预案的针对性和完整性、流程的合理性、应用的可操作性。建立健全应急预案演练制度。举办两期涉重金属及剧毒物质企业环境安全应急管理培训班，146家企业、280人参加培训。规范完善应急预案演练的组织机构、演练准备、演练实施与总结等演练的规程和内容，提高演练效果。举行齐鲁石化公司氯碱厂液氯泄漏“桌面演练”活动。组织参加全省环境应急演练暨监察监测技术比武活动，完成全省第二组环境应急演练暨监察监测技术比武保障工作。开展环境风险评估工作，对全市148家重点企业开展专项评估。顺利通过环保部及华东督查中心对重点行业企业环境风险及化学品专项检查。坚持24小时值班制度，妥善做好突发环境事件应急处置工作，安排专人关注网上信息、社会舆论。建立突发事件联动机制，处置环境突发事件3起。

【结构调整】 严把建设项目审批关，对于符合环保产业政策的大项目、好项目提供优质绿色通道服务，坚决拒批高耗能、高污染项目。全年办结各类许可事项284件，拒批不符合产业政策或选址不合理的化工、建材类项目51个。督促有关行业、企业加快天然气置换步伐。全市除电厂、水泥、钢铁、焦化四大行业外，其他行业企业不准使用煤炭做燃料，必须改造使用天然气。以泰青威天然气管线建设为机遇，推进清洁能源替代工程，制订实施方案，确定拟关停改造企业名单和置换天然气企业名单。推行电厂替代发电工作，双凤热电、坤升热电、金阳热电停止生产。大外环以内的建陶、碳酸钙、煤矸石砖等企业全部实施关停搬迁，大外环以外的企业全部进行天然气置换改造。积极为环保产业企业服务，推进移动供热等项目的发展。加强污染治理技术的国际交流。先后同德国BHU公司，韩国浦项能源公司，加拿大普拉斯科公司、AUG公司和大流士公司的专家就污染治理、生态恢复、环境监测、污泥处理等方面进行技术交流。

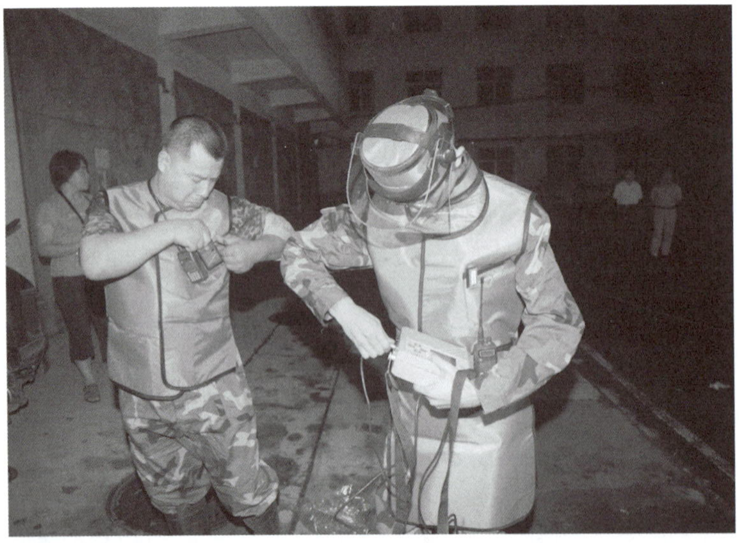

2011年8月16日，环境应急演练现场 （于萌 摄）

【环境监测】 完成日采日报监测河流

断面3650个(次)、污染源监督监测及在线监测仪比对监测326家(次),抽测省控污染源281家(次)。对分布于各区县的55个重点镇(街道)空气质量进行监测、通报。对张店城区及周边重点燃煤企业进行二氧化硫专项监测,共监测锅炉1232台(次)。对张店城区及周边重点化工企业进行化工异味专项监测,严格监控。成立水环境质量保障工作小组,做好主要河流断面、城市污水处理厂水质稳定达标工作。

【环境监督管理】 开展以保障空气和水环境质量为重点的环保专项行动,严查环境违法行为。出动环境监察执法人员15212人(次),现场监察各类污染企业11997家(次),检查新、扩、改建设项目1930个(次),查处各类环境违法行为214起,其中对182起环境违法行为提报行政处罚。

【环保宣传教育】 组织采访40余次,在市级以上媒体发稿500余篇,对重点乡镇、企业、道路污染及建筑工地、煤矸石堆、渣土堆扬尘污染现状进行曝光。组织开展"淄博市科技周""淄博市科普周"和"法制宣传日"等宣传活动,发放宣传材料2000份。组织开展淄博环保世纪行活动,刊发环保稿件80篇,开展绿色创建活动和"六·五"系列宣传活动。开展向淄川环保分局孟祥民学习活动,组织协助媒体对孟祥民事迹进行采访和宣传报道。

【机动车污染防治】 全年上线检测机动车219154辆(次),其中合格179481辆,合格率82%。发放机动车环保合格标志247407套(其中新车发放标志67926套),其中绿标210811套,黄标36596套。环检上线机动车219154辆(次),安检上线机动车236305辆次(次),上线率为93%,比2010年提高3个百分点。全年抽检、路检机动车61.8817万辆(次),其中超标46755辆,对严重超标的824辆要求进行限期整改或禁止上路行驶。中心城区公交车双燃料改造达到90%,出租车达92%。

2011年6月5日,市环保局上街宣传环保工作　(于　萌　摄)

【危险废物和辐射环境管理】 开展重金属污染整治环保专项行动,出动监察人员3000余人次,排查企业1300余家,查出涉重金属企业56家,全部建立重金属管理档案,并在电子地图上标注位置。取缔关闭企业2家,责令停产整治5家。加大危险废物和辐射环境的监管力度,对42家企业危险废物转移申请进行审核,发放转移联单1236份,审核上报重点危险废物产生企业及经营企业季报表81份,完成19家危废利用处置企业的规范化管理验收。登记工业危险废物产生企业197家,危险废物产生总量256万吨(涉及42个行业、31类危险废物),其中涉重金属类危险废物267.05吨;登记医疗废物产生单位533家,医疗废物总量1720.89吨。完成6家流动作业用源单位56次外出作业、注销备案手续;完成13家辐射工作单位41枚放射源购源手续的办理,14家II类射线装置和IV、V类放射源环评文件的审批,3项110千伏输变电工程现场勘查工作。安全收贮闲置放射源42枚。

(崔明华　蒲先鹏)

国土资源管理

【概况】 2011年,全市国土资源部门抢抓机遇,加快发展,实现"十二五"时期国土资源工作良好开局。市国土资源局领导班子在38个中央及省属驻淄单位目标管理考核中综合得分位列第一,市国土资源局获全国国土资源系统先进集体、全国国土资源系统普法工作先进单位、山东省富民兴鲁劳动奖状、省级文明单位等荣誉称号。

【用地保障】 市国土资源局改变以往将新增建设用地指标全市统筹的做法，依据各区县固定资产投资、财政收入、后备资源情况、人口、土地利用规划、近3年供地率等多项因素指标，经综合测算平衡，将新增建设用地指标分配到县和相对独立的区，科学调整指标使用程序。重点支持“四新一海”（新能源、新材料、新医药、新信息和海洋开发及高端装备制造）项目及保障性安居工程。全年争取省用地计划841.974公顷。全市永久基本农田划定工作全部完成，通过国土资源部和省国土资源厅对全市2010年度耕地“占补平衡”的考核。全市通过土地整理新增耕地499公顷，其中可用于“占补平衡”的359.9公顷，超额完成省政府下达的任务指标。淄博市新一轮城镇基准地价更新成果公布实施。制定实施《淄博市国有建设用地使用权监管办法》，填补全市国有建设用地使用权监管的法规空白，实现土地开发利用的全程监控。编制《淄博市2011年度国有建设用地供应计划和住房用地计划》，确保保障性安居工程用地，放开商品房用地供应，保障性安居工程用地和商品房用地同时投放市场。完成全市4个农村土地综合整治项目的评审上报，4个项目的规划设计和预算经省国土资源厅批复，总规模达13733.3公顷，争取投资5.8亿元。制定《淄博市城乡建设用地增减挂钩试点工作实施办法》，保证项目区建设规范有序。

【土地出让】 筹建土地储备信息系统，加强土地储备资金的管理使用，淄博新区和老城区土地收储工作成效明显，土地收储交易各项制度进一步完善，建立招拍挂出让进展控制、土地出让合同监管控制、价款收缴统计清算和地价管理“四个体系”，实现供地信息公开、出让过程公开、出让结果公开和地价标准公开。全年市级储备土地126.03公顷，招拍挂出让土地实现政府纯收益45.43亿元；征收地租1800万元。

【矿产资源管理】 按照资源、资产、资本“三位一体”综合管理的新思路，提高存量资源利用效益，全市矿产资源开发整合工作通过省国土资源厅验收，矿业开发布局进一步优化。《淄博市矿产资源开采监督管理办法》颁布实施，形成相关职能部门各司其职、齐抓共管的监管机制。制定《关于进一步加强矿产开发监督管理的意见》，在全市建立矿产资源开发利用情况定期报告制度、矿山企业开采情况公示制度和违法开采行为有奖举报制度。开展全市地下矿山安全隐患排查、废弃矿井治理工作及安全生产基层基础深化年活动，集中打击非法采矿活动。开展采矿权人矿产资源开发利用与保护年度检查，依法征收矿产资源补偿费3270.45万元，比2010年增收23%。完成全市矿产资源勘查项目年检和全市矿产资源开发利用现状调查，更新矿产资源储量数据库。

【依法行政】 完成2010年度土地矿产卫星图片执法检查任务，已通过省部级验收。全市违法占地总面积和违法占用耕地面积比2010年下降60%和74.6%。推进新土地征收办法的实施，对全市征地区片综合地价和地面附着物补偿标准进行调整，印发《关于做好征地补偿工作切实维护群众合法权益的通知》，严格征地程序，强化监督管理，确保补偿到位。全年受理信访案件196件，有违法事实的“12336”电话举报34件，网络举报43件，结案239件，办结率为87.55%。开展“依法行政年”和“法治淄博”建设活动，编印《依法行政手册》，建立健全行政执法各项制度，规范行政执法行为。编发《国土资源信息》40期，在各类媒体发表新闻稿件600余篇。审查梳理行政审批事项，制定并公布《淄博市国土资源局行政执法岗位职责及执法责任》，组织全系统80名工作人员参加全省国土资源行政处罚听证培训班，依法办理答复律师函、行政复议、应诉案件16件，组织国土资源听证会13场。

【基础业务工作】 组织开展全市系统财务人员培训，加强国库集中支付和政府采购规范化、程序化管理。科学编制农村土地整治、矿产资源勘查、地质灾害防治、基础测绘等专项规划，全面完成市、县两级矿产资源总体规划的编制审批。制定《淄博市国土资源“一个平台、两个市场”暨地理信息公共平台总体建设方案》，并经部、厅信息中心论证通过。推进农村集体土地确权登记发证，整理汇总第二次土地调查成果，开展市、县、乡三级土地利用规划数据库建设、“第二次土地调查”电子监察和信息服务系统建设以及国土资源基础数据库建设，筹建国有建设用地使用权网上交易服务平台和土地招拍挂出让管理系统，实现建设用地网上审批。推进“数字淄博”和“一张图工程”建设，《淄博市基础测绘“十二五”规划》通过省国土资源厅专家评审，《淄博市地图集》编制工作基本完成，“数字淄博”基础地理空间框架建设正式启动。组织开展“加快文化产业改革发展”“统筹城乡发展”“设施农用地管理”“旧村改造中农村居民住房问题”等专题调研，做好调研成果的总结集成和转化应用工作。在全市开展 1：5 万地质灾害调查和地质灾害防治规划修编，全面完成全市矿产资源采空区调查，提高防灾减灾能力。组织基层国土所建设专题调研，研究制定《关于加强国土资源管理所建设的意见》。

【行风建设】　推进学习型党组织建设，开展岗位练兵技能比武，党建工作取得新成效。推进政府信息公开，完成 11 件建议、提案的办理工作。实施抗旱找水打井和山丘区找水定井工作，解决 33500 人、6000 多头牲畜的饮水问题。行政服务大厅业务办理实现“事项受理一站式、便民服务一条龙、收费透明一归口、管理监督一体化”，全年办理业务报件 28795 件(宗)，按时办结率为 100%，获山东省女职工建功立业标兵岗、省级“青年文明号”荣誉称号。制定《党风廉政建设示范所考核验收办法》，全面开展廉政风险防范管理。

（王　晨）

城乡规划

【概况】　2011 年，淄博市新一轮城市总体规划经省政府上报到国务院，按照住房和城乡建设部等部门的反馈意见修改完毕。加快控制性详细规划的编制步伐，对 5 个区及淄博高新区的控规编制情况进行调研摸底，绘制全市控规覆盖率图，明确各区控规编制计划、进度安排及检查落实要求。全市(五区建成区)控规覆盖率达到 89.5%，中心城区建成区基本实现全覆盖，3 个县的控规覆盖率均达到 90%以上。组织开展 3 个中心镇发展改革试点镇、试点村规划编制工作，并着手组织实施；编制完成中埠镇、王村镇、南郊镇、北郊镇等部分中心镇的总体规划和部分中心村的建设规划。开展长远规划编制项目，推动重点民生项目取得突破，城区间“三纵三横”骨干交通网进一步完善，中心城区大外环全线贯通，市客运中心投入运营，“高速淄博”交通框架基本形成。组织开展新城区核心区建设方案设计工作、新城区商务中心前期规划方案设计和论证工作、新城区医疗中心设计工作等。市文化中心建设进展顺利，市城乡规划展览馆进入布展阶段。文昌湖生态旅游区、淄博新城区景观水系、马踏湖国家湿地公园项目顺利推进。

【规划管理】　制定《关于进一步加强管理工作的意见》及 8 项配套制度，对原有的涵盖规划编制、实施和管理的 51 项规章制度进行梳理，进一步提高行政效能。探索建立专家、公务员、利益相关人、普通市民等多方参与的规划决策机制，进行多方案比较，对重点项目的规划方案、建筑方案全部实行方案征集制度。推行“阳光规划”，接受社会各界监督，各类规划在审批前向社会公开，征求市民和利益相关人的意见建议。全年办理建议、提案 20 件，答复社会各界信件、咨询 1200 人次；依法核发建设项目选址意见书 210 件，建设规模 2623.89 万平方米；核发建设用地规划许可证 305 件，用地面积 793.57 万平方米；核发建设工程规划许可证 401 件，工程面积 950.77 万平方米；核发建设工程竣工规划验收合格证 163 件，验收面积 346.32 万平方米；核发乡村建设规划许可证 15 件，建筑规模 40.52 万平方米。

【规划研究和学术交流】　组织开展中心城区 199 个老旧居住区整治与改造调研，提出整治与改造的规划导则。加强对城市风貌和城市特色研究，组织开展中心城区高层建筑规划布点研究，为中心城区百栋高层建筑的布局规划提供理论依据。开展对现阶段小城镇发展的研究，形成包括培育小城市评价指标体系在内的研究成果。组织全系统各单位进行基层调研,形成调研报告17篇。8篇学术论文被收录进《2011中国城市规划年会论文集》。

【中心城区控规体系维护】 组织开展淄博市火车站南广场改造规划概念方案、淄博老体育场城市设计、东部工业区工业企业搬迁后地块控规维护方案、华润东风化工等地块控规维护方案编制工作,完成老城区8个街坊及老化工区地块控规的动态维护,总面积711.1万平方米;完成新城区5个街坊控规的动态维护,总面积465.4万平方米。

【中心镇试点镇、中心村试点村规划编制】 5月,淄川昆仑镇、临淄凤凰镇、桓台马桥镇3个中心镇试点镇的规划编制全部完成,张店中埠镇、卫固镇等中心镇的总体规划编制工作同时完成。张店区傅家镇傅家村等10个中心村试点村建设规划编制工作按照市政府要求全部完成。

【中心城区规划管理基础数据平台建设】 组织制订中心城区规划管理基础数据平台建设方案,明确基础数据平台建设内容和目标,对现有规划管理基础数据情况和存在问题进行分析研究,提出基础数据平台总体设计思路、基础数据平台建设成果及建设进度计划,完成现状及规划基础数据采集工作和初步建库工作。 (马呈礼)

房产管理

【住房保障】 全年新开工廉租住房432套,竣工560套。规范经济适用房建设管理工作,制定《淄博市经济适用住房建设和管理办法》,经济适用住房新开工5400套,累计竣工2371套。公共租赁住房建设获突破性进展,全年开工建设公共租赁住房4880套,竣工2239套。新增廉租住房货币补贴对象626户,发放货币补贴1198万元。张店洪沟片区改造项目进入收尾阶段,最后3栋还迁房顺利交房,片区建设的廉租房全部竣工并达到入住条件,配套工程建设完毕。洪沟片区改造项目为其他棚户区改造积累了一定经验。

【房地产市场】 2011年,淄博市房地产市场保持健康发展的势头。全市年度新建普通住房价格指数(均价)控制目标同比涨幅低于城镇居民人均可支配收入和经济增长幅度。落实商品房销售明码标价规定,要求开发企业在取得预售许可证后10日内,一次性公开当期交易的全部房源,并按备案价格明码标价对外销售。建立健全全市个人住房信息系统,保障差别化信贷和税收政策等宏观调控政策的落实。加强市场监管,调研起草《关于加强商品房销售现场信息公示管理的通知》《关于加强商品房买卖合同备案信息撤销管理的通知》,规范开发企业的销售行为。全市房地产市场整体形势平稳,交易量稳中有降,销售新建商品房31250套,销售面积350.7万平方米,分别比2010年下降9%和7%;存量房转移16706套,转移面积135.6万平方米,分别下降6%和10%。

【物业管理】 2011年,全市物业服务企业发展到299家,其中,一级资质7家,二级资质16家,三级资质276家;物业管理项目832个,管理面积4110万平方米。争创国家级物业管理示范项目9个,省级优秀物业管理项目45个,市级优秀物业管理小区75个,涌现出一批服务质量好、管理规范、群众满意度高的高品质小区。印发《淄博市住宅小区专业经营设施设备管理办法》,与市物价局联合起草《淄博市住宅物业服务收费管理实施细则》。印发《淄博市中心城区老旧小区简易物业管理办法》,推进中心城区30个老旧住宅小区物业管理用房建设,为开展简易物业管理奠定基础。严格物业服务企业资质管理,建立健全物业服务企业动态考核制度。开展物业服务企业招投标,全市符合条件的41个新建项目全部实行前期物业管理招投标。规范物业服务收费行为,按照"等级服务、差别收费、质价相符"的原则,明确普通住宅小区物业服务收费的三个等级以及对应的服务内容和服务标准。开展物业服务星级管理,对全市49个住宅小区进行星级考核,评选出第一批星级小区。加强住宅专项维修资金与物业质量保修金的交存、管理和使用。全市住宅专项维修资金累计归集10.27亿元,物业质量保修金累计归集

9963.7万元。申报国家示范项目1个，省优秀项目10个，经省考评组考核，7个项目达到省优标准。

2011年1月20日，贷款业务受理现场

（市住房公积金管理中心　供稿）

【产权产籍管理】　起草《淄博市房屋权属登记管理责任制规定》，进一步完善房屋产权登记信息系统权限审核备案和房屋登记质量抽检制度。建立在建工程抵押、集体土地上房屋登记、档案查询收费等疑难问题会审制度。规范房产测绘工作，全面推进以图管房工作进程。建立房屋测绘重大项目及疑难问题的会商制度。完成全市房屋登记审核人员报名考试工作，组织全市符合条件的148名考生参加全省房屋登记审核人员考试。规范直管公房管理工作，全年收缴租金603万元。

【房屋拆迁】　2011年，国务院《国有土地上房屋征收与补偿条例》颁布实施。市房产管理局房屋拆迁管理职能过渡为负责国有土地上房屋征收和补偿工作。合理编制年度拆迁计划，《条例》实施前，共审批发放拆迁许可证2个，拆迁建筑面积12110.52平方米。理顺房屋征收和补偿工作的管理体制，明确工作职责，妥善处理取消拆迁许可制度后与各区管理权限的衔接问题。印发《淄博市国有土地上房屋征收与补偿实施办法》，完善房屋征收和补偿管理规定。完成全市国有土地上房屋征收与补偿项目进展情况专项检查和中心城区城市综合体建设前期工作。　（宗风刚）

住房公积金管理

【概况】　淄博市住房公积金管理中心组建于2006年9月，2006年12月成立。2011年，全市归集住房公积金23.43亿元，住房公积金累计缴存额达125.77亿元；为42232名职工提取住房公积金8.56亿元，累计为26.04万名职工提取住房公积金41.43亿元；为5774户职工家庭发放个人住房公积金贷款12.71亿元，累计为58140户职工家庭发放住房公积金贷款69.4亿元；实现增值收益8479.73万元。

【住房公积金归集管理】　完善资金管理政策，拓展住房公积金制度实施面。2011年，全市有3972个单位建立住房公积金制度，比2010年增加248个；实际缴存住房公积金人数达42.16万人，比2010年增加5.01万人，全市住房公积金覆盖率为67.98%。

【住房公积金使用管理】　发挥住房公积金“扶困优先”的作用，研究制定以人为本的住房公积金政策。实施职工提取住房公积金支付廉租房房租制度及困难职工家庭提取住房公积金制度。优化住房公积金贷款申请条件，提高住房公积金对社会弱势群体和困难职工的保障能力和住房公积金使用效率。全年发放按揭贷款8.69亿元、抵押贷款1.96亿元、保证贷款2242.1万元、置业担保贷款1.8亿元、组合贷款229万元。

【资金运营】　优化资金结构，加大运营力度，全年实现住房公积金增值收益8479.73万元，其中6480万元用于廉租住房建设补充资金。

【风险防范】　深化“管营分离”的内部管理体制，

实现业务受理与审批分离、审批与拨款分离、运营与监管分离。树立“资金安全第一”的意识，细化风险责任，完善各项内控措施，强化风险防控。严格住房公积金提取、贷款条件的审核，杜绝骗提、骗贷现象的发生。加强贷后管理，建立逾期贷款预警机制，建立健全逾期贷款定期通报制度，确保担保措施到位，防控并降低运营风险。

【便民服务体系建设】 印发《关于推进行政审批制度改革的意见》，进一步优化审批流程，减少环节，缩短时限，健全服务体系，提高服务质量。印发《关于加强和改进住房公积金服务工作的实施意见》，促进服务大厅规范化、标准化建设。

（王爱国）

公用事业

【概况】 截至年底，全市有经营燃气企业93家，天然气汽车加气站35家，管道燃气居民用户45万户、工商业用户1291户，全市燃气管网总长度3086公里，天然气供应总量10.2亿立方米。全市有供热企业24家，热源企业33家，2011～2012年采暖期，全市新增供热面积279万平方米，总供热面积4310万平方米。

【安全管理】 市公用事业局在全市燃气行业部署开展安全生产基层基础深化年活动，与淄博鑫能能源集团有限公司、淄博市煤气公司、张店区及经营区域在张店的21家燃气经营企业签订安全生产目标责任书，督促指导区县燃气管理部门与辖区内燃气经营企业签订安全生产目标责任书。7月20日至10月18日，根据市政府办公厅《关于印发淄博市燃气热力安全专项整治行动实施方案的通知》，由市监察、安监、质监、公用等部门组成市政府燃气热力安全专项整治行动督查组，对区县政府履行燃气热力行业安全管理职责的情况、燃气供热行业安全管理情况进行督查。此次行动抽调技术人员近30人，检查燃气企业95家、热力企业58家，排查治理安全隐患478处。

【公用事业许可】 年内，市公用事业局对24家供热企业和33家热源企业进行供热经营许可证年检和“服务明星杯”考核；对10家市政施工企业资质考核申报材料进行书面审查和现场检查，完成55家企业的备案资料更新工作。依照新的《山东省燃气经营许可管理办法》，开展经营许可审查，对不符合要求的单位提出整改意见。全年新办燃气经营许可证13件，燃气（供应站）经营许可证3件。

【工程监管】 全年受理用气申请624件，审核用气申请616件，接收行政服务中心燃气工程立项716件，审批燃气工程立项666件，办理施工许可证598件、燃气工程备案手续327件。

【热源和管网建设】 2011年，新建热源项目2项，新建改建换热站18座，增加供热能力240吨/小时。实施热管网改造项目52项，改造管网99.3公里，加快推进蒸汽管网退出城区步伐，城区热水管网的覆盖率进一步提高。

【社会换热站整合】 全年整合社会换热站33家，办理移交手续的社会换热站总数达197家，在全省17市中率先实现供热企业直供到户的供热管理模式。

【淄博市天然气综合利用项目竣工】 淄博市天然气综合利用项目是连接中石油泰青威管线和城市燃气管网的重要枢纽，承担着全市天然气气源输送的重要任务，管线的建成对于全市天然气的总体调控、沿线地区产业结构升级和大气环境的改善具有重要意义。项目总投资1.3亿元，铺设管道总长约60公里。6月8日，该项目南博山至八陡天然气支线正式通气。6月17日，天然气综合利用项目竣工投产点火仪式在博山区举行。9月1日，南博山至沂源天然气支线正式通气。

【供热分户计量试点】 淄博市“十一五”既有居民建筑供热计量及节能改造项目通过由省住房和城乡建设厅、省财政厅的验收，28个项目通过审查。《淄博市供热计量产品备案复核目录（第二批）》公布。全市完成改造任务235万平方米，其中186

万平方米的居住建筑安装了热计量装置，60.3万平方米的居住建筑实行按计量收费试点。全市有3人被评为全省“十一五”既有建筑供热计量暨节能改造先进个人，沂源县源能热电有限公司获得全省“十一五”既有建筑供热计量暨节能改造突出贡献奖。

【供热成本审核】　市公用事业局配合市财政局对中心城区5家供热企业的供热成本进行审核，协调财政补贴款项及时拨付供热企业，确保供热企业正常运转。11月上旬，中心城区供热企业的财政补贴全部拨付到位，预拨的2011～2012年采暖期的部分款项也提前拨付到位。

【配套费监管】　市公用事业局印发《关于燃气供热配套费实行月报制度的通知》，组织人员对全市燃气配套费、供热配套费进行全面检查。市政府办公厅转发市公用事业局《关于进一步加强燃气供热配套费征收使用监管意见的通知》。

【宣传培训】　国务院颁布的《城镇燃气管理条例》3月1日起施行。为学习贯彻《条例》，成功举办“城燃杯”《城镇燃气管理条例》知识电视竞赛，20家企业参加竞赛。组队参加省住房和城乡建设厅举办的“港华燃气杯”《城镇燃气管理条例》知识电视竞赛，淄博市代表队获二等奖。9月，举办全市燃气行业安全管理技能考核培训班。11月，在《淄博晚报》开辟“燃气安全专栏”，向市民介绍燃气安全使用常识。　（李　杰）

本部类编　辑：赵建国
副主编：安永善
校　对：王世伟
纪　瑗

·齐文化名人·

晏　婴

晏婴（约前585—前500），字仲，谥号平，后人称其为晏平仲，或尊称为晏子。齐国夷维（今山东省高密市）人。春秋时杰出的政治家、思想家。前556年任齐国国卿。先侍奉灵公3年，竭力建树新政。继之辅佐庄公，很受重用。后因谏阻伐晋，庄公不听，遂辞官耕于海滨。庄公被杀后，景公即位，又被起用，任为相国。

晏婴主张任人唯贤，不私于亲；诛不避贵，赏不避贱；赋敛要权衡有无，均贫富，遇有歉收荒年则免征，正常情况下也只能“耕者十取一焉”；国家要努力发展渔盐优势，以增加国库收入，减轻国民负担；弛除严刑苛法。他多次以“省刑罚，则民不怨；薄赋敛，则民知恩”的道理规谏景公。他在民本思想的指导下，为政尚礼，以礼治国；敢于直谏，匡君救失；重民举贤，廉俭力行；刚柔相济，忠心爱国。从而使趋于弱势的姜齐政权能够在列国争雄中保持了大国的地位。

晏婴不仅竭力规谏国君，也要求下属给自己提意见。高纠在他身边做官，3年没有过失，晏婴却把他辞退了。别人劝阻时，晏婴说，我是个很平庸的人，经常会有这样那样的过失，可是高纠和我在一起3年了，却从来没有指出过我的过失，像这样唯诺怕事的人不适合在我身边。

晏婴以节俭力行著称于世。他身为辅相，仍“食不重肉，妾不衣帛，乘敝车，驾驽马”，甘居闹市陋室，妻老而丑，齐景公想把年轻貌美的爱女嫁给他，他也拒绝了。

晏婴能言善辩，是个杰出的外交家。他出使晋、楚、鲁、吴、卫等国，每次都能不辱使命、不损国威地完成任务。《晏子使楚》的故事至今传为外交史上的佳话。

后人收集其言行，辑成《晏子春秋》内外篇，共8卷215章。

服务业　国内贸易

服　务　业

【概况】 2011年，全市实现服务业增加值1188.1亿元，比2010年增长11.6%；服务业增加值占地区GDP的比重达到36.22%，提高1.52个百分点。实现地税收入62.75亿元，增长38.39%，服务业地税收入占全部地税收入的比重达47.9%，提高3.6个百分点。服务业完成投资753.36亿元，增长40.8%，增速高于全社会固定资产投资17.1个百分点，高于第二产业投资30.6个百分点；投资额占固定资产投资总额的50.25%，提高3.15个百分点。

【服务业规划】 《淄博市服务业发展第十二个五年规划纲要(征求意见稿)》，经市政府第五十次常务会议研究通过。市服务业办公室对太河水库水源保护区和中心城区南部区域服务业发展进行规划研究，提出区域规划发展思路和发展重点，指导太河水库水源保护区可持续发展和中心城区南部区域综合整治发展。

【服务业载体培育】 重点城区服务业示范带动作用持续增强。督导区县抓好区域服务业规划编制，完善服务业管理机构和统计调度、政策机制。2011年，6个省级服务业重点城区实现服务业增加值1015.13亿元，占全市服务业增加值的85.44%。其中张店区、周村区服务业占比分别达到51.21%和44.06%，分别比2010年提高1.51和1.78个百分点，以服务业为主体的经济结构基本形成。

重点园区集聚能力进一步增强。加强对服务

2011年12月，山东志博远国际贸易有限公司10万吨化工储运项目一角　　（市服务业办公室　供稿）

业园区的规划引导，明确市场定位，强化完善园区各类公共服务功能，突出加强园区信息系统和公共服务平台等基础设施建设。以淄博保税物流园、鲁中煤炭交易中心、齐赛创意产业园等为代表的现代化服务业园区加快建设或投入运营。2011年，淄博商贸物流园、周村古商城、高新区高创中心和东岳氟硅材料创新园4个省级服务业重点园区实现营业收入、税金和从业人员数同比分别增长33.27%、91.61%和12.27%。

重点企业核心竞争力进一步增强。加大财税支持力度，鼓励有实力的商贸服务业企业做大做强。2011年，全市40家服务业企业营业收入、利税分别增长19.9%和22%。以市政府办公厅文件形式公布并实施全市服务业重点项目77个，年度计划投资106.55亿元，实际完成投资105.43亿元，完成年度目标任务的98.87%。其中新开工项目24个，占28个新建项目的85.71%。

【工作机制和政策体系建设】 年内，按照省、市关于加强重点城区、重点园区、重点企业和重点项目四大载体的考核要求，制定集综合考核和专项考核于一体的《淄博市服务业四大载体考核办法》《淄博市服务业重点项目考核办法》。围绕贯彻落实扶持政策，制定《淄博市服务业引导资金管理办法》。围绕工作协调推进，制定印发《淄博市人民政府办公厅关于淄博市服务业重点产业和重点工作协调推进制度有关问题的通知》，促进全市服务业工作体制机制进一步完善。

【服务业调研】 2011年，市服务业办公室先后组织张店东部物流发展定位、服务业集聚区、重点项目建设、服务业跨越发展政策贯彻落实等调研活动。其中，《现代服务业集聚区对策研究》《东部现代物流业发展研究》和《现代服务业发展研究》3个调研报告在市社科联组织的转型与创新调研活动中获一等奖。

【企业非核心业务剥离】 2011年，按照《山东省人民政府办公厅关于加快推进企业剥离非核心业务工作的意见》和《淄博市人民政府办公厅关于印发〈淄博市企业非核心业务剥离工作实施方案〉的通知》要求，从市服务业办公室、市发改委、市统计局、市地税局抽调人员组成领导小组办公室，引导区县服务业主管部门和相关企业推进企业非核心业务剥离工作。截至年底，全市完成剥离企业(项目)308个，实现营业收入105亿元，上缴税金3.5亿元。

(孙　洁)

国内贸易

【概况】 2011年，全市实现社会消费品零售总额1186.25亿元，比2010年增长18.0%。其中，限额以上企业实现零售额743.37亿元，增长24.7%。城乡市场保持同步较快增长，城镇市场实现零售额1007.56亿元，增长18.0%；乡村市场实现零售额178.69亿元，增长17.8%。在限额以上企业商品零售中，金银珠宝类增长26.8%，家具类增长31.8%，建筑及装潢材料类增长28.6%，电子出版物及音像制品类增长30.5%，石油及制品类增长27.2%；汽车类实现零售额167.40亿元，增长36.3%，增速高于2010年9.3个百分点。

【“万村千乡”市场工程】 2011年，全市新建和改造标准化连锁农家店618个，培育提升改造农贸市场8个，市场总投资19亿元。截至年底，全市标准化连锁农家店达3788家，农村现代流通网络趋于完善。

【家电下乡和家电以旧换新工程】 2011年，全市销售家电下乡财政补贴产品71万台(部)，销售额19.7亿元，农民获国家财政补贴2.2亿元，分别比2010年增长95%、131.9%和102.3%；家电以旧换新59.9万台(部)，销售金额23.2亿元，消费者获补贴1.8亿元。

【市场运行与监测】 2011年，市商务局继续按照“准确监测、深入分析、科学预测、及时反映、当好参谋”的工作思路，调整优化市场监测样本结构，市场监测样本企业增至54家，形成体系完善、品种齐全、规模较大、涵盖面广的监测网络体系。加大数据开发利用力度，严格落实报送制度，开通市级商务预报和两个区县级商务预报网站，及时做好相关信息的采集、整理、审核和发布，提高市场预警和预测能力。制定《全市市场运行监测工作考核办法》，强化责任意识，激发市场监测人员工作热情。

【特殊行业管理】 2011年，全市19家拍卖企业共举行拍卖会517场次，比2010年增长37.5%；总成交额41.41亿元，增长35.3%。有旧车交易市场4家，交易二手车辆31432辆，成交额10.1亿元，分别下降12.4%、12.86%。全市15家典当企业，共发生典当业务3068笔，典当总额17.34亿元，上缴税金772.94万元，营业收入5721.01万元，净利润1806.32万元，分别增长28.7%、32.3%、13.44%、14.5%、12.6%。《淄博市酒类流通条例》进入立法程序。

【家政服务体系建设】 截至年底，全市有省级定点培训单位3家，培训家政服务员5000余人；其他有培训资质的单位培训服务人员1500人。2011年，家政服务网络中心与640家企业签订加盟协议，接到家庭服务需求电话6200个。根据用户订单匹配服务商，为2852个用户提供家政服务，经跟踪回访，满意率为90%。

【品牌建设】 成功举办淄博市首届鲁菜创新大赛。组队参加首届山东省鲁菜创新大赛，获得金奖3项、银奖2项，并获最佳服务团队奖、最佳营养搭配健康奖、最佳制作技艺奖。淄博市景德东食品有限公司、淄博清馨斋商贸有限公司、山东齐尊双凤酒业有限公司被评为第二批"山东老字号"。淄博周村古商城商业街、淄博新世界商业街被评为首批"山东省特色商业街"。

【生猪定点屠宰管理】 截至年底，全市有生猪定点屠宰企业57家，生猪机械化、半机械化屠宰厂(场)24家，年屠宰量达115.06万头；坚持整顿和规范相结合，生猪屠宰暨肉品质量实现安全无事故。清理整顿、压减小型屠宰厂(场)10家，屠宰企业布局更加合理。开展生猪屠宰暨肉类食品安全专项整治，加大执法力度打击私屠滥宰，累计出动执法人员5300人次，整治重点区域455处，检查屠宰企业412家(次)，下达整改通知书76份、查处违法违规案件48起，收缴"问题肉"2391公斤。加强培训和责任管理，举办全省第一期定点屠宰企业检验员培训班；与57家屠宰企业、12家外来品牌肉的总经销商签订肉品质量安全承诺书，确保上市猪肉的质量安全。

【打击侵犯知识产权和制售假冒伪劣商品专项行动】 2011年，全市继续开展以保护著作权、商标权、专利权和植物新品种权等为重点内容，以产品制造集中地、商品集散地、侵犯知识产权和制售假冒伪劣商品案件高发地为重点整治地区，以文化娱乐业、高新技术产业、农业为重点整治领域，以图书、音像、软件、大宗出口商品、汽车配件、手机、药品、种子等为重点查处产品的打击侵犯知识产权和制售假冒伪劣商品专项行动。共出动执法检查人员16687人次，检查企业6023家、市场560处，捣毁制假窝点17处，查获假冒伪劣商品6万件，非法出版物4万册(盘)，罚没款项40万元。公安机关在专项行动中破获刑事案件11起，抓获犯罪嫌疑人25人，案件移交司法机关3起，办结3起，涉案总价值2000万元。

【诚信商贸企业创建】 2011年，市商务局组织开展首批商贸企业诚信经营示范单位评选。推出以"诚信兴商、履约践诺、规范服务、满意消费"为主题的承诺活动，推动诚信经营示范单位建设；开展淄博市生猪屠宰企业食品安全信用体系建设活动，建立定点屠宰企业信用档案，对屠宰企业实施分级管理。

【市场监管公共服务体系建设】 按照商务部关于建立完善流通领域市场监管公共服务体系的要求和省商务厅的统一部署，制定《淄博市市场监管公共服务体系项目工作方案》，建立健全工作制度，组织指导淄川区、沂源县、桓台县做好试点工作。全年受理"12312"商务举报投诉27起。

(牛广牧)

【中石化山东淄博石油分公司】 2011年，公司销售成品油71.9万吨、"长城"润滑油5134吨，实现非油品营业额5020万元。发挥主渠道作用，多方组织资源，调整销售结构和节奏，有效缓解二、四季度柴油资源紧张的局面。开展"为民服务创先争优"活动，提高加油站规范化管理水平和服务水平。调整考核办法，调动全员扩量增效积极性。将加油卡营销作为重点，做好轻油客户的开发和维护。优化商品种类结构，实施规范管理，非油品业务实现健康有序发展。加大在关键位置的布点力度，全年投入运营全自助加油站 7 座。加强安全管理，做好安全应急预案演练，提高安全应急和预防能力；完善财务管理，持续推进全员成本目标管理。公司获山东石油公司先进市级公司、山东石油"比学赶帮超"工作标杆单位、淄博市安全生产先进单位等荣誉称号。　　（迟　冰）

市属商业

【淄博市商业集团总公司】　2011 年，市属 4 家商业企业（山东省淄博饭店集团股份有限公司、山东省淄博糖酒站股份有限公司、淄博捷安物流有限公司、淄博雷尔泰食品有限公司）实现商品销售（营业）收入 11.62 亿元，完成年度计划的 101%，比 2010 年增长 9.1%；实现利润 3907 万元，完成年度计划的 101%，增长 10.06%；上缴税金 2423 万元，完成年度计划的 102%，增长 9.8%。4 月 7 日，市商业医院整建制（在编 43 人，退休 25 人）并入市第八人民医院，不再保留淄博市商业职工医院建制。市商业集团被评为全市固本强基维稳工程先进集体。

企业经营发展。淄博饭店投资 1000 万元更新设施、改善环境。深圳茂业国际控股有限公司投资 3.5 亿元扩建金帝购物广场。淄博捷安物流公司房地产开发项目竣工交房，起典酒店经营状况良好。雷尔泰食品有限公司开展资产运营实现平稳发展。

帮扶困难职工。市商业集团以市属商业困难职工援助中心为工作平台，协调争取送温暖资金、电力彩虹资金、金秋助学资金、特困职工定期帮抚资金，全年走访、慰问、救助生活困难老党员、军转干部、特困职工 400 余人次，发放救助金（含物资）20 万元。

离退休干部工作。全面落实离休干部的政治生活待遇，坚持走访慰问、生病探望、生日祝寿等关怀老干部制度，组织健康查体和上门巡诊，依照相关政策为特困老干部、老干部遗属申请困难补助。集团被市委组织部、市委老干局评为尊老敬老先进集体。

发挥行业职能。发挥商会的桥梁纽带作用，加强信息交流，提升服务水平。年内，组织会员单位参加中国商业联合会举办的评先树优活动，淄博饭店、淄博商厦获全国商业质量效益型企业和全国服务业顾客满意企业称号。参与组织首届淄博婚宴接待酒店、婚庆服务公司、婚庆主持人评选工作；与市妇联联合开展巾帼建功立业和十大杰出女性评选；组织参加第二届全国零售供应商公平交易（诚信）评价活动；开展消费满意惠万家和"3·15"消费日活动，增强行业自律意识。

（刘济生）

【淄博市物资集团总公司】　2011 年，市属物资系统改制企业实现物资销售收入 25 亿元，比 2010 年增长 20%；服务性收入 6389 万元，增长 10%；上缴税金 2280 万元，增长 40%。销售钢材 40 万吨，增长 33%；销售汽车 4506 辆，增长 19%；销售商品混凝土 28 万立方米，与 2010 年持平；销售炸药 8500 吨，增长 33%；销售雷管 223 万枚，下降 30%；旧车交易 1.46 万辆，同比持平；维修汽车 5.6 万台次，增长 50%；货物吞吐 100 万吨，同比持平。新增投资 1.1 亿元。

山东和济集团物流有限公司投资 4000 万元，完成物流园区二期工程的前期准备。山东物华租赁有限公司投资 600 余万元，优化租赁物资结构，开拓外地市场，整体实力不断增强。淄博众智汽车维修有限公司投资 6000 万元，建成雷克萨斯、福悦大众 4S 店，发展成为拥有雷克萨斯、福悦大众、上海大众、广汽丰田、广汽本田、北京现代、比亚迪七大汽车品牌 4S 店，拥有 11 个控股子公司的企业集团。淄博福悦汽车销售服务有限公司是淄博众智汽车集团旗下第五家 4S 店，于 12 月 6 日开业。淄博众福雷克萨斯汽车销售服务有限公司是淄博众智汽车集团旗下第六家 4S 店，是全省第四家雷克萨斯旗舰 4S 店，于 12 月 6 日开业。淄博新晨基建物资有限公司与日方在高新区合资新建的商品混凝土项目投入运营。淄博玫瑰餐饮有限公司引进的“锦江之星”和“7天”连锁酒店效益良好。山东隆力源物流有限公司、淄博鲁中旧机动车交易中心、淄博民爆器材专卖有限公司业务稳步发展。市属物资系统改制企业在钢材销售加工、仓储物流、物资租赁、汽车销售服务、连锁酒店、旧车交易等行业占据龙头地位。

（赵继儒）

粮　食

【概况】 2011年，全市各级粮食部门抓好“保供稳价、市场监管、服务民生、企业发展”四项重点工作，实施“粮食调控、粮食执法、储备粮管理、粮食产业化”四大体系建设，推动粮食事业健康发展。累计收购粮食146.7万吨，与2010年持平，其中国有粮食企业收购12.4万吨；销售和转化粮食148.7万吨，增加2.2万吨，其中国有粮食企业销售和转化粮食11.4万吨。增加市级面粉储备，粮食安全保供稳价能力明显提升。继续实施放心粮油工程，开展放心馒头工程建设。全市粮食企业实现销售收入4.55亿元，实现利润900.78万元。

【放心粮油工程】 2011年，市粮食局继续实施放心粮油工程，新设立示范销售店100家、示范企业10家。将实施放心馒头建设作为重点，制定《放心馒头示范加工企考核验收标准》《示范主食厨房考核验收标准》《放心馒头销售店（点）考核验收标准》，要求各区县粮食局年内至少建立1家放心馒头企业或主食厨房。截至年底，全市有放心粮油示范销售店201家，放心粮油示范加工企业19家，示范主食厨房11家，示范配送中心2家，放心馒头示范加工企业6家，放心馒头示范销售店20家。

【省级粮食规范化执法示范县创建】 2011年是创建省级粮食规范化执法示范县活动的第二年，市粮食局以“巩固创建成果，提升规范化水平”作为工作思路，按照“强基、攻坚、精细、创新、提升”的工作方法，根据省粮食局重新修订印发的《全省粮食规范化执法示范县考核验收细则》，指导各区县逐条对照、查漏补缺、整改问题。全市8个区县和淄博高新区全部通过省粮食局依照2011年新标准进行的统一考核和综合评定，成为全省唯一连续两年整建制达标的市，被评为全省粮食流通监督检查工作先进单位。

【粮食执法体系建设】 市粮食局对粮食行政执法依据、执法事项进行梳理，明确4个领导岗位和3个执法科室、8个工作岗位的岗位职责和执法职权，建立粮食行政执法责任制。监督检查科加挂行政许可科牌子，调整充实相关职能。全市粮食部门有125人取得监督检查行政执法资格，111人获得粮食监督检查证，落实执法经费80.62万元。

【放心粮油销售店】 淄博面粉厂争取放心粮油工程建设资金300万元，建立产品直销店2处、居民主食厨房2处、产品配送和展销中心1处，提高“云海”系列放心粮油产品知名度，取得良好经济效益和社会效益。

【军粮供应】 按照“少站点、大网络、宽辐射”的原则，在全市建立军粮供应“一站式”拥军服务通道。优化军供网络体系建设，扶持骨干军供站点，整合军粮供应资源，军粮供应网络科学合理，战备应急体系健全完善，军粮筹措渠道稳定畅通，供应管理机制高效规范，真正实现军粮全天候、无缝隙供应。市军粮供应中心被省委、省政府、省军区表彰为山东省爱国拥军模范单位。

【粮食安全科研】 由市粮油质检中心、淄博东郊国家粮食储备库联合开展的“粮食安全储存技术研究与推广”项目，被市科技局列为2011年科学技术发展计划项目之一，市财政拨付科研经费10万元。课题研发小组对环流熏蒸、机械通风、微机测温等储粮新技术进行试验研究，系统总结科学储粮新技术，有效减少粮食在储存期间的熏蒸次数和用药量，吨粮保管费用降低0.25元～0.4元。

（赵　焱）

供销合作商业

【概况】 2011 年，淄博市供销社以促进全市城乡统筹发展和新农村建设为中心工作，全系统实现商品销售额 110 亿元，比 2010 年增长 5.87%；实现利税总额 1.45 亿元，增长 13.47%；其中利润 6641 万元，增长 16.61%，创历史最好水平。

【供销社发展环境】 年内，各区县政府全部出台贯彻落实国务院和省、市政府加快供销社改革发展的具体意见，将供销社工作纳入当地农业农村工作总体规划，进一步明确加快供销社改革发展的目标任务、工作重点和扶持政策，设立供销社改革发展资金，争取各级政府扶持资金 1200 万元，市及区县供销社机关完成参照《中华人民共和国公务员法》管理登记工作。

【农村现代流通网络】 2011 年，继续实施超市下乡工程，新建农村日用品超市 106 个，总数达 810 个。山东新星超市、桓台联华超市和淄博东泰超市等品牌超市稳步发展，基本形成城区有配送中心、乡镇有超市、大村有便利店的县域农村日用消费品连锁经营网络。创新农资经营服务体系，新发展农资直营店 66 个，农资连锁店总数达 1500 余个，基本实现县域农资现代经营服务网络全覆盖。累计直供化肥 9 万吨，向农民让利 900 万元，免费测土配方 1.07 万公顷，开展病虫害防治等技术讲座 20 次，发放各种科技宣传材料 5 万份。淄博众得利农资有限公司、淄博沂河源生产资料有限公司和高青县庆丰农资有限公司形成品牌优势，在全市春季抗旱双保和农业生产中发挥重要作用。2011 年 8 月 18 日，省供销社在沂源县召开现场会，总结推广沂源县推进农资经营服务体系建设的先进经验。

【农村合作经济组织】 2011 年，全市新发展农民专业合作社 349 个，总数达到 1536 个，专业合作社入社社员 15.5 万户，实现经营额 26.9 亿元，助农增收 3.2 亿元。注册农产品商标 86 个，获得无公害、绿色或有机认证的农产品 158 个，发展生产基地面积 1.1 万公顷。涌现出博山池埠食用菌、淄博众得利蔬菜、高青黑里寨奶牛、沂源永青果蔬和桓台天马农产品等典型示范专业合作社。年内，全系统有 6 个区县域连锁经营服务网络的 810 个超市和 600 余个农民专业合作社参与“农超对接”，实现农副产品购销额 19.6 亿元。

【为农服务】 是年，全市供销社积极参与农村社区建设，新建农村社区服务中心 33 个，将日用品超市和农资超市等优势经营服务项目开进新建农村社区，参与建设的农村社区服务中心总数达 235 个，可为 120 万农民提供服务。搭建区域融资服务平台，全市供销社有 24 个单位开展以资金互助合作为主的融资服务，累计调剂资金 6 亿元。以农业机械化统防统治和订单农业为重点，探索大田作物系列化服务，取得较好的经济效益和社会效益。

【龙头带动工程】 年内，全系统年销售额过亿元的龙头企业达 9 家，山东新星集团、淄博东泰集团、淄博东联汽车公司等骨干龙头企业发展势头强劲，辐射带动作用更加明显。全系统总投资 6.17 亿元的 36 个重点建设项目进展顺利，东泰集团江浩物流配送

遍布城乡的桓台联华超市　　（王厚东　2011 年 9 月 26 日摄）

桓台县天马农产品专业合作社（王厚东　2011年9月26日摄）

中心、淄博众得利农资有限公司农产品加工集采配送中心一期工程、沂源世纪东方超市县城购物中心和东联汽车公司金智达汽车生活馆等一批重点项目竣工投入使用。全系统农资供应总值达9.5亿元，其中化肥37.09万吨、农药2868吨、农膜1525吨；实现再生资源收购额1.6亿元，鞭炮烟花销售额4306万元。

【基层组织体系建设】 2011年，全市基层供销社实现商品销售额13亿元，比2010年增长14.56%；实现利润365万元，增长35.69%。市供销社印发《关于全市供销社重点单位2011年工作方案的通知》，确定张店区沣水供销社等12个基层社为重点启动基层社，其中张店沣水、博山池上、桓台果里、高青黑里寨和沂源悦庄等基层社被列为全省重点启动基层社。举办全市基层供销社主任、日用品超市店长、安全统筹业务骨干等培训班，培训企业负责人和业务骨干412人；各区县供销社举办各类培训班213期，累计培训15771人次，全系统干部职工队伍整体素质明显提高。

（王厚东）

烟草专卖

【概况】 2011年，全市销售卷烟16.66万箱，比2010年增长4.91%；种植烤烟800公顷，收购烟叶102万公斤；实现利税7.1亿元，增长35.22%。市局（公司）被省烟草专卖局（公司）列为2011年全省法规工作样板示范单位，被市委、市政府评为2006至2010年全市普法依法治理工作先进单位、2011年度淄博市安全生产先进单位。

【专卖管理】 积极争取地方党委、政府支持，持续巩固与综治委、公、检、法、工商、交通等部门的联席协作机制。与省内7市签订共同打假协议书，与上海宝山区烟草专卖局等单位建立跨地区联合执法协作机制，逐步建立起省外、省内、市县多层级、立体式联合办案机制。深入推进打假破网工作，相继开展"利剑行动"等6次专项活动，全市共破获13起非法卷烟网络案件，其中"3·22""7·01""10·10"网络案件达到公安部、国家烟草专卖局标准。加强信息捕捉与异常分析，专卖管理与控制体系建设进入新阶段。2011年，全市查获涉烟案件428起，查获各类卷烟2788万支，总案值757万元，破获5万元以上案件24起，抓获涉案人员981人，拘留65人，判刑18人。

【卷烟销售】 以"泰山""黄鹤楼"和"七匹狼"三大系列、10个规格为重点，开展培育知名品牌"建功立业"活动。推进网上订货和"135"工作法（抓住一个主线、三个要点、五个步骤来实施的一种工作方式）推广，网上订货工作提前完成省烟草专卖局（公司）确定的年度目标。作为试点单位，"135"工作法推广工作完成既定目标。推进卷烟零售户致富工程，形象终端建设、小额融资服务、困难零售户帮扶等工作全面展开，以"学规章，强素质"为主题，累计培训客户21817人次。

【烟叶生产】 调整全市烟叶种植布局，全市植烟村减至81个，比2010年减少32个，职业化烟农植烟面积占总植烟面积的69.3%。建立种植合作社55个、农机合作社24个、专业服务队246个。推进烟叶管理方式和运行机制转换，烟叶生产人员由115人精简到67人，烟叶工作站由9个整合为4个，顺利过渡到市管站模式。推进现代

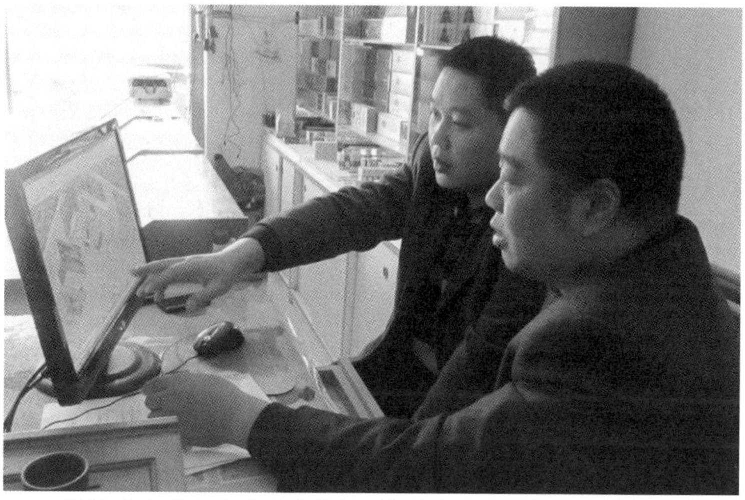

2011 年 9 月 1 日，卷烟销售经理指导客户网上订货

（魏国迎　摄）

烟草农业建设，建成 395 个烟叶基础设施项目。坚持入户预检、预约收购、封闭定级，落实内部交接质检前移。《烟叶收购“双检”关口前移的优化管理》获得山东企业联合会企业管理现代化创新一等奖。

【企业管理】 抓好卷烟规范经营，扎实推进“工程投资、物资采购、宣传促销”和办事公开民主管理工作。召开 2010 年度科技项目验收评审会议，完成 CA 安全认证系统前期准备和专卖管理与控制体系的培训和运行工作。建立绩效管理模式，改进考核方法、考核指标和考评标准。推进全面预算管理，建立成本费用定额（定率）标准体系。加大离任审计力度，推行简易管理审计，推动审计工作由“查错究弊”向管理服务转变。举办多场质量管理知识培训班，组建专业化的企业管理审核队伍，开展第二次内部审核和年度管理评审。张店区烟草专卖局（营销部）、临淄区烟草专卖局（营销部）被省烟草专卖局（公司）评为 2010 年优秀基层单位。

（魏国迎　谭　清）

盐　务

【概况】 2011 年，全市盐业部门实现主营业务收入 1.41 亿元，比 2010 年增长 31.87％；实现利税 1939.64 万元，增长 47.45％；实现利润 1042.54 万元，增长 54.25％。年末资产总额 9364.74 万元，负债总额 5494.30 万元，所有者权益总额 3870.44 万元，资产保值增值率 125.62％。淄博市盐务局被评为全省盐业系统平息食盐抢购工作先进单位。

【盐业供应】 进一步整合食盐零售网点，实行客户经理制和电话访销制，增强对终端零售市场的控制力。开展形式多样的宣传和促销，推广绿色食盐。推行客户价值创新工程，关注客户诉求。全年购进食盐 40310 吨，占年度计划的 137.58％，比 2010 年增加 9186 吨，其中小包装食盐完成购进 18936 吨，占年度计划的 130.6％，增加 1943 吨；多品种盐完成购进 1305.7 吨，占年度计划的 90.04％，增加 804.25 吨。购进其他工业盐 24776 吨，占年度计划的 117.98％。3 月，受日本地震等因素影响，全国出现加碘食盐抢购风潮。全市各级盐业部门启动应急预案，强化措施，加大食盐投放力度，抢购风潮被迅速平息。

【盐政管理】 全市盐业部门持续开展系列专项治理和整顿活动，实行弹性工作制，加强举报网络建设，建立健全“抢占信息、赢在分析、蛛网排查、挖窝带串”办案模式，维护盐业市场正常秩序。参加政风行风热线节目，接受社会监督。制定盐政工作规范管理办法、重大案件集体预审制度、优质服务制度和量化管理暂行办法，规范盐政执法。年内，全市查获各类涉盐违法案件 1709 起，查没私盐 1062 吨；罚款 84.6 万元；查处 20 吨以上大案 5 起，取缔制假售假窝点 3 个。

【企业管理】 开展“管理效益年”活动，促进企业规范化运营。修订管理制度，规范工作流程，调整组织结构，提高管理和工作效率。建立巡回会议制度，推进执行力建设。完善绩效考核机制，建立个人收入与岗位责任、企业效益密切挂钩的增减机制。实行用工制度动态化管理，周村盐业公司与 5 名职工有偿解除劳动合同。

【结构调整】 全市盐业部门加快转方式、调结构工作步伐。沂源盐业公司一期投资400万元的沂源助业畜禽公司投产，年可出栏鸡40万只；沂源盐业公司冷风库储存果品300万公斤，实现利润62万元。博山盐业公司英雄路自营店建成开业，投资60万元的盐业酒店升级改造工程竣工投入运营。 （孙立敏）

本部类编　辑：赵建国
副主编：安永善
校　对：王　娟
耿　超

·齐文化名人·

孙　膑

孙膑（约前380—前320），齐人，孙武的后代，战国时齐国著名军事家。

少时，他与魏人庞涓同从鬼谷子先生王栩学习兵法。庞涓任魏国将军后，忌妒他的才能，把他骗到魏国，构陷罪名，处以膑刑（剔去膝盖骨）。后经齐国使臣淳于髡秘密救回齐国，向当时执掌齐国兵权的田忌举荐孙膑。在一次田忌与齐威王的赛马中，孙膑设计使田忌战胜了齐威王，田忌趁机向威王举荐了孙膑，被齐威王用为军师。

孙膑认为，“举兵绳之”“战胜而强立，故天下服矣”是战争的重要意义和主要目的。孙膑对孙武“知己知彼、百战不殆”的军事思想作了补充和发挥。他强调在战争中，要具体分析敌我双方条件和其他客观因素，做到“知天、知地”“内得其民之心，外知其敌之情”。在战术上，他主张“营而离之，并卒而击之”。他治军严明，坚持“赏不逾日，罚不还面”。

前354年，魏王令庞涓带8万兵包围赵都邯郸，赵国向齐国求救。齐王命孙膑为军师，田忌为将，率军救赵。孙膑乘魏国内部空虚，率军直捣魏都大梁（今河南省开封市），庞涓撤军回救。孙膑在桂陵设伏，齐军以逸待劳，大破魏军，庞涓被擒，魏军死伤2万人。

前342年，魏国又派太子申和庞涓率10万兵进攻韩国，韩国也向齐国求援。齐国仍用孙膑、田忌出兵救韩。孙膑利用魏军悍勇善战轻视齐国的心理，在进军路上逐日减少军灶，表示齐军日有逃亡。庞涓认为齐兵惧战已逃亡过半，便兼程追赶。孙膑设伏兵于马陵山谷险地。一战全歼魏军10万，庞涓自刎，生擒魏太子申。齐国声威震惊诸侯，孙膑也因此名显天下。

孙膑有兵书传世。1972年，在山东省临沂银雀山汉墓中发现了《齐孙子》即《孙膑兵法》竹简。

外经外贸

对外经贸

【对外贸易】 2011年，全市外贸进出口实现快速增长，完成进出口90.6亿美元，首次突破90亿美元，比2010年增长34.7%。其中，出口完成53.3亿美元，增长32.1%；进口完成37.3亿美元，增长38.5%。进出口总额在全省各市排名第八，出口列第六位，进口列第八位。

石化行业、冶金矿产、农副产品出口增幅保持快速增长，高于全市平均水平。其中，石化行业出口16.09亿美元，增长71.6%；冶金矿产出口1.8亿美元，增长61.1%；农副产品出口6428万美元，增长46.1%。其他行业中，纺织品出口9.33亿美元，增长20.3%；机电产品出口6.31亿美元，增长29%；轻工产品出口6.01亿美元，增长16.8%；服装出口5.63亿美元，增长23%；建材产品出口1.42亿美元，增长12.1%。医药出口4.81亿美元，下降3.9%。

淄博市与十大贸易伙伴间的进出口额均实现增长，东盟、美国、欧盟、韩国和澳大利亚是淄博市前五大贸易伙伴。主要出口市场均实现增长，其中对东盟、韩国、南亚、日本、澳大利亚出口增长尤为明显，增幅均超过全市平均水平。对东盟出口6.98亿美元，增长34.9%；对韩国出口4.42亿美元，增长32.4%；对南亚出口3.62亿美元，增长43.8%；对日本出口3.5亿美元，增长42.8%；对澳大利亚出口1.47亿美元，增长72.1%。其他主要出口市场中，对美国出口10.3亿美元，增长27.6%；对欧盟出口8.97亿美元，增长28.8%；对中东出口3.36亿美元，增长21.9%；对俄罗斯出口1.48亿美元，增长24.8%；对巴西出口1.18亿美元，增长30.3%。十大出口市场中，新兴市场占六席。

主要进口市场中，自美国、欧盟、韩国、俄罗斯、中东进口增长显著。从美国进口4.98亿美元，增长65.4%；从韩国进口3.15亿美元，增长41.1%；从俄罗斯进口2.25亿美元，增长115.2%；从中东进口1.21亿美元，增长52.1%。其他主要进口市场中，从东盟进口8.45亿美元，增长36.9%；从澳大利亚进口5.28亿美元，增长37.4%。

2011年淄博市前十位出口市场情况表

表12—01　　　　单位:万美元

国别(地区)	出口额	比2010年增长(%)
合　计	452904	32.2
美国	102985	27.6
欧盟	89721	28.8
东盟	69778	34.9
韩国	44238	32.4
日本	36245	43.8
南亚	35045	42.8
中东	33552	21.9
澳大利亚	14816	24.8
俄罗斯	14700	72.1
巴西	11824	30.3

2011年淄博市出口市场结构示意图

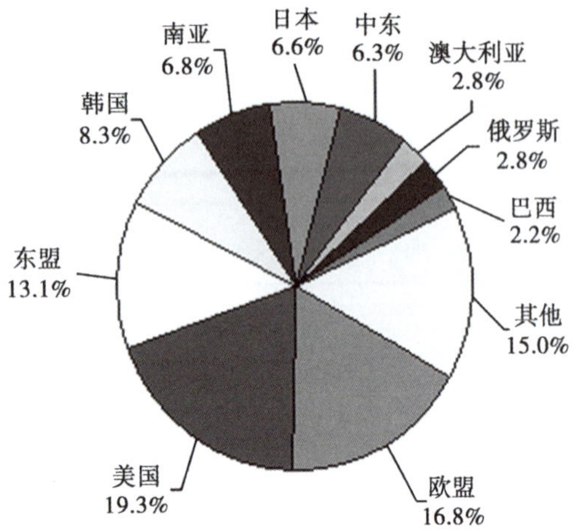

2011年淄博市20大类出口商品出口情况表

表12—02　　单位:万美元

商品名称	出口额	比2010年增长(%)
合计	317875	17.4
纺织品	93310	20.3
服装	56346	23.0
玻璃制品	22105	19.3
机械及设备	18175	53.5

续表12—02

商品名称	出口额	比2010年增长(%)
电器及电子产品	16151	22.4
医药品	15896	—40.8
高新技术产品	14972	29.6
家用陶瓷	10846	10.6
铝材	9528	87.7
塑料制品	9112	27.1
金属制品	8947	12.8
钢材	8411	62.1
仪器仪表	6314	13.3
运输工具	6252	57.9
医疗仪器及器械	5636	9.1
家具	5506	7.1
灯具、照明装置	3782	10.6
平板玻璃	3642	—5.0
生皮及皮革	2326	—12.2
水泥	618	28.5

2011年淄博市前二十名进出口企业情况表

表12—03　　单位:万美元

序号	企业名称	进出口额	增长(%)	出口额	增长(%)	进口额	增长(%)
	合计	684968	39.0	364943	39.5	320025	38.4
1	鲁泰纺织股份有限公司	63733	39.6	47088	30.6	16645	73.3
2	中铝(山东)国际贸易有限公司	50509	30.5	11675	29.1	38834	30.9
3	山东东岳化工股份有限公司	48704	96.1	47273	105.9	1431	—23.7
4	南金兆集团有限公司	36123	22.6	40	——	36083	22.4
5	张店钢铁总公司	33374	35.0	0	—100.0	33374	35.0
6	山东博汇纸业股份有限公司	22878	55.7	4028	340.2	18850	36.8
7	山东海力化工股份有限公司	17790	87.7	13495	206.5	4295	—15.4
8	山东东佳集团有限公司	17769	63.6	13337	106.1	4432	1.0
9	山东宏信化工股份有限公司	17409	131.4	523	2652.6	16886	125
10	山东新华制药股份有限公司	17366	20.7	16642	20.2	724	34.6
11	淄博加华新材料资源有限公司	15185	345.4	15167	346.4	18	63.6
12	山东清源集团有限公司	15075	87.5	0	——	15075	87.5

续表 12—03

序号	企业名称	进出口额	增长(%)	出口额	增长(%)	进口额	增长(%)
13	鲁丰织染有限公司	14628	44	12199	24.2	2429	625.1
14	兰雁集团股份有限公司	13791	11.2	7219	28.2	6572	—3.0
15	山东蓝帆塑胶股份有限公司	10579	11.8	8576	14.4	2003	2.0
16	淄博钜创纺织品有限公司	9695	13.6	5798	—6.4	3897	66.4
17	淄博大桓九宝恩皮革集团有限公司	8794	—15.1	1682	—3.1	7112	—17.5
18	山东淄博德元制革有限公司	7540	52.4	55	—85.0	7485	63.3
19	山东华瑞道路材料技术有限公司	7412	118.2	0	——	7412	118.2
20	淄博德诺铝业科技有限公司	7324	99.8	7066	94.8	258	561.5

注:表内增长幅度为与2010年相比。

【利用外资】 2011年,全市新批外商投资企业32家,比2010年增长10.3%;新增合同外资6.32亿美元,增长90.5%;实际利用外资7.11亿美元,增长21.3%;其中,外商直接投资(FDI)4.5亿美元,增长0.3%。在2011年香港山东周招商活动中签约重点项目5个,总投资45.3亿美元,合同外资额13.7亿美元。新批外商投资企业及增资项目中,总投资超过3000万美元的项目14个,合同外资额4.88亿美元;总投资超过5000万美元的项目8个,合同外资额3.85亿美元。全市共新批服务业外资项目(含增资)25个,总投资3.07亿美元,合同外资额1.95亿美元,是2010年的1.9倍;实际到账外资1.04亿美元,是2010年的2.1倍。

【境外投资】 是年,完成对外工程承包营业额2.8亿美元,比2010年增长17.1%,完成中方协议投资额9521万美元,增长36%。境外资源合作开发项目成效显著。淄博宏达矿业秘鲁邦沟铁矿项目勘探、环评、设计等前期工作进展顺利。金顺达集团、华联矿业、耀昌球团等企业在澳大利亚、墨西哥、智利的资源开发项目初见成效。有9家企业在东南亚地区投资建厂,中方协议投资额9476万美元。山东胜越石化工程建设有限公司和山东天泰建工有限公司新签境外总承包工程项目,收益明显提高。

【园区建设】 2011年,全市10个省级以上经济开发区完成地区生产总值1677亿元,占全市地区生产总值的51%,实现工业总产值5200亿元,占全市工业总产值的50%。实现主营业务收入5077.6亿元,占全市主营业务收入的51%,增长26%。上缴税收294.8亿元,增长83%,规模以上固定资产投资632.8亿元,增长34%。

(牛广牧)

海　关

【概况】 2011年,淄博海关贯彻“把好国门、做好服务、防好风险、带好队伍”的总体要求,以建设活力、和谐、幸福的一流基层海关为主线,提升把关服务能力与防控三大风险能力,推动基层海关科学持续发展,先后获山东省打私工作先进单位等12项荣誉称号。

【海关业务】 淄博海关完善内部配合机制,修订完成《罚没收入财务管理联系配合办法》《统计数据使用管理办法》等6项制度。提升企业守法自律意识,辖区新增AA类企业5家、A类企业14家,企业守法信誉保持高水平。特殊监管场所迅速发展。淄博保税物流中心通过国家验收并封关运营;省内唯一的内陆液体化工品公用型保税仓库获批并投入运营。海关税收入库23.2亿元,比2010年增长31.3%,增加5.6亿元。其中审价补税467票,增长40%,补税1858万元。通关监管业务稳步增长。受理进出口报关单8.8万票,增

2011 年 9 月 21 日，淄博保税物流中心颁发验收合格证书仪式

（赵彦鹏　摄）

长 5.2%，监管货值 61 亿美元，增长 28%，均创同期最高水平。稽查工作扎实开展。对 31 家企业进行常规稽查、验证稽查和专项稽查，对 137 家企业开展保税核查，补税入库 249 万元。加工贸易业务稳步发展。备案手册 942 份，备案值 4 亿美元；实际监管加工贸易进出口货物 21.7 亿美元，增长 22.6%；加工贸易内销征税 6240 万元。开展对纺织服装、机械设备等行业的专项缉私行动，办理行政案件 27 起，案值 1873 万元，涉税 112 万元；罚没入库 105 万元。

【服务经济发展】 淄博海关继续加大对外向型经济的扶持力度，扶持淄博保税物流中心通过验收并封关运营。召开企业座谈会，制作发放《保税物流中心海关监管及税收政策须知》宣传手册，加强政策推介，促进保税物流中心快速发展。截至年底，该中心入驻物流企业 2 家，累计进出中心货物 546 吨，货值 1469 万美元。对符合转方式、调结构的重点项目、重点企业提供跟踪服务。扶持设立全省内陆首家液体化工品公用型保税仓库；协助鲁泰纺织股份有限公司就继续享受外资企业税收优惠进行认定；为 12 家高信誉企业开通“属地报关、口岸验放”模式，办理属地通关业务 15 笔，征税 5185 万元。撰写《打造鲁中液体保税物流平台》等调研报告 4 篇，向市政府报送海关统计信息、政策分析信息等 37 篇。推广“分类通关”等举措，落实首问负责、预约通关、周末绿色通道等服务承诺，接受社会监督。全年加班 200 余次，为企业审放货物 16000 余票，确保各类紧急通关货物及时通关。

【内控机制建设】 2011 年，淄博海关完善内控机制，推进科室业务自控、内审复核、统计监督评估和系统风险监控“四维一体”的基层自控体系建设。该体系要求科长每日下班前复核主要业务单证，及时发现并纠正执法差错；依托内审小组每周两次对高风险作业单证集中复审，审计单证 6.6 万份，查纠问题 49 个，补税 125 万元；统计岗位每日加强对异常数据的分析监控并定期开展执法评估；印发《关于加强 HL2008 系统应用的通知》并制定系统应用考核办法，发布处置单、提示单 481 份，移交案件线索 2 起，补征税款 325 万元。修订完善《财务管理制度》《保证金管理联系配合办法》等 4 项管理制度，并制定涵盖人员管理、岗位职责、操作规范等内容的《行政后勤管理制度汇编》。开展非执法领域内控节点排查，共排查节点 29 个，改进内控不完善的节点 1 个。　（赵彦鹏）

出入境检验检疫

【概况】 2011 年，淄博出入境检验检疫局检验检疫出入境货物 43873 批，货值 28.86 亿美元，批次比 2010 年下降 6.15%，货值增长 27.04%。其中出境 40370 批，货值 22.06 亿美元，批次下降 6.87%，货值增长 22.14%；入境 3503 批，货值 6.8 亿美元，分别增长 2.97% 和 46.09%。被山东出入境检验检疫局表彰为全省系统创先争优先进集体，连续 4 年被市委、市政府表彰为全市目标管理考核优秀领导班子。

【动植物检验检疫】 全年检验检疫进口皮张 831 批，货值 1.75 亿美元，批次比 2010 年减少 4.7%，货值增长 31.6%。检验出口蔬菜 869 批，货值 2330 万美元，分别增长 6.1% 和 8.37%。检

2011年6月14日，现场核对进口食品添加剂标签

（淄博检验检疫局　供稿）

验出口木制品及木制家具2551批，货值1.02亿美元，分别增长19.1%和22.5%。检验出境草柳编制品168批，货值203.6万美元，分别减少87.5%和74.1%。检验检疫出口冻兔肉24批，货值248.3万美元，分别减少29.4%和31.2%。检验检疫出境水果43批，货值148.1万美元，批次减少28.3%，货值增长15.2%。检验检疫出境种苗花卉233批，货值269.7万美元，分别增长55.94%和65.98%。检验检疫进境木材150批，货值328.9万美元，分别增长72.41%和103.9%。检验检疫饲料和饲料添加剂106批，货值1433.18万美元，分别增长71%和172.04%。

【轻工纺织检验检疫】 全年检验检疫进口棉花247批，货值2.45亿美元，批次比2010年减少15.4%，货值增长54.4%。检验出口日用陶瓷11304批，货值2.21亿美元，批次减少1.4%，货值增长11%。检验出口卫生陶瓷产品227批，货值643万美元，批次增长37.58%，货值减少26.35%。检验出口面料8845批，货值6.38亿美元，批次减少16.9%，货值增长15.5%。检验出口服装6676批，货值4.4亿美元，批次减少13%，货值增长11.94%。检验出口玻璃制品532批，货值1381万美元，分别增长34.68%和51.76%。检验出口其他轻工产品304批，货值902万美元，分别下降22.05%和9.16%。

【机电化矿检验检疫】 全年检验检疫出口小家电产品812批，货值2160.4万美元，批次比2010年下降7.7%，货值增长6.9%。检验出口机动车辆77批，货值1252.3万美元，分别增长71.1%和74.0%。检验出口电子电气产品909批，货值2405.5万美元，批次下降6.29%，货值增长10.31%。检验出口蓄电池245批，货值1065.9万美元，分别增长40.8%和51.7%。检验出口绝缘子496批，货值903.2万美元，分别增长7.6%和21.7%。检验出口金属材料412批，货值1.17亿美元，分别增长33.8%和341.8%。检验进口机电产品452批，货值1.44亿美元，分别增长8.9%和53.4%。检验检疫出口化工品2872批，货值3.37亿美元，分别增长11.5%和113.6%。检验检疫出口矿产品59批，货值531.5万美元，批次下降24.4%，货值增长31.6%。检验检疫进口化工品223批，货值1363万美元，分别下降7.9%和20.8%。检验检疫进口矿产品15批，货值136.7万美元，分别增长650%和685.6%。

【入境废旧原料查验】 全年检验检疫进口废纸978批，货值6807.58万美元，比2010年分别增长29.71%和56.90%。检疫监管进境废塑料476批，货值1164万美元，分别增长70.6%和53.2%。检验出境木质包装4597批，数量401117件，分别增长2.4%和69.0%；对178批、445标准箱出境法检和非法检货物进行卫生除害处理。

【为外经外贸服务】 是年，进一步简化企业报检通关流程，与海关合作实施通关单联网核查的无纸化通关模式，货物进出效率大幅提高。全年签发电子通关单32500份，货物通关时间缩短，为企业降低进出口成本100万元。增加和升级进口直通、出口绿色通道、出口免验等新的检验监管模式。辖区有进口废纸直通场站3个，进口棉花直通检验检疫保税库4个，出口绿色通道企业23家，出口免验企业2家。帮扶淄博保税物流中心

2011年9月21日，工作人员对出口日用陶瓷进行铅镉溶出量检测
（淄博检验检疫局　供稿）

建成开通全省首个进口棉花直通式公用型保税仓库。建立临时办事协调小组，进驻保税物流中心，保证相关工作及时有效开展。指导企业用足用好区域性优惠原产地政策，全年签发普惠制和区域性优惠原产地证书22585份，金额10.5亿美元，为出口企业增加收益3.31亿元人民币。2011年，对经检验不合格的4批进口机电设备、237批进口棉花和1批进口废纸，依法对外出具索赔证书，协助企业索赔366万美元。

【科研与实验室建设】 是年，淄博出入境检验检疫局组织技术攻关，开展液体、固体和半固体食品中邻苯二甲酸酯以及纺织品中烷基酚聚氧乙烯醚的检测业务，建立起高效液相色谱—串联质谱（LC－MS－MS）检测动物源性食品中氯霉素残留、硝基呋喃代谢物的方法，检测限分别达0.1微克/千克和0.5微克/千克。认可检测范围达到59类产品、245个项目，检测能力大幅提升。有11项科研课题通过鉴定，其中1项达到国际领先水平。承担和参与的4项检验检疫行业标准，被国家认监委正式立项。完成的行业标准《日用陶瓷耐洗碗机洗涤性能测试方法》通过认监委审定。在山东出入境检验检疫局2011年科技进步奖评选中，淄博出入境检验检疫局获一等奖1个、二等奖1个、三等奖4个。参加中国合格评定国家认可委员会组织的酱油中苯甲酸、山梨酸检测能力验证，均获得优异成绩。陶瓷实验室能力验证管理体系和陶瓷钴溶出量检测扩项申请，顺利通过中国合格评定国家认可委员会组织的现场评审。与必维国际检验集团签署实验室检测合作协议，与淄博市商务局签署公共检验检测服务平台建设合作协议，满足进出口企业在驻地检测的需求，为企业搭建起便捷的国际检验通道。（王满刚）

本部类编　辑：赵建国
副主编：安永善
校　对：王世伟
纪　瑗

招商引资

【概况】 2011年，全市外来投资3000万元以上招商引资项目167个，实际到位外来投资203.8亿元，完成年度计划的107.2%。

【工业项目招商】 工业项目吸引外来投资优势突出。2011年，全市外来投资3000万元以上工业项目108个，实际到位外来投资146.0亿元，占全部外来投资的71.6%。其中，高新技术项目38个，实际利用外来投资66.3亿元，占全部工业项目利用外来投资的45.4%。工业项目利用外来投资的质量进一步提高，对全市产业结构的优化调整起到积极作用。

【服务业招商】 服务业招商取得明显成效。2011年，全市服务业招商引资项目53个，实际利用外来投资54.5亿元，占全部利用外来投资的26.7%。华润城市综合体、淄博太空港、嘉亿国际财富中心等一批大型综合体项目相继开工，中国太平洋财产保险电话保险运营中心、光大银行淄博分行等现代服务业项目先后落户，香港新恒基集团投资30亿元的世界贸易中心、茂业国际控股有限公司投资40多亿元的“城市客厅”等大型服务业项目相继签约，促进全市服务业的结构升级与繁荣发展。

2011年10月25日，强强集团赤泥还原铁综合利用项目签约仪式

（市招商局　供稿）

【大项目招商】 2011年，淄博市高度重视产业规模化、集群化和高端化对区域经济发展的重要支撑作用，努力在引进大项目上实现新突破，全市实际到位外来投资过亿元的招商引资项目65个，比2010年增加19个，实际到位外来投资152.1亿元，占全部外来投资的74.6%，同比提高7.8%。其中，陕西高强集团投资55亿元的嘉亿国际财富中心项目、强强集团投资22亿元的赤泥还原铁综合利用项目等一批大项目陆续开工建设。

【股权招商及上市融资】 2011年，全市招商部门通过搭建平台，利用股权融资机构在资金、运营、市场等方面的优势，帮助企业引进股权投资，增强企业资本实力和核心竞争力，促进企业更好发展。淄博商厦、山东唐骏欧铃汽车制造有限公司、三金玻璃机械有限公司等12家企业实施股权招商，引进重要战略投资者，吸引外来投资24.7亿元。5月26日，2011淄博股权招商项目洽谈会在淄博市成功举

2011年5月26日,淄博股权招商项目洽谈会现场

(市招商局　供稿)

办,近50家国内外知名股权投资机构代表和投资客商到会,与全市80多家成长型企业负责人进行深入洽谈,当场达成12个投资意向。万昌科技股份有限公司、金城医药化工股份有限公司、山东瑞丰高分子材料股份有限公司3家企业年内相继完成首次公开募股,净融资达11.8亿元。15家企业通过股权招商及上市融资共吸引外来投资36.5亿元,占全部外来投资的17.9%。

【存量招商】 存量资源成为吸引外来投资的重要支撑。2011年,发掘存量优势,拓展招商空间,成为招商引资实现新突破的关键。全市利用存量优势,通过旧城改造、增资并购、闲置盘活、技术改造等多种方式实现招商引资项目62个,占项目总数的37.1%,实际利用外来投资84.1亿元,占全市利用外来投资总额的41.3%。其中,张店区、临淄区、淄川区利用存量优势吸引外来投资的比重均达到50%以上,存量招商进一步缓解土地瓶颈对招商引资的制约。

【招商基础工作】 全市招商部门深入细致地做好招商基础工作,积极对外联络,扩大招商渠道和途径,增强招商实效。1.开展招商项目调研。3月,对各区县、高新区征集策划的178个招商项目进行现场调研,经过分析整理,策划包装好一批切实可行的好项目。2.开展"转型与创新"调研活动。6～8月,在全市招商部门开展以"创新实施招商引资战略,助推全市经济社会新跨越"为主题的调研活动,深入调查研究招商引资对经济社会发展的作用,实事求是地提出新形势下创造性实施招商引资战略的新方式、新渠道和新措施等。3.完善网络招商平台,拓宽招商渠道。更新改版淄博招商信息网站,增设知名企业、投资动态、专题活动等多个版块,增设在线洽谈功能,适时更新招商项目库和3个外文网站的主要内容,完善网站管理维护制度,与客商的投资咨询和洽谈交流更加方便快捷,网站的交互性进一步增强。

【综合管理工作】 认真组织完成2010年度全市招商引资考核认定工作,筹备召开全市对外开放工作暨招商引资大会,对在重点招商引资项目引进、建设过程中做出突出贡献的13家单位和12家优秀服务单位进行通报奖励。加强重点招商项目的跟踪和落实,对全市外来投资1亿元以上的在建、拟建重点项目实行月调度、季通报制度,及时掌握项目动态,加大推进力度。印发《全市各区县、高新区、文昌湖区2011年度招商引资综合考核办法》,修订完善《淄博市招商引资考核认定实施细则》。积极协调、主动帮助企业解决项目推进过程中遇到的困难和问题,为金帝购物广场扩建等符合条件的项目,按照规定落实招商引资优惠政策,保障项目顺利进展。

2011年淄博市各区县招商引资任务完成情况

表13－01　　单位:万元

单位名称	计划指标	实际完成	完成比例
张店区	236000	266310	112.84%
淄川区	210000	225121	107.20%
博山区	177000	180534	102.00%
周村区	176000	182024	103.42%
临淄区	276000	301930	109.39%
桓台县	267000	276948	103.73%
高青县	130000	143772	110.59%
沂源县	132000	144400	109.39%

续表 13—01

单位名称	计划指标	实际完成	完成比例
高新区	233000	253574	108.83%
文昌湖旅游度假区	63000	63000	100.00%
合　计	1900000	2037613	107.24%

（张淑维）

本部类编　辑：王　娟
副主编：徐　杰
校　对：王世伟
纪　瑗

·齐文化名人·

田　穰　苴

田穰苴，生卒年月不详，田氏庶族。因曾官居大司马，史称司马穰苴。齐国著名军事家，兵家代表人物，以严法治军、克敌制胜而知名于世。

齐景公时，晋、燕联合出兵攻打齐国，齐兵屡败，景公十分忧虑。相国晏婴便把还是平民的田穰苴推荐给景公，说他“文能附众，武能威敌”。景公和他谈论兵法和齐国战事后，马上破格用为将军率军拒敌。穰苴考虑到自己出身微末，提为大将，将士一定不服气，军令难行，便请求景公派一德高望重的大臣作监军。于是景公便派最受宠信的大夫庄贾作监军。当下约定次日正午在军门集会，整点出兵，不得有误。第二天，庄贾自恃景公宠信，留连欢饮亲朋好友的送行酒，日已平西才徐驱而至。穰苴俨然问：“监军为什么违期迟到？”庄贾说：“亲朋备酒送行，所以晚到。”穰苴正色说：“作大将的，从接受任命时起，就要忘掉家庭；身在军队，受纪律约束，就要忘掉自己的亲属；临阵决战，就要舍生忘死；赏功罚罪，就要忘掉私亲。如今大敌压境，举国忧心，士兵们在边境上日晒夜露，国君睡不安席，食不甘味，百姓的生命都系在你身上，怎能安闲饮乐？”便问军政司，违期迟到该当何罪。军政司说：“应当斩首。”穰苴便令刀斧手将庄贾推出辕门斩首。庄贾的随从人急去景公处报信求救，景公就派另一宠臣梁丘据疾车传谕赦令。穰苴说：“将在外，君命有所不受。”又问军政司营中驰车该当何罪。军政司答道：“当斩。”穰苴说：“虽然君主使臣不可杀，但军法不可不执行。”乃下令毁掉车子，砍杀驾车马匹，代替使臣受法。于是大小三军无不畏服。穰苴率兵直出，晋军闻风逃遁。燕国人才待渡河北去，齐兵乘势追杀，斩首万余，全胜而归。齐景公亲到城外迎接，并拜他为大司马，使掌兵权。

他的声威及刚正不阿，引起鲍氏、高氏和国氏在景公面前恶语陷害，最后景公撤了他的官职，他忧郁成疾而死。

田穰苴在研究前人经验的基础上，结合自己的军事实践，总结成了《司马穰苴兵法》，但未编结成书。到齐威王时才被人整理成书，也称《司马法》。该书多有散佚，至唐代编《隋书·经籍志》时录为3卷5篇，流传至今，成为中国古代军事史的宝贵遗产。

经济园区建设

淄博高新技术产业开发区

【概况】 2011年，淄博高新技术产业开发区辖1个街道办事处、43个行政村、19个居委会，人口115717人，男女性别比为96.6:100，人口自然增长率为6.7‰。全年实现火炬计划营业总收入1810亿元，比2010年增长17.5%；利税260亿元，增长30.5%；固定资产投资97.86亿元，增长28.9%；地方财政收入突破20亿元，增长24.29%；城镇居民人均可支配收入28225.5元，增长18%；农民人均纯收入13715.97元，增长20.2%。拥有各类企业4000余家，其中营业收入达到亿元以上的90家，达到10亿元以上的23家；上市公司15家，外商投资企业400多家。

【科技创新】 政策扶持体系进一步完善。印发《关于进一步加强区域创新平台建设的意见》，加大扶持力度，形成科技创新政策支持体系。组织召开全市火炬工作表彰奖励大会。直接用于科技创新扶持资金4000余万元，比2010年翻一番。科技孵化体系加快推进，先进陶瓷、生物医药、精细化工和高分子材料、先进制造、电子信息、新能源六大特色产业创新园建设进展顺利，建筑面积达200万平方米，区财政直接投资的13亿元可带动80多亿元的创新园投资。建设完善"智慧城市高新区数字港"、精密仪器制造质量检测和控制、无机非金属材料、生物医药、电子仪器仪表等集研发、实验、检测、信息服务于一体的专业公共技术服务平台。产学研合作推进计划进一步加快。共举办"科技周""创新论坛"等产学研活动15次，与高校院所达成合作意向230余项，新引进高层次创新创业人才4名。"国家高新区MEMS研究院""中国工程院新材料工程研究咨询中心""山东大学淄博生物医药研究院""天津大学山东研究院"等重要产学研合作平台加快推进。争取中国工程院在淄博设立山东新材料发展战略指导委员会办公室作为常设机构。创新完善投融资体制机制，在全国率先实施"金诚信"中小企业集合贷款计划，为73家科技型高成长中小企业贷款4.6亿元。区内15家担保机构累计担保贷款59亿元。成立全省首家区县级中小企业服务中心。科技管理服务工作进一步加强，建立高新区

2011年8月17日，深圳茂业集团城市客厅项目签约仪式在齐盛宾馆举行

（高新区管委会　供稿）

科技资源库，健全完善知识产权管理、协调和服务体系，新认定高新技术企业12家，区内达到63家；完成科技成果鉴定21项，其中国际领先水平3项、国际先进水平10项；申报省级重点实验室5家、工程技术研究中心5家、市级工程技术研究中心15家。申请专利1221项，授权专利442项；新增中国驰名商标1件，山东省著名商标3件。

【招商引资和重点项目建设】 创新招商引资和项目推进的体制机制，围绕区内主导产业和战略性新兴产业发展，推进产业招商、专题招商和特色园区招商。积极推行现场工作法，全力抓好项目建设。组织开展“项目建设会战月”活动，实行重点项目领导挂包责任制和例会及专题调度制度，成立中国淄博太空港、印象齐都出版传媒文化创意产业园等5个重大项目专项工作指挥部，设立“重点建设项目行政效能跟踪督查办公室”，在春、秋两季集中组织开展重点项目开竣工及巡检活动。

8月17日，淄博市高新区管委会与深圳茂业集团城市客厅项目签约仪式在淄博齐盛宾馆隆重举行。深圳茂业集团将投资40亿元，在淄博高新区建设高度超过300米的集高档酒店、购物中心、会展中心、高端写字楼和住宅社区于一体的城市客厅项目，这也是继淄博高新区加快推进名尚城市广场、中国淄博太空港、印象齐都出版传媒文化创意产业园等服务业项目建设后，引进的又一重大现代服务业项目。

全年实现合同利用外资3.5亿美元，实际利用外资1.42亿美元，增长71.2%。在建重大项目74个，总投资351亿元。其中，亿元以上项目51个，总投资达336亿元。项目全部投产达效后，产能将达到400亿元以上。签约项目15个，总投资147.68亿元；在谈项目51个，总投资95.2亿元。

【特色产业创新集群】 立足产业基础，发挥比较优势，结合国家战略性新兴产业发展规划，进一步调整产业结构，不断延伸产业链，新材料、现代医药、精细化工、先进装备制造、电子信息和高技术服务业为代表的特色产业创新集群加快壮大，以基地为依托、以园区为载体、以骨干企业为龙头的“一区多园”格局日益凸显。完成《淄博市新材料产业“十二五”发展规划研究报告》编制工作，进一步发挥高新区新材料产业聚集区的优势带动作用。积极推进中国功能玻璃、无机非金属纳米材料、先进陶瓷、现代医药、先进装备制造5个产业示范基地和钛合金、铝加工、不锈钢三大有色金属新材料板块的发展。新规划建设电子信息产业示范基地和高分子材料产业示范基地，已有总投资近30亿元的12个项目入园。清华大学工程机械学院微纳米系统（MEMS）制造产业基地和中航工业北京航空材料研究院科技成果产业化基地正加快推进，齐芯科技、中航钛业、中航铝业、中航测控等一批高科技项目进区发展。纳米无机非金属材料、钛合金、铝合金、开关磁阻电机等25条高端产业链条加速发展。与淄川区、博山区、高青县共同设立产业托管区，进一步拓宽发展空间。文化产业加速推进，区内拥有印刷、发行、包装装潢企业60余家，固定资产总投入5.1亿元；文化创意企业64家，注册资本6696万元；各类文化品牌20余个。印象齐都等3个项目、海尔兄弟等6个品牌及汇文商务等6家企业列入全市326项工程。现代服务业加速发展。淄博保税物流中心（B型）封关运营，成为省内唯一一家内陆保税物流中心；积极发挥山东省服务外包示范基地和服务外包企业主要聚集区的龙头作用，年内全区服务外包企业达79家，完成服务外包执行额3300万美元。中国淄博太空港、印象齐都出版传媒文化创意产业园、汇金大厦等总投资124.47

2011年11月，高新区实验中学外景

（高新区管委会办公室　供稿）

亿元的十大服务业项目加快推进。

【生态文明建设】 立足建设生态和谐宜居文明城市，进一步加大城建投入力度，组织实施总投资23亿元的城建计划，包括新建、续建重点工程21项。总面积2000平方米的高新区城乡发展规划展览馆对外开放。湖南路北延、果周路、付山路跨线桥、中心城区大外环重点工程以及园区11条配套道路建设已基本完工，西五路跨线桥加快建设，实施电力线路改造、雨污水和供气管线等多项综合配套工程，水、电、汽、燃气、通信等市政设施进一步完善，城市综合承载力不断提升。实施生态恢复和城市绿化，加快推进四宝山地区环境整治和生态恢复工程，四宝山地区生态恢复已由绿化为主的生态修复转化为全面提升的生态建设阶段。城乡绿化水平进一步提高，实施湖南路北延绿化、果周路绿化、大外环绿化以及主要道路花草种植、补植工程；实施涝淄河、猪龙河综合整治工程和鲜花进城工程，建成区绿化覆盖率50%，绿地率43.9%。强化节能减排工作，建立2000万节能降耗专项资金，对重点用能企业实行网上在线监测，加大检查力度，对进区项目严格落实能评环评，工业企业排放达标率达98.2%；城市污水、城乡垃圾实行集中处理，淘汰落后产能任务完成率达100%，化学需氧量排放量控制在3650吨以内，SO_2排放削减率达到3%。

【民生民本】 创新城乡统筹发展的体制机制，在设立农村与社会事业工作委员会、地方事业局与四宝山街道办事处局办合一的基础上，又设立石桥科技产业园党委和宝山文化教育产业园党委，为地方经济和社会事业发展提供保障。都市农业加快发展，组织召开工委扩大会，专题研究加快都市农业和社会事业发展的对策，制定《关于加快都市农业三大农业基地建设的意见》，建立2000万元都市农业发展基金，高新区现代农业科技示范园等8大都市农业园区加快推进。加快实施"村级集体增收、农业园区增收、企业带动增收、服务农民增收、品牌农业增收、生态旅游增收、农业科技增收"7项富民工程，城乡居民收入不断提高。新型城镇化水平进一步提升，已有近20个村庄完成旧村改造。魏家社区城中村改造工程投入使用。开工建设经济适用房1200套，实物配租廉租房108套，全年竣工各类保障性住房1407套，高新区城镇居民住房保障率先实现应保尽保，走在全省前列。社会事业加快发展。深入实施国家新型农村社会养老保险，新农合、农村养老保险、城乡低保补助标准达到全市最高。农村低保标准由年人均1400元提高到1700元，城市低保由月人均316元提高到360元。淄博金域东山老年康复中心奠基。投资近10亿元的淄博中学、高新区实验中学、外国语学校和3所小学扩建改造项目基本完成；在全省率先实施学前三年免费幼儿教育，高新区大教育格局基本形成。深入实施固本强基维稳工程，加强社会管理创新，坚持依法行政，强化矛盾纠纷排查化解，注重加强社会治安综合治理，保持社会大局的持续稳定。

（邢　军　于　娜）

文昌湖旅游度假区

【概况】 文昌湖旅游度假区位于淄博市中心城区西南，处于张店区、淄川区、周村区合围之中，辖萌水镇和商家镇，总面积96.5平方公里，共有63个村、5.2万人。区域内文昌湖（原萌山水库）总库容9025万立方米，湖面面积约7平方公里。2010年11月7日，市委、市政府召开会议，全面部署文昌湖旅游度假区开发建设，决定成立文昌湖旅游度假区党工委、管委会，作为市委、市政府派出机构，负责区内党的工作和经济、社会事务管理，并将隶属市水利局领导的萌山水库管理处调整为隶属度假区管委会领导。2010年11月26日，省政府批准文昌湖旅游度假区列入省级旅游度假区。

2011年1月29日，文昌湖旅游度假区党工委、管委会揭牌成立。2011年6月1日，文昌湖城乡统筹项目开工奠基仪式举行，省委书记、省人大常委会主任姜异康，省委常委、秘书长王敏，副省长才利民，中国海外集团总经理孔庆平，市委书记、市人大常委会主任刘慧晏，市委副书记、市长周清利等领导出席开工奠基仪式。文昌湖旅游度假区开发建设突出城乡统筹品牌，按照"生态、精致、现代"的要求，实施"一年打基础、三年出形象、

2011 年 1 月 29 日，文昌湖旅游度假区党工委、管委会揭牌仪式

（孟 峰 摄）

五年大变样"战略计划，着力打造在全省有重要影响力、在全国有重要知名度的生态旅游度假区、城乡统筹示范区、高端服务业聚集区。

【机构设置】 2010 年 11 月，文昌湖旅游度假区党工委、管委会内设工委办公室（管委会办公室）、纪检委（监察局）、组织人事部（人力资源和社会保障局）、经济发展局、城乡建设局、财政局、审计物价局、地方事业局、生态和环境保护局；2011 年 2 月，成立综合执法局，建制级别均为正科级。2011 年 7 月，成立淄博市公安局文昌湖分局，为市公安局派出机构，建制级别为副处级。2011 年 9 月，淄博市工商行政管理局成立文昌湖旅游度假区分局筹备处，按正科级机构规格筹建。2011 年 12 月，成立淄博市国土资源局文昌湖分局，为市国土资源局派出机构，建制级别为正科级。

【城乡统筹生态旅游示范区项目】 文昌湖城乡统筹生态旅游示范区项目是 2009 年 5 月省委书记姜异康率团赴港经贸活动的重要成果之一，在"2011 香港山东周"鲁港合作洽谈会上正式签约。根据市政府与中国海外集团签订的《淄博市文昌湖城乡统筹生态旅游示范区项目投资建设框架协议书》，项目总投资规模 210 亿元，由中国海外集团具体负责，计划 8 年内完成。2011 年，坚持规划先导、生态优先、基础设施先行，聘请中国城市规划设计研究院、同济大学世博园团队、新加坡 LEO 设计机构、北京易兰建筑规划设计有限公司等单位，编制完成总体规划、旅游发展规划、核心景区城市设计、滨湖公园景观概念设计和 13 项基础设施专项规划，重新修编完成土地利用总体规划。

【生态环境保护】 坚持把生态环保作为经济社会发展的命门，作为开发建设的核心和灵魂。按照规划先行、专业绿化、社会参与的原则，实施环湖绿化、路系绿化、水系绿化和山体绿化，对文昌湖周边环湖道路、荒山坡地、湿地河道等重点区域进行绿化，完成造林面积 400 余公顷。开展文昌湖上游重金属污染防治、水面船只清理等专项整治行动，实施白尼河和涣然河综合治理、湿地公园规划建设等水系生态整治工程，集中整治区域内污染源，切实提高文昌湖水质。

【区域产业发展】 把握"建设高端服务业聚集区"的产业发展方向，大力发展现代服务业和生态观光农业，关、停、转多措并举，推动产业结构调整。加强与台湾地区软件企业、齐鲁软件园的联系，积极与市软件行业协会研究制定产业发展规划，加速推进软件园规划建设，大力发展软件及服务外包等高新技术产业。深入实施传统产业技改计划，新型金属磨料及船舶配件装配加工、制瓶机技改及研发中心建设等重点项目进展顺利，淄博大亚船舶配件示范基地被确定为山东半岛蓝色经济区联动发展示范基地，大亚金属集团有限公司、淄川特种耐火材料有限公司分别上缴税金 3505 万元和 828 万元，比 2010 年增长 20.9%和 16.2%。突出抓好技术创新和品牌争创，新增省级工程技术研究中心 1 家，市级"一企一技术"研发中心 2 家，山东名牌产品 1 个，淄博助友石油化工有限公司金属陶瓷纳米润滑自修复剂项目列入省重大节能技术产业化奖励项目和省工业重点技术改造项目。大力发展生态观光农业，配套完善农业生态博览园、荷花生态园等项目，提升农业产业化发展层次。

2011年初，淄博大亚船舶配套示范基地被确定为山东半岛蓝色经济区联动发展示范基地

（孟 峰 摄）

【民生社会事业】 坚持以人为本，始终把保障和改善民生摆在突出位置，实施中小学校舍安全工程，筹资183.5万元对辖区中小学进行维修改造，新购置接送学生专用校车15辆，校园安全管理明显加强，教育教学条件明显改善。以基层医疗卫生机构改革为契机，全面理顺卫生管理体制。专门成立社保中心承接办理各项保险，共发放新农保和城镇居民养老保险金469万元。

【社会管理】 严格落实《关于加强领导班子建设的意见》，组织开展"摸实情、出实招，推进文昌湖开发建设"调研活动，提高工作执行力。坚持正确用人导向，以乡镇领导班子换届为契机，选优配齐工作机构负责人和镇党政领导班子成员。加强基层组织建设，完成村"两委"换届工作，推行村级事务"五代管"制度，基层基础进一步夯实。积极参与创建全国文明城市工作，辖区萌水镇、商家镇被市委、市政府评为全市创建全国文明城市先进集体，地区文明程度进一步提高。深入实施固本强基维稳工程，加强社会治安综合治理，突出抓好安全生产和防汛抗旱，全区社会大局保持稳定。

（孟 峰）

齐鲁化学工业区

【概况】 至2011年底，齐鲁化工区共有规模企业245家，从业人数7万余人。芳烃加工、苯酐、羰基合成产品、DOP（邻苯二甲酸二辛酯）、DBP（邻苯二甲酸二丁酯）、化工塑料助剂、添加剂等产品的规模档次均居全国领先地位，部分企业的产品在国内外市场上占有重要地位。全年实现工业总产值1624亿元（含齐鲁石化）。新开工重点工业项目16个，总投资209亿元。2011年投资76亿元。

【园区招商引资】 开展产业链招商项目研究工作，提出《临淄区、化工区化学工业产业链招商项目》，共规划精细化工产业重大招商项目80个，涉及总投资500亿元以上。积极转变招商方式，调研走访企业50余家，帮助策划引进项目10余个。协助经济开发区开展产业规划，拟规划形成钢铁精品园、精细化工园和综合服务园，在抓好北金集团精品钢铁配套项目的同时，发挥钢铁企业高炉尾气、转炉煤气、煤焦油等副产品和水电气资源优势，规划引进产业链、高科技、引导型项目，发展循环经济。全年共引进市外3000万元以上招商项目52个，到位外来投资42.66亿元。实际利用外资2083.85万美元。

【完善园区规划】 开展金山片区、金岭西部物流港、汽车贸易城等前期规划工作。针对齐翔腾达集团、中化集团等园区项目需求，与市搬迁指挥部多次对接协调规划调整、基础设施配套等事宜。完成齐鲁化工区西区控规编制工作方案，涉及区域700余公顷；金山片区整体收储土地400余公顷。

2011 年 3 月 1 日，重点项目开工暨齐翔腾达特种合成橡胶项目奠基仪式举行　　　　（张婷婷　摄）

【争创示范基地】　2011 年，积极做好“国家新型工业化产业示范基地”争创工作。协调土地、环保、工商、质检、经信、科技、人事、统计、节能办等部门，分工协作、集中用力，起草《创建示范基地工作方案》《示范基地产业发展规划》等文件材料，共形成 9 万余字的文字材料和 400 多页附件材料。顺利通过省、市有关部门的检查、验收，被评为省级精细化工示范基地。

【服务工作】　推进进区项目手续办理工作，全年备案项目 19 个，计划总投资 43.7 亿元。帮助入园区企业解决难题，协调办理有关手续，配合区有关部门为进区项目建设提供全方位服务。为齐旺达集团、淄博星团纺织有限公司等 30 余家企业协调完善环保、规划、土地、建设等手续。为中化集团蓝星东大、山东国润石化有限公司等近 20 家企业出具项目拟选址位置图和放线图等手续。强化土地收储工作，保障项目用地。完成地上附着物清点核算、补偿、签订协议等工作，会同区环保部门开展临淄区（齐鲁化工区）环境治理及工业废水及中水回用工作。与北京金源化学集团有限公司签署关于齐鲁化工区环境治理与生态建设合作框架协议。　（卞允庆）

【基础设施配套建设】　全面启动园区金山片区基础设施建设。会同金山镇落实开工前的土地征用、拆迁补偿等工作，调度园区的供电、给水、热力、污水、燃气等有关单位，顺利推进各项工程进展。同步推进重点项目齐翔工业园 7 万吨/年稀土顺丁橡胶、10 万吨/年丁二烯综合配套等项目和中国化工集团新材料基地项目开工建设。金山片区 110 千伏配电站项目列入省“十二五规划”电网发展规划 2011 年项目，工程总投资 9000 万元。落实辛店、天齐渊供水公司等单位供水事宜；全长 6000 米的南山污水管线正式投入使用。

【重点项目集中开工】　2011 年，临淄区将 44 个投资额大、拉动力强的项目列为全区 2011 年度重点项目，总投资 356 亿元，年度计划投资 130 亿元。其中，化工区内项目 16 个，计划总投资 209 亿元。集中开工的 13 个重点项目中，化工区有 6 个，分别是：齐翔集团 7 万吨稀土顺丁橡胶、10 万吨丁二烯综合配套等项目，项目总投资 47 亿元；齐旺达集团 100 万吨芳构化联合装置、16 万吨甲基叔丁基醚改扩建项目，项目总投资 21 亿元；蓝帆集团 15 万吨多碳醇项目，投资 14 亿元；临淄热电厂两台 2.5 万千瓦背压机组项目，总投资 5.3 亿元；英科框业 10 万吨塑料相框扩产项目，总投资 2 亿元；山东依厂物流有限公司的商贸物流建设项目，总投资 6 亿元。

其他经济园区

【桓台东岳氟硅材料产业园区】　2011 年，园区入驻规模以上企业 17 家，累计投资达 90 亿元。实现销售收入 218 亿元，利润 26 亿元，税金 14 亿元，进出口总额 5.2 亿美元，规模以上工业增加值 66 亿元，工业总产值 222 亿元，固定资产投资额 20 亿元。

优化管理体制。为强化园区自身职能，桓台县委、县政府印发《关于对山东桓台东岳氟硅材料产业园区实行授权管理的实施意见》，进一步理顺园区的管理体制，明确园区各职能局办的业务范围和职责权限，配备专业人员，建立一级财政体制，为园区实现快速发展奠定基础。

加大科技投入。2011年是东岳园区科研成果市场化、技术改造效益化、内涵式挖潜增效最大的一年。东岳新型制冷剂得到国内各大空调厂家的广泛应用，东岳离子膜已在6家万吨氯碱装置上装机使用。年内，东岳研究院和各公司研究发明、授权专利53项，新申请专利22项。燃料电池膜、太阳能电池封装膜、氟单体合成、含氟化学品合成、氨基硅油的合成、全氟烷基碘化合物的研发和应用化试验也取得突破性进展。园区共实施技术改造和综合利用环保项目50个。其中，年效益500万元以上项目20多个。

加强基础设施建设。建成寿济路、工业街北延、大兴路、唐华路等，为园区内企业提供快捷的交通运输条件；桓台县唐山热电有限公司、桓台县山东东岳热电有限公司等企业为园区提供充足的电源、蒸汽；园区内可日供35万吨天然气，满足企业的发展和项目建设需要。10月，实施引黄入园工程，园区全部用上黄河水。年内，园区内已初步建成通讯、排污等公用设施以及维修、综合服务等辅助设施，为产业园建设提供良好的基础条件。

（孙　颖）

【张店经济开发区】　2011年，开发区新增规模以上工业企业4家，规模以上工业企业总产值完成109亿元，比2010年增长11%；规模以上工业企业增加值完成37亿元。实现主营业务总收入107亿元，增长17%；实现利税17亿元，增长16%。年内，有2家企业投产达效，1家企业开工建设。其中，淄博御群高温耐火材料科技有限公司年产3万吨高档耐火制品项目于5月上旬点火生产，投产达效后可实现年产值1.2亿元，利税2600万元，安置劳动力300余人；总投资8000余万元的淄博正诺化工设备有限公司于4月竣工投产；总投资2.1亿元的小王庄铁路货场项目于4月3日正式开工奠基。重点项目进展顺利，总投资6亿元的山东胜利钢管有限公司2条φ1620预精焊螺旋焊管生产线项目进展顺利，厂房主体工程已竣工验收，进入设备安装、调试阶段。淄博立卓床上用品有限公司、淄博博大钢板仓有限公司、山东诺华东汽车配件有限公司等重点进出口企业发展形势良好。采取优惠措施，积极鼓励园区企业申办自营进出口权。山东诺华东汽车配件有限公司、山东联创节能新材料股份有限公司等2家企业获得自营进出口权。加强环境建设，张店区污水处理厂建设项目的规划选址意见书、可行性报告、土地预审意见等工作审批办理完毕，已上报土地部门申请用地指标。　（张店区史志办）

【淄川经济开发区】　2011年，开发区完成全社会固定资产投资34.61亿元，出口创汇1.9亿美元。实现工业总产值335.57亿元，比2010年增长26.73%；其中72家规模以上企业完成总产值240.56亿元，增长34%；完成增加值59.75亿元，增长32%；完成利税29.8亿元，增长34.75%。地方财政收入完成1.1亿元，增长36%。年内，引进淄博火炬能源有限责任公司、山东科恒晶体材料科技有限公司等16个企业，计划总投资60亿元。推进城建“6442”工程，即6个地产项目、4个社区的旧村改造、4条道路的建设改造和2所学校建设工程。其中，裕景地产、奥都庄园建设已形成规模，竣工楼盘84栋；以北苏社区为样板的旧村改造工程全面启动；般阳中学已开工建设，总建设规模为96个班。淄川经济开发区在全省“2011投资峰会”上获山东最佳投资园区称号。

（淄川区史志办）

【博山经济开发区】　2011年，开发区完成固定资产投资34.3亿元，比2010年增长31%；规模以上工业企业销售收入完成128.7亿元，增长32%；实现地方财政收入2.2亿元，增长54%。规模以上工业企业发展到124家，年销售收入过亿元企业12家，其中过5亿元8家、过10亿元的4家。金晶集团、佶缔纳士有限公司、华成集团、银仕来有限公司等骨干企业在全国同行业中居龙头地位。企业品牌建设和科技核心竞争力突出，颜神龙泉、汇祥等品牌市场占有率稳步提升。区内重点项目有华成集团与德国博美德公司联合投资5亿元建设风力发电增速齿轮箱项目二期工程、银仕来集团（香港）有限公司与淄博汇银有限公司联合投资3.2亿元实施高档大提花机技术改造项目、岜山集团引进外资2.2亿元新上的聚酯切片项目。实施总投资135.41亿元的38个投资过千万元的工业经济项目，全年开工31项，完成投资17.8亿元。总投资14.5亿元的山东鲁桥硅铝质功能新材料项目一期工程、总投资5亿元的淄博中科达耐火材料有限公司高档耐火材料生产线项目一期工程、总投资3.55亿元的山东祥和集团股份有限公司年产20万吨金属包装材料项目等工业重点项目全部建成投产。至2011年底,开发区拥有院士工作站1家、高新技术企业9家、省级以上研发机构14家、驰名商标和中国名牌8个、著名商标和山东名牌24个。 (刘海芹)

【周村经济开发区】 2011年,开发区地方财政收入实现1.13亿元,比2010年增长35.96%;完成税收2.9亿元,增长41%。规模以上企业完成销售收入129.86亿元、利税15.73亿元、利润12.34亿元,分别增长27.49%、59.31%、67.48%;规模以上固定资产投资完成23.04亿元,增长28.57%;高新技术产业产值占规模以上工业产值比重28.82%,比2010年提高4.64个百分点。实现进出口总值2.89亿美元,增长17.8%。总投资20.06亿元的17个过千万元工业重点项目开工建设,山东凤阳集团高档装饰板二期、山东宏信化工股份有限公司PVC手套和顺酐尾气蓄热焚烧、淄博奥升彩印包装有限公司年产2亿只彩色包装盒等11个项目已竣工投产或部分投产。华安新材料有限公司年产5000吨新型高效绿色制冷剂(五氟乙烷)、宏信化工股份有限公司年产4万吨顺酐等6个项目建设顺利。年内,新增高新技术企业1家。规模以上企业达86家,其中工业企业76家。进出口业绩企业45家,其中出口企业31家、进口企业14家。淄博友诚毛绒制品有限公司研发的海岛纤维产品获得美国发明专利,山东华安新材料有限公司的五氟乙烷、二氟甲烷两个产品的工艺标准上升为国家标准。淄博凤阳彩钢板有限公司年产20万吨高档装饰板等15个项目通过节能评估。年内,淘汰关闭“土小”企业21家。引进内资2.38亿元,比2010年增长91.67%;合同利用外资1823万美元。成立西铁城(中国)精密机械有限公司,同时增资335万美元,注册资本1050万美元。威尔斯通公司(德国IBG公司独资)整厂搬迁,恒星集团与韩国现进公司合资组建淄博大进造纸设备有限公司。西铁城公司、兰雁集团、淄博海润丝绸发展有限公司、山东玉兔食品有限责任公司、山东欣特瑞塑胶有限公司等一批知名企业总部或区域总部陆续搬迁至开发区。 (周村区史志办)

【桓台经济开发区】 2011年,开发区实现工业销售收入395.8亿元,完成工业生产性固定资产投资48亿元,入库税收5.3亿元,完成外贸进出口总额3亿美元,到位外资721万美元,各项经济指标均实现稳步增长。以山东汇丰石化有限公司、淄博张钢钢铁有限公司等企业为代表,生产性固定资产投资不断加大,拉动经济增长的主体作用更加明显,资产运行质量趋向良好,科技研发能力显著增强,成为经济发展的骨干力量。全年有33家企业销售收入过亿元,其中汇丰石化有限公司实现工业销售收入160亿元,淄博张钢钢铁公司实现工业销售收入60亿元,德信联邦公司实现销售收入15.4亿元,山东华瑞道路材料技术有限公司实现销售收入10.7亿元,耀昌集团公司实现销售收入10.6亿元。实施名牌战略取得丰硕成果,黄河龙集团申报的“黄河龙”商标、博丰利众公司申报的“鲁桓及图”商标被国家工商总局认定为“中国驰名商标”。筛选确定投资1000万元以上的工业项目33个、服务业项目11个。其中投资过10亿元项目5个、投资过5亿元项目9个、投资过亿元项目24个,项目总投资144亿元。年内,有29个项目开工建设。其中,淄博张钢钢铁公司投资7亿元的高速线材项目基本建成,汇丰石化公司投资5.4亿元的80万吨/年低碳烯烃项目设备安装完毕,中汇物流总投资12亿元的大型综合物流项目铁路专用线工程铁路部分和化工工艺部分已完成,德信皮业公司投资5.6亿元的皮制家具项目完成车间建设,义丰机械公司投资1.42亿元的年产150台/套FWH气化炉项目开始试生产。至年底,共有21个项目建成投产,新增销售收入156亿元,利税22亿元。把引进服务外包、IT、商贸项目作为招商引资的重点。总投资12亿元的鸿嘉星城大型服务业组团项目基本完工,健身中心、企业会所开始营业。美国科勒公司高档卫生洁具、宜臣家居公司玻璃制品、义丰机械公司气化炉、信昌伟业公司新型建材等9个引进项目建设进展顺利,其中美国科勒公司投资9600万美元建设的高档卫生洁具一期项目建成。

以汇丰石化有限公司、山东华瑞道路材料技术有限公司等企业为代表，精细化工产业成为经济发展的支柱产业，企业达到23家，其中9家规模以上企业实现销售收入180.43亿元，销售收入占规模以上工业企业的48%。以淄博张钢钢铁公司、山东耀昌集团有限公司等企业为代表，冶金机械制造业实现机械加工尖端化、汽车配件加工链条化、钢铁冶炼规模化。14家规模以上企业实现销售收入113.06亿元，销售收入占规模以上工业企业的31%。以中汇物流、和济物流等企业为代表的现代物流业规模迅速扩大，化工、钢材等物流企业达到83家，年实现营业收入89亿元，初步形成以汇丰、张钢、和济等物流园区企业为主体，以803省道两侧专业市场为辅，集化工、钢材、木材和煤炭于一体的物流集散区，成为经济发展的主导产业之一。至年底，全区企业达到664家，其中规模以上企业143家，亿元企业33家，全市百强企业7家，初步形成精细化工业、冶金机械制造业、现代物流业三大特色产业集群，呈现出以主导产业为核心、相关产业成组布局良性发展的格局。

（孙　颖）

【高青经济开发区】　至2011年底，开发区入驻企业67个，职工2.3万人，实现销售收入127.76亿元、利税15.77亿元、利润7.58亿元，完成固定资产投资21.87亿元。园区总投资21.87亿元；工业企业总产值129.2亿元，比2010年增长38.49%。合同利用外资2120万美元，实际到账外资1000万美元。协议县外引资额56.6亿元。具有自主进出口权的企业达到13家，完成出口创汇16436万美元，增长19.02%。入驻企业销售收入过亿元的企业有10家，年实现利税过千万元的企业6家。按照建设低碳、高效、生态、循环经济园区的目标，规划形成低碳循环经济核心区、化工与新材料主导区、传统产业提升区、装备制造创新区四大功能产业区。建有热电厂和污水处理厂，实现供水、供电、供热、供天然气、道路、排水、通讯、有线电视、土地平整“八通一平”和雨污分流，达到日供水20万立方米、日处理污水8万吨和日供天然气40万立方米的配套能力。先后引进投资24亿元的年产16万吨丙烯酸及酯、投资7.1亿元的年产5万吨不锈钢无缝钢管、投资5.1亿元的聚醚多元醇、投资2亿元的蟠龙山热力等16个项目，协议引资额56.6亿元。高青大运风磁浮磁动风力发电项目已成功发电，15兆瓦风电机组设备总装基地、原子自组装纳米球固体润滑剂研发中心、L—乳酸聚乳酸产业基地、不锈钢无缝钢管石化装备产研基地、山东黑牛“胚胎克隆”技术研发中心、山东扳倒井芝麻香白酒研发中心等项目落户开发区。

（于领娣）

【沂源经济开发区】　至2011年年底，入区企业累计达到227家。区内有博士后科研工作站4家、院士工作站2家、高新技术企业29家、上市公司4家、股权挂牌企业3家。是年，新入区企业29家，区内企业完成工业总产值219.9亿元，比2010年增长29.4%；完成增加值45.2亿元，增长28.2%；实现销售收入203.9亿元，增长28.7%；实现利税49.3亿元，增长27.8%。2011年，全区列入全县重点工业建设项目41个，总投资58.27亿元，其中投资过5000万元项目32个、过亿元项目22个。投资10亿元的淄博光科太阳能有限公司年产300兆瓦太阳能电池片项目，是沂源历史上单个项目投资最大的工业项目。

2011年沂源经济开发区投资5000万元以上工业项目表

表14—01

序号	项目名称	承建单位	计划总投资（亿元）	建设结果
1	年产45万立方米商品混凝土项目	沂源鼎固建材有限公司	0.98	竣工投产
2	年产5000吨高性能大直径镁合金铸棒及深加工技改项目	淄博宏泰防腐材料有限公司	1.6	竣工投产
3	年产1000吨头孢匹罗项目	山东鑫泉医药有限公司	1.2	竣工投产

续表 14—01

序号	项目名称	承建单位	计划总投资（亿元）	建设结果
4	年产 80 套 300 兆瓦以下汽轮发电机组再制造项目	沂源县华阳能源设备有限公司	0.68	竣工投产
5	年产 8000 吨 PVC 板材项目	山东博拓塑业股份有限公司	0.75	竣工投产
6	年产 2 万吨 PVC 助剂 MBS 技改项目	山东瑞丰高分子材料股份有限公司	0.84	在建
7	年产 1.5 万吨 PVC 助剂 ACR 技改项目	山东瑞丰高分子材料股份有限公司	0.6	在建
8	年产 2 万吨新型分子筛 PVC 复合稳定剂项目	山东慧科助剂股份有限公司	1.2	在建
9	年产 3 万吨塑料管材、管件项目	山东国塑科技实业有限公司	1.2	在建
10	年产 15 万吨硝酸节能技改项目	山东联合化工股份有限公司	2.3	在建
11	年产 3 万吨三聚氰胺联产硝酸铵能量系统优化项目	山东联合化工股份有限公司	2.2	在建
12	年产 10 万吨玄武岩纤维建筑保温板项目	山东鲁阳股份有限公司	3.3	在建
13	年产 26 亿支模抗瓶节能与环保技改项目（二期）	山东药用玻璃股份有限公司	2.13	在建
14	年产 5 万吨 MMA 工业化装置项目	山东联合化工股份有限公司	3.5	在建
15	年产 250 吨酶抑制剂原料药技改项目	山东鑫泉医药有限公司	3.2	竣工投产
16	汽车内燃机滤清器技术提升改造项目	淄博永华滤清器制造有限公司	1.2	竣工投产
17	年产 5000 吨高性能大直径镁合金铸棒及深加工技改项目	淄博宏泰防腐材料有限公司	1.6	竣工投产
18	多晶硅太阳能电池板项目	淄博光科太阳能有限公司	1.05	在建
19	年产 2.4 亿支稀土医药系列产品项目	山东世拓稀土生物科技股份有限公司	1.6	在建
20	年产 75 吨医药中间体和 12000 吨减水剂项目	山东锦隆达化工科技股份有限公司	1.2	在建
21	年产 3000 吨高档粮食酒项目	山东鲁源酒业有限公司	1.1	在建
22	年产 3 万吨橡胶填充油项目	淄博汇佳橡塑助剂有限公司	0.96	在建
23	LED 照明 SMT（表面贴装技术）生产项目	淄博金鼎纤维材料有限公司	0.5	在建
24	年产 100 万张高档牛皮汽车坐垫革技改项目	沂源丰泽源皮革有限公司	1.4	在建
25	年产 2.2 万吨日用玻璃制品项目	山东合聚玻璃制品有限公司	2.6	在建
26	年产 3000 吨大口径超高分子量聚乙烯管材技改项目	山东恒洲管业有限公司	1.2	在建

续表 14—01

序号	项目名称	承建单位	计划总投资（亿元）	建设结果
27	年产 200 吨卵磷脂项目	淄博天源生物科技有限公司	1.08	在建
28	年产 2 亿支高密度药用聚乙烯瓶技改项目	淄博康力塑胶有限公司	0.72	在建
29	年产 300 万件不锈钢制品技改项目	淄博华联金属制品有限公司	1.05	在建
30	高档面料织染生产线整体搬迁改造项目	山东沃源新型面料股份有限公司	3.6	在建
31	年产 120 万支 LED 节能灯项目	山东沂源万通仪表有限公司	0.5	在建
32	年产 30 万套电器机械及器材制造项目	沂源鼎固建材有限公司	0.96	在建

（沂源县史志办）

本部类编　辑：王　娟
副主编：徐　杰
校　对：马震刚
杨　凤

·齐文化名人·

田　单

田单，生卒年月不详，齐人，系田氏王族远房子孙。齐湣王时，田单曾任齐都临淄的市掾，是一位资历浅、爵位低的小官吏，但他善于学习，颇爱兵法，对战略战术颇有钻研。战国末期，以败燕复齐之功，封安平君，相齐襄王。

公元前 284 年，燕将乐毅率军伐齐，破临淄。田单率族人避到即墨（今山东平度）。即墨大夫战死，田单被推为将，率众据城抵抗。

公元前 279 年，燕惠王即位，与乐毅不合，中田单反间计，使骑劫代乐毅为将。田单令城中人每吃饭先院中祭祖，引来无数飞鸟，便扬言说天神来传授天机。立一士卒为神师，出号令都说神师教导。城中人于是上下一心，坚守不动摇。田单又向燕军扬言，说城中人最怕燕军割掉齐兵俘虏的鼻子，还怕燕军挖掘齐人坟墓，燕军中计照办，城中人见了怒不可遏，决心复仇，奋勇杀敌。田单看到作战时机成熟，把全家人都编入队伍中，拿出吃食犒劳将士，令精壮者埋伏，老弱者登城御守。又遣使约降，燕将高兴，士气松懈。田单乘机收集城中千余头牛，给它们披上红绸衣，画上五彩龙纹，牛角绑上利刀，把浇满油脂的芦苇绑在牛尾上点燃，凿开城墙，放牛出城，五千壮士紧随牛后。被燃尾的牛群疯狂地冲向燕军，所向披靡。燕军溃败，骑劫被杀，齐军尽复失地。田单迎齐襄王回到临淄，受封为相，号为安平君。

田单为相后，精心图治，并体恤民情，曾见涉水老者冻栗而脱裘相赠，民多称其贤。齐王建元年（前 264 年），由齐入赵，被任为相国，封平都君。后来辗转回到故乡，直至逝世。

中 小 企 业

【概况】 截至2011年年底，全市中小企业3.5万余家，其中规模以上企业3000多家，过亿元企业1000多家，从业人员约102万人，新增城镇就业7.6万人，转移农村剩余劳动力6.2万人。全市中小企业完成增加值1820亿元，占全市GDP的55%，比2010年增长15%，高于全市增速3个百分点；实现营业收入7260亿元，增长19%，占全市的72%，完成出口交货值300亿元，增长26%；实现利税940亿元，增长20%；实现利润总额630亿元，增长33%；完成实缴税金265亿元，增长17%，占全市的73%。

【完善政策】 年初，市中小企业局结合国家和山东省一系列支持中小企业发展的政策措施，对全市中小企业发展中遇到的问题、困难及发展环境等情况进行调查研究，撰写《关于进一步加快全市民营经济发展的意见(征求意见稿)》。在此基础上，分3次征求42个市民营经济领导小组成员单位的意见，形成《关于进一步加快全市民营经济发展的意见(建议稿)》报送市政府。6月18日，经市法制办公室进行合法性审查后，印发《淄博市人民政府关于促进全市民营经济加快发展的意见》，《意见》分12部分53条，对全市民营经济发展的指导思想、目标任务和财税金融优惠政策、经营范围等做出政策性规定。9月，市中小企业局会同市委政研室、市政府研究室、市财政局对全市中小企业产业集群、新兴产业、特色产业镇进行专题调研。9月下旬，会同市委政研室组成特色产业考察组对广东佛山市、番禺区和广西北海市的特色产业发展情况进行考察学习。12月底，印发《关于促进特色产业中小企业发展的意见》。

2011年2月22日，工业和信息化部调研组到淄博市调研中小企业发展情况 (市中小企业局 供稿)

【调查研究】 2月22日，工业和信息化部中小企业司调研组到淄博市调研中小企业发展情况，调研组先后到山东华成集团有限公司、淄博银仕来纺织有限公司等企业，重点围绕政策贯彻落实、劳动力、汇率变动及转方式调结构等方面进行深入调研。3月8～9日，山东省特色产业调研组会同省政府研究室、省财政厅到沂源县、博山区就特色产业进行调研，考察山东瑞阳制药有限公司、山东颜山泵业有限公司等15家民营企业，详细了解特色产业发展情况，探讨中小企业发展中遇到的困难和问题，听取基层和企业对发展中小企业特色产业的建议和要求。7月，市人大专题调研组对全市中小企业服务体系建设情况进行调研，重点对制约中小企业发展的主要问题和应对措施进行研讨。全年组织9次针对中小企业的调研活动，形成调研报告13篇，提出建议40余条。

【产业集群】 截至年底，全市营业收入过10亿元的中小企业产业集群35个，集群内企业达8100余家，占全市中小企业的25%；营业收入超过4900亿元，占全市中小企业的67%；从业人员超过46万人，占全市中小企业的45%。营业收入过200亿元的产业集群达到9个，桓台石油炼化产业超过500亿元，临淄石油炼化和精细化工产业超过1000亿元。全市拥有省级示范产业集群5个、特色产业镇12个、公共服务平台7个，市级示范产业集群10个、特色产业镇10个、公共服务平台10个。全市中小企业产业集群主要集中在新材料、精细化工、物流、电子电器等新兴产业和建材、化工、机械制造、纺织服装、造纸等传统产业。

【重点产业集群获资金扶持】 根据省中小企业办公室和省财政厅《关于集中资金集约支持中小企业产业集群发展的通知》要求，博山区泵业产业集群和汽车板簧产业集群作为重点支持集群进行申报。5月27日，省中小企业办公室、省财政厅联合行文批复项目方案。6月27日，省财政厅、省中小企业办公室联合行文将1000万元支持资金指标下达市财政。自10月起，对重点项目进展情况及资金到位情况进行调度督查，确保各项目按计划竣工投产。1000万元的产业集群专项扶持资金是全市中小企业获得一次性扶持资金数额最多的一次。

2011年10月28日，山东省中小企业办公室到淄博市视察中小企业公共服务平台建设情况　　（市中小企业局　供稿）

【技术创新】 年内，新增省级中小企业"一企一技术"研发中心5家，市级中小企业"一企一技术"研发中心21家；新增省级工程技术研究中心和企业技术研究中心28家，达到193家，院士工作站27个，高新技术企业157家，高新技术企业研发费用占营业收入的比重达到3%以上。组织推荐22家企业研发中心上报省，其中山东金城医药化工股份有限公司的"三国代头孢医药中间体研发中心"和山东德瑞防腐材料有限公司的"金属腐蚀控制中心"申报为首批省级中小企业"一企一技术"研发中心。

【品牌建设】 年内，新增省名牌3个，新增驰名商标6个、著名商标16个。截至年底，全市中小企业有中国名牌30个、省名牌159个，服务业名牌15个；驰名商标47个、著名商标180个，地理标志商标9个，省级以上品牌产值占到全市中小企业产值的40%以上。

【融资担保】 年内，全市中小企业金融机构人民币贷款余额1198亿元。新增担保公司3家，全市登记注册的担保公司达到42家；新增注册资本3.26亿元，注册资本达到25亿元；新增被担保企业683家，被担保企业达到5000家；新增担保贷款18.49亿元，担保贷款达到78.2亿元。注册资本过亿元的担保公司11家，过5000万元的28家。3家企业成功上市、1家企业增发，实现融资额28.84亿元；22家企业在齐鲁股权托管交易中心挂牌，实现融资额4.5亿元，挂牌企业累计36家，市值40亿元。全年争取国家、省中小企业信用担保专项资金1045万元。

【2家公司进入省“十佳”信用担保机构】 组织担保机构参加2011年山东省中小企业信用担保机构评选。金挚联担保公司获得“山东省十佳中小企业信用担保机构”，融信担保公司获得“山东省民营担保机构十强”，金挚联担保公司、融信担保公司获得“山东省十大担保业务创新奖”。

【资金支持】 建立包含200余个创新储备项目、70余个技术中心、495个重点项目的中小企业项目库；对近300个项目（企业）进行专项扶持，协调解决困难和问题30余个。全市237个项目入选山东省“四项计划”（中小企业技术创新计划、小企业培育计划、中小企业成长计划和特色产业提升计划）项目库，争取国家和省中小企业专项资金2885万元，专项资金数额排名全省第三位。市级中小企业发展专项资金和中小企业信用担保专项资金分别从500万元增加到1000万元，2个专项资金实际兑现超过2000万元。

【三级服务中心建设】 年内，全市五区三县、高新区以及28个经济强镇（办）中小企业服务中心挂牌成立，市、区、镇三级中小企业服务体系架构基本建成。三级服务中心以市中心为中枢，区县和镇中心为辅助，三级联动、功能互补、覆盖全面、高效快捷。服务内容包括创业辅导、人才培训、企业信息化、信用担保、市场开拓、法律咨询、事务代理、投融资、政策、公共技术等。三级服务中心入驻中小企业核心服务机构100余家，拥有加盟中介服务商500余家，建立信息化企业体验中心、企业经营实战沙盘演练中心、6000多家企业组成的中小企业数据库、100多名社会团体专家组成的专家资源库、覆盖全市的“114”中小企业服务热线。各类加盟商共为5300多家中小企业提供服务，企业户数增加47%，各核心加盟服务商各类服务指标增长均在40%以上。

【中小企业精细化管理】 淄博泰光电力器材厂等20家企业为全市首批中小企业现场管理样板企业，淄博强大集团有限公司等10家企业为淄博市第二批精细化管理样板企业。3家企业被命名为省级中小企业精细化管理样板企业。组织举办全市现场管理培训班，近200名中小企业中高层管理人员免费参加培训。开展企业经营实战沙盘演练活动，帮助企业提高管理水平。印发《加强全市中小企业管理工作的意见》，对加强中小企业管理工作的意义做重要阐述，提出到“十二五”末，全市规模以上中小企业推行精细化管理比例达3%～5%，实行5S现场管理（整理、整顿、清扫、清洁、素养）的比例达75%的目标。

【电子商务平台建设】 在中小企业实现一站式电子商务平台的基础上，建立泵业产业集群一站式电子商务平台，入驻企业达到400多家。开展信息化体验活动，近百家企业参与信息化体验。会同淄博联通公司，开展千家中小企业“商赢通”信息化产品试用活动，引导企业信息化建设。组织100多家优秀中小企业参加网上世博会活动；落实电子商务扶持资金200万元，扶持企业近300家。与市邮政局联合举办直邮助力中小企业发展论坛。

【组织企业参加第八届中国国际中小企业博览会】 组织山东长征教育科技有限公司、淄博奈绮尔纺织科技发展有限公司、宝泉社会福利玻璃制品厂3家企业参加9月22～25日举办的第八届中国国际中小企业博览会暨中泰中小企业博览会。展会期间，签订产品销售合同、协议和意向2.8亿元。

2011年规模以上中小企业生产指标

表15—01　　单位:万元

指标名称	增加值					出口交货值			
	中小企业		全部规模工业		占全部规模以上工业比重(%)	中小企业		全部规模工业	
	累计	增减(%)	累计	增减(%)		累计	增减(%)	累计	增减(%)
淄博市	15338451	14.35	21121412	14.22	72.62	2663788	24.90	4037056	27.33
淄川区	2984788	24.66	4325279	14.99	69.01	355215	55.57	990059	22.78
张店区	2279249	16.79	3042927	15.05	74.90	66900	−43.21	198056	−12.15
博山区	1438534	12.22	1499761	12.74	95.92	294983	−0.94	389624	10.06
临淄区	2705374	24.83	5156992	15.26	52.46	499410	71.83	499410	71.83
周村区	1441347	23.00	1480515	15.21	97.35	650457	19.40	708648	18.03
桓台县	2083874	−7.44	3076343	14.19	67.74	211217	21.19	603238	61.02
高青县	566407	9.87	566407	14.02	100.00	175599	7.59	175599	7.59
沂源县	842244	11.40	942393	15.53	89.37	102443	43.92	148075	41.05
高新区	831476	13.79	865638	17.31	96.05	273531	33.27	290314	37.42
文昌湖区	165158	−13.53	165158	−13.53	100.00	34033	−14.03	34033	−14.03

注:表内增减幅度为与2010年相比。

2011年规模以上中小企业效益指标—1

表15—02　　单位:万元

指标名称	企业单位数		全部从业人员平均人数(人)				主营业务收入			
	中小企业	全部工业	中小企业		全部规模工业		中小企业		全部规模工业	
	累计(个)	累计(个)	累计	增减(%)	累计	增减(%)	累计	增减(%)	累计	增减(%)
淄博市	3149	3178	563970	12.44	721817	9.86	70399250	24.09	93520731	24.61
淄川区	504	509	91632	7.43	151363	5.94	12468896	34.28	16103012	35.89
张店区	341	350	91556	18.39	115825	12.21	11006082	26.28	12703676	24.11
博山区	520	522	78338	10.06	82710	9.86	6557709	20.24	6828844	20.64
临淄区	507	513	87637	39.62	123378	23.55	13825506	36.83	25780449	27.13
周村区	392	393	53149	3.97	57341	2.30	6686203	32.41	6851888	31.52
桓台县	354	358	59250	2.47	80186	5.58	9617456	1.84	14321883	13.77
高青县	129	129	24978	2.31	24978	2.31	2362684	22.56	2362684	22.56
沂源县	124	125	35647	18.22	41462	16.68	3332510	24.85	3802834	24.45
高新区	220	221	35952	0.60	38743	1.82	3907343	19.35	4130599	20.23
文昌湖区	58	58	5831	1.00	5831	1.00	634861	−21.62	634861	−21.62

注:表内增减幅度为与2010年相比。

2011年规模以上中小企业效益指标—2

表15—03　　　　单位:万元

指标名称	利润总额				利税总额				实缴税金总额			
	中小企业		全部规模工业		中小企业		全部规模工业		中小企业		全部规模工业	
	累计	增减(%)	累计	增减(%)	累计	增减(%)	累计	增减(%)	累计	增减(%)	累计	增减(%)
淄博市	6194069	38.51	7444853	36.42	9434660	32.47	12093256	28.36	2261486	14.63	4011858	15.96
淄川区	1050603	53.84	1466124	44.20	1602193	46.46	2219687	39.29	309906	7.75	596287	17.31
张店区	1271641	41.80	1352886	33.92	2201469	44.07	2369580	36.51	523729	42.96	644624	32.43
博山区	619173	22.45	637217	23.27	961874	10.96	990994	11.76	300666	−8.68	318944	−6.34
临淄区	1219591	69.47	1448817	55.32	1678446	56.89	2879213	28.10	335019	19.52	1372726	8.28
周村区	538217	53.34	543383	52.71	803704	51.62	811729	50.75	196441	42.24	200230	40.18
桓台县	573552	−7.79	984680	14.64	781167	−16.99	1288526	5.32	186029	−23.23	405346	24.05
高青县	175899	27.14	175899	27.14	326814	30.90	326814	30.90	103145	49.03	103145	49.03
沂源县	441133	41.61	515463	38.68	637629	35.18	741767	33.16	174536	23.14	228401	20.38
高新区	265107	38.74	281231	38.78	377676	34.39	401258	34.26	123218	18.56	133358	17.31
文昌湖区	39153	−26.06	39153	−26.06	63688	−29.24	63688	−29.24	8797	−37.48	8797	−37.48

注:表内增减幅度为与2010年相比。

2011年规模以下工业生产指标

表15—04　　　　单位:万元

区县名称	工业总产值						工业增加值
	合计值	比2010年增长(%)	其中:工业企业	比2010年增长(%)	其中:个体工业	比2010年增长(%)	
全市	4070000	11.20	3062989	12.60	1007011	7.04	1208790
淄川区	645802	10.19	452918	11.74	192884	6.71	191803
张店区	356943	10.02	304501	11.61	52442	1.58	106012
博山区	631369	10.40	452582	11.72	178787	7.20	187517
临淄区	596261	10.22	453404	10.91	142857	8.10	177090
周村区	392398	10.20	273394	11.89	119004	6.50	116542
桓台县	429486	10.21	366232	10.82	63254	6.80	127557
高青县	232400	14.02	183618	16.55	48782	5.40	69023
沂源县	465096	15.56	315366	18.49	149730	9.84	138134
高新区	191365	14.18	162602	15.58	28763	6.84	56836
文昌湖区	128879	10.14	98371	11.77	30508	5.20	38277

注:以上数据按新划分标准调查,即年营业收入2000万元以下。

(孙　林)

本部类编　辑:马震刚
副主编:王　娟
校　对:王　峰
赵建国

旅　　游

【概况】 2011年，全市旅游业保持较好的发展态势。全年实现旅游总收入262.5亿元，比2010年增长22.9%；入境旅游接待人数209229人次，增长22.1%；实现外汇收入11440.9万美元，增长24.3%；国内旅游接待人数3064.2万人次，增长20.4%；国内旅游收入255.2亿元，增长23%。至年底，全市已开发建成A级以上景区33个，省级旅游度假区1个，旅游强乡镇、特色村27个，星级饭店35家，星级餐馆14家，发展旅行社103家，国家及省级工农业旅游示范点36个。

【产品开发】 形成专题调研报告《淄博旅游应对高铁旅游的几点思考》，应对高铁旅游时代的到来，同时推出高铁一日游、二日游产品。在陶博会"齐风陶韵 生态淄博"旅游文化周期间，推出"淄博陶瓷 当代国窑""淄博陶琉 明清官窑"等突出陶琉文化、具有淄博特色的一日游、二日游、周末游等旅游线路和产品。策划"贺年会""休闲汇"活动，获得山东省"好客山东休闲汇"组织奖。在"三个一百"(到山东不可不去的100个地方、到山东不可不品尝的100种美食、到山东不可不买的100种旅游特色商品)评选活动中，景区、旅游商品、美食等30项入围，23项入选。

【规划编制】 与山东大学合作完成《淄博市旅游业发展总体规划》《淄博市环城市旅游游憩带规划》《淄博市旅游业发展"十二五"执行规划》的编制、评审、报批等工作。启动编制《文昌湖旅游度假区总体规划》《淄博市乡村旅游十二五发展规划》等规划。指导区县编制实施《张店区旅游产业发展总体规划》《临淄区民俗旅游发展规划》等。

【项目建设】 2011年，旅游项目建设完成投入50亿元，其中周村烧饼博物馆、原山如月湖湿地公园、五阳湖湿地生态园等景区开门营业；王渔洋故居、齐山景区、古商城状元府等景区、景点建设完成；文昌湖旅游度假区、姚家峪生态旅游度假区、天湖旅游度假区、齐文化博物院、中华陶琉文化城、周村古商城二期、高青温泉项目群、璀璨中华文化产业园等重点项目进展顺利；鲁山溶洞群、黉山等景区项目规划待建。马踏湖湿地生态蓄水工程、牛郎织女景区完善工程、潭溪山配套设施建设、齐文化生态园、五阳湖旅游度假区等景区绿化工程建设持续推进。协调省旅游局、市发展和改革委员会，列入省重点项目1个、市重点项目28个。争取国家旅游局旅游项目无偿补助资金140万元。

【市场监管】 推进AAAA级以上景区建设，开元溶洞、沂源牛郎织女景区、潭溪山景区成功申报AAAA级景区。加强旅行社的管理，引进中国国旅(青岛)国际旅行社有限公司、北京金都华远旅行社有限责任公司等5家国内品牌公司。做好旅游市场综合整治工作，组织70名暗访调查员对旅行社的旅游质量进行跟踪暗访。解答各类旅游咨询840余次，处理旅游投诉19起，为游客挽回损失1万多元。

【商品研发】 陶琉产品"翡意山东"和"故乡恋情"获得第三届全国旅游商品创新设计大赛铜奖。盛世瓷业有限公司、宜臣轻工有限公司等5家企业完成省级旅游商品研发基地的评审工作。19家单位通过省旅游局评定验收。

【国内外旅游市场开发】 进一步推动“齐风陶韵生态淄博”城市旅游品牌建设，在中央电视台第二套节目订制全年旅游宣传广告。在济青高速公路两端、济青高速淄博路段新设立和更新20处户外广告牌。电视纪录片《姜太公》在中央电视台“走遍中国”栏目成功首播。举办第五届中国知名景区旅行社走进淄博旅游洽谈会、淄博生态旅游节、2011中国淄博BOBO音乐节等20余项旅游节庆活动，增强旅游的吸引力、影响力。组织参加2011中国旅游产业博览会等旅游交易会，并获组织奖。与台湾地区友好县彰化县进行深度接触和交流，同俄罗斯诺夫哥罗德市举行旅游协作洽谈会，签订合作协议。

【旅游特色活动】 结合“好客山东贺年会”，策划推出以“冬游淄博·休闲快乐——好客山东贺年会”为主题的60多项活动，努力实现冬季旅游经济新发展。贺年会期间，全市接待游客352万人次，同比增长22.4%，实现旅游综合收入31.5亿元，同比增长26.3%。8～10月底，举办“好客山东休闲汇”活动，主要由八大休闲系列、八大特色主题周100多项休闲活动构成。十一期间，全市实现接待海内游客313.14万人次，同比增长22.1%；旅游收入25.08亿元，增长25%，均创历史新高。发行新版齐鲁联合旅游年票，以“齐鲁联合旅游年票——休闲达四方”为主题，新版年票涵盖全省17市和北京、河北、河南、陕西、江苏、安徽等省市景区以及全国热点线路。其中，335家景区全年免票不限次，15家免票一次，同时还包含98个城市价值1.5万元的旅游门票。年内，各区县和各景区在营销思路上突破创新，开始打破常规，旅游活动的策划水平不断提升。10月4～6日在玉黛湖景区举行山东省旅游摄影创作基地授牌仪式和淄博玉黛湖休闲帐篷节。

【假期旅游】 春节黄金周期间，全市接待游客110.5万人次，实现旅游收入5.8亿元，分别比2010年增长19.2%和24.2%。五一期间，全市接待游客298万人次，实现旅游综合收入18.8亿元，分别比2010年增长24.2%和27.1%。

【重点旅游景区】 2011年，营业收入列前五位的景区是：周村古商城(7727万元)、原山国家森林公园(3129万元)、开元溶洞(2433.3万元)、玉黛湖生态乡村庄园(668.5万元)、鲁山国家森林公园(600万元)。接待旅游人数列前五位的景区是：马踏湖景区(109.9万人次)、原山国家森林公园(95.5万人次)、玉黛湖生态乡村庄园(36.0万人次)、周村古商城(33.7万人次)、开元溶洞(28.5万人次)。

2011年淄博市主要旅游活动一览表

表16—01

	活动名称	时间	地点	接待人数(万人)	旅游收入(万元)
张店区	第五届中国知名景区旅行社走进淄博旅游洽谈会	3月26～28日	市博物馆广场	2	
	玉黛湖五一旅游文化节	5月1～3日	玉黛湖	7	350
	第四届绿兰莎国际啤酒节	6月10～20日	市博物馆广场	40	2200
	第十届中国(淄博)国际陶瓷博览会	9月6～9日	中国陶瓷科技城	12	5000
临淄区	齐文化旅游节	9月12～16日	太公广场	30	11000
	牛山庙会	农历三月初三、九月初九	管仲纪念馆	18	8000
淄川区	第三届淄川淄河生态旅游观光节	4月3日至5月10日	淄河镇	23	4800
	第八届聊斋文化旅游节	5月1～7日	聊斋城景区	33.6	7000

续表 16—01

	活动名称	时间	地点	接待人数（万人）	旅游收入（万元）
周村区	老外周村过大年	2月13～14日	周村古商城	1.5	40
	第七届旱码头旅游文化节	9月5～12日	周村古商城	5	240
	世界旅游小姐秀古城	9月12日	周村古商城	0.3	15
	世界著名摄影家走进周村	11月8日	周村古商城	0.4	17
	新人婚俗秀周村	11月13日	周村古商城	0.2	10
高青县	扳倒井酒文化博物馆开馆仪式	4月30日	扳倒井工业旅游园	0.5	150
	消夏广场文化周	7月20～26日	千乘湖生态文化园	3	30
沂源县	中国(沂源)七夕情侣节	农历七夕	牛郎织女景区	24.2	3800
	大樱桃采摘节	6月	燕崖镇	20	3000
	中华大果园金秋采摘节	9月初到10月底	中华大果园	42	12600
	凤凰山红叶节	10月	凤凰山景区	5	150
博山区	池上桃花节	4～5月	博山池上镇	1.2	60
	鲁山登山节	4月25～26日	鲁山风景区	0.5	28
	文姜庙会	7月下旬至8月上旬	颜文姜祠	1.9	80
	中国金银花生态旅游节	6～10月	池上上水公司	1.2	60
	中国越野车比赛	8月12～14日	博山太阳山景区	2	160
	博山美食节	9月下旬	博山区	3	150
	孝文化旅游节	9月25日至10月7日	博山区	8.3	900
	中国越野车挑战大奖赛	10月11～12日	博山太阳山景区	1.9	158

（张晓林）

本部类编　辑：马震刚
副主编：王　娟
校　对：郭延志
张爱云

综合管理与监督

发展和改革

【决策服务】 年初，市发展和改革委员会组织编制《淄博市国民经济和社会发展第十二个五年规划纲要》和《淄博市2011年国民经济和社会发展计划》，由市十三届人大四次会议审议通过，以市政府文件形式正式印发实施。同时，在广泛征求各方面意见的基础上，对“十二五”规划纲要确定的目标任务进行分解落实。分季度及时提出经济形势分析报告及对策建议，多次向市委常委扩大会议作专题汇报，为市委、市政府主要领导在全委会上的讲话提供重要参考，并在市委理论学习中心组读书会上作专题发言。围绕转方式调结构、统筹城乡发展、重大基础设施建设、社会民生建设等关键领域，组织开展13个战略性课题研究，并承担4项市政府2011年度重点研究课题，取得阶段性成果。其中，《关于加快工业转方式调结构的若干政策意见》和《淄博市产业结构调整指导意见》及《指导目录》以市委、市政府文件形式颁布实施，成为引导全市结构调整和发展方式转变的重要政策性文件。

【项目建设管理】 组织策划2011年度重点项目904个，总投资2467亿元。其中，新开工项目583个，总投资1142亿元。牵头组织筛选总投资694.4亿元的43个市重大项目。其中，34个重大建设项目中有32个开工建设，完成投资95.7亿元，完成年度计划的71.2%。筛选确定总投资611.8亿元的77个服务业重点项目，年内开工60多个，完成投资67亿元，有5个项目竣工。争取到省重点项目8个，总投资102.8亿元，年度计划投资24.8亿元。围绕中央、省资金投向，共向国家、省上报各类项目174个，总投资357.8亿元，拟申请中央和省资金8.46亿元。已经获批和下达投资计划的项目103个，争取中央和省投资3.076亿元。组织实施《淄博市重大建设项目管理试行办法》和《淄博市政府投资项目稽察试行办法》，研究起草重大项目优惠政策、加强建设项目招标方案核准和政府投资项目初步设计概算审批(核准)工作的通知等配套措施。经过积极争取，重大项目的管理和实施工作列入全市目标管理考核。全年市发改委服务窗口办理各类项目203个，总投资677.95亿元。

【转方式调结构】 围绕现代农业发展和改善农业生产条件，争取省新批复农产品监测、水利基础设施、大型沼气利用、畜牧养殖、旱作农业示范基地等中央投资项目32个，总投资8.85亿元，争取中央预算内投资3922万元。结合国家及省培育和发展战略性新兴产业的相关政策意见，研究起草《关于加快战略性新兴产业发展的意见》，提出加快战略性新兴产业发展的相关政策。7个项目被列入省第一批战略性新兴产业重点项目，总投资121.34亿元。瑞阳制药有限公司被认定为国家第十八批企业技术中心，鲁中耐火材料有限公司工程实验室被认定为国家与地方联合工程实验室，淄博永华滤清器制造有限公司被认定为山东省滤清器工程实验室。围绕商贸流通、现代物流、文化旅游等领域策划筛选2011年全市服务业重点建设项目77个，总投资611.8亿元；围绕生产性服务平台、粮食仓储设施、粮食现代物流、食用油仓储及物流设施、农产品批发市场升级改造、农产品冷链物流及现代物流业等专项，申报国家级服务业引导资金项目4个，总投资1.9亿元，已下达投资计划项目1个，争取国家、省补助资金600万元；申报流通领域中央投资项目5个，总投资13亿元，已下达投资计划项目3个，争取中央预算内投资820万元；争取省级服务业引导资金项目4个，省扶持资金650万元。加强重要农产品进口配额管理，共为13家企业争取两批10.81万吨棉花和3000吨小麦的进口配额。

【经济对外交流合作】 先后组团参加第十五届中国东西部合作与投资贸易洽谈会、2011中国青海绿色经济投资贸易洽谈会、第十二届中国西部国际博览会等大型经贸活动，达成经贸签约项目53个，签约金额125.57亿元。积极推进淄博宏达矿业有限公司收购并开发建设秘鲁邦沟铁矿项目的各项工作。争取省发改委核准1亿美元以上外商投资项目1个，总投资2.86亿美元；核准山东金顺达集团有限公司要约收购澳大利亚安科尔资源有限公司项目，总投资1755.8万澳元。利用国外贷款工作稳步推进，市公安消防支队借用奥地利政府贷款购置消防设备项目建议书获省发改委批复，总投资10817万元，贷款1000万欧元；周北热电有限公司借用世行贷款烟气脱硫项目列入省发改委备选项目库，总投资7000万元，贷款600万美元。

【统筹社会事业发展】 围绕社会民生事业的发展，不断加强对国家、省社会民生项目资金的争取工作，累计上报项目43个，总投资11.3亿元，拟申请中央投资2.88亿元。年内，沂源县精神病防治院门诊、病房楼扩建等9个项目下达投资计划，总投资6360万元，国家补助资金2300万元。会同住建、房管部门积极做好保障性住房的资金争取、计划编报等工作，争取中央补助资金857万元。年内，全市累计开工建设廉租房、经济适用房、公共租赁房11087套，完成省下达任务的127%。

【“一黄一蓝”两区建设】 2011年，争取山东谦津电子科技有限公司等企业的5个项目申报为省“黄三角”重点建设项目，山东布莱凯特黑牛科技股份有限公司、山东大地肉牛清真食品股份有限公司等企业的9个项目跻身省“黄三角”经济区和蓝色经济区建设专项资金扶持计划。组织参加2011年“黄三角”经济区重点项目推介暨银企合作促进会，达成授信签约金额31.32亿元；组织参加第二届“黄三角”经洽会，达成签约项目37个，签约金额226亿元；申报利用黄河三角洲产业投资基金扶持项目21个。山东大地肉牛清真食品股份有限公司成为黄河三角洲产业投资基金首批签约企业。大地肉牛、高青大米、布莱凯特、龙大畜禽等项目被列为“黄三角”高效生态农业冷链产业科技示范工程试点。高青县实施500万元以上的项目49个，总投资130亿元，到位资金23.9亿元。积极做好与蓝色经济区主体区的项目对接和策划工作，列入发展规划的东岳氟硅材料、博山节能环保、沂源生物医药、淄博大亚船舶配件4个示范基地在建重点项目46个，总投资153.6亿元，累计完成投资30亿元。

【中心城区东部化工区搬迁】 新建园区基础设施建设工程接近尾声，累计完成投资6亿元，园区内雨污排水工程基本完成，主干道和管网敷设基本结束，供电工程已具备供电条件。驻地企业和村庄搬迁取得进展，官庄村搬迁工作基本完成，湖田石矿搬迁进展顺利，淄博柴油机总公司在高新区的厂区和宿舍区已经完成摘牌工作。年内，新建园区入园企业13家，准备入驻项目23个，总投资57亿元。

【铁路规划建设】 境内长54公里、总投资43亿元的晋豫鲁铁路通道淄博沂源段完成投资7.88亿元；境内长31.87公里、投资17亿元的寿平铁路淄博桓台段完成初步设计论证并上报省发改委；境内长89.5公里、投资约30亿元贯通淄博南北的铁路项目已纳入山东省铁路网规划，省政府已函报铁道部希望作为部省合作项目，其中淄博站以南段打通张博铁路至苗山段线位已初步确定。总投资11亿元的境内8条铁路专用线进展顺利，其中汇丰石化专用线厂内站建设已经完成，齐鲁现代物流和淄博张钢钢铁有限公司专用线已经铁道部审批，清源物流专用线一期投入运营、二期已上报铁道部，亿通物流等其他4条专用线通过专家论证，并有2条专用线进入铁道部例行审批程序。淄博火车站南广场地块初步规划编制完成。城市轨道交通初步规划框架通过专家论证，并纳入城市总体规划，于7月底上报国务院。

【推动医药卫生体制改革】 印发《关于基层医疗卫生机构综合改革的实施意见》等文件，推动医药卫生体制改革不断深入。争取中央、省基本药物制度和综合改革以奖代补专项资金2265万元，总体工作走在全省前列。全市城镇职工医保、城镇居民医保参保率均达到99%以上，新农合参合率达到99.95%，各级财政对新农合和城镇居民医保补助标准均提高到每人每年200元，城镇职工医保、城镇居民医保和新农合政策范围内住院费用报销比例分别达到85%、60%和60%，住院报销最大数额由2010年的8万元提高到12万元；全市所有政府办的基层医疗机构全面实施国家基本药物制度，基本药物价格平均下降50%左右。省政府先后两次在淄博市召开医药卫生体制改革现场会，山东省医改领导小组办公室和国务院医改领导小组办公室先后组织《大众日报》、山东卫视等7家省级新闻媒体和《人民日报》、新华社、中央电视台等9家国家级新闻媒体到淄博市集中采访实施基本药物制度取得的先进经验和做法。 （王　磊）

人力资源和社会保障

【就业工作】 完善就业扶持政策。市人力资源和社会保障局会同有关部门先后制定实施就业失业登记证管理、灵活就业人员公共就业服务、大学生创业引领、高校毕业生就业见习管理、非师范类高校毕业生实名登记等十余个政策性文件，完善优惠政策，细化管理措施。全年支出就业扶持资金7488.51万元，小额担保贷款发放481户，发放金额9507万元，带动就业人数6520人，比2010年增长376.2%。

创业和就业培训。张店、淄川通过首批创建省级创业型城市工作绩效中期评估。依托“一网两库”（创业服务网、专家志愿团库、创业项目库），着力做好创业项目征集、推介工作，征集各类创业项目133个，224人通过创业指导实现创业。五区三县全部成立小额担保贷款机构，充实担保基金，为扶持创业提供条件。加强就业培训工作，进一步整合培训资源，充分发挥35家定点培训机构的作用，加强培训实名制管理，全年组织就业和创业能力培训8.1万人次。

高校毕业生就业。深入实施“三支一扶”（支农、支教、支医和扶贫工作）等基层就业项目，鼓励引导大学生到基层和民营企业就业，全市招募“三支一扶”大学生79名，招聘“服务社区大学生”75名，选聘高校毕业生到村任职25人。狠抓毕业生就业见习工作，全市市级以上就业见习基地102家，参加就业见习大学生3267人。全市接收非师范类大中专毕业生2.37万人（其中硕士及以上594人、本科6797人），实现就业2.12万人。

就业服务。进一步健全就业服务体系，投资1050万元建设新的市人力资源市场和大学生创业孵化中心，建筑面积1.54万平方米。在全省率先开展“微笑服务”活动，进一步完善公共就业服务标准。围绕做好失业人员、大学生和农民工等群体就业，相继开展“就业援助月”“春风行动”等

2011年10月23日，市领导为市人力资源市场和大学生创业孵化中心启动启用按钮 （尚远超　摄）

2011年6月22日，“社保情、暖万家”庆祝建党90周年企业退休人员成果展现场　　（尚远超　摄）

10余个专项活动，全市各级人力资源市场、高校相继组织105场大中型专场招聘活动，提供岗位21.9万个次，达成意向8.9万人次。开展职业介绍机构、人才中介服务机构年检工作。开发公益性岗位安置就业困难人员5624人，认定零就业家庭46户，安置54人。扎实开展人事和劳动保障事务代理工作，保存人事档案3.2万余份，代理单位141个，为268家单位6413名职工实施集体劳动事务代理和劳务派遣服务。是年，全市实现城镇新增就业13.2万人次，实现农村劳动力转移就业9.1万人次，城镇登记失业率为2.75%。淄博市人力资源社会保障局被省政府表彰为全省就业工作先进集体。

【社会保障工作】　城镇基本养老保险。至年底，全市养老保险参保人数86.2万人，实际缴费人数77万人，分别比2010年净增5.6万人和4.5万人；征缴养老保险费41.7亿元，完成省计划的117.3%。连续七年提高企业退休人员养老金待遇。为全市18.4万名企业离退休人员按时足额支付离退休费38.8亿元，社会化发放率继续保持100%。降低企业养老保险缴费比例2个百分点。制定城镇未参保集体企业退休人员纳入社会统筹的政策规定，全面启动“五七工”“家属工”纳入工作。办理养老保险关系转移接续跨省(市)转出手续1902人，转入1946人；转出基金2644万元，转入基金2955万元。进一步完善特殊工种退休审核制度，共为12036名职工办理退休、退职手续，其中正常退休8376人、特殊工种退休3158人，因病完全丧失劳动能力退休、退职502人。企业年金备案企业112家，参加年金方案职工人数28771人。全市纳入社区管理的企业退休人员24.2万人，社区管理率100%。全市机关事业养老保险参保人数12.4万人，达到年计划的104%，保险费征缴收入11.6亿元，支出12.1亿元。举办“社保情·暖万家”庆祝中国共产党成立90周年全市企业退休人员成果展和“庆重阳”系列文体活动。

农村养老保险。7月22日，经市政府批准，淄博市农村社会养老保险事业管理处更名为淄博市居民养老保险事业处，增加2个内设科室、8个人员编制。自4月1日起，淄博市市级新农保与国家新农保实现制度并轨。全市累计参保农村居民132.16万人，其中缴费人员86.08万人、养老金领取人员46.08万人，收缴保费6.71亿元，发放养老金3.09亿元。7月1日，全面启动城镇居民养老保险工作，全市累计参保6.74万人，其中缴费人员2.69万人、养老金领取人员4.05万人，收缴保费6869.53万元，为4.05万人发放养老金1392.74万元。

失业保险。是年，全市失业保险参保人数67.7万人，征缴失业保险费2.9亿元，为3万余名失业人员发放失业保险金1.3亿元。7月1日起，失业保险金发放标准由每人每月490元提高到600元，门诊医疗补助金由每人每月24.5元调整为30元。同时为领取失业金期间的失业人员缴纳职工基本医疗保险，按规定享受城镇职工基本医疗保险相关待遇。继续开展扩大失业保险基金支出范围试点工作，认定符合条件的企业323家8747人，支出失业保险基金4497.99万元。为中心城区2.57万名失业人员发放供暖补贴805.44万元。建立失业动态重点监测网上报告制度，对全市50家企业就业人员变化情况进行监测。

医疗保险。至年底，全市医疗保险参保人数195.9万人。其中，职工114.2万人，征缴收入

2011年4月25日，淄博市市级新农保与国家新农保制度并轨工作会议召开　　（尚远超　摄）

20.01亿元，支出17.65亿元；居民81.7万人，征缴收入3.08亿元，支出2.56亿元。建立医疗保险门诊统筹制度，全市门诊签约人数80.2万人，45.1万人次从中受益，淄博市分别在人社部、省人社厅召开的医疗保险工作会议上作典型发言。1月1日起，将城镇居民医疗保险补助标准由120元提高到200元。规范个人账户资金使用管理办法和离休干部医疗保障管理办法。实施尿毒症血液透析治疗单病种结算办法，参保患者个人负担由原来的150元降为20元，报销比例由原来的80%提高到96%。

工伤生育保险。是年，全市工伤保险参保人数95.3万人，净增9.3万人，征缴工伤保险费2.2亿元，为8474人次支付工伤保险待遇1.82亿元。调增1至4级工伤职工的伤残津贴、生活护理费和供养亲属抚恤金标准，调整后月人均伤残津贴达到1621元，生活护理费达到1203元，供养亲属抚恤金达到765元。开展工伤保险医疗费联网结算试点工作，实现医疗（康复）费用清单实时上传、网上审核、联网结算。全市生育保险参保人数57.6万人，净增3.6万人，征缴生育保险费1.07亿元，为14925人次支付生育保险待遇8809万元。

社保基金监督。启用社保基金网上实时监控系统，组织养老、医疗、失业保险基金专项审计或检查，对发现的问题全部进行整改。加强医保定点管理、工伤认定等工作。

【人才队伍建设】　专业技术人才队伍建设。全市新增专业技术人员1.9万人，其中评选中级职称以上人员2458人。评选淄博市第四批有突出贡献的中青年专家35名，上报山东省有突出贡献的中青年专家候选人3名。开展千名专业技术人才送技术、送服务、献爱心、解难题活动，组织开展各类专家服务活动43次，参加活动的群众达8000余人。编写《海内外高端人才淄博创新创业风采》画册，展现近年来全市人才工作取得的成就和业绩。组织专业技术人员继续教育培训6.98万人次。

技能人才队伍建设。是年，完成职业技能培训鉴定4.6万人，其中获高级职业资格证书的10370人。培训“金蓝领”技师、高级技师500人。通过职业技能竞赛产生技师108人、高级工1057人；通过评审产生技师664人。对1094名技术工人进行培训、考核，涉及职业工种103个。举办行业职业技能大赛25次，涉及工种47个，参赛选手56万人次。技工院校招生12602人，其中技能扶贫招生745人。向省厅推荐省首席技师12人、高级技师454人，评审高级技师444人。对审批管理的11所民办培训机构、10所鉴定机构进行年检。

国内外人才智力引进。从国内高校及其他城

2011年12月6日，市领导与第二届淄博友谊奖获奖专家合影　　（尚远超　摄）

市柔性引进高层次人才115人，其中引进博士生14名。首次召开全市引智工作会议。申报并获得批准黄河三角洲地区引进急需人才项目5个，资助经费40万元。组织实施国批、省批引智项目20项，聘请和引进外国专家310人次。组织实施党政干部出国培训项目2项，审核出国（境）培训项目30项73人次。组织第二届淄博友谊奖评选表彰工作，表彰外国专家10名，有1名外国专家获齐鲁友谊奖。新增国家引进国外智力成果示范推广基地1家、山东省示范推广基地1家、外国文教专家聘请资格单位2家。为172名外国专家颁发专家证，为50名外国人办理来华工作许可。

【人事制度改革】 公务员管理。顺利完成全市公务员招考工作，共录用公务员（含参照管理事业单位工作人员）492名。组织做好全市公安机关、劳动教养机关执法勤务机构人民警察警员职务套改工作，为全市3466人套改相应职务。完成2010年度机关科及科以下人员年度考核工作，83个市直机关3964人中，有686人被评为考核优秀等次，全市各区县行政机关6032名公务员参加考核，优秀等次比例18.2%。进一步规范评比达标表彰活动，共表彰事项18项，表彰先进集体852个、先进个人1510名。组织各类公务员培训2.13万人次。培训新录用公务员325人。组织112人参加科级公务员任职培训班。组织全市16名县处级领导干部赴香港金融管理学院开展现代服务业领导干部专题培训。

事业单位人事管理。完成市属事业单位新聘人员3702人、续聘人员1005人的备案手续。审批市及区县事业单位的岗位设置方案35个、岗位设置调整方案14个，完成80个事业单位的890名工作人员的岗位聘用。基层医疗卫生机构人事制度改革扎实推进，批准岗位设置的机构数量92个，完成率100%，完成岗位聘用的人员数量3824人，占实有人数的99.58%。核准2010年度市属事业单位优秀等次人数2866人。是年，招聘市属事业单位紧缺专业人才93名、市属事业单位人员460名、市属学校教师150名。加强考试管理工作，理顺考试工作机构，完善考试工作制度和程序，顺利完成7.5万人次的考试任务。

军官转业安置。是年，妥善安置军转干部及随调家属123人。积极做好军转干部、退伍军人及随军家属的保障工作，为2344名企业军转干部调整补助标准，为227名企业军转干部办理退休增发生活补助、特困救助等相关手续。进一步落实部分军队退役人员的劳动保障政策。安置退役运动员32名。

【工资收入分配制度改革】 机关事业单位工资管理。颁发进一步加强市直机关事业单位工资和离退休待遇管理工作的规定，进一步推进工资管理规范化。审核各单位日常工资变动材料6683人次。为415名退休人员办理提高退休费比例的审核、批复手续，为569名退休人员发放退休证。调整信访人员等五类人员的岗位津贴。

企业工资管理。调整企业最低工资标准和非全日制用工小时最低工资标准，调整后的月最低工资标准分为3档：1100元、950元、800元；小时最低工资标准为11.5元、9.8元、8.7元。拟定并发布2011年企业工资指导线，确定货币工资增长基准线为15%、上线（预警线）23%、下线6.5%。稳妥推进企业工资集体协商工作，全市共签订工资集体协议4983份，覆盖企业6978家。

【劳动关系协调和权益维护】 劳动关系协调。深入推进集体合同制度彩虹计划，全市签订集体合同企业8462户，覆盖率达85%。深入推进“小企业劳动合同专项行动”计划，小企业劳动合同签订率达82%。全面推进劳动用工备案制度，全市有8645户企业实行劳动用工网上备案，备案率达71%以上，市级劳动用工网上备案基本实现全覆盖。对全市324家企业进行高温补贴专项检查，有效促进企业高温天气劳动保护政策措施的落实。

劳动人事争议调解仲裁。理顺劳动人事仲裁管理体制，市及区县均成立劳动人事争议仲裁院。继续加强基层调解组织建设和仲裁机构实体化建设，坚持巡回仲裁庭、休息日开庭等便民措施，依法处理争议案件。全市共受理劳动争议案件2484件，按期结案率为100%，调撤结案率为73%。各类调解组织共受理案件1677件，调解结案1432件，调解成功率达85%，调解率呈现大幅提高的良好局面。

劳动保障监察。劳动保障监察“两网化”(网格化、网络化)建设取得重大突破,全市成立监察中队21个,“网络化”监管系统顺利启用。先后开展清理拖欠农民工工资、清理整顿人力资源市场秩序、用人单位遵守劳动用工和社会保险法律法规、“五小”企业劳动用工情况等多个专项行动。以劳动保障年检为总抓手,全市共检查用人单位11572家,及时查处举报投诉案件1364件,解决拖欠工资3440万元,补缴社会保险费4181万元。

【法制建设】 加强对新法律的学习培训,组织全市人社系统及企事业单位2000多人参加《中华人民共和国社会保险法》专题培训,组织局系统全部行政执法人员参加《中华人民共和国行政强制法》及《山东省行政程序规定》的学习培训。清理政府规章3件、政府规范性文件79件、部门规范性文件289件,对44件规范性文件进行备案。办理行政复议、应诉案件31件。对负责办理的7项行政许可事项、4项非行政许可审批事项、11项上报事项、90项行政管理服务事项进行清理。全市妥善处理信访案件2325件,涉及8875人次。

【信息化建设】 年内,推进新业务系统建设,九大业务系统成功上线运行。建成电子认证系统,淄博市成为全国唯一一家地市级电子认证系统试点城市、医保门诊统筹试点重点联系城市。加快社保卡制作发放,制发社保卡12万张。不断完善服务手段,在全市各窗口单位推行“柜员制”服务模式,对就业、社保等工作推行标准化服务方式。完成社会保险经办服务网络化系统升级,3231户企业实现网上缴费;完善个体缴费银行代扣代缴工作,参保人员可在银行网点就近查询缴费信息。全面加强基层平台建设,制定加强基层平台建设的意见,加大资金扶持力度,推广应用基层公共服务平台网络,张店区、淄川区、临淄区基层平台顺利通过省级验收。“12333”人力资源社会保障咨询电话全年人工接入87723人次;市人力资源和社会保障网日均点击量稳定在1.7万人次。

(李　刚)

物　　价

【概况】 2011年,全市居民消费价格总水平比2010年上涨4.5%,分别比全国、全省低0.9和0.5个百分点,基本实现预期调控目标。在构成居民消费价格总指数的八大类商品(服务)中,呈“七升一降”态势。其中,食品类、烟酒类、衣着类、家庭设备用品及维修服务类、医疗保健和个人用品类、交通和通讯类、居住类七大类商品和服务价格均不同程度上涨,娱乐教育文化用品及服务类价格下降。

2011年淄博市居民消费价格指数

表17—01　　(以2010年为100)

类　　别	全年平均	变动幅度(±)
居民消费价格总指数	104.5	+4.5%
食品类	110.3	+10.3%
烟酒及用品类	107.1	+7.1%
衣着类	100.1	+0.1%
家庭设备用品及维修服务类	100.9	+0.9%
医疗保健和个人用品类	102.9	+2.9%
交通和通信类	100.1	+0.1%
娱乐教育文化用品及服务类	99.8	−0.2%
居住类	105.8	+5.8%

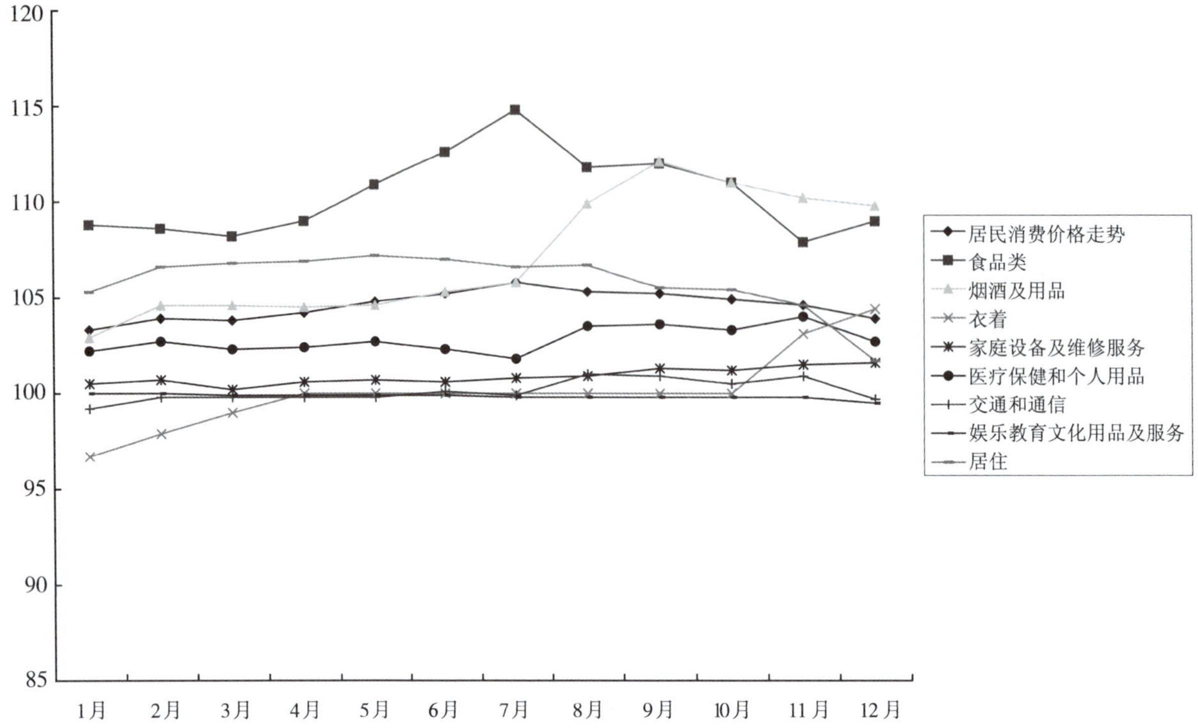

2011年淄博市居民消费价格走势图

【调控监管】 强化价格监测预警。深化价格监测规范化建设，丰富监测手段，增加监测频次，提高监测预警效能，初步构建起科学规范、高效快捷的“大监测”工作格局。年内上报常规监测数据4.2万条、应急监测数据6.2万条，为政府科学决策提供第一手资料。完善价格调控措施。市政府专题召开价格调节基金工作座谈会，年内，完成基金征收6277万元，增强政府运用经济手段调控物价的能力；以市政府办公厅文件形式印发通知，在全市建立价格调控联席会议制度和价格通报制度，充分发挥牵头部门作用，采取强化价格监测预警、加强价格监督检查、完善价格监管机制、加大清费稳价力度、保障重要商品生产供应、加强舆论宣传引导等一揽子措施，合力稳控物价，有效遏制物价过快上涨势头。加强价格宣传工作。利用媒体宣传、印发宣传品、开展法律咨询等多种形式，广泛深入地宣传价格法律法规政策和物价形势，宣传各级党委、政府稳物价、安民生的政策措施，营造良好的舆论氛围。

【价格改革】 围绕市委、市政府“转方式调结构、实现内涵发展”的中心任务，积极运用价格杠杆，抓好价格激励机制、约束机制、补偿机制建设。是年，根据煤热、油气联动机制，适时调整蒸汽及成品油、工业用天然气、车用天然气等价格，对出租车运价实行燃气加价政策；会同有关部门，对污水处理服务费进行调整，并结合引太入张供水工程，对全市自来水成本进行前期调研，为理顺中心城区自来水价格做好准备；对部分高耗能企业落实差别电价、惩罚性电价政策，促进企业技术改造和产业结构升级，提高能源利用效率；重新明确医疗废弃物处置费收费项目及标准。

【服务发展】 坚持把依法履行价格职能与拓宽经济发展空间紧密结合起来，有效运用价格杠杆促进生态淄博建设。积极争取省物价局支持，为淄博腾飞生物质热电有限公司秸秆发电项目、华电淄博热电污泥干化焚烧发电项目、华能白杨河电厂脱硝发电项目落实优惠上网电价，年增加企业收入7000余万元；为唐骏欧铃汽车公司降低轻卡汽车销售门槛，受到企业好评；为金晶集团等重点企业落实优惠能源价格政策，促进企业发展。

【清费治乱】 加大清费治乱力度，对近两年来国家和省、市制定的行政事业性、经营服务性收费项目及标准，进行全面梳理汇总，清理收费文件287件；更新门户网站相关内容，方便群众及时查询；完成对430个单位的收费年审；进一步规范中小学服务性收费和代收费管理，取消取暖费、班费、自行车管理费、电教代收费4项收费，调整2项收费标准；配合医药卫生体制改革，对部分社区卫生服务收费、非营利性医疗服务价格作出进一步规范，及时废止座椅费等门诊静脉输液收费，降低170余种药品最高零售价格；制定公布道路客运班车上限票价；制定《淄博市公墓价格管理试行办法》，规范殡葬服务收费行为。

【监督检查】 充分发挥监督检查职能，组织开展涉农收费，医疗卫生、教育收费，金融机构服务收费，节假日市场价格，商品房销售明码标价等一系列专项检查；加大市场巡查力度，定期或不定期地对市内集贸市场、大型超市、商场、加油站等开展价格检查。年内，查处价格违法案件137起，实施经济制裁701.6万元。华东地区价格监督检查工作交流会第一站在淄博召开。针对3月份发生的食盐抢购，第一时间启动应急预案，采取一系列措施，迅速平息抢购风波。开展明码标价规范检查月活动，并通过召开价格政策提醒会、发放提醒函等形式，引导企业搞好价格自律，规范市场价格秩序。

【监审鉴证】 年内，开展成本监审项目33个，核减成本3.5亿元；以“服务司法、服务政府、服务社会、服务系统”为宗旨，不断拓展价格鉴定认证领域，完成价格鉴定、认证1.9万件，标的额2.46亿元；认真落实国家发改委《商品房销售明码标价规定》，对商品房销售建立备案制度，实行明码标价，促进房地产市场健康发展。

【服务民生】 积极打造“价格服务进万家”品牌，形成县、乡、村三级较为完善的基层价格监督网络和价费公示体系，妥善化解大量价费矛盾；定期向社会发布城镇低收入居民基本生活费用价格指数，认真落实“双低”（即最低生活保障标准与城镇低收入居民基本生活费用价格指数）联动机制，年内，配合相关部门两次提高农村低保标准，发放临时价格补贴1300余万元；先后两次上线参加“政风行风”热线节目，解决群众咨询、举报的热点价费问题46个，依托“12358”等价格举报平台，办理群众价格咨询、投诉2392件，办结率达到100%；进一步加强物价窗口和“数字物价”建设，物价窗口连续3年被市政务中心评为“优秀窗口”，市物价局门户网站实现价格业务网上公开、网上受理、网上答复反馈。

【队伍建设】 机构建设进一步加强，市物价局价格调节基金办公室经市委、市政府同意单独设立，淄川区成立价格认定局，为全省第一家。对6个科级职位进行竞争上岗，进一步激发队伍活力；坚持不懈地抓好作风效能和党风廉政建设，通过媒体向社会作出公开承诺，认真开展制度廉洁性评估试点工作；扎实推进廉政风险防范管理工作，有针对性地制定落实76条防控措施，形成岗位廉政风险管理的长效机制。

（刘　青　商佃明　冯路平）

统计与调查

【四大工程改革建设】 2011年是全国统计四大工程改革建设（加快建设基本单位名录库、数据采集处理软件系统、联网直报系统、企业一套表制度）的起步与试点年。全市各级统计机构高度重视，及时成立四大工程建设领导小组，建立起组织领导机构和专业之间、市县之间的协作联动机制。按照“先有库、再有数”的原则，认真组织“三上”企业（规模以上工业企业、限额以上批发零售住宿餐饮业、资质以内的建筑业企业）名录库与专业字典库的比对衔接及核查，建立起全市统一的“三上”企业和房地产开发经营调查单位名录库。各级部门、各有关企业按照四大工程建设对统计信息化的要求，结合各自实际，加大资金投入，做好数据采集处理系统和联网直报的各项软硬件配备。制定翔实可行的“企业一套表”网上直报试点实施方案和工作计划，及时在全市进行全面动员部署和业务培训，并利用半年时间成功开展企业“一套表”网上直报试点。

2011年7月，淄博调查队调查员在农贸市场进行采价

（国家统计局淄博调查队　供稿）

【人口普查】　各级党委、政府高度重视第六次人口普查工作，统计部门积极发挥牵头作用，超前谋划、精心组织，宣传、公安、计生、民政、财政等部门各司其职、密切配合，全市3万余名普查员高标准、高质量地完成普查入户调查、数据处理、审核验收、汇总上报等任务。同时，还完成普查小区图扫描，户主姓名底册录入等工作。淄博市及张店区、桓台县被省政府表彰为山东省第六次人口普查先进集体。全市有2人获得全国先进个人称号；有2人被省政府表彰并记一等功。市政府表彰30个全市第六次人口普查先进集体和60名全市第六次人口普查先进个人；市人力资源和社会保障局与市统计局联合表彰50个全市第六次人口普查先进集体和100名全市第六次人口普查先进个人。

【重点领域统计制度方法改革】　1. 高度重视保障性安居工程统计，建立部门协作机制，与市发改委、住建局等9部门联审工程建设统计数据，客观准确地反映全市保障房建设情况。2. 认真做好服务业重点城区、重点园区、重点企业和重点项目等4大载体的统计监测，积极开展新型服务业态调研工作。3. 全面贯彻市政府节能减排统计监测和考核体系，加强与节能、环保、供电等部门的沟通协作，强化统计监测、数据审核，及时提供节能监测数据和预警建议。4. 积极推进文化产业统计监测，与市委宣传部联合下发《淄博市文化产业统计监测工作实施方案》，明确部门职责分工，规范测算方法，开展文化产业增加值核算工作。5. 稳步推进劳动工资统计改革，开展劳动工资电子台账及网上直报的推广应用。

【统计标准改革】　按照国家统计局规定，从2011年定期报表开始提高有关统计专业的起点，规模以上工业企业的统计起点由年主营业务收入500万元及以上提高到2000万元及以上，2010年年报仍执行原标准；固定资产投资项目的统计起点由计划总投资50万元及以上提高到500万元及以上，500万元以下项目采用抽样调查方式，2010年年报仍执行原规定。

【统计调查】　统计调查任务。严格执行《中华人民共和国统计法》和国家统计报表制度，实事求是地搞好农业、工业、能源、投资、劳动工资、物价、城乡居民收入、城市社会基本情况等20多个专业的各项定期报表和年报工作。制度性调查。2011年，淄博调查队完成规模以下工业抽样调查、部分服务业抽样调查、畜禽监测统计调查、企业采购经理调查、企业景气调查、旅游业抽样调查等制度性

2011年10月12日，调查员在淄博市城市轨道交通规划大型综合交通调查路段调查现场　　（国家统计局淄博调查队　供稿）

调查任务，各项专业工作均进入系统先进行列。专项调查。淄博调查队完成组织工作满意度民意调查、党风廉政建设和反腐倡廉民意调查、山东省城市公共文明指数测评及未成年人思想道德建设测评等专项调查。约稿调查。淄博调查队完成企业用工荒情况、企业缺工情况等约稿调查，并上报调查报告。

2011年9月20日，山东省暨淄博市庆祝第二届“中国统计开放日”活动现场
（市统计局　供稿）

【统计服务】 围绕转方式调结构大局，积极做到主动服务、超前服务。加强经济运行动态监测。全面加强月度、季度经济形势的监测分析，突出时效性，提前分析预警，为领导决策及时提供参考依据。建立季度经济形势分析例会制度和进度数据预报分析制度。开展“调查研究年”活动。围绕经济社会发展热点，深入企业、基层开展调查研究，撰写出一批有情况、有观点、有建议的调研报告。全市统计系统共撰写调研报告68篇。在全省“调查研究年”活动总结评比中，淄博市被表彰为先进单位。不断创新统计服务形式。编写出版《“十一五”淄博发展统计报告》《统计年鉴》《统计手册》等9种统计资料，全面改版《统计公报》《统计月报》，采用彩图形式直观形象地展示主要经济指标。编印的党代会统计专刊资料得到市委领导的充分肯定，“两会”资料得到人大代表和政协委员的一致好评。

国家统计局淄博调查队组织实施淄博市城市轨道交通规划大型综合交通调查，此项调查数据将为全市城市轨道交通规划通过专家论证提供重要依据。围绕全市中心工作，对经济运行中重点问题及民生热点问题积极调研，深入分析，2011年向市委、市政府呈报调查专报40期，呈阅件4期。上报重要信息百余篇，被媒体采用75篇。淄博调查队积极围绕全市工作热点、难点，开展淄博居民食品安全意识、淄博新客运总站运行情况、淄博蔬菜产业发展情况、大学生就业情况、全民健身情况等专项调查，并撰写分析报告呈报市领导。

【考核评价】 按照各级党委、政府的部署安排，圆满完成市、区县和乡镇的科学发展定量考核指标的调度、测算和分析工作。高质量完成各区县“十一五”时期15项107个指标数据的测算等工作，编写各区县领导班子科学发展情况实绩评价报告，充分发挥统计在考核评价中的重要作用。

【统计宣传】 9月20日，市统计局召开山东省暨淄博市庆祝第二届中国统计开放日座谈会，60多位社会各界代表齐聚一堂，通过观看专题片、展板等形式走近统计、认知统计、感受统计，拉近统计工作与社会公众的距离。为加大宣传力度，市统计局还制作手机彩铃，在统计信息网上开通统计日宣传专栏。及时按季度召开全市经济运行情况新闻发布会。

淄博调查队组织拍摄制作专题宣传片《统计文化 春风化雨》和主题歌曲《调查队之歌》，两项作品在国家统计局举办的第一届统计宣传作品评选中均获得二等奖。在中国统计开放日召开“走进调查队 统计一家亲”主题座谈会。

【社情民意调查】 年内，精心组织区县党政领导班子群众满意度电话访问调查。市委书记、市长、常务副市长等领导先后到访问现场视察指导，对调查工作给予充分肯定并提出具体指导意见和明确要求。受部门委托，开展换届纪律知晓率、村“两委”换届情况、群众安全感、公安系统工作群众满意度等18项社情民意调查。淄川区、博山区、临淄区、周村区、桓台县对各镇、街道开展“群众满

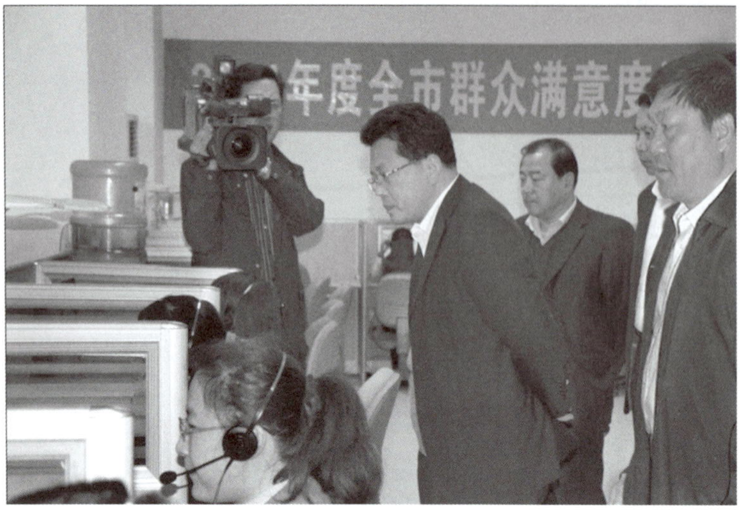

2011年11月18日，市委书记刘慧晏视察社情民意调查现场

（市统计局　供稿）

意度”电话访问调查。

【统计数据质量】　坚持多措并举，综合治理，努力打造提高数据质量的长效机制。制定实施《2011～2015年淄博市统计法制宣传教育规划》，召开纪念《中华人民共和国统计法》颁布座谈会，以“六五”普法启动、企业一套表试点业务培训等为契机，开展统计法制培训，全年累计培训4000余人次。进一步加强数据质量审核评估，坚持主要统计数据“下管一级”，定期召开生产总值、工业、投资、贸易、能源等数据联审会议，提高统计数据的逻辑性、关联性和匹配性。加强与财政、税务、金融、交通、电力等部门的联动，对生产总值核算数据实施7项相关指标数据质量评估，对重点耗能企业数据质量采取“一对一”审核。认真做好工业、投资项目统计标准提高后的数据衔接工作，确保新标准制度的顺利执行。

淄博调查队制定淄博市各区县部分服务业、规模以下工业、主要畜禽抽样调查工作考核办法；印发《致被调查对象的一封信》，发放调查单位达1200多家。

【统计基层基础建设】　在临淄区开展全市“三上”企业统计星级管理试点，召开由省、市、区（县）统计部门和有关企业参加的现场会，在全市进行推广；加强基层业务培训，召开全市乡镇街道统计站长培训会议，结合“一套表”网上直报试点，对“三上”企业统计人员开展大规模业务培训；建立部门统计联系人制度及生产总值核算、服务业统计、能源统计、文化产业统计等部门协调机制；加强硬件配备与升级，建立完善计算机及网络信息安全应急机制和全市统计电子档案系统，为规范历史资料的存储建立电子平台。

（于亦芳　伊学华　李冰冰）

审　　计

【概况】　2011年，全市审计机关共完成审计（调查）项目721个，查出问题金额33.7亿元，增收节支6.78亿元；提交审计专题、综合性报告和信息简报1290篇，被批示、采用271篇（次），提出审计建议被采纳745条；移送重大案件线索18起，涉案人员6人。

【预算执行审计】　2011年，全市审计机关共组织实施77个部门（单位）的预算执行审计，查出问题金额6.64亿元，增收节支4.17亿元。主要特点：

2011年4月7日，地税审计现场　（市审计局　供稿）

2011 年 3 月 8 日，工作人员在投资审计现场

（市审计局　供稿）

深化预算执行审计完善公共财政体系，在项目安排上突出专项审计调查，重点围绕教育负债、资产管理、科教研发资金等政策落实情况开展审计调查，此类项目占预算执行审计项目的 45%；将绩效审计贯穿财政审计始终，重点突出财政政策执行效果、财政收入完整性、财政资金使用效果以及努力揭露和查处重大违法违纪问题四方面内容；努力强化审计整改落实，预算执行审计工作报告呈现出注重促进和改善民生等特点。此做法得到市人大常委会充分肯定。在地税征管审计中，针对土地增值税清算中存在的问题，建议市政府将房地产企业列入全市七大综合治税要点之一，全市土地增值税入库同比增加 63.73%。市财政局、市教育局针对农村义务教育债务的问题，联合制定淄博市农村义务教育债务化解实施方案。

【政府投融资项目审计】 打造政府投资审计“淄博模式”，提高政府资金使用效益。2011 年，全市审计机关共审计工程建设项目 148 个，工程提报值 29.39 亿元，审定值 24.94 亿元，审减值 4.45 亿元，审减率 15.12%。《中国审计报》刊登《挑战、创新、发展》一文，对投资审计“淄博模式”进行专题报道。不断强化政府投资审计制度保障，市政府颁发《进一步加强和规范政府投资审计工作的意见》，5 年内第三次专门制订加强政府投资审计的措施。《中国审计报》以《淄博五年出台三部规章加强政府投资审计》为题予以宣传。建立投资审计工作联席会议制度，进一步优化审计工作环境。打造政府投资项目精品，援建的北川新县城 7 个工程建设项目审计被审计署选入《中国审计史志》；历时 4 年对第十一届全运会和第二十二届省运会场馆建设项目进行跟踪审计和竣工结算审计，综合审减率 15.36%。

【石嘴山淄博工业园项目审计】 按照市委、市政府要求，市审计局派出审计组于 11 月 16～20 日对淄博石嘴山工业园建设项目进行跟踪审计。该工业园项目于 5 月 18 日奠基，项目计划总投资 235 亿元。审计组对该项目自筹建及建设期间资金的使用和项目进展情况实施全过程跟踪审计，确保项目建设资金有效使用。在此基础上，对项目涉及的合同签订、招投标、预算决算等环节进行审计监督。根据工业园需分批建设的特点，采取建成一批决算一批的方式，分阶段出具审计报告；通过阶段性的现场审计监督形式，既掌握项目进展情况，又为其他环节的跟踪审计打下基础。

【领导干部经济责任审计】 2011 年，全审计机关

2011 年 9 月 24 日，石嘴山工业园审计现场　（市审计局　供稿）

2011年9月16日，区县长经济责任审计进点会

（市审计局　供稿）

先后对73名县处级以上和291名县处级以下领导干部实施经济责任审计，查出问题金额27.06亿元。创新经济责任审计完善监督体系，抓制度建设，强化责任落实，市委、市政府连续颁布实施《淄博市领导干部经济责任审计暂行规定》《淄博市领导干部经济责任审计结果运用办法》和《关于进一步加强党委工作部门财务管理工作的意见》等新规定。分别召开市经济责任审计工作领导小组会议和联席会议，听取专题汇报，市委书记刘慧晏、市长周清利等先后做出重要批示。积极实践经济责任同步审计，对博山、淄川、桓台、高青4个区县实施书记和区县长的同步审计，各有关单位和领导干部个人认真对待经济责任审计结果，及时整改审计发现的问题，依法行政水平得到提高。淄川区审计局积极探索建立审计直属分局，实现村级经济责任审计全覆盖，构建村级经济责任审计新机制。《人民日报》《中国审计报》等对此进行报道。

【民生及专项资金审计】　紧紧围绕党委、政府中心工作以及群众关心的热点和难点问题，积极组织民生及专项资金审计。2011年，全市共完成80个审计调查项目，其中专项审计26个，审计资金总额108.72亿元。先后组织开展新型农村合作医疗基金、经济适用房和廉租房建设资金、最低生活保障资金等重点资金的管理使用情况的审计。高青县审计局强化对抗旱救灾等民生资金审计，促进惠民政策的落实。全面开展环保绩效审计，作为年度创新工作，市政府专门成立以市委常委、副市长周连华任组长的全市资源环保审计工作领导小组，市审计局专门成立审计协调小组，制定《淄博市“十一五”期间环境保护资金绩效审计调查工作实施方案》和《淄博市环境审计工作指南》，并把资源环保审计纳入区（县）长经济责任审计方案，摸清全市各方面资金的投入、管理、使用和绩效情况，揭示环保资金和项目管理中存在的问题，提出完善制度、规范管理的审计意见和建议。认真组织专项审计调查，开展市直直管公房管理情况绩效审计调查、行政事业性收费审计调查等14个绩效审计和调查项目。上报市委、市政府关于区县党委政府领导经济责任审计、全市教育负债情况、价格调节基金征收管理情况、科技研发资金绩效情况等12篇专项调查报告和审计要情。

【上级交办审计事项】　高标准完成上级交办的任务。圆满完成地方政府性债务审计，配合省审计厅实施的淄博市政府债务审计项目获全国地债优秀审计项目；高效完成省审计厅交派任务，认真做好世行贷款城建环保二期项目资金的审计工作，积极协调有关部门，开设世行资金银行专户，解决部分配套资金不到位等问题，确保世行贷款资金4660万元及时拨付到位，工作做法受到审计署、省审计厅领导的肯定；扎实开展普通高中债务调查工作，淄川区审计局、博山区审计局分获审计署普通高中债务调查集体三等功与集体嘉奖。完成市委、市政府交办任务，在对淄博宾馆、鲁中财会中心单位整合进行的审计中，查出有关公职人员涉嫌挪用公款的问题线索，移交司法机关立案查处，主要责任人被判处有期徒刑20年；另外查出问题金额3000多万元，确保单位整合实现顺利交接。对颜山宾馆、原山林场的整合审计，解决诸多遗留问题，监督颜山宾馆与原山林场办理资产移交手续。

【信息化建设】　投入160万元，购置设备和软件，基本完成社保基金的联网审计试点建设；对市级医院的系统审计实现AO审计方法与财务审计方法的有效结合；在山东财经大学（筹）举办第一期计算机审计中级培训班，47名学员参加集中培训，通过率达100%。

【审计宣传】 在审计署网站、《中国审计报》《中国审计》等国家级报刊媒体发表信息宣传稿件75篇；在省级报刊媒体发表267篇；在市级主流媒体发表34篇；市局编发信息154篇，市局门户网站刊登276篇。组织申报、撰写各类科研课题共计50余项，分获省、市一等奖1项、二等奖5项、三等奖16项、优秀奖1项。（钟卫国　翟慎军）

质量技术监督

【质量监督管理】 1. 首届市长质量奖启动工作。组织对《淄博市市长质量奖管理办法》《淄博市质量管理奖评审通则》《淄博市质量贡献奖评审通则》进行修改，设立质量管理奖、质量贡献奖2个综合奖项，并设质量管理（QC）小组奖、质量管理新方法应用奖、质量科研攻关奖、质量管理创新奖、质量教育奖5个单项奖，形成独特的市长质量奖奖励机制。2. 省长质量奖和优质产品生产基地创建活动。2011年，东岳高分子材料有限公司获得省长质量奖提名奖，博山区、沂源县分别获得省级耐火材料、玻璃纤维及制品优质产品生产基地称号。3. 实施名牌带动战略。根据《淄博市"十二五"发展规划》要求，积极扶持绿色、低碳经济和环保产业发展，重点在机械、化工、纺织、建材、陶瓷等传统产业及新材料、精细化工、新医药、新能源和节能环保装备、汽车及机电装备、电子信息等新兴产业中培育名牌。年内，全市53家企业的58个产品获评山东名牌，5家企业的服务项目获评山东服务名牌。4. 质量宏观管理。首次发布《2010年淄博市工业企业产品质量状况报告》，全面、系统地分析全市工业企业产品质量总体状况，为政府加强宏观调控、促进经济转型发展提供决策参考。

【食品质量安全】 乳制品生产企业重新审核换证工作。根据国务院办公厅《关于进一步加强乳品质量安全工作的通知》以及国家质检总局对乳制品企业换发生产许可证工作的部署，积极组织全市乳制品生产企业进行许可证换证工作，得益乳业公司、新明乳业公司经重新审核取得生产许可证。开展食品安全专项整治行动。对肉制品、乳制品、食用植物油、酒、饮料、饮用水和农村食品安全等领域开展专项整治，严厉查处和打击添加瘦肉精、加工地沟油、滥用塑化剂等违法行为，保证全市食品安全形势的不断好转。做好食品生产企业法人履责报告工作。按照省质监局《关于实行食品生产企业法人履责报告制度的意见》，市局及各分县局年内共召开食品生产企业法人履责报告会22场次，339家获食品生产许可证企业全部进行了履责。

2011年5月20日，召开全市食品生产企业法人履责报告会

（单　峰　摄）

【特种设备安全管理】 制订《2011年度特种设备生产单位监督抽查计划》，抽查57个许可项目，查出问题171个，其中，资源条件方面40个、质量体系建立和实施方面104个、产品质量方面27个。在全市开展落实电梯使用单位管理责任、电梯维保单位维保责任拉网式大检查，共检查电梯4040台，强制停用电梯66台，下达安全监

察指令书135份，督促263台电梯完成隐患整改。针对电梯安全法规不健全、住宅小区使用安全管理责任界定不清、出现设备隐患和故障无法确定责任者等问题，协调市安监局、住建局、供电公司等部门起草《关于加强住宅电梯使用安全管理的意见》，由市政府办公厅以规范性文件发布，为住宅小区电梯规范管理提供依据。做好现场安全监察和检验工作。2011年，全市共检验（安装监检）各类特种设备16000余台。其中，锅炉1082台、压力容器7970台、压力管道101千米、各类气瓶22581只、电梯3020台、起重机械4109台、厂车1294台、常压罐车2995台。安全阀校验13609只，完成产品制造监检35113台(批)。在用设备定检率始终保持在95%以上。在全市2家大型游乐设施运营单位和40多家电梯维保单位推行安全承诺制度，切实提高其安全管理水平和维护保养质量。部署开展气瓶充装站和检验站隐患专项整治工作，对全市117家各类气瓶充装站进行专项检查，发现各类问题、隐患116处，下发特种设备安全监察指令书84份，取缔无证充装液化石油气站8家。

2011年6月25日，召开全市标准化资助奖励项目专家评审会
（单　峰　摄）

【标准化工作】　与市经信委、节能办联合印发《2011～2015年淄博市重点产品能耗定额》，涉及机械、轻工、纺织等10个行业，100种产品类别，760个能耗定额指标。协调市财政局等部门对2010年全市40家单位71个项目兑现标准化资助奖励金额549万元。山东扳倒井集团、东岳高分子材料有限公司等3家企业通过标准化良好行为4A级确认，泰光电力有限公司、齐胜化工有限公司等6家企业通过标准化良好行为3A级确认。以推动农业产业化种植为目标，加快优势、特色农业发展，山东黑牛养殖产业被列入第七批国家农业标准化示范区。开展联盟标准工作，促进产业集群和优质产品生产基地建设。博山泵类企业联盟已实施联盟标准5项；13家企业联合成立"陶瓷质手套模具"企业标准联盟，联盟标准《陶瓷质手套模具》年内正式发布实施。

【能源计量】　建成淄博市重点用能企业能源计量信息平台，对全市83家国家及省重点用能企业综合能源消费量、能源消费结构、余热余能回收量逐月进行网上汇总、分析上报，为省、市政府节能决策提供重要依据。高质、高效开展能源计量检测服务，检定各类能源计量器具6万余台件。树立能源计量工作典型，建成7家山东省能源计量标杆示范企业。

2011年9月9日，山东省特种香型白酒质检中心在高青奠基
（单　峰　摄）

【民生计量】 实施民生计量工程，深入开展“推进诚信计量，建设和谐城乡”行动，规范集贸市场、商场、加油站、眼镜店的计量行为，维护消费者利益，建成10家山东省诚信计量示范单位。市质监局节能降耗工作得到各级政府及社会充分肯定，分别获淄博市“十一五”节能突出贡献单位和山东省“十一五”节能先进单位称号，被省政府记集体二等功，获市政府奖励资金30万元。

【行政执法】 先后组织开展“双打”(打击侵犯知识产权和制售假冒伪劣商品)专项活动和农资产品、桶装饮用水、酒类、节能产品专项执法检查等一系列专项整治行动，共查处各类违法案件480起。2011年，共接听群众投诉、举报、咨询电话2600多个，受理群众举报案件131起，解答群众咨询、接待来访2300余人次，为群众挽回经济损失650万元。

【行政许可】 2011年，共受理审查、审核、决定141件，发放行政许可证54张。其中，受理食品行政许可100件，发放食品生产许可证46张；受理工业产品行政许可34件，发放工业产品生产许可证7件；受理实验室行政许可7张，发放实验室许可证1张。

【技术机构建设】 围绕省质监局建设规划，大力加强检验检测平台建设，不断提升检验检测能力。年内，总投资1.06亿元的国家泵类质检中心土建工程完工，设备招标工作已启动。该中心检测范围涵盖泵类产品、减速机、耐火材料、电机、车用板簧五大类、200多个系列、2300多个品种。山东省特种香型白酒产品检验中心顺利通过省质监局计量认证和实验室现场评审。高青县政府无偿划拨土地0.73公顷用于中心建设。 (单　峰)

工商行政管理

【登记注册】 深化实施“市场主体倍增工程”，扶持小微企业发展，支持个体工商户发展为私营企业。截至2011年底，全市各类市场主体总数达到169547户，注册资本总额1455.9亿元，比2010年分别增长7.91%和14.41%，市场主体总量和注册资本总额两项指标均创历史新高。其中，企业类市场主体41818户，注册资本总额1398.13亿元，分别增长6.81%和13.34%；非企业类市场主体127729户，注册资本总额57.77亿元，分别增长8.27%和47.94%。大力支持“一黄一蓝”经济区发展，对高青县33个重点项目实行定向服务，新发展市场主体990户。严格落实国家产业政策，大力实施战略性新兴产业倍增工程，制定《关于支持战略性新兴产业发展的意见》，推行“限制、淘汰类项目”告知制度，组织开展“走千家企业、促经济发展方式转变”活动。拓展企业融资渠道，全市小额贷款公司、融资担保机构总数达到48家，全年办理股权出质75件。

【市场监督管理】 开展商品交易市场信用分级工作。至年底，全市500处商品交易市场(含农村大集)90%纳入信用分类监管。扎实推进市场党建工作，建立市场党组织23个，2246名经营业户党员纳入党组织正常管理。开展“示范文明集市”创建工作，沂源县悦庄大集被中央文明办确定为全省第二批重点报道的农村精神文明创建工作先进典型。

【商标管理】 实施品牌战略。全年新增注册商标2217件，全市有效注册商标达1.83万件；其中，新增驰名商标5件、山东省著名商标26件、地理标志证明商标8件，总数分别达46件、187件和17件；新注册集体商标3件，“颜山”商标成为全省第一件农产品集体商标。

【广告管理】 加强广告监管，监测市属媒体广告211892条(次)，分时段监测区县媒体广告563条(次)，及时发布广告监测通报，全年查办广告违法案件886起。召开全市媒体广告企业劝诫会，要求所有商业广告全部标注“广告公信度”提示语。参加第十八届中国国际广告节和山东省第十三届广告节。在山东省第十三届广告节上上报广告参赛作品71件，获奖19件，其中获得1件金奖。

【经济合同管理】 全市认定“守合同重信用”企业

949家，其中国家级15家、省级285家、市级649家。制定下发《淄博市工商行政管理系统整顿规范合同格式条款实施方案》，以婚纱摄影行业为重点，在全市开展合同格式条款整顿规范活动。整理归纳格式条款问题7类，并及时在《淄博日报》等媒体发布。全年办理动产抵押登记609件，帮助企业融资72.4亿元。查办合同类案件285件。

【经济监督检查】 拓展反不正当竞争执法领域，查处一批酒水、公共服务行业的商业贿赂以及强制交易等案件。开展无照经营集中整治年活动，推行营业执照精细化管理，对全市13153户无照经营业户进行摸底建档，其中抄告相关部门7441户、引导办照4861户、依法取缔495户，查办无照经营案件1022起。召开全市打击传销工作会议，在88处街道(乡镇)和11所高校开展创建“无传销街道(乡镇)”和“无传销校园”工作，创建“无传销街道(乡镇)”40处。开展打击侵犯知识产权和制售假冒伪劣商品专项行动，捣毁制假售假窝点22个，查办案件64起。

【流通领域商品质量监管】 巩固创新食品安全监管长效机制，在全市全面推广食品行业商会备案管理制度，流通领域食品追溯制度落实率达100%。对全市食品经营单位进行分层分类培训，审核发放流通食品许可证1.3万件。采取二次上架的方式对136户食品添加剂专兼营单位进行全面检查，规范健全档案和台账制度。全面推广食品行业商会备案管理制度，将4754户食品摊贩和现场制售经营者纳入正常监管。推进食品安全放心乡镇(社区)创建工作，建立季度考评制度，全市食品安全放心乡镇(社区)覆盖率达70%。严厉打击食品违法经营行为，组织开展非法添加和滥用食品添加剂、猪肉和肉制品、乳制品等专项执法10余次，对10个品种135个批次食品进行抽样检验，查办案件206起。

【网络交易监管】 在全省率先成立网络市场管理机构，研制开发网络市场监管系统，制订实施《网络商品交易及有关服务行为监管规范》，采取网上巡查与实地监管相结合的方式进行监管。截至年底，网络市场主体搜索率、建档率、亮照(标注)率、巡查率分别为88.06%、12.93%、36.47%和73.85%。全年查办网络交易违法案件218起，数量居全省前列。全省工商系统网络商品交易监管现场观摩会在淄博市召开。

【服务农村经济】 健全商标富农、经济活农、合同帮农等服务体系，农民专业合作社总数发展到1535户，总出资额27.82亿元，比2010年分别增长29.32%和109.53%。发挥农产品商标和地理标志商标作用，助推沂源、博山和淄川东南部有机农产品生产区建设。大力发展订单农业，建立合同指导服务站13处，推广应用32种涉农示范合同文本。至年底，全市签订订单农业合同6万余份，标的总额14.8亿元，80%的农民专业合作社使用示范合同文本。全年新发展农村经纪人1000户，总数达18402户，经纪业务量达26亿元。深化应用农资监管系统，对58个批次的化肥、农药进行定向抽检，查办农资案件116起。

【消费者权益保护】 强化消费维权工作，推行消费维权行政约谈制度，建立消费投诉和解机制。以美容、健身、洗衣等行业为重点，在服务行业推广应用《预付式消费合同》文本，加大对美容行业的监管力度。围绕“消费与民生年”主题开展服务行业消费者满意度问卷调查等10项活动，启动绿色生活体验基地、和谐消费教育基地创建工作，采取举办消费教育大课堂、开辟电视专栏等形式加大消费知识宣传普及力度。全年共受理咨询申诉举报33703件，增长31.2%。其中，受理咨询27702件、申诉4408件、举报1593件。消费者投诉处结率达98%。

【数字工商建设】 开发推广工商立体监管服务网络支持系统，初步完成包含经济户口巡查监管系统、地理信息系统、移动工商执法工作平台及企业自查和社会辅助监管网络系统4个部分的立体监管执法平台，将信息技术、网络技术和3G技术引入工商监管的全过程。

【队伍建设】 开展学习型工商建设年活动，实施履职能力提升工程，全年组织举办各类培训班100多个班次，培训人员3000余人次。强化干部人事管理，探索实施干部职工全面量化考核。狠抓党风廉政建设，启动完善电子监察系统，对各岗位风险点、防范措施进行梳理修正，汇编《廉政风险防范管理工作手册》，推动廉政风险防范管理工作深入开展。全面开展工商所向监管服务对象述职述廉活动，向全社会做出作风效能建设公开承诺。参加全市“百个科室大家评”活动，严格规范执收执罚，有效推进依法行政。在 2011 年度全市民主评议政风行风活动中，市工商行政管理局获得综合排名第一名。（韦　山）

食品药品监督管理

【餐饮服务监管】 针对全市餐饮单位点多、面广、情况复杂的实际，明确市、区县行政监管、技术监督等事权，健全监管机制，进一步完善餐饮服务许可工作程序，实现受理、核查、许可的标准化、程序化、规范化。以文明城市创建为抓手，集中开展中小餐饮单位的治理，持证餐饮单位数量已近 9000 家。针对人员密集的学校、建筑工地和企事业单位食堂等高风险餐饮单位，重点督促落实进货查验、索证索票、购销台账制度，严把原料进货关，确保所购食材全部来自正规渠道，有据可查，排查食品安全隐患。各区县共创建 10 条餐饮示范街和 140 个餐饮示范单位，带动全市餐饮服务食品安全水平的整体提升。

【重大活动食品药品安全保障】 按照市委、市政府的统一部署，进一步完善重大活动保障工作制度和流程，分时段、分类别、分品种开展食品药品安全集中治理，顺利完成全国文明城市创建、第七届城市运动会、“陶博会”、中高考等重大活动期间的食品药品安全保障任务，继续保持重大活动食品药品安全保障“零事故”的好成绩，市食品药品监管局被市委、市政府表彰为全市创建全国文明城市先进集体。

【食品药品市场专项整治】 餐饮服务食品安全监管。以小餐馆、火锅店为主要对象，严厉打击食品非法添加和滥用食品添加剂违法行为，严格落实食品添加剂的有关制度，对发现的违法行为依法从重从快进行查处。积极参与“地沟油”“瘦肉精”“塑化剂”“问题燕窝”等综合治理。集中开展农村餐饮服务食品安全专项整治，农村中小学食堂餐饮服务许可证持证率 100%，农村中小学食堂餐饮安全公开承诺率 100%。

药品安全专项整治。集中开展打击侵犯知识产权和制售假劣药品专项行动，重点开展药品购销渠道、高风险医疗器械和挂靠经营的专项检查，净化市场环境，圆满完成为期 2 年的药品安全专项整治任务。

【保健食品、化妆品监管】 组织人员对全市保健食品、化妆品生产经营单位进行深入调研，实施生产经营企业“一品一档”“一企一档”和“一店一档”的建档工作。严把许可准入关，实行监管关口前移。严审企业新建、改建标准，严格执行注册现场核查标准，确保产品质量。强化规范管理，建立完善保健食品、化妆品注册受理以及保健食品良好生产规范、化妆品生产企业卫生规范审查等各项监管制度，促进行业健康发展。年内，查办一批群众反映强烈、高度关注的保健食品、化妆品案件。

【稽查办案】 严格落实区域责任制，整合全市系统监管力量，坚持全市食品药品监管部门“一盘棋”思想，搭建起上下联动、资源共享、良性互通、

2011 年 6 月 13 日，食品安全宣传周活动启动仪式（朱海升　摄）

快速出击的协作执法网络，坚决查处食品药品违法违规行为，食品药品市场秩序有效好转。全年检查食品药品相关单位18000余家，查办案件2101起，集中销毁假劣过期药品价值近百万元。

【药品和医疗器械监管】 药品生产环节。严把认证关，对4家申请换发药品生产许可证和增加生产范围的生产企业进行现场检查督导，对7家中药生产企业进行全面检查。扎实开展药品、药包材注册（再注册）工作，完成全市173个（制剂）品种的再注册工作。加强对含“瘦肉精”类药品和含麻黄碱类复方制剂的监督管理，加强对特殊药品的日常监管，坚持对精神药品和麻醉药品批发企业实施季度巡查制度，严防流弊事件发生。开展针对基层监管人员和药品从业人员的新版《药品生产质量管理规范》知识培训。

药品流通环节。严格许可标准和程序，完成263家药品零售企业的许可、变更和注销，对照《药品经营质量管理规范》对40家批发企业和513家药品零售企业进行跟踪检查。扎实开展药品示范区县创建工作，周村区成功创建为省级药品安全示范区。

药品使用环节。全面推进医疗机构药品使用规范化管理，对全市4000余家医疗机构药品使用情况进行全面复查。

医疗器械监管。在第三类医疗器械生产企业全部推行质量授权人制度，有6家企业顺利通过《医疗器械生产质量管理规范》考核。评审一类医疗器械产品标准28个，注册一类医疗器械产品26个，杜绝“高类低化”和非医疗器械注册等现象。对429家高风险医疗器械经营企业、医疗机构以及隐形眼镜经营企业开展专项检查。

【基本药物监管】 年内，将基本药物中标品种作为重点检查对象，深入开展基本药物生产和质量监督检查，全面完成基本药物在产企业工艺和处方核查，健全监管档案，强化对重点品种、低价中标产品和配送企业的全面监督检查，有效降低质量安全风险。加强基本药物电子监管，全市所有生产经营企业全部在规定时限内完成生产线改造和入网、赋码及数据上传工作。为保证基本药物供应，鼓励药品连锁企业延伸经营网点，新增药品零售网点86个，满足基本药物供应和群众用药需求。为保障基本药物质量安全，加大对基本药物的全覆盖抽验力度，抽验检品350批。

【药品抽验】 2011年，全市共完成药品抽验检品2110批，其中计划抽验950批，日常监督抽验1160批。对重点餐饮单位的64个品种478批次的食品和26个批次的保健食品、化妆品进行抽验，对不合格产品及时进行查处，有效保障公众饮食用药安全。

【不良反应监测】 年内，审核、上报药品不良反应病例报告7861例，其中新的、严重病例报告1696例，占报告总数的21.57%。监测医疗器械不良事件2674例，药品不良反应监测报告质量及均匀度位居全省第一。

【监管能力建设】 机构建设。经市编办批准，市食品药品监督管理局新增设行政许可科，并将所有审批、许可服务事项全部纳入驻市政府行政服务中心窗口办理。在5个区分局食品药品稽查大队加挂食品药品检验所牌子，新成立高新区分局和稽查大队。淄博市药品检验所正式调整为淄博

2011年7月13日，市食品药品监督管理局召开市人大代表建议、市政协提案面复会　（朱海升　摄）

市食品药品检验所，增加餐饮服务环节食品、保健食品、化妆品检验职能。新成立淄博市药品不良反应监测中心。各区县乡镇一级食品药品监管网络建设扎实推进，全市食品药品监管力量得到切实加强。

行政效能建设。深入推进行政审批制度改革，认真落实政务公开制度，执行行政执法登记制度，推广说理式执法文书，规范行政处罚自由裁量权，确保监管人员公正执法、廉洁执法。

应急能力建设。完善全市食品药品安全应急预案，编印应急处置手册，组织开展重大食品药品安全事故的应急演练，提高突发事件的应急处置能力。

人员培训。与市总工会联合组织开展全市药品检验技能竞赛、药品稽查技能比武活动，有效提升执法人员综合执法能力，有3人获振兴淄博劳动奖章，并在全省稽查办案技能比武中获得团体第二名。

【党风廉政建设】 深入推进惩防体系建设，认真开展反腐倡廉教育，严格落实党风廉政建设责任制，强化廉政风险防控。积极组织参加"政风行风"热线，全面落实群众咨询和投诉问题326个。主动召开人大代表、政协委员面复会，认真落实11项人大代表建议和政协委员提案。2011年，市食品药品监管局获"十一五"期间全国食品药品监管系统法制宣传教育工作先进单位、全省食品药品监管系统依法行政先进集体、全国文明单位等称号。（蒋菲菲）

安全生产监督管理

【概况】 2011年，全市发生各类事故1769起、死亡373人。连续10年保持事故起数和死亡人数"双下降"，杜绝一次死亡10人以上的重大生产安全事故。市政府被省政府安委会表彰为2011年度全省安全生产先进单位。

【安全生产年活动】 以开展安全生产基层基础深化年活动为载体，开展4次集中行动。实施危险化学品自动化、非煤矿山数字化、综合监管信息化，全面推行安全标准化达标工作。对全市完成自动化改造的277家企业实施"回头看"，引导企业不断拓宽自动化应用范围，进一步提高自动连锁控制水平；加大数字化矿山建设力度，全市32家地下开采非煤矿山企业全部建成监测监控、人员定位、无线漏泄通讯三大系统，并投入应用；拓展建立全市安全生产综合监管系统，将冶金、建材、陶瓷、机械、电子、电力、轻工、纺织等行业的8389家企业纳入系统管理，实现全覆盖、精细化、动态化安全监管。对全市所有企业实施实名制分级监管，将每个企业的监管责任明确到市、区县和乡镇有关部门，切实增强安全防控能力。深入开展危险化学品、烟花爆竹、煤矿和非煤矿山、工矿商贸企业安全标准化达标活动，有292家单位通过标准化达标验收。加大重点领域的专项整治，先后组织开展煤气发生炉、铁水运输、造纸和存有粉尘爆炸危险企业专项整治，重点解决工艺落后、技术装备条件差、安全保障能力低的问题，促进规范管理。对全市73家木制家具制造和13家人造板生产企业开展高毒危害治理工作。加强安全文化建设，宣扬安全理念，创刊《淄博安全生产》杂志，营造全社会参与安全生产的良好氛围。

【实行驻厂安监员制度】 加大监督管理力度，推动安全监管工作进一步向基层向企业延伸，在全市危险化学品生产企业中实行驻厂安监员制度，以区县为单位组织实施并实行"六统一"，即统一确定派驻数量，按照对企业全时段、全过程、全覆盖监管的原则，每个企业配备不少于4名驻厂安监员；统一组织招聘录用，面向社会公布招聘简章，根据统一招聘条件、统一考试录用、统一分配使用的原则，选择懂专业、能吃苦、肯负责、有一定管理经验的人员担任；统一界定工作职责，驻厂员要承担安全监督员、整改督办员和信息反馈员的职责，对企业擅自进行项目改扩建、动火、检维修、进入密闭空间等高危作业不按规定审批的，特种作业人员无证上岗、使用非危化品车辆装运危化品等现象及时发现并予以制止。对各级执法检查下达的隐患整改指令督促按期整改，定期向区县安监部门报送监督检查工作情况，对发现的问题制止不力的，及时上报上级安监部门；统一进行教

2011年6月24～25日，市安监局举办全市百强企业主要负责人安全生产培训研讨班 （刘广胜 摄）

育培训，按照统一规定的教材进行培训，使其熟悉安全生产法律法规，快速进入工作状态，更好地适应岗位要求；统一制定待遇标准，保证驻厂员的相对稳定和工作积极性；统一实施考核管理，制定完善的管理、考核、奖惩、责任追究等方面的工作制度，实行优胜劣汰。2011年，全市149家重大危险源企业基本完成驻厂安监员的选聘工作。

【安全教育培训】 成立直属培训学校，聘请理论水平高、实践经验丰富的教师，采取现场教学等灵活的教学方法，对高危行业企业主要负责人、分管负责人、安全管理人员以及其他行业企业主要负责人定期进行培训。全年组织安全培训35个班次，培训安全管理人员6450人。设立安全生产考试中心，所有经培训机构培训的人员必须到市考试中心统一考试。全年组织各类考试230场次，8000余名安全管理人员、1.7万余名特种作业人员参加统一考试。加强企业全员培训教育，通过开展安全标准化、安全班组创建活动，督促指导企业建立一人一档的培训档案。通过执法监察，不断规范企业培训工作，提高全员培训质量，增强全员安全素质，从根本上减少和杜绝违章作业，预防事故发生。

6月24～25日，市安监局在齐盛国际宾馆举办全市百强企业主要负责人安全生产培训研讨班。市委副书记、市长周清利，市委常委、常务副市长王顶岐，副市长许建国，市安监局局长勾东升分别授课，并邀请中国安科院原院长刘铁民进行专题授课。金诚石化集团、金晶集团、博汇集团、齐峰集团、王庄煤矿的主要负责人作研讨发言。130多名企业主要负责人参加培训。

【加大举报奖励力度】 充分调动职工举报安全生产隐患的积极性，及时查处和消除安全隐患。1. 以全市危化品生产使用和运输数量巨大（剧毒化学品达200余万吨，危险化学品运输车辆4887辆）、过境运输流量大的基本情况为出发点，制定《淄博市危险化学品运输违法行为举报奖励办法（试行）》，明确19项违法行为，举报统一由市安全委员会办公室受理，对举报查实的予以重奖，最高奖励2万元。2. 制定印发《淄博市工矿企业使用不合格设备举报奖励办法（试行）》，明确15项使用不合格设备的举报事项，规定最高奖励1万元，有效遏制和防范生产安全事故发生。3. 印发《关于严厉打击非法生产经营烟花爆竹行为的通告》，对举报查实的予以重奖，最高奖励1万元。4. 在市安监局设立举报受理科，对举报办法进行广泛宣传，通过在电视、电台、报纸等媒体刊登举报办法以及发放宣传单、发送短信、派专人到企业张贴以及设立专题宣传栏等形式，开展高频率、大范围、全覆盖的宣传发动工作。年内，通过“12350”群众举报电话受理举报500余次，受理举报案件29起，查实5起，发放奖励5万元。

【作业票证管理】 2011年，市安监局专门聘请专家针对危险作业票证不规范、不统一、操作性不强的状况，在全国率先制定规范、统一、实用的盲板抽堵、吊装、受限空间、动火、动土、高处、断路、设备检修8项安全作业票证，逐条逐项明确操作步骤、防护措施和审批程序，用规范的作业票证纠正不规范操作，年内统一印发给全市4000家企业使用，并且作为是否存在违章作业执法检查的依据，规范工人操作和设备检维修，有效防范生产安全事故。

【加大专家检查力度】 2011年，成立注册安全工

2011年6月1日，市政府安委会办公室在市博物馆广场举行第十个安全生产月活动启动仪式　　（刘广胜　摄）

程师事务所，选聘常驻全职专家10人，兼职专家70人，将原来的分散型个人服务变为有组织的集中服务，将随意性服务变为规范性服务，将不负责的服务变为负责任的服务，形成专业齐全的专家团队，努力发挥专家在安全生产许可审查、审查验收及隐患排查治理、安全标准化、事故应急救援和调查处理中的作用。全年共为500余家企业提供技术服务。聘请中国安全生产科学研究院10名专家常驻淄博，对全市重大危险源企业逐一开展"体检式"检查。主要对危险装置和重大危险源进行隐患排查和定量风险评估，根据量化分析结果，提出针对性的安全对策措施和建议，指导企业进行风险管理，规范和改进安全管理工作。年内，对65家危化品重大危险源企业开展"体检式"检查。在全国范围内招聘危化品行业的高层次安全技术专家。与中国化学品安全协会和山东齐鲁石化工程有限公司达成合作意向，两家机构在市安全生产管理局分别派驻3名安全技术专家，参与全市危化品安全生产的安全审查和隐患治理。

【安全执法】 加大日常执法力度。结合监管重点和执法工作实际，制定年度执法监察工作计划，持续不断地加大执法监察力度，并且实现由重数量向重质量转变，全年市安监支队共监察企业1100余家，排查安全隐患和违法行为3000余条（种），执行处罚260万元。积极组织开展全市安监系统集中统一执法。6月，在全市开展为期1个月的集中执法行动，实施区县执法大队交叉"推磨"执法，并积极协调市财政局，将行政处罚罚款通过市安监局全部返回区县安监局，进一步增强统一执法的积极性。全市共组成10个组，检查企业347家，处罚100余万元。开展领导干部带队执法行动。7月中旬至8月中旬，由市纪委、市经信委和市安监局的县级干部带队，组成8个执法督察组，由执法监察人员和安全专家参加，开展为期1个月的安全生产专项督查行动，彻查各类安全生产非法违法行为和事故隐患。

【安全生产月活动】 6月1日上午9时，市政府安委会办公室在市博物馆广场举行第十个安全生产月活动启动仪式暨安全文化书画摄影展活动。各专业安委会、市及张店区、高新区安监部门、市直管企业、市交警支队、市消防支队官兵、市高等院校师生代表及社会各界群众共3000余人参加启动仪式，并参观安全文化书画摄影展和参与安全生产宣传咨询活动。此次活动共展出安全宣传展板400余块，悬挂宣传标语50幅，设置咨询投诉台30个，收集建议和投诉120份，发放安全宣传资料12000余份，有5000余名群众参加安全签名活动。

【国务院督查组在淄博市检查工作】 12月13日，国家安监总局副局长杨元元带领国务院督查组，到淄博市督查职业病防治和职业健康普查工作。国务院督查组对临淄区疾控中心、齐都药业职业病防治情况进行现场检查，并到市安监局、省煤监局鲁东分局进行座谈调研。

【推动安全产业发展】 根据工信部和省政府文件精神，大力推动安全产业发展。在开展安全评价招标、安全培训与考试、安全责任险、注册安全师事务所、安全装备及劳动防护用品展览等工作基础上，市安监局根据全市的区位优势和成熟的物流园区优势，提出建设安全产业园项目。把齐鲁安全产业园作为十大类、上千余种安全生产装备和劳动防护用品的物流集散园区。此项目得到中

2011年12月13日，国务院督查组在淄博市督查职业病防治和职业健康普查工作 （刘广胜　摄）

国安科院的投资和技术支持。年内，已确定园区建设位置和投资方。 （冷振洲）

城市管理行政执法

【城乡环境综合整治】 1. 组织开展大规模集中整治行动。以创建全国文明城市、陶博会等全市重大活动为契机，狠抓市容市貌的脏乱差治理，进一步完善网格化管理、路域分级管理和道路精细化管理等市容管理机制，实行城管执法"定人员、定岗位、定责任、定路段、定奖惩"制度，在全市范围开展大规模的集中整治活动。先后组织开展脏乱差区块治理，主次干道综合整治，近郊镇、街道环境综合整治，"六乱"治理等活动，共整治道路763条，清理乱贴乱画乱挂21万处、门窗及时贴4300平方米，整治废品收购点290处，清理店外经营、占道经营、乱停乱放、乱堆乱放5.3万处，拆除乱搭乱建6.8万平方米。对总长198公里的"四线"（胶济铁路淄博段、南外环、昌国路、济青高速淄博段）进行综合整治，共拆除沿线破败建筑物及各类牌匾10.8万平方米，清运垃圾40万立方米。各项集中整治行动由城区、镇驻地主次道路、窗口地段等重点区域，逐渐向背街小巷、城乡结合部延伸，基本实现整治全覆盖，城市环境得到显著提升。在创建全国文明城市过程中，全市城管执法系统采取错时上下班、延长工作时间等方式，出动车辆6300台次，人员3万余人次，为成功创建全国文明城市做出贡献。2. 全面推进建筑物外立面综合整治。采取政府投入为主的形式，加大对建筑物外立面综合整治的力度。在2010年投入过亿元的基础上，又投资8000余万元，完成53条主要道路两侧的综合整治任务，清理粉刷建筑物外立面360万平方米，同时加大管理维护力度。建筑物外立面综合整治成为城市管理的精品、亮点工程，有力地提升淄博市的形象品位。3. 积极推进便民市场建设。2011年，全市共整治规范170个劳务市场、农贸市场，有效解决市场外溢形成的占道经营、店外经营、探头市场等问题。协调有关部门，先后在中心城区建设农贸市场、劳务市场6个，并降低入市门槛，积极引导流动摊点入市经营。在不影响市容、不影响道路通行的情况下，统一经营设施，严格实施管理，采取划定临时摊位、建设简易便民市场等措施，在全市规范临时便民市场130个，设立临时便民服务点2500个，通过规范流动摊点和临时进城摊点经营

2011年12月29日，户外广告管理现场（市城管执法局　供稿）

2011年4月5日,清理店外经营现场

（张店区城管执法局 供稿）

行为,基本达到繁荣与市容、经营与需求的有机统一。

【数字化城管建设】 为全面提高城管执法工作效率,快速解决群众反映的热点、难点问题,加大数字化城管建设力度,市政府投资200万元建设市级数字化城管执法监督指挥平台,已完成机房和监控中心大屏幕安装调试,硬件设施基本到位。年内,张店区、高新区数字化城管进入运行阶段,其他区县的数字化城管平台建设也在有序推进。

【加大专业执法力度】 认真开展规划执法工作。始终把规划执法工作作为重点,严格依据《中华人民共和国城乡规划法》的要求,加强日常管理,坚持严格执法,加大对违法违规建设的查处力度。健全和严格落实执法台账登记、部门协调联动等项制度,积极参与规划部门的放验线、竣工验收和进度通报工作,及早发现隐患,及时处理,防患未然。采取区县自查、市局集中督导等形式,开展执法检查工作。与纪检、公安、规划、监察等部门开展联合执法,检查的建设项目涉及建筑面积910万平方米,对其中35个违法建设项目进行立案查处,有效遏制违法建设行为。

进一步规范户外广告设置。在前两年的基础上进一步加大集中整治力度,中心城区大型立柱式广告、楼顶广告和墙体广告基本清除完毕,各区县主要连接道路两侧的广告牌匾得到规范。全市共拆除无设置手续或手续超期大型立柱广告牌643块,清理整治楼顶广告、墙体广告、立式平面广告1.2万块,清理规范沿街门头牌匾13万处,户外广告设置“多乱杂”的问题得到有效解决。在中心城区,对86条主次干道两侧的门头牌匾结合立面整治予以升级亮化,提升户外广告设置品质。制定《淄博市户外广告设置规范》,指导协调各区县和高新区开展户外广告备案、安全检测工作,确保户外广告设置安全。理顺户外广告管理体制,全市户外广告、门头牌匾设置审批职责调整由城管执法部门承担,解决户外广告设置中存在的多头管理、责任不清的问题。起草《淄博市户外广告设置和建(构)筑物外立面保洁管理条例》,探索建立户外广告和立面保洁长效管理机制。

加大环保执法力度。加强日常巡查,定期组织开展噪声污染夜间执法检查活动、中高考期间噪声污染专项检查和集中整治露天餐饮、露天烧烤活动,对环保案件实施“顶格”处罚。年内,及时处理噪音扰民、油烟排放污染案件500余起,城区噪音扰民、油烟排放污染案件逐年减少。制定《建筑渣土管理实施细则》,加大对散装货物未进行覆盖、工地运输车辆带泥上路、车辆撒漏等污染路面行为的查处力度。年内,把建筑垃圾处理情况纳入各区县、高新区、文昌湖区党政领导班子2012年度目标管理考核指标体系,督促各区县政府、高新区、文昌湖区管委会理顺建筑垃圾管理体制,提升管理效能。

【“能力提升年”活动】 1.围绕“和谐城管”创建,积极开展城管执法进社区、进学校、进企业活动。坚持密切联系群众,树立以人为本、柔性执法和执法为民的理念,在全市城管执法系统开展“和谐城管”创建活动,以城管执法“三进”活动为载体,在150个社区、学校和企业设立城管执法工作室,明确联系人,积极开展“小手拉大手”“城管志愿服务队”“城管法律宣传讲座”等活动,及时帮助解决社区、学校和企业遇到的问题。与“三进”单位形成良性互动的局面,使“三进”活动成为广大市民参与城管、理解城管、支持城管的有效平台。2.狠抓教育培训工作,进一步提高队伍能力素质。始终把培训工作作为提高能力素质的重要手段，组织开展分层次、有重点的教育培训活动。2011年市局分期分批对各区县执法业务骨干进行重点培训，共举办培训班4期，培训人员810人。各区县局也结合实际，采取学习考察、巡回讲课和集中培训等多种形式，开展经常性的教育培训工作。同时，将协管人员也纳入到教育培训体系之中，全方位提高全市城管执法队伍业务技能。3.严格依法行政，加强政风行风建设。坚持文明执法、严格执法，避免执法过程中出现简单粗暴等行为，依照法律规定的程序和要求查处违法行为。加强反腐倡廉建设，严格落实"一岗双责"责任制。以群众满意为目标，积极参加"百个科室大家评"和"政风行风"热线等活动，及时处理和反馈市民反映的热点难点问题，认真办理群众来访、来信、来电，不断提高服务群众的质量，实现上级转办件、领导批办件办结率100%，群众投诉案件办理率100%的"双百"目标。　（市城市管理行政执法局）

油区工作

【油区规范化建设管理年】 制订下发《淄博市关于开展油区规范化建设管理年活动》实施方案，组织召开淄博市油地工作联席会议，6家胜利油田驻淄企业及区县油区办参加，部署全市油区规范化建设管理年活动。扎实推进油区秩序整治行动。对油区存在的"两非一小"（非法收购原油、非法运输原油和小土炼油）场点和重点车辆进行拉网式自查，对排查出的场点逐一登记造册，对土炼油场点进行彻底清查；坚持昼夜巡查，监控油区重点地区的动态，设立流动检查点，在油田出入口和输油管道沿线严查运油车辆，严厉打击涉油违法行为，形成齐抓共管的工作网络，堵住非法原油收购点和非法运输原油的销赃渠道。通过集中整治，全市无重大破坏、干扰油田生产的现象，井口盗油、破坏生产设施等涉油案件基本杜绝。年内，共查处4起打孔盗油案件，取缔9处非法收购原油站点、2处小土炼油点，挽回经济损失200余万元，干扰油区秩序的行为大为减少。同时配合全省油区规范化建设年活动，对涉油区县进行拉网式安全检查，排除影响油区安全生产隐患18处。

【油区管理信息数据库】 组织相关区县油区办及相关油区企业，开展淄博市油区基本信息数据库研发工作，该数据库主要包括淄博市油区分布示意图和淄博市油区基本信息工作手册两部分。年内，基本完成信息数据库构建工作。

【整顿规范管道建设秩序】 依据《中华人民共和国石油天然气管道保护法》、省政府第214号令等有关规定，对山东天然气管网淄博支线工程有关手续进行核查，协调市直相关部门补齐、完备各项手续，确保淄博支线建设的有序开展。严格履行备案制度，依法督促管道企业履行备案制度，及时更新淄博市石油天然气管道坐标图动态管理系统相关数据。加强对第三方施工的监管，对管道标志进行全面检查，责令管道公司补建、修复，保证管道标志规范、醒目。督导管道公司加强对第三方施工作业的监管力度，防止事故发生。健全隐患排查治理机制。对全市管道运行情况定期进行检查，采取实地踏勘、现场检测等方式，对管道及附属设施进行安全隐患排查，查出隐患逐一登记造册，分类梳理，落实责任，确保安全稳定运行。

【推行管道管理新模式】 依托淄博市石油天然气管道坐标图动态管理系统管理平台，推行"一张图"管道监管模式，完善管道监管执法体系。成立市管道管理调度处理中心，实行24小时值班制，及时调度处理影响石油天然气管道正常运行的各种不安全因素，初步形成全市管道安全监管的指挥系统。构建自上而下的群防群治体系，按照油气管道的行政地域分布，与5家管道企业共同聘任沿线乡镇分管城建工作的44名负责人为管道监管员，签订目标管理责任书，履行辖区管道安全监管职责，形成市、区（县）、镇三级监管体系。通过"一张图"，同步实现管道网上安全诊断、坐标定位、指挥救援等综合功能，管道管理由"地下"变"地上"，提高了管道管理的信息化、规范化水平。

【完成督办任务】 2011年，省挂牌督办事项位于桓台县果里镇：山东中油天然气管道于2001年建设，已运行10年，有4家企业圈占管道，同时有民房和企业内部建筑物直接占压在管线上，对管道运行造成直接威胁，影响到管道的安全运行和日常维护。市油区办、桓台油区办与果里镇政府、管道企业进行沟通协调，4 家企业同意拆除天然气管道上方直接占压物，完成省挂牌督办任务。

（王新胜）

无线电管理

【概况】 截至年底，全市共有各类无线电台站 12212 个。其中，广播电视台站 50 座，高频电台 8 部，甚高频固定陆地电台 109 个、移动台 1578 个，无线数据及无线接入台站 113 个，卫星地球站 10 座，微波台站 17 个，业余电台 834 个，公众移动通信 2G 业务 GSM 基站 2666 座、CDMA 基站 448 座，3G 业务 TD-SCDMA 基站 712 座、WCDMA 基站 585 座、CDMA1X 增强型基站 307 座，无线市话小灵通 PHS 基站 4775 座。各类公众移动电话手机用户 486.2 万户。

【频率台站管理】 2011 年，共审批专用对讲机台网 8 个、指配超短波专用频率 10 组（个），新增专用超短波对讲机设备 137 部、审批业余电台 82 部，审批或审核公众移动通信基站 1742 座。（其中 2G 业务基站 715 座、3G 业务基站 1027 座），新增卫星地球站 5 座。审核上报短波电台 7 部。全网报停的单位 17 家，设备变更的单位 5 家。共报停报废设备 336 部。其中，微波设备 44 部，卫星地球站 3 座，雷达站 1 座，数传电台 114 部，超短波中继台 6 部，移动台 157 部，广播电台 11 部。收回各类业务频率 32 组（个）。其中，微波频率 14 组（段），超短波频率 13 组（个），地球站及雷达站使用频率各 1 组，校园广播频率 3 个。全年共核发执照 404 张，换发执照 624 张。对 122 家设台单位的无线电台站进行年度检验。根据国家实行无线电台站数据月报制度的规定，建立起完整、准确、实时、规范的台站数据库。

【设备检测和监测】 全年测试各类固定台、车载台、对讲机 111 部，其中检测固定中继台 3 个、车载台 45 部、对讲机 63 部。按时完成无线电频谱监测统计月报工作。中心监测站、鲁山监测站、小型监测站合计监测测向时长累计 18912 小时。完成调频广播频段 87 兆赫兹～108 兆赫兹的监测摸底工作，共监测占用频率 18 个。为齐鲁证券公司完成 6 个卫星地球站电磁环境测试工作，出具报告 6 份。对公安、铁路等重要业务频段进行常规监测，及时查处广播电视等受干扰案件 4 起。

【监督检查工作】 2011 年，共实施监督检查 50 次，其中常规现场检查 45 次，查处违规设台、擅自占用频率 5 次。对全市 RFID 生产企业情况进行全面检查。建立行政执法检查登记和行政执法案件统计报告制度，每月 5 日前向市法制办报送一次行政执法情况，半年报送一次执法案件统计结果。

【无线电安全保障工作】 1. 做好各类考试无线电保障工作。积极配合教育、财政、人事、司法、卫生、公安等考务部门，防范和打击利用无线电设备进行考试作弊的行为。全年保障各类考试 14 次，共派出工作人员 135 人次，出动监测车辆 33 台次，动用监测设备 130 台次，发现作弊信号 22 个，实施无线电压制 20 次，协助公安人员查办利用无线电作弊案件 8 起，抓获涉案人员 21 人，查扣各类无线电作弊设备 8 台套。2. 做好重大事件、重要节日期间的无线电维稳工作。在深圳第二十六届世界大学生运动会、西安世界园艺博览会等重大活动期间，根据省无线电管理办公室要求，实行 24 小时值班，完成重大活动期间的无线电安全保障任务。3. 组织应急监测演练。与济南无线电管理处联合进行一次查处移动干扰信号的应急演练，提高了对偏远地区不明无线电信号，特别是移动信号的应急查找水平。

【淄博市业余无线电协会】 4 月，淄博市业余无线电协会成立。该协会是由业余无线电爱好者发起、自愿联合、依法登记的区域性社会团体。协会成立后，积极组织和帮助广大业余无线电爱好者开展业余无线电活动，提升淄博市业余无线电活动的水平。协会积极组织广大无线电爱好者参加无线电管理宣传月活动，开展多项社会公益行动。

协会设立的电台工作室和无线电设备收藏室成为重要的无线电科普基地，为普及无线电科技知识，宣传无线电管理做出积极贡献。年内，淄博市业余无线电爱好者中具有一级操作证书的有4人，二级有13人，三级有54人；已办理“电台执照”的业余无线电台共834部，其中短波电台82部，超短波电台748部，超短波中继台4部。

【无线电管理宣传】 2011年，按照《全国无线电管理宣传纲要（2011～2015年）》和省无线电管理办公室《关于开展无线电管理宣传月活动暨〈山东省无线电管理条例〉颁布实施五周年宣传工作的通知》要求和统一部署，把宣传工作贯穿于全年管理工作中，提高宣传工作的针对性和有效性。4月23日，市无线电监测站与淄博交通文艺广播电台、淄博张店公安分局在博物馆广场联合举办“谁动了你的车钥匙——干扰测试活动”，为广大群众答疑解惑，宣传无线电管理。7月31日，在《淄博日报》开辟专版，全文刊登《山东省无线电管理条例》及专题宣传文章《无线电频谱资源和管理的重要作用》。8月24日，《淄博日报》头版刊登《淄博上空的“电波卫士”——市无线电官管理处寓管理于服务纪实》。9月16日，在《淄博日报》整版刊登《以科学发展观为指导，开创无线电管理新局面》，宣传市无线电管理处工作职责、行政许可事项、无线电管理法律法规。9月25日，与市业余无线电协会在全市范围内开展现场无线电管理宣传活动。突出特色，采取举办联谊会、特制无线电个性纪念邮票册等方式，开辟宣传新形式。

（荣　杰）

本部类编　辑：王　娟
副主编：徐　杰
校　对：王　峰
赵建国

财政　税务

财　政

【概况】 2011年，全市财政经济保持平稳较快发展，实现"十二五"良好开局。全市境内财政总收入完成476.21亿元，比2010年增长19.59%；占地区生产总值的比重为14.52%，比2010年提高0.63个百分点。全市境内税收突破400亿元，达到408.27亿元，比2010年增长16.95%。地方财政收入突破200亿元，达到203.59亿元，完成预算的109.01%，比2010年增长25.36%，占GDP的比重为6.21%，比2010年提高0.55个百分点。与经济发展密切相关的增值税、营业税、企业所得税、个人所得税等主体税种合计完成77.55亿元，比2010年增长20.71%，高于税收增幅2.78个百分点。财政总支出完成253.19亿元，比2010年增长25.42%。

【促进经济平稳较快发展】 充分运用财税政策工具，推进转方式调结构，促进经济又好又快发展。加大对内涵发展重点领域的支持力度，市级设立转方式调结构专项资金，全市用于支持经济发展方面的支出近31亿元。支持工业转型升级，市级拨付资金2.55亿元，推动传统产业改造提升和战略性新兴产业发展，增强企业自主创新能力和核心竞争力，推进工业重点项目建设，培育发展重点产业链，支持产业布局调整，全市工业总产值、工业主营业务收入双双越过1万亿元大关。市级拨付资金1.82亿元，支持新兴服务业发展，支持特色产业集群、创新成长型企业和中小企业发展，支持企业上市融资和外经贸发展，实施标准化和品牌战略，培育壮大新的经济增长点。市级拨付资金1.75亿元，支持节能降耗、环境保护和安全生产，支持重点节能工程实施，提升经济内涵发展水平。统筹区域发展，市级筹措落实对下转移支付资金近7亿元，增强博山、周村、淄川3个老工业区和高青县、沂源县等相对困难区县财政保障能力，支持强区县加快发展，支持文昌湖旅游度假区开发建设，推动区县域经济健康协调发展。

【支持民生建设】 积极优化支出结构，加大重点支出保障力度，全市用于民生方面的支出达到140.23亿元，增长36.59%，占总支出的比重达到55.39%，比2010年提高4.53个百分点。加大"三农"投入，全市财政性"三农"支出达60.77亿元，足额兑现强农惠农补贴资金，加强以水利为重点的农业基础设施建设，支持发展品牌农业、都市农业，促进农业增产、农民增收。加大教育投入，全市教育支出完成61.34亿元，完善义务教育经费保障机制，健全完善家庭经济困难学生资助体系，积极化解农村义务教育债务和市属高校银行债务，支持中小学校舍安全工程建设，推动教育事业均衡发展。加大医疗卫生投入，全市医疗卫生支出完成16.26亿元，支持实施医药卫生体制改革，提高新型农村合作医疗和城镇居民基本医疗保险补助标准，实施基本和重大公共卫生服务项目，全面推进基层医疗卫生机构综合改革，提高城乡居民医疗保障水平。加大社会保障投入，全市社会保障和就业及住房保障支出完成29.04亿元，全面推行新型农村养老保险，全力推进城镇居民养老保险试点，提高城乡低保补助标准，加快推进保障性住房建设，促进就业再就业工作开展，维护人民群众的切身利益。加大对文明创建的投入力度，全市文化体育与传媒支出完成4.03亿元，支持创建全国文明城市，发展文化事业和文化产业，推动群众性文化体育活动深入开展。加大对上争取工作力度，全市对上争取补助资金51.4亿元，比2010年增加15.27亿元，增长42.25%，有效缓解了地方财政支出压力。

【强化财政财务管理】 加强综合预算管理，将除教育收费、彩票发行费以外的非税收入，全部纳入预算管理，强化预算约束。进一步深化国库集中支付、公务卡等改革，强化银行账户管理，加快预算执行进度，确保资金安全规范使用、早见成效。加强预算绩效管理，深入推进财政投资评审和支出绩效评价，全市共完成评审值51.63亿元，审减资金7.68亿元，审减率达14.88%；市级完成绩效评价项目27个，涉及资金近18亿元。加强政府采购监管，强化采购预算编制和执行，扩大政府采购范围和规模，全市政府采购额完成43.16亿元，节约资金7.26亿元，节支率达14.4%。坚持厉行节约，严格控制因公出国（境）经费、公务车购置及运行费、公务接待费支出，全市一般公共管理与服务支出增长18.44%，低于财政总支出增幅6.98个百分点。加强财政监督，加大对财政收支和会计信息质量的监督检查力度，深入开展党政机关公务用车问题专项治理，继续扎实开展“小金库”专项治理工作。不断健全完善行政事业资产管理制度，建立事业单位资产管理考核机制，推进资产管理信息化建设，加强事业单位对外投资和无形资产及事改企资产监管，积极推进存量资产整合，提高资产利用率和管理水平。抓好基层财政工作，推进乡镇惠民服务大厅建设，提高基层财政财务管理水平。强化政府债务归口管理，健全偿债准备金制度，防范地方财政风险。

（李慧斌）

国家税务

【税收收入】 2011年，完成全口径税收262.14亿元，比2010年增收31.19亿元，增长13.51%；扣除海关代征后，国内税收完成240.62亿元，增长12.10%。其中市区级收入完成37.92亿元，增长22.66%，比全省平均增幅高7.02个百分点，列全省第2位。加强税收征管，确保应收尽收，全年实现管理增收8.77亿元，拉动地方收入6.36个百分点，促进了税收经济协调发展。2011年，全市国内税收宏观税负7.71%，同比提高0.22个百分点，税收弹性系数1.23。

【发挥税收职能作用】 以转方式、调结构、惠民生为着力点，全面落实增值税起征点提高、“小微”企业所得税减免等结构性减税政策。加大政策调研力度，从国税角度就全市财源建设、陶瓷行业提升、高新技术产业发展等方面提出建议。充分发挥税收政策导向作用，引导资金、技术、资源向优势产业集聚，为企业做大做强、调整经济结构、推动产业升级做出贡献。全年兑现税收减免及退税政策100.91亿元，比2010年增加10.21亿元，增长11.26%。其中，为高新技术企业办理减免1.95亿元，为残疾人就业办理减免1.9亿元，为民政福利企业、涉外企业等办理征前减免7.49亿元，办理出口退税16.74亿元，为出口企业办理免抵15.01亿元，为企业固定资产投资抵扣税款12.14亿元。

【税收管理质量】 在全市63个基层税源管理单位开展税收征管工作拉力赛，通过对20个指标的考核、排名、通报、奖惩，引导国税工作人员把主要精力用在税收征管上。2011年，全市综合申报率99.48%，实际入库率99.92%，征管质量实现整体提高。探索以管理对象、管理协作、管理团队和管理方法专业化为主要内容的税源专业化管理模式，取得初步成效。开展税收执法督察工作，发现并纠正问题51个，延伸检查企业查补税款4170万元。税收执法管理信息系统高效运行，执法准确率保持在99.97%以上，通过核实疑点信息，补征税款、罚款和滞纳金158.35万元。深化预警评估系统应用，定期开展讲评，加强复审复核，通过落实预警信息，入库税款5.32亿元，比2010年增长14.84%。坚持以查促收、以查促管、以查促廉，加大税务稽查力度，检查纳税人532户，查补入库1.97亿元。加强数据质量管理，全市基础数据准确率由年初的99.91%提高到99.99%。开展税收宣传月活动，通过组织"齐风税韵"税收宣传品牌启动仪式、"税事通"服务品牌发布会等，营造依法诚信纳税的浓厚氛围。

2011年4月14日，市国税局召开新闻发布会，推出"税事通"纳税服务品牌　　（张海恒　摄）

【各税种管理】　加强增值税、消费税薄弱环节管理，开展成品油生产企业和重点商贸企业专项评估、固定资产抵扣税额专项评估等工作，增加税收收入6035.5万元。2011年，全市建立产品模板119个，利用模板评估入库税款506万元。制定《关于加强中小企业所得税管理的意见》等5个管理办法，促进所得税专业化管理水平提高，全年企业所得税完成44.12亿元，比2010年增长78.02%。制定定点联系企业"税收直通车"服务等制度，开展定点联系企业自查督导、辅导和质量评价，查补税款及滞纳金2084万元。联合市地税局加强非居民企业税收协同管理，全年入库非居民企业所得税1.06亿元，增长105.92%。落实《出口企业日常管理工作规程》，加强征退税衔接，增加税收3293万元。检查出口加工贸易联网监管企业21家，调整免抵退税额9879万元，调减企业进项税额2227万元。加强企业户籍管理，开展非正常户清理工作。强化个体税收管理，全年个体税收入库1.73亿元，同比增长35.37%。

2011年11月7日，省国税局领导参观桓台县国税局办税服务厅　　（张海恒　摄）

2011年淄博市国税纳税额前五十名企业

表18—01　　单位：万元

序号	名称	国税税收
1	中国石油化工股份有限公司齐鲁分公司	822362
2	山东东岳高分子材料有限公司	51964
3	山东海力化工股份有限公司	48758
4	山东东岳化工有限公司	40728
5	山东淄博烟草有限公司	39242
6	山东电力集团公司淄博供电公司	36866
7	中国铝业股份有限公司山东分公司	23985
8	山东金岭矿业股份有限公司	21915
9	齐商银行股份有限公司	21007
10	淄博加华新材料资源有限公司	20481
11	淄博山水水泥有限公司	18108
12	山东金诚重油化工有限公司	17618
13	山东东岳氟硅材料有限公司	15967
14	淄博齐翔腾达化工股份有限公司	12767
15	中国移动通信集团山东有限公司淄博分公司	12403
16	山东建兰化工股份有限公司	11788
17	鲁泰纺织股份有限公司	11180
18	中国石化集团资产经营管理有限公司齐鲁石化分公司	10620

续表 18—01

序号	名称	国税税收
19	山东华联矿业股份有限公司	10252
20	山东东佳集团股份有限公司	10210
21	山东扳倒井股份有限公司	9679
22	胜利油田桓台金家石油开发有限责任公司	9304
23	胜利油田高青石油开发有限责任公司	9223
24	高青鲁明石油科技开发有限责任公司	8865
25	信缔纳士机械有限公司	8748
26	山东东华水泥有限公司	8428
27	山东山铝水泥有限公司	7837
28	山东华安新材料有限公司	7402
29	淄博绿博燃气有限公司	7173
30	瑞阳制药有限公司	7148
31	山东博汇浆业有限公司	7015
32	山东金鼎矿业有限责任公司	6832
33	山东临淄农村商业银行股份有限公司	6264
34	中国石油化工股份有限公司催化剂齐鲁分公司	6151
35	淄博齐鲁比欧西气体有限责任公司	6094
36	山东蓝星东大化工有限责任公司	5764
37	山东金晶科技股份有限公司	5632
38	淄博银座商城有限责任公司	5601
39	淄博东岳氯源有限公司	5557
40	桓台县农村信用合作联社	5087
41	淄博商厦有限责任公司	5070
42	淄博宏达矿业有限公司	5066
43	山东联合化工股份有限公司	4912
44	淄博宏达钢铁有限公司	4572
45	山东华夏神舟新材料有限公司	4570
46	山东博汇纸业股份有限公司	4524
47	山东齐鲁石化开泰实业股份有限公司	4417

续表 18—01

序号	名称	国税税收
48	山东新华医疗器械股份有限公司	4303
49	中国石油化工股份有限公司山东淄博石油分公司	4253
50	山东北金集团有限公司	4237

注:统计口径为独立纳税人,含提退税。

（张海恒）

地方税务

【税收收入】 2011年,淄博市地税系统累计组织各项收入130.9亿元,比2010年增长27.77%,增收28.45亿元。其中,中央级收入完成20.66亿元,增长10.77%,增收2.01亿元;省级收入完成11.33亿元,增长17.8%,增收1.71亿元;市县级收入完成98.91亿元,增长33.33%,增收24.73亿元。全年收入运行情况主要呈现以下特点:二产税收占比有所下降,但依然是全市收入的主要来源,三产税收62.7亿元,同比增长38.39%,占全部收入的47.93%,比重较2010年提高3.68个百分点;受房地产市场销售萎靡的影响,房地产业的税收呈现总体下滑趋势;得益于全市固定资产投资走势保持平稳,建筑业税收整体增幅明显。因国家多次上调贷款利率,各大银行营业收入增加,金融业税收增幅稳中有升。个人所得税和城建税增幅明显,分别增长14.49%和26.69%。

【税政管理】 研发应用"存量房交易价格评估系统",实现二手房交易地方税收2.55亿元,比2010年增长25.6%。积极探索实施非劳动所得个人所得税分类控管办法,非劳动所得个人所得税收入突破5亿元,增长62%,此做法得到总局领导的高度评价,在全国税务系统所得税工作会议上作了典型发言,并进行多媒体演示。完善涉外税收管理,累计入库涉外税收6.53亿元,增长53.26%。进一步完善应用"社会综合治税信息管理系统",通过综合治税实现税收收入5.9亿元。

全面加强涉外税收制度和机制建设，累计入库涉外税收7.2亿元，增长56.15%。顺利实现耕地占用税、契税划转，全市共设置耕契两税直征大厅19个，累计征收入库耕契两税7.2亿元。

2011年3月22日，市地税人员上街宣传税法 （李炳汉 摄）

【征收管理】 全面落实山东省地税局关于提高收入质量防范执法风险的工作部署。扎实推进税源专业化管理，张店地税分局被确定为全省第二轮税源专业化管理模式试点单位。强化以票控税，加强餐饮服务、医疗卫生、教育劳务、文化旅游、物业管理、停车洗车6个行业的票种核定。研发应用“征管状况分析评价系统”，实现对全市征管数据的自动提取、分析和评价。研发“税收风险管理平台”，全系统共评估各类纳税户411户，评估税款1.02亿元；分析处理省地税局预警任务3940条，补税3081万元；处理风险干预信息5318条，补税3200万元。开展重点行业税收专项检查，大力推行中心城区“一级稽查”管理新体制和电子查账新模式，查补入库各项收入2.51亿元。

【税收执法】 研发应用“网上执法检查信息系统”，增强税收执法检查和风险防控工作的高效集约化。针对解决基层常见的执法风险问题，组织编写《税收执法风险防范手册》。开展全市系统“规范执法、防范风险、以案说法大讨论”活动，增强全员风险防范意识和能力。市地税局顺利通过全省“五五”普法依法治理工作检查验收，再次被中宣部、司法部授予“五五”普法全国法制宣传教育先进集体称号。

【纳税服务】 研发应用“纳税服务绩效考核评价系统”，建立起纳税服务工作综合管理平台。创办《纳税人之友》，向纳税人免费赠阅累计3万余册。建立税法大讲堂，定期开展税法视频培训，促进征纳关系和谐。分行业分税种整理编印《支持地方经济转方式调结构地方税收优惠政策汇编》，指导工作决策及生产经营，得到市政府领导肯定和社会各界好评。严格落实税收优惠政策，累计办理减免税3.32亿元，促进地方经济社会发展。

2011年7月27日，市地税局廉政警示教育基地 （李炳汉 摄）

【信息化建设】 深入开展“大集中”系统等各类软件的日常运行和技术维护，加强网络安全管理，顺利通过山东省地税局的安全检查，有效发挥信息化支撑作用。积极参与山东省地税局“数据管理平台”开发工作，被确定为全省试点单位。

【党风廉政建设】 建成总面积260平方米的廉政警示教育基地，组织全系统1100余名干部职工分30批到教育基地进行参观学习。市地税局被省纪委确定为全省廉政文化进机关示范点。层层签订党风廉政建设责任书，认真组织领导干部收入申报、重大事项报告工作。继续开展基层执法人员向纳税人述职述廉活动，认真参与组织行风评议活动，向全市1000余名人大代表、政协委员及纳税人代表进行问卷调查，满意率100%。市地税局成功创建为全国文明单位。全系统共荣获9项国家级荣誉、49项省级荣誉、62项市级荣誉。

2011年淄博市地方税收纳税额前一百名企业

表18—02　　单位：万元

序号	纳税企业名称	纳税金额
1	中国石油化工股份有限公司齐鲁分公司	109852
2	山东金岭矿业股份有限公司	25677
3	山东金诚重油化工有限公司	21559
4	中国石化集团资产经营管理有限公司齐鲁石化分公司	16623
5	山东华联矿业股份有限公司	14097
6	淄博矿业集团有限责任公司	13915
7	山东中润集团淄博置业有限公司	10666
8	鲁泰纺织股份有限公司	8897
9	山东创业房地产开发有限公司	8701
10	山东电力集团公司淄博供电公司	8217
11	山东黄金地产旅游集团有限公司淄博分公司	7948
12	山东博汇纸业股份有限公司	7015
13	山东金鼎矿业有限责任公司	6902
14	山东金诚石化集团有限公司	6618
15	山东省药用玻璃股份有限公司	6135
16	淄博包钢灵芝稀土高科技股份有限公司	5696
17	齐商银行股份有限公司	5455
18	中国石化集团第十建设公司	5288
19	中国铝业股份有限公司山东分公司	5210
20	淄博东泰集团有限公司	4996
21	山东金晶科技股份有限公司	4905

续表18—02

序号	纳税企业名称	纳税金额
22	淄博市房地产交易中心	4862
23	山东东岳化工有限公司	4850
24	淄博民泰房地产开发有限公司	4789
25	中国银行股份有限公司淄博分行	4491
26	山东东岳高分子材料有限公司	4478
27	山东淄博烟草有限公司	4475
28	山东海力化工股份有限公司	4378
29	淄博商厦股份有限公司	4336
30	山东方正房地产开发有限公司	4217
31	山东联合化工股份有限公司	4213
32	山东汇丰石化集团有限公司	4141
33	山东新华制药股份有限公司	4061
34	山东铝业公司	3919
35	淄博鲁中房地产开发股份有限公司	3889
36	淄博华川置业有限公司	3503
37	山东龙泉管道工程股份有限公司	3492
38	华润置地(淄博)有限公司	3415
39	中国平安财产保险股份有限公司淄博中心支公司	3414
40	淄博昂展地产有限公司	3296
41	中国农业银行股份有限公司淄博临淄支行	3286
42	淄博宏达矿业有限公司	3217
43	中国联合网络通信有限公司淄博市分公司	3175
44	山东鲁阳股份有限公司	3056
45	中国工商银行股份有限公司淄博张店支行	3042
46	山东省淄博糖酒站股份有限公司	3028
47	淄博齐翔惠达化工有限公司	2991
48	山东新华医疗器械股份有限公司	2934
49	山东鸿嘉置业有限公司	2873
50	中房集团淄博市城市建设综合开发公司沂源开发分公司	2812
51	淄博世龙房地产开发有限公司	2804

续表 18—02

序号	纳税企业名称	纳税金额
52	淄博张钢钢铁有限公司	2802
53	山东赫达股份有限公司	2785
54	山东锐博化工有限公司	2730
55	山东大德华瑞置业有限公司	2720
56	山东张店农村商业银行股份有限公司	2716
57	山东临淄农村商业银行股份有限公司	2686
58	淄博圣亚房地产开发有限公司	2669
59	山东齐隆化工股份有限公司	2610
60	淄博宏达钢铁有限公司	2610
61	山东唐骏欧铃汽车制造有限公司	2567
62	淄博齐翔腾达化工股份有限公司	2540
63	邯邢矿业淄博高阳有限公司	2363
64	淄博天煜置业有限公司	2355
65	上海浦东发展银行股份有限公司淄博分行	2296
66	山东省淄博市淄川区农村信用合作社联合社	2295
67	山东齐都药业有限公司	2289
68	桓台县农村信用合作联社	2284
69	山东博山制药有限公司	2280
70	中国移动通信集团山东有限公司淄博分公司营销中心	2275
71	山东张店农村商业银行股份有限公司	2254
72	淄博山水水泥有限公司	2251
73	中国建设银行股份有限公司淄博分行国际业务部	2220
74	山东安沃达置业有限公司	2210
75	淄川区宝山水泥厂	2189
76	中国农业银行股份有限公司淄博张店支行	2161
77	中国太平洋财产保险股份有限公司淄博中心支公司	2131

续表 18—02

序号	纳税企业名称	纳税金额
78	中信银行股份有限公司淄博分行	2121
79	山东齐鲁石化开泰实业股份有限公司	2116
80	南金兆集团有限公司	2113
81	山东欣欣园置业有限公司	2113
82	桓台县运输公司	2074
83	山东国源电力工程有限公司	2073
84	山东凯盛新材料股份有限公司	2035
85	淄博诺奥化工有限公司	2028
86	淄博金晟云龙置业有限公司	2020
87	山东齐鲁石化工程有限公司	2017
88	山东齐鲁盛华房地产有限责任公司	2014
89	山东万泰房地产开发有限公司	2006
90	山东省淄博蠕墨铸铁股份有限公司	1972
91	山东三维石化工程股份有限公司	1933
92	淄博正承置业有限公司临淄项目部	1911
93	中国工商银行股份有限公司淄博分行	1909
94	中国工商银行股份有限公司淄博临淄支行	1872
95	淄博泰盛房地产有限公司	1856
96	华电淄博热电有限公司	1854
97	山东扳倒井股份有限公司	1842
98	山东创业房地产开发有限公司齐悦分公司	1818
99	山东依厂物流有限公司	1801
100	高青县油区工作管理委员会	1793

（张 静）

本部类编　辑:王　娟
副主编:徐　杰
校　对:王　峰
赵建国

银行　保险　证券

银　　行

【概况】 截至2011年末，全市金融机构本外币各项存款余额为2744.88亿元，比年初增加256.54亿元，同比少增68.53亿元。其中，人民币各项存款余额达到2725.44亿元，比年初增加255.97亿元，同比少增69.06亿元。年末本外币贷款余额1927亿元，比年初增加181.43亿元，同比少增117.44亿元。其中，人民币贷款余额1872.31亿元，比年初增加185.96亿元，同比少增104.88亿元。

【促进经济协调发展】 加大政策协调配合，努力疏通货币政策传导机制。贯彻稳健货币政策，制定金融支持农业、水利、科技创新、文化产业等方面经济社会发展的系列指导意见，疏通货币政策传导机制。进一步发挥淄博市银企合作信息网络平台作用，创新“窗口”指导方式，深入推进全市信贷业务竞赛活动，组织开展中小企业、涉农信贷政策导向效果现场评估工作，认真落实对涉农贷款、小企业贷款、战略新兴产业科技企业贷款风险补偿政策，为金融机构审核发放补偿资金1410万元。通过组织召开金融运行情况通报会、银企合作项目促进会、房地产信贷座谈会、大学生村官创业富民工作推进会等形式，建立政策协调落实长效机制。认真组织实施差别存款准备金动态调整管理，及时调度分析法人机构运行数据，辖区法人机构信贷投放实现调控目标。

灵活运用货币政策工具，加大对地方经济发展的资金支持力度。对桓台县、沂源县农业银行执行低2个点的存款准备金率，对高青县、沂源县农信联社及沂源博商村镇银行执行低1个点的存款准备金率，对临淄、张店农商行2家新升格金融机构实施按季分步上调准备金率的政策，累计增加可用资金6.4亿元，增强涉农金融机构对县域、“三农”的资金投放能力。年内发放支农再贷款7.8亿元、办理再贴现16.3亿元，积极支持涉农、小型微型企业发展。落实民族贸易用品企业贷款贴息政策，共为全市5家民族贸易用品企业办理

2011年6月1日，鲁中金融稳定协调机制联席会议在淄博召开

（人民银行淄博中心支行　供稿）

贷款贴息1924.5万元,有效减轻了企业负担。

深化金融创新,多渠道满足企业融资需求。实施“金成长”工程,制定8条金融优惠措施,支持全市创新成长型企业发展,《金融时报》刊发人民银行淄博中心支行的工作做法。制定“双轮驱动”战略,深入推进“十百千万”工程,连续第三年被列入全市建设农村殷实小康“十大工程”。以高青县为试点,创新“金融支持+挂职帮扶”模式,为20名大学生村官挂包的10家企业授信4.89亿元,支持大学生村官创业富民。推动农村金融产品和服务创新,大力推广生物资产抵押贷款、林权抵押贷款,指导沂源县农信联社发放生猪抵押贷款260万元、林权抵押贷款200万元。在博山区试点助保金贷款业务,对15家小企业发放助保金贷款近9000万元。推进“区域集优”债务融资工作,推动全市企业通过短期融资券、中期票据、中小企业集合票据等方式在银行间市场直接融资。

创新金融维稳工作,切实维护辖区金融稳定。组织对全市法人金融机构维稳责任制落实情况开展现场检查,开展“三农”事业部改革评估和证券业金融机构金融稳定评估工作。对齐商银行开展金融稳定现场评估。在全省率先制定证券业监测及证券业、保险业金融稳定重大事项报告制度。组织召开由鲁中5个市人民银行领导参加的金融稳定协调机制联席会议,加强区域间沟通协调交流。加强金融稳定重大事项报送管理,制定防范企业资金链风险、维护金融稳定会商制度,着力解决金融机构与企业客户信息不对称问题,有效维护辖区金融稳定。

【金融管理服务】 加强和改善金融机构管理。制定《淄博市金融机构综合评价暂行办法实施细则》,组织相关专业分别制定动态评价办法,丰富完善考核评价体系,增强评价结果的客观性和科学性。制定新设银行业金融机构管理办法实施细则和操作规程,进一步完善新设银行机构开业管理的制度建设,顺利完成对5家新设银行机构开业申报综合考核验收。加大执法检查力度,对7家银行机构的征信管理、反洗钱、支付结算、货币金银、国库管理、调查统计等相关专业开展专项执法检查,对1家银行机构进行综合执法检查,规范金融机构经营行为,强化对金融机构的管理职能。制定金融机构重大事项报告制度操作规程,解决内部部门之间金融机构报告重大事项信息共享不畅问题,组织开展金融机构重大事项报告制度知识考试和对部分金融机构重大事项报告制度执行情况检查,增强制度执行力。

提升金融服务质量和水平。开展2011年农村支付服务环境建设“强力推进年”活动,召开淄博市农村支付服务环境建设调度会及推进会,推动市政府将该项工作纳入政府工作决策部署,组织开展“支付系统宣传暨金融助学乡村行”活动,工作取得显著成效。在济南分行通报三季度农村支付环境建设9项指标中,人民银行淄博中心支行有7项指标位列前四名。桓台县率先实现农村金融服务设施全覆盖,山东卫视、《金融时报》《大众日报》《齐鲁晚报》等新闻媒体对其经验做法进行全方位报道。顺利完成同城清算系统的升级换版工作。成功组织举办全市银行业金融机构职业技能竞赛,加大城市反假货币网络建设,在国内率先推行城市反假货币网络网格化目标管理,实现反假货币网络的“无缝化”覆盖。探索开展地税代征、自动汇缴、国库统收工会经费汇缴模式,畅通资金渠道,提高经费收缴效率。推进辖区社会信

2011年10月27日,“征信知识进校园”活动启动仪式

(人民银行淄博中心支行 供稿)

用体系建设，构建完善地方政府部门、银行和企业共享的信用信息服务平台，制定融资性担保公司征信管理制度及对银行业金融机构征信管理工作专项考核评价办法，组织金融机构签订《淄博市异议处理公约》，有效防范系统性金融风险。临淄区开展深化中小企业试验区建设试点工作。沂源县支行在分行辖区县级支行成立第一家金融消费者申诉处理中心。

【外汇服务与管理】 加强外汇服务与管理，推动涉外经济发展。建立并实施中心支局联系银行重点监测、局领导重点企业监测服务及特色涉外产业重点监测3项制度，为省分局特色产业分析提供有效的监测模式，做法在全省推广。积极落实“控热钱、减顺差”各项工作措施，集中开展“控热钱、减顺差”专项活动，取得明显成效。9～10月，全市银行结售汇顺差1.6亿美元，月均0.8亿美元，较前8个月月均下降1.2亿美元。扎实推进货物贸易外汇管理制度改革试点工作，加强外汇政策宣讲和外汇业务人员培训，开展诚信兴商暨外汇政策宣传月活动。创新监管方式，在全省首创对存在违规行为的银行机构上级行下发《外汇监管建议书》，规范业务操作。加大对涉外金融机构和企业的监督检查，完成对15家涉外企业和5家金融机构的现场检查，维护良好的涉外经济金融秩序。坚持对重点业务和重大项目实行跟踪服务，大力促进贸易投资便利化。

推动跨境贸易人民币结算业务规范持续发展。制订人民银行淄博中心支行对辖区金融机构跨境人民币业务专业考核办法，规范跨境贸易人民币结算业务管理，对60余家重点骨干涉外企业举办培训班，对456家中小涉外企业进行“一对一，面对面”宣传和推介，办理首笔境外直接投资人民币结算业务。年内，全市跨境贸易人民币结算涉及企业86家，境外结算区域遍布29个国家和地区。

【内部管理规范化】 实施科学管理、精细管理，进一步提升内部管理规范化水平。全面推进政风行风建设。继续巩固和深化政风行风建设工作成果，组织召开人民银行淄博中心支行政风行风建设推进会，印发《关于进一步加强政风行风建设工作的意见》，统一思想认识，明确目标任务。依托行风建设标准化建设管理服务系统，切实规范员工行为和工作程序，把行风建设纳入科学化、制度化轨道。组织开展“高效清廉履职、树立行业新风”为民服务活动，按照济南分行综合服务大厅建设规范要求，统一综合服务大厅标识，完善服务大厅便民服务设施，通过实行公开意见簿、行风监督卡制度，到金融机构走访座谈、社会问卷调查，组织金融知识宣传等形式，提高窗口部门的依法高效履职意识和能力。在市纠风办组织的全市民主评议政风行风活动中位列64家参评单位第三名。4月，顺利通过分行组织的行风建设标准化管理达标验收。

构建学习制度落实制度长效机制。大力推行精细管理，强化各岗位人员的制度意识，组织开展全行性制度修订完善活动，共清理废止全行性制度33项，修订完善34项，新增制度30项，重新编印中心支行《制度汇编》。严格落实监督检查机制，组织开展保密安全管理、信息安全管理规定执行情况专项检查，防止失泄密风险。

提高资金使用效益，为各项工作平稳运转提供保障。严格执行财经纪律，统筹规划，加强预算，进一步规范财务行为，合理安排财务支出，切实提高资金使用效益，妥善解决财务费用

2011年3月2日，组织召开辖内张店农村合作银行重点调查座谈会
（人民银行淄博中心支行 供稿）

指标压缩形成的矛盾。继续深入推进节约型机关建设，制定公务用车和公务接待管理办法。加强宣传和沟通，增强干部职工厉行节约的自觉意识。

加强内部管理。逐级签订安全责任书，将安全稳定责任目标明确到岗，责任到人。定期加强检查和排查，及时发现和解决安全管理中存在的隐患。组织开展案件防控集中宣传整治活动，从行为规范、工作责任心、劳动纪律、职业道德和社会公德等方面，提高员工的风险防控意识和能力。制定中心支行应急工作档案管理办法，中心支行17项应急预案全部进行了演练和评估；组织开展包括舆情监测等6个项目的综合应急演练，提高全行处置突发事件的能力和水平。构建风险防控大监督合力，进一步发挥纪检监察、内审、事后监督、会计监督、人事监督等监察主体的监督作用。扎实开展"制度强化年"活动，年内共开展内部监督审计项目11项，及时发现并消除各类风险隐患，提高会计核算质量。

【支行建设】 党委成员深入县(区)支行调查研究，加强工作指导，解决工作难题。专题召开辖区县支行领导班子建设工作会议，为县支行建设和各项工作开创新局面奠定基础，促进支行有效履职。加大对支行领导班子的交流培训力度，选调2名支行领导班子成员到人民银行淄博中心支行机关挂职锻炼，对3名支行领导班子副职进行交流，选派2名支行副职参加分行进修培训，提高支行领导班子的业务水平和履职能力。高青县支行开展党务公开和中小企业融资信息服务平台工作，淄川区支行开展"阳光消费、杜绝假币"活动，临淄区支行促职工素质提升活动，桓台县支行实施"支付+信贷"双轮驱动助推农村支付服务环境建设工作，博山区支行开展外汇主体监管试点工作及沂源县支行支持县域经济发展等工作，都得到当地政府部门的充分肯定。

(王玉华 冯 波)

【银行监管】 2011年，淄博市银行业继续保持稳健运行态势，但规模扩张速度有所放缓。截至年末，全市银行业各项资产余额达到2981.11亿元，较年初增加301.68亿元，同比少增66.73亿元，增长11.26%，同比下降4.68个百分点。各项负债余额2860.91亿元，较年初增长276.20亿元，同比少增77.26亿元，增幅10.69%，同比下降5.15个百分点。

年内，淄博银监分局持续督促辖内银行机构为完成节能减排工作提供强有力的保障，切实加大金融扶持力度。积极督促辖内银行业金融机构通过信贷手段鼓励企业采购节能节水和环保专用设备，新上节能环保项目，鼓励开发利用太阳能、风能和生物质能等新能源。支持开展节能金融产品创新，拓宽节能环保企业融资渠道。制定严格的准入标准，将行业调控政策、企业环保守法情况等作为授信的前提条件，建立差别化信贷投放政策，对所有贷款项目和贷款企业实行环保"一票否决制"。制定压降措施，有步骤稳妥地进行落后产能信贷退出工作。齐商银行要求各分支机构按照年初国家确定的落后产能授信总额5%制定退出计划，严格实行名单制管理，限期完成退出任务，并制定行业退出标准。淄博银监分局要求各银行业金融机构按照有关标准区别对待，分类支持。对符合节能环保、循环经济要求且自主创新能力强的高端客户，采取"积极进入"营销策略，提高放贷效率，优先提供融资服务；对符合国家产业政策、节能环保达标，具备一定发展空间的企业，采取"适度进入"的营销策略；对传统产业中的中小企业推进转型升级，采取"积极扶植"策略。

引导银行业金融机构切实加大对中小企业的信贷扶持力度，为地方经济发展注入活力。针对小微企业贷款难的问题，淄博银监分局积极落实中央政策，协调有关部门，结合淄博实际代市政府起草了《淄博市人民政府关于贯彻山东省人民政府关于加大金融财税支持力度促进小型微型企业持续健康发展的意见》，并推动市政府将2012年定为淄博市小微企业金融服务战略年，以此为载体，通过推动建立风险补偿办法和机制，完善和规范担保体系，搭建金融信息服务平台，完善小微企业考核办法，推动金融产品创新，开展"优企优贷"活动等，着力构建小微企业金融服务长效机制。2011年12月1日，成功举办小型微型企业金融服务年启动仪式，现场签约小微企业291户，拟授信金额达到14.13亿元。

积极支持地方经济培育新的增长点，促进地方文化产业大发展大繁荣。在九部委联合发布《关于金融支持文化产业振兴和发展繁荣的指导意见》，市委办公厅、市政府办公厅印发《淄博市关于促进文化产业发展的若干政策》等文件后，淄博银监分局高度重视，积极行动，多次召开专题会议，推动辖内银行业金融机构加快与文化产业企业的对接，大力支持地方经济培育新的增长点，促进淄博市文化产业大发展大繁荣，为地方经济实现转方式、调结构注入强大的资金保障力量。分局多次派出调研小组深入到各基层机构，了解银行业支持地方文化产业的情况和存在的困难，并与各基层银行工作人员认真研究应对和解决困难的方法及措施，积极拓宽投融资渠道，尽力满足淄博市文化企业资金需求。

加快地方金融体系建设，支持地方金融机构创新发展。继2010年12月底山东临淄农村商业银行正式开业之后，2011年3月30日，山东张店农村商业银行股份有限公司正式挂牌营业，成为淄博市第二家农村商业银行，淄博市农村商业银行数量居全省前列。7月22日，全省第一家由农信系统发起设立的村镇银行、淄博市首家村镇银行——沂源博商村镇银行股份有限公司在沂源县正式揭牌开业。招商银行淄博分行先后在临淄区、桓台县设立分支机构。12月11日，光大银行淄博分行举行开业仪式，成为第5家在淄博市设立分支机构的股份制商业银行。是年，淄博市银行资源配置更加科学合理，地方金融体系更加完善，金融服务水平得到进一步的提升。

2011年7月22日，沂源博商村镇银行揭牌

（马建军　摄）

城市商业银行：齐商银行

邮政储蓄银行：中国邮政储蓄银行淄博市分行

农村中小金融机构：山东省农村信用社联合社淄博办事处，张店农村合作银行，临淄农村商业银行，博山区农村信用合作联社、淄川区农村信用合作联社、周村区农村信用合作联社、桓台县农村信用合作联社、高青县农村信用合作联社、沂源县农村信用合作联社，沂源博商村镇银行

附：　淄博银监分局监管对象

政策性银行：中国农业发展银行淄博市分行

大型商业银行：中国工商银行淄博分行、中国农业银行淄博分行、中国银行淄博分行、中国建设银行淄博分行、交通银行淄博分行

股份制商业银行：中信银行淄博分行、招商银行淄博分行、浦发银行淄博支行、光大银行淄博分行，兴业银行淄博支行

2011年12月11日，光大银行淄博分行开业　（马建军　摄）

淄博市金融机构银行类统计表

表 19－01

指标(个) \ 年度		2006	2007	2008	2009	2010	2011
银行类	法人机构	9	9	9	9	9	10
	省级分行	0	0	0	0	0	0
	二级分行	10	11	12	13	13	15
	区县支行	184	184	193	229	229	197
	分理处、营业所	635	641	745	703	691	483
	储蓄所	177	176	41	39	36	266
	从业人员总数	13293	13573	13331	13757	13961	13945

注：表中 2008～2010 年统计的邮储银行机构数量包括邮政局代理的 74 个网点，但人员统计中不包括邮政局人员。

（郑宪章）

【农业发展银行淄博市分行】 截至 2011 年末，农发行淄博市分行各项贷款 38.48 亿元，较年初增长 38.87%；各项存款日均余额 11.6 亿元，增长 173.58%；收回不良贷款 5299.4 万元，实现不良贷款全部清零；完成国际结算 5029 万美元，较 2010 年增长 233.71%；实现考核利润 9015 万元，增加 4997 万元。市分行连续 9 年保持省级文明单位荣誉。该行认真履行政策职能，坚定不移地做好政策性信贷业务。支持中央和地方储备粮轮换及增储，发放轮换贷款 8055 万元，轮换小麦 46729 吨；新增县级储备粮贷款 895 万元，储备油贷款 246 万元，确保资金及时足额供应。同时，加大对水利和新农村建设的信贷支持，促成省分行与淄博市人民政府就统筹城乡发展签订《战略合作协议》；成功营销中长期项目贷款 5 个，共 17.8 亿元。稳健推进优质商业性客户营销，选择信誉好、实力强又符合政策要求的企业进行营销。共营销商业性客户 8 个，贷款 6.88 亿元。全年投放贷款 25.67 亿元。（刘平 孙军）

【中国工商银行淄博分行】 至 2011 年末，中国工商银行淄博分行资产总额达到 450.91 亿元，比 2010 年增长 12.29%。各项贷款余额 300.81 亿元，增长 12.38%。各项存款余额 429.67 亿元，增长 11.41%。贷款不良率 1.27%，下降 0.81 个百分点。实现全年无案件、无事故目标。

信贷业务。严格执行国家货币信贷政策，坚持“区别对待、有进有退”原则，拓宽融资渠道，优化资源配置，优先支持重点项目、重点企业发展，融资规模进一步扩大，信贷结构日趋优化。年末，工行淄博分行被淄博市委、市政府授予淄博市工业经济发展突出贡献单位称号。突出做好中小企业金融服务，认真落实国家支持小企业发展的各项政策，发挥网贷通、联保融资产品等综合优势，筛选优质客户，优化流程，提高效率，实现贷款规模和客户数量同步增长。小企业贷款较年初增加 12.18 亿元，占全部新增贷款比重 36.75%；小企业贷款户数较年初增加 210 户。大力发展贸易融资、票据融资业务，组织专业服务团队，围绕核心客户产业链、供应链和物流链，为客户量身制作综合融资服务方案，优化客户融资结构。贸易融资较年初增加 21.57 亿元，占全部新增贷款比重 65.09%；累计办理票据融资 40.30 亿元。同时，大力拓展银行承兑、信用证、保函等表外融资业务，多渠道满足客户融资需求。

存款业务。面对银行流动性紧张的新形势，拓展新市场，培育发展新客户，完善长效发展机制，不断改进客户服务，各项存款稳定增长，经营实力不断增强，为信贷投放提供了资金保障。做好储蓄业务工作，突出抓好代发工资等代收代付业务，依托个人金融业务全面发展带动储蓄存款增长。年末，储蓄存款较年初增加 20.87 亿元。深入拓展对公业务领域，重点抓好拟上市公司融资、已上市公司增发配套金融服务，做好公司和机构系统客户的关系维护，大力培育中小客户群体，稳定增加对公存款。对公存款较年初增加21.46亿元。加强银银、银保、银证、银期同业合作，同业存款及各项代理业务规模不断扩大。同业存款较年初增加1.74亿元。

中间业务。积极适应市场多元化金融服务需求，大力发展中间业务，服务领域进一步拓宽，业务结构不断优化，促进了经营转型发展。理财融资业务快速发展，有效满足客户投资、理财等需求。全年累计办理金融资产服务业务33.75亿元，销售各类理财产品91.78亿元。国际业务领域不断拓展。全年实现国际结算业务量37.17亿美元，比2010年增长38.75%；实现结售汇业务量12.2亿美元，增长34.36%。银行卡和电子银行业务快速发展。全年实现银行卡交易额27.6亿元，增长64.87%；实现网银交易额11854亿元，增长35.55%；电子银行业务占比55.7%，提高10.08个百分点。同时，积极拓展新兴业务市场，实现贵金属、银商转账、全球现金管理、人民币跨境结算等业务的新突破。

资产质量。在加快资产业务转型发展的同时，综合运用多种方式，持续推进不良贷款清收处置工作，对潜在风险贷款适时退出，不良贷款余额和占比实现“双降”，资产质量持续向好。全年清收处置不良贷款3.19亿元。重点抓好法人客户不良贷款的处置工作，锁定目标大户，落实责任，完善预案，积极争取各方面的支持和配合，加快处置工作进度。年末，法人客户不良贷款较年初下降1.85亿元；不良率1.63%，较年初下降1.44个百分点。加强对个人类贷款的精细化管理，集中抓好个人客户不良贷款清收处置。年末，个人客户不良率仅为0.32%。积极抓好潜在风险贷款的退出和化解工作，防范贷款劣变。年内，退出转化潜在风险贷款11.79亿元，化解担保圈贷款27.6亿元。

机制建设。按照经营转型的总体要求，不断完善机制建设，优化资源配置，有效保障各项工作的顺利推进。进一步细化客户分层营销管理，重点做好核心客户、高端客户的营销服务，建立完善对公优质客户主维护人制度，加强公私联动和上下联动，实行差别化、个性化服务，全行“大联动、大营销”格局更加完善。扎实推进渠道建设，加快新网点建设步伐，增加自助设备，有效提升服务能力。年内，新建网点6家，新增自助存取款设备42台，新增自助转账设备32台。率先启动业务流程综合改造和优化试点工作，通过合理调整岗位职能，精减优化业务流程，客户服务质量和服务效率明显提升。进一步完善考核体系，突出重点业务和重点产品，兼顾各项工作全面协调发展，有效发挥绩效考核的导向、约束和激励作用。

内控管理。始终坚持依法合规经营，全面推进精细化管理，各项工作全面协调推进，基础管理水平进一步提高。重点防范信用风险，认真落实银监会贷款新规，加强对重点领域、重点业务的风险监测和预警，对贷款大户进行全面风险排查，有效防范民间借贷风险、担保风险、道德风险。全面实施风险量化管理，积极开展内部评级验证工作，提高风险识别水平，增强整体风险防控能力。积极深化银行业内控和案防制度执行年活动，严格落实防范案件责任制和员工行为禁止规定，制度执行能力进一步增强。顺利完成业务运营风险核查由运行管理部向内控合规部的移交工作，实行现场集中检查，内控管理机制进一步完善。积极配合监管、审计部门开展各类检查，对发现的问题及时整改，严格落实责任追究。加强治安联防联控，严密做好维护稳定工作，完善突发事件应急处置预案，及时化解矛盾，为全行工作营造和谐氛围。 （于朝峰）

【中国农业银行淄博分行】 2011年，中国农业银行淄博分行综合竞争力、价值创造力、风险控制力和可持续发展能力继续增强，呈现出发展速度加快、运营质量提高的好局面。先后获得全国金融系统五一劳动奖状、全国农行文明单位、全国农行重点城市行改革发展突出成就奖、省农行“青年文明号”、淄博市工业经济发展突出贡献单位等荣誉称号。桓台县支行党委被授予全国先进基层党组织荣誉称号。

经营业绩。农行淄博分行依托覆盖广泛的网点网络、庞大的客户群体，充分发挥城乡联动的独特优势，确保贷款总量持续扩张和中间业务市场份额提升。年末，各项存款余额达到460.91亿元，较年初增加21.01亿元，总量份额达到32.18%，较年初增加0.22个百分点。各项贷款

2011年5月14日，中国农业银行淄博分行被授予中国农业银行重点城市行改革发展突出成就奖　　（农行淄博分行　供稿）

余额达到296.2亿元，较年初增加33.98亿元。人民币贷款存量、增量双双跃居全市四大行首位。缴纳地方税收11938万元，比2010年增加3606万元。

发展能力。把调整经营结构作为确保较快可持续发展的主攻方向，加快推进战略转型。6月26日，农行淄博分行成立财富管理中心、信用卡中心。开展服务品质提升年活动，提高服务客户的效率和能力。年末，全行新拓展存款余额500万以上优质法人客户45户，存款增加17.43亿元；个人贵宾客户8.09万户，较年初增加2.2万户。在信贷规模紧缩的形势下，积极争取上级行信贷规模，全力服务重点建设项目、推进节能减排、支持产业集聚。适当控制中长期贷款过快增长，积极优化贷款担保结构，努力提高抵质押贷款占比。履行社会责任，加大对中小企业的金融支持力度。小企业实体贷款户数达到265户，较年初增加135户，贷款余额达14.44亿元，较年初增加5.04亿元，增幅53.60%，高于全部贷款整体增幅40.64个百分点。加快零售业务转型步伐，通过撤并网点、压缩机关人员等形式，为全部网点配齐大堂经理、大堂副理。全年建成精品网点21个，完成服务技能提升网点86个；全年新增个人贷款16.63亿元。强化电子渠道建设，全行离行式自助银行7个，较年初增加3个；自助柜员机314台，较年初增加45台；网上银行42.42万户，较年初增加19.45万户；转账电话3.43万部，较年初增加7025部。全行电子交易渠道占比达到65.74%。

服务"三农"。持续完善服务"三农"运行机制，顺利通过"三农"金融事业部改革试点评审。以惠农卡和农户小额贷款为抓手，全面做好强农惠农富农工作。加强督导调度，确保投放进度。实施差异化发展政策，选择52家乡镇网点，重点发展惠农卡和农户小额贷款业务。至年末，淄博农行发放惠农卡27.98万张，较年初增加5.1万张；授信户数7.16万户，较年初增加1.4万户；农户贷款余额18.65亿元，较年初增加3.73亿元。其中农户小额贷款余额16.71亿元，较年初增加2.47亿元。严格奖惩，确保发展质量。年末，农户贷款不良率仅为0.028%，居全省农行系统最低水平。积极服务农业现代化和新农村建设，着力抓好新农合、新农保等农村金融服务，强力推进农村支付体系建设。在高青县整体实现"惠农一卡通"的基础上，又在博山区启动该项工程。年末，有2个区县签署新农合、新农保合作协议。提升农村地区的金融服务能力，设立农村服务站182个，布设POS机1237台、转账电话10566部。

基础管理工作。面对紧缩的财政金融政策带

2011年6月26日，农业银行淄博分行举办财富管理中心、信用卡中心揭牌仪式。　　（农行淄博分行　供稿）

来的客户资金紧张所引发的信用风险，民间借贷、高利贷等可能引发的操作风险、道德风险等，农行淄博分行高度关注，严守风险底线。开展借款人还旧、借新贷款资金流向调查，防范涉及民间借贷、小额贷款公司给淄博农行信贷资金带来的风险。开展法人贷款客户大回访活动，对客户经营管理、资金需求状况进行实地了解。坚持审慎稳健经营，加强流动资金贷款风险管理，区分不同区域、行业、客户、产品、担保方式核定授信额度，合理搭配授信产品结构，正确把握客户流动资金贷款增长幅度和市场份额。拨备覆盖率143.88%，较2010年末提升9.99个百分点，风险抵御能力显著增强。开展基础管理提升年、案防制度落实年等活动，强化基础管理。全力推进以集中作业、集中监控、集中授权为重点的现代运营体系建设，各支行达标率居全省第一位。（耿向刚）

【中国建设银行淄博分行】 2011年，建行淄博分行全年实现账面利润7.14亿元，比2010年增加0.74亿元，增幅11.6%；基础管理系统内考核位次较2010年提升4个位次。

各项业务稳健发展。截至年末，分行全口径存款新增6.44亿元。同业新增份额同比提升一个位次，同业存款新增2.06亿元。中间业务收入3.05亿元，同比增加7200万元。全年投放各类贷款107亿元，较年初新增2.04亿元，其中个人贷款14.37亿元，较年初新增5.46亿元。累计贴现额27.15亿元，年末余额11.9亿元，贴现利息收入首次超亿元，为10120.43万元。战略性业务增势良好。截至年末，分行小企业非贴现贷款余额连续6年位居全省建行系统第一，小企业助保金业务取得突破，全年累计发放助保金贷款8600万元，小企业余额44亿元，新增6.1亿元；企业年金签约有效客户211户，发放国内保理19.2亿元；为淄博相关企业组织非信贷类融资12.05亿元；代理财险业务、CTS业务收入列全省系统内第一，新型顾问收入列全省系统内第二；住房资金归集余额58.05亿元，同业市场占比第一，高青、桓台、西七路支行的质保金业务实现突破；完成即期、远期结售汇15.2亿元，同比增幅104%，证汇通、换币种海外代付、出口票据保付、开证行自贴现、支付宝、跨境收汇盈、跨境付汇盈、存贷盈、网银结汇9项创新产品实现零突破；实物黄金、账户金、基金销售列同业第一。

内涵式增长取得进展。2011年，分行实现税后净利润5.23亿元，列全省系统内第四，比2010年增加1.58亿元，增幅43.5%，列全省系统内第三；经济资本回报率达到40.2%，增长9.5%，全省系统内排名第一，超出全省建行平均水平12.6个百分点。主要是分行资产质量大幅提升，拨备同比减少6121万元，利息收入和中间业务收入稳定增长，增幅分别达到16.7%和30.9%。同时，分行信贷业务结构调整取得进展，经济资本占用较低的个人贷款、小企业贷款业务增势较好，全年经济资本占用增幅9.4%，全省系统内最低，低于全省建行平均水平16.3个百分点。

客户及渠道基础进一步夯实。2011年，分行共营销准入大中型授信客户77户，累计授信金额114亿元；与淄博市政府联合举行《金融支持淄博市中小企业备忘录》签约仪式，新增小企业信贷非贴贷款客户60户，总户数达到480户；新开各类机构账户131户，特别是社保账户开立取得较大进展，开立区县社保归集户7个；信用卡客户净新增3.1万户，个人网银、企业网银客户增幅均超过56%；个贷客户新增6426户，增幅15%。加快网点建设，完成1个网点的购置、6个网点的扩建和3个旗舰网点的打造，网点自助业务交易量首次超过柜台业务量；电子银行账务性交易渠道占比达到54.19%，二代转型网点累计达到42个，占分行网点总数的63.6%；加快财富管理中心向私人银行转型，筹备组建私人银行，并顺利投入运营。

资产质量进一步提高。截至年末，分行不良贷款余额2.12亿元，较年初减少9007万元，不良贷款率1.05%，较年初下降0.46%，创历史最低水平。全年处置不良贷款11092.87万元，现金回收淄博齐银置业不良贷款3401万元，成功处置临淄刘家实业不良贷款1900万元，核销华光陶瓷不良贷款3501万元，累计处置个人不良贷款1432万元。至年末，对公贷款不良额1.84亿，不良率1.3%，较年初下降0.58个百分点，个贷不良率0.47%，较年初下降0.08个百分点。

全面强化风险与内控管理。扎实推进内控与案防工作，健全内控会议制度，实行内控工作条线负责制；加强风险教育，面向全行员工组织开展

"内控和案防"专题集中培训 30 多期，持续推进"学规定、知禁令、作表率"廉洁从业教育，开展风险内控管理大讨论活动；加强流程梳理，以产品为主线，编写《主要产品操作流程及柜面关键风险点控制指导手册》，指导全行风险检查工作；组织不相容岗位梳理重检工作；全年迎接专项大型现场及非现场检查 8 次，组织全市范围内专项自查 9 次；建立全面检查、顶岗检查、专项检查、突击检查以及非现场监控检查等多形式、多角度的会计检查机制，年末会计稽核综合差错率、对账单回收率列全省系统内前列；认真落实会计、信贷等重要部位 13 项关键风险点的检查，组织开展印章、公文、档案、保密工作综合检查，实施员工账户疑点核查工作，全年组织员工行为集中排查 4 次；深入推进"平安建行"创建活动，顺利通过省、市公安和银监部门安全评估达标验收。　（建　行）

【中国银行淄博分行】　至 2011 年末，中国银行淄博分行实现拨备前营业利润 8.42 亿元，比 2010 年增加 2.04 亿元，增长 32.01%；实现税后净利润 6.29 亿元，增加 1.73 亿元，增长 38.05%。向当地缴纳税金 8675 万元（不含代扣代缴），同比增加 2031 万元，增长 30.57%。本外币一般存款继续增长。年末，（广义负债口径）本外币一般存款余额 299.67 亿元，较年初增加 7.01 亿元。其中，人民币一般存款余额 291.67 亿元，较年初增加 6.2 亿元；外币一般存款余额 1.27 亿美元，较年初增加 1389 万美元。

2011 年 8 月 24 日，中国银行淄博分行与淄博鑫能能源集团有限公司战略合作协议签署仪式　（肖　群　摄）

本外币贷款平稳增长。选择交通、能源、通讯、环保等基础设施项目及新材料、化工、医药、建材、机电设备、纺织服装淄博市六大产业集群的大客户和优质项目，全力支持淄博市重大项目、民生工程项目建设。深入开展金融服务创新，依托外汇品牌优势，大力发展供应链融资业务。依托当地市场，积极发展小微企业授信业务；认真落实国家的调控政策，倡导绿色信贷；支持新农村建设，加大对涉农贷款的投放力度。年末，本外币贷款余额 227.73 亿元，较年初增加 5.34 亿元。人民币各项贷款余额 200.86 亿元，较年初增加 12.41 亿元。本外币不良贷款余额 3465.4 万元，较年初减少 1747.55 万元，不良贷款率 0.15%，较年初降低 0.08 个百分点，实现不良贷款余额和不良贷款率双下降。

中间业务持续发展。年末，实现中间业务净收入 2.87 亿元，比 2010 年增加 7471 万元，增幅 35.18%。完成国际结算量 38.8 亿美元，增长 43.71%，海关口径市场份额 42.87%，较年初提升 2.71 个百分点。跨境人民币结算业务量 16.3 亿元。中银信用卡新增发卡 6.79 万张，发卡余额市场份额 32.83%，较年初提升 4.93 个百分点。叙做卡分期业务 1.68 亿元，首次突破亿元大关。中银白金卡发卡 3868 张，绝对额新增和中高端客户配卡率均列全省第一位。创新发展淄博广电联名卡项目。

创新发展能力显著增强。搭建有效的行政事业存款运作架构和管理模式，实现行政事业存款突破发展；推进产品经理加客户经理的营销模式，全面促进网点转型；建立和实施群众性的举才机制、主动性的寻才机制、竞争性的择才机制、层次性的育才机制、持续性的留才机制和代表性的保障机制，积极有效地推进管理者、专业技术和技能操作三支队伍建设；创新推行网点转型，从制度覆盖、推行宣讲、组织实施、工作考核、管理规范培训、资源配置、流程执行、管理帮扶、客户群拓展维护和风险内控十个方面做到位；编写下发《营业网点服务管理规范手册（试行版）》，规范网点员工从客户进入网点、接受服务，到客户离开网点全过程的服务行为标准，全面推动服务体制、机制、渠道、方式、环境和礼仪的创新，真正建立以客户为中心的服务模式；创新实行定人定点联系基层网点制度，加强基层营业网点内控管理；研发“贸易融资及保函额度监控程序”，以科技创新细化授信风险管理。（肖 群）

【交通银行淄博分行】 截至2011年末，交通银行淄博分行人民币存款余额128.97亿元，较年初增加30.2亿元，增幅30.58%，市场占比7.33%，比年初提升1.23个百分点；各项人民币贷款余额85.63亿元，较年初增加21.26亿元，增幅33.03%，市场占比6.97%，比年初提升1.06个百分点。

改革发展。推行计价管理办法。采取以团队考核为主、条线考核配套、与个人考核紧密结合的分层级分配方式，充分发挥团队的整体效应，实现团队、条线、个人考核三者的有机结合，拉开绩效奖励档次，引导各经营单位实现整体协调、可持续发展，较好地发挥绩效考核的激励、约束作用。实现销售队伍集结。采取内部招聘营销人员、撤销低产网点、中后台集中、大堂经理外包、内部挖潜等措施，至年末，销售人员占比达38.6%，实现销售队伍的初步集结。优化网点结构。按照总行和省分行的部署和要求，抓机构调整和撤并工作，网点布局日趋合理，结构进一步优化。至年末，共撤销网点11个，同城迁址3个，网点总数由原来的33个减少为22个。与此同时，加大电子网点布设力度。

内控建设。落实会计主管委派制和重要岗位人员轮岗、强制休假制度，定期组织会计主管进行业务考试，按月召开会计主管会议，修订会计主管考核办法并全面实施，监督会计主管切实履行好岗位职责。选拔配齐会计副主管。强化基层营业机构会计内控负责人对重大会计风险环节防控的责任，按照省分行的要求，与全体基层会计主管、副主管签订《重大会计风险环节防控责任书》。健全并落实会计业务检查通报制度，全年共下发会计业务现场或非现场检查通报840期，业务差错风险提示85期。加大现场检查和远程监控录像的检查力度，下发现场检查通报23份，下发录像整改通知书212期、会计风险整改通知书325期。通过治理，整改率达到96%以上。

不良资产处置。采取以收现为主，重组、诉讼等相结合的清收工作方法，重点抓好大户的压缩工作。对存量不良贷款，认真分析，排队梳理，结合每户不同情况，制定“一户一策”和“一户多策”的管理及压缩措施，逐户进行反复分析排查，查找清收落脚点，针对不同情况采取不同措施开展清收工作，将清收目标落实到户，清收责任落实到人，做到应收尽收。截至年末，不良贷款余额5701万元，比年初下降1760万元；不良贷款占比0.66%，比年初下降0.49个百分点。

精神文明建设。认真开展“我的交行，我负责”责任文化建设主题活动，并探索长效机制建设。聘请服务监督员对网点服务进行客观评价，利用客户评价定期梳理业务操作流程。开展开门评行风和服务意见有奖征集等活动。以打造“好客交行”服务品牌为切入点，通过多频次、严标准的监督检查，在持续提高外在形象的基础上，注重提升服务内涵。建立统一、快速、有效的投诉处理机制，真正提高客户满意度。认真开展各项金融知识普及和公益服务活动，提升全员的责任意识。分行被交通银行总行确认为全国16家重点支持的二级分行之一。年内，被评为淄博市工业经济发展突出贡献单位。（郗京才）

【齐商银行】 2011年，齐商银行经营效益大幅跃升，截至12月末，全行资产总额416.58亿元，较年初增加53.31亿元，增幅14.67%；各项存款余额354.58亿元，较年初增加37.12亿元，增幅11.69%；各项贷款余额258.82亿元，较年初增加25.30亿元，增幅10.84%，存贷比例为72.99%。经济效益再创历史新高，实现经营利润11.61亿元，账面利润9.07亿元，比2010年增加2.82亿元，增幅45.21%；实现净利润6.80亿元，增加2.12亿元，增幅45.21%；贷款损失准备充足率为411.99%，拨备覆盖率为202.43%；资本充足率为12.09%，各项主要监管指标均达到或超过监管标准。全年累计上缴各项税金3.76亿元，较2010年增加6172万元，增幅19.63%。获淄博市工业经济发展突出贡献单位称号。

信贷管理。明确准入政策，加大信贷结构调整力度。在认真贯彻落实国家转方式、调结构的宏观经济调控政策前提下，进一步细化授信准入

2011 年，齐商银行实施“特色化、差异化”经营战略，打造特色业务品牌　（齐　雯　摄）

政策，明确信贷投放的区域、产品、行业、客户政策，受控受限行业贷款得到有效压缩。加强对集团客户的管理力度，明确主办行制度，稳步推动集团客户的清理归并工作。开展异地授信业务风险评估划转工作。在搞好基本情况调查摸排的基础上，积极做好异地业务的划转、管理工作。对地方政府融资平台贷款实行“名单制”管理、上收平台贷款审批权限、严格落实担保手续、制定切实可行的还款计划等措施，存量平台贷款管理更加规范。

内控管理。加强内控管理，完善制度建设。对 900 多项规章制度进行系统地“立、改、废”，进一步规范业务操作步骤及各级人员职责权限，明晰操作路径，管理基础进一步夯实。初步建立防范前台操作风险管控体系，增强条线监督管理和重要岗位人员履职能力。全面实施会计主管委派制，进一步增强授权人员的责任心，增强操作风险事中防范能力。改进对账方式，与市邮政局合作，在全行实施第三方对账，邮寄对账率达到 85%以上。电子验印系统在全行正式运行，提高科技对业务的支持力度。强化操作风险管控，对所有分支机构开展操作风险大检查。加大信息科技风险管理，不断提高科技风险防范水平。全面实施数据中心供电系统改造项目、灾难备份中心数据备份方案、信息系统等级划分及保护方案。

战略转型。加快发展零售业务，战略转型取得新的进展。储蓄存款持续增长，保证金性质存款有所下降，负债稳定性进一步提高。个贷占比和债券投资比例稳步提高，资产结构有所优化。小微企业业务发展迅速。全面完成小企业贷款增速不低于全部贷款增速、新增小企业贷款占比高于 70%的监管目标。加快自助渠道建设步伐，完成 29 台老旧自助设备的更换，新投放 5 处自助银亭，全行自助设备保有量居全市各银行机构前列。至年末，金达卡发行量 53.82 万张，存款余额 27.32 亿元。中间业务领域进一步拓宽。全年发行理财产品 11 期，募集资金 4.2 亿元，实现中间业务收入 520 万元。网上银行业务交易量突破 2600 亿元。完成财政代收系统升级工作，扩大财政类客户的代理范围，开辟新的存款增长渠道。国际业务实现大发展。在外贸增速趋缓的情况下，准确把握市场动态，积极开展产品组合营销，实现本外币联动发展，外汇业务营业总收入首次突破亿元大关，国际结算量实现 16.6 亿美元，完成全年任务的 138.33%，创历史新高。

（张学民　李海青）

2011 年 12 月 16 日，齐商银行小企业金融服务中心张店第二分中心揭牌开业　（齐　雯　摄）

保　　险

【概况】 2011年，全市保费总规模达到60.35亿元，比2010年下降4.78%，保费规模居济南、烟台、潍坊、临沂、济宁之后，列全省第六位(不含青岛)。其中，财产险保费收入22.11亿元，增长10.53%；人身险保费收入38.24亿元，同比下降11.85%。机构数目有所增加。中国人寿财产保险股份有限公司淄博市中心支公司、百年人寿保险股份有限公司淄博中心支公司、英大泰和财产保险股份有限公司淄博中心支公司进驻淄博。年内，全市共有保险公司41家，其中财产险公司19家、人寿险公司22家。保险中介机构15家。服务社会能力逐步增强。全市保险业为广大居民、企事业单位提供6307.32亿元的风险保障，全年共支付赔款和给付13.21亿元。缴纳地方税收1.88亿元。保险从业人员近2万人。保险深度1.84%，保险密度1420元。

【行业活动】 行业联系活动。1月，与淄博市仲裁委联合召开交通事故纠纷仲裁工作协调会。2月23日，参加市委组织的全市农业险检查。

业务自查活动。2月21日，淄博保险行业协会召开办公会议，传达学习省保监局、省保险协会文件精神，研究部署财产险自律检查工作，督促各会员单位依法合规经营，并就淄博财险公司手续费率和综合费用率高位运行的情况提出引入第三方进行全面检查。4月，举办淄博仲裁委员会保险法律实务培训班。6月30日，召开全市保险业信访投诉工作分析会。针对居高不下的信访投诉工作进行认真分析，对各保险公司的信访投诉情况进行通报。

宣传活动。3月3日，市保险行业协会召开银行代理保险宣传工作会议，开展银保业务的17家寿险公司出席会议。3月12日，协会组织保险业参加3·15消费者权益日宣传活动，重点宣传新保险法中保护消费者权益的相关内容。

2011年6月30日，召开全市保险业信访投诉工作分析会
(市保险行业协会　供稿)

淄博市保险业务统计表

表19—02

指标(亿元)	2005年	2006年	2007年	2008年	2009年	2010年	2011年
					保费收入	保费收入	保费收入
保险公司保费收入	23.85	25.49	33.18	40.37	48.32	63.33	60.35
财险收入	7.29	8.04	10.60	11.46	14.18	19.93	22.11
寿险收入	16.56	17.45	22.58	28.91	34.14	43.4	38.24
保险公司赔付支出	7.29	10.64	13.71	13.16	13.94	10.17	11.40
财险赔款	4.56	5.29	5.99	6.28	7.96	7.73	9.05
寿险给付	2.73	5.35	7.22	6.88	5.98	2.44	2.34

淄博市保险机构统计表

表 19—03

指标(个)	2005 年	2006 年	2007 年	2008 年	2009 年	2010 年	2011 年
全市保险机构	13	18	24	146	156	168	187
财险机构	7	10	12	94	96	96	102
地市机构	7	10	12	17	17	17	19
区县机构				77	79	79	83
寿险机构	6	8	12	52	60	72	85
地市机构	6	8	12	19	19	20	22
区县机构				33	41	52	63
从业人员总数				20889	23916		
财险人员				8062	9962		
寿险人员				12827	13954		

淄博市财产保险公司

表 19—04

序号	单 位 名 称	序号	单 位 名 称
01	中国人民财产股份有限公司淄博市分公司	11	华安财产保险股份有限公司淄博中心支公司
02	中国太平洋财产保险股份有限公司淄博中心支公司	12	都邦财产保险股份有限公司淄博中心支公司
03	中国平安财产保险股份有限公司淄博中心支公司	13	民安保险(中国)有限公司淄博中心支公司
04	天安保险股份有限公司淄博中心支公司	14	天平汽车保险股份有限公司淄博中心支公司
05	中国大地财产保险股份有限公司淄博中心支公司	15	永诚财产保险股份有限公司淄博中心支公司
06	永安财产保险股份有限公司淄博中心支公司	16	长安责任保险股份有限公司淄博中心支公司
07	中华联合财产保险有限公司淄博中心支公司	17	渤海财产保险股份有限公司淄博中心支公司
08	中国太平财产保险有限公司淄博中心支公司	18	中国人寿财产保险股份有限公司淄博市中心支公司
09	安邦财产保险股份有限公司淄博中心支公司	19	英大泰和财产保险股份有限公司
10	阳光财产保险股份有限公司淄博中心支公司		

淄博市人寿保险公司

表 19—05

序号	单位名称	序号	单位名称
1	中国人寿保险股份有限公司淄博分公司	7	合众人寿保险股份有限公司淄博中心支公司
2	中国太平洋人寿保险股份有限公司淄博中心支公司	8	长城人寿保险股份有限公司淄博中心支公司
3	中国平安人寿保险股份有限公司淄博中心支公司	9	中荷人寿保险淄博营销服务部
4	泰康人寿保险股份有限公司淄博中心支公司	10	民生人寿保险股份有限公司淄博中心支公司
5	新华人寿保险股份有限公司淄博中心支公司	11	中英人寿保险有限公司淄博营销服务部
6	中国太平人寿保险有限公司淄博中心支公司	12	嘉禾人寿保险股份有限公司淄博中心支公司

续表 19—05

序号	单位名称	序号	单位名称
13	中国人民人寿保险股份有限公司淄博中心支公司	18	阳光人寿保险股份有限公司淄博中心支公司
14	生命人寿保险股份有限公司淄博中心支公司	19	幸福人寿保险股份有限公司淄博中心支公司
15	恒安标准人寿保险公司淄博营销服务部	20	国华人寿保险股份有限公司淄博中心支公司
16	华泰人寿保险股份有限公司淄博中心支公司	21	华夏人寿保险股份有限公司淄博中心支公司
17	中宏人寿保险有限公司淄博营销服务部	22	百年人寿保险股份有限公司淄博中心支公司

（索利芹）

证　　券

【概况】 2011年，全市共有21家证券、期货经营机构。其中，证券营业部17家，期货营业部4家。证券经营机构中，齐鲁证券淄博营业部有8家，分别为张店人民西路营业部、张店新村西路营业部、张店中润大道营业部、淄川松龄路营业部、周村青年路营业部、临淄桓公路营业部、博山沿河西路营业部、沂源营业部；海通证券淄博营业部有3家，分别为淄川通济街营业部、临淄石化营业部、桓台营业部；中信万通淄博营业部有2家，分别为张店美食街营业部、张店柳泉路营业部；中信建投证券淄博中心路营业部1家；大同证券淄博营业部1家；国联证券淄博营业部1家；银河证券淄博营业部1家。4家期货经营机构分别为鲁证期货淄博营业部、招金期货淄博营业部、永安期货淄博营业部、中证期货营业部。

全市除高青县外，各区县均设有营业部，其中，张店区10家，淄川区3家，临淄区3家，博山区、周村区、桓台县、沂源县、淄博高新区各1家。截至12月31日，全市在沪、深两市证券交易所开户总数为91.51万户，证券交易金额为2867.62亿元，证券托管市值为207.91亿元，保证金余额为21.39亿元。　（孟令昌）

本部类编　辑：王　娟
副主编：徐　杰
校　对：郭延志
张爱云

科　　学

科　　技

【高新技术产业】 2011年，按照新口径的高新技术统计制度，全市高新技术产业实现产值2544.90亿元，比2010年增长27.03%，占规模以上工业总产值的比重达到26.60%，比2010年末提高1.25个百分点。

应对高新技术产业统计制度调整。按照省政府统一部署，全省于2011年开始实施新口径的高新技术统计制度，统计范围主要是以新能源、新材料、新医药、新信息、海洋开发"四新一海"为主体的战略性新兴产业及《山东省高技术产业自主创新行动计划》确定的十大战略性高新技术产业。对此，市科技部门及时调整工作思路，立足淄博市技术、产业优势和特色，积极抓好重点行业、特色产业集群、重点企业和重点产品，加快培育发展战略性新兴产业，大力推动高新技术产业质量与规模的同步提升，努力将统计口径变化产生的影响降到最低，全市高新技术产业实现创新发展。

高新技术企业的培育发展。开展高新技术企业的认定和复审工作，加强对企业技术创新、制度创新和管理创新的要求，促进企业不断提高综合实力，打造高新技术产业发展的主力军。重点围绕新材料、新能源、精细化工、信息、医药、汽车和机电装备等优势产业，选择一批自主知识产权清晰、科技实力强、示范带动作用大的企业进行推荐申报，全年新增高新技术企业34家。

国家级产业基地建设。对产业化基地的基本概况、主导产业及成效、研发机构与公共服务平台、管理体制和运行机制、政策措施等方面进行评价，"淄博国家新材料高新技术产业化基地"顺利通过复核评审，保持国家级基地称号。同时，将生物医药、先进陶瓷、泵类、功能玻璃特色产业基地建设成为培植战略性新兴产业的重要平台，形成一批主业突出、辐射带动作用明显、核心竞争力强的高新技术产业集群。

2011年5月28日，市委书记刘慧晏视察高性能镍氢动力电容电池产品及电动公交车研制情况　　（陈伟　摄）

国家、省科技项目扶持。2011年，全市争取省级以上科技发展计划项目254项，获得扶持资金10610.39万元，其中国家级项目60项，资金7128.39万元。由东岳集团承担的国家科技支撑计划项目"国产全氟离子膜大规模工业应用研究”获扶持资金3231万元。新华医疗器械公司承担的国家科技支撑计划项目单项扶持资金达到1776万元，淄博工陶耐火材料有限公司承担的国家国际科技合作重点项目单项扶持资金达到435万元，山东布莱凯特黑牛科技公司承担的山东省自主创新成果转化重大专项单项扶持资金达到1000万元，这3个项目成为淄博市历史上同类计划获单项资金最高的重点项目，同时省重大专项项目也是年内各地市中获扶持资金最高的项目，实现淄博市对上争取工作的重大突破。

【科技自主创新】 实施科技兴市战略，提升科技进步水平。根据科技部要求，组织开展2009～2010年度全国县(市)科技进步考核工作，淄博市及五区三县均通过全国科技进步考核，淄博市连续第八次被科技部授予全国科技进步先进市称号，张店区、临淄区、桓台县获全国科技进步工作先进区(县)称号。

技术创新平台建设。引导企业加大科技投入，扶持有条件的企业创建各类技术研发中心，不断提高核心技术开发能力和技术优势。全年新增市级工程技术研究中心66家，总数达到226家；新增省级工程技术研究中心23家，省级以上工程技术研究中心达到125家；新增山东省院士工作站12家，总数达到39家；新增省级重点实验室4家，总数达到10家，各类研发机构数量均居全省首位。

知识产权工作。强化知识产权服务机构建设，筹建淄博市知识产权(专利信息)综合服务平台，经国家知识产权局批复成立中国(淄博)知识产权维权援助中心，设立“12330”维权援助服务热线，向社会提供知识产权维权服务和智力支持。市知识产权局被人力资源和社会保障部、国家知识产权局表彰为全国专利系统先进集体、全国知识产权系统打击侵犯知识产权和制售假冒伪劣商品专项行动工作先进集体。2011年，全市申请国内专利9836件，比2010年增长38.1%，其中发明专利2087件、授权专利3822件，分别增长42.4%和9.6%，专利申请量、授权量分别居全省第四位、第六位。

产业技术创新战略联盟建设。对淄博市首批10家示范联盟进行授牌。研究编制《淄博市产业技术创新战略示范联盟申报指南》，确定生物质气化发电装备产业技术创新战略联盟等15家联盟为淄博市第二批产业技术创新战略示范联盟，市级产业技术创新战略示范联盟达到25家。组织12家联盟进行山东省第三批示范联盟的申报推荐工作。

科技成果推广和技术交易。全年为会员单位和企业科研中心发布科技成果2000余项，为加快科技成果推广转化及开展技术交易提供有效支撑。继续加大技术市场管理和技术交易服务工作力度，全市技术交易金额达到6.18亿元，荣昌制药(淄博)有限公司获2011年度中国技术市场“金桥奖”。2011年，全市取得重要科技成果196项，其中达到国际领先或国际先进水平的64项。评选出2011年度淄博市科学技术奖90项，其中科技进步一等奖8项，技术发明奖一等奖1项。获得省以上科学技术奖26项，其中获国家技术发明二等奖1项，国家科技进步二等奖4项，获奖数量居全省前列。

【第十届中国(淄博)新材料技术论坛】 9月6～9日举办，论坛紧扣“新材料名都”主题，充分展示淄博市广阔的新材料产业前景和独特的城市魅力，进一步加强淄博市与国内外专家、学者的科技交流与合作，扩大淄博市作为“新材料名都”的对外影响。对接项目1513项，签订技术合作项目626项，院士、专家为企业解决重大技术难题156项，带动科技投入和高新技术产业投资68.6亿元。活动主要由2011国际新材料发展趋势高层论坛、院士专家淄博科技行、中国(淄博)国际科技成果招商洽谈会、节能减排高技术洽谈会、中国科学院科技成果推介洽谈会、淄博市与山东理工大学战略性新兴产业对接洽谈会、淄博高新区特色产业创新园推介会、山东(淄博)国家新材料高新技术产业化基地发展战略指导委员会成立大会、淄博新材料发展“十二五”规划座谈会、历届新材料技术论坛重大成就展、院士行暨洽谈会合作项目签约仪式11项活动组成。

【科技创新合作平台建设】 年内，围绕加强科技创新服务联盟建设，与北京技术交易促进中心、北京市科学技术研究院北京器材公司等分别签订技

2011年9月8日，院士淄博科技行暨国际科技成果招商洽谈会签约仪式　　（陈　伟　摄）

术转移合作协议书，建立日常工作规范，形成制度化、经常化、多层次、多形式、多类型的服务体系。继续采取集中专业领域与科技成果信息发布和常规化对接交流相结合的方式，全年组织专业领域项目发布暨对接会4次，日常"一对一"项目对接活动11次，项目咨询服务102项次，人才需求服务61人次。

【国际合作交流】 拓展和利用各种对外科技交流渠道，主动征集国际成果项目，发布淄博市技术难题需求，进一步增强淄博市与国外专家、学者的科技合作与交流。2011年，全市实施国际科技合作项目10项，淄博工陶耐火材料有限公司经科技部批准成立国家"国际科技合作基地"。

【新农村科技支撑体系建设】 推进省级农业高新技术产业示范区建设，加快农业高新技术的研究、转化、推广、应用。创新和完善农村科技信息化服务的新模式，全面加强科技特派员创业链建设，在农村开展多种形式的科技富民活动。组织技术推广部门和科技人员开展新技术、新品种的引进试验示范推广工作，进一步提高农业科技含量，带动全市高效农业的发展。全市主要农作物品种良种覆盖率、农业先进技术推广应用率均保持在98%以上。

【可持续发展科技支撑体系建设】 在沂源县省级可持续发展实验区建设取得成功的基础上，支持其申报国家可持续发展实验区，编制上报《沂源县创建国家可持续发展实验区实施方案》，并组织专家组对沂源县创建工作进行实地考察。征集申报"十二五"国家科技计划社会发展科技领域项目，遴选竞争力强的优势科技项目12项进行推荐上报，其中8项进入国家预备项目库。

【生物医药与中药现代化】 结合淄博市医药产业发展需求，提出"重大新药创制"科技重大专项"十二五"实施计划重点内容、组织实施方式，明确示范企业的科研条件建设目标、建设重点和任务。制定一系列扶持生物医药产业发展的政策措施，在高新区设立新华国际医药工业园，建设国家级高新技术创业服务中心，中心内建立"山东省中药现代化（淄博）科技产业示范园公共试验平台"。高新区建设的医药生物特色产业创新园一期工程全面完工。

【科技活动周】 5月15～21日举办，以"科技引领未来发展，创新建设美好淄博"为主题，突出开展集中宣传科技政策法规活动、科技惠及民生服务活动，举办科技成果展览、企业技术创新、青少年科普知识竞赛等活动，各区县组织各种丰富多彩、极具时代特色的科普宣传活动，充分展示科技发展的最新成就，体现科普工作的现状和实效，进一步凸显科学技术在经济社会发展中的重要作用。

附 2011年淄博市获省级以上科学技术奖名单

2011年国家科学技术奖(5项)

技术发明二等奖(1项)

1. 项目名称：全氟离子交换材料制备技术及其应用

主要完成人：张永明（上海交通大学）
高自宏（山东东岳高分子材料有限公司）
王　婧（山东东岳高分子材料有限公司）

唐军柯(山东东岳神舟新材料有限公司)
张建宏(山东东岳高分子材料有限公司)
张　恒(山东东岳高分子材料有限公司)

科技进步二等奖(4项)

2. 项目名称:重油高效转化的加氢处理及其与催化裂化新型组合关键技术
完成单位:中国石油化工股份有限公司齐鲁分公司
3. 项目名称:第三代头孢抗菌素中间体活性酯关键技术及产业化
完成单位:山东金城医药化工股份有限公司
4. 项目名称:药物制剂缓控释技术的开发与产业化
完成单位:淄博万杰制药有限公司
5. 项目名称:农产品高值化挤压加工与装备关键技术研究及应用
完成单位:山东理工大学

2011年山东省科学技术奖(21项)

科技进步一等奖(1项)

1. 项目名称:基于可靠性的状态检修研究与应用
完成单位:淄博供电公司

科技进步二等奖(4项)

2. 项目名称:多轴伺服制瓶机智能系统
完成单位:山东三金玻璃机械股份有限公司
3. 项目名称:新型环保耐火陶瓷纤维的关键制备技术与产业化
完成单位:山东鲁阳股份有限公司、山东理工大学
4. 项目名称:罗茨鼓风机叶轮开发加工关键技术研究与成套装备的研制与应用
完成单位:山东理工大学
5. 项目名称:RSY2-1-2500型大输液软包装全自动制袋灌封机
完成单位:山东新华医疗器械股份有限公司

科技进步三等奖(13项)

6. 项目名称:芝麻香兼浓香型白酒的研制
完成单位:山东扳倒井股份有限公司
7. 项目名称:纯棉纱线中深色无前处理染色技术与产业化
完成单位:鲁泰纺织股份有限公司
8. 项目名称:牛仔无水染色新技术及产品开发
完成单位:淄博兰雁集团有限责任公司
9. 项目名称:智能配电网自动化终端装置
完成单位:山东科汇电力自动化有限公司
10. 项目名称:供电企业精益生产方式研究与应用
完成单位:淄博供电公司、淄博大孚计算机科技有限公司
11. 项目名称:大功率LED陶瓷散热基板
完成单位:淄博市临淄银河高技术开发有限公司
12. 项目名称:原子自组装纳米球固体润滑剂
完成单位:山东万众科技有限公司
13. 项目名称:2BEC120超大抽气量高效水环真空泵
完成单位:淄博水环真空泵厂有限公司
14. 项目名称:高粘性细粒尾矿胶结充填技术研究与应用
完成单位:淄博邯邢高阳铁矿
15. 项目名称:埠村煤矿承压水上条带开采工作面安全尺寸研究
完成单位:淄博矿业集团有限责任公司
16. 项目名称:复杂条件大倾角综放工作面顶板管理及安全开采技术
完成单位:淄博矿业集团有限责任公司(葛亭煤矿)
17. 项目名称:煤泥中精煤的分级法回收技术
完成单位:淄博市王庄煤矿
18. 项目名称:无链式玉米收获秸秆还田装

置研究与应用

完成单位：山东理工大学

技术发明二等奖（1 项）

19. 项目名称：远红外、热风组合加热蔬菜脱水机关键技术及其应用

主要完成人：王相友（山东理工大学）
孙传祝（山东理工大学）
许云理（山东理工大学）
郭　超（山东理工大学）
彭丽芳（山东理工大学）
林喜娜（山东理工大学）

技术发明三等奖（2 项）

20. 项目名称：模拟酶催化剂的制备技术及控制氧化应用开发

主要完成人：李忠芳（山东理工大学）
王素文（山东理工大学）
于先进（山东理工大学）
于如军（山东理工大学）
王　捷（山东理工大学）
姚福生（山东理工大学）

21. 项目名称：结构冗余微定位平台关键技术的研究

主要完成人：张彦斐（山东理工大学）
宫金良（山东理工大学）
魏修亭（山东理工大学）
陈海真（山东理工大学）
郝秀清（山东理工大学）
郭宗和（山东理工大学）

淄博市第二批产业技术创新战略示范联盟名单

1. 生物质气化发电装备产业技术创新战略联盟
牵头单位：淄博淄柴新能源有限公司
2. 日用陶瓷产业技术创新战略联盟
牵头单位：山东硅苑新材料科技股份有限公司
3. 石油化工催化剂新材料产业技术创新战略联盟
牵头单位：山东浩霖石油化工科技股份有限公司
4. 高效节能开关磁阻电机产业技术创新战略联盟
牵头单位：淄博安培电气有限公司
5. 低碳混凝土高性能增效剂产业技术创新战略联盟
牵头单位：山东华伟银凯建材科技股份有限公司
6. 乳酸聚乳酸产业技术创新战略联盟
牵头单位：山东富欣生物科技股份有限公司
7. 超白玻璃产业技术创新战略联盟
牵头单位：山东金晶科技股份有限公司
8. 水泥生产流程无铬化产业技术创新战略联盟
牵头单位：淄博市鲁中耐火材料有限公司
9. 新能源电动汽车用大容量蓄电池产业技术创新战略联盟
牵头单位：淄博明泰电器科技有限公司
10. 煤气化装备产业技术创新战略联盟
牵头单位：山东万丰煤化工设备制造有限公司
11. 轻型汽车产业技术创新战略联盟
牵头单位：山东唐骏欧铃汽车制造有限公司
12. 滤清器产业技术创新战略联盟
牵头单位：淄博永华滤清器制造有限公司
13. 聚氨酯弹性体产业技术创新战略联盟
牵头单位：山东东大一诺威聚氨脂有限公司
14. 电能质量优化产业技术创新战略联盟
牵头单位：山东齐林电科电力设备制造有限公司
15. 制药装备产业技术创新战略联盟
牵头单位：淄博华周制药设备有限公司

（陈　伟）

科　　协

【农村科普】 组织2011年度省、市两级科普惠农

兴村计划项目的推荐申报、评选工作，高青县肉牛协会、桓台县蔬菜协会、临淄区边河乡林果技术协会、沂源县中庄镇果品营销协会、周村区苗木协会、淄博玉黛湖生态农业科普示范基地被评为全国科普惠农兴村计划先进单位，翟慎学、向鹏修被评为全国科普惠农兴村计划先进个人，淄川区廖坞小米协会被省科协评为科普惠农示范工程先进单位；择优选择淄川区、沂源县作为2011年市级科普惠农示范区县，博山区鲁山有机茶种植示范基地、桓台县无公害韭薹科普示范基地、吉田生态农业开发协会、周村区食用菌协会、高青县獭兔养殖协会5个单位和3名个人作为市级科普惠农项目受表彰单位和个人。

【社区科普】 张店区、临淄区被评为2011～2015年度全国科普示范区。以"节约能源资源、保护生态环境、保障安全健康、促进创新创造"为主题，制订《2011年淄博市全国科普日活动实施方案》，先后组织全市科普工作成就巡展、青少年科技创新大赛作品巡展、防震减灾知识巡展4项重点活动，向市民发放由市科协编纂的《科普知识大观》3000余册，发放各类科普资料90000余份，接受咨询19000余人次，举办报告会56场，展出各类展板700余块，举办各类培训班49期，培训技术人员5850人次，开放科技场馆和科普基地39个，更新科普画廊52米，放映科普影视61场次，举办各类展览50期。

【青少年科普】 筹备成立青少年辅导员协会，推荐发展临淄区第二中学等3所学校、2名个人成为省青少年辅导员协会会员，推荐4名青少年科技辅导员加入全省青少年科技教育专家服务团。联合有关部门制定淄博市科普示范学校评审办法，组织开展争当小实验家活动和第十一届布谷科技节等活动，召开淄博市少科院年度工作会议。建立省级科普教育基地17个，市级各类科普教育基地80个，消防科普教育基地23处。申报建立省级青少年工作室2处。举办青少年科技创新成果展、科普影视放映以及航模、箭模、车模、无线电测向表演、机器人比赛等活动。

组织全市青少年科技创新大赛，参赛项目1736项，评选出优秀科学幻想画349项，优秀科技实践活动113项，优秀科技创新项目240项，优秀科技辅导员项目166项，42个单位获得优秀组织奖。推荐参加省赛的项目获得一等奖16项，二等奖39项，三等奖28项，是历年参赛人数最多、项目获奖成绩最好的一次。推荐7个项目参加第26届全国青少年科技创新大赛，获3个一等奖。举办第十七届淄博市青少年信息学奥赛，400余名学生参赛，推荐70人参加全国复赛。

【企业科普】 全市各级科协完成技术创新项目1516项，189项被表彰为2010年度市级技术创新优秀项目，解决技术难题2635个，提合理化建议19700余条，创经济效益4.6亿元。山东金岭铁矿科协通过"讲、比"活动立项，完成危机矿山找矿勘查技术攻关，"中酸性岩浆岩型矿床找矿方法"获得国家发明一等奖；中国铝业股份有限公司山东分公司自主研发的进口焚烧炉浇注料填补国内生产浇注料产品的空白。组织全市企业以打造"科助企业"为切入点，为科研院所、企业牵线搭桥，促进科技创新资源向企业集聚。16家企业分别与10家高校、科研院所签订23项技术、产品、管理创新合作协议，为企业技术创新发展注入新的活力，各级科协积极开展院士专家企业行活动，山东中保康医疗器具有限公司成立的院士专家工作站成效显著，被全国"讲理想、比贡献"活动领导小组评为全国"讲理想、比贡献"活动先进集体。

2011年4月22日，市科协邀请美国普渡工程技术学院教授举办企业科普讲座 （闫丽 摄）

2011年4月，市科协邀请美国普渡工程技术学院教授Dr. Ecer在山东新华医药集团有限责任公司举办“关于仿真模拟技术在企业中的应用”的科普讲座，相关企业科协的负责人及企业科技人员参加讲座。讲座通过仿真模拟技术协助企业解决研发、生产、工艺过程中遇到的技术难题。通过模拟仿真，让企业能够直观地看到生产过程中原本无法预知的结果，减少测试实验时间，让技术人员借助于仿真模拟技术，优化最佳工艺路线和参数，提高产品性能和质量，提高效率，降低成本。

【学会工作】 淄博市农学会制定全市送农业科技知识下乡实施方案，并与高新区农管委共同举行淄博市暨高新区抗旱双保和送农业科技、法律、放心农资下乡活动启动仪式，发放各类科技书籍1200余册、科技光盘300余张、技术明白纸20000多份，现场为农民解答技术难题150多个。市农学会通过数字电视现代农业频道、网站等媒体开展实用技术宣传工作，组织市内农业专家、技术人员在大田作物管理等农业养殖方面编制讲座内容，全年播出节目236期、6620小时。市农学会会同市林学会组织会员开展全市森林防火宣传月活动，全市520人参加森林防火业务知识培训及扑火演练，签订防火宣传责任书200份，出动防火宣传车1100辆次，发送手机短信2万余条，张贴防火公告1.64万份，发放森林防火明白纸12.8万份，制作防火警示卡片6600张，刷写防火宣传标语5.1万条，粉刷防火宣传碑（牌）6060块，悬挂防火宣传横幅500条，设立防火检查站1100个。淄博市气象学会购买《气象知识增刊》和宣传光盘，印刷气象知识、防雷知识的宣传材料近万份，订购气象报，制作宣传展板10块，组织全市1124家单位参加争创无烟疾控和无烟医疗卫生单位活动，开展控烟签名活动和主题绘画比赛，无烟日活动开展情况被中国健康教育网转载。在全市推广“健康面对面——乡村行”活动，并被确立为“健康教育与健康促进规划纲要”和“全国亿万农民健康促进行动”省级示范点。淄博市保健科技协会在老年大学举办“治未病送健康”公益活动。淄博市土木建筑学会科技人员组织编制《居住建筑夹心保温复合砖砌体结构体系应用技术导则》。组织开展淄博市第十三届自然科学优秀学术成果评审，全市40多家单位、60多个专业的200余篇论文参加评审，评出一等奖21篇、二等奖46篇、三等奖130篇。完成淄博市科协科技人才专家库建设工作，622名各类专家被纳入人才库。

【反邪教工作】 市反邪教协会联合有关部门开展以“远离邪教、健康人生”为主题的反邪教警示教育月活动，用社会主义核心价值体系引领社会思潮、引领群众，形成知荣辱、讲正气、做奉献、促和谐的社会风气。加强反邪教工作信息化建设，开辟网上斗争新领域，各区县科协积极投稿30余篇，充分利用“正气网”，坚持与“法轮功”邪教组织在网上开展针锋相对的斗争。适应新形势要求，创新方式方法，修改完善《考核评估细则》，扩大创建效果，并以示范社区（乡镇）为抓手，进一步坚实反邪教组织基础、工作基础和队伍基础。

【表彰科技工作者】 按时组织完成第五届淄博市优秀科技工作者评选表彰工作，经上级批准对其中12人给予三等功奖励，18人给予嘉奖奖励；推荐申报3人参加省优秀科技工作者评选；组织申报全国科协系统先进集体和先进工作者评选材

2011年11月25日，反邪教警示教育月活动现场（陈传杰　摄）

料，市科协机关获全国科协系统先进集体称号，临淄区科协主席谭品正获全国科协系统先进工作者标兵称号。按照《淄博市十大杰出工程师评选办法》的要求，评选出王辉等10人为第二届淄博市杰出工程师并予以表彰。按照省科协要求，推荐5人参加山东省十大杰出工程师评选，中国铝业山东分公司王克岳、山东科汇电力自动化有限公司李京、山东扳倒井股份有限公司信春晖被评为第三届山东省优秀工程师。

2011年7月4日，全市科普“双百”工程现场观摩会与会人员参观周村区北郊镇高标准科普长廊　　（市科协　供稿）

【基层科协组织建设】　推动高新企业、企业集团和高等院校建立发展科协组织。重视提高乡镇、社区科协以及企业科协、农技协工作能力，增强基层科协组织发展后劲。加强科协干部队伍建设，开展区县乡三级科协干部和学会秘书长培训。

【全市科普“双百”工程现场观摩会】　7月4日召开，针对全市科普“双百”工程的实施作具体部署。与会人员先后考察淄川区双杨镇月庄村大型科普电子显示屏、杨寨村的科普网络阅览室，参观周村区北郊镇的24米高标准科普长廊、淄博市科普教育基地——中国陶瓷馆。科普“双百”工程是全省“十二五”期间的重点科普项目，“十二五”期间在全省评选表彰100个科普村村通百强乡镇和100个星级科普教育基地。

【全市全民科学素质行动实施工作会议】　10月21日召开，会议贯彻落实全国科学素质行动实施工作电视电话会议精神，全面总结淄博市在“十一五”期间落实《全民科学素质行动计划纲要》工作情况，研究部署“十二五”时期和2012年全民科学素质建设任务。　　（朱　琳）

社会科学

【“转型与创新”百题调研】　5～11月，市社科联与市委宣传部、市委政研室、市发改委、市政府研究室、市委党校、市委讲师团联合全市党委宣传系统、党政调研系统、发改委系统、党校系统、社科联系统开展“转型与创新”百题调研活动。收到调研成果204项，评审出一等奖40项、二等奖60项、三等奖104项。部分优秀调研成果辑成《淄博转型与创新研究》，向市和区县党委、政府及有关职能部门推荐。部分调研成果被市委、市政府领导决策和制定相关政策所采纳。

【社会科学普及周】　市委宣传部、市社科联、市委讲师团联合有关单位于5月20～27日组织举办2011年淄博市社会科学普及周活动。以“宣传‘十二五’规划，服务科学发展”为主题，首次与省委宣传部、省社科联共同举办科普周开幕式。普及周期间，全市组织开展活动180项，其中讲座类73场次，展览、演出、咨询与其他类活动107项。活动内容既有理论层次较高的讲座，也有贴近基层、贴近群众的通俗讲座和宣传咨询，既宣传马克思主义中国化的最新理论成果，又解答群众关心的热点难点问题，照顾不同层次不同人群的需求，吸引社会各界的广泛参与。全市300多个单位1000余人参与社科普及周活动，摆放展板500块，发放宣传资料1万多份，受众达30多万人次。市社科联被省委宣传部、省社科联评为全省社科普及周活动先进集体。

【“齐鲁大讲坛”淄博分坛】　2011年，“齐鲁讲坛”

升级为“齐鲁大讲坛”，淄博12个分坛成为全市理论宣传、社科知识普及的重要平台和工作品牌。各分坛以科学发展观为指导，以“搭建思想平台，共享精神财富”为宗旨，以加强党委中心组和在职干部理论学习、普及社科知识、提高市民素质、推进理论武装和文化强市建设为出发点，弘扬科学精神，宣传科学思想，普及科学知识，倡导科学方法，推介科学成果，提升科学素质，强化马克思主义在思想意识形态领域的统领地位，推动科学发展。全年各分坛举办讲座65场次，受众达5万多人次。

【第二十四次全市社科优秀成果奖评选】 6～10月评选，全市申报成果188项，评出获奖成果115项，其中市决策咨询优秀成果奖2项，一等奖12项，二等奖35项，三等奖66项。获奖成果辑成《淄博市第二十四次社会科学优秀成果奖获奖文集》。

【《淄博社会科学》】 开设学习十七届六中全会精神、内涵发展研究、决策参考、工作研究、文化建设与发展、稷下论坛、教育园地、社科天地、文史哲、健康顾问等栏目。全年编辑出版6期，另外出版《淄博市新时期人防建设与发展征文专刊》1期。

淄博市第二十四次社科优秀成果奖名单(市决策咨询优秀成果奖和一等奖)

表20—01

奖　项	成　果　名　称	作者及单位
市决策咨询优秀成果奖	关于推进中心镇建设应注意把握的几个问题(文章)	张爱民 赵　学　市委政研室 崔政广
	农民增收问题研究(文章)	王正全 孙玉昌　市委农工办 张振蒙
一等奖	关于全市城乡统筹发展功能区划和产业布局的建议(文章)	齐孝福　市发改委 王庆伟
	山东资源型城市经济转型研究 ——以淄博、枣庄、济宁为例(著作)	孙学海　市委党校 岳顺之
	推动新农村建设的县域经济发展模式创新研究(文章)	王　环 白　云　山东理工大学 张慎霞
	生态税制理论与应用(著作)	刘普照　市国税局
	齐国巨防(著作)	王修德　市财政局
	教师专业发展导引(著作)	张洪亮 尹玉法　市教育局 郑天圣
	从权利到价值:马克思对现代社会理念的批判与重建(文章)	张子礼　山东理工大学 邓晓臻
	生态人论纲(著作)	杜吉泽 李维香　山东理工大学 耿国华

续表 20—01

奖　项	成　果　名　称	作者及单位
一等奖	民俗镜语与影像建构 ——民俗在中国影视艺术中的运用及其审美价值(文章)	张玉霞　山东理工大学
	重建中国当代文学批评的精神价值维度(文章)	蔡梅娟　山东理工大学
	高职教育课程开发理论与实践(著作)	姜义林　淄博职业学院
	周村烧饼传统手工技艺研究(文章)	李义勇　山东理工大学 梁　冰

山东省第二十五次社科优秀成果奖淄博市获奖名单

表 20—02

奖　项	成　果　名　称	作者及单位
二等奖	大学战略管理研究(著作)	周巧玲　淄博师范高等专科学校
	现代化、国家建构与公民教育(文章)	苏守波　山东理工大学
	南北朝经学史(著作)	焦桂美　山东理工大学
三等奖	德福一致 ——社会转型期道德建设路径的必然选择(文章)	刘东锋　山东理工大学
	当前大学生学习环境调查与研究(文章)	谭秀森　山东理工大学
	齐国服饰艺术初探(文章)	张　越　山东理工大学

(崔兴莹)

地震监测

【《淄博市防震减灾第十二个五年规划》公布】 6月27日公布,规划明确"十二五"期间全市防震减灾工作的指导思想、工作目标、主要任务、重点建设项目和保障措施,确定"十二五"期间全市将实施7项重点工程:淄博市地震构造探测与地震区划、数字化综合地震台、防震减灾科普基地、地震灾害预警与自动处置系统研究、前兆观测(群测骨干点)网络建设、地震烈度速报与灾情速报系统建设、县级虚拟地震台网和指挥中心建设项目。确定"十二五"期间面向全市的基本目标是全市基本具备综合抗御6级左右、相当于当地地震基本烈度的能力,面向部分区县的重点目标是张店区、临淄区和高新区防震减灾能力力争达到中等发达国家水平。

【建设项目联合审批】 3月,市政府办公厅印发《关于印发淄博市建设项目联合审批办法的通知》,要求对市级审批权限范围的建设项目实行"一口受理、抄告相关、限时办结、一次收费、统一发证"的网上联合审批模式,市地震局作为14个联审部门中的前置审批部门,就建设项目抗震设防要求审核等事项参与联合审批。

【地震应急工作检查】 11月,市政府应急管理办公室、市地震局、市发展和改革委员会、市民政局、市安全生产监督管理局组成淄博市地震应急检查组对全市地震应急工作进行检查。检查结果显示各级、各有关部门以及各大企业对地震应急工作的重视程度和公众的防震减灾意识明显提高,地震应急组织领导体系和应急预案体系日趋完善，应急避难场所建设、防震减灾宣传教育、应急疏散演练等成效显著。但仍存在地震机构不完善、应急指挥系统建设滞后、应急资源共享能力差、抗震设防要求管理不到位以及应急检查制度落实不力等问题，个别部门和企业尚未把地震应急工作纳入议事日程。

2011 年 5 月 26 日，全市地震系统地震应急演练 （王 岩 摄）

【地震应急演练】 5 月 26 日，组织开展全市地震系统应急演练。演练科目涉及地震应急准备、震情灾情速报、现场指挥与考察以及实兵拉动等内容，市地震局全体人员和各区县地震部门参加演练。

【城镇地震安全综合试点工作启动】 9 月 20 日，市地震局印发《淄博市城镇地震安全综合试点实施方案》，对开展城镇地震安全综合试点工作作出部署。试点工作自 2011 年 9 月开始至 2012 年 6 月底完成，首批综合试点单位有昆仑镇、凤凰镇和马桥镇 3 个中心镇和部分经济强镇。

（何 斌）

【全市防震减灾工作会议召开】 1 月 20 日召开，总结“十一五”时期防震减灾工作，部署 2011 年及“十二五”期间的工作。会议要求，各级政府要进一步强化基础，提升地震监测预报能力。要抓好抗震设防管理，依法将抗震设防要求审核纳入基本建设审批程序，推进地震小区规划工作。要完善地震应急预案，开展综合性地震应急演练，推进应急避难场所向乡镇、大型企业、学校延伸。把防震减灾知识纳入国民素质教育、学生安全教育、企业安全技能培训。

【承办全省地震局长会议】 7 月 14 日，全省地震局长会议在淄博市召开。全省 17 市地震局局长参加会议。会议总结 2011 年上半年工作，对下半年工作进行部署。与会人员参观淄博市博物馆广场和火炬公园应急避难场所，观摩淄博遥测地震台网、地震应急指挥中心和地震应急装备库。

（孟松岭）

【流动地震监测台网建设】 10 月底，拥有 5 个子台的流动地震监测台网投入试运行。作为全省第一家市级流动地震监测台网实现与固定地震台网的两网合一，提高全市地震监测能力。

（李 鹏）

【命名第三批市级地震科普示范学校】 10 月，市地震局、市教育局和市科协联合命名淄博市张店区第七中学等 25 所学校为全市第三批市级地震科普示范学校。至此，全市已有省、市级地震科普示范学校共 75 所。 （史清明）

2011 年淄博及邻区地震情况一览表

表 20—03

序号	时间					地点			震级 M_L	备注
	月	日	时	分	秒	北纬	东经	位置		
1	01	13	01	42	43	35°92′	118°13′	蒙阴县坡里镇	1.2	
2	02	02	20	58	47	36°42′	117°60′	莱芜市雪野	1.4	

续表 20—03

序号	时间					地点			震级 M_L	备注
	月	日	时	分	秒	北纬	东经	位置		
3	04	01	15	35	07	35°93′	117°58′	新泰市北谷里	1.7	
4	05	14	04	13	54	36°38′	117°93′	博山区北博山	1.4	
5	05	20	17	23	32	35°93′	117°60′	新泰市小协镇	1.5	
6	05	24	09	34	44	36°35′	117°68′	莱芜市口镇	1.9	
7	05	27	05	53	19	36°43′	118°33′	临朐县五井镇	1.8	
8	06	14	07	31	26	36°42′	117°73′	莱芜市口镇	2.0	
9	07	21	14	39	51	35°95′	117°58′	新泰市北谷里	2.0	
10	07	28	13	27	08	36°33′	117°68′	莱芜市口镇	2.1	
11	07	28	16	38	50	36°33′	117°68′	莱芜市口镇	1.9	
12	08	05	16	53	59	36°33′	117°68′	莱芜市口镇	2.2	
13	08	30	12	29	50	36°55′	117°88′	博山区白塔镇	2.2	有感
14	08	30	12	32	58	36°62′	117°87′	淄川区磁村	1.9	
15	10	17	13	48	58	36°56′	117°92′	淄川区昆仑镇	2.9	有感
16	11	18	02	09	23	35°92′	117°59′	新泰市小协镇	2.2	
17	12	03	22	16	33	36°28′	117°67′	莱芜市张家洼镇	1.9	
18	12	21	19	20	26	36°63′	118°52′	青州市弥河镇	1.6	

注:淄博及邻区范围为东经 117.4°——118.6°,北纬 35.8°——37.4°。

（王洪水）

气　　象

【气候特点】 2011 年,全市总的气候特点:气温接近常年略偏高,降水较常年偏多,日照偏少。四季特点:冬季(2010 年 12 月～2011 年 2 月)中期气温偏低,降水集中在季末,大部分时段降水稀少,日照较常年略偏少。春季气温、降水总体偏多,日照偏多。夏季气温、降水正常,日照偏少。秋季气温接近常年略偏高,降水较常年偏多,日照较常年偏少。2011 年度气候条件属正常年份。

气温:全市年平均气温 13.2℃,较 2010 年偏低 0.1℃,较常年偏高 0.1℃。其中,桓台县平均气温 13.9℃,全市最高;沂源县平均气温 12.4℃,全市最低。从地域分布看,中部地区较高,南部、北部地区相对较低。2011 年属气温正常年份,年

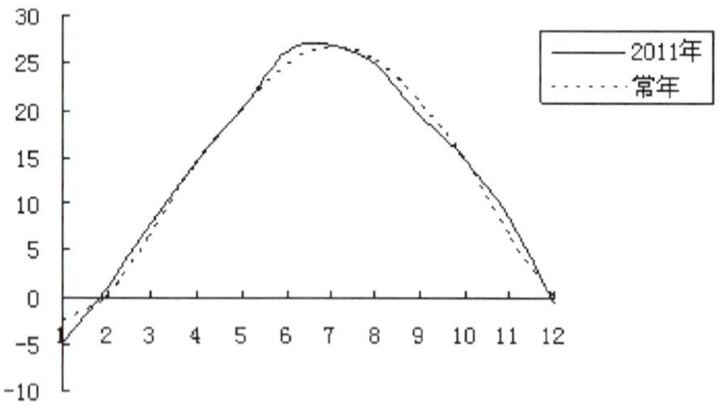

2011 年淄博市月平均气温演变图(℃)

极端最高气温 37.1℃(6 月 30 日临淄区和 7 月 9 日高青县),年极端最低气温-16.0℃(1 月 16 日周村区)。日最高气温≥35℃的日数全市各区县平均出现 8 天,较 2010 年少 7 天。日最低气温≤-10℃的日数全市各区县平均出现 17 天,较 2010 年多 5 天。从各月气温的变化情况看,2 月、3 月、11 月较常年偏高,4～7 月、10 月较常年略偏高,8～9 月较常年偏低,1 月较常年显著偏低。气温最

高月份出现在7月,1月是气温最低的月份。

降水:全市年平均降水量742.9毫米,较2010年偏多120.8毫米,较常年偏多117.1毫米。沂源县1101.5毫米,全市最多;高青县493.6毫米,全市最少;其他区县590.7～884.3毫米。张店区、桓台区、临淄区、周村区、博山区、淄川区、沂源县年降水量较常年偏多23.8～433.2毫米,高青县较常年偏少88.2毫米,地区间差别较大。从各月降水情况看,2月、5月、9月、11～12月较常年偏多,7～8月接近常年略偏多,1月、3～4月、6月、10月较常年偏少。其中11～12月累计降水明显偏多,为历年同期第二位。全年日降水量≥0.1毫米的日数全市平均80天,较2010年偏多2天,高青县最多为85天,张店区最少为77天。8月上中旬和9月中旬降水日数较多。据全市8个国家气象观测站资料统计,全年累计出现暴雨(日降水量≥50毫米)日数18站次,较2010年多4站次,张店区出现1次,周村区、博山区、临淄区各出现2次,淄川区、桓台县各出现3次,沂源县出现5次。全年日最大降水量108.9毫米(5月8日淄川区)。暴雨最早出现在5月8日(淄川区、临淄区、桓台县),最后一次暴雨出现在9月14日(张店区、周村区、淄川区、博山区、临淄区、桓台县、沂源县)。

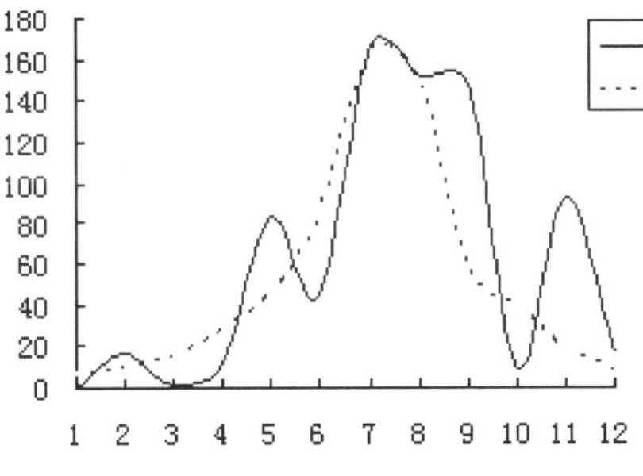

2011年淄博市各站平均月降水量演变图(毫米)

日照:全市年平均总日照时数2087小时,较2010年偏少15.9小时,较常年偏少413.2小时。沂源县年日照时数2313小时,全市最多;博山区1877小时,全市最少;其他区县1888～2252小时。各站年日照时数较常年偏少129～656小时(高青县偏少最多,沂源县偏少最少),2011年是明显的偏少年份。从各月日照分布看,1月、3～4月较常年偏多,其他各月均较常年偏少,其中8月偏少最多。总体看2011年日照条件属较差年份,对农作物生长有不利影响。

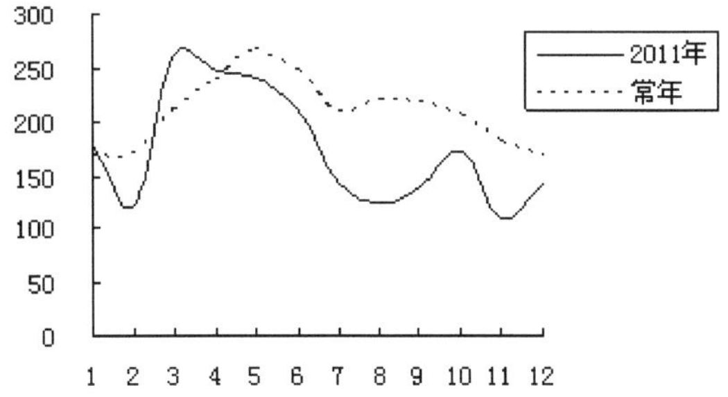

2011年全市各站平均月日照时数演变图(小时)

湿度:张店区年平均相对湿度为63%,终霜日为4月11日,初霜日为10月25日,全年无霜期196天。

风向风速:张店区年最多风向为南风,极大风速23.1米/秒。

【气象灾害】 2011年,主要气象灾害是干旱、冰雹、大风和连阴雨天气等,给农业生产特别是小麦、棉花、果品生产造成一定的损失。2011年是气象灾害一般的年份。

干旱:2010年10月至2011年2月中旬,全市降水稀少,沂源县干旱自2010年11月中旬中期出现旱情,淄川区、博山区、周村区、临淄区、高新区等地山旱田从2011年1月下旬出现干旱,高青县部分农田2月中旬出现干旱,至2月26～28日全市出现较大降水,旱情基本解除。干旱造成全市42574公顷小麦受旱,其中重旱面积达到13952公顷。干旱和越冬期间持续低温,造成冬小麦叶片青枯情况比较普遍,重于2010年,有个别死苗现象,但总体来看,冬小麦基本安全越冬。冬前浇过越冬水的麦田苗情状况较好,旱田苗情较差。4月中旬中期,淄川区、博山区、临淄区、沂源县出现旱情。淄川区农作物受灾面积10000公顷,成灾面积2000公顷,其中小麦受灾面积6666.7公顷。沂源县农作物受灾面积3333.3公顷,其中小麦受灾面积666.7公顷。博山区农作物受灾面积6000公顷,其中小麦受灾面积4666.7公顷。临淄区农作物受灾面积3333.3公顷,其中小麦受灾面积3333.3公顷。4月下旬全市出现降水,旱情有所缓解。5月8日全市出现大范围强降水,旱情解除。

冰雹:4月29日夜间,淄博市中部地区出现雷雨大风冰雹天气，张店区、周村区、临淄区、高新区、文昌湖旅游度假区和淄川区东部地区出现雹灾。4月29日22时50分左右，淄川区出现大风、冰雹强对流天气，最大风速为20.3米/秒，冰雹最大直径5毫米左右，持续时间较短。淄川区东部山区太河、西河、寨里3镇受灾。小麦受灾面积2000公顷，约466.7公顷露地菜受到不同程度的损害。4月29日22时50分左右，周村区出现大风、冰雹强对流天气，最大风速为20.7米/秒，冰雹最大直径20～30毫米，持续时间2～3分钟。周村区小麦受灾面积5000公顷，蔬菜受灾面积290.9公顷，果树受灾面积56.9公顷。文昌湖旅游度假区13.3公顷露地蔬菜受灾，损失约在10%左右，部分大棚棚膜轻度损坏。4月29日22时54分左右，张店区出现大风、冰雹强对流天气，最大风速为19.3米/秒，目测冰雹最大直径约20毫米，持续时间2分钟。张店区小麦受灾面积4000公顷，蔬菜受灾面积178.7公顷，大棚、拱棚棚膜损坏严重。高新区小麦受灾面积466.7公顷，200公顷露地蔬菜受到一定损伤，部分大棚膜出现轻度损坏。4月29日23时13分左右，临淄区出现大风、冰雹强对流天气，极大风速为15.6米/秒，冰雹最大直径约35毫米，持续时间2分钟。临淄区小麦受灾面积6666.7公顷，200公顷马铃薯遭受一定影响，凤凰镇、齐陵镇大棚、拱棚棚膜出现轻度损坏。

2011年5月15日，市气象局组织开展气象科普活动

（董庆岳　摄）

大风：7月25日，临淄区金山镇（原南王镇）出现大风天气，瞬时风速24.6米/秒，出现时间为15时55分。夏玉米受灾面积3000公顷，损失328万元；谷子受灾面积66.7公顷，损失45万元。冯家村西一建筑工地100间简易板房被毁85间，损失35万元。

连阴雨：9月11～17日，淄博市出现较长时间连阴雨天气，部分地区出现灾情。9月11日～16日，沂源县出现连阴雨天气过程。其中，9月11日14时至9月15日20时沂源气象观测站降水量达到202.1毫米。沂源县燕崖镇因降水出现房屋损坏、道路冲毁、淹没土地、地堰塌陷等灾害。全县房屋倒塌58间，淹没土地90.2公顷，冲毁道路24100多米；冲毁河坝9处，达796米；多处地堰塌陷，计13243米。直接经济损失1080万元。9月11～16日，高青县出现持续连阴雨天气，高青县气象观测站累计降水量65.8毫米。9月11～15日日照时数为0小时，9月16日日照时数5.9小时。连续阴雨，气温较低，致使全县棉花受灾6200公顷，晚玉米受灾17600公顷。

【气象服务】 是年，市气象局以灾害性、关键性和

2011年3月17日，市气象局在张店区房镇小学开展气象科普进课堂活动

（董庆岳　摄）

2011 年 2 月 13 日，在张店区彭家村组织实施人工增雪作业

（董庆岳 摄）

转折性天气为重点，突出加强节假日、汛期和春播、“三夏”、“三秋”等农事生产关键期的气象服务。全年向市委、市政府及有关部门报送各类重要天气公报 8 期、气象信息 46 期、抗旱决策服务专报 4 期、春运气象服务 41 期、市“两会”专题服务 14 期、麦收服务公报 30 期、全国第七届城市运动会（淄博赛区）气象服务专报 23 期，向社会发布各类气象灾害预警信号 39 次。准确预报 2 月 26～27 日的雨雪天气、5 月 8～9 日、7 月 2～3 日的强降雨天气。针对 11 月 27 日至 12 月 9 日的连阴雨、大雾和寒潮天气过程，及时向政府和有关部门报送专题气象服务材料，为百姓出行和各行各业安排生产提供有力保障。

【气象基础工作】 1 月 18 日，淄博气象预警中心工程正式奠基。8 月 21 日，高青县气象局搬迁工程正式启动。年内，与市农业局合作推出气象彩信农村版，“12121”气象信息自动答询电话扩增 30 路服务线路。组织实施临淄区乡村气象服务示范工程，建成农村气象服务站 12 处，示范村 1 个，62 个行政村建成气象预警大喇叭系统，面向农户、专业合作社开展“直通式”服务。编制完成淄川区、博山区、沂源县山洪地质灾害非工程措施气象建设方案。开展创建质量效益年活动，全市基础气象业务质量得到明显提升，24 小时城镇天气预报晴雨预报准确率达 92.13%。2011 年，全市气象部门在核心期刊发表论文 13 篇，在各类科技期刊发表论文 24 篇。

【人工影响天气】 2011 年，全市人工影响天气工作围绕防灾减灾和安全作业，进一步健全完善值班守班、安全生产、弹药管理、持证上岗等多项制度和作业流程，举办全市骨干炮手、箭手培训班，聘请专家对全市 49 门高炮、13 部火箭进行全面安全检查和维修维护。沂源县投资 70 万元开展人工影响天气作业炮箭点规范化建设。年内，全市进行防雹作业 12 次，累计有效防护面积 1000 多平方公里，减少损失 700 多万元；进行增雨（雪）作业 105 次，累计影响面积 8000 多平方公里，增加降水 1700 多万立方米。

2011 年全市各区县主要气象要素一览表

表 20－04

项目 / 测站	气温（℃）			年降水总量（毫米）	年降水总日数（天）	年日照总时数（小时）
	年平均	极端最高	极端最低			
张店区	13.1	36.0	－14.2	649.6	88	2047
淄川区	13.7	36.2	－13.7	884.3	95	2135
博山区	13.3	35.2	－12.6	855.9	121	1877
周村区	13.2	36.2	－16.0	692.5	101	2113
临淄区	13.3	37.1	－14.4	675.1	99	2252

续表 20—04

项目 测站	气温(℃)			年降水总量(毫米)	年降水总日数(天)	年日照总时数(小时)
	年平均	极端最高	极端最低			
桓台县	13.9	37.0	-12.2	590.7	100	2070
高青县	13.0	37.1	-14.4	493.6	96	1888
沂源县	12.4	33.9	-15.1	1101.5	109	2313

(董庆岳)

本部类编　辑:马震刚
副主编:王　娟
校　对:王世伟
纪　瑗

·齐文化名人·

管　仲

管仲(前735—前645),名夷吾,字仲,谥号敬,颍上(今安徽省颍上县)人。春秋时著名的政治家、军事家和理财家,被后人誉为中华第一相。

管仲幼时与鲍叔牙为友。后经鲍叔牙推荐,齐桓公拜管仲为相。为齐相后,管仲在政治上致力于加强君主集权,建立分司管理的中央行政机构,任命5位大臣分别掌管外交、经济、军事、司法和监督。层层设立地方行政机构,“叁其国而伍其鄙,定民之居”,在都城内编工商6个乡,士农15个乡。城郊按家、卒、乡、县、属编制,设官控制。建立地方官吏正月复事制度,由国君亲自对他们进行考核、训诫和奖惩。他强化法治,建立国君的最高权威,由国家控制经济命脉,平抑物价。举贤授能,建立了自上而下的监督制度,推行乡选、官选和君选的“三选法”的官吏选任制度,把那些既有治国理民理论,又有实际工作能力的文人、武士选拔出来,任以为官,使姜太公的尊贤尚功路线有了制度保障。军事上,管仲认为国君须“积务于兵”,兵须为“义”而战;强兵须先富国,要重视武器装备的建设。他严格选拔和训练士兵,赏罚分明,更注重“作内政而寄军令”,寓兵于民,扩大兵源。把军队编为3个军,分别由齐桓公、国懿仲、高傒统辖。经济上,改井田之弊,提出“相地而衰征”的赋税政策,发展农业,增加财赋收入,又即山铸钱,煮海为盐,设“轻重九府”以通财货,周济贫民,减轻税收,鼓励贸易,收到富国强兵的效果。他还在社会保障方面实行了“九惠之教”(老老、慈幼、恤孤、养疾、合独、问病、通穷、振困、接绝),安定了民心,促进了社会稳定。

他辅佐齐桓公40年,以“尊王攘夷”为号召,征伐诸侯,打败北狄,捍卫中原各国,带头拥戴早已衰微的周天子,取得各国拥护,从而号令诸侯,使齐国成为春秋五霸之首。孔子曾说,桓公不以兵车九合诸侯,是仰仗了管仲的辅佐。前645年,管仲病危时,向齐桓公推荐了为人忠厚、不耻下问、居家不忘公的隰朋为继任国相,提醒桓公远离佞臣竖刁、易牙和开方。

教　　育

综　　述

【概况】 2011年，全市有各级各类学校1411所，班级15820个，在校生845532人，专任教师52726人。学校占地面积2774.72万平方米，校舍建筑面积1059.11万平方米。全市有幼儿园824所，在园幼儿11.79万人，教职工12284人，其中专任教师7648人。学前三年毛入园率97.5%。小学340所，在校生22.96万人，专任教师15430人。小学学龄儿童入学率100%，在校生辍学率为0。初中159所，在校生20.06万人，专任教师14782人，在校生辍学率0.61%。普通高中34所，在校生9.66万人，专任教师5666人。特殊教育学校10所，在校生1317人，专任教师312人，特殊教育学生入学率97%。中等职业学校(职业高中、普通中专、成人中专)26所，在校生5.96万人，专职教师2345人。技工学校9所，在校生2.51万人，专职教师1065人。高等教育机构9所，其中普通高等院校8所，成人高校1所。全市普通高等教育本专科在校生97081人，教职工7212人，其中专任教师5287人。成人高等教育本专科招生8389人，在校生17798人。民办教育主要有学历教育学校和非学历教育机构两种类型，非学历教育占主体。各类民办教育机构438所，包括民办学历教育学校45所(中小学41所，中等职业学校2所，民办高等学校2所)，中小学教职工3415人，专任教师2592人，在校生36539人，学校占地面积200.41万平方米，校舍面积85.54万平方米，图书134.4万册；培训类教育机构393所(幼儿园28所，其他非学历教育培训机构365所)，教职工1.07万人，专任教师9708人，占地面积148.29万平方米，图书48.94万册。

2011～2012学年度淄博市各级各类学校基本情况表

表21－01

主要指标 学校类别	学校处数(所)	班数(个)	毕业生数(人)	招生数(人)	在校学生数(人)	毕业班学生数(人)	教职工总人数 计	教职工总人数 专任教师(人)	专任教师师生比	专任教师学历合格率(%)	学校占地面积(平方米)	校舍建筑面积(平方米)
总　　计	1411	15820	243089	241252	845532	195719	66197	52726			27747215	10591130
一、普通高校	8		32427	27919	97081	31882	7212	5287			6641521	3002601
山东理工大学	1		7930	8754	33468	9026	2535	1859	1∶17		2400000	1062870

续表 21—01

主要指标 学校类别	学校处数(所)	班数(个)	毕业生数(人)	招生数(人)	在校学生数(人)	毕业班学生数(人)	教职工总人数		专任教师师生比	专任教师学历合格率(%)	学校占地面积(平方米)	校舍建筑面积(平方米)
							计	专任教师(人)				
淄博师范高等专科学校	1		2276	2591	7060	2192	554	420	1∶19		458200	194086
淄博职业学院	1		7932	7282	23210	8303	1437	1093	1∶19		1461949	604111
山东丝绸纺织职业学院	1		1862	1245	4327	1564	359	263	1∶15		335776	137364
山东工业职业学院	1		4531	2814	10467	3819	718	549	1∶18		819474	387066
山东化工职业学院	1		940	749	2365	834	259	141	1∶15		306667	90666
山东铝业职业学院	1		3065	729	4321	2316	480	275	1∶16		505831	248637
山东万杰医学院	1		3282	3755	11804	3769	870	687	1∶16		353624	277801
山东省水利职工大学			609		59	59						
二、成人高校	1		7038	8389	17798	4050	226	191			640000	98378
山东理工大学			5581	7531	15733	3057						
淄博职业学院			808	37	278	91						
山东工业职业学院			122		58	49						
山东省水利职工大学	1		500	815	1482	667	226	191	1∶8		640000	98378
山东万杰医学院			27	6	127	88						
山东丝绸纺织职业学院					120	98						
三、中等职业学校	26		24790	28473	59564	31266	3201	2345		90.22	1566862	527933
普通中专	4		5023	6745	18728	6058	783	652	1∶20	89.42	303477	107053
成人中专	7		3192	2681	6980	4340	350	260	1∶22	95.00	83391	46634
职业高中	15		16575	19047	33856	20868	2068	1433	1∶22	89.57	1179994	374246
四、技工学校	9		6687	12619	25081		1346	1065	1∶23		1091138	1221925
五、普通中学	193	5667	81647	82331	297163	80783	24751	20448			10316465	3555032
高中	34	1675	26026	34956	96588	28461	7391	5666	1∶17	98.70	3719311	1635546
初中	159	3992	55621	47375	200575	52322	17360	14782	1∶14	98.68	6597154	1919486
六、小学	340	5386	48237	47533	229614	47559	16787	15430	1∶15	99.96	5063662	1288549
七、幼儿园	824	4661	42049	33772	117914		12284	7648	1∶15	96.54	2300642	860971
八、特殊教育学校	10	106	214	216	1317	179	390	312	1∶4		126925	35741

说明：1. 部分高校附设的中职学生情况统计在中等职业学校在校生里。其中淄博师范高等专科学校、淄博职业学院、山东丝绸纺织职业学院、山东工业职业学院、山东铝业职业学院、万杰医学院的中职在校生数分别为：953 人、2280 人、665 人、1199 人、80 人、221 人。

2. 山东理工大学的学生情况不包括研究生。研究生毕业 339 人、招生 409 人、在校生 1000 人。

3. 技工学校情况由市人力资源和社会保障局提供。

【教育管理】 落实教育规划纲要。市政府先后印发《淄博市学前教育三年行动计划(2011～2013年)》《关于印发淄博市接送学生车辆管理办法的通知》等,成立教育发展和体制改革领导小组,统筹全市教育改革和发展工作。市教育部门先后制定一系列配套措施,为实施教育规划纲要提供制度保障。

规范中小学办学行为。落实《山东省普通中小学管理基本规范(试行)》《淄博市中小学学校管理规范》,执行课程开设、学生在校学习时间、课外书面作业、考试次数、节假日、晚自习等各项刚性减负规定,全面规范办学行为。

提高教育管理层次。2011年,开展教育工作创新年活动,全面提升教育管理层次水平,做好迎接省级规范化学校复评工作,深入开展校园文化建设。成立政策法规科(行政许可科),推进"法律进学校",对"依法治校示范学校"实行动态管理,完成教育行政审批制度改革。依法管理民办教育,在全市集中开展治理违法、违规办学活动,查处非法办学机构180余所,制定《淄博市民办学校自律公约》,促进行业自律。

推进课程与教学改革。普通高中选课走班顺利实施,普通高中选课管理系统在全市所有高中学校投入正常使用,逐步形成课程实施的学校特色。落实区域教学管理评价制度,实施教学质量阶段性推进机制,提高普通高中教学精细化管理水平和高考备考的科学化水平。推广先进课堂教学模式,大力开展"生本教育"实验,以课程为核心,以课堂为主阵地,科学的教育质量观进一步树立,教学质量不断提升。

完善评价考试体系。实施对区县的基础教育办学水平检测评估、素质教育实施情况检测评估等。不断完善教师专业发展评价体系、课堂教学评价体系和学生学习评价体系,转变评价主体,实现过程性评价和终结性评价相结合,全面推行日常考试无分数评价,实行学生学业成绩与成长记录相结合的综合评价方式,促进教师与学生共同发展。深化高中段学校招生制度改革,完善对初中学校的素质教育工作评价体系和中考指标分配办法,对初中学生实行学业考试与综合素质评价相结合的评价方式,推行推荐录取、破格录取、指标分配到初中学校等多种录取形式,逐步实现高中招生录取形式的多样化。

提升育人质量。临淄区被命名为山东省首批家庭教育现代化示范区。完成全国文明城市创建和未成年人思想道德建设测评工作任务。坚持健康第一,广泛开展学生阳光体育运动,落实中小学生1小时校园体育活动,着力普及"四操、四球、一拳、一泳"项目,推动亚足联中国展望和全国校园足球项目。坚持每年开展学生国家体质健康标准达标和学生视力监测工作,2011年全市学生体质健康达标及格率94.46%,良好率为66.49%、优秀率22.08%。小学生近视率32.94%,初中近视率66.17%。启动学生"体育艺术2+1"项目达标活动。全市"体育艺术2+1"项目小学毕业年级达标率80.22%,初中毕业年级达标率83.08%。

深化科技教育。在全国中小学信息技术创新与实践活动中,淄博市获39个恩欧希教育信息化发明创新奖,取得全国总分第一名。在2011年中国少年科学院小院士课题研究成果展示交流活动中,5名学生获中国少年科学院小院士称号。

强化教育督导。强化对区县政府教育工作的督导评估,开展对全市中等及以下各类教育办学(办园)水平督导评估,将中小学教育教学管理、办学行为、学校安全、学校标准化建设等作为督导的重要内容,在督促各级政府加大教育投入、提升全市教育质量等方面发挥重要作用。对张店区、临淄区、淄川区和桓台县4个省级教育工作示范县(区)实行动态管理。落实教育督导责任区制度,全市划分10个督导责任区,形成市、县两级督学责任制,建立上下联动监管体系。全市267名专兼职督学对75个督学责任区的1283所中等及以下各级各类学校实现无缝隙覆盖。

构建平安和谐校园。完善"一岗双责"责任体系,实施安全工作目标管理。加强安全督导检查,对中小学幼儿园校舍安全、暑假安全、秋季开学安全以及学校食品质量安全等进行专项整治。加强安全教育,开展交通安全、消防安全等教育活动,组织紧急疏散演练,逐步实现安全教育常态化。落实省、市政府学校安全管理规定,加强学校安全"三防一制"建设。市政府印发《淄博市接送学生车辆管理办法》,市教育局制定实施细则,不断加大投入,探索科学的运营模式，加强接送学生车辆管理。配合疾病控制机构做好传染病防控工作。

【师资队伍建设】 提升教师队伍学历层次。幼儿园、小学、初中、高中专任教师学历合格率分别达到97.37%、99.97%、99.32%、98.96%，小学教师专科以上学历达标率为89.94%，初中专任教师本科以上学历达标率为89.44%，普通高中教师具有研究生以上学历的占10.45%。普通中专、成人中专、职业高中专任教师学历合格率分别达到94.02%、94.62%、90.51%。

校长、教师专业化发展。深入推进齐鲁名师、淄博名师“双名工程”。9月，评选淄博市首届“教书育人楷模”10名，享受市级劳动模范待遇。截至年底，全市有在职省特级教师64人，市特级教师61人。利用中国教师研修网和淄博教师研修网平台，培训教师52899人次，培训校长416人次。

教育人事制度改革。高级职称评审通过200人，中级职称评审通过1123人。全市公开招聘教师1273人，其中具有硕士研究生学历325人；市教育局所属学校公开招聘教师320人，其中具有硕士研究生学历205人，5700人参加教师资格证考试。实施义务教育学校教师绩效工资制度，全面规范人员聘用、考核管理工作，启动局属单位、学校专业技术等级岗位聘任工作和中小学校长任职资格制度改革试点工作。

【教育投入】 2011年，全市地方教育总投入76.76亿元，其中地方国家财政性教育经费投入64.47亿元。全市地方财政预算内教育经费（含教育费附加）支出61.49亿元，财政预算内教育经费占同期地方财政支出的24.28%。社会捐、集资办学经费1272万元。逐步建立起政府投入为主，其他渠道投入为补充的教育投入体制。

各级财政投入资金3.6亿元，为近42万名义务教育段学生免除杂费并补助学校公用经费，为农村近29万名学生免费提供教科书。各级财政投入资金7050万元，为学生发放奖、助学金，惠及学生5万余名。先后发放“爱心一日捐”资金266万元，为1178名普通高中家庭经济特困生免学费，为5204名普通高中和义务教育段学校家庭经济特困非寄宿生提供补助。设立淄博市阳光助学基金。

【办学条件】 中小学标准化建设。全面实施农村义务教育薄弱学校改造计划，推广农村中小学“两热一暖一改”工程，实施农村中小学图书配备工程。按照教育部新颁标准，正式启动理科仪器和音体美器材更新及学校场地标准化建设。开展节约型学校创建和校园节能低碳活动。城区中小学布局调整。淄博中学完成投资2.5亿元，张店区第八中学完成投资8000万元，市特殊教育中心完成投资9300万元，均竣工投入使用。中小学校舍安全工程。按照校舍安全工程三年规划，把校舍安全工程与学校布局调整相结合，与城镇化建设和新农村建设相结合，累计完成投资17.46亿元，为339所中小学新建或加固项目1255个，校舍面积153.93万平方米。

【教育信息化】 全市新增计算机网络教室214间，总数达到905间；新安装交互电子白板1586块，总数达到3292块；普通中小学计算机装机总台数（不包括2003年之前配备的计算机）新增2108台，达到68343台。中小学学生用计算机为32796台，生机比为14∶1，中小学专任教师用计算机28066台，师机比为1.1∶1。“网络环境中的英语教学创新实践”“信息技术支持下的小学语文提前读写教学研究”“基于网络的自适应学习测评”“交互电子白板在课堂教学中的应用”等一批教育技术课题研究项目成效显著。2011年全国首届信息化高效课堂教学展示交流会、英特尔一对一数字化学习现场经验交流会在淄博市召开。

【对外交流】 2011年，淄博市中小学生参与国（境）外学习交流人数达到300余人。淄博一中与美国麦克曼高中的“孔子课堂”申请，得到省教育厅的批准（山东省共7所），国家汉语对外推广领导小组办公室与麦克曼高中全球学习中心签署“孔子课堂”的合作协议。 （肖成德）

基础教育

【5名学生获中国少年科学院小院士称号】 11月25～27日,2011年中国少年科学院小院士课题研究成果展示交流活动暨科技辅导员培训班在江苏昆山举行,全国20余个省市的800余名选手及200余名科技辅导员参加活动。淄博师专附属小学的李冠墉、冯弈璋、陈子卓,淄博新元学校的董书航,淄博十八中的李金誉获中国少年科学院小院士称号。

【参加第五届中国发明家论坛】 5月10日,淄博实验中学彭玉成作为全国唯一一名青少年发明人应邀参加第五届中国发明家论坛暨第六届发明创业奖颁奖典礼,并作大会发言。彭玉成拥有"可加热便携式折叠锅""单体隐形鼻塞"等7项国家专利,近30项发明创造成果,写有多篇天文观测笔记,在历届全国和地区青少年创意大赛、创新大赛中多次获奖,2009年被授予中国少年科学院小院士称号。

【淄博第六中学举办首届艺体文化节】 9月23～30日,淄博第六中学举办为期一周的首届艺体文化节。以"校园因我而美丽"为主题,旨在增强校园文化的吸引力和感染力,让学生在丰富多彩、生动活泼的艺体活动中熏陶思想感情,升华道德境界。活动期间,举办师生书法绘画作品赛、艺术鉴赏讲座、歌唱舞蹈表演、学生田径运动会等活动。

【淄博艺术中学成立】 8月29日,市机构编制委员会批准淄博第十七中学为"淄博艺术中学",淄博艺术中学与淄博第十七中学实行一个学校、一套班子、两个牌子、统一管理、分工负责的管理体制。主要职责任务是:负责实施高中学历教育及相关社会服务,负责开展各类艺术教育及相关社会服务,促进素质教育深入实施等工作。

【市特殊教育中心成立】 7月12日,市机构编制委员会批复同意撤销淄博市盲人学校和淄博市聋人学校建制,组建淄博市特殊教育中心,为淄博市教育局领导的副县级财政拨款事业单位,核定人员编制156人。市特殊教育中心主要负责淄博市视障、听障儿童的义务教育、普通高中教育及职业教育等工作。中心有15个盲生班、22个聋生班。11月中旬,中心迁入高新区花山风景区西侧的新校址。

淄博市中小学服务性收费和代收费项目及标准

表21—02

类　别	收费项目	收费单位	收费标准	备　　注
义务教育阶段	服务性收费			
	伙食费	元/生·天	依据成本,自行确定	据实收取,收支公开。
	校车费	元/生·天	按淄政办发〔2011〕66号文件执行	
	午休费	元/生·学期	依据成本,自行确定	不具备宿舍条件、无专人看管的学校不得收费。
	社会实践活动费	元/生	依据成本情况确定	具体收费标准按管理权限报同级物价、教育部门审核后执行。
	代收费			
	课本费	元/生·学期	按淄价字〔2010〕141号文件执行	农村义务教育学校继续执行免课本费政策。
	作业本费	元/生·学年	小学1～2年级15元、3～5年级20元、初中30元	

续表 21—02

类　别	收费项目	收费单位	收 费 标 准	备　　注
义务教育阶段	学生服装费	元/生·学期	小学每套不高于 80 元,初中每套不高于 100 元	根据五四学制的设置实际,分别在小学和初中一、三年级配发运动装、夏装各一套。通过统一公开招标方式,确定学生装具体价格,报市物价部门备案。面料质量标准由省教育部门制定。
高中阶段	代 收 费			
	课本费	元/生·学期	按成本或定价据实收取	按照省教育厅公布的山东省中小学教材用书目录选订。
	作业本费	元/生·学期	15 元	
	学生服装费	元/生	每套不高于 120 元	高中生三年运动装、夏装各一套,新生入学时配发。通过统一公开招标方式,确定学生装具体价格,报市物价部门备案。面料质量标准由省教育部门制定。

（肖成德）

高 等 教 育

【山东理工大学】 学科建设和科学研究。获得山东省“十二五”重点建设项目 14 个,入选山东省重点实验室 1 个、山东省首批检测研发公共服务基地 1 个。加强重大项目和标志性成果培育,承担国家“863”计划、国家自然科学基金、国家社会科学基金等各类国家级项目 30 余项;通过中华人民共和国国家军用标准(GJB9001B)质量管理体系认证;获省部级以上奖励 18 项,其中“农产品高值化挤压加工与装备关键技术研究及应用”获国家科学技术进步二等奖。举办 2011 海峡两岸大学校长论坛暨科学技术研讨会,举办 2011 农业工程新技术国际学术会议暨泰山学术论坛等高层次学术会议 4 次。

本科教育。召开第五次教学工作会议,扎实推进本科教育优质工程,稳步提高教育教学质量。被列为山东省高校人才培养模式创新实验区,新增省级特色专业 2 个、省级教学团队 1 个、省级实验教学示范中心 1 个、省级优秀教材 8 部、省级精品课程 11 门。推进工程教育改革,开展校企联合培养人才,4 个本科专业和 1 个工程硕士专业列

2011 年 5 月 30 日,山东理工大学联合济南军区空军、山东航空集团有限公司成立鲁鹰艺术团　　（陈 沙　摄）

入教育部卓越工程师教育培养计划。实施学生研究创新训练计划和创业培育计划，学生在各类科技创新竞赛活动中获国际级奖励 6 项、国家级奖励 216 项、省级奖励 250 项。

研究生教育。全面落实博士学位授予单位立项建设规划，通过博士单位立项建设中期检查。积极发展研究生教育，新增 3 个一级学科硕士点、3 个农业推广硕士培养领域。实施研究生优秀生源培养计划，年内全日制研究生招生 434 人，其中学术型研究生 280 人、专业学位研究生 154 人，全日制在校研究生突破 1000 人，在职研究生达到 760 余人。新增山东省研究生联合培养基地 2 个、校级研究生联合培养基地 4 个，获山东省优秀硕士学位论文 3 篇，获得山东省研究生教育创新计划项目立项 12 项。

继续教育和职业教育。继续教育与远程教育融合发展，入选山东省成人高等教育特色课程 4 门，新增成人高等教育专业 10 个，年内录取新生 10900 余人。举办淄博市初中骨干教师研修班和第十九期初中校长任职资格培训班。完善职教师资培训体系，通过教育部全国重点建设职教师资培养培训基地建设水平评估，新立项山东省职业教育与成人教育科学“十二五”规划重点课题 1 项。举办 4 个专业省级专业骨干教师培训班，培训专业骨干教师 120 人。举办全省中职学校骨干教师科研能力培训班和西安市职教管理干部培训班。

校地与校企合作。对接山东半岛蓝色经济区、黄河三角洲高效生态经济区两区重点发展战略，深化校地、校企合作。年内，先后与淄博市、章丘市人民政府，与力诺玻璃集团、福田雷沃重工、科勒公司等签订合作发展协议，联合相关企业设立专业技术科研机构（研究所、研究中心）12 所。加强重大关键核心技术集成研究，推进科技成果转化和产业化，12 项成果通过鉴定，253 项专利获得授权，研制成功具有多项自主知识产权的纯电动城市公交概念车。学校年度到位科研经费突破 1 亿元，被评为山东省产学研合作创新突出贡献高校。联合济南军区空军、山东航空集团有限公司成立全国首家军地共建艺术团——鲁鹰艺术团，推进军民融合发展。

师资队伍建设。启动实施高层次人才建设工程，车辆工程学科被确定为山东省泰山学者岗位；引进海外高层次创新人才 2 人，引进人才同时获得泰山学者海外特聘教授称号；引进山东省有突出贡献的中青年专家 1 人；入选第六届山东省教学名师 2 人。继续实施优秀学者海外高访计划，选派 13 名教师到国外做高级访问学者，37 人参加出国研修。年内新进博士 23 人，考取定向博士 30 人，学成返校 10 人。实施岗位设置与聘用制度改革，顺利完成首次岗位设置与聘用工作。

学生教育管理。通过省高校思政课建设督查。加强学生思想政治教育阵地建设，获全国高校学生公寓文化建设优秀成果奖 2 项。加强大学生心理健康教育，学校当选为全国高校“心理委员”研究协作组副组长单位。加强学生社团建设，校社团联合会被评为全国高校十佳社团联合会。推进学风建设行动计划，探索学生学习与发展指导中心运作模式。完善学生资助体系，建立个性化资助与服务机制，山东高校慈善文化研究基地落户学校。实施辅导员素质提升工程，1 人被评为全国高校辅导员年度人物。

招生与就业。全校录取本专科新生 9136 人，生源涵盖全国 28 个省（市、自治区），其中普通本科 8040 人（省内 6478 人、省外 1562 人）、专科 688 人、专升本 408 人。另外，面向全国 15 个省

2011 年 10 月 13 日，山东理工大学研制的纯电动城市公交概念车试车成功 （陈 沙 摄）

(市、自治区)录取少数民族预科生33人。学校被评为山东省教育招生工作先进集体。全校本专科毕业生7930人,其中非师范类7458人、师范类472人,毕业生就业率91.27%。举办山东省2011年秋冬季高校毕业生理工类就业市场,举办682场校园专场招聘会。推进毕业生就业基地建设,与昆山、无锡、连云港、苏州、秦皇岛等地签订合作协议。

国际交流与合作。派出赴加拿大、美国、澳大利亚、新西兰等国家访问团组4个,新增实质性合作交流项目友好学校13所。发展留学生教育,成为首批山东省政府外国留学生奖学金接受资格院校,招收留学生396人。完善对外汉语教学体系和人才培养方案,成为国家汉办汉语水平考试网络考点、中国语言资源开发应用中心研究院合作机构。新增向国外知名高校派出学生交流项目7个,推进与美国密苏里大学等开展学位联授项目、海外学习项目等,选派53名学生出国学习。

2011年山东理工大学基本状况数据表

表21—03

校园占地面积			240万平方米
校舍建筑面积			106.29万平方米
学院			21个
教学科研仪器设备总值			3.33亿元
在校生			34561人
图书资源	馆藏图书		285.95万册
	电子图书		7500GB
	中外文期刊(含电子期刊)		26971册
师资队伍情况	专业技术岗位	教师系列	1475人
		辅助系列	366人
	管理岗位		422人
	工勤技能岗位		187人
学科专业	本科专业		73个
	硕士学位授权一级学科		21个
	省级重点学科		9个
	省级文化艺术重点学科		2个
科研机构	国家级工程技术研究中心		1个
	省级工程技术研究院		1个
	省级工程技术研究中心		13个
	省级重点实验室		2个
	省高校重点实验室		4个
	省级人文社科研究基地		2个
	省级软科学研究基地		1个
	省高校人文社科研究基地		1个
	中央与地方共建实验室		20个

续表 21－01

质量工程项目培育情况	国家级特色专业	5 个
	国家级教学团队	2 个
	国家级精品课程	5 个
	省级品牌特色专业	10 个
	省级教学团队	6 个
	省级精品课程	17 个

（王　振）

【淄博师范高等专科学校】　2011 年，学校在校生 7060 人，教职员工 554 人，专任教师 420 人。数学教育专业团队被确定为省级教学团队，初等教育专业被评为山东省高校特色专业，美术学学科入选山东省文化艺术科学“十二五”重点学科。3 月起，先后与澳大利亚集团学院、英国联程教育协会、日本蔚蓝集团、英国考文垂和沃里克商会、俄罗斯诺夫哥罗德市国立大学、新加坡埃德温特林克教育中心签订友好协议，并就合作办学、学术交流、师生互派等方面展开务实探讨。中英联程大学落户淄博师专并开始宣传招生。

【淄博职业学院】　2011 年，学院教职工 1437 人，其中正高职称 49 人，副高职称 325 人，具有博士和硕士学位 438 人。招生 7282 人，高职招生比例达 91.3%。社会培训及技能鉴定 15908 人次。全院高职毕业生总体就业率为 98.83%。引进 6 名博士、28 名硕士，1 名教师获山东省教学名师称号，2 名教师被评为淄博市有突出贡献的中青年教师。

年内，取得 502 项成果，其中应用化工技术专业被评为山东省高等学校特色专业建设点。ERP 应用实训、会计岗位实训、会计综合实训、模拟企业实训、基于 SSH 架构的 Java Web 应用系统开发、底盘拆装与调整、工厂供配电技术、电气设备运行与维护、传感器与测量技术、电工技能实训、电气传感控制技术被评为 2011 年度省级精品课程，省级精品课程达到 36 门。会计专业教学团队被确定为山东省高等学校省级教学团队，省级教学团队达到 6 个。《机械技术基础》《财务会计模拟》《酒水知识与酒吧管理》《预防医学基础》《管理心理学》《新编管理会计》《酒店英语》等教材获山东省高等学校优秀教材奖。获课题立项国家级 2 项，省级 41 项，厅市级 120 余项。1 项博士后创新项目获得省专项资金支持。26 项课题通过鉴定，9 项课题获得 A 级鉴定，44 项科研成果获得奖励。获实用新型及外观设计专利 34 项，其中 15 项获得资助。

【山东丝绸纺织职业学院】　举办高职教育理论专题学习班和周末学习论坛，邀请校外专家进行专题讲座 28 场，派出 40 余名教学、管理骨干外出学习、调研、挂职锻炼。开展青年教师基本功大赛、教师专业实践等活动，评选院级优秀教学团队 4 个、教学名师 12 名，评建首批教师工作室 7 个。晋升教授 6 名、副教授 9 名，新招聘教师 13 名。牵头组建淄博市纺织服装职业教育集团，探索以政府为指导、企业行业为依托的多元化、多结构办学模式。与鲁泰纺织集团、海信惠而浦公司等 13 家单位签订培养协议，新建订单班 7 个，订单学生培养数占年级学生数的 17.5%。

【山东工业职业学院】　2011 年，学院在校生 10467 人。设有 37 个专业。新增 9 个校外实训基地，校外实习基地总数达到 117 个。组织参加全国大学生企业沙盘模拟经营大赛省赛、全国大学生数学建模大赛、山东省职业院校技能大赛等 8 个项目组的比赛，共获得团体奖项 15 个，其中国家级二等奖 1 个、省级特等奖 1 个、省级二等奖 3 个、省级三等奖 5 个；个人奖项 6 个，其中国家级个人三等奖 2 个、优秀奖 4 个。录取高职新生 2857 人，中专生 587 人。应届毕业生 4529 人，综合就业率 97.22%。

【山东铝业职业学院】 2011年，完成21个专业人才培养方案及375门课程标准的修订工作，课程目标、课程内容和结构等更加明确。机电一体化技术专业被确定为山东省高等学校特色专业建设点，学院省级特色专业建设点达到2个。网络系统集成课程被评为省级精品课程，学院省级精品课程达到4门。完成山东省教育厅立项课题1项，向省教育厅、省委高校工委申报课题2项；教师自编教材在第二届山东省高等学校优秀教材评选中获得二等奖；研发的中铝公司科技发展基金项目顺利通过中国铝业公司专家组验收。举办为期1个月的学院第八届科技文化艺术节，开展专业技能比武、科技活动、文体活动、教工活动4大类27个项目，参与师生近1500人，获奖学生457人次。认定困难学生1137人，评出国家励志奖学金、省政府奖学金、国家助学金获得者1153人。2011届毕业生就业率达到99.41%。

【山东万杰医学院】 2011年，本、专科在校生11804人，教职工870人，其中专任教师687人。先后获得省级立项项目14项，取得科研成果17项，其中省级成果7项，校级成果10项；发表论文171篇，其中核心期刊论文22篇，主持或参与出版著作教材21部；获得市级以上奖励12项。成人本科学历教育共有5个专业（临床医学、护理学、医学影像学、财务管理、市场营销）招生资格获省教育厅批准，2011年正式招生。（肖成德）

职业　成人　民办教育

【职教实训基地与示范学校建设】 2011年，争取到由中央和省财政支持的4个中职实训基地建设项目，累计争取资金1220万元。淄川职教中心和淄博建筑工程学校入选教育部第二批国家改革和发展示范校项目学校，每所学校将获得中央财政补贴1000万元。

【职教师资队伍建设】 2011年，培养培训职教师资1500余人次，其中参加出国培训2人、国家级培训26人、省级培训375人，选派7名校长参加全国中等职业学校校长改革创新战略专题研究班。在淄博市第十二届教学能手评选中，评选出中职教学能手17名。

【教师技能大赛】 组织相关教师和教研员参加省教研室举办的语文、财经、烹饪等7个专业的技能培训和教材培训。参加2011年全国中等职业学校信息化教学大赛，1人获得一等奖。参加2011年全国服装专业“创新杯”教师基本功比赛，1人获得一等奖。参加全国工艺美术专业教师基本功大赛，1人获得二等奖。

【学生技能大赛】 组织举办全市第二届职业院校技能大赛，设42个比赛项目，896名选手参赛。组织参加山东省学生技能大赛，中职组取得一等奖4个、二等奖16个、三等奖17个、优秀奖13个，获团体总分三等奖。高职组取得一等奖4个、二等奖1个、三等奖6个。参加全国学生技能大赛，中职获得二等奖1个、三等奖3个，高职获得二等奖2个。在全国职业院校技能作品展洽会上，淄博工业学校获得3枚金牌、2枚银牌、2枚铜牌。参加全国“高教杯”中等职业学校学生英语大赛，获得一等奖1个、二等奖1个、三等奖2个。参加第八届全国“文明礼仪风采”大赛，获得一等奖41个、二等奖121个、三等奖139个。

【民办学校年检】 3月，召开全市民办教育总结会。根据年检情况，对全市参加年检的390所民办教育机构按照3个类别认定49所优秀单位、334所合格单位、7所不合格单位。同时，将民办学校年检结果通过有关媒体向社会进行公示。

【民办教育名牌项目认定】 根据《淄博市民办教育“名牌推进计划”实施意见》有关精神，组织区县教育（教体）局对所有申请复审及申报学校进行评估、审核、认定。4月1日公布认定结果，37所学校获得民办教育名牌学校称号，5所幼儿园获得民办教育名牌幼儿园称号，46所学校的25个专业获得民办教育名牌专业称号。

【民办教育专项整治】 2011年，进行民办教育专项整治，对查处的非法办学机构进行批评教育，并当场下达停办通知书，举办者签字停办，及时退还学生学费，处理好善后问题。对达到办学标准要求的，颁发办学许可证；对整改后仍达不到要求的，予以取缔。查处非法办学189处，下达台账300余份，查处安全隐患300余项。

【淄博市技师学院】 2011年，学院在校生1.2万人，数控切削、机械装配与维修、汽车驾驶与维修3个专业为山东省技工院校百强专业。招生4393人，毕业2636人，就业率保持在98%以上。完成社会培训17072人，开展技能鉴定培训5058人。3月15日，市技师学院与山东知味斋餐饮娱乐有限公司联合成立淄博市技师学院知味斋商学院。5月21～22日，参加第二届全国有色金属行业职业院校学生职业技能竞赛决赛，取得数控车工组个人总分第一名和第四名、钳工组个人总分第四名和第五名，数控团体一等奖、钳工团体二等奖的成绩。10月8～31日，市技师学院汽车工程系教师孙学武、王峰在2011年全国职业院校现代制造及自动化技术教师大赛中，取得汽车全电气系统监测与维修项目比赛团体总分第一名，2名教师被授予全国机械职业院校人才培养优秀教师称号。

（肖成德）

本部类编　辑：马震刚
副主编：王　娟
校　对：王　娟
耿　超

·齐文化名人·

鲍　叔　牙

鲍叔牙（？—前644），齐人，春秋时齐国大夫，著名政治家。年轻时长期与管仲相处，二人在种种挫折中成为莫逆之交。他以善于知人为后世称道。

前694年，齐襄公淫乱无常，鲍叔牙辅佐小白逃到莒国。前686年，齐国内乱，国君被杀。他带小白抢先回国，夺得政权。小白即位后，要任他为相，他推辞说，您要治理齐国，我与高傒即可胜任；若想称霸诸侯，非管仲不可。他说管仲有五大长处都超过自己：宽惠爱民，我不如他；治国不失权柄，我不如他；以忠信交好诸侯，我不如他；制定礼仪约束四方，我不如他；披甲击鼓，立于军民，使百姓勇气倍增，我不如他。管仲犹如百姓之父母，欲治其子女，不可不用其父母。他最终说服桓公弃一箭之仇拜管仲为相。管仲相齐后，叔牙甘居其下，全力支持管仲治理国政。当齐国霸业蒸蒸日上，桓公、管仲产生骄傲自满情绪时，他总是善意地及时提醒。齐国君臣在一起饮酒时，他提醒桓公不要忘记逃亡在莒国时的日子，提醒管仲不要忘了在鲁国做囚徒的处境，使齐桓公和管仲猛然警醒。管仲、隰朋去世后，齐桓公请他做相，他要求桓公赶走了佞臣竖刁、易牙和开方。做齐相后，他继续实行管仲的政策，保持了齐国的霸主地位。后来，桓公又召回竖刁、易牙和开方，鲍叔牙愤而辞职，抑郁而终。

《史记·管晏列传》中说，鲍叔牙推荐管仲做了齐相，自己甘心情愿地位居管仲之下。天下人不称道管仲的贤能，而称道鲍叔牙能知人善任。管仲曾叹说："生我者父母，知我者鲍子也！"

文　　化

综　述

2011年，全市积极开展“三下乡”活动。春节期间，10多万人直接参与各类文化活动表演，人民群众文化生活丰富多彩。

艺术创作人才队伍建设。12月2日，2011年度“齐鲁青年榜样”评选结果在济南揭晓，市京剧院刘媛媛入选“齐鲁青年榜样”。市京剧院梅艳在2011年山东省戏曲演员红梅大赛中获一等奖。市五音戏剧院路萌在全省地方戏中青年演员比赛中获二等奖。市歌剧舞剧院高爽在省青年歌手大奖赛中获三等奖。市书画院苏宗胜个人画展在国家美术馆展出。市文化广电新闻出版局获“庆七一迎十艺”(迎接第十届中国艺术节)全省地方戏中青年演员比赛组织奖。

文化产业快速发展。2011年全市文化产业产值不断提高，全市文化产业南方招商成果丰硕，签约25个文化项目，总投资53.75亿元，融资额25.68亿元。特色文化产业集群初具规模。5月19日，《人民日报》以《山东淄博文化产业促经济转型》为题，刊登淄博市文化产业发展经验文章。

行政许可和演出市场。全年受理办件3986起，办结3986起，按期办结率达到100%。市演出服务中心策划中国京剧名家演唱会等高水平演出活动，全市演出市场稳定发展。

对外文化交流。赴韩国广州市开展文化交流活动。市京剧院“红色经典剧目巡演”在南方演出20余场，观众人数达3万余人。市书画院分别与新疆石河子市书画院和江苏常州市书画院开展书画交流活动。　　　　（常　勇　赵文琦）

专业文化

【首届全市艺术创作暨导演培训班举办】　7月27～29日，市文化广电新闻出版局主办，淄博市艺术创作研究所承办的首届全市艺术创作暨导演培训班在山东理工大学举办。中国艺术研究院戏曲研究所所长、中国艺术研究院学位委员会委员、《戏曲研究》主编、博士生导师刘祯教授作题为《近年来戏曲创作与理论研究》的专题讲座。上海戏剧学院导演系主任、博士生导师李建平教授系统讲授戏剧创作中的导演艺术等内容。

【剧本创作】　市艺术创作研究所编创《忠诚》《英雄铁山》《社区门诊》等作品，其中情景剧《忠诚》获淄博市文学艺术奖，小品《社区门诊》、小戏《爱心传递》获淄博市精品工程奖，情景剧《英雄铁山》获全省老干部文艺汇演金奖，独幕剧《生命之手》获全省消防系统调演一等奖。

【市京剧院巡演】　5月23日，淄博市京剧院红色经典剧目《杜鹃山》《红灯记》以及新编排的《光辉照耀天地明》红色经典京剧名段先后在常州、镇江等10个地市进行为期1个多月的巡回演出。该巡演是市京剧院第四次赴南方演出。

（刘　浩）

艺术事业繁荣发展、丰富活跃基层群众文化生活，自1987年设立的文化品牌项目，首要特征是普及面和群众参与度。

社会文化

【公共文化服务示范区创建】 2011年初，市文化广电新闻出版局按时完成创建国家公共文化服务体系示范区(项目)的申报工作。山东省将桓台县“公共电子阅览室暨乡村少年宫建设与服务”项目作为全省第一推荐项目向文化部、财政部进行推荐。

【文化馆评估定级】 在文化部开展的第三次全国文化馆评估定级工作中，淄博市有6个馆被文化部命名国家一级馆，3个馆被文化部命名国家二级馆，淄博市所有文化(艺术)馆均达到国家二级馆及以上。

【文化下乡】 2011年，全市各级文化部门积极开展多种新式的送文化下乡活动。累计组织各类文化下乡活动463次，送戏612场，送书画1325幅，送图书3万余册，送辅导1123人次。

【周村区和博山区入选中国民间文化艺术之乡】 周村区(游艺)和博山区(陶瓷琉璃)入选文化部2011～2013年度中国民间文化艺术之乡名单。中国民间文化艺术之乡是文化部为推动民间文化艺术事业繁荣发展、丰富活跃基层群众文化生活，自1987年设立的文化品牌项目，首要特征是普及面和群众参与度。

【基层文化设施建设】 2011年，全市完成农村文化大院360个，完善农村文化信息共享工程服务点180个，培训农村文化骨干3882人，组织送戏进农村2052场，建设农家书屋2013个。

【公共电子阅览室建设】 市政府印发《关于推进公共电子阅览室建设的实施意见》。至年底，全市有1个市级支中心、8个县级支中心，公共电子阅览室1205个，配备电脑3967台。

【陶瓷文化项目入选国家级文化创新工程】 2011年，文化部在全国设定4个陶瓷类的国家级文化创新工程项目。淄博市的“陶瓷文化与工艺创新——水晶骨瓷工艺文化创新”作为山东省唯一一个项目入选为国家文化创新部地共建项目。该项目由文化部与淄博市政府共建，省文化厅与淄博市文化广电新闻出版局共同管理，淄博泰山瓷业有限公司与淄博硅酸盐研究所共同承担。“水晶骨瓷工艺文化创新”项目主要在材质、生产工艺、装饰方法、陶瓷文化内容和陶瓷文化传播机制上进行创新。 (张文涛)

2011年6月11日，非物质文化遗产现场展示——剪纸

(市文化广播新闻出版局　供稿)

文　博

【淄博市第四批市级重点文物保护单位公布】 3月17日，市政府依法公布徐王遗址等173处第四批市级重点文物保护单位的保护范围。至此，全市305处市级重点文物保护单位都已划定保护范围。

【联合打击防范文物犯罪办公室成立】 8月，市公安局刑侦支队和市文物局成立淄博市打击防范文物犯罪联合办公室，推动全市打击防范文物犯罪联动机制的建设，提升全市打击防范

文物犯罪的能力。（李　胄）

【《西周古城探秘》在中央电视台播出】 见区县概况·高青县

【《临淄齐国故城保护总体规划》通过省级评审】 8月27日，山东省文物局组织文物保护、考古等方面专家在临淄区召开《临淄齐国故城保护总体规划》专家评审会，专家组对齐国故城进行现场勘察，听取设计单位关于规划编制情况的汇报，对规划文本进行深入讨论研究，原则通过省级评审。

【第六个中国“文化遗产日”系列宣传】 6月11日，淄博市暨周村区2011年第六个中国“文化遗产日”系列宣传活动在周村古商城（大街）全面启动，目的在于宣传《中华人民共和国文物保护法》和6月1日正式实施的《中华人民共和国非物质文化遗产法》。活动期间，组织23项民间手工技艺展演、现场文物“鉴宝”、文化遗产保护成果展等，展现全市文化遗产保护工作成果，提高全社会的文化遗产保护意识。6月10日，27人被认定为淄博市第二批非物质文化遗产项目代表性传承人。

【山东省第五届讲解员大赛获奖】 11月6～8日，全市7名讲解员参加山东省第五届讲解员大赛，蒲松龄纪念馆仇丽、淄博市博物馆李媛媛获专业英文组个人三等奖，其余选手获得个人优秀奖，淄博市代表团获团体三等奖。

【市博物馆安全专项检查】 11月16日至12月19日，市文物事业管理局、市公安局组成联合检查组对全市15家博物馆安全保卫情况进行专项检查，摸清全市博物馆及其他文物收藏单位的安防建设情况，建立健全各项内部安全管理制度。

（武振伟）

【全市第三次文物普查完成】 全市第三次全国文物普查工作自2007年9月起，2011年全面完成。经国务院文物普查办公室审核，全市登录不可移动文物2239处，其中复查855处，新发现1384处，新发现数量占总量的61.8%。按类别分，古遗址640处，古墓葬409处，古建筑673处，石刻85处，近现代史迹及代表性建筑425处，其他7处。行政村和自然村到达率均为100%。

（徐学琳　李　媛）

文化市场

【概况】 截至2011年年底，全市文化经营单位约4700家，其中网络文化市场经营单位1073家（其中互联网上网服务营业场所617家），演出市场经营单位247家，娱乐经营单位311家，美术品经营单位332家，文物经营单位645家，计算机软件经营单位124家，音像制品经营单位109家，印刷、复制经营单位1067家，出版物经营单位520家，广播电影电视经营单位241家。

【规范文化市场经营行为】 是年，重点实施印刷发行市场守法诚信、正版普及保护、绿色网络文化、健康演艺娱乐、高雅艺术以及媒体净化六大工程；全面开展全市文化市场执法检查十项行动，大力整治文化市场，即：封堵查缴各类非法出版物行动，治理打击通过互联网和手机媒体等传播淫秽色情及低俗信息行动，打击各类侵权盗版行为行动，查处治理网吧接纳未成年人行动，规范演艺、娱乐场所行动，规范美术品、艺术品市场行动，规范文物市场行动，打击假报刊、假记者站、假记者、假新闻及各类非法广告行动，治理查处广播电视互联网等媒体违法违规视频视听及广告行动，清理整治黑网吧、黑印刷（复制）、黑出版（发行）、黑娱乐场所等无证经营行动。

市文化市场执法部门按照全国、全省文化新闻出版工作会议的部署和要求，以“净化文化市场，维护文化安全，创建文明城市”为主题，以严厉打击文化、新闻出版、版权、文物等领域的违法违规活动为主要内容，以明察暗访、突击检查、严厉打击为主要手段，开展专项集中检查。全市按行政区域划为南、中、北3个片区。南片区包括淄川区、博山区、沂源县，中片区包括张店区、周村区、临淄区，北片区包括桓台县、高青县、高新区。3个执法组分别由市文化市场执法支队负责人带队,每两个月为一轮,分别对南、中、北3个片区进行轮回执法检查。

先后组织开展春节期间文化市场集中整治行动,网吧、娱乐场所集中整治行动,演出市场集中整治行动,净"网"清"娱"助创城专项行动,整治民营医院及国有医院非法内刊专项行动等一系列集中、专项行动。检查文化经营场所10080家(次),执法检查42284人(次),查处违规网吧40余家,违规演出活动2次,违规印刷企业11家,违规图书发行企业8家,受理举报17件,立案调查113件,办结案件93件,警告45家(次),责令限期整改27家,责令停业整顿17家(次);查处各类非法出版物18万余册(盘),打掉地下非法印刷、发行、藏匿窝点5个,取缔无照经营者和非法游商地摊60多个,督办各类违法违规案件15起,其中大案3起。依法取缔264家从事歌厅、茶艺的无证业户,没收经营设备600余件。

在创建全国文明城市实地考察迎检阶段,成立3个督导组到各区县进行督查和暗访,严格按照创城标准对各区域内的文化市场经营业户加强管理。同时,成立10个检查小组,实行分工包片负责制,对创城重点区域内的网吧、娱乐场所等文化经营单位进行拉网式检查,出动执法人员200余人次,取缔游商地摊30余家。

【法规培训】 制定《淄博市执法队伍培训(三年)规划》,分3期6批对全市文化市场执法人员进行业务培训。7月19～20日,举办首期全市文化市场执法系统法律法规培训班,全市文化市场执法一线80多名执法人员参加培训,集中学习新闻出版、网络经营、演艺娱乐、艺术品等市场的法律法规、监管政策。11月17日,组织全市400多家印刷企业举办法律法规培训班,增强守法经营意识。8月23～25日,市文化市场执法部门组成专门考察组赴青岛、潍坊、日照3市考察学习文化市场综合执法工作,重点学习3市在文化市场执法队伍机构建设、工作制度和具体行政执法工作等方面的先进经验。

【宣传教育】 采取多种宣传形式,宣传诚信理念,弘扬诚信精神,提高经营者诚信守法意识;开展群众性学法、知法、执法、守法活动,以维护群众特别是青少年的合法权益为主要目的,先后组织开展三八妇女节妈妈执法宣传活动、"3·18"文化市场法制教育宣传日活动、"3·22"全市依法行政宣传日活动。4月22～26日,组织开展以"拒绝盗版,做诚信公民"为主题的保护知识产权宣传周活动。5月27日,召开"五老"网吧义务监督工作现场会,老干部、老战士、老专家、老教师和老模范20人出席会议。初步形成文化市场执法部门主抓、"五老"监督员配合、社会各界积极参与的联动工作模式。在国家、省、市等各级各类媒体刊登、播发新闻稿件200篇,宣传介绍淄博市文化体制改革和文化市场管理取得的成绩。 (李姗姗)

文化产业

【承办全省文化产业工作会议】 2月25～26日,全省文化产业工作会议在淄博市召开。与会代表参观考察淄博市2家国家级文化产业示范基地——荣宝斋淄博分公司和周村古商城旅游发展有限公司。淄博京剧院等单位获得全省文化系统文化产业工作先进集体称号。

【文化产业示范基地评选】 山东长征教育科技有限公司、淄博泰山瓷业有限公司、山东根德文化产业有限公司被命名为第三批山东省文化产业示范基地。全市5家企业被命名为淄博市文化产业示范基地。 (孔凡孝)

【6家文化体制改革单位授牌】 1月30日,市委、市政府举行全市文化体制改革单位成立暨授牌仪式,分别为淄博市文化广电新闻出版局、淄博报业传媒集团、淄博市广播电视总台、淄博市广播影视传媒集团、淄博市文化市场执法局、淄博市文化市场执法支队6家文化体制改革单位授牌,标志着淄博市文化体制改革迈出实质性一步。

【文化产业项目建设】 2011年,全市在建规模以上文化产业项目78个,总投资272.74亿元,已完成投资50.35亿元。其中,新开工项目19个,投资额103.66亿元,已完成投资5.62亿元;已完工项目26个,完成投资18.3亿元。

【文化产业项目招商】 出版《2011年文化产业招商项目册》,从全市100多个文化产业项目中筛选70个发展潜力大、发展前景好的文化产业项目,确定为2011年全市文化产业招商项目,总投资额199.34亿元,总融资额130.51亿元。7月15~27日,赴长江三角洲、珠江三角洲等地开展文化产业学习招商考察活动,分别在上海、深圳举办淄博市文化产业项目招商洽谈会,签约25个文化项目,总投资53.75亿元,融资达25.68亿元。其中,合同签约14个,投资额35.09亿元,融资额12.91亿元;意向签约11个,投资额18.66亿元,融资额12.77亿元。合作金额过亿元的有山东齐赛创意动漫产业园二期工程等11个项目,占全部合作金额的80.28%。11月,在山东省文化产业项目、园区和企业北京推介会上,印象齐都文化产业园项目签约,山东齐赛动漫科技有限公司等2家企业做现场演示,长征教育M-PC数字信息教材项目等6个项目入选推介会招商册。

【中国(淄博)首届书画艺术品博览月举办】 9月举办,以"创意、传承、融合、提升"为主题,突出淄博地域特色文化,激活书画文化资源,展示交易书画精品。活动期间,举办"中国风骨"——当代中国画名家作品展、西泠印社"中国近现代书画名家精品展"、蒲松龄纪念馆馆藏书画精品展、荣宝斋馆藏中国名家书画精品展及龙瑞、王镛等国家级画家精品展等28项主题展览,同时开展系列展览89项,展示推介书画作品7000余件,累计参观人数近50万人次。组织开展10场拍卖活动,各项书画交易额累计达1.5亿元。

【第三届文化创意产业博览会举办】 9月6~9日,在淄博国际会展中心举办。围绕"传承、推介、交流"主题,集中展现淄博独特的风土人情和民俗文化。设12大板块28个展区,展出面积10000平方米,展示各类文化艺术品93000余件(套),开展各类主题文化活动50项,产品成交额约2亿元,洽谈项目5个,达成合作意向金额7.8亿元,累计参观人数近20万人次。展出陶琉文化、商埠文化、丝绸文化、蹴鞠文化、牛郎织女文化等地域特色鲜明的民俗文化;蛋壳雕、烙画、刻瓷、内画、陶艺、剪纸、刺绣等现场创作表演,周村芯子、周村烧饼现场制作,红木马扎及制作技艺演示,仿古蹴鞠表演。

【市第三届文化产业创意大赛暨文化创意周举办】 7月举办,收到各区县、各单位、各企业的公益广告创意、动漫创意、文化创意、农业创意、工业创意、青少年创意、大学生创意等7类原创作品276件,评选出9个单位为优秀组织工作奖,对《山喜鹊》等38件作品分别授予金奖、银奖、优秀奖,并将部分优秀创意作品在第三届文化产业展销会上进行集中展示。其中,市农业局开展的全市首届农业创意设计大赛收到作品89件,涵盖农产品的研发、生产、包装、加工、营销、服务、品牌推广等多个环节,其中长青树农宅对接销售模式、周村烧饼手提袋设计系列、沂源中庄异形苹果等创意作品受到关注。

【文化产业宣传】 在《人民日报》《大公报》《大众日报》《经济导报》《山东通讯》等分别刊登《山东淄博发展文化产业促经济转型》《山东淄博:文化产业促经济转型》《淄博文化产业——经济转调的绿色引擎》《淄博文化产业发展渐入佳境》《淄博:资源优势成文化产业发展核动力》《大力发展文化产业 努力增创文化软实力》《淄博市:以文化促进结构调整和经济转型》等理论文章,推介宣传淄博文化产业发展经验。在首届书画月和第三届文展会期间,在市属各媒体开辟"聚焦书画月 关注文展会"专栏、专题,期间,各类媒体共发稿200多篇(条)。为贯彻落实党的十七届六中全会精神,在《淄博日报》开辟"文化发展看亮点"专栏,选派记者深入企业、项目、园区,采写编发20多篇稿件。结集出版论文集《淄博市文化产业发展的实践与思考》。全书约60万字,分指导篇、政策篇、调研篇、动态篇、新闻篇、经验篇、典型篇、通报篇和研讨篇,收录国家、省市出台的有关文件、政策和法规,记述淄博文化产业发展的重大事件,涵盖成功文化企业的典型案例,回顾总结文化产业发展的宝贵经验。 (耿庆成)

文艺创作

【获奖文艺作品】 截至年底，各艺术门类获160余项省级、国家级艺术奖。报送28件作品参加山东省第四届泰山文艺奖，6件作品获奖，涉及书法、摄影、曲艺、民间文艺、艺术理论研究5个艺术门类，其中邹方臣的书法、赵健民的纪实摄影获一等奖。在第三届全国小戏小品曲艺大赛上，李琦胜创作的山东快书《雨夜打假》获一等奖、戏剧小品《双喜临门》获三等奖，李忠俊创作的山东快书《救助》获二等奖。参加第八届齐鲁风情青年歌手大赛，取得金牌1枚、银牌2枚、铜牌2枚，获奖数量列各市之首。5人入选2011年全国中国画作品展，2人获优秀奖。

【文学创作】 是年，全市发表出版文学专著50余部，在中央和省市级文学报刊和杂志发表中、短篇200余篇。其中任传斗的《岗位》、陈庆爱的《劣根》、宗利华的《蓝颜知己》、韩顺祥的《川页诗稿》等作品受到社会好评。

【主题文艺活动】 是年，市文联围绕庆祝中国共产党成立90周年、辛亥革命100周年等重大活动、重要事件，开展一系列重大文艺活动。组织举办“淄博市庆祝建党90周年书法、美术、刻瓷艺术作品展”，展出160余件作品。组织淄博市纪念中国共产党成立90周年民间剧团大展演及小说征文活动、专题舞蹈电视晚会和广场舞蹈大赛、“心连心，走进社区”大型文艺演出、“庆祝建党90周年，展示生态文明成就”环保摄影大赛、庆祝建党90周年书法书画展、美术书法民间工艺作品展。根据市委宣传部在全市宣传文化系统组织开展“三个一切”群众路线主题教育活动的部署，举办“一切为了群众、一切依靠群众、一切服务群众、创建全国文明城市”大型文艺晚会和广场文化展演活动。

【惠民文化活动】 是年，开展“送欢乐、下基层”和“种文化在基层”活动，并努力使该活动制度化、规范化、经常化。组织送书法、写春联活动，开展“淄博市‘迎新春’部分文艺界知名人士走进军营联谊活动”。举办320期各类舞蹈培训班，培训大批基层舞蹈人才，在临淄区开展戏曲普及培训工作。截至年底，全市文联系统在“送欢乐、下基层”活动中共举办文艺演出60多场，举办各类展览比赛100多场，深入农村、社区、厂矿、企事业单位文艺辅导500余次，全市参加文化下乡人数达6000多人次。

【协会建设】 是年，成立市雕塑艺术家协会，及时调整充实有关协会的领导班子，保持队伍健全稳定。市文联所属专业文艺家协会达到14个，新增市级会员300多名。截至年底，全市市级及以上会员已达7000多名，其中省级会员1580名，国家级会员237名。 （孔祥翠）

本部类编　辑：马震刚
副主编：王　娟
校　对：范立学
杨建明

新闻出版　广播电视

新闻宣传

【提高舆论引导能力】 2011年，市委宣传部加强对新闻宣传工作的日常动态管理和调控。每周制定工作计划，每季度制定重点报道选题，每月制定《月度新闻宣传重点及安排意见》，并印发至各级宣传部门和新闻单位执行；不定期召开新闻例会、通气会、协调会，并印发会议纪要进行传达，采用电话通知，印发、转发电报、传真、办理批办件等形式，及时传达上级宣传部门和市委、市政府关于新闻宣传工作的有关指示要求和纪律规定，调度新闻媒体贯彻落实和执行，严格审批各类新闻发布会的召开。年内，召开各类新闻例会、协调会等37次，转发、转达关于新闻宣传工作的通知、传真、电报、电话通知等390多个（次），审批召开各类新闻发布会15个。主动做好热点敏感问题的舆论引导，稳妥把握、审慎处理房价、物价、收入分配、就业、入学入托、食品药品安全、征地拆迁等敏感问题的宣传报道，通过报送内参、不定期上报热点敏感问题等形式及时通报掌握的热点敏感问题，进一步加强正面宣传，强化社会舆论的引导能力，牢牢把握主流舆论，努力促进社会稳定，维护科学发展大局。做好重大突发事件的管理，加强突发事件、负面报道的舆论引导。积极稳妥地处理各类生产安全事故、校园安全事故、交通事故等突发事件以及换届选举中的舆论引导，加强与上级媒体沟通协调，有力地维护社会政治稳定。

【对上对外供稿】 对2010年度新闻外宣有突出贡献的先进集体和先进个人进行表彰奖励。从市属各新闻单位精选一批勤务敬业、能力强、干劲足的骨干记者，成立对上对外宣传专职记者队伍，专门负责对中央和省主流媒体的供稿供片工作。每季度统计重点对上发稿情况，对各区县、市属新闻媒体、上级媒体驻淄记者站的对上发稿情况进行通报。人民日报社、新华社、中央人民广播电台、中央电视台、大众日报社、山东人民广播电台、山东电视台等中央和省级媒体先后对时代先锋——孙建博、文化产业、东部化工区搬迁、村“两委”换届选举、“六小警务”、民生政策宣讲站、生态文明、保障和改善民生、创新社会管理、工业经济超万亿、文明城市创建等进行报道，进一步扩大淄博的影响。组织由省级新闻单位驻淄记者站、市属新闻单位的骨干记者参与的“走进宁夏石嘴山”大型集中采访活动，省级主要新闻媒体、石嘴山市主要新闻媒体、淄博市各新闻媒体等均报道该活动，集中宣传淄博石嘴山工业园。

是年，全市累计对外发稿12000多篇（条）。其中，在《大众日报》发稿287篇，刊发头版头条稿11个，头版头条发稿量和重点稿发稿量列全省17市“双第一”；淄博人民广播电台在中央人民广播电台《新闻和报纸摘要》、山东人民广播电台《山东新闻》分别发稿26条、236条，创历史最好成绩；淄博电视台在中央电视台《新闻联播》重点发稿29条，在山东卫视《山东新闻联播》发稿635条，发片量名列全省城市台“双第一”。淄博人民广播电台和淄博电视台双获山东广播电视台新闻宣传集体记者一等奖。

【新闻工作者队伍建设】　开展“走基层、转作风、改文风”活动和“三个一切”群众路线主题教育活动。组织各新闻单位认真组织学习《关于在新闻战线广泛深入开展“走基层、转作风、改文风”活动的意见》，学习中央和省领导同志关于党的群众工作的重要论述和党的新闻工作优良传统，围绕新闻战线在新形势下如何坚持“走基层、转作风、改文风”开展交流研讨，牢固树立马克思主义新闻观；组织“青年记者、编辑下基层”主题教育实践活动，通过新春走基层、国庆走基层等形式，引导广大新闻工作者走进基层、体验基层、报道基层，切实做到“走得深入、转得到位、改得彻底”，进一步增强全体新闻工作者的社会责任意识；组织青年记者到焦裕禄纪念馆和革命老区参观学习，缅怀焦裕禄精神，引导青年记者传承和发扬先烈们的革命精神和优良传统，增强贯彻执行党的新闻工作方针政策的自觉性，推动“走基层、转作风、改文风”活动进一步制度化、规范化、常态化。开展各类新闻评选活动，提升新闻工作者专业素养。组织评选2010年度淄博新闻奖，并对获奖作品进行分析评议和表彰奖励；组织评选年度十大新闻，对2011年度发生的重大新闻事件进行总结和回顾；配合有关部门组织评选人大工作好新闻、淄博市人才工作好新闻、淄博市交通运输好新闻、残疾人事业好新闻等各类新闻奖项，增进新闻工作者的精品意识、创新意识和竞争意识。　（耿庆成）

报　刊

【淄博报业传媒集团组建】　1月30日，淄博报业传媒集团正式挂牌。淄博报业传媒集团与淄博日报社一个班子，两个牌子，统领各子媒体即《淄博日报》《淄博晚报》《淄博财经新报》《淄博新闻网》《淄博手机报》和《新闻观察》(内部刊物)。坚持差异化办报、错位经营，实现经营管理与新闻采编同步提高，形成新闻采编、报纸印刷、征订发行、广告经营有机联动、相互促进的良性循环。2011年，集团实现收入比2010年增长14.82%。其中，淄博日报社、淄博晚报社广告收入分别增长26.49%和20.39%。

【系列重点报道】　报业集团围绕庆祝中国共产党成立90周年、转方式调结构、文明城市创建、生态文明、学习宣传胡锦涛总书记“七一”讲话精神、创先争优活动、学习贯彻党的十七届六中全会精神7条主线开展新闻宣传工作。先后开辟《辉煌“十一五”》《站在新起点，实现新发展》《落实“十二五”规划，打好转调攻坚战》和《转方式调结构，推动经济社会科学发展》等10多个栏目，推动全市“十二五”规划的落实和转方式调结构工作开展。《淄博日报》刊发5个系列评论、5篇社论、100余篇评论，为重要报道配发评论10多篇。生态文明宣传方面刊发100多篇通讯、消息、图片、理论文章等稿件，宣传环境治理工作。庆祝中国共产党成立90周年宣传中，开辟《党旗飘飘》专栏，对全市基层获得市级以上称号的先进党组织和优秀共产党员的先进事迹进行典型宣传。派出记者组到中国共产党发展史上近20个重要地点进行现场报道。与市委组织部等部门联合开展中国共产党成立90周年知识竞赛。7月1日，《淄博日报》推出纪念中国共产党成立90周年专刊。在创建全国文明城市宣传中，开辟《建设文明淄博，创建文明城市》《和谐淄博、文明共享》《淄博道德楷模》等专栏，对全市创建活动进行动态报道和典型报道，并在理论版开辟《我看创城》专栏，动员社会力量参与创城。

【发稿工作】　修订对外宣传和撰写《内参》奖励机制，实行对外对上发稿和撰写《内参》责任制，明确任务目标，一个季度一调度，严格兑现奖惩。2011年，淄博报业传媒集团各媒体对上发稿700余篇，向市领导报送《内参》20期。　（徐文武）

【踏访雷锋的足迹大型采访】　1月1日，淄博晚报社特派记者走进抚顺雷锋班，与雷锋班战士共度新年，《踏访雷锋的足迹》大型系列采访报道活动拉开帷幕。其后，晚报社记者赴辽宁沈阳、抚顺、鞍山、辽阳、大连等地，采访雷锋班历任老班长，在鞍山齐大山铁矿对“当代雷锋传人”郭明义进行专访。

【中国共产党成立90周年宣传】　3～6月，围绕庆祝中国共产党成立90周年，策划推出《岁月如歌——庆祝中国共产党成立90周年》特别报道、《光辉的足迹——山东红色故土行》等报道。策划推出大型新闻纪念特刊《建党90周年——红色典藏》，由红色印迹、红色档案、民生成就、区县成就、光辉历程、优秀基层党组织、优秀共产党员风采、我的入党故事等版块构成，全刊72版。

【创建全国文明城市宣传】 为配合全市创建全国文明城市，淄博晚报社开通热线和创城义工QQ群，听取市民对创城的意见和建议，接到市民意见建议千余条。同时，联合市文明办推出《我推荐我评议身边好人》栏目，市民提供线索，讲述身边好人的故事，在社会形成人人学习道德模范的浓厚氛围。12月20日，淄博市获得全国文明城市称号后，采写刊发《向前，淄博走在文明的大道上》《创城，坚守20年的民心工程》《让市民更满意、让城市更文明——淄博报业传媒集团独家专访市委常委、宣传部部长郭利民》等稿件，采访市教育局、市民政局等17个部门和单位的主要领导，发表创建文明城市感言。

【策划邻居节活动】 9月24日至年底，淄博晚报社联合市文明办，市民政局，淄博报业传媒集团，张店区委、区政府共同主办第七届淄博市邻居节。邻居节期间，开展楼道通讯录、邻里百家宴、和谐楼道"全家福"、四点半学堂、晚报微笑服务队、社区律师团、社区"红袖章"、趣味运动会、营养健康进社区、邻里大舞台、社区大联欢、闲物置换大集、私物珍藏展13项活动，旨在借邻居节大舞台，让居民百姓走出家门参与互动，彼此由陌生到相识相知，营造"以德为邻，共创文明"的文明氛围。

【策划"爱心书屋"活动】 淄博晚报社策划的"爱心书屋"活动自4月23日第十六个"世界读书日"启动，《淄博晚报》等媒体的10篇报道引导读者关注山区儿童、踊跃捐书共建爱心书屋，社会各界读者捐书3000余册。6月2日，2000册图书送到沂源县石桥镇葛庄学校。

【《人文淄博·当代学人》系列报道】 11月，推出《人文淄博·当代学人》大型策划，这是继2009年淄博晚报社推出《人文淄博明清之际的名门望族》、2010年《人文淄博近现代学人名士》之后的又一个大型策划。晚报每周五以3版的篇幅开设《人文淄博·当代学人》栏目，截至12月底，刊出8期。该系列报道采访对象主要包括两个群体，一是在农业、医药等领域做出重要贡献的自然科学家，二是在地域文化、文学文史研究领域成就卓著的社会科学家。用科学的历史观、文化观，深入挖掘整理地域文化，对淄博市丰厚的人文资源进行深层报道。

【淄博晚报社系列策划活动】 4月，全程参与淄博市第四届读书节策划报道，渲染人人爱读书的文化氛围。12月，策划发起"捐建环卫房"活动，得到社会广泛关注，截至12月底，接收环卫房爱心款物200万元，同时被国家及省级多家媒体报道。策划报道植树节大型公益活动，将植树与都市农业相结合，加入"种下山楂树收获幸福花"的时尚元素，市民在植树的同时体验到采摘的乐趣，并为与各都市农业园区合作奠定基础。

（刘　琳）

【鲁中晨报社策划活动】 1月，策划"玉兔开门迎春"活动，现场教授市民清理卫生、插花、做花馍等知识；针对年货贴牌现象，引导市民认识正宗淄博特产等。3月，策划晨报相亲会，通过相亲故事、相亲人物、恋爱观点，回顾5年的成果，现场人数、规模、经济效益都达到最高水平。4月，联合市蔬菜办发出倡议，倡导各蔬菜生产、流通企业减少流通环节，让蔬菜从菜地直接到超市、进社区、上餐桌。6月3日，启动第六届爱心送考大型公益活动。10月，策划"徒步环渤海"走基层活动。10月10日至10月底，晨报社记者与乞讨流浪、落难、无钱回家的困难人员零距离接触，启动"爱涌淄博温暖回家"大型爱心公益活动。12月，开展"爱心圆梦行动"，与团市委联合向社会发起爱心捐助的倡议，特别推出"爱心围巾"活动，报社提供爱心毛线，市民编织围巾和帽子，送给贫困孩子。

【鲁中晨报热点报道】 1月，围绕2010年国内农产品价格上涨、2010年农产品走势及2011年的中央1号文件可能涉及的范围，鲁中晨报社推出

《中国农业大考》专题，多方面、多角度地分析和预测2011年中国农业可能面临的问题。2月，在北非局势动荡及由此引发的国际物价波动的前提下，推出《列国通胀——海外中国人的通胀生活》专题报道，通过共同撰稿的形式，展现海外中国人面对通胀的生活状态。4月，推出《菜价僵局》专题，多方面探寻解决菜价问题。《暗访中国假证之城——娄底》系列，揭开非法行当背后不为人知的暴利内幕。7月，《聚焦中华蒜都》详述金乡大蒜涉及的利益群体以及蒜价暴跌僵局。8月，记者深入调查桓台县2个楼盘以团购形式变相降价内幕，推出《桓台团购房风波》。

【鲁中晨报系列报道】 5月，刊出《90记忆》系列，记者分赴嘉兴南湖、瑞金、井冈山、南昌、遵义等红色革命圣地，重访在中国共产党党史上有着重要意义的节点，重温历史。6月，刊出《记者走进金三角》系列，记者穿越中缅、中老、中泰边境，亲历缉毒现场。7月，推出《山东走出来的将军》系列，记者奔赴北京、上海，采访部分从山东走出的将军；《被淘空的黄肠题凑》系列，解开"黄肠题凑"汉墓零出土背后的诸多谜团。8月，刊出《生死卧底11天》系列，记者卧底调查广西来宾资本运作的真相。9月，推出《低价桶装油"逼停"散装油》《下馆子留神别吃了地沟油》《让餐饮垃圾远离餐桌》《淄博13部门合力围剿地沟油》等调查。11月，连续推出《卖价与限价对比》《药品多种规格为的是巧避限价》《中标价是药价虚高的关键》等5篇稿件，解读药价虚高内幕。12月，推出《聚焦张钢旧址将成工业遗产》系列，调查作为市级重点文物保护单位的张店钢铁总厂高炉区旧址欲被拆除一事。

【增设栏目】 1月11日，开通《部门在线》栏目，邀请市环保、交通、教育、卫生等部门负责人走进鲁中晨报社，接听热线，现场答疑。3月，推出《漫画找茬》栏目，用漫画折射文明城市的每一个细节。4月，增设《生活实验馆》栏目，连续推出厨房砧板细菌、硫磺熏姜、炸肉或做熟肉中常用染色剂、无肉只靠添加剂就能做出肉丸的试验等。

（鲁中晨报社）

【《淄博财经新报》创办】 根据国家对非时政类报刊进行调整的要求，依据办报能力与市场需求相结合的原则，淄博报业传媒集团将《音体美报》更名为《淄博财经新报》。7月13日，经国家新闻出版总署批准（新出审字2011－528号），《淄博财经新报》获准创办。8月11日，完成省新闻出版局报纸登记变更手续。12月1日正式创刊。《淄博财经新报》国内统一刊号：CN37－110，邮发代号：23－316，周五刊，四开三十二版。

《淄博财经新报》以"经济改变生活"为办报宗旨，秉承"以新闻眼光观察生活，用经济视角解读新闻"的新闻理念。制定或完善《淄博财经新报版面规范细则》《财经新报社管理规章制度》《淄博财经新报采编办公大厅管理规定》，成立淄博财经新报编委会。《淄博财经新报》出版16～24个版面。前8版为新报中国、新报淄博、新报关注、新报聚焦、新报环球、财经聚焦、新报视点、新报时评。根据版面的设置不同，每周还有今日财经、市场周刊、收藏周刊、健康周刊、创业周刊、家庭周刊等版块。

（牛 干）

出 版 发 行

【法律法规培训】 4月，市文化广电新闻出版局对全市648名印刷企业法定代表人进行法律、法规培训。全市所有印刷企业法定代表人均实现《印刷管理条例》所要求的执证上岗。

（裴 涛）

【图书发行】 2011年，全市新华书店图书销售3.06亿元，实现利润641万元，其中市新华书店销售1.5亿元，实现利润53.9万元，一般书发行实现比2010年增长10%的预期。高新区店因经营业务受限经申请被撤销并入市店。

教学用书发行。牢固树立"教材抓服务，教辅抓市场"的理念，确保义务教育阶段教材全品种征订，稳定并提高已有二类教材和教辅读物的征订配套率，2011年新增《中小学国防教育》《高中军训教材》等。做好一般书、重点书、馆配图书、报刊、电子产品等的学校宣传推介工作，提高教材发行人员综合素质，强化营销能力，开拓与教育关联的品类销售，扩大教育市场份额。

一般书发行。配合创建全国文明城市，加强门店文明服务，加强硬件软件建设，努力改善门店环境。策划重点活动和重点图书营销，组织馆配会、书博会和节日展销促销，馆配会中全市采购图书323.7万元，其中市新华书店（包括高新区书店）采购96.4万元；发行《中共党史》第二卷3400册，《庆祝建党九十周年宣传图片》457份，光盘《历史的选择》300套，光盘《开天辟地》208个，《给人民警察的健康枕边书》3300册，《教师人文读本》12400册，《国学的天空》4772册，《朱镕基讲话实录》1300套，《十七届六中全会决定》9750册；在市直机关工委组织的全市领导干部推荐图书活动中，发行图书10个品种500套；与青岛出版社合作邀请著名儿童文学作家许友彬到2所小学举办讲座和签名售书。淄川区店为12家新华书屋供应图书价值约54万元；周村区店再建新华书屋2家，销售30万元；博山区店建设红十字书屋，涉及全市36余所学校，合计码洋90余万元；完成省店207家农家书屋的图书配送。市店中心书城开展流动团供售书，销售《责任比能力更重要》1665册、《煎、炸、炒》650册、《科学发展观干部读本》1664套等，团供部完成销售约80万元。

多元经营。做好报刊发行、文化电子用品、远程网络教学、储运业务开拓等多元业务，调整产业结构，开发新的经济增长点。储运业务代发码洋约10526万元，实现代发收入294.72万元，中转教材教辅约32.76万件。发行《新华名师卡》828套、《情感读本》9.5万套、《实用文摘》45540册、《新高考》78660册。拓宽文化电子产品的销售。市店中心书城文化用品销售约37.6万元，比2010年提升63.1%。

2011年淄博市十大畅销图书

表23—01

书　名	出版单位	作者/编者	定　价
阿速有妙招	济南出版社	王　忠　主编	28.00元
苦难辉煌	华艺出版社	金一南	46.00元
没有任何借口(经典版)	新世界出版社	(美)巴勃著;刘阿钢译	15.80元
中共党史简明读本	华文出版社	杨德山等　编著	25.00元
责任胜于能力(白金版)	石油工业出版社	杨宗华	29.80元
小猪唏哩呼噜(注音版上)	春风文艺出版社	孙幼军	15.00元
责任比能力更重要	人民邮电出版社	唐华山　编著	20.00元
中国共产党简史	中共党史出版社	中共中央党史研究室　编	27.00元
狼图腾	长江文艺出版社	姜　戎	32.00元
临界　爵迹Ⅰ	长江文艺出版社	郭敬明	19.80元
毛泽东最后七年风雨路	人民文学出版社	顾保孜	58.00元

2011年淄博市十大畅销音像电子制品

表23—02

名　称	出版单位	作者/编者	定　价
双语不用教16DVD	珠影白天鹅音像出版社		288.00元
易经的奥秘8DVD+书	中国国际电视总公司	曾仕强	118.00元

续表 23—02

名　称	出版单位	作者/编者	定　价
凤凰传奇·大声唱 CD	广东音像出版社	凤凰传奇	38.00 元
哈利·波特与死亡圣器 2DVD	中国录音录像出版社		88.00 元
巧虎小天地 10VCD	珠影白天鹅音像出版社		78.00 元
爱和乐 12CD	厦门音像出版社	陈功雄	360.00 元
仙剑奇侠传五(软件)	广州市百游汇数码科技有限公司		69.00 元
魔兽争霸之大地决裂(软件)	金报电子出版中心		12.00 元
万利达点读机 D800	深圳万利达教育电子有限公司		698.00 元
外研通点读笔 VT—2012	北京外语教学与研究出版社		598.00 元

（张玲玲）

广播电视

【重大主题宣传】　策划转方式调结构和加快转变经济发展方式的宣传。市电台、市电视台、新聊斋网站、周村广电中心开设《转方式 调结构》《富民强市看淄博》《辉煌十一五 展望十二五》等新闻专栏，宣传市委、市政府在转方式调结构方面的决策部署，全面报道各区县、各部门、各行业转方式调结构的新举措、新亮点、新成效。组织文明城市创建宣传，策划城市建设、环境治理、绿色城市等主题，开设《和谐宜居新淄博》《创建文明城市 建设美好家园》《感受文明》等新闻专栏，全方位、多角度、多形式宣传生态淄博建设的做法、成就和经验，为创建全国文明城市营造良好舆论氛围。紧紧围绕市委、市政府不同阶段的重点工作，对经济内涵式发展、产业转移升级、都市农业发展、社会管理创新、创先争优、党务公开、节能减排、城乡统筹、安全维稳等，进行精心策划报道。

【开展走基层采访活动】　市广播电视部门所属各新闻单位主要领导带队到基层调研采访，编辑记者建立基层联系点，深入基层，采写一大批来自基层、内容鲜活、文风清新的宣传报道，为基层群众解决一大批难事、实事。山东省新闻战线“三项学习教育”活动简报刊登淄博广电走基层的经验做法。

【宣传系列活动】　市电台在中央人民广播电台发稿 93 篇，其中在重点新闻栏目《新闻和报纸摘要》发稿 26 篇，获中央台发稿“全国城市台（地市级）十强”称号；在山东台发稿得分 6544 分，比 2010 年多 1500 分，获山东广播新闻宣传先进集体一等奖。市电视台在中央电视台发新闻片 181 条，其中在《新闻联播》发片 39 条；在山东卫视《山东新闻联播》发新闻片 635 条，其中头条、提要 132 条，比 2010 年多 31 条，获山东电视新闻宣传先进集

2011 年 4 月 9 日，淄博电视台联合市人力资源和社会保障局，举行“找工作向前冲”公益招聘会　　（秦立志　摄）

体一等奖第一名。市电视台在中央电视台、山东卫视《山东新闻联播》发新闻片总量位居全省城市台“双第一”，在中央电视台《新闻联播》播发《陶博会：新材料 新工艺 新技术成亮点》《倒逼治污 构筑最严格的水污染防控体系》《孙建博：身残志不移 用生命呵护绿色》等重点新闻，时长都在2分钟以上；在山东卫视《山东新闻联播》播发《淄博保障房：民生工程背后的声声事事》《转调升级 物流产业提质增速》《环境治理 群众满意是标准》等新闻，时长都在3分钟左右。市电台在中央人民广播电台《新闻和报纸摘要》栏目重点播发《培育发展新兴产业 以创新驱动实现战略转型》《节能减排硬指标 促企业调结构保增长》《城乡群众共享发展成果》等新闻；在重点新闻栏《山东新闻》头条提要播发《山东首个“上大压小 节能减排”项目新年实现新跨越》《投入亿元资金 扶持创新企业》《建设优质载体 打造高端产业集群》等重点新闻。

【节目质量建设】 创办《淄博党建》《民生热线》《打开天窗说亮话》《新闻鲜报》《童说新语》《半点气象》《时评》等新节目。根据观众的爱好、季节的变化、发展的要求等等，设置不同的编播形态，丰富节目的播出形式。是年，全台147件作品获省级以上奖励。其中，市电台10件作品获山东新闻奖和山东广播影视大奖一等奖，作品《爱让生命延续》获山东广播影视大奖广播新闻类现场直播一等奖。市电视台《今晚十八点》栏目入选2011全国十大电视创新栏目，《生活法眼》栏目入选2011全国十大电视服务类品牌栏目。由市电视台制作的《山东省第二十二届运动会开幕式大型文艺演出》获第十一届全国电视文艺一等奖。大型纪录片《砖瓦的文明》获2011年中国（广州）国际纪录片节“最佳历史文化类纪录片”提名奖。《淄博声屏报》被评为全省报纸质量精品报。

【组织策划系列活动】 市电台、市电视台分别举办第五届中国（淄博）春季汽车博览会和2011中国（淄博）汽车博览暨首届重卡工程机械车辆博览会，2场展会现场成交额达5亿多元。策划“2011青年创业在淄博”活动，为广大青年搭建创业培训平台；第二届蜂蜜大赛和蜂蜜销售活动，帮助蜂农销售蜂蜜3.5万公斤。策划开展“爱心圆梦”助学活动、“启明星”爱心支教、“春风送暖”结对帮扶、车载放心菜进社区、爱心送考、爱心查体等活动，得到社会广泛好评。围绕纪念中国共产党成立90周年，市电台、市电视台精心策划“光辉的足迹”和“追寻”2项大型异地采访活动，历时2个月，行程3万公里，采访足迹涉及华东、华中、华南、西北等20多个省份，对30多处重要史迹进行采访。策划“直播车开到俺村头”、都市大篷车赶大集、主持人与听众观众见面会、社区有奖订报等精彩纷呈的推介活动，拉近广电媒体与受众的距离。是年，还举办全国主持人电视大赛、全省第三届小主持人金话筒奖比赛、淄博市内涵发展十大杰出人物“创新之星、创业新秀”颁奖盛典、淄博首届玉黛湖BOBO音乐节、淄博首届帐篷节、淄博万人相亲大会、第四届少儿书画大赛、淄博少儿跆拳道大赛、“铁嘴老梁”梁宏达淄博听众见面会、“我的城市我的家”摄影大赛、第二届“我的第一个书包”爱心捐赠等活动。

【社会管理工作】 重视安全播出工作，层层落实安全播出责任，签订安全播出目标责任书，提高安全责任意识；加强技术培训，完善应急预案，加强安全播出应急演练，提高迅速反应、及时处置问题的能力；加强值班，加强广播电视节目安全监测；对中波发射塔防雷设施进行升级改造。全年实现安全优质播出。卫星电视整治成效明显，全年开展联合执法活动57次，查缴非法地面卫星接收天线8242个，电视棒297个。是年，对全市播出机构和传输机构开办的频道频率进行重新审核、登记与规范；加强广告监管，督促全市广播电视播出机构加强管理，进一步净化声频荧屏；加大培训力度，组织全市广电系统业务培训。

【网络事业】 是年，加快网络双向化改造，制定双向业务优惠政策，双向在线用户不断增长。加快高清互动平台建设，开展高清换购优惠活动，积极发展高清电视增值业务。全市数字电视在线用户52万户，其中双向在线用户21万户，比2010年增加9万户；高清电视用户5万户，比2010年增加3万户。网络公司实现年收入2.88亿元，比2010年增加3500万元。

2011 年 9 月 1 日，淄博人民广播电台举办第二届"我的第一个书包"爱心捐赠活动　（秦立志　摄）

【广播电视数字化】 进一步加大技术投入，全年投入 1600 多万元，购置广播移动电台车、电视高清微波车和网络直播车，对虚拟演播室、200 平方米演播室、新闻演播室、大剧院舞台进行升级改造，更新广播采访录制设备、信号检测与应急播出设备、扩声设备。技术中心及时进行设备维修、维护，确保设备的正常运行。

【广告创收】 市电台及时调整广告价格，拓展特约广告、栏目赞助、植入式广告等创收形式；市电视台加大活动营销力度，做好老客户的精心维护和增量开发工作，积极引进外地高端品牌；淄博声屏报社对旅游、医疗、教育培训等行业实行代理制，推出"声屏乐购"购物模式，努力增加广告创收。全台实现广告收入 1.39 亿元，比 2010 年增加 1200 万元。其中，市电台实现收入 4080 万元，市电视台实现收入 9002 万元，声屏报社实现收入 810 万元，新聊斋网站实现收入 71 万元。

【新媒体发展】 是年，对新聊斋网站进行全面技术升级，形成以新闻中心、网络电视、论坛互动、生活服务为重点的版块设置。网站注册会员近 10 万人，日点击量保持在 6～8 万人次。加强网台互动、网报互动，实现网络直播近 40 场次。移动多媒体广播电视信号覆盖淄博全市，4 万余户用户可以收听收看三套广播节目和八套电视节目。

【电影事业】 淄博市电影公司加快连锁影城建设步伐，12 月 15 日，坐落在博山第五季玩库商业中心五楼的博山全球通电影城正式开业，成为全球通电影城旗下的第七家连锁影城。第二家跨市经营的连锁影城——滨州博兴全球通影城已通过规划审批。2011 年放映公益电影 39210 场，超额完成全年放映任务。实现电影文化产业收入 4300 万元，比 2010 年增加 1700 万元。（秦立志）

本部类编　辑：马震刚
副主编：王　娟
校　对：王世伟
纪　瑗

卫生　体育

卫　生

【概况】 2011年，全市(不含村卫生室)有各级各类医疗卫生机构1510个，床位24007张，卫生从业人员31331人，卫生技术人员27432人。全市每千人拥有卫生技术人员6.47人，每千人拥有实有床位数5.66张。　　（张宏伟　王海燕）

2011年淄博市卫生事业基本情况一览表

表24—01

项　目	机构(个)	床位(张)	人　员(人)	
			合　计	其中:卫生技术人员
医院	125	17519	19486	16739
综合医院	94	13717	15726	13504
中医院	12	2336	2329	2074
专科医院	19	1466	1431	1161
乡镇卫生院	90	4189	4034	3633
综合门诊部	3	22	47	42
妇幼保健院(所、站)	9	1505	1867	1644
疾病预防控制中心	9		681	562
卫生监督所	10		269	242
专科疾病防治院(所、站)	5	385	378	318
采供血机构	1		104	61
急救指挥中心	1		35	23
其他卫生事业机构	3	0	37	3
社区卫生服务中心(站)	178	387	1394	1253
诊所、卫生所、医务室、护理站	1076		2999	2912
村卫生室	3433		6070	589
合　计	4943	24007	37401	28021

（刘爱琳）

【医药卫生体制改革】 国家基本药物制度全面实施。5月1日起，所有实施基本药物的基层医疗卫生机构药品网上采购工作有序开展，临床用药合理规范，基本药物价格平均下降44.4%左右，2011年订货5232.50万元，到货率100%。12月1日起，对纳入规划设置的村卫生室全面推行基本药物制度，截至2011年年底实现基本药物制度全覆盖，全市90处乡镇卫生院和74处社区卫生服务机构全部实施基本药物制度。

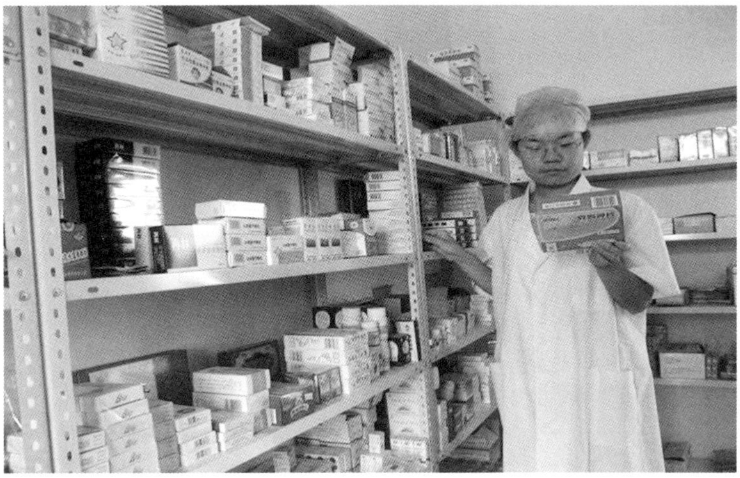

全面实施国家基本药物制度的桓台县田庄卫生院村卫生室。

（张恒龙摄于2011年5月6日）

基层医疗卫生机构综合改革全面完成。4月召开全市医改工作会议，对乡镇卫生院综合改革工作进行全面部署。至9月底，改革任务全面完成。通过科学设置岗位，优化人员结构，全市乡镇卫生院编制由3853个增加为4100个，为下一步科学发展预留空间；规范竞聘程序，采取竞争择优方式，分流非正式人员423人，妥善安置落聘人员209人；健全考核机制，建立绩效工资制度，奖励性绩效工资在工资总额中所占比重均达到40%以上。

基层医疗卫生服务体系不断完善。全市有建设项目62个，总投资88282万元，其中中央投资8850万元、省投资244万元、市投资6566万元、区县投资8480万元、乡镇投资1822万元、单位自筹6239万元，新建或改造业务用房31.48万平方米，为全市医改顺利发展奠定坚实基础。加强基层医疗卫生人才队伍建设，培训乡镇卫生院人员4723人次、乡村医生6338人次、社区全科医生552人次、护士412人次、公共卫生医师25人，基层医疗服务人员服务水平不断提高。启动实施全科医生规范化培训工作，28名学员完成理论培训进入临床培训阶段。在全省率先启动全科医生转岗培训工作，128名学员接受培训。11月，市政府印发《关于进一步加强乡村医生队伍建设的实施意见》，确定按照服务人口1.5‰配备乡村医生的政策，对符合要求并实施基本药物制度的村卫生室，按每服务1000人补助10000元的标准进行补助。乡医的配备比例、政策待遇等优于全省和其他市。

基本公共卫生服务均等化持续推进。全面落实11项基本公共卫生服务，从强化基本公共卫生服务保障机制入手，开展相关知识培训，加大督导检查力度，规范基本公共卫生服务管理，确保每项基本公共卫生服务项目落到实处。全市建立城乡居民健康档案406.64万份，建档率达90%，高血压、糖尿病及65岁以上老年人健康管理率均达95%以上，孕产妇保健、儿童保健管理、传染病防治及免疫规划等各项工作均按照省卫生厅规定全面完成任务。重大公共卫生项目。完成15岁以下儿童乙肝疫苗补种38921人；完成2008人乳腺癌筛查任务，完成率100.4%；为17858名农村妇女发放叶酸85696瓶，服用率100%；累计为17585名农村孕产妇发放住院分娩补助879.25万元，完成率97.03%；为1537名贫困白内障患者免费（减费）手术，完成率102.47%；提前完成7000个农村改厕项目建设任务，各项服务群众满意度均在95%以上。

落实公立医院改革试点任务。开展惠民医疗服务，全面落实双控、双降、双规范的“三双行动”，在全市区县以上公立医院和社区卫生服务机构开展惠民医疗服务活动，设惠民门诊217个、惠民病床848张，累计惠民140.22万人次，优惠减免金额6596.93万元。在全市二级以上公立医院全面推进临床路径管理、预约诊疗、优质护理等十项惠民利民改革措施。全市21家医院遴选119个病种实行临床路径管理，进入路径病例1489例；预约诊疗24.8万人次；79家医院开展优质护理服务，覆盖病房率达62.4%，市第一医院内分泌科被评为全国卫生系统优质护理服务先进病房，市中医医院护理部被表彰为全国护理工作先进集体。着力改善医患关系，印发《关于进一步加强医患纠纷预防和调处工作的意见》《淄博市医患纠纷预防调处办法》，成立市加强医患纠纷预防和调处工作领导小组、医患维权协会和医患纠纷人民调解委员会，正式建立医患纠纷第三方调解制度，有效缓解医患关系。（张宏伟　王海燕）

【第七届城市运动会医疗卫生保障】　累计派出卫生专业人员379人次、车辆78台次。制定《第七届全国城市运动会淄博赛区现场医疗保障工作方案》，成立领导小组和各专业技术服务组，指定专人负责比赛保障协调任务，召开专题会议研究部署。根据比赛特点、比赛强度，制定个体化保障方案，携带必要药品器材，抽调三级以上医院高年资、高职称的医护人员，安排最好的救护车，由市医疗急救指挥中心配合，全力以赴做好现场保障工作。开辟急诊绿色通道，做好院内救治准备。加强公共场所和生活饮用水卫生监管。在比赛场馆及接待宾馆落实驻点或巡查制度，重点查看证件是否有效、制度是否建立、卫生控制措施是否落实。对存在问题及时下达书面卫生监督意见书，并跟踪督导落实到位。加强传染病防控。坚持抓早、抓紧、抓主动，采取综合防控措施，大力开展健康教育。加强对比赛场馆和定点接待宾馆的传染病防控指导和检查，组织专家指导有关单位制定传染病防控制度、储备消毒药品、开展通风消毒和灭鼠灭虫等活动，为运动会成功举办营造良好卫生环境。（张　琰）

【卫生应急管理】　2011年，市医疗急救指挥中心接警19.89万个，出车5.95万车次，救治伤病员5.87万人次，其中受理3人以上重大急救354起。特别是在"9·27"青兰高速沂源境内交通事故、"11·27"山水集团安全事故救援中，邀请省、市专家会诊28人次、实施手术12台次，最大限度地减少伤残。对全市222家网络直报单位及1391家各级各类医疗单位进行信息核查，不断加强监测预警，及时处置突发公共卫生事件相关信息16条，处理预警信息792条。健全疫情会商制度，定期召开疫情会商会，加强疫情动态周报、月报和专报分析。进一步提高突发公共卫生事件应急处置能力，开展卫生应急服务能力建设情况调研，牵头编写淄博市"十二五"期间突发事件应急体系建设规划公共卫生事件部分，撰写2011年全市突发公共卫生事件评估总结报告。调整充实市级卫生应急专家组和工作队。联合市总工会组织全市疾控系统卫生检验技能大赛，组织全市突发公共卫生事件应急演练和全市食物中毒应急处置演练。推进卫生应急示范区县创建工作，张店区、淄川区被命名为全省首批卫生应急示范区。

【卫生监督管理】　实施职业卫生推进、医疗市场规范和生活饮用水卫生安全3项工程。全市5个区县通过省卫生厅职业卫生"四个一"（为企业送一本《职业病防治法》手册，为企业劳动者进行一次职业卫生知识培训，指导企业建立一套职业卫生管理档案系统，与企业签订一份《职业病防治法》责任书）工程验收，高青县、博山区列入省级试点区县，整体工作走在全省先进行列。在全省率先实行诊所、餐厅公共场所量化分级管理新举措。组织开展全市医疗美容、小型医疗机构执业行为和医疗广告专项监督检查。在全市部署开展集中式供水单位、住宿业、商场、美容美发、游泳等公共场所的专项整治。全年立案查处违法违规案件146起，处理回复群众投诉举报43起，组织处罚案件合议会9起，组织行政处罚听证会1起，无行政诉讼和复议案件。举办全市卫生监督员培训班，组织开展全市卫生监督执法能力大赛，在全省卫生行政执法能力大赛中，淄博市获一等奖。全年办理各类卫生许可审批事项1200件，办结率、群众满意率100%，多次被市行政服务中心评为优秀窗口。

【重大传染病防治】　遏制手足口病疫情。全年报告手足口发病5209人，较2010年同期下降37.17%，报告数列全省第12位，无死亡病例。

继续巩固提高免疫规划成果。免疫规划疫苗接种率达到99.75%。举办全市2011年度免疫规划综合技术培训班，开展全市免疫规划及疫苗管理工作综合检查。举行"4·25"预防接种宣传周活动。全面落实消除麻疹工作，对重点区县进行防控督导和应急接种，开展大中专院校学生及外来务工聚集人群麻疹疫苗强化免疫活动，累计接种15万余人，顺利通过省考核组的检查验收。连续37年无白喉、20年无脊髓灰质炎病例。

加强重点传染病防控。深入开展艾滋病防治“五进”宣传活动，培训13487人次，在407处重点娱乐场所开展干预宣传，顺利完成中国遏制与防治艾滋病行动计划（2006～2010年）终期评估工作。组织召开市政府防治艾滋病工作委员会成员单位会议，27个部门参加会议。举办市暨张店区世界艾滋病宣传日大型广场宣传和红丝带情系农民工活动。做好鲁中强制戒毒所羁押人群的艾滋病防治管理工作，制定《淄博市监管场所艾滋病防治分工协作机制》《淄博市艾滋病病毒职业暴露应急预案》。对全市37家艾滋病筛查实验室进行现场督导检查。博山区被命名为省级结核病防治规范县。

开展地方病、寄生虫病和慢性病防控。以全省综合评分第一名的成绩通过重点地方病防治规划终期评估。组织编制《淄博市消除疟疾九个技术规范》，顺利通过省卫生厅重点寄生虫病防治规划中期考核评估验收。推进慢性病综合防控示范区创建活动，完成省部联合减盐防控高血压项目基线调查。沂源县被命名为国家级慢性病防治示范县、张店区被命名为省级慢性病防治示范县。加强全人群死因监测工作，与公安、民政部门联合对区县死因监测工作进行督导检查，报告率达94.58%。做好全市重型精神病人的信息录入和公安系统的信息交换工作。在全市启动中小学生口腔疾病综合干预试点。

（孟　玲）

【新型农村合作医疗管理】　筹资水平进一步提升。全市参合人口231万人，参合率达99.95%，全年筹集资金5.84亿元。2011年，为参合农民报销支出5.20亿元，受益人口357万人次，获得5000元以上补偿的17708人次，获得万元以上补偿的5796人，有131人获得5万元以上补偿。住院受益率为5.53%，低于全省平均水平。开展支付方式改革。制定印发《淄博市新型农村合作医疗支付方式改革指导意见》，在各区县全面开展以总额控制为主要内容的门诊、住院补偿支付方式改革，进一步加强定点医疗机构监管，促进各级定点医疗机构规范建立医药费用内部控制，提高参合农民受益程度。切实提高报销比例。各级定点医疗机构报销比例平均提高10个百分点。门诊报销比例统一提高到30%，15种门诊慢性病、特殊病种报销比例提高到45%。大幅度提高住院报销比例，乡镇、区县、市以上定点医疗机构报销比例分别提高到75%～85%，60%～75%和45%以上。住院补偿封顶线提高到10万元，达到农民年人均纯收入的10倍以上。全面开展重大疾病医疗保障工作。对0～14周岁（含14周岁）儿童先天性心脏病、白血病、单纯性唇裂实行定点治疗、协议管理、统一比例、即时结报。参合农民享受大病保障1499人次，报销补偿医药费用642.9万元。加强精细化管理，确保规范运行。印发《2011年度全市新型农村合作医疗精细化管理活动实施方案》，指导区县加强制度建设、医疗服务监管和基金监管，提高参合农民保障水平。宣传学习《山东省新型农村合作医疗违法违纪行为责任追究办法》，规范建立基金管理制度和报销补偿流程，采取对报销资料层层审查、定期入户调查和电话随访、及时公示接受群众监督等措施，保证基金安全。

（赵志强）

【医疗质量管理和服务】　在全市卫生系统开展

2011年8月11日，卢森堡驻中国大使及世界卫生组织官员在沂源县南麻镇卫生院查看慢性病控制管理系统　　（张恒龙　摄）

"医疗质量管理推进年"活动，实施医疗质量、护理服务、技能培训、信息化建设4项示范工程，全面落实核心医疗制度和病人安全目标。调整充实全市医院感染、医院药学质控委员会，成立全市临床输血和康复医学专业质量控制委员会，市级专业质控组织达到10个。创建康复治疗、消毒供应、内分泌等6个省级培训基地。印发《2011年淄博市推广优质护理服务工作方案》，继续推进优质护理服务示范工程。市第一医院内分泌科病房被评为全国卫生系统优质护理服务先进病房；市中心医院内分泌科病房等5个病房被评为第三批全省护理服务示范病房。全市79家医院开展优质护理服务，其中23家省、市级重点联系医院183个病房开展优质护理服务，病房覆盖率达62.4%。

【卫生强基和惠民医疗】 继续开展卫生强基工程，细化对口帮扶内容，全市10处市级医院对口帮扶20处乡镇卫生院，23处区县级医院帮扶75处乡镇卫生院，89处乡镇卫生院对口帮扶355处村卫生室。区县以上帮扶医院派出帮扶人员726人，免费接收基层进修医务人员295人，开展学术讲座78次，免费培训基层医务人员1006人次。通过实行导师负责制"一对一"带教任务，为区县医院培训21名骨干医师。在继续执行市卫生局等7部门《关于在全市开展惠民医疗服务的意见》的基础上，确定白内障复明、农村孕产妇产前保健、儿童先心病诊疗、脑卒中和外伤康复、精神疾病治疗、血透病人治疗、辅助检查结果通用等十项惠民医疗项目，进一步减轻弱势群体的医疗负担。年内，全市惠民医疗10.95万人次，优惠减免总金额568.72万元，完成贫困白内障复明项目免费手术1537例。（李全营　宿涌涛）

【巩固全国无偿献血先进城市成果】 建立"中心血站——储血点——医院血库"运行良好、功能健全的采供血服务网络，完善全市采供血服务体系。建立410人的稀有血型队伍、550人的机采血源队伍、21000人的固定献血者队伍和6000余名无偿献血志愿者服务队伍。中央创先争优活动领导小组刊发淄博市"以创先争优促无偿献血"的做法。11月上旬，市政府召开全市无偿献血工作表彰大会，49个先进集体、80名先进个人和10名优秀无偿献血志愿者受到表彰。12月，开展"无偿献血宣传月"系列活动，提高市民的无偿献血意识，巩固发展淄博市全国无偿献血先进城市称号。（任玉萍　宿涌涛）

【基层卫生】 优化基层卫生服务环境。继续开展创建省星级城市社区卫生服务机构、市级示范乡镇卫生院和甲级村卫生室创建活动，承担公共卫生服务的基层医疗卫生服务机构基本达到房屋面积、医疗设备、人员资格等硬件标准化，外观设计统一化、标志化，图标制度上墙化，诊疗程序规范化的要求。提升基层公共卫生服务水平。4月、5月和8月，分批对全市各区县卫生局、基层医疗机构负责人128人进行基本公共卫生服务规范和基本药物相关知识培训。区县卫生局对城乡基本公共卫生服务业务主管科室所有工作人员、社区卫生服务机构所有工作人员进行培训和闭卷考试，卫生人员培训率达100%。层层组织"我身边的基本公共卫生服务"演讲比赛和知识竞赛，激发社区卫生服务人员的工作热情和学知识、学政策、学理论的高潮，提高基层医务人员实施基本药物制度、干好本职工作的素质和能力。在基层开展多种形式的健康教育。组织辖区居民听取健康知识讲座1050场，组织室外大型咨询活动870余次。各社区卫生服务机构绘制辖区基本情况图板和常见疾病防治知识宣传栏3672块，发放宣传材料230多万份。临淄区等在各社区卫生服务机构门前广场，组织以公共卫生服务为主要内容的群众喜闻乐见的大型文艺晚会。周村区等将基本公共卫生和重大妇幼项目主要内容编排成节目到各社区巡回演出。

【妇幼保健】 全市54家定点机构按照统一服务内容、统一服务流程、统一服务标准、统一服务质量要求，为17585名农村孕产妇补助879.25万元，农村孕早期妇女补服叶酸17858人份。8月23～30日，组织23名市、区县有关专家对全市妇幼保健工作和所有助产机构进行检查考核。组织开展3例孕产妇和126例儿童死亡病例评审，孕产妇保健管理率城市和农村分别达到97.66%、99.57%；3岁以内儿童保健管理率城市和农村分别达到98.31%、97.02%。配合市计生委完成

2011 年 198 名病残儿医学鉴定工作。开展艾滋病、梅毒、乙肝母婴阻断项目，全年检测孕产妇 3.12 万人，妥善处置 1 名艾滋病感染者产妇的安全分娩问题。市妇幼保健院顺利通过省卫生厅三级甲等妇幼保健院。（王爱凤）

【卫生法制建设】 对 112 个卫生行政部门执行的执法依据、执法事项、执法责任制进行梳理和分解。建立全局行政执法人员信息档案，规范行政执法行为，实行行政执法登记、报告、备案制度。组织局机关在职人员参加《山东省行政程序规定》学习培训。接受全国人大对淄博市《中华人民共和国职业病防治法》执法调研和卫生部职业健康状况调查检查。

【基础设施建设】 2011 年，市中心医院 7.6 万平方米病房楼按计划顺利建设；市第一医院 3600 平方米中医楼竣工投入使用；市第五医院 1.8 万平方米病房楼竣工投入使用；市级机关医院 4300 平方米公园社区卫生服务中心房屋改扩建项目竣工投入使用。4 个建设项目竣工面积共 2.6 万平方米，完成投资 5936 万元，其中省以上投资 1400 万元，市投资 3200 万元。2011 年，沂源县妇幼保健院整体搬迁项目开工建设，总投资 7772 万元，建设规模 3.6 万平方米，其中 2.4 万平方米的门诊病房楼完成主体工程。沂源县精神卫生中心列入中央投资项目，总投资 900 万元，其中中央投资 600 万元，建设规模 5000 平方米，已开工建设。张店区卫生监督所、博山区卫生监督所、临淄区卫生监督所、桓台县卫生监督所、高青县卫生监督所 5 个建设项目列入中央投资项目，总投资 1560 万元，其中中央投资 469 万元。总投资 1500 万元的基层医疗卫生信息管理系统下达投资计划，其中中央投资 600 万元。（赵衍峰）

【人才与科技】 2011 年，市直卫生单位引进"985""211"工程建设院校硕士研究生以上急需紧缺人才 53 名，公开招聘工作人员 121 名。组织开展全市有突出贡献的中青年专家推荐工作，5 名医疗专家被确定为第四批全市有突出贡献的中青年专家，是历届最多的一次。7 人赴境外进行相关专业培训。市中心医院神经外科被评为省级重点专业。市中心医院建立硬件设施处于省内领先水平的干细胞实验室，171 名患者、372 人次接受干细胞治疗和卡普里生物治疗。市妇幼保健院、市第八人民医院分别引进省内知名先心病专家，带动学科快速发展，成功救助、实施儿童先心病手术 197 例，治愈率达 100%。启动实施全科医生规范化培训工作，28 名学员完成理论培训，进入临床培训阶段。为乡镇卫生院和村卫生室培训医疗卫生人员 2511 人次和 6338 人次。在全省率先启动全科医生转岗培训工作，全市 128 名学员接受培训。代表山东省迎接卫生部全科医生培训与继续医学教育督导检查，获得充分肯定。上报省、市科技进步奖励项目 40 项，省卫生厅立项 15 项、市科技局立项课题 75 项。经评审，6 项课题列入省卫生厅科技发展计划，21 项课题列入市科技局发展计划。5 项成果获市科技进步二等奖，14 项获三等奖；1 项成果获省医学科技进步三等奖。积极与市科技局协调做好科研课题鉴定及日常管理工作，全年鉴定科研成果 49 项，均达到国内先进以上水平。面向基层推广 20 项适宜项目。（陈　红　孙红霞）

【中医药事业发展】 组织专家对全市公立中医医院发挥中医药特色优势的措施、人员配备与培训、临床科室建设等 8 个方面工作进行检查，5 月下旬顺利通过省检查评估。开展创建全国农村中医药工作先进单位和全国社区中医药工作先进单位工作。6 月中旬，张店区顺利通过全国农村中医药工作先进单位评估验收。开展中医药特色建设。市中心医院、市级机关医院、淄博矿务局中心医院、桓台县人民医院达到综合医院中医药工作示范单位标准。市第一医院新建的 3600 平方米中医"治未病"楼正式启用，市第八人民医院整合中医资源，新设置中医床位 30 张。博山区源泉中心卫生院等 6 家乡镇卫生院、张店区体育场社区卫生服务中心等 4 家社区卫生服务中心创建成为全省中医药特色卫生院、中医药特色社区卫生服务中心。强化中医药科研攻关和中医药人员培养。申报全省"十二五"及 2011～2012 年度中医药科技发展计划项目，2 项被确定为"十二五"攻关项目，8 项科研课题立项。张店区申报为基本公共卫生中医药服务项目试点地区。强化中医药人才培养，引进中医人员34名。建立名老中医工作室24个，培养继承人37名。完成第二批60名全市优秀中青年中医药临床人才培养，均达到硕士研究生水平。加强重点中医专科建设，开展护理岗位技能竞赛。完成全省中医药服务能力提升工程1个优势专科、4个特色专科建设任务。市中医院脑病科、中医护理及市第八人民医院神志病科被国家中医药管理局确定为"十二五"重点专科建设项目。完善市中医院心血管病科(国家级、省级重点中医专科)、中风病科(省级重点中医专科)基础设施，床位由原来的75张增至100张，重点中医专科的业务量占市中医院全院业务工作量的60%以上。组织专家对19个市级重点中医专科进行复审检查。举办全市中医护理岗位技能竞赛，在9月中旬举办的全省中医护理岗位技能竞赛中取得团体第二名的成绩。（张万友）

【食品安全】 制定《2011年淄博市食品安全风险监测工作方案》《淄博市农村食品安全风险监测工作方案》等，成立食品安全风险监测工作领导小组，组织开展食源性疾病监测和食用植物油专项监测工作，采集各类样品1288份，按时完成各项监测任务。6月13日，在市博物馆广场组织举行食品安全宣传周启动仪式和现场咨询活动。6月15日，在市政府新闻发布厅召开食品安全专题新闻发布会，通报全市食品安全总体情况和各部门监管工作情况。组织相关媒体开设《食品安全在行动》专栏，开展系列采访报道。印发《关于严厉打击食品非法添加行为严格规范食品添加剂生产经营使用的公告》2万余份，先后在媒体上登载专题文章32篇，开展电视报道8次，播放公益广告2条，营造公众关心、参与食品安全工作的良好社会氛围。及时对网络和媒体食品安全事件舆情进行监测，发现问题，第一时间印发核查通知。清查豆芽生产业户和含有塑化剂绿茶粉，对"问题血脖肉"事件进行核查整治，有效净化市场秩序。印发《2011年全市食品安全工作要点》，组织签订2011年度市政府与各区县政府、市直监管部门食品安全责任书。开展"瘦肉精"专项整治和乳制品、食用油、肉制品、保健食品、食品添加剂、酒类等重点行业领域综合治理，狠抓节日食品安全。制定《淄博市食品安全违法行为举报奖励办法》，鼓励群众举报食品安全生产经营领域的违法行为。

（葛金锋）

【爱国卫生工作】 5月，淄博市顺利通过国家卫生城市省级复查。11月，被重新确认命名为国家卫生城市。

制定《2011年淄博市"健康山东行动"细化一览表》，组织开展第23个爱卫月暨"健康淄博行动"宣传月活动，以及"健康淄博，清洁家园"和"健康淄博，擦亮窗口"环境卫生清理整顿行动。先后获"健康风向标"评选活动、"健康山东·我们先行"大学生志愿者暑期社会实践活动优秀组织奖。"健康山东"防病与健康知识演讲省级决赛2人获奖。张店区在全省健康山东行动推进会上作大会发言。组织实施2010年中央补助地方烟草控制项目，扎实推进全市无烟医疗机构创建工作。年内，全市有省级卫生村37个，卫生先进单位17个。

组织对淄博火车站等重点场所以及市管三星级以上饭店的控烟工作进行督导检查，明确工作标准、整改责任、整改措施和时限要求，营造有标识、有人管、不反弹的室内公共场所控烟环境。城市卫生环境管理等与爱国卫生有关的文明城市创建指标全面落实到位。（孙红霞）

体　育

【第七届全国城市运动会协办工作】 第七届全国城市运动会于10月16～25日在江西省南昌市举行。3～7月，淄博市作为协办城市先后承办武术套路、足球、拳击、跆拳道预赛和男子排球14～17岁组决赛。其间，来自全国各地131支代表队，1100名运动员，454名领队、教练员，256名裁判员，67名技术官员汇聚淄博，参赛人数、赛事规模创全市承办全国性赛事之最。

【第七届全国城市运动会参赛工作】 淄博市作为山东3个参赛城市(济南市、青岛市、淄博市)之一，有59名运动员参加游泳、射击、田径、跆拳道等12个大项、48个小项的决赛，获金牌6枚，银

2011 年 7 月 5 日，第七届全国城市运动会排球比赛在淄博市体育中心综合体育馆举行　　（芦　媛　摄）

指导员 75 人、二级社会体育指导员 357 人。

【青少年体育】　成立青少年体育工作领导小组，印发《关于进一步加强全市青少年体育工作的意见》，对青少年体育工作做出全面部署。联合市教育局、市财政局在全市部署开展中小学生五项联赛。印发《2011 年全市青少年体育竞赛计划》《市第十六届运动会规程总则》《运动员资审办法》，组队参加山东省中学生五项联赛，取得优异成绩。全市国家级青少年俱乐部达到 22 所。

牌 2 枚、铜牌 5 枚，名列 57 个参赛城市第 17 位，23 个地级市（区）第 3 位。

【竞技体育】　淄博籍运动员张成龙在日本举行的 2011 年世界体操锦标赛上获得男子团体金牌和男子单杠、双杠 2 枚银牌；周村籍运动员孙培原在第 11 届世界武术锦标赛上获得男子刀术项目金牌。

【全民健身体系建设】　围绕《全民健身计划（2011～2015）》的贯彻落实，在全省率先制定《淄博市全民健身实施计划（2011～2015 年）》，为“十二五”时期全市全民健身事业发展明确指导思想、目标任务、工作措施等。启动实施 2011 年度全民健身工程建设，建设 1 个县级全民健身中心，12 个乡镇（街道）全民健身活动中心，24 个城市社区和 21 个农村社区体育场地，900 个农民体育健身工程点。沂源县投资 3500 万元用于学校体育场地改造升级和群众健身设施建设。推进区县体育总会组建工作，沂源县成立县体育总会；加强体育社团建设，成立市健身气功协会和市自行车协会，启动市象棋协会、市体育舞蹈协会、市健美协会换届工作，举办社会体育指导员培训班 4 期，培训一级健身气功社会体育

【体育彩票和产业】　全市体彩销量完成 6.27 亿元，位居全省第四位，市场占有率达 50.23%。探索市体育中心运营管理模式，体育中心健身设施于“五一”期间正式向市民开放；先后承办全国古典式摔跤冠军赛、全国田径后备人才及后备人才基地锦标赛，承接省第八届少数民族传统运动会等高水平赛事及大型商业演出 50 余场，接待健身群众 20 万余人次。

【足球起源地建设】　积极推进足球起源地建设“八个一工程”，足球起源地文化研讨正式破题。继续实施亚足联展望计划淄博项目，不断规范城

2011 年 5 月 28 日，淄博市第十一届全民健身节暨第一届全民健身运动会在市体育中心体育场举行　　（芦　媛　摄）

市联赛、学校联赛等精品赛事和校园足球活动，启动“草根足球大联盟”联赛，参加亚洲展望城市足球联赛冠军杯比赛和全国青少年校园足球夏令营活动获优异成绩。

【体育宣传】 组织省、市新闻媒体报道第七届全国城市运动会协办和参赛工作及全民健身等重点活动。在省级以上新闻及网络媒体刊发稿件281篇，在《体育晨报》发稿量连续2年在全省17市排名第一。加大体育信息化建设，成立体育信息中心筹备办公室，开通淄博市体育局官方网站，开展2011年度十大体育新闻评选活动。

【依法行政】 8月，成立集中行使行政审批（许可）职能的行政许可科，规范流程，归并职能，划分权责，促进体育事业的法制化进程。不断完善法制宣传教育和培训工作机制，广泛开展多种形式的普法活动。

【对外交流】 加大体育对外交流力度，积极拓展对外交流渠道，先后与英国萨里郡、日本周南市、韩国广州市开展体育交流，组团赴加拿大开展武术交流活动，赴阿联酋观摩亚洲杯足球赛事，赴捷克、日本观摩世界体操锦标赛，赴国际体联瑞士总部进行赛事工作洽谈活动，进一步加深与各友好城市的友谊，扩大淄博市体育的对外影响力。

（芦　媛）

本部类编　辑：马震刚
副主编：王　娟
校　对：王世伟
纪　瑗

·齐文化名人·

齐　桓　公

齐桓公（？—前643），姓姜名小白，姜齐第十六代国君，是齐国功业最显赫的君主。

前686年，杀齐襄公篡权继位的公孙无知被杀，小白与公子纠回国争位，公子纠的师傅管仲带人到齐国边境截杀小白，小白诈死，不分昼夜赶到临淄，在高傒等人接应下夺得君位。他应鲍叔牙之谏，摒弃一箭之仇，从鲁国接回管仲，委以国政，尊为仲父。在管仲的辅佐下励精图治，致力于国内政治、经济改革，实行“叁其国而伍其鄙”制，寓兵于民，“作内政而寄军令”，发展农业，“相地而衰征”，即山铸钱，煮海为盐，使齐国大治，国富兵强。前681年，齐、宋、陈、蔡、邾等5国国君在齐国的北杏（今山东省东阿县）会盟，齐国首开以诸侯身份主天下会盟的纪录，齐桓公威望在诸侯中不断提高。齐桓公在外交上亲邻国，退还所占鲁国、燕国的土地，讨伐淫乱诸侯，威服莱、莒等31国。当时，周室衰微，诸侯强暴，狄人南侵，中原不安，他以“尊王攘夷”为号召，帮助燕国打败山戎，存邢（今河北省邢台市）救卫（今河南省淇县一带），制止了戎狄对中原的进攻。联合中原诸侯南攻蔡、楚，与楚订盟于召陵。曾平定东周王室的内乱，干预诸侯国君的废立。前651年，桓公举办葵丘（今河南省民权县东北）之会，周襄王派人参加，并对桓公礼遇有加。齐桓公的霸主地位得到周襄王承认，其霸业达到顶峰。他在位43年，曾召集和主持大小会盟22次。“九合诸侯，一匡天下”，成为春秋时代第一个霸主。

社 会 民 生

人口和计划生育

【概况】 至2011年底，全市总人口为4238266人，已婚育龄妇女854421人。全年出生人口31872人，人口出生率为7.54‰，比2010年下降1.25个千分点；人口自然增长率为1.59‰，上升0.08个千分点；合法生育率98.6%；女性初婚21509人，同比增加2874人，女性初婚晚婚率70.7%，增长7.3个百分点；节育手术总量31209例，同比减少3872例；长效避孕措施比重88.5%，同比降低0.2个百分点；综合节育率为88.9%，计划生育统计合格率在95%以上，圆满完成省政府下达的人口责任目标。

5月4日，市委、市政府召开人口计生工作会议，学习贯彻胡锦涛4月26日关于全国人口问题的重要讲话精神，总结全市"十一五"时期人口计生工作，表彰全市人口和计划生育先进集体100个、先进个人303名、市级劳动模范27名；与各区县及相关责任部门签订《2011年度人口目标管理责任书》；认真落实人口和计划生育目标管理责任制，严格工作奖惩和责任追究，对2个镇（街道）实行"重点管理"，对8个镇（街道）实行"重点关注"，对未完成责任目标的86个村（居、单位）实行"一票否决"。是年，临淄区、沂源县被国家人口计生委表彰为全国计划生育优质服务先进区（县）。

【稳定低生育水平】 完善人口计生工作考核办法，增强考核工作的针对性和实效性。开展漏管漏报育龄妇女信息专项调查和多孩生育调查，调查核实案件48件，查实率达89.5%。采取明点检查、暗点抽查、专项调查、重点督导等办法，全年组织3次大检查，抽查镇（街道）45个、村（居、单位）88个。严格计划生育"一票否决"把关，对全市91个单位拟表彰的3067个集体和4167名个人进行资格审查，51个单位和19名个人因计划生育问题被"一票否决"，1人因违法生育被开除公职。实行有奖举报制度，依法查处违法生育案件192件。加强对各区县社会抚养费征收情况和转办案件的督导，联合市财政局开展社会抚养费征收管理工作专项检查，复查违法生育案件185

2011年7月12日，全市镇、街道计生主任培训暨工作经验交流会

（市人口计生委　供稿）

起，核对收费单据1217份。全年共征收社会抚养费5571万元。召开全市控制出生人口性别比工作会，联合市公安局、市工商局、市卫生局、市食品药品监督管理局等部门开展计划生育药械市场、医疗卫生机构“两非”（非医学需要的胎儿性别鉴定和选择性别的人工终止妊娠）行为专项整治，确保出生人口性别比控制在合理范围之内。

【基层基础建设】 是年，把育龄妇女查环、查孕作为最基础最经常工作，纳入督查考核重点内容，严防替查、漏查，做好随访服务。全市育龄妇女查体率达99%以上，共查出政策外怀孕3137人。全市各级政府统筹资金1700余万元用于发放村计生主任补贴，解决困难村计生主任工资待遇问题。通过公开招考、招聘等方式，充实基层计划生育工作力量，新增专业技术人员14名。7月，举办全市镇（办）计生主任培训暨工作经验交流会议，对140余名镇（办）计生主任进行系统培训。全市各级政府落实资金765万元，新建乡镇计生服务站6处，改扩建6处。依托“建设农村殷实小康十大工程”，改造建设村级服务室900个。全市投入180余万元，建立市、县、乡三级信息交换平台，实现信息通报、交流、反馈，落实网上运行。印发《关于认真贯彻〈山东省人口和计划生育基层统计管理意见（试行）〉的通知》，确定“谁管理谁清理、谁管理谁办证、谁管理谁移交、谁管理谁负责”的工作原则，理顺管理关系。

【利益导向机制建设】 是年，全市计划生育利益导向财政投入达2.13亿元。独生子女父母奖励费全部由财政落实，常住（含流动人口）已婚育龄妇女基本技术服务全部免费，28934名符合条件的农村计划生育家庭夫妇享受到每月60元的奖励扶助金，2286名独生子女伤残、死亡家庭夫妇分别享受到每月80元和100元的特别扶助金，6852名符合条件的农村独女、独生子女伤残和独生子女死亡家庭夫妇，享受到每人每月加发本人月基础养老金1倍和2倍的计划生育养老补助金的奖励政策，17242名独生子女或双女农村低保家庭人员补助标准提高20%，857名农村独女享受到升高中、中专降低10分录取的优待政策，1244户退出农村二胎生育指标家庭享受到1000元以上的现金奖励，市计划生育公益金救助计划生育特殊家庭716户，发放救助金46万元。市政府印发《淄博市企业职工中独生子女父母退休养老补助社会统筹办法》和《关于认真落实企业退休职工中独生子女父母养老补助有关规定的通知》。市人口计生委联合市财政局、市经济和信息化委员会、市人力资源和社会保障局等部门制定《淄博市落实企业退休职工中独生子女父母养老补助实施方案》，通过社会统筹和财政承担两种途径，为1.2万名企业退休独生子女父母发放一次性养老补助8600余万元；督促正常运转企业投入资金4100万元，为8200名退休独生子女父母落实补助。联合市财政局、市卫生局、市民政局等部门制定《独女家庭参加新型农村合作医疗补助制度实施意见》，农村独女家庭参加“新农合”费用全部由财政承担，全市25401名农村独女家庭成员享受到这一政策；扩大“新农保”中计生家庭补助范围，对农村独生子女家庭和合法生育双女家庭提高月基础养老金10%的补助标准，全市6852人享受到这一政策；扩大计划生育奖励扶助和特别扶助范围，给予夫妻双方一方是农业人口、另一方是城镇居民的住户中符合条件的农村居民奖励扶助，使1657人受益。抓住村“两委”换届契机，以开展基层群众自治百村（居）示范活动为抓手，推进村规民约中计划生育利益导向内容的修订完善工作，实现政府层面和村级层面利益导向的多层次结合，全市所有村居均完成计划生育村规民约的修订完善。

【宣传教育】 是年，在全市开展胡锦涛“4·26”重要讲话精神宣传、冬春季集中服务宣传、“7·11”世界人口日宣传等活动。以“世界70亿人口日”为契机，举办淄博市暨张店区“面对70亿人的世界”主题宣传活动。全面推进婚育新风进万家活动，围绕稳定低生育水平的首要任务，大力推进移风易俗，传播科学、文明、进步的婚育观念。开展优生科普宣传，做好优生优育咨询指导，组织编写《怎样生个好孩子90问》等科普宣传资料；推动出生缺陷预防宣教室建设，逐步形成出生缺陷一级预防阵地和网络，提高育龄群众优生优育知识水平和行为能力。优化全市人口计生户外宣传环境，清理过时的计生宣传标语，更新户外宣传内

2011 年 10 月 31 日，举办淄博市暨张店区"面对 70 亿人的世界"主题宣传活动　　（市人口计生委　供稿）

容，营造以人为本的户外宣传环境。全年在市级以上主流媒体刊播稿件 963 件，其中国家级 28 件、省级 526 件；发表稿件及理论文章 127 件。

【依法行政】　是年，市人口计生委明确执法责任，规范执法工作，坚决杜绝各类违法行政和搭车收费等商业行为。2 次走进市"政风行风热线"直播间，广泛征求社会各界对人口计生工作的意见和建议，认真解答、解决群众问题和难题 57 个。全市公开 11 部投诉举报电话，共受理来电、来访 5620 人次，并全部给予满意答复。认真处理群众信访投诉举报案件，全市共立查案件 537 起，全部结案。开展出生及违法生育瞒漏报核查、多孩生育专项调查等工作，加大对基层弄虚作假问题的查处力度。印发《关于进一步加强人口计生系统工作作风建设的通知》，强化各级实事求是报数、扎扎实实工作的理念。　　（张先进）

民　　政

【提升社会救助水平】　2011 年，市政府两次提高农村低保标准，由 2010 年的年人均不低于 1250 元提高到 1700 元，全市年平均保障水平达到 1722 元，月人均补助水平达到 96 元，与 2010 年相比分别提高 394 元和 21 元。新增农村低保对象 5000 人。全市城市低保月人均保障标准达到 321 元，月人均补助水平达到 246 元，与 2010 年相比分别提高 6 元和 30 元。农村五保分散供养和集中供养标准，分别由年人均 1200 元、2400 元提高到 1700 元、2800 元，年人均实际供养水平分别达到 1719 元、3720 元，集中供养率达到 86.3%。筹集资金 450 余万元，连续第四年在全市实施五保供养"五个一"工程；投入资金 690 余万元，全面做好社会散养孤儿和机构养育孤儿保障工作，为 37 名先心病患儿和残疾儿童成功实施康复手术；发展社会福利企业 175 家，安置残疾职工 7000 余人；救助流浪乞讨人员 2179 人，建立并实施危重病人和精神病人救治制度；累计投入 1600 余万元，救助受灾群众 2.1 万人，救助大病群众 3600 余人次，资助城乡低保对象参保参合 9.2 万人，为困难群众发放冬季供暖补贴 1.37 万户，救助在校贫困大学生、困难企业职工、困难进城务工人员、发生重大变故家庭、福利企业残疾职工、特困军人家庭、困难优抚对象和部分军队退役人员 2 万余人次。

2011 年 12 月 15 日，淄博市慈善进军营救助特困军人家庭活动启动仪式　　（孙桂蕾　摄）

2011 年 6 月 1 日，常家福彩希望小学和福彩中心开展庆六一暨捐赠活动 （孙桂蕾 摄）

【社区工作】 2011 年，全市共投入资金 593.3 万元，新建和改、扩建城市社区办公服务用房 62 处，456 个城市社区平均办公服务用房面积达到 220 平方米。规划农村社区 651 个，其中 522 个社区按照“五个覆盖”（领导协调机制全覆盖、社区建设规划全覆盖、社区综合服务设施全覆盖、社区各项服务全覆盖和社区各项管理全覆盖）要求完成建设任务。全市共有城市社区工作人员 1902 人、农村社区工作人员 3185 人，招聘社区协管员 3845 人，发展社区志愿者 9 万余人。社区信息化网络基本形成，城市社区实现全覆盖；老城区社区道路和管网改造、亮化、绿化等设施提升工程卓有成效，社区环境明显改善。张店区、博山区被表彰为全国农村社区建设实验全覆盖示范单位，9 个社区被表彰为全省社区建设示范单位。完成全市 3245 个村（居）换届任务，换届率达到 100%，村“两委”成员“三高三强三满意”（政治素质高、文化水平高、群众威信高，发展能力强、服务能力强、协调能力强，群众满意、党员满意、组织满意）率达到 91.4%，实现每个村委会至少有 1 名女性成员的目标。

【双拥工作】 按照军民融合式发展的方针，加快双拥工作社会化进程，形成全民拥军的良好局面。全市共向驻地部队赠送慰问金及慰问品价值 500 余万元，协助驻军完成泰山重大森林火灾救援、军事地图测绘、野外驻训和实兵演习等任务。制定优惠政策鼓励高素质兵员入伍，与解放军总后勤部卫生部建立军民融合药材保障体系建设。按时完成 2034 名退役士兵安置任务，退役士兵就业培训和自谋职业率分别达到 95%和 60%。安置随军家属 126 人，当年上岗率达 90%以上。军休人员的政治、生活待遇全面落实，圆满完成 25 批次 8340 名入伍新兵的军供保障和 9 处重点烈士纪念设施的维护改造任务。全年共发放优待抚恤金 9500 余万元，保障重点优抚对象 2.17 万人。投入资金 2570 余万元，全面做好优抚医疗保障、优抚对象疗养及孤老优抚对象救助等工作，为全市 11000 余名退役士兵发放老年生活补助。

【社会事务管理】 2011 年，全市共办理结婚登记 3.24 万对、离婚登记 6900 余对，办理收养登记 219 例，收养登记和婚姻登记合格率均达 100%。全市殡葬服务机构共火化遗体 2.49 万具，火化率达到 100%。全面推行基本殡葬费用减免政策和骨灰盒公开招投标制度，累计为困难群众减免费用 96 万元，骨灰盒采购成本下降 20%。按照“培育发展、监管并重”方针，加快推进社会组织发展，全市社会组织总数达到 4486 家，其中公益类、慈善类和农村经济类社会组织达到 542 家。通过年检、督查等监管措施，依法整改社会组织 33 家，注销社会组织 5 家。社会组织党建工作覆盖面达到 20%以上。区划地名服务更加全面，完成乡镇机构改革后淄川区、周村区和文昌湖旅游度假区边界线勘定任务，编辑出版《淄博市政区地名图》，《淄博市城市地名总体规划》通过专家论证。公墓清理整顿取得阶段性成果，建立公墓建设、经营和市场价格管理等制度，非法融资及违规经营等问题得到遏制。

【社会福利事业】 2011 年，全市共筹集善款 7009.85 万元，认捐慈善基金 9000 万元。投入善款 5400 万元，实施“助困、助医、助残、助老、助学”

五大救助工程，救助城乡困难群众6.2万人次。全市共销售福利彩票6.23亿元，募集市级福彩公益金6200余万元。投资1.02亿元的市老年福利服务中心、市儿童福利院建成并投入使用。投入福彩公益金2000万元，资助建设区县社会福利中心5个。全市共有各类养老机构202个，设立社区居家养老服务站400余个，拥有床位2.17万张，每千名老人拥有床位31张，居全省前列。

（周亚军　孙桂蕾）

侨　务

【为侨服务】　年内，通过向海外华侨华人高端人才发送电子贺卡、走访慰问在淄创业的重点海外华侨华人专业人士和召开座谈会等形式，走访慰问海外华侨华人专业人士210余人次。对部分归侨侨眷知识分子情况进行汇总立档，建立100余人的信息资料库。开展"万侨助万村"活动，捐赠款项2.2万余元。

【侨务宣传】　制定《关于开展侨务法制宣传教育的第六个五年规划》，设立侨法宣传和为侨服务工作点。3月，在全市依法行政宣传日活动中，向市民发放《侨心热线服务指南》和《为侨服务指南》宣传册，为群众答疑释惑。发挥淄博侨网的作用，提高侨务宣传的时效性。编发《淄博侨务》27期。

2011年8月8日，海外华裔青少年中国齐鲁文化行夏令营成员参观中国陶瓷馆　（焦玉乾　摄）

【引智工作】　组织市人大民族侨务外事委员会成员视察部分侨资企业，对海外人才在淄创业情况进行调研。积极与美国华人医药科学家协会联系，聘请会长陈邦华博士为联络人，建立引进海外人才"515"计划美国工作站，在法国、美国建立3个引进海外人才工作站。在全市侨务系统开展对侨资企业和在淄创业海外华侨华人专业人才情况的走访摸底，进一步充实海外人才信息库，共收录海外华侨华人人才350余人。5月，加拿大达斯玛环境科技国际咨询有限公司在淄博市注册成立淄博达斯玛特环境科技有限公司。

【华文教育】　是年，组织承办"2011中国寻根之旅·孔子文化"海外华裔青少年春令营、印尼华裔青少年中国寻根之旅夏令营、海外华裔青少年中国寻根之旅夏令营——山东营、中国华文教育基金会海外华裔青少年齐鲁文化行夏令营等活动，636名海外华裔青少年到淄博体验齐文化。接待来自泰国、澳大利亚等9个国家和地区的海外华校校董、校长访华团一行88人到淄博参观考察，扩大淄博与海外华侨华人社团在文化、教育等领域的交流与合作。

【涉侨经贸活动】　4月，组织美国美中企业家商会考察团一行8人考察山东新华医疗器械有限公司，双方就在淄博生产和共同研发医疗器械、开发国内市场等进行洽谈。邀请韩国明洞会社社长到淄博考察，促成淄博中国旅行社与韩国明洞会社签订共同开发旅游产品的合作协议。6月，举办"2011海外华商·博士投资创业淄博行"活动，邀请美国、加拿大、日本等国家的20多名海外华商和专业技术人才与全市170多家企业、单位进行经贸与技术合作项目洽谈。项目涉及城市综合体建设、医药、环保科技、餐饮、进出口贸易等领域，参会华商和专业人士分别到张店区、周村区、淄川区和高新区实地察看项目，了解合作信息，共签署合作意向12个。

2011 年 6 月 17 日，海外华商·博士投资创业淄博行洽谈会现场

（方树帅　摄）

【侨政工作】　组织开展“访侨户，送温暖”活动。市及各区县和有关大企业的侨务干部深入城镇、乡村和归侨侨眷家中，宣传侨法、了解侨情、慰问侨户，积极协调有关部门帮助解决归侨侨眷反映的问题，送去党和政府的关怀。年内，共走访慰问全市各类侨户 128 户，为侨界群众做好事、解难题 70 多件。认真落实惠侨政策，热情为侨排忧解难。依法为 2 名归侨侨眷办理归侨侨眷身份认证，为 2 名“三侨”考生办理高考照顾手续。全市侨务系统共受理侨务信访 5 件，处结 5 件。

（宫燕妮　赵旭东）

民族　宗教

【概况】　2011 年，淄博市有 48 个少数民族，共计 24573 人，占全市总人口的 0.58%；有 1 个民族镇、4 个民族工作重点镇（街道）、10 个民族村（居）；有佛教、道教、伊斯兰教、天主教、基督教 5 种宗教，信教群众 166009 人，占全市总人口的 3.92%。其中，佛教信众 51720 人、道教信众 22325 人、伊斯兰教信众 18315 人、天主教信众 10604 人、基督教信众 63045 人。全市经民政部门登记的宗教团体 31 个，宗教活动场所 216 处。是年，全市民族宗教工作以实现民族团结进步、宗教规范和谐为目标，贯彻落实党的民族宗教政策，民族经济和各项社会事业快速健康发展，有效解决一批宗教领域重点难点问题，巩固发展了全市民族宗教领域稳定和谐的局面。

【落实民族宗教政策】　是年，全市民族宗教工作部门认真落实党和国家的民族宗教政策，切实保障民族宗教界的合法权益。尊重少数民族风俗习惯和公民信仰自由，及时做好联系慰问民族宗教界人士工作；严格执行民族成分确认和更改的相关政策，为 34 人确认更改民族成分，对 200 名少数民族高考生资格进行审核；进一步完善清真食品安全监管机制，开展经常性大检查活动，保证清真食品安全；积极落实宗教房地产政策，圆满解决市天主教会周村区医院等处房地产问题；按照中央和省有关部门部署，推动宗教教职人员社会保障工作得到有效落实。

【民族团结进步创建】　是年，全市民族团结进步创建活动深入推进。围绕第十一个民族团结进步宣传月，以主流媒体宣传、户外集中宣传、组织专项评选、现场办公解难题等形式，组织各类主题宣传活动 60 余项。召开全市第六次民族团结进步表彰大会，表彰几年来在民族团结进步事业中涌现出的 20 个模范集体和 40 名模范个人；开展民族团结进步和谐乡镇、村居、社区评选活动，临淄

2011 年 5 月 5 日，淄博市第六次民族团结进步表彰大会召开

（市民族宗教局　供稿）

区齐陵街道办事处、沂源县西里镇人民政府被评为全省民族团结进步和谐乡(镇)。夯实基础阵地,开展民族团结进步教育基地和示范窗口建设活动,依托社区、学校、企业、清真寺打造一批有代表性、有创新力、有示范带动作用的窗口品牌。完善服务体系,推动建立“少数民族之家”等服务和联谊网点,健全完善并规范运作城市民族工作“四个平台”(信息网络平台、社区工作平台、民族联谊平台和服务管理平台),进一步加强对少数民族特别是流动人员的服务和管理,协调处理3起外来少数民族群众在劳务纠纷、损害赔偿等方面的求助事宜。淄博市的民族团结进步创建活动,作为淄博市创建全国文明城市的重要任务得到有效落实,在民族散杂居地区发挥典型示范作用,全国民族团结进步创建活动座谈会在淄博市设立分会场,山东省民族事务委员会2次推介淄博经验。

【帮扶民族经济发展】 是年,继续推进实施基础设施巩固提高、企业龙头带动、合作组织建设、智力扶持“四项工程”,帮扶民族经济工作更加成熟有效。积极争取、管好用好发展资金,不断提高民族镇、村(居)基础建设水平。全年落实各级扶持资金200余万元,带动地方和社会投资370余万元,惠及17个基础建设项目。临淄区成立民族事务协调委员会,制定周期性计划,启动实施对口帮扶工作。坚持以政策培植为龙头、以龙头带动发展的思路,不断拓展帮扶渠道。落实少数民族特需商品定点生产企业优惠政策,落实率达到95%。以优化产业结构、转变经济发展方式为目标,支持民族村加强少数民族农村经济专业合作组织建设。年内,全市民族村成立合作社7家,涉及畜牧养殖、果品产销、皮毛加工等多个产业,实现产供销一条龙服务,推进农业产业化经营。加大就业创业能力培训力度,开展新型农民技能培训工程。采取集中培训、现场指导和技术服务等形式,针对民族村富余劳动力和城市待业再就业人员,由民族部门、职业院校联合培训、按需施教,全面提升少数民族群众的就业创业能力。

【推进少数民族社会事业】 是年,淄博市民族体育事业实现重大突破。建立2处训练基地,其中淄博市毽球协会被命名为省级少数民族传统体育训练基地。圆满完成山东省第八届少数民族传统体育运动会参赛和淄博赛区承办任务,淄博代表团夺得7金、5银、8铜,取得金牌榜、奖牌榜双冠佳绩。组队3个项目首次代表山东省参加第九届全国少数民族传统体育运动会,获得毽球项目三等奖。大力发展民族教育,积极争取上级改厕治污项目,扶持民族学校,不断加强硬件和软件建设,推动民族学校达标升级,改善办学环境。加强少数民族文化建设,筹备全国、全省文艺调演参演工作,指导完善民族村文化大院、农家书屋等文化基础设施,扶持沂源县东里东村民族文化商业街实现良性运作。临淄区金岭回族镇发放幼儿教育券,针对幼、老、病、困等特殊群体实施补助政策。周村区灯塔民族社区启动城中村改造工程,实行养老金和助学金制度,依托幸福苑老年公寓积极探索解决少数民族社会养老问题,产生良好的经济和社会效益。

【爱国宗教团体建设】 是年,组织全市宗教界人士学习贯彻新颁布的宗教法规并开展和谐理论研讨活动;举办全市基督教团体负责人、教职人员培训班;组织天主教界学习传达中国天主教第八次代表会议精神;指导市佛教协会召开第一届二次理事会议、市基督教会召开全委会。在全市宗教

2011年4月20日,山东省第八届少数民族传统体育运动会淄博赛区开赛仪式 (市民族宗教局 供稿)

界深入开展庆祝中国共产党成立90周年“同心同行”主题教育活动，各级宗教团体积极组织歌咏汇演，并组织宗教界与困难信教群众家庭结对帮扶，举行书画展、演讲比赛、征文和观看红色电影等活动，引导宗教界与党同心同行。宗教团体组织、思想、制度、自养各项建设不断巩固加强，团结带领广大信教群众积极参与社会建设，发挥各自优势救助弱势群体，全年捐款捐物达35万元。

【宗教活动场所规范和谐建设】 是年，继续推进全市宗教活动场所和谐创建活动。市、区县两级以宗教活动场所财务监督管理、宗教教职人员认定备案“两个专项”工作为抓手，突出各自特色，深化创建活动。稳步推进宗教活动场所财务监督管理工作，先后推广学习淄川区基督教中心堂等3处宗教活动场所和临沂市罗庄区基督教活动场所的经验做法，在全市天主教、基督教推行“双代管”财务管理模式，全市寺观教堂全部落实财务监督管理办法，其他固定处所根据不同情况逐步健全财务监督管理，形成具有各自特点的管理模式。扎实开展宗教教职人员认定备案工作，全年共认定备案宗教教职人员248人，报省认定备案率达100%。通过落实“两个专项”工作，健全教职人员档案，规范宗教场所内部财务管理运作，促进宗教场所规范化管理，全市216处宗教活动场所已有80%达标。

【加强民族宗教事务管理】 是年，加强和创新民族宗教事务管理工作，健全完善维稳工作机制，着力做好敏感时段不稳定因素的集中排查调处，抓好涉及民族宗教因素突发事件的依法处置，稳妥处理交通肇事逃逸案诱发的涉及藏族群众聚集上访等事件3起。针对宗教方面存在的突出问题拟定处理办法，明确在涉及宗教问题处理上，有关部门共同执法、共同负责、属地管理、责任追究的长效制度规定。此项工作列入市委、市政府制定的《关于加强和创新社会管理的实施意见》。年内，稳妥处理个别教职人员挑拨事端制造不安定因素等问题，佛、道教乱建寺庙，滥塑宗教造像得到有效清理和遏制，基督教私设聚会点、境外宗教渗透得到有效制止，全市依法制止非法宗教活动更加规范有效。

【法制宣传教育】 是年，以宗教政策法规宣传月和民族团结进步宣传月为平台，开展系列法制宣传教育活动，广泛普及民族宗教法律法规，增强广大少数民族群众和信教群众的法制观念。举办全市宗教干部和宗教界人士培训班，学习贯彻新颁布的《山东省宗教事务条例》，在全市推广桓台县对换届后新任村干部进行宗教工作业务知识和法规培训的做法，组织5名民族宗教干部参加全国、全省民族宗教业务培训。

【灯塔民族社区成为全国民族团结进步教育基地】

12月7日，国家民族事务委员会正式命名淄博市周村区永安街道办事处灯塔民族社区为全国民族团结进步教育基地。 （胡艳霞　张闻涛）

残疾人工作

【扶残助残】 3月9日，召开全市残疾人工作会议暨市残联五届四次主席团会议，对全市残疾人事业发展进行总结部署，对先进集体和个人进行表彰奖励。组织开展“助残日”系列活动，积极营造扶残助残社会氛围。5月15日，市委副书记陈家金、副市长刘有先、市政协副主席高峰岭出席向全市107位残疾人专职干事捐赠电动车仪式。实施“爱在瞬间、乐善助残”工程，共发放手机7500部，超额完成省残联分配的5000部的任务。与山东理工大学联合开展“寸草心”公益拍卖活动，将拍卖所得全部捐给受助的残疾人，收到良好社会反响。各区县采取组织残疾人义诊，召开表彰会、座谈会，组织文艺汇演等形式大力宣传残疾人事业，张贴宣传标语500余条，发放宣传材料2.5万份，编发手机信息2万余条，走访600余户残疾人家庭，总计发放10余万元的慰问金和生活物资，共募集捐助金近10万元。6月8日，市人大常委会第一副主任侯法生带领主任会议全体成员，对全市《残疾人保障法》贯彻落实情况进行视察。年内，市政府出台《淄博市人民政府关于加快推进残疾人社会保障体系和服务体系建设的实施意见》和《淄博市残疾人事业“十二五”发展规划》，加快推进全市残疾人事业发展

【康复救助】 是年，扎实抓好社区康复规范化建设。张店区着力巩固“全国社区康复示范区”建设成果，印发《关于建立完善残疾人社区康复工作长效机制的意见》，按照年终工作考评的位次对乡镇、街道残联分别给予奖励，按康复人数对镇(街道)康复中心、康复站给予奖励。在全市开展残疾人康复需求调查摸底工作，共调查摸底有康复需求的残疾人 66435 人。淄博市作为省残联开展残疾人辅助器具评估适配工作试点市，认真组织开展辅助器具适配试点工作。张店区、临淄区分别完成 200 名城市和农村残疾人配置辅助器具及进行家庭无障碍改造任务。在开展专项调查摸底的基础上，淄博市“儿童听力无障碍市”创建工作在周村区启动。以实施万名聋儿启聪工程为基础，争取瑞声达听力设备有限公司 50 台价值 50 余万元的助听器及部分验测设备赞助；利用淄博市中心医院优惠实施 200 名电子耳蜗手术的社会支持，为 2 名重度聋儿实施人工耳蜗植入手术，为 228 名聋儿免费验配助听器。继续实施残疾儿童抢救性康复工程。结合实施省贫困残疾儿童康复训练救助工程，为 119 名 6 岁以下残疾儿童提供辅助器具 119 件，为 60 名脑瘫儿童、40 名孤独症儿童、120 名弱智儿童提供康复训练救助。结合开展“国家百万贫困白内障患者复明工程”手术对象筛查工作，巩固“白内障无障碍市”创建成果，完成免费白内障复明手术 2000 余例，完成信息录入 2000 余条。认真实施山东省彩票公益金项目，为 300 名贫困精神病人提供免费服药，为 40 名贫困精神病患者安排免费住院。

【培训就业】 以规范和完善残疾人保障金征收工作机制为主线，加大地税部门对企业残保金的代收力度，实现对机关、事业单位残保金财政代扣制度，提高残保金征缴比例。截至 11 月底，全市残保金入库 3000 万元，超额完成省残联下达的比 2010 年度增收 7%～20%的任务指标。扎实推进就业创业扶贫工程。3 月、7 月和 11 月，分别举办 3 期就业洽谈会，110 家企业提供工作岗位 1200 余个，达成意向 489 个。认真做好“两基”(创业培训基地和扶贫开发基地)建设工作，使省、市、区(县)三级优秀基地超过 60 处，全市共培训农村残疾人 1065 人，城镇残疾人 1551 名，职介服务 1670 人，成功就业 4985 人，联系招聘单位 200 余家。积极开展扶残助学工程及盲人培训考试工作。全年共资助 68 名贫困残疾儿童入学，并为 19 名考取大中专院校的残疾考生补助学费 9.5 万元，保证考取大中专院校的残疾新生 100%入学。组织 8 名盲人或低视力残疾人完成按摩人员培训、考试及推荐就业工作。

【社会保障】 重点实施“阳光家园计划”。全市共建成残疾人托养机构 49 处，机构托养残疾人 689 人，居家托养残疾人 1817 人，共托养残疾人 2506 人。在 2010 年建成 9 处市级示范托养机构的基础上，新建市级示范托养机构 8 处并全面投入运行。认真落实各项救助政策。贯彻落实省《关于做好低保重度残疾人生活补贴工作的通知》要求，全市 5787 名低保重度残疾人生活补贴资金全部到位。在此基础上，部分区县加大对残疾人的政策性生活救助。做好残疾人机动轮椅车燃油补贴发放工作，经过 2 次排查摸底，对 2430 名驾用机动轮椅车的残疾人发放燃油补贴 48.6 万元。扩大实施“无障碍设施进家庭”工程，对 400 余户残疾人家庭和部分社区公共场所进行无障碍改造，与市老干局联合开展“无障碍设施进残障老干部家庭”活动，对 40 户残障老干部家庭进行无障碍改造。

【残疾人维权】 9 月 15 日，市残联与市中级人民法院、市检察院等 9 部门联合印发《淄博市残疾人法律维权服务“三位一体”工作机制实施方案》，通过各级残联信访工作办公室、法律救助工作站、法律助残志愿者联络站的有机联系开展全市残疾人“三位一体”法律维权工作。积极创新基层基础工作。进一步规范对残疾人专职干事和村居残协委员的管理，由市财政投入 41.63 万元对考核合格的村(社区)残协专职委员给予一次性工作补贴，并从市财政局列支专项经费保障村级残协委员的长效工作机制。举办第二期残疾人专职干事培训班。全年共接待残疾人来电来访 700 余件次，涉及残疾人法律法规案件 10 余件，办理市领导批示件 5 件、人大代表议案和政协委员提案 2 件，均及时予以答复、及时反馈。

【文体宣传活动】 对省第八届残运会影像资料进行整理，制作《永恒的精彩》画册和专题资料片。做好全国第八届残运会备战参赛工作，全市有20名残疾人运动员参赛，获得金牌2枚（均破全国纪录）、银牌8枚、铜牌10枚、4个第4名、4个第5名。11月25日，召开淄博市参加亚残会等赛事有功单位和人员表彰大会，对2007年后为全市残疾人体育工作做出突出成绩的先进单位和先进个人进行表彰。组织残疾人事业好新闻评奖活动，共收到选送的各类作品32件，评出文字类获奖作品6件、电视类获奖作品6件、广播类获奖作品3件、摄影类获奖作品3件。 （王玉琦）

老龄工作

【概况】 至2011年年底，全市老年人口达73.8万人，占全市总人口的17.4%，且每年以4.9%以上的速度递增。7月7日，市委书记刘慧晏调研老龄和社区养老工作，并就全市如何发展好养老事业作出重要指示。10月5日重阳节（老人节），市领导连续第五年专门为老人节发慰问信；市长周清利到市老龄事业服务中心、市老年福利服务中心走访慰问，为市老龄事业服务中心协调解决700平方米办公用房，安排市财政局拨款28万元，为"敬老惠老服务进社区"活动配备中型客车1辆。市人大组织驻淄全国、省人大代表就全市"关于完善老年社会保障和服务体系问题"进行专题调研。

2011年7月7日，市委书记刘慧晏调研老龄工作（张毅伟 摄）

【老年人维权】 是年，积极开展全市老年人权益保障条例立法调研和草案起草工作，征求《淄博市老年人权益保障条例（讨论稿）》修改意见。起草《淄博市优待老年人规定》，征求市直有关部门修改意见。继续做好《山东省老年人优待证》发放工作。开展老年人维权直通车活动，设立老年人维权示范岗，全市12家律师事务所免费为老年人提供法律咨询服务。认真落实《淄博市老龄系统信访工作制度》，全年办理市政府门户网站涉老问题咨询投诉3件，处理涉老政策电话咨询300余人次，受理来信、来访50余人次，受理的涉老问题处结率达到96%以上。

【落实老龄事业发展意见】 贯彻落实省委、省政府《关于进一步加快老龄事业发展的意见》，起草《淄博市关于进一步加快老龄事业发展的实施意见》和《淄博市老龄事业发展"十二五"规划》并征求意见，副市长刘有先专门召集会议，就文件中涉及的问题进行研究。做好重大节日期间走访慰问老年人活动。老人节期间，市领导分别走访慰问百岁老人和老年公寓，给老年人发放慰问金和慰问品共计40万元。安排部署元旦、春节前救助贫困老人工作，发放救助金7.5万元，救助贫困老人75人。做好"以奖代补"老年公寓推荐、评审、复核等工作。年内，向省推荐全市3家规模较大、管理较好的老年公寓，争取省财政扶持资金60万元。从市老龄事业发展资金中拿出60万元，以奖代补老年公寓6家。在全市开展"爱心助老示范基地"评选活动，共评出爱心助老示范基地30家。扎实推进"银龄安康工程"和"银铃助老工程"。全年共为20.3万人办理近28万份意外伤害保险，为近300户老年人家庭免费安装呼叫器终端。

【提升养老服务水平】 年内，市老龄事业服务中心在完善老年服务大厅功能基础上，成立"惠老活动"办公室，发起"敬老惠老进社区"活动，先后在张

2011年9月27日，淄博市举行庆祝第二十五个老人节暨颁奖文艺晚会　　（张毅伟　摄）

店区、周村区等区县的40多个社区开展惠老活动。组织医疗、家政、商业等单位走进社区，为万余名老年人提供银龄安康保险办理、免费理发、家电维修、健康咨询等服务。组织开展"千名老人游港澳"活动，对出游老年人每人补贴500元，2批共1100名老人实现游港澳的梦想。

【宣传工作】　通过抓好"六个加强"（加强宣传队伍建设、加强宣传工作考核力度、加强淄博老龄网站建设、加强新闻宣传稿件撰写、加强主题宣传教育和加强与新闻媒体联合）工作制度，不断加大老龄工作宣传力度，全年在市级以上报刊发稿715篇。8月，联合《淄博晚报》开展"百岁老人幸福生活"采访活动，每周用半个版面刊登1个百岁老人的生活状况和长寿之道；与《淄博声屏报》联合策划4个版面的专题报道《今天，我们去哪里养老》。敬老月期间，制作敬老公益广告，在全市各全球通电影城播放；在市区繁华地段制作2块近30平方米的大型公益广告牌；充分利用村（居）广播、村务公开栏等，深入开展以敬老爱老为主题的宣传教育活动；市级以上新闻媒体共刊发宣传老龄工作的稿件近300篇；全市共悬挂宣传条幅532条，制作电子屏幕15块。

【文体活动】　年内，举办以纪念中国共产党成立90周年、展示健康积极阳光幸福的老年生活为主题的第三届中老年文化艺术节活动。主要包括中老年民间艺术作品展、老年书画展、"金色时光"摄影大赛、中老年才艺大赛、红歌大赛等内容，1万余名老年人参与其中。在活动中涌现出的4位老年艺术人才和"快乐大妈"团体节目被推荐到中央电视台"夕阳红"栏目摄制组拍摄专题片。开展第三届淄博市十佳模范老人和孝感淄博十大模范人物评选活动，评选出"双十佳"老人各10名。9月27日，举行庆祝淄博市第25个老人节暨颁奖文艺晚会，省、市领导为淄博市第三届十佳模范老人、第三届孝感淄博十大模范人物颁奖。　　（张宝忠）

慈善事业

【善款筹募】　2011年，全市各级慈善机构累计募集善款7009.85万元，其中市级募集善款1240.14万元。5月，全市组织开展2011年"慈心一日捐"活动，5000家单位、50余万人捐款6291.7万元，认捐慈善基金9000万元。其中，市级接收捐款1221.99万元，区县接收捐款

2011年5月17日，召开全市慈善大会暨"慈心一日捐"活动动员大会，首批捐款10万元以上单位举牌捐赠　　（崔昌华　摄）

2011年1月7日，亲情民政·大爱慈善救助项目在高青县启动
（崔昌华　摄）

5069.71万元。年内，省慈善总会拨付救助资金37.5万元。

【慈善救助】　2011年，全市各级慈善机构坚持“党和政府最关心，困难群众最需要”的原则，先后组织实施“情暖万家”“朝阳助学”“夕阳扶老”“康复助医”“爱心助残”五大工程，累计支出善款5400万元。其中，市级支出资金1202.29万元。1.“情暖万家”救助活动。市级投入慈善资金560.06万元，对全市范围内的城乡低保特困户、企业困难职工、福利企业残疾职工家庭以及慈善超市、慈善门诊所扶助的困难群众，进城务工特困人员、驻淄特困军人等近2万人进行救助。2.“朝阳助学”工程。支出善款26.3万元，与市实施希望工程办公室共同开展“2011慈善·希望工程圆梦行动”，救助在校特困大学生、高考特困新生1250人。3.“夕阳扶老”工程。投入资金371.06万元，对“五个一”（为每位老人每天保障一个鸡蛋，购买一个保温杯、一个健身握力器，为每个敬老院订阅一份报纸、购买一辆电动三轮车）项目进行调整充实。实施敬老院公共卫生环境改善项目，为18个敬老院进行改、扩建，为周村区、桓台县5个敬老院进行公厕“旱改水”改造。实施“健身器材进社区”项目，为全市部分敬老院、基层社区广场等安装户外健身器材40套。开展“银屏惠老”活动，捐赠电视机80台，丰富农村敬老院老人文化生活。4.“康复助医”工程。支出156.84万元，开展“慈善·顺意”大病救助活动，救助大病困难群众29人；血液透析、股骨头坏死治疗、肿瘤治疗3个医疗援助中心建设进展顺利，救助血液透析困难患者180人次，临时性救助困难群众61人。医疗救助血液透析贫困患者项目实施两年间，先后救助困难患者391名，资助透析39100次，受益家庭1100余个。5.“爱心助残”工程。支出88.03万元，协同福利企业管理处开展“福利企业肢残职工康复”救助项目，救助残疾职工30人；开展“行走渴望”捐赠轮椅帮扶残疾人送亲情活动，为部分残疾人、五保老人捐赠轮椅80套。

【慈善宣传】　2011年，通过加强淄博慈善网建设、编印《淄博慈善宣传画册》《2009～2010年度淄博慈善会刊》《2009～2010年度淄博慈善新闻报道汇编》等刊物，积极引导社会各界和广大市民群众关心和支持慈善事业发展。在《淄博日报》《淄博晚报》《鲁中晨报》等设立慈善专栏，刊载全市重大慈善活动开展情况，与淄博电视台联合制作慈善公益宣传片，在每天的黄金时段滚动播出。年内，在省内外报刊、电台发表各类稿件500余篇。

【慈善义工】　12月6日，全市区县慈善义工管理中心成立，五区三县均成立区县慈善义工管理中心，义工活动开始运作。截至年底，全市注册义工达2200人。　（孙晓库　崔昌华　王晓丽）

红十字会工作

【概况】　淄博市红十字会于1957年成立。2005年2月，市委决定理顺管理体制，由市卫生局管理改由市政府领导联系，设置红十字会机关，列群团机关序列，内设办公室和业务科2个科室，行政编制6人。全市镇级红十字组织建会率达100%，村级红十字组织建会率达80%。淄博市红十字会积极组织开展赈灾募捐和贫病青少年救助、初

2011年12月31日，副市长、市红十字会会长韩国祥走访沂源县大病困难家庭　　（何家本　摄）

级应急救护培训、“三大捐献”（无偿献血、捐献造血干细胞、捐献人体器官）、社区红十字服务、红十字青少年、红十字志愿服务等工作。

2011年，全市红十字会有个人会员14.5万人、团体会员1210个、红十字志愿服务队25支、红十字志愿者9.6万人，形成较为完整的红十字组织体系。8月31日，召开市红十字会六届二次理事会，选举副市长韩国祥担任市红十字会会长，152个单位、311名个人获得表彰。年内，为云南盈江地震灾区和日本地震灾区募集捐款200余万元。

【社会救助】 2011年，全市各级红十字会募集救助款物共计923万元。市红十字会与市第八人民医院联合启动“天使阳光”第二阶段“幸福‘心’生活”百名先天性心脏病患者免费救助工程，共救助先心病患者66名；开展大病救助送温暖活动，共募集款物100万元，惠及600余户困难群众；争取中国红十字基金会“小天使”项目支持39万元，救助白血病患儿13名；与市中心医院联合启动“聆听世界”百名聋童救助工程，为19名聋童安装电子耳蜗，减免费用110余万元；开展困难肿瘤患者救助活动，免费救助肿瘤患者11名，减免医疗费110余万元；对口支援新疆岳普湖县红十字会13.5万元，用于办公车辆和办公设备购置。

【应急救护培训】 年内，全市组织应急救护培训班898期，培训救护员8187人，普及性培训18万人。“加强群众现场救护和避险知识的培训普及，提高全民自救互救技能”纳入《淄博市国民经济和社会发展第十二个五年规划纲要》。制定高校红十字应急救护演练方案，对全市11所高校2011年新生进行应急救护普及性培训。举办高校大学生应急救护演练活动，7所高校近600名红十字应急救护队队员演练应急救护技能。

【志愿服务】 2011年，全市新招募红十字志愿者6100人，与市文明办联合开展“红十字关爱生命志愿服务行动”。新增红十字蓝天救援队、红十字新闻工作者志愿服务队2支志愿服务队。

【基层组织建设】 年内，开展爱心进机关、进学校、进社区、进军营、进企业、进农村“六进”和助医、助学、助老、助困“四助”活动。评选表彰22个优秀红十字会基层组织。加强冠名医疗机构的管理，对各冠名医疗机构进行年度检查、考核。

【红十字青少年工作】 在全市中小学广泛开展

2011年11月3日，“博爱齐鲁淄博行——淄博市百、千、万爱心工程”启动仪式上，山东万鑫建设有限公司向“天使阳光”项目捐赠100万元　　（于博　摄）

"五个一"(召开一次红十字主题班会、学会一种初级应急救护技能、组织一次爱心一元捐、开展一次红十字志愿服务、开展一次红十字知识竞赛)活动。着眼于保护青少年生命和健康,动员社会各界捐赠价值近160万元的《中小学生安全预防与自救》图书10万册;着眼于青少年未来与发展,争取社会各界支持资金62万元,在全市偏远山区农村中小学捐建红十字书库31个。淄博师专被中国红十字会总会、教育部评为全国红十字模范校,3所学校被评为省级红十字模范校。

【宣传工作】 抓好"博爱淄博"红十字品牌建设活动,推动社会公益文化发展。11月3日,举行"博爱齐鲁淄博行——淄博市百、千、万爱心工程"启动仪式,中国红十字会总会、山东省红十字会领导和救助项目合作单位、志愿者及爱心企业代表共500余人出席活动。38家爱心单位捐资400余万元支持爱心救助项目。与淄博人民广播电台、淄博晚报社联合推出《红十字"救"在身边》栏目。以迎接省人大常委会"一法一办法"(《中华人民共和国红十字会法》和《山东省实施〈中华人民共和国红十字会法〉办法》)执法检查为契机,加大普法宣传力度。

【三大捐献】 3月5日——中国青年志愿者服务日,举行以"我奉献 我快乐 为创建文明城市增光添彩"为主题的造血干细胞、遗体(器官)志愿捐献活动启动仪式。全年采集造血干细胞血样1007份,实现角膜捐献2例。 (何家本)

淄博市造血干细胞及人体器官捐献实现者

表25—01

姓　名	所在区县	捐献内容	捐献时间
吕　陟	临淄区	造血干细胞	2003年
丁　霖	博山区	造血干细胞	2003年
伦少华	张店区	遗　体	2005年5月
王建军	周村区	角　膜	2009年4月
燕书祥	高新区	角　膜	2009年10月
周爱敏	临淄区	角　膜	2010年5月
段　义	张店区	造血干细胞	2010年8月
崔江峰	临淄区	造血干细胞	2010年12月
宗敬涛	临淄区	造血干细胞	2011年1月
罗新保	张店区	角　膜	2011年4月
王桂英	博山区	角　膜	2011年5月

本部类编　辑:纪　瑗
副主编:王世伟
校　对:马震刚
杨　凤

人　　物

中国共产党淄博市第十一届委员会书记、副书记、常委

刘慧晏　中共淄博市委书记、市人大常委会主任兼市委党校校长。汉族，1964 年 6 月生，山东招远市人，1987 年 4 月加入中国共产党，1987 年 7 月参加工作，研究生学历。1980 年 9 月至 1984 年 7 月，山东农业大学植物保护系学生；1984 年 7 月至 1987 年 7 月，华东师范大学哲学系硕士研究生；1987 年 7 月至 1994 年 12 月，青岛大学文学院社会学系教师、讲师、副教授；1994 年 12 月至 1996 年 6 月，青岛大学团委副书记（主持工作）；1996 年 6 月至 1998 年 4 月，青岛大学团委书记；1998 年 4 月至 1999 年 2 月，青岛团市委书记、党组书记（1995 年 9 月至 1998 年 6 月山东大学中文系古典文学专业学习，1998 年 6 月获文学博士学位）；1999 年 2 月至 2001 年 1 月，团省委常委，青岛团市委书记、党组书记；2001 年 1 月至 2002 年 6 月，团省委书记、党组书记（2001 年 12 月，团中央常委）；2002 年 6 月至 2007 年 2 月，淄博市委副书记、市长、市政府党组书记；2007 年 2～3 月，淄博市委书记、市长、市政府党组书记兼市委党校校长；2007 年 3 月至 2012 年 2 月，淄博市委书记，市人大常委会主任、党组书记兼市委党校校长；2012 年 2 月，淄博市委书记，市人大常委会主任、党组书记兼市委党校校长。

八、九、十届省委委员，八、九、十、十一届市委委员。中共十六大、十七大代表，十届全国人大代表，省第八、九、十次党代会代表，省九、十、十一届人大代表，市第九、十、十一次党代会代表，市十二、十三、十四届人大代表。

周清利　中共淄博市委副书记、市长、市政府党组书记。汉族，1954 年 10 月生，山东惠民县人，1975 年 1 月加入中国共产党，1976 年 1 月参加工作，大专学历。1975 年 10 月至 1976 年 1 月，惠民县委驻周翟农业学大寨工作组组员（计算连续工龄）；1976 年 1 月至 1980 年 4 月，惠民县李庄公社党委委员、常委、团委书记，管区副书记、书记；1980 年 4 月至 1982 年 11 月，惠民县联伍公社党委副书记（1980 年 9 月至 1982 年 6 月省委党校干部专修科学员）；1982 年 11 月至 1984 年 3 月，惠民县姜楼公社党委书记；1984 年 3 月至 1987 年 3 月，惠民县委常委、副县长；1987 年 3 月至 1989 年 6 月，惠民县委常委、副县长兼县农委主任；1989 年 6 月至 1993 年 1 月，无棣县委副书记、代县长、县长、县政府党组书记；1993 年 1 月至 1996 年 6 月，无棣县委书记；1996 年 6 月至

1997年12月，滨州地区行署副专员；1997年12月至2000年11月，滨州地委委员、地区行署副专员(1996年4月至1998年4月中国社会科学院研究生院法学系经济法专业硕士研究生课程进修班在职学习)；2000年11月至2001年1月，滨州市委常委、地区行署副专员；2001年1月至2002年12月，滨州市委常委、副市长、市委企业工作委员会书记；2002年12月至2007年3月，淄博市委副书记、副市长、市政府党组副书记；2007年3月至2012年2月，淄博市委副书记、代理市长、市长、市政府党组书记；2012年2月，淄博市委副书记、市长、市政府党组书记。

四、五届滨州市委委员，八、九、十、十一届淄博市委委员，九、十届省委委员。十一届全国人大代表，省第九、十次党代会代表，省九届、十一届人大代表，市第九、十、十一次党代会代表，市十二、十三届人大代表。

周连华 中共淄博市委副书记。汉族，1961年10月生，山东东营市人，1985年10月加入中国共产党，1981年7月参加工作，中央党校研究生学历。1978年9月至1981年7月，利津师范学校普师专业学生；1981年7月至1984年7月，黄河农场总场学校教师；1984年7月至1985年11月，共青团东营市委干事；1985年11月至1987年6月，共青团东营市委学少部副部长；1987年6月至1990年6月，共青团东营市委常委、学少部部长(1987年4月至1989年10月，省高等教育自学考试党政管理专业大专班学习)；1990年6月至1993年4月，共青团东营市委副书记；1993年4月至1996年10月，东营市委政策研究室副主任(1992年7月至1993年8月挂职任省政府办公厅秘书处副处长、综合二室副主任、综合一室副主任；1992年8月至1994年12月中央党校函授学院政治专业在职学习)；1996年10月至1997年8月，东营市委政策研究室主任；1997年8月至1999年5月，东营市委副秘书长、政策研究室主任；1999年5月至2002年12月，垦利县委书记、县人武部党委第一书记(2001年3～7月中央党校进修三班学习)；2002年12月至2003年2月，东营市市长助理、市政府党组成员；2003年2月至2006年12月，东营市副市长、市政府党组成员(2002年3月至2005年1月，中央党校导师制在职研究生班经济学专业学习)；2006年12月至2007年3月，淄博市委常委、副市长；2007年3月至2012年2月，淄博市委常委、副市长、市政府党组副书记；2012年2～3月，淄博市委副书记、副市长、市政府党组副书记；2012年3月，淄博市委副书记。

三届东营市委委员，九、十、十一届淄博市委委员。省第十次党代会代表，市第十、十一次党代会代表，市十二、十三届人大代表。

刘　晓 中共淄博市委常委、副市长、市政府党组副书记。汉族，1966年1月生，山东文登市人，1991年12月加入中国共产党，1986年7月参加工作，中央党校研究生学历。1982年9月至1986年7月，中国人民大学工业经济管理专业学生；1986年7月至1990年8月，烟台市计划委科员；1990年8月至1993年1月，烟台市计划委重点项目办公室副主任；1993年1月至1994年2月，烟台市计划委重点项目办公室主任；1994年2月至1995年1月，烟台市委办公室正科级秘书；1995年1月至1996年1月，烟台市委办公室副县级秘书；1996年1月至2000年1月，龙口市副市长、市政府党组成员；2000年1月至2000年6月，龙口市委常委、副市长、市政府党组副书记；2000年6月至2001年1月，沂水县委副书记、代理县长、县政府党组书记；2001年1月至2003年4月，沂水县委书记；2003年4月至2006年12月，临沂市委常委、沂水县委书记；2006年12月至2007年1月，临沂市委常委；2007年1月至2011年12月，临沂市委常委、副市长、市政府党组副书记；2011年12月至2012年2月，淄博市

委常委、副市长、市政府党组副书记；2012年2月，淄博市委常委、副市长、市政府党组副书记。

十、十一届临沂市委委员，临沂市十次党代会代表，临沂市第十五届人大代表。十、十一届淄博市委委员，省第八、十次党代会代表，市十一次党代会代表。

赵启全　中共淄博市委常委、市纪委书记。汉族，1959年11月生，山东苍山县人，1984年3月加入中国共产党，1982年7月参加工作，省委党校研究生学历。1978年10月至1982年7月，山东农学院农学系农学专业学生；1982年7月至1984年5月，苍山县农业局技术员；1984年5月至1986年6月，苍山县委组织部干事；1986年6月至1987年9月，苍山县农牧渔业局副局长、农技推广中心主任、土地管理科科长；1987年9月至1989年6月，省委党校党政干部研究生班党政管理专业学习；1989年6月至1992年2月，苍山县委宣传部副部长；1992年2月至1993年3月，苍山县向城镇党委书记；1993年3月至1998年1月，苍山县副县长、县政府党组成员；1998年1月至2001年1月，郯城县副县长、县政府党组副书记；2001年1月至2001年3月，临沭县委副书记、副县长、代理县长、县政府党组书记；2001年3月至2003年1月，临沭县委副书记、县长、县政府党组书记；2003年1月至2006年12月，临沭县委书记、县人武部党委第一书记、县委党校校长(2004年8月至2005年1月，中央党校学习)；2006年12月至2012年2月，淄博市委常委、市纪委书记；2012年2月，淄博市委常委、市纪委书记。

省第九、十次党代会当选为省纪委委员，十届临沂市委委员，九、十、十一届淄博市委委员，市十、十一届市纪委委员。省第九、十次次党代会代表，市第十、十一次党代会代表，市十二、十三届人大代表。

唐会礼　中共淄博市委常委、副市长、市政府党组副书记。汉族，1962年11月生，山东荣成市人，1985年1月加入中国共产党，1980年2月参加工作，省委党校研究生学历。1980年2月至1981年5月，省船队报务员；1981年5月至1983年11月，荣成县水产局报务员；1983年11月至1985年11月，荣成县法院书记员；1985年11月至1989年9月，荣成县人事局干事(1987年9月至1989年7月，山东经济学院财政金融系财政税务专业学习)；1989年9月至1991年7月，荣成市人事局调配科副科长、科长；1991年7月至1992年1月，荣成市科技干部管理办公室主任(副科级)；1992年1月至1992年4月，威海市劳动人事局干部调配科副科长；1992年4月至1992年11月，威海市委组织部企干科副科长；1992年11月至1993年4月，威海市委组织部正科级巡视员、企干科副科长；1993年4月至1995年5月，威海市委组织部企干科科长；1995年5月至1997年12月，威海市委组织部副县级巡视员、企干科科长(1993年9月至1996年7月省经济管理干部学院经济管理专业学习；1996年9月至1997年12月，挂职任文登市副市长)；1997年12月至2001年2月，文登市委副书记(1999年3月至1999年6月省委党校县市委书记进修班学习)；2001年2月至2003年1月，威海市林业局局长、党委书记(1999年9月至2002年6月省委党校在职干部研究生班经济管理专业学习)；2003年1月至2007年1月，威海市交通局局长、党委书记；2007年1月至2011年7月，威海市副市长、市政府党组成员；2011年7月至2011年12月，淄博市委常委；2011年12月至2012年3月，淄博市委常委、市政府党组副书记；2012年3月，淄博市委常委、副市长、市政府党组副书记。

十三届威海市委委员，十、十一届淄博市委委员，市十一次党代会代表。

郭利民　中共淄博市委常委、宣传部部长。

汉族，1957年3月生，山东莱芜市人，1985年8月加入中国共产党，1975年5月参加工作，中央党校研究生学历。1975年5月至1976年12月，淄博市淄川区杨寨公社牛家村下乡知青；1976年12月至1984年4月，淄博市财政局企财处办事员；1984年4月至1985年8月，淄博市财政局企财处副主任；1985年8月至1986年9月，淄博市财政局企财处主任（1985年10月至1986年8月，挂职任淄博市张店区财政局副局长）；1986年9月至1988年7月，山东大学经济系财税干部专修科学员；1988年7月至1988年11月，淄博市财政局行财科科长；1988年11月至1990年2月，淄博市财政局预算科科长；1990年2月至1995年5月，淄博市财政局副局长、党组成员；1995年5月至1997年6月，淄博市财政局副局长、党组副书记（1993年9月至1996年1月，中央党校在职干部研究生班经济管理专业学习）；1997年6月至1998年9月，淄博市财政局局长、党组书记兼市地税局党组书记；1998年9月至2003年4月，淄博市财政局局长、党组书记；2003年4月至2003年8月，淄博市市长助理，市财政局局长、党组书记，市商业银行副董事长；2003年8月至2007年3月，淄博市市长助理，市财政局局长、党组书记；2007年3月至2012年2月，淄博市委常委、宣传部部长；2012年2月，淄博市委常委、宣传部部长。

省第七、八、十次党代会代表；九、十、十一届市委委员，市八、九、十、十一次党代会代表，市第七次党代会当选为市纪委委员；市十一、十二、十三届人大代表。

魏艳菊　中共淄博市委常委、统战部部长。女，汉族，1970年10月生，淄博市淄川区人，1992年4月加入中国共产党，1992年7月参加工作，大学学历。1988年9月至1992年7月，曲阜师范大学学校教育专业学生；1992年7月至1996年4月，淄博第二师范学校教师；1996年4月至

1998年10月，淄博第二师范学校团委副书记；1998年10月至1999年4月，淄博第二师范学校团委副书记兼教务处副主任；1999年4月至2000年8月，淄博第二师范学校团委书记兼教务处副主任；2000年8月至2001年7月，淄博师范学校团委书记；2001年7月至2003年1月，淄博市教育局副局长、党委委员；2003年1月至2006年5月，淄博市教育局副局长、党委委员、调研员（2003年2月至2005年12月山东师范大学教育科学学院教育管理专业学习，2005年12月获教育硕士学位）；2006年5月至2006年9月，淄博市红十字会常务副会长；2006年9月至2007年1月，淄博市红十字会常务副会长、党组书记；2007年1月至2007年3月，共青团淄博市委书记、党组书记；2007年3月至2010年12月，淄博市委常委，共青团淄博市委书记、党组书记；2010年12月至2012年2月，淄博市委常委、统战部部长；2012年2月，淄博市委常委、统战部部长。

十、十一届市委委员。市第十、十一次党代会代表，市十二、十三届人大代表。

张顺华　中共淄博市委常委、淄博军分区政治委员。汉族，1959年4月生，山东寿光市人，1981年12月加入中国共产党，1978年2月参加工作，在职大学学历。1978年2月至1981年12月，中国人民解放军炮兵69师637团战士；1981年12月至1982年6月，炮兵69师637团二营五连排长；1982年6月至1983年3月，炮兵69师637团政治处组织股干事；1983年3月至1994年9月，67集团军政治部干事（1985年3月至1986年3月，参加老山地区对越防御作战；1986年3月至1988年2月，中国人民解放军南京政治学院政工

专业学习);1994年9月至1996年9月,67集团军政治部组织处副处长;1996年9月至1998年9月,67集团军政治部组织处处长;1998年9月至1999年1月,26集团军装甲八师政治部副主任;1999年1月至2002年6月,26集团军装甲八师三十团政委;2002年6月至2003年5月,26集团军装甲八师政治部主任;2003年5月至2008年12月,26集团军77旅政委(2002年9月至2005年6月,石家庄陆军指挥学院政工专业在职学习);2008年12月至2009年2月,聊城军分区政委;2009年2月至2010年4月,聊城市委常委、聊城军分区政委;2010年4月至2010年5月,淄博军分区政委;2010年5月至2012年2月,淄博市委常委、淄博军分区政委;2012年2月,淄博市委常委、淄博军分区政委。

十一届聊城市委委员,十、十一届淄博市委委员。市十三届人大代表。

尚龙江　中共淄博市委常委、政法委书记。汉族,1960年10月生,山东滨州市人,1982年4月加入中国共产党,1977年7月参加工作,省委党校研究生学历。1977年7月至1978年12月,沾化县泊头公社南徐大队下乡知青;1978年12月至1981年2月,中国人民解放军陆军守备9团第85炮兵连战士;1981年2月至1981年6月,陆军守备9团第85炮兵连班长;1981年6月至1982年4月,陆军第67军教导大队学员;1982年4月至1983年7月,陆军第200师炮团一连排长;1983年7月至1985年9月,陆军第200师炮团政治处干事;1985年9月至1987年7月,山东大学中文系干部专修科汉语言文学专业学员;1987年7月至1989年9月,陆军第200师炮团政治处干事;1989年9月至1992年4月,惠民地区行署办公室综合科科员;1992年4月至1994年12月,滨州地区行署办公室正科级秘书;1994年12月至1997年3月,滨州地区行署办公室副县级秘书;1997年3月至2000年1月,滨州地区行署办公室副主任、党组成员(1996年9月至1999年1月,省委党校业余本科班经济管理专业学习;1997年5月至1999年5月,山东大学历史系研究生课程进修班中国近代史专业学习);2000年1月至2001年11月,阳信县委副书记;2001年11月至2002年2月,阳信县委副书记、代理县长、县政府党组书记;2002年2月至2004年9月,阳信县委副书记、县长、县政府党组书记(2000年9月至2003年6月,省委党校在职干部研究生班经济管理专业学习);2004年9月至2007年6月,阳信县委书记;2007年6月至2008年1月,阳信县委书记、党校校长;2008年1～6月,滨州市副市长、市政府党组成员,阳信县委书记、党校校长;2008年6月至2011年12月,滨州市副市长、市政府党组成员;2011年12月至2012年2月,淄博市委常委;2012年2月,淄博市委常委、政法委书记。

省第九次党代会代表,省十届人大代表。七届滨州市委委员,十、十一届淄博市委委员。滨州市第六、七次党代会代表,滨州市八、九届人大代表,市十一次党代会代表。

庄　鸣　中共淄博市委常委,淄博高新区工委书记、管委会主任,淄博保税物流中心管理办公室主任。汉族,1957年10月生,山东莒南县人,1984年5月加入中国共产党,1975年9月参加工作,大学学历。1975年9月至1977年12月,淄博市张店区湖田公社上湖大队下乡种子田队长、大队团支部委员;1977年12月至1978年3月,山东新华制药厂工人;1978年3月至1982年1月,山东工学院第一机械系机械制造工艺与设备专业学生;1982年1月至1984年10月,淄博第二毛纺织厂技术科工作、车间副主任;1984年10月至1985年2月,淄博市计划委员会科员;1985年2月至1985年10月,淄博市政府办公室秘书;1985年10月至1987年8月,淄博市政府办公室副科级秘书;1987年8月至1989年5月,淄博市政府办公室正科级秘书;1989年5月至

1993年4月，淄博市政府办公室副主任、党组成员；1993年4月至1994年4月，淄博市外经贸委副主任、党组成员；1994年4月至1997年1月，淄博市外经贸委副主任、党委委员（1994年9月至1995年7月，中央党校中青年干部培训班学习；1993年9月至1996年6月，南开大学政治经济学专业在职研究生班学习，1996年6月获经济学硕士学位）；1997年1月至1998年4月，淄博市外经贸委副主任、党委副书记；1998年4月至2001年3月，淄博市外经贸委主任、党委书记；2001年3月至2003年4月，淄博市发展计划委员会主任、党组书记；2003年4月至2006年1月，淄博市市长助理，市发展计划委员会主任、党组书记；2006年1～12月，淄博市市长助理，市发展和改革委员会主任、党组书记；2006年12月至2008年11月，淄博市市长助理，淄博高新区工委书记、管委会主任（正县级）；2008年11月至2010年12月，淄博市市长助理，淄博高新区工委书记、管委会主任（副厅级）；2010年12月至2011年7月，淄博市副市长、市政府党组成员，淄博高新区工委书记、管委会主任；2011年7月至2012年2月，淄博市副市长、市政府党组成员，淄博高新区工委书记、管委会主任，淄博保税物流中心管理办公室主任；2012年2～3月，淄博市委常委，市政府党组成员，淄博高新区工委书记、管委会主任，淄博保税物流中心管理办公室主任；2012年3月，淄博市委常委，淄博高新区工委书记、管委会主任，淄博保税物流中心管理办公室主任。

九届市委候补委员，十、十一届市委委员。省第九、十次党代会代表，省十一届人大代表，市第八、九、十、十一次党代会代表，市十二、十三届人大代表。

唐福泉　中共淄博市委常委、秘书长。汉族，1963年7月生，山东荣成市人，1986年7月加入中国共产党，1989年7月参加工作，研究生学历。1982年9月至1986年7月，山东大学经济管理专业学生；1986年7月至1989年7月，山东大学国民经济计划与管理专业硕士研究生；1989年7月至1992年11月，省人事局调研室干部（1989年10月至1991年4月，挂职任齐河县华店乡组织干事）；1992年11月至1994年1月，省人事局调研室副主任科员；1994年1月至1996年11月，省人事局调研室主任科员；1996年11月至2001年5月，省人事厅政策法规处助理调研员（1997年6月至1998年4月到日本学习研修）；2001年5月至2002年9月，省人事厅政策法规处副处长（2000年7月至2002年9月，挂职任沂源县委副书记）；2002年9～12月，沂源县委副书记；2002年12月至2003年1月，淄博市临淄区委副书记、代理区长、区政府党组书记；2003年1～4月，淄博市临淄区委副书记、区长、区政府党组书记；2003年4月至2004年9月，淄博市临淄区委副书记、区长、区政府党组书记，齐鲁化工区管委会副主任、工委副书记；2004年9月至2006年12月，淄博市临淄区委副书记、区长、区政府党组书记，齐鲁化工区管委会主任、工委副书记（2005年4～10月，省中青年干部赴美国康州培训团学习）；2006年12月至2007年1月，淄博市临淄区委书记；2007年1月至2008年4月，淄博市临淄区委书记、区人大常委会主任、区委党校校长，齐鲁化工区管委会主任、工委副书记（2004年9月至2007年12月南开大学国际贸易学专业博士研究生班学习，2007年12月获经济学博士学位）；2008年4月至2010年1月，淄博市临淄区委书记、区人大常委会主任、区委党校校长，齐鲁化工区工委书记；2010年1～4月，淄博市副市长、市政府党组成员，淄博市临淄区委书记、区人大常委会主任、区委党校校长，齐鲁化工区工委书记；2010年4月至2011年12月，淄博市副市长、市政府党组成员；2011年12月至2012年2月，淄博市副市长、市政府党组成员，市委秘书长；2012年2～3月，淄博市委常委、市委秘书长，市政府副市长、党组成员；2012年3月，淄博市委常委、秘书长。

十、十一届市委委员。省第九次党代会代表，省十届人大代表；市第九、十、十一次党代会代表，市十二、十三届人大代表。

王成方　中共淄博市委常委、组织部部长。汉族，1962年8月生，山东诸城市人，1984年11月加入中国共产党，1983年7月参加工作，中央党校研究生学历。1981年9月至1983年7月，潍坊供销学校财会专业学生；1983年7月至1984年11月，诸城县贾悦供销社会计；1984年11月至1986年9月，诸城县人事局干事；1986年9月至1989年1月，山东省委组织部干事；1989年1月至1992年11月，山东省委组织部干部调配处副科级巡视员（1987年8月至1990年6月，中央党校函授大专班学习）；1992年11月至1996年11月，山东省委组织部干部调配处主任科员；1996年11月至1999年12月，山东省委组织部干部综合处助理调研员（1995年9月至1997年12月，省委党校业余本科班学习）；1999年12月至2000年10月，山东省委组织部干部综合处副处长；2000年10月至2003年7月，山东省委组织部干部二处副处长（2000年9月至2003年7月，中央党校函授学院党员领导干部在职研究生班经济管理专业学习）；2003年7月至2007年1月，山东省委组织部干部二处调研员；2007年1月至2011年12月，山东省委组织部干部四处处长；2011年12月至2012年2月，淄博市委常委、组织部部长；2012年2月，淄博市委常委、组织部部长。

十、十一届市委委员。省第十次党代会代表，市十一次党代会代表。

淄博市第十四届人民代表大会常务委员会主任、副主任

刘慧晏　中共淄博市委书记兼市人大常委会主任、市委党校校长（简介见中国共产党淄博市第十一届委员会书记）。

王顶岐　淄博市人大常委会第一副主任（正厅级）、党组书记。汉族，1958年2月生，山东临沭县人，1986年2月加入中国共产党，1975年9月参加工作，省委党校研究生学历。1975年9月至1978年3月，临沂化工机械厂工人；1978年3月至1982年1月，北京钢铁学院压力加工系轧钢专业学生；1982年1～10月，济南第二钢铁厂技术员；1982年10月至1984年9月，临沂地区冶金工业公司生产科技术员、助理工程师；1984年9月至1987年4月，临沂地区经委生产科办事员；1987年4月至1990年4月，临沂地区经委生产科副科长；1990年4月至1992年12月，临沂地区工业总调度室副总调度长（正科级）；1992年12月至1995年1月，莒南县副县长；1995年1月至1996年8月，莒南县委常委、副县长；1996年8月至1997年12月，临沂市机械工业公司（机械总会）经理（会长）、党委书记；1997年12月至1999年2月，临沂市河东区委副书记、代理区长、区长、区政府党组书记；1999年2～12月，临沂市河东区委副书记、区长、区政协主席（1998年9月至1999年6月，省委党校中青年干部培训班学员）；1999年12月至2001年1月，汶上县委书记（1995年6月至2000年12月，省高教自学考试统计专业学习，2000年12月获经济学学士学位；1997年8月至2000年6月，省委党校在职干部研究生班政治专业学习）；2001年1月至2002年12月，汶上县委书记、县人大常委会主任；2002年12月至2003年4月，济宁市委组织部副部长（正县级）；2003年4月至2004年12月，济宁市委常委、组织部部长；2004年12月至2006年12月，淄博市委常委、组织部部长；2006年12月至2007年3月，淄博市委常委、副市长；2007年3月至2012年2月，淄博市委常委、副市长、市政府党组副书记；2012年2～3月，淄博市副市长、市政府党组副书记；2012年3月，淄博市人大常委会第一副主任（正厅级）、党组书记。

十届济宁市委委员，九、十、十一届淄博市委

委员。省第八、九、十次党代会代表，市第十、十一次党代会代表，市十二、十三、十四届人大代表。

王法亮 淄博市人大常委会副主任、民建淄博市委主委。汉族，1960年9月生，淄博市淄川区人，1986年12月加入民建，1982年7月参加工作，在职研究生学历。1978年10月至1982年7月，山东农学院农机系农业机械化专业学生；1982年7月至1984年8月，淄博市淄川区寨里镇农机站办事员；1984年8月至1985年7月，淄博市淄川区农业机械化研究所工作人员；1985年7月至1988年10月，淄博市淄川区农机局业务股副股长；1988年10月至1995年12月，淄博市淄川区农机局业务股股长；1995年12月至1997年3月，淄博市淄川区农业机械化研究所所长；1997年3月至1998年1月，淄博市淄川区农委副主任(正局级)；1998年1月至2001年5月，淄博市淄川区政府副区长；2001年5月至2003年1月，民建淄博市委副主委(不驻会)，淄博市淄川区政府副区长；2003年1～2月，民建淄博市委副主委(不驻会)；2003年2月至2006年11月，淄博市政协副主席(不驻会)、民建淄博市委副主委；2006年11月至2012年3月，淄博市政协副主席(不驻会)、民建淄博市委主委(2005年9月至2008年6月，山东农业大学农业经济管理专业在职学习，2008年6月获管理学博士学位)；2012年3月，淄博市人大常委会副主任、民建淄博市委主委。

十届省政协常委。九、十届省政协委员，九、十届市政协委员，十一届全国人大代表，市十四届人大代表。

尚秋云 淄博市人大常委会副主任、党组副书记。女，汉族，1956年10月生，淄博市博山区人，1976年1月加入中国共产党，1974年9月参加工作，中央党校研究生学历。1974年9月至1976年7月，淄博市临淄区淮阳公社枣园大队下

乡知青、村党支部副书记；1976年7～10月，淄博市临淄区农业学大寨工作队队员；1976年10月至1980年7月，淄博市临淄区委常委、团区委书记；1980年7月至1981年9月，共青团淄博市委常委、青农部负责人；1981年9月至1983年7月，山东师范大学干部专修科中文系中国语言文学专业学员；1983年7月至1984年3月，共青团淄博市委工作；1984年3月至1988年5月，淄博市妇联常委、组宣部部长、党组成员、办公室主任；1988年5月至1994年8月，淄博市妇联副主任、党组成员；1994年8月至1998年3月，淄博市妇联副主席、党组成员(1992年8月至1994年12月，中央党校函授学院经济专业在职学习；1993年9月至1994年7月，中央党校中青年干部培训班学员；1993年9月至1996年1月，中央党校在职研究生班政治经济学专业学习)；1998年3月至2007年1月，淄博市妇联主席、党组书记；2007年1～3月，淄博市政协党组成员；2007年3月至2012年3月，淄博市政协副主席、党组成员；2012年3月，淄博市人大常委会副主任、党组副书记。

八、九届省政协委员；八届市委委员，九届市委候补委员，十一、十二届市人大常委，七届市政协常委，九届、十届市政协委员。省第七、八次党代会代表，市第八、九、十、十一次党代会代表，市十二、十四届人大代表。

王树武 淄博市人大常委会副主任、党组成员。汉族，1957年8月生，山东高青县人，1976年10月加入中国共产党，1981年1月参加工作，省委党校大学学历。1975年11月至1976年10月，高青县农业学大寨工作队周家组队员；

1976年10月至1977年12月，高青县田镇公社田镇、常家管区党总支委员；1977年12月至1981年1月，高青县田镇公社水利站会计、干部；1981年1月至1984年9月，高青县田镇公社农经站经管员，三合、崔张管区党总支副书记；1984年9月至1986年6月，山东广播电视大学惠民行署工作站党政管理干部基础专修科学员；1986年6～10月，高青县寨子乡党委副书记；1986年10月至1987年3月，高青县寨子乡党委副书记、乡长；1987年3月至1988年3月，高青县田镇镇党委副书记（正科级）；1988年3月至1990年3月，高青县常家乡党委书记；1990年3～7月，高青县委组织部副部长（正科级）；1990年7～9月，桓台县委常委；1990年9月至1991年3月，桓台县委常委、农业委员会主任；1991年3月至1993年2月，桓台县委常委、宣传部部长；1993年2月至1995年3月，桓台县委常委、组织部部长；1995年3月至1997年12月，桓台县委副书记；1997年12月至1998年1月，桓台县委副书记、代县长、县政府党组书记；1998年1月至2002年12月，桓台县委副书记、县长、县政府党组书记（1997年9月至1999年12月省委党校业余本科班经济管理专业在职学习）；2002年12月至2003年1月，桓台县委书记、县长；2003年1月至2006年12月，桓台县委书记、县人大常委会主任兼县委党校校长；2006年12月至2007年1月，淄博市周村区委书记；2007年1～11月，淄博市周村区委书记、区人大常委会主任兼区委党校校长；2007年11月至2010年12月，淄博市副市级干部，周村区委书记、区人大常委会主任兼区委党校校长；2010年12月至2011年1月，淄博市政协党组成员，周村区人大常委会主任；2011年1～2月，淄博市政协党组成员；2011年2月至2012年3月，淄博市政协副主席、党组成员；2012年3月，淄博市人大常委会副主任、党组成员。

九、十届市委委员，十届市政协委员。省第九次党代会代表，市第八、九、十、十一次党代会代表，市十二、十三、十四届人大代表。

王树槐　淄博市人大常委会副主任、党组成员。汉族，1960年11月生，淄博市临淄区人，1984年3月加入中国共产党，1978年1月参加工作，省委党校研究生学历。1978年1～10月，淄博市临淄区皇城公社小马岱学校民办教师；1978年10月至1980年7月，淄博师范学校理化班学生；1980年7月至1983年5月，淄博市临淄四中教师；1983年5月至1984年11月，淄博市临淄区路山公社团委副书记；1984年11月至1985年3月，共青团淄博市临淄区委干事、组宣部部长；1985年3月至1987年2月，共青团淄博市临淄区委副书记（1986年10月至1987年2月，挂职任淄博市临淄区路山乡党委副书记）；1987年2月至1989年12月，淄博市临淄区路山乡党委副书记、乡长；1989年12月至1990年4月，淄博市委组织部工作；1990年4月至1993年7月，淄博市委组织部正科级巡视员；1993年7月至1995年2月，淄博市委组织部干部科副科长、正科级巡视员；1995年2月至1997年12月，淄博市沂源县委常委、组织部部长（1993年9月至1996年7月，山东省经济管理干部学院经济管理专业在职学习）；1997年12月至1998年5月，淄博市沂源县委副书记（1996年4月至1998年4月，中国社会科学院研究生院经济法专业在职学习）；1998年5月至2001年1月，淄博市沂源县委副书记、淄博市委农村工作委员会书记、西藏自治区昂仁县委书记；2001年1～5月，西藏自治区昂仁县委书记，淄博市淄川区委副书记、代区长、区长、区政府党组书记；2001年5月至2006年3月，淄博市淄川区委副书记、区长、区政府党组书记；2006年3～12月，淄博市淄川区委书记兼区委党校校长；2006年12月至2007年1月，淄博市博山区委书记；2007年1月至2008年9月，淄博市博山区委书记、区人大常委会主任兼区委党校校长（2004年9月至2007年6月，省委党校在职干部研究生班经济管理专业学习）；2008年9月至2011年11月，淄博市副市级干部，博山区委书记、区人大常委会主任兼区委党校校长；2011年11月至2012年3月，淄博市副市级干部，市政府党组成员；2012年3月，淄博市人大常委会副主任、党组成员。

十届市委委员。省第九次党代会代表，省十届人大代表，市第九、十、十一次党代会代表，市十二、十三、十四届人大代表。

淄博市人民政府市长、副市长

周清利 中共淄博市委副书记、市长、市政府党组书记（简介见中国共产党淄博市第十一届委员会副书记）。

刘 晓 中共淄博市委常委、副市长、市政府党组副书记（简介见中国共产党淄博市第十一届委员会常委）。

唐会礼 中共淄博市委常委、副市长、市政府党组副书记（简介见中国共产党淄博市第十一届委员会常委）。

张庆盈 淄博市副市长、民革淄博市委副主委（不驻会）。女，汉族，1973年7月生，河南泌阳县人，2000年11月加入民革，1997年7月参加工作，研究生学历。1990年8月至1997年7月，东北师范大学外语系英语专业学生，1997年7月获文学硕士学位；1997年7月至1998年12月，淄博师专外文系教师；1998年12月至2000年10月，淄博学院外文系教师、专业英语教研室主任；2000年10月至2001年7月，淄博学院外文系副主任；2001年7月至2002年1月，山东理工大学外国语学院副院长；2002年1月至2003年1月，山东理工大学国际交流中心主任兼国际合作与交流处副处长；2003年1～4月，淄博市张店区政协副主席（不驻会），山东理工大学国际交流中心主任兼国际合作与交流处副处长；2003年4月至2005年12月，淄博市张店区政协副主席（不驻会），山东理工大学外国语学院院长；2005年12月至2008年1月，民革淄博市委副主委（不驻会）、张店区政协副主席（不驻会）、山东理工大学外国语学院院长；2008年1月至2012年3月，淄博市人大常委会副主任（不驻会）、民革淄博市委副主委（不驻会）、山东理工大学外国语学院院长；2012年3月，淄博市副市长、民革淄博市委副主委（不驻会）。

九届市政协委员，全国青联委员（2010.08），市十三、十四届人大代表。

韩国祥 淄博市副市长、市政府党组成员，市委高校工委书记，市红十字会会长。汉族，1961年8月生，山东广饶县人，1986年12月加入中国共产党，1981年7月参加工作，省委党校研究生学历。1981年7月至1984年3月，淄博市二轻局供销公司会计；1984年3月至1987年3月，淄博市审计局办公室秘书、团支部书记（1982年7月至1985年8月，山东广播电视大学汉语言文学专业学习）；1987年3月至1988年12月，淄博市审计局综合科副科长（主持工作）；1988年12月至1989年6月，淄博市审计局综合科科长；1989年6月至1990年8月，淄博市委组织部正科级巡视员；1990年8月至1993年7月，淄博市委组织部干部科副科长、正科级巡视员；1993年7月至1995年5月，淄博市委组织部干部科科长；1995年5月至1997年3月，淄博市委组织部副部级巡视员（1993年9月至1996年7月，省经济管理干部学院经济管理专业学习；1994年4月至1996年4月，中国社会科学院研究生院经济法专业学习）；1997年3月至1999年3月，淄博市委组织部助理调研员；1999年3月至2001年3月，沂源县委副书记；2001年3月至2002年12月，沂源县委副书记、副县长；2002年12月至2003年1月，沂源县委副书记、代理县长、县政府党组书记；2003年1月至2006年12月，沂源县委副书记、县长、县政府党组书记（2006年2～12月，省委党校中青年干部培训班学习）；2006年12月至2007

年1月，沂源县委书记；2007年1～2月，沂源县委书记、县人大常委会主任兼县委党校校长；2007年2月至2010年12月，沂源县委书记、县人大常委会主任兼县委党校校长，县人武部党委第一书记（2004年9月至2007年6月，省委党校在职干部研究生班经济管理专业学习）；2010年12月至2011年1月，淄博市政府党组成员，沂源县人大常委会主任；2011年1～2月，淄博市政府党组成员；2011年2～6月，淄博市副市长、市政府党组成员；2011年6月至2012年3月，淄博市副市长、市政府党组成员，市委高校工委书记，市红十字会会长；2012年3月，淄博市副市长、市政府党组成员，市委高校工委书记，市红十字会会长。

十、十一届市委委员。省第九次党代会代表，省十届人大代表，市第九、十、十一次党代会代表，市十二、十三、十四届人大代表。

许建国 淄博市副市长、市政府党组成员。汉族，1959年12月生，山东潍坊市人，1986年3月加入中国共产党，1977年12月参加工作，研究生学历。1977年12月至1978年3月，山东农药厂工人；1978年3月至1982年1月，山东工学院第二机械系锻压专业学生；1982年1月至1984年9月，省交通厅张店交通机械厂助理工程师；1984年9月至1987年7月，山东工业大学第二机械系压力加工专业硕士研究生；1987年7月至1989年4月，淄博市经委科员、助理工程师；1989年4月至1992年10月，淄博市经委技术科副科长；1992年10月至1993年6月，淄博市经委技术科副科长、正科级督导员；1993年6月至1995年3月，淄博市经委技改科科长兼市中小企业对外合作办公室主任；1995年3月至2001年4月，淄博市张店区副区长、区政府党组成员；2001年4月至2002年12月，淄博市科协主席、党组书记；2002年12月至2003年1月，淄博市张店区委副书记、代理区长、区政府党组书记；2003年1～10月，淄博市张店区委副书记、区长、区政府党组书记；2003年10月至2006年12月，淄博市张店区委副书记、区长、区政府党组书记兼新城区建设指挥部副指挥、征地拆迁安置办公室主任；2006年12月至2010年12月，淄博市张店区委书记、区人大常委会主任、区委党校校长兼新城区建设指挥部副指挥、征地拆迁安置办公室主任；2010年12月至2011年1月，淄博市政府党组成员、张店区人大常委会主任；2011年1～2月，淄博市政府党组成员；2011年2月至2012年3月淄博市副市长、市政府党组成员；2012年3月，淄博市副市长、市政府党组成员。

十、十一届市委委员。省第九次党代会代表，省十届人大代表，市第九、十、十一次党代会代表，市十二、十三、十四届人大代表。

李灿玉 淄博市副市长、市政府党组成员。汉族，1961年9月生，山东莱芜市人，1986年10月加入中国共产党，1982年7月参加工作，大学学历。1978年8月至1982年7月，山东农学院林学系林业专业学生；1982年7月至1984年7月，德州市齐河县农业引用外资项目办公室工作；1984年7月至1985年7月，莱芜市科协工作；1985年7月至1989年10月，莱芜市委研究室秘书；1989年10月至1991年6月，莱芜市委研究室副主任；1991年6～7月，莱芜市委研究室主任；1991年7月至1993年1月，泰安市政府办公室正科级秘书；1993年1月至1994年5月，莱芜市委办公室副主任；1994年5月至1996年4月，莱芜市委副秘书长、办公室副主任；1996年4月至1998年10月，莱芜市委副秘书长、办公室副主任，市档案馆（档案局）馆长（局长）；1998年10月至2001年4月，莱芜市委副秘书长、市档案馆（档案局）馆长（局长）；2001年4月至2002年12月，莱芜市教育局局长、党委书记；2002年12月至2003年1月，莱芜市钢城区委副书记、代理区长；2003年1月至2006年12月，莱芜市钢城区委副书记、区长、区政府党组书记；2006年12月至

2011年11月，高青县委书记兼县人大常委会主任、县委党校校长；2011年11月至2012年1月，淄博市政府党组成员、高青县人大常委会主任；2012年1～3月，淄博市政府党组成员（正县级）；2012年3月，淄博市副市长、市政府党组成员。

九、十、十一届市委委员。省第九次党代会代表，省十届人大代表，市第十、十一次党代会代表，市十二、十三、十四届人大代表。

刘东军　淄博市副市长、市政府党组成员。汉族，1962年8月生，山东海阳市人，1985年6月加入中国共产党，1986年7月参加工作，省委党校研究生学历。1982年9月至1986年7月，山东建筑工程学院工民建专业学生；1986年7月至1989年12月，淄博市建筑设计院科员、团总支副书记；1989年12月至1990年10月，淄博市建筑设计院团总支书记；1990年10月至1993年9月，淄博市建筑设计院第一设计室副主任；1993年9月至1996年10月，淄博高新区规划建设土地局建设科科长兼新达房地产公司经理；1996年10月至1997年8月，淄博市建筑工程管理处处长；1997年8月至2001年1月，淄博市建筑工程管理处处长、市建筑企业劳动保险费用管理办公室主任；2001年1～3月，淄博市张店区区长助理、区政府党组成员；2001年3月至2002年12月，淄博市张店区副区长、区政府党组成员；2002年12月至2006年5月，淄博市交通局副局长、党委副书记，市公路管理局局长、党委书记；2006年5～8月，淄博市淄川区委副书记、代理区长、区政府党组书记；2006年8月至2007年12月，淄博市淄川区委副书记、区长、区政府党组书记；2007年12月至2009年12月，淄博市建委主任、党委书记；2009年12月至2012年3月，淄博市住房和城乡建设局局长、党委书记（2007年9月至2010年6月省委党校在职干部研究生班经济管理专业在职学习）；2012年3月，淄博市副市长、市政府党组成员。

十、十一届市委委员。市第九、十、十一次党代会代表，市十四届人大代表。

（市委组织部）

政协第十一届淄博市委员会主席、副主席

陈家金　淄博市政协主席、党组书记。汉族，1955年5月生，淄博市淄川区人，1975年2月加入中国共产党，1976年3月参加工作，在职大学学历。1976年3月至1979年3月，淄博市淄川区东坪公社党委常委、副书记、革委会副主任；1979年3月至1980年10月，共青团淄博市淄川区委副书记；1980年10月至1982年6月，山东农学院干部专修科学员；1982年6月至1983年11月，淄博市淄川区西河公社工作组副组长、党委副书记、管委会主任；1983年11月至1984年3月，共青团淄博市淄川区委书记；1984年3月至1985年10月，淄博市淄川区委常委、区农委书记；1985年10月至1987年3月，淄博市淄川区委常委、副区长；1987年3月至1988年12月，淄博市淄川区委常委、副区长兼区委政法委书记；1988年12月至1989年3月，淄博市淄川区委副书记、代理区长、区政府党组书记；1989年3月至1995年3月，淄博市淄川区委副书记、区长、区政府党组书记（1994年8月享受副市级待遇）；1995年3～8月，淄博市淄川区委书记；1995年8月至1997年7月，淄博市淄川区委书记、区人武部党委第一书记；1997年7～12月，淄博市淄川区委书记、区人武部党委第一书记兼区委党校校长；1997年12月至1998年2月，淄博市市长助理、市政府党组成员；1998年2月至2003年2月，淄博市副市长、市政府党组成员；2003年2月至2010年12月，淄博市委常委、政法委书记；2010

年12月至2012年2月，淄博市委副书记；2012年2月，淄博市政协党组副书记；2012年3月起任淄博市政协主席、党组书记。

八、九、十、十一届市委委员，市第十一届政协委员。省第九、十次党代会代表，省八届人大代表，市第八、九、十、十一次党代会代表，市十二、十三、十四届人大代表。

马爱国 淄博市政协副主席、党组副书记。汉族，1956年1月生，河北东光县人，1977年6月加入中国共产党，1974年8月参加工作，省委党校研究生学历。1972年5月至1974年8月，山东邮电学校载波专业学生；1974年8～12月，禹城县邮电局技术员；1974年12月至1978年4月，兰州部队服役；1978年4月至1979年11月，德州地区电业局干部；1979年11月至1984年7月，德州地区检察分院书记员、助理检察员；1984年7月至1985年6月，德州地区检察分院政策法律研究室副主任、检察员；1985年6月至1986年9月，德州市（县级）检察院副检察长、党组成员；1986年9月至1988年3月，德州地区检察分院政策法律研究室副主任、检察员；1988年3月至1989年2月，德州地区检察分院副检察长、党组成员；1989年2月至1995年4月，德州地区检察分院副检察长、党组成员（正县级）；1995年4月至1996年2月，德州市检察院副检察长、党组成员（正县级）；1996年2月至2002年12月，德州市检察院副检察长、党组副书记（正县级）；2002年12月至2003年1月，淄博市检察院党组书记、副检察长；2003年1～3月，淄博市检察院党组书记、代理检察长；2003年3月至2011年12月，淄博市检察院检察长、党组书记；2011年12月至2012年2月，淄博市政协党组副书记；2012年2月，淄博市政协副主席、党组副书记。

德州市第十一、十二次党代会当选为市纪委委员，九、十届淄博市委委员，市第十一届政协委员。市第九、十、十一次党代会代表，市十二、十三届人大代表。

董学武 淄博市政协副主席（不驻会）、市工商联合会主席（驻会）。汉族，1968年9月生，山东寿光市人，1990年10月参加工作，大学学历。1986年9月至1990年10月，兰州大学新闻系新闻专业学生；1990年10月至1998年7月，淄博市财政局科员；1998年7月至2000年9月，淄博市财政局行财科副科长；2000年9月至2001年3月，淄博市博山区石门镇镇长；2001年3月至2002年12月，桓台县副县长（1999年6月至2002年6月，中国人民大学政治经济学专业学习，2002年6月获经济学硕士学位）；2002年12月至2003年1月，淄博市张店区区长助理；2003年1月至2007年4月，淄博市张店区副区长；2007年4月至2008年1月，淄博市工商业联合会会长（驻会）；2008年1月至2011年11月，淄博市政协副主席（不驻会）、市工商业联合会会长（驻会）；2011年11月至2012年2月，淄博市政协副主席（不驻会）、市工商联合会主席（驻会）；2012年2月，淄博市政协副主席（不驻会）、市工商联合会主席（驻会）。

十届省政协委员，十、十一届市政协委员。

达建文 淄博市政协副主席（不驻会），民盟市委主委，齐鲁石化公司研究院院长、首席专家。汉族，1963年2月生，甘肃永登县人，1987年12月加入民盟，1980年8月参加工作，研究生学历，教授级高工。1978年6月至1980年8月，甘肃省庆阳师专学生；1980年8月至1985年9月，甘肃省兰州市永登县教师；1985年9月至1987年8月，陕西师范大学学生；1987年8月至1989年8

月，甘肃省兰州市永登县教师；1989年8月至1995年8月，中科院兰州化物所硕士研究生、博士研究生学习；1995年8月至2006年1月，中国石化齐鲁石化公司研究院工程师、高工、教授级高工，副总工程师（2001年4～10月，牛津大学高级访问学者）；2006年1～11月，中国石化股份有限公司齐鲁分公司首席专家；2006年11月至2008年1月，民盟市委主委、中国石化股份有限公司齐鲁分公司首席专家；2008年1～7月，淄博市政协副主席、民盟市委主委、中国石化股份有限公司齐鲁分公司首席专家；2008年7月至2012年2月，淄博市政协副主席，民盟市委主委，齐鲁石化公司研究院院长、首席专家；2012年2月，淄博市政协副主席，民盟市委主委，齐鲁石化公司研究院院长、首席专家。

十、十一届全国人大代表，十届省政协委员，九届市政协常委、委员，十届、十一届市政协委员。

吴宗杰　淄博市政协副主席（不驻会）、致公党市委主委、山东理工大学社科处处长。汉族，1962年12月生，山东桓台县人，2001年4月加入致公党，1985年7月参加工作，大学学历，教授。1981年7月至1985年7月，大连海运学院航海系驾驶专业学习；1985年7月至1992年7月，大连海运学院航海系助教；1992年7月至1998年5月，美国纽约州立大学布朗克斯学院航运经济管理专业博士研究生；1998年5月至1999年11月，青岛远洋船员学院航海系任教；1999年11月至2001年7月，淄博学院管理系教师、副主任；2001年7～12月，山东理工大学经济学院副院长；2001年12月至2003年12月，致公党淄博支部主委、山东理工大学经济学院副院长；2003年12月至2004年11月，致公党淄博市委主委、山东理工大学经济学院副院长；2004年11月至2011年2月，致公党淄博市委主委、山东理工大学社科处处长（2005年3月至2009年12月，挂职任淄博市发展计划委员会副主任）；2011年2月至2012年2月，淄博市政协副主席、致公党淄博市委主委、山东理工大学社科处处长；2012年2月，淄博市政协副主席、致公党淄博市委主委、山东理工大学社科处处长。

九、十届省政协委员（十届五次会议当选省政协常委），八、九、十届市政协常委、委员，十一届市政协委员。

蒲绪章　淄博市政协副主席、党组成员。汉族，1960年9月生，淄博市淄川区人，1984年10月加入中国共产党，1982年7月参加工作，大学学历。1978年10月至1982年7月，山东农学院农业经济管理专业学生；1982年7月至1985年9月，淄博市委研究室研究员；1985年9月至1988年9月，淄博市委研究室研究员（副科级）；1988年9～12月，淄博市委研究室研究员（正科级）（1986年11月至1988年10月在淄川区杨寨乡党委挂职，1987年10月任副书记）；1988年12月至1989年9月，淄博市计划委员会工作；1989年9月至1990年1月，淄博市政府办公室工作；1990年1月至1993年4月，淄博市政府办公室科级秘书；1993年4月至1995年5月，淄博市政府办公厅综合科科长；1995年5月至1997年12月，淄博市政府办公厅副主任；1997年12月至1999年8月，淄博市张店区委副书记；1999年8月至2002年12月，淄博市政府副秘书长、办公厅党组成员、调研员；2002年12月至2003年1月，高青县委副书记、代理县长、县政府党组书记；2003年1月至2006年2月，高青县委副书记、县长，县政府党组书记；2006年2月至2007年1月，高青县委书记、县人大常委会主任兼县委党校校长；2007年1月至2008年8月，淄博市市长助理；2008年8～10月，淄博市市长助理、市援川办主任（2007年7月至2008年9月挂职任湖南省湘西土家族苗族自治州副州长、党组成员）；2008年10～12月，淄博市市长助理、市政府党组成员、办公厅党组书记，市援川办主任；2008年12月至

2010年12月，淄博市市长助理、市政府秘书长、党组成员、办公厅党组书记，市援川办主任；2010年12月至2012年2月，淄博市政府秘书长、党组成员、办公厅党组书记；2012年2～3月，淄博市政协副主席，市政府秘书长、党组成员、市政府办公厅党组书记；2012年3月，淄博市政协副主席、党组成员。

省十届人大代表，市第八、九、十、十一次党代会代表，市十二、十三届人大代表，市第十一届政协委员。

李　敏　淄博市政协副主席、党组成员。女，汉族，1958年7月生，山东乳山市人，1978年4月加入中国共产党，1975年12月参加工作，省委党校研究生学历。1975年12月至1976年9月，桓台县印刷厂工人、车间副主任；1976年9月至1977年3月，桓台县学大庆工作队队员；1977年3月至1980年8月，桓台县工业局秘书、会计；1980年8月至1982年7月，桓台县经委办公室办事员；1982年7月至1983年9月，桓台县经委办公室副主任、团委副书记；1983年9月至1985年6月，滨州师专干部专修科政治理论专业学员；1985年6～10月，桓台县整党办公室工作；1985年10月至1987年10月，桓台县耿桥乡党委委员、副乡长；1987年10月至1993年4月，桓台县委宣传部副部长兼县文明办主任；1993年4月至1999年3月，淄博市文明办副主任；1999年3月至2001年4月，淄博市委宣传部副部长；2001年4月至2006年7月，淄博市委宣传部副部长兼市文明办主任；2006年7月至2009年7月，淄博市卫生局局长、党委书记；2009年7月至2012年2月，淄博市卫生局局长、党委书记，市保健委员会办公室主任；2012年2～3月，淄博市政协副主席，市卫生局局长、党委书记，市保健委员会办公室主任；2012年3月，淄博市政协副主席、党组成员。

市第九、十、十一次党代会代表，市第十次党代会当选为市纪委委员，十届市政协常委、委员，市第十一届政协委员。

王修德　淄博市政协副主席、党组成员。汉族，1958年10月生，淄博市周村区人，1986年6月加入中国共产党，1981年7月参加工作，在职大学学历，会计师。1979年9月至1981年7月，山东省财政学校财政税务专业学生；1981年7月至1984年4月，淄博市财政局办事员、科员；1984年4月至1985年12月，淄博市财政局预算外资金管理科副科长；1985年12月至1987年7月，淄博市财政局驻厂员管理处副科级驻厂员（1986年2月至1987年7月，挂职任淄博市周村区南营乡经委副主任）；1987年7月至1990年6月，淄博市财政局预算外资金管理科副科长；1990年6月至1992年7月，淄博市财政局预算外资金管理科科长；1992年7～11月，淄博市财政局综合计划科科长；1992年11月至1995年10月，淄博市财政局预算科科长；1995年10月至1997年6月，淄博市财政局党组成员、局长助理；1997年6月至2003年4月，淄博市财政局副局长、党组成员；2003年4～7月，淄博市财政局副局长、党组成员、调研员；2003年7月至2004年11月，淄博市财政局副局长、党组成员、调研员，淄博市商业银行董事；2004年11月至2007年6月，淄博市财政局副局长、党组成员、调研员；2007年6～7月，淄博市财政局党组书记、副局长、调研员；2007年7月至2012年2月，淄博市财政局局长、党组书记；2012年2～3月，淄博市政协副主席，市财政局局长、党组书记；2012年3月，淄博市政协副主席、党组成员。

市第八、九、十次党代会当选为市纪委委员，市第十一次党代会代表，市十三届人大代表，市第十一届政协委员。

王济众　淄博市政协副主席（不驻会）、九三学社淄博市委主委（驻会）。汉族，1965年7月生，淄博市博山区人，2004年1月加入九三学社，

1988年7月参加工作，大学学历，审计师、注册会计师。1984年9月至1988年7月，山东经济学院计划统计专业学生；1988年7月至1995年7月，淄博市审计局科员；1995年7月至2000年9月，淄博市审计局副主任科员；2000年9月至2002年12月，淄博高新区审计物价局副局长（副处级）；2002年12月至2003年1月，淄博市博山区区长助理；2003年1月至2006年11月，淄博市博山区副区长；2006年11月至2007年1月，九三学社淄博市委主委（不驻会）、博山区副区长；2007年1月至2012年2月，九三学社淄博市委主委（驻会）；2012年2月，淄博市政协副主席（不驻会）、九三学社淄博市委主委（驻会）。

十届省政协委员；九届市政协委员，十届市政协常委、委员，市第十一届政协委员。

（市委统战部）

全国五一劳动奖章获得者

（按姓氏笔画排序）

于　波	淄博市地方税务局
崔美兰（女）	山东齐都药业有限公司
鹿成滨	山东鲁阳股份有限公司
董雅娟（女）	山东布莱凯特黑牛科技股份有限公司

山东省富民兴鲁劳动奖章获得者

（按姓氏笔画排序）

王　锐	淄博市公安局淄川分局刑侦大队
王民军	临淄区总工会
仇道华	淄博市太河水库管理局
孔祥泉	山东省药用玻璃股份有限公司
邓兆波	山东华成集团有限公司
田茂军	山东天齐置业集团股份有限公司
石志葵	淄博福东红木家具有限公司
刘长杰	山东龙泉管道工程股份有限公司
刘圣刚	山东金岭矿业股份有限公司
刘传宝	淄博市国家税务局淄川分局
孙　涛	山东淄博电瓷厂有限公司
吴兆金	淄博市广播电视总台
张玉山	高青县国家税务局
张玉山	山东张店农村合作银行
张忠国	淄博市技师学院
张承伦	张店区体育场街道办事处金乔社区
李　进	华能淄博白杨河发电有限公司
李长波	中国农业银行股份有限公司淄博分行
李道乾	淄博市第四人民医院
沙金凯	中国移动通信集团山东有限公司淄博分公司
陆　勇	淄博市财政局
周双林	中国铝业山东分公司化学品氧化铝分厂
房　明	淄博第六中学
赵晓东	齐商银行股份有限公司
徐　辉	山东博丰利众化工有限公司
殷　跃	淄博矿业集团有限责任公司岱庄煤矿
董玉海	山东长运企业集团有限公司
蒋衍山	淄博职业学院
蔡爱红（女）	淄博泰维润滑油有限公司
潘　军	淄博德诺铝业科技有限公司

振兴淄博劳动奖章获得者

（按姓氏笔画排序）

丁　平	浦发银行淄博支行
于永庆	淄川区医院
于学军	淄博市国土资源局淄川分局
马　峰	淄博莱宝电子器件有限公司
马玉国	淄博勃徕格齿轮电机有限公司
王　军	淄博市动物疫病预防与控制中心

王　良　淄博热力有限公司
王　杰　淄博市劳动教养管理所
王　勇　中国联合网络通信有限公司沂源县分公司
王　静(女)　淄博市地方税务局淄川分局
王卫东　临淄区人力资源和社会保障局
王文明　山东北金集团有限公司
王业春　中国铝业山东分公司氧化铝厂
王永亮　淄川区交通运输局
王立波　华电淄博热电有限公司
王光明　淄博市农业科学研究院
王庆成　淄博市司法局
王彤云　山东耐火材料三厂
王怀安　淄博市地方税务局博山分局
王春花(女)　山东周村烧饼有限公司
王洪波　中国人寿保险股份有限公司淄博分公司
王振华　淄博市歌剧舞剧院
王艳民(女)　山东世纪天鸿书业有限公司
王照晨　山东电力集团公司淄博供电公司
王福宁(女)　张店区人民法院
王福春　高青县粮食局
王霄鹏(女)　淄博市人大常委会办公厅
王燕春(女)　山东建兰化工股份有限公司
韦永毅　华能淄博白杨河发电有限公司
尹　兵　中共淄博市委市直机关工作委员会
代振坤　淄博市农业机械管理局
冯乃金　山东金鲁生物科技股份有限公司
冯宝令　博山防爆电器厂有限公司
卢　剑　淄博市人民政府办公厅
卢　锋　淄博嘉周化工有限公司
史新亮　淄博糖酒站股份有限公司
叶艳丽(女)　山东新星集团有限公司
司继涛　淄博市人民检察院
左以胜　淄博第三中学
田兆敏　中国联合网络通信有限公司淄博市博山区分公司
田利国　山东华狮啤酒有限公司
田端华　山东现代农业科学研究院
申　亮　山东理工大学
白永胜　高青县建筑安装总公司
石玉花(女)　山东兰骏集团
石立功　淄博福广红木家具有限公司
石有文　山东淄博交通运输集团有限公司沂源分公司
石学刚　中国移动通信集团山东有限公司桓台分公司
伊若会　山东金岭矿业股份有限公司铁山矿
刘　桂　桓台县公安局经侦大队
刘叶东　山东义升环保设备有限公司
刘光强　淄博绿通燃气有限公司
刘建伟　临淄区教育局
刘建忠　淄博市房地产综合开发管理办公室
刘欣国　淄川区民政局
刘金泉　淄博润东建筑安装有限公司
刘淑良　淄博市舜天科技发展有限公司
刘智平(女)　淄博职业学院
吕丕家　淄博市水利建筑安装公司
孙　锋　中共淄博市委接待处
孙少伟　中国移动通信集团山东有限公司临淄分公司
孙宁涛　山东宏泰机电科技有限公司
孙其昌　淄博市粮油收储三库
孙建博(女)　淄博市商务局
孙明理　淄博市规划局一处
孙洁强　博山区白塔镇中心学校
孙振美(女)　齐鲁化工区综合管理局
孙瑞斋　山东金岭矿业股份有限公司侯庄矿
安　波　周村区地方税务局征收一分局
成希革　山东新华医疗器械股份有限公司
曲　勇　山东铝业公司医院
朱铎山　淄博叶脉建设有限公司
池　晶(女)　中国人民银行淄博市中心支行
牟相忠　山东晨钟机械股份有限公司
许　军　淄博市价格监测中心
许业强　淄博市地方税务局
许向辉　淄博市环保供热有限公司
许庆祝　山东工业职业学院
齐共和　沂源县鲁村煤矿有限公司
何　军　张店钢铁总厂炼铁厂
何恒海　山东蓝星东大化工有限责任公司
余冬燕(女)　淄博市中级人民法院
吴　伟　华能辛店电厂
吴　健　淄博祥业针棉制品有限公司

吴　鹏　　中共淄博市委办公厅
吴卫东　　淄博市原山林场
吴凤乔(女)　山东耐火材料有限公司国际贸易公司
宋　文　　淄川区农村信用合作联社
宋文霞(女)　淄博市实验幼儿园
宋立光　　淄博大染坊丝绸集团有限公司
张　艳(女)　中央储备粮淄博直属库
张　舸　　淄博宾馆
张　颖　　山东黄河建工有限公司
张传水　　淄博市公安局交通警察支队博山大队
张全刚　　山东方正建工有限公司
张守信　　淄博市职业病防治院
张秀萍(女)　淄博新城区开发建设指挥部建设工程办公室
张学勇　　淄博市公安局临淄分局治安警察大队
张振龙　　张店区疾病预防控制中心
张振国　　高青县人民医院
李　良　　淄博市中心医院
李　明　　淄博市黄河工程局
李　勇　　淄博翔天化工热电设备制造有限公司
李　哲　　淄博七星钢材有限公司
李　强　　周村区实验学校
李云生　　淄博市建设工程质量监督站
李文刚　　淄博热电集团公司锅炉分场
李玉兰(女)　淄川区昆仑镇中心学校
李传文　　山东华联矿业股份有限公司
李同盛　　淄博柴油机总公司
李国成　　山东电力集团公司淄博供电公司
李保民　　中国农业银行股份有限公司淄博张店支行
李栋贤　　淄博市公安局交通警察支队张店大队
杜明虎　　沂源县建筑工程有限公司
杨　霞(女)　政协淄博市委员会办公厅
杨石勇　　张店区潘庄社区物业公司
杨秀稳(女)　山东丝绸纺织职业学院
汪　帅　　淄博山川医用器材有限公司
苏　平　　淄博第五中学
苏　雁(女)　中共淄博市纪律检查委员会
迟玉华　　淄博市人民政府法制办公室
陈　兵　　山东博润工业技术有限公司
陈龙霞(女)　淄博火炬能源有限责任公司
陈光明　　淄博鑫能能源集团有限公司
陈忠荣　　淄博市农业技术推广中心
陈维扬　　淄博火炬能源有限责任公司
周　鹏　　沂源县供电公司
周文孝　　山东硅苑新材料科技股份有限公司
周光亮　　中共淄博市委党校
周庆国　　山东方大工程有限责任公司
周丽萍(女)　山东贵和纸业集团有限公司
呼喜功　　淄博市人民防空办公室
孟庆学　　沂源县人民医院
尚明楼　　淄博市住房和城乡建设局
岳连义　　淄博博山富源履带机械有限公司
昃秀花(女)　淄博市昃秀花艺术研究所
罗光明　　淄川区集中供热办公室
苗相森　　临淄区总工会
范　磊　　山东金天装饰工程有限公司
郑述庆　　沂源县第二中学
姚海涛　　山东新华医疗器械股份有限公司
姜其河　　淄博市中心血站
娄文杰(女)　招商银行股份有限公司淄博分行
段　军　　中国工商银行股份有限公司桓台支行
胡小红(女)　淄博市土地储备交易中心
胡业德　　桓台县国土资源局
胡晓乐　　淄博市公共汽车公司周村分公司
荣亚鹏　　淄博市环境保护基金管理处
赵　强　　淄博市殡仪馆
赵　辉　　华能淄博白杨河发电有限公司
赵玉苹(女)　淄博东联汽车有限公司
赵立成　　淄博第七中学
赵希国　　淄博国易玻璃纤维有限公司
赵爱莲(女)　张店区人口和计划生育局
闻其和　　临淄区国家税务局
唐敬成　　沂源县果树技术服务中心
徐　博　　淄博市规划设计研究院
徐兆峰　　周村区住房和城乡建设局
晏　璟(女)　淄博高新区实验小学
栾庆超　　淄博市住房和城乡建设局

耿　军　　淄博张店鑫马房地产开发有限公司
耿洪利　　淄博矿业集团有限责任公司许厂煤矿
郭　丽(女)　高青宏远石化有限公司
郭纪会　　桓台县精神病医院
郭洪志　　中国银行股份有限公司淄博临淄支行
高　原　　中共淄博市委组织部
高守贵　　淄博兰雁集团有限责任公司准浆分厂
高秀翠(女)　淄博市审计局
崔　硕　　淄博恒昌塑胶制品股份有限公司
崔云德　　淄博市王庄煤矿
崔奎勇　　淄博职业学院
梁　军　　淄博电视台新闻综合频道
梁庆群　　山东新华制药股份有限公司
隋建玲(女)　淄博市国家税务局
黄宝峰　　山东东佳集团股份有限公司
黄保国　　博山区殡仪馆
彭希辉　　淄博傅山企业集团有限公司
焦念良　　桓台县果里镇中心学校
董建昌　　高青县国土资源局
蒋洪涛　　淄博热电集团公司热营公司
谢　云　　淄博市烟草专卖局(公司)
窦学术　　淄博市妇幼保健院
路福俊　　淄博市技师学院
廖波涛　　淄博市安全生产监督管理局
翟建昌　　淄博理研泰山涂附磨具有限公司
翟所铨　　中国建设银行股份有限公司淄博分行
蔡　波　　高青县房地产公用事业管理局
樊　文(女)　博山区夏家庄镇卫生院
薛　云(女)　齐商银行股份有限公司共青团支行
臧　刚　　淄博鲁中房地产开发股份有限公司

淄博市十大金牌工人

(按姓氏笔画排序)

王润芝　　淄博柴油机总公司
孙德文　　淄博矿业集团有限责任公司东华水泥公司
宋　磊　　山东东岳有机硅材料有限公司
宋以伟　　山东药用玻璃有限公司
李钦和　　山东新华制药股份有限公司
杨朝聚　　山东东泰矿业有限公司
柳先进　　山东山博电机集团有限公司安吉富齿轮电机公司
赵有喜　　山东高阳建设有限公司
徐　鸿　　中国铝业山东分公司第二氧化铝厂
曹玲玲(女)　山东齐赛纺织有限责任公司

(市总工会)

逝世人物

姜新民　(1921.5～2011.3.4)淄博市人大常委会原副主任。淄博市博山区人。1941年6月参加革命,1944年3月加入中国共产党。1948年3月,任淄川县佛村区委书记。1952年12月,任淄川县人民政府县长。1956年6月,任淄博市农林水利局局长。1957年6月起,历任淄川区委副书记、书记。1975年2月,任周村区委书记、革委会主任。1977年10月,任博山区委书记、革委会主任。1981年3月,任市人大常委会副主任、党组成员。1983年12月离职休养。2011年3月4日病逝。　(市委老干局)

本部类编　辑:纪　瑗
副主编:王世伟
校　对:王　峰
赵建国

区县概况

张店区

【概况】 区名由来 因地处交通要冲,过往商旅多在此栖身。宋代,有一张氏店客房多,生意兴隆得名。

政区 人口 全区总面积244平方公里。辖6个镇、6个街道、113个行政村、90个社区居委会。年末全区总人口62.87万人。人口出生率6.94‰,死亡率4.25‰,自然增长率2.69‰。有少数民族31个,4470人。

经济概况 全年实现生产总值653.61亿元,比2010年增长13.22%。其中,第一产业1.77亿元,增长11.99%;第二产业317.15亿元,增长11.9%;第三产业334.70亿元,增长12.03%。三次产业比例为0.27∶48.52∶51.21。全社会固定资产投资225.54亿元,增长22.36%。实现财政总收入30.08亿元,增长16.27%;地方财政一般预算收入31.43亿元,增长31.16%。

农业 全年农林牧渔业实现总产值30570万元,粮食总产54900吨,棉花总产1278吨,油料总产779吨,水果总产4181吨,蔬菜总产19530吨,水产品总产87吨,肉类总产3715吨,禽蛋总产865吨,奶类总产4716吨。农田有效灌溉面积3742公顷。全区农机总动力17.38万千瓦。

工业 建筑业 全年实现工业增加值1270.38亿元,比2010年增长24.11%。规模以上工业企业351家,实现增加值253.9亿元,增长36.5%。完成建筑业总产值72.07亿元。

建设 环保 年末,全区人均绿地面积16.4平方米,建成区绿化覆盖率39.82%。自来水普及率100%,城区燃气普及率100%,集中供热普及率69%。共建设公租房1026套,总建筑面积5.2万平方米,建设廉租房168套、经济适用房3400套。已建成污水处理厂2座,污水集中处理率达到95%,无害化垃圾处理率达到100%。城市空气质量良好率达到89.3%,水环境功能区达标率为100%,道路交通声环境质量低于70分贝。

交通 邮电 公路通车里程566.9公里,公路完成旅客运量20350万人次,完成货运量5831万吨,完成邮电业务总量31.84亿元。年末固定电话用户88万户,移动电话用户526.8万户,互联网用户63.2万户,电话用户普及率达到60.5%,移动电话普及率达到127.7%。

贸易 旅游 全年实现社会消费品零售总额326.51亿元,比2010年增长18.3%。实现进出口总额6.48亿美元,增长24.6%;出口5.28亿美元,增长19.3%。合同外资额9195万美元,增长27.4%;实际利用外资9938万美元,协议投资总额9218万美元。对外承包工程完成营业额9409.6万美元,对外劳务合作完成营业额9300万美元。主要旅游景点有2处,A级旅游景区2家。全年接待国内外游客590万人次,增长16.6%。实现旅游总收入46.3亿元,增长16.9%。

教科文卫体 有普通高等院校1所,在校生32750人。中等职业、技工学校2所,在校生2580人。普通高中8所,在校生12088人。初中23所,在校生31943人。小学47所,在校生39279

人。特殊教育学校2所，在校生369人。获得省科技奖励2项。专利申请量3902件，授权专利1602件。有博物馆1个，档案馆1个，公共图书馆1所，文化馆(站)12个，农村文化大院28个。有卫生机构542个，其中医院、卫生院44个，社区卫生服务中心10个，妇幼保健院(站)1个，疾病预防控制中心1个。各类卫生机构共有床位1831张，卫生技术人员1836人，其中执业医师及执业助理医师1646人，注册护士1265人。有体育馆8座，群众体育健身活动场地210处，205.8万平方米。全年参加市级以上体育比赛共获奖牌7枚，其中金牌6枚。

社会生活　城镇居民人均可支配收入26539元，人均消费性支出16458.4元；人均住房建筑面积35.08平方米。城镇在岗职工年平均工资40463元。农村居民人均纯收入13531元，人均生活消费支出8489元；人均住房面积37.80平方米。全市城镇基本养老、医疗、失业、工伤和生育保险参保人数分别达到11.7745万人、26.04万人、5.3万人、9.4484万人和3.884万人，比2010年底增加0.4669万人、1.9万人、0.05万人、2.262万人和0.4954万人。社会保险基金总收入7.3544亿元，增加24.6%；支出7.0107亿元，增加22.04%。新型农村养老保险参保农民8.31万人，参加新型农村合作医疗农民14.01万人。全区城乡最低生活保障救助9828人，其中城镇低保6672人，农村低保3156人，农村特困救济3156人。收养性社会福利单位33个，收养609人。社会福利企业8个，安置残疾人员6000人。

【工业结构调整】　2011年，全区75个工业项目开工建设，完成投资30亿元，比2010年增长20%。11个项目列入国家和省重点项目，争取到上级扶持资金710万元。12个项目被列为市百项重点工业项目，总投资12.41亿元。全区“三○”重点工业项目完成年度投资18亿元。加快淘汰落后产能，关停煤矸石机制砖企业8家、大外环路以内混凝土搅拌企业9家、大外环路以内的建陶企业31家、大外环路以外建陶企业6家、无环保手续碳酸钙企业28家。推动企业技术创新，新增市级企业技术中心1家。新兴产业逐步发展壮大，特种设备及加工、新材料、精细化工、电子信息4大新兴产业在全区规模以上工业企业销售收入占比达到50.82%，税收占比达到51.64%。

【服务业】　2011年，服务业增加值完成308.33亿元，比2010年增长11.9%；规模以上第三产业固定资产投资完成177.2亿元，增长6.73%。投资过千万元服务业项目67个，总投资613.4亿元，永旺淄博购物中心、乐都汇购物中心、华润城市综合体、嘉亿国际财富中心、泛华商业广场、鲁中现代医药物流园等大型高端项目先后入驻。鲁中公铁物流园、天佳物流园等项目开工建设，璀璨中华文化生态园、齐赛创意产业园二期、市文化中心、青年公园升级改造工程、名典彩叶观光园等文化娱乐项目快速推进。会展经济日益繁荣，举办淄博绿兰莎国际啤酒节、第五届中国(淄博)汽车博览会、第三届山东厨具博览会、第十一届中国(淄博)国际陶瓷博览会、第十届中国(淄博)新材料技术论坛等大型会展，实现交易额43.2亿元，比2010年增加27.7亿元。

【新农村建设】　农村住房建设全面推进，55个村(居)启动农村住房建设改造，完成拆迁15030户、338.8万平方米，累计完工354万平方米，完成投资35亿元；改建维修农村公路13公里，完成投资2500万元。农村流通设施日趋完善，改造扩建镇级服务中心2处。累计销售家电下乡产品14.95万台，补贴金额3223万元；累计销售家电以旧换新产品36.91万台，补贴金额1.07亿元，回收旧家电59.62万台。

【环境保护】　完成孝妇河绿化景观提升水利工程、傅家段溢流堰工程、区县交界处河段提升工程、黄家庄简易生态湿地工程建设，并对重点企业以及东部化工区实施深度治理。集中开展以改善环境空气质量为主要内容的环保专项整治行动，城市环境明显改善，污水处理厂集中处理率达到95%以上，城市生活垃圾无害化处理率达到95%以上，工业固体废物处置利用率达到90%以上，危险废物处置率达到100%。大力推进农业转方式调结构，实施“森林围城”工程，完成土地流转2289.87公顷，发包1621.33公顷，新增造林面积

666公顷，栽植各类林木100余万株。

【城建工程】 城市承载功能明显增强。完成王舍路、莲池路、老杏园路、洪沟路、张边路一期、东四路南段等道路改造工程，新建、改造道路15公里。完成涝淄河综合整治续建、城区积水点改造和管道清淤等工程，并对36个社区、167条背街小巷的1400余盏路灯进行更新改造。生态环境明显改善。完成城区片林、科技工业园及张田路绿化等工程，新建城市绿地153.96万平方米，其中公共绿地51.05万平方米。城市管理水平明显提升。启动"最干净城市"创建工作，实施市政、园林长效机制改革，2011年7月1日数字化城市管理模式在全区80平方公里、99个责任区、744个单元网格正式运行。完成9条12.96公里城区道路、8条21.5公里镇域道路两侧建(构)筑立面综合整治工作。城乡统筹进程加快。"两区一村"累计完成安置房面积115.48万平方米，实施和平、新华、二毛3个旧居住区综合整治。土地、房地产市场、建筑市场、人防设施管理不断加强，供热、燃气等行业供应保障能力明显提升。

【社会保障】 省级创业型城市创建工作顺利通过中期评估验收，城镇零就业家庭实现动态清零，建成农民工人力资源市场5处，完成城乡劳动力就业培训7079人，新增城镇就业23899人，其中新增农村劳动力转移就业5565人，城镇登记失业率控制在2.34%以内。医药卫生体制改革扎实推进，城镇居民基本医疗保险覆盖率达到100%，新型农村合作医疗参合农民140100人，新农合参合率达到99.8%，新型农村养老保险参保人数83058人。城乡低保水平不断提高，农村低保标准由每年1400元提高到1700元，城市低保标准由每月261元提高到316元。落实农村五保供养经费115万元，救助农村五保户251名。救助城乡困难群众11000名，发放救助款物2600万元。为719户优抚家庭发放优待金279.6万元，为2258名优抚对象发放定期抚恤补助1341万元，接收退伍士兵333名。投资1.5亿元启动公共租赁房一期工程，共建设公租房1026套，总建筑面积5.2万平方米。同时，建设廉租房168套、经济适用房3400套，累计发放廉租住房补贴1824万元。

（张店区史志办）

淄川区

【概况】 区名由来　因淄河流经境内而得名，1956年始称淄川区。

政区　人口　全区总面积961.4平方公里。辖9个镇、3个街道、1个开发区、379个行政村、82个社区。年末全区总人口64.8万人。男女性别比99.4∶100，人口出生率7.69‰，死亡率5.78‰，自然增长率1.91‰。有少数民族23个，1169人。

经济概况　全年实现生产总值470.74亿元，按可比价格计算，比2010年增长11.85%。其中，第一产业增加值8.58亿元，增长3.5%；第二产业增加值291.79亿元，增长12.36%；第三产业增加值170.36亿元，增长11.37%。三次产业比例为1.82∶61.99∶36.19。全社会固定资产投资完成199.73亿元，增长23.5%。地方财政收入18.13亿元，增长25.60%。年末金融机构人民币各项存款余额335.08亿元，比年初增加42.09亿元，其中城乡居民储蓄存款余额221.87亿元，增加17.60亿元；人民币各项贷款余额111.07亿元，增加6.78亿元。

农业　全年农林牧渔业总产值13.6亿元，比2010年增长3.9%。粮食总产12.08万吨，水果总产0.82万吨，蔬菜总产4.46，肉类总产1.57万吨，禽蛋总产0.92万吨，奶类总产564吨。全年完成造林面积2339公顷。全区农机总动力30.36万千瓦。

工业　建筑业　规模以上工业企业509家，实现增加值285.25亿元，比2010年增长12.34%；实现主营业务收入1610.30亿元，增长35.89%；实现利润146.61亿元，增长44.20%；实现利税221.97亿元，增长39.29%。企业亏损面为0.98%。资质三级及以上建筑企业30家，完成建筑业总产值47.86亿元，增长23.7%。

建设　环保　城市人均道路面积26.57平方米，人均绿地面积16.33平方米，建成区绿化覆盖率42.44%。自来水普及率100%，燃气普及率

100%。开工建设经济适用房504套，竣工276套（含2010年）。村镇建设完成投资亿元。经过坚持不懈的治理，全区空气环境质量良好以上天数由2007年的6天增加到2011年的185天。

交通 邮电 公路通车里程1260公里，其中高速公路通车里程11.1公里。公路货运量7663万吨，货运周转量517610万吨公里；公路客运量3998万人次，客运周转量175408万人公里。完成邮政业务总量3338.2万元，减少28.56%。年末固定电话用户14.76万户，移动电话用户63万户，电话普及率94部/百人，互联网用户9.95万户。

贸易 旅游 全年实现社会消费品零售总额165.63亿元，比2010年增长17.7%。实现进出口总额112913万美元，增长24.1%，其中出口90949万美元，增长15.1%。新签订利用外资项目3项，合同外资额1995万美元，实际利用外资4142.5万美元。对外劳务合作完成营业额60万美元。主要旅游景点有蒲松龄故居、聊斋城和潭溪山、梓橦山、马鞍山、文峰山、峨庄瀑布群风景区及梦泉生态旅游区等。全年接待国内外游客261万人次，增长25%。实现旅游总收入16.1亿元，增长20%。

教科文卫体 中等职业、技工学校6所，在校生8193人。普通高中3所，完全中学3所，在校生14860人；初中20所，九年一贯制学校5所，在校生30163人；小学55所，在校生33642人。特殊教育学校1所，在校生123人。获得省级科技奖励1项，专利申请量1081件，授权专利208件。有各种艺术表演团体52个，文化馆1处，公共图书馆1处，博物馆1处，档案馆1处。广播、电视人口覆盖率分别达到100%和98.45%。医院、卫生院33所，疾病预防控制机构1所，妇幼保健机构1所。各类卫生机构共有床位2823张，卫生技术人员2907人，其中执业医师及执业助理医师1307人，注册护士1097人。有体育场1个，全年参加省级以上体育比赛共获奖牌45枚，其中金牌15枚。

社会生活 城镇居民人均可支配收入24080元，比2010年增长12.7%；人均消费性支出17021元，增长10.08%。农村居民人均纯收入11211元，增长18.3%；人均生活消费支出6854元，增长10.62%。人均拥有住房面积36.85平方米。全区城镇基本养老参保人数12.7万人，比2010年底增加0.3万人；医疗参保人数29万人，增加2万人；失业参保人数6.57万人，工伤参保人数7.1万人，生育保险参保人数4.8万人。社会保险基金总收入10.3亿元，增长26%；支出6.7亿元，增长39.6%。新型农村养老保险参保农民19.6万人，参加新型农村合作医疗农民31.22万人。全区城乡最低生活保障救助18192人。其中，城镇低保4210人，农村低保13982人。社会福利企业32家，安置残疾人员1507人。

【构建现代产业体系】 2011年，淄川区以结构调整为主攻方向，实施高端高质高效发展战略。规模以上工业企业达到509家，工业总产值、主营业务收入双双突破千亿元大关，纳税过千万元的企业达到27家。启动实施新兴产业倍增工程，新能源、新材料、新医药三大产业主要指标均保持40%以上的增幅，唐骏电动汽车、鲁中耐火新材料等重点项目进展顺利，开发区汽车及零部件、双杨生物医药、罗村无机非金属新材料等一批产业集聚区初具规模或开始规划建设。启动实施“5年300亿元”技改计划，综合运用环保、安全、税收等手段倒逼产业升级，水泥、氧化钙等产业实现脱胎换骨式发展。11月，正式被认定为第三批国家资源枯竭城市。

举办第四届百名专家淄川行暨科技成果引进洽谈会，对接洽谈项目230余项，达成意向17项，协议25项，合同2项。国家和省级品牌分别达到11个、59个，新认定高新技术企业19家，山东金城医药化工有限公司的医化科研项目获国家科技进步二等奖，全区高新技术产业产值占比达到25.9%。山东金城医药化工有限公司在深交所创业板上市，淄博宝塔有限责任公司等10家企业在齐鲁股权交易中心挂牌，资本市场实现重大突破。服装城、建材城、财富陶瓷城等传统市场繁荣发展，SM商城、鲁中电子数码广场、中国国瓷文化城等新兴市场稳步启动，新星集团跨入“中国连锁百强企业”。

农业结构调整取得阶段性进展，启动3300余公顷鲁中优质核桃基地建设，林果、畜牧、蔬菜逐步成为全区农业经济主导产业。峨庄整建制创建为国家级古村落森林公园，太河镇获评全国特色景观旅游名镇，以潭溪山风景区为代表的山水生态旅游蓬勃发展。

【推进城乡统筹一体发展】 年内，结合区划布局调整，确立实施“1680”城镇规划体系，突出抓好1个中心城区、6个中心镇、80个农村中心社区的规划建设，全区城镇化水平明显提高。实施重点区域带动战略，昆仑市级中心镇试点扎实推进，黉山城乡统筹示范区规划建设全面启动。编制完成城市总体规划和土地利用总体规划，城市规划区控规实现全覆盖。完成中心城区南外环西延、湖南路改造、将军路东西延伸、松龄路西延等骨干道路改造建设，城乡路网结构更加优化，发展框架全面拉开。组织实施柳泉湿地、鲁泰文苑、留仙湖公园、般河、孝妇河改造及背街小巷、便民游园提升改造等一批民生工程。开展城乡环境综合整治，对建陶、冶金、水泥、化工、矿山开采等行业进行重点整治，加强水污染治理，孝妇河水质稳定达标。全区空气质量良好以上天数达185天。

【办实事惠民生】 2011年，淄川区把保障和改善民生作为一切工作的出发点和落脚点，区财政用于民生的投入达到11.6亿元，占地方财政收入的64.1%。积极扩大创业就业，被确定为全省创建省级创业型城市试点区。实行“五险合一、一票征缴”，年内，全区五项保险参保达84.5万人次，收缴各项社保基金8.9亿元。在全市率先实现区级新农保与国家新农保制度并轨，全面启动城镇居民社会养老保险工作，城乡居民养老保险实现制度全覆盖。医药卫生体制改革顺利推进，公办基层医疗卫生机构全部实行基本药物零差价销售，新型农村合作医疗、城镇职工医疗保险和城镇居民医疗保险协调推进，群众就医环境更加优越。总投资1.2亿元的区医院、区中医院病房楼建成启用。开工建设般阳中学新校、城区南部小学，教育教学条件明显改善。实施校园校车校舍安全等工程，投资1800余万元购置校车117辆，投资7400余万元完成校舍新建、加固项目60个。启动“两区三村”改造，新建安置房94.2万平方米，改造农村危房18万平方米，建成保障性住房1720套，发放廉租住房补贴1112.8万元，近万户城乡居民居住条件得到改善。大力推进文化事业发展，被省委、省政府授予省级文明区和全省未成年人思想道德建设工作先进区称号。实施固本强基维稳工程，建立启用区、镇、村三级群众服务网络，妥善解决群众合理诉求。投资5000余万元实施“治安安民”“治安双保”工程，群众安全感明显增强。

【环保战线先进人物——孟祥民】 孟祥民生前为淄博市环保局淄川分局监察大队一科科长，1963年8月出生，1996年从部队转业分配到淄川环保分局工作。他干一行爱一行，把毕生精力奉献给了环保事业。2008年12月被确诊身患结肠癌，2011年7月去世。患病期间，孟祥民先后接受2次手术、22次化疗。他以超常毅力奋斗在环保工作第一线，受到人民群众和社会各界广泛赞誉。孟祥民先进事迹通过新华社国内动态第5220期上报中央领导后，引起中央政治局常委、国务院副总理李克强的高度重视，做出了“对在环保一线工作的先进模范人物及其事迹应予宣传和学习”的重要批示。在此之前，省委书记姜异康、市委书记刘慧晏相继做出推广学习孟祥民的批示。《新华社》《中国环境报》《大众日报》、山东电视台、山东广播电台、《山东法制报》《联合日报》等国家、省主流媒体对孟祥民先进事迹进行集中宣传报道，孟祥民先进事迹报告团在全省17市进行巡回宣讲。

【计划生育“三爱”工程】 “三爱”即：为失子家庭找上“爱心儿女”，为失亲孤儿找上“爱心妈妈”，为计生特殊特困家庭建立“爱心基金”。区财政专门拨款30万元作为启动基金，每年把社会抚养费的百分之五用于“爱心基金”，同时发动社会各界为“爱心基金”捐款。在提供资金保障的同时，逐步建立健全“政府牵头、社会参与、协会运作、群众受益”的工作机制，建立完善区、镇、村三级计生协会工作网络，建立完善“爱心扶助、爱心协助、爱心自助”三项工作制度。建立“三爱”工程爱心家园，成立“三爱”艺术团，为联谊会会员搭建起多功能活动平台。每年在“三爱”群体中评选十佳爱心儿女和星级爱心妈妈，为“三爱”工程的持久发展注入生机活力。“三爱”工程的实施引起社会广泛关注，中央人民广播电台、中央电视台、《大众日报》

等多家媒体对此进行报道。“三爱工程”入选《山东省公民道德教育优秀案例》。“三爱”工程实施后，许多企业家、市区部门负责人、省市媒体记者等社会爱心人士纷纷参与“三爱”工程。至2011年底，“爱心儿女”队伍已经由原来的86人发展为175人，“爱心妈妈”由最初的32人发展到52人，还有10位“爱心爸爸”加入到爱心群体中。

【校车整治】 加大购车力度。全区投资1800余万元，通过政府购车、鼓励村居购车等形式，共购置校车117辆，按照区、镇、村居各负担1/3的原则，对村居购车给予补助。规范车辆运营。成立接送学生车辆管理办公室，建立车辆档案台账，制定《淄川区加强接送学生车辆运营管理实施方案》，严格执行“五统一”(统一校车标识、统一办理手续、统一组织检测、统一缴纳税费、统一考核管理)、“五不准”(不准超员、不准超速、不准随意停靠、不准更改线路、不准搭载其他人员)、“六定”(定人、定车、定座、定线、定时、定检)制度。加强车辆监督。建立车主或低年级教师跟车值班制度，安装校车行驶记录仪进行全天候监控，发现问题及时处置并上报相关执法部门；各学校在醒目位置设立公示牌，公布教育、交警、交通部门的举报电话，公开接送学生车辆详细信息，接受社会监督，发现违规接送学生车辆及时举报。严格考核管理。层层签订安全目标责任书，抓好重点时段交通安全管理，每天早晚两次对接送学生车辆进行明察暗访，每周检查单位3个以上，每月在全区范围内对接送学生车辆进行专项督查，学校出现安全责任事故，扣罚主要负责人安全风险抵押金，实行“一票否决”。

【无证幼儿园清理整顿】 全区194所无证幼儿园全部清理完毕，其中取缔无证园157所，整改验收合格37所。通过说服教育、经济补偿等办法，化解对立情绪，落实专项资金，降低无证办园者的经济损失，减轻清理整顿阻力。全区累计投资2000万元，新建幼儿园10所，改扩建幼儿园32所，有9个村委将办公楼改建为幼儿园。设立专项资金100余万元，对无证园清理整顿以及举报者进行奖励，巩固清理整顿成果。（淄川区史志办）

博　山　区

【概况】 区名由来　其一，博山全境皆山，博山之名具有多山之意；其二，因境东南有“博山”，故以山名为区名。

政区　人口　全区总面积698平方公里，辖1个经济开发区、6个镇、3个街道、209个行政村、111个社区。年末，全区总户数为169087户，总人口为458442人，比2010年减少489人。人口出生率为6.5‰，死亡率7.56‰，人口自然增长率－1.07‰。

经济概况　全年实现地区生产总值305.33亿元，比2010年增长10.6%。其中，第一产业完成9.2亿元，增长3.1%；第二产业完成181.65亿元，增长11.3%；第三产业完成114.47亿元，增长9.9%。三次产业比重为3.02∶59.49∶37.49，三产比重同比提高0.86个百分点。三次产业对地区生产总值的贡献率分别为0.91%、64.80%和34.29%，分别拉动地区生产总值增加0.10、6.87和3.63个百分点。全年规模以上固定资产投资完成180.59亿元，增长23.5%，新增固定资产124.77亿元。年末，全区金融机构各项存、贷款余额185.46亿元和109.27亿元，分别比年初增加16.38亿元和10.42亿元。地方财政收入完成13.4亿元，增长26.02%。实现国地税收入18.79亿元，增长14.47%，

农业　全年实现农林牧渔业总产值17.9亿元，比2010年增长3.2%。粮食总产3971万公斤，下降14.5%；蔬菜总产28.55万吨，增长3.6%；水果总产5.2万吨，增长2.7%。猪、羊、家禽存栏量分别为3.8万头、3.6万只、83.4万只；肉、蛋、奶产量分别为1.19万吨、7035吨、1348吨。完成造林0.28万公顷，育苗147公顷，幼林抚育面积2133公顷，森林覆盖率达到58.1%。

工业　建筑业　年末，全区规模以上工业企业总数达522家，实现工业总产值678.90亿元，比2010年增长18.24%。规模以上工业企业实现主营业务收入682.88亿元，增长20.64%；实

现利润63.72亿元,增长23.27%;实现利税99.1亿元,增长11.76%;其中地方规模以上工业企业实现主营业务收入、利润、利税分别为606.1亿元、62.3亿元和94.4亿元,分别增长21.49%、23.55%和11.44%。全年规模以上固定资产投资完成180.59亿元,增长23.5%。共有规模以上投资项目396个,其中新开工项目314个。全年共有301个项目投产,新增固定资产124.77亿元。全区具有资质等级的建筑业企业25家,全年实现建筑业总产值5.87亿元,下降18.8%。

建设 环保 房地产开发企业完成投资4.47亿元,比2010年下降19.73%。房屋施工面积68.73万平方米,下降4.66%。房屋竣工面积5.67万平方米。全年完成弱电下地工程铺设管道9.86公里,强电下地工程铺设管道3公里,通讯线缆下地管道138.61公里,更换新型环保垃圾箱320个,拆除闲置烟囱20条,取缔、关停"土小企业"16家,整治污染企业43家。新建园林绿地79公顷,城区园林绿地面积1255公顷,城市绿地率达35.9%。全年空气质量良好天数达到212天,空气质量良好率达到58.1%,环境空气质量良好天数同比增加28天。

交通 邮电 年末,全区公路通车里程800.52公里(不包括高速路),全区公路密度为114.67公里/百平方公里。年公路货运量4070万吨,比2010年增长48.32%;年客运量4824万人,增长1.84%。区内邮路总长度188公里,邮政服务局所20处,全年实现邮政业务总收入2310.6万元,邮政业务总量2009.5万元,寄递函件84.36万件,包件1万件,特快专递2.71万件,年末邮政储蓄余额达9.99亿元。

贸易 旅游 全年社会消费品零售额完成143.25亿元,比2010年增长17.5%。年末,全区有进出口实绩的企业200家,新增自营进出口企业21家。全年完成外贸进出口总额49826万美元,增长23%。其中,出口完成40320万美元,增长25.7%。全年实际利用外资4095.5万美元。年末拥有AAAA级旅游景区2家、AAA级旅游景区3家、AA级旅游景区1家。全年共接待游客768万人次,实现旅游综合收入34.9亿元,分别增长18.2%和20.3%。

教科文卫体 年末,全区共有各类学校164所,其中普通中学24所、普通小学38所。共有在校生51255人,教职工5663人,幼儿园在园儿童10115人。全区义务教育段入学率达100%。申报实施国家级科技计划3项、省级科技计划2项,实施各类科技计划9项,完成专利申请650件。新增高新技术企业1家。全年高新技术产业产值220.3亿元。有各类文化机构19处,其中文化馆、公共图书馆各1处,文化站10处,博物馆3处。全区拥有各类卫生机构389个,拥有病床床位3428张,专业卫生技术人员3677人;农村卫生室209个,乡村卫生技术人员416人。全年参加各种运动会运动员人数达2万人次,共获得市以上金牌101枚,其中省级4枚。

社会生活 全区城镇居民人均可支配收入22730.5元,比2010年增长11.82%;城镇居民人均消费支出13238.31元,增长10.07%。农民人均纯收入10498.76元,增长14.58%;农民人均生活消费支出6213.72元,增长12.25%。年末,城镇居民人均住房建筑面积31.2平方米,农村居民人均住房面积32.49平方米。全年企业养老保险参保97255人,农村养老保险参保114847人,机关事业单位养老保险参保9677人;城镇职工医疗保险参保113739人,城镇居民医疗保险参保87126人;参加失业保险、工伤保险、生育保险的人数分别达44953人、58239人、41086人。新增就业10523人,新农合参合率99.5%,受益11.63万人次,城镇和农村低保率均达到100%。

【产业结构调整】 深入实施工业调整提升工程,启动建设汪溪湖综合配套服务区,城市规划区内工业企业搬迁改造实现突破,30余家企业在新区落户建厂,产业布局调整初见成效。实施工业调整提升工程,国家泵类产品质量监督检验中心主体竣工,完成技改投资31.3亿元,高新技术产业产值占比达到32.5%。启动铸造行业三年整顿计划,深度实施大气污染治理再提高工程,万元GDP能耗同比下降3%,空气质量良好以上天数比2010年增加28天,孝妇河出境断面COD、氨氮平均值同比分别下降10.4%和50.5%。

【服务业】 现代服务业发展提质增效,第三产业增加值占GDP比重提高0.14个百分点,完成三产投资和税收同比分别增长 22.5%和 37.5%。策划实施中华陶琉文化城和五阳湖、姚家峪、鲁山、太阳山四大休闲旅游度假区建设项目，成功举办孝文化旅游节、美食节、全国汽车场地越野锦标赛等系列节庆活动。获得中国优秀生态旅游区等荣誉称号，“陶风琉韵 · 休闲博山”的城市品牌逐步打响。

【项目建设】 是年，全区千万元以上在建项目达到 391 个，计划投资达到 281 亿元，其中投资过亿元项目 42 个。13 个工业项目列入全市百项重点，30 项工业重点和 20 项节能创新成长型项目进展顺利，海洲粉末冶金、鲁桥新材料、山东晶鑫晶体等一批新的经济增长点迅速形成，颜山社区等一批城乡统筹、民生改善项目顺利推进，对增强区域发展活力和后劲，加快老工业区转型提升，起到有力支撑和带动作用。

【高效生态农业】 有机农业发展成效显著，培植起一批农业龙头企业和有机农产品基地，88 个农产品通过国家有机认证或转化认证，5 个有机农产品获得国家地理标志商标，池上桔梗、板栗种植基地创建为国家级农业标准化示范园，有机农业的品牌效益、经济效益进一步显现。

【城乡建设】 中心路东段、中石油泰青威天然气管线、高温水网改造等项目竣工投用，新建改造农村公路 63.5 公里，城市承载功能和综合服务功能显著提升。抓好城市改造提升工程，城乡建筑立面综合整治全面展开，老旧小区和背街小巷升级改造工作扎实推进，累计完成“两区三村”建设面积 183 万平方米，大孟房、姚家峪、汪溪湖、闫伊昃等新型社区建设步伐加快。抓好生态文明乡村建设，推进生态水系建设三年规划，集中开展环境综合整治。

【民生和社会事业】 落实各项惠民政策，区级财政统筹用于“三农”及民生方面的投入达到 6.2 亿元。就业形势保持稳定，新农合、新农保、城镇居民职工医疗保险和养老保险实现全覆盖，城乡低保等保障标准全面提高，基层医疗卫生机构综合改革全面完成，覆盖城乡全部居民的养老、医疗保险制度基本建立。博山中学、校舍安全工程等重点项目扎实推进。深入实施固本强基维稳工程，圆满完成村“两委”换届工作。

（刘海芹　李连超）

周　村　区

【概况】 区名由来　原为村名，据传因系水中村，故名洲村，后改为周村。

政区　人口　全区总面积 217.05 平方公里。辖 8 个镇(街道)，194 个行政村(居委会)。年末，全区总人口 29.16 万人。人口出生率 7.28‰，死亡率 5.02‰，自然增长率 2.26‰。

经济概况　全年实现地区生产总值 234.2 亿元，按可比价格计算，比 2010 年增长 12.3%。其中，第一产业增加值 7.65 亿元，增长 4.1%；第二产业增加值 123.35 亿元，增长 13.8%；第三产业增加值 103.2 亿元，增长 11.1%。三次产业比例为 3.3∶52.6∶44.1。规模以上固定资产投资项目完成投资 143.86 亿元，增长 23.01%。全区完成一般预算收入 11.34 亿元，增长 26.63%。全年完成各项税收收入 18.07 亿元，增长 32.1%。年末，全区金融机构各项存款余额 195.73 亿元，增长 7.1%，其中城乡居民储蓄存款余额 133.34 亿元，增长 9.74%。

农业　全年完成农林牧渔业总产值 12.85 亿元，按可比价格计算，比 2010 年增长 4.3%。粮食总产 84351 吨，增长 1.9%；油料总产 320 万吨，水果总产 0.84 万吨，蔬菜总产 5.04 万吨，肉类总产 1.10 万吨，禽蛋产量 0.48 万吨，奶类产量 0.60 万吨。完成造林面积 733 公顷，森林覆盖率达到 25.72%。全区农业机械总动力达到 170325 千瓦。

工业　建筑业　全区 393 家规模以上工业企业完成主营业务收入 685.1 亿元，比 2010 年增长 31.52%；完成利润 54.34 亿元，增长 52.71%；完成利税 81.17 亿元，增长 50.75%；地方规模以上工业高新技术产业企业完成产值 158.97 亿元，增长 39.59%，占现价工业总产值的比重为 22.93%，比 2010 年末提高 1.51 个百分点。全区三级资质以上建筑企业25家，完成建筑业总产值293909万元，增长16.12%。

建设 环保 农村饮水安全工程全面竣工，孝妇河滨河公园、张周路万亩园林园艺园建设顺利推进；城区污水收集系统工程继续施工建设，站北路、永安南路、永安北路等城市道路提升改造完成。新建绿地面积68.5万平方米，人均占有公共绿地面积15.1平方米，比2010年增加0.04平方米。城区绿化覆盖率41.75%。全年空气良好天数达到183天；完成43家企业标准化排污口建设，排污企业断面出水达标率100%。

交通 邮电 全区公路通车里程达到744公里，公路货运量4940万吨，货运周转量96693万吨公里，公路客运量987万人，客运周转量12650万人公里。年末，实有客运班车221辆，出租客车346辆，货车4071辆。全年完成邮政业务总量4123万元，比2010年增长5.88%。固定电话用户9.18万户，减少0.42万户；移动电话用户45.93万户，增加9.78万户。互联网用户达68965户，增加2094户。

贸易 旅游 全年实现社会消费品零售总额118.83亿元，比2010年增长17.66%。拥有各类市场47处，其中生产资料市场7处，消费品市场40处。全年引进各类外来投资项目89个，实际到位外来投资18.79亿元，完成进出口总值70078万美元，增长28.4%。成功举办第八届旱码头旅游文化节。周村古商城获得全国旅游先进集体、山东省旅游服务名牌、省服务标准化示范单位、省级“青年文明号”等称号。汇龙街旅游休闲区项目全面竣工，周村烧饼博物馆、状元府扩建项目全部完成并投入使用。全年共接待游客170万人次，旅游综合收入3.9亿元。

教科文卫体 全区中小学教职工2949人，在校生38334人。全区职业学校教职工219人，在校生5520人。全区幼儿园教职工1140人，在园生10168人。全年申请专利671件，比2010年增长46.2%。拥有省院士工作站3家，省工程技术研究中心8家，市工程技术研究中心28家。承担市以上科技计划18项；5项成果获省、市科技进步奖；12项科技成果通过省、市科技成果鉴定。周村被文化部命名为中国民间文化艺术之乡。建设、提升村级文化大院50处，新建、提升村级基层规范型站点20处。配送图书23万余册，书橱500余套。两集大型电视纪录片《走遍中国·商埠周村》在央视国际频道向海内外播出。编辑出版60万字的《鲁商溯源》和《鲁商发源地——周村》系列丛书。全区有线电视用户72461户。新农合参合率达到99.96%，全年为参合农民报销医药费用2930万元。有区属及以下卫生机构13个，病床1520张，专业技术人员1831人，其中执业医师和执业助理医师658人，注册护士758人。举办区级各项比赛20余项。为30个村居配置健身器材，建成群众健身广场。对太和广场、车站游园、天香公园等处的健身场地和设施进行改造升级。

社会生活 城镇居民人均可支配收入21646元，比2010年增长12.3%；城镇居民人均消费支出14814元，增长6.6%。农民人均纯收入10890元，增长13.72%；人均生活消费支出7024元，增长12.89%。城镇单位在岗职工年平均工资25906元，增长12.9%。全区职工养老、医疗、失业、工伤、生育保险参保人数分别达到7.80万人、2.07万人、3.5万人、4.78万人、2.54万人；农村养老保险参保人数10.54万人。为城镇低保对象4370户、7472人发放城市低保金、临时生活补贴和取暖补贴2494万元；为农村低保对象3209户、5004人发放农村低保金及临时生活补贴660.5万元。全区有社会福利企业15家，安置残疾人就业418人。

【城区主干道改造提升】 年内，投资1.46亿元对站北路(含棉花市街、南下河街)、永安南路、电厂路、太和路(正阳路以东)实施改造升级。

站北路：该段自正阳路至新建路，新建两侧慢车道各宽4.5米，面积3.18万平方米，铺设8道花岗岩路沿石24040米。人行道铺装透水砖4.14万平方米。永安南路：改建为14米车行道，面积2.15万平方米。铺设8道花岗岩路沿石12240米。两侧人行道各宽5米，铺装透水砖至建筑物，面积2.36万平方米。电厂路：东延工程自正阳路至广电路，新建车行道沥青混凝土道路，全长600米、宽21米，面积1.3万平方米。西延工程自西北外环路至张周路，车行道为沥青混凝土，全长1830米，宽21米，面积3.9万平方米。铺设花岗岩路沿

2011年8月29日，周村客运中心正式投入运营

（周村区史志办　供稿）

石3800米。两侧新建人行道各宽3.5米，铺装透水砖面积2万平方米。太和路：该段自正阳路至北旺村段，大修路段长2990米，对二十里铺至北旺段两侧3380米排水设施进行改建。

【周村客运中心正式启用】　8月29日，国家级公路运输枢纽——周村客运中心正式启用。该客运中心总投资1.4亿元，总建筑面积4.58万平方米，其中主站房1.1万平方米，调度中心2.1万平方米。日发送旅客能力达1万人次。客运中心候车大厅空间无梁、无柱，高度达14米，可同时容纳500人。中心监控室8台监控电脑、4台大屏幕液晶电视，时时监控客运车辆、人员进出情况，监控室同时与车载GPS相连，时时跟踪客运车辆行驶状况。该客运中心于2009年8月开工建设，项目建设获优质结构工程、省文明工地称号，在全市安全大检查中获得总分第一，通过省示范文明工地一次性验收。客运中心的投入运营，有效改善周村的交通运输状况，形成北至北京，南至杭州，东至日照、蓬莱，西至新乡、衡水的营运线路网，成为集公路长途、城市公交、出租运输于一体，在全市区（县）级中面积最大、功能最全、运载能力最强的交通枢纽工程。

【城区游园改造】　年内，对人民广场、车站公园、科教园（老广场）、太和广场4处城区游园进行改造提升。人民广场改造面积2.2万平方米，拓宽道路广场6360平方米，绿化5300平方米，以灌木及地被为主，整地5500平方米，配套安装各类健身设施50件。车站公园改造面积2万平方米，完成地形整理9200平方米，道路广场铺装2636平方米，人工湖驳岸改造320米，配套安装各类健身设施50件。科教园改造面积6000平方米，完成地形整理9200平方米，铺装道路广场1600平方米，整地3500平方米，绿化3500平方米，以花灌木和地被为主，配套安装各类健身设施30件。太和广场改造面积2.35万平方米，铺装道路广场9650平方米，以白皮松、大乔木等景观树和花灌木及地被为主，绿化1.26万平方米，修建水系1600平方米，增设树阵广场、张拉膜、儿童戏沙池、花池等。

【农村饮水安全】　为改变乡镇社会化供水工程普遍存在的规模较小、集中连片程度不高、工程建设标准低、供水能力不足等现状，周村区专门在水利部门成立农村人畜饮水项目办公室，从2005年开始启动分批次的村村通自来水和农村饮水安全工程。截至2011年底，共实施7批村村通自来水和

2011年8月，改造升级后的太和广场　（周村区史志办　供稿）

农村饮水安全工程，解决74个村、5.2万农村人口，20所学校、1.1万名师生的饮水安全问题。

【第八届中国(周村)旱码头旅游文化节】 第八届中国(周村)旱码头旅游文化节于9月5～12日举行。其间，举办经贸洽谈会，邀请日本、韩国、印度等国家和中国香港地区的80余名客商参会，达成合作项目24个，总投资32.75亿元。举办推介会，30余家省内外旅行社负责人参加，分别与河北环球行旅行社、天津山川旅行社等签署合作协议。举行周村烧饼博物馆开馆暨《周村烧饼公司志》首发仪式和国家文化产业示范基地及省级商贸民俗文化生态保护试验区授牌仪式。

【《商埠周村》在中央电视台播出】 由中央电视台中文国际频道(CCTV4)与周村区委、区政府联合摄制的大型电视纪录片《走遍中国·商埠周村》，于9月4日、9月5日20:00首次通过央视国际频道向海内外播出。该片分《太空奏响“东方红”》《周村探宝》两集，每集30分钟。这是继《探索·发现》栏目制作的《周村寻古》之后，周村区借势高端媒体，加大城市品牌对外宣传的又一力作，也是周村作为鲁商发源地不断传承历史文化，发展文化产业和建设文化强区的重要成果。

【李家疃成为国家级历史文化名村】 王村镇李家疃村于明朝前建村，古建筑保存完好的四大门、五大门、亚元府大门和大小形态各异的大门30余座。完整的四合院13处，有厅房府背门。前后四合院贯通7门直冲院落1处，江南风格园林式花园(怀隐园)1处，青砖古楼3座，用河卵石铺设的天井(庭院)3处，其中1处是八卦图案。主要街道有南门街、北门街、西门街、东门街、牌坊街、当铺街、南北大街、花园街、酒店胡同、盐店胡同(又叫解元府街)、东崖头。古井27眼、石碾20盘，有石磨、围子墙、城门牌坊遗迹、牌坊残石、门前上马石、旗杆座子、墙上拴马桩、习武石、太湖石、青砖雕塑、残缺石碑、古墓石刻等。王家大院建筑文化博大精深，始建于明嘉靖年间，清乾隆年间重新规划扩建，同治年间建成。院内建筑二层青砖楼房，高低相称，错落有致。建筑工艺独特，雕刻砌凿，工艺细腻精湛。门楼房脊青砖透花雕刻吉祥瑞兽，房舍多是雕梁画栋，明柱花窗浮雕图案栩栩如生，美妙绝伦。2006年，李家疃被市政府公布为市级重点文物保护单位。2008年，被市政府评为古近代传统优秀建筑和纪念性建筑。作为省内唯一入选的村居，2010年11月13日，经住房和城乡建设部、国家文物局评定，李家疃为“中国历史文化名村”。

【周村民声网开通】 周村民声网7月1日开通运行。网址：www.zcjf.gov.cn。网站由区纪委、监察局主办，以“倾听民声、解决民困、反映民意、服务民众”为工作理念，设置部门介绍、在线问政、专项治理、民主评议等栏目。网站通过“在线问政”栏目实现政府部门与社会群众的网上互动，群众可就关系切身利益的各类问题在网上向有关部门进行咨询、建议、投诉。对群众的网上留言，由区纪委进行审核、转办、督办，涉及的部门及时在网上公开回复。对不愿公开问题内容的网民，可以设置私密留言密码，并通过密码查询有关回复。为避免部门随意回复，群众可通过“满意度投票”进行评价，对群众满意度低的回复，由区纪委进行跟踪督办，直至群众满意。为确保网站正常运行，各部门每天安排专门人员进行网上受理，按照办理程序及时处理，及时反馈。同时，网站通过“部门介绍”“民主评议”等栏目，公开部门职能及承诺情况，开展网上民主评议，增强群众对部门的了解，接受群众的全面监督。（周村区史志办）

临淄区

【概况】 区名由来　原名营丘。公元前859年，因东临淄河，齐献公更其名为临淄。1970年改称临淄区。

政区　人口　全区总面积664平方公里。辖12个镇、街道，414个行政村(社区)。人口出生率7.88‰，人口死亡率6.01‰，人口自然增长率1.87‰。年末，全区户籍人口总户数达到20.04万户，总人口61.14万人。

经济概况　全年地区生产总值679.89亿元，比2010年增长11.94%。其中，第一产业增加值

28.21亿元，增长4.4%；第二产业增加值477.51亿元，增长13.13%；第三产业增加值174.17亿元，增长9.76%。三次产业比例由2010年的4.11∶71.21∶24.68调整到4.15∶70.23∶25.62。人均生产总值达到108730元，增长12.3%。固定资产投资261.80亿元，增长25.80%。实现地方财政收入32.95亿元，增长25%；地方财政支出33.04亿元，增长25.67%。年末金融机构各项存款余额495.66亿元，较年初增加42.5亿元；金融机构各项贷款余额304.36亿元，较年初增加42.36亿元。

农业　实现农林牧渔业总产值470557万元，按不变价格计算，比2010年增长4.5%。粮食总产量达到405951吨。蔬菜总产99.04万吨，果品总产8512吨，肉类总产量42774吨，禽蛋总产量13496吨，奶类产量22321吨。年末，全区农机总动力838643千瓦。农民专业合作组织发展到509家，标准化蔬菜基地达到1万公顷，新增规模化养殖小区55处。绿色、有机品牌70个，市级以上农业龙头企业发展到18家。

工业　建筑业　规模以上工业增加值比2010年增长15.26%。规模以上工业企业完成工业总产值2556.66亿元，增长6.47%；实现主营业务收入2578.04亿元，增长27.13%；实现利税287.92亿元，增长28.10%；利润144.88亿元，增长55.32%。全区有资质的建筑企业103家，全年实现总产值97.99亿元，增长11.08%。

建设　环保　全区城建工程计划总投资2.74亿元，累计完成投资2.22亿元。年末建成区面积42平方公里，城市道路长度391.34公里。全区有污水处理厂3家，污水处理率达到97.08%。全年生活垃圾清运量6.85万吨。集中供热面积760万平方米，自来水普及率100%。园林绿地面积3009公顷，建成区绿化覆盖面积1920公顷，建成区绿化覆盖率45.71%。开展环境整治，全年集中开展夜查行动83次，下达环境违法行为限期改正通知书及环境现场监察监理单共计1892份，立案查处环境违法行为279起。全区空气环境质量良好以上天数191天。

交通　邮电　全区公路客运量为1620万人，公路客运周转量为3.29亿人公里，公路货运量6962万吨。公路通车里程达到607.1公里。新开通235路和200路公交车，居民出行更加便捷。邮电通信业全年完成业务总量4.58亿元，比2010年增长7.3%。年末，全区程控交换机总容量14.23万门，固定电话用户9.77万户，移动电话用户数70.11万户，互联网用户7.47万户。

贸易　旅游　全年社会消费品零售总额148.78亿元，比2010年增长18.28%。全年实现进出口总额17.76亿美元，其中出口总额完成7.28亿美元，分别增长38.1%和46.6%。全年旅游综合收入14亿元，增长11%。接待游客达到383.6万人次，增长9.3%。历时近两年的历史纪录片《姜太公》摄制完成，并在央视《探索·发现》栏目播放。

教科文卫体　年末全区共有各类学校72所。其中，小学41所，普通中学27所，中等职业学校3所，特殊教育学校1所。小学在校生33192人，初中在校生28122人，高中在校生13736人，中等职业学校在校生11928人。全年完成农业开发科技兴农计划15项，工业开发科技兴农计划32项，火炬计划项目7项，开发工业新产品28个。年末全区拥有省级工程技术研究中心12个，院士工作站4个，博士后工作站1个。高新技术企业发展到186家，高新技术产业产值达到455.55亿元。高新技术产业产值占工业总产值比重（区域口径）达到17.59%，较年初提高2.17个百分点。发明专利授权数量46件。年末全区有各种业余剧团95个，全年共演出2000多次；演出场所30处，全年演出60多场次；公共图书馆1个，文化馆1个，档案馆1个，馆藏书总量18万卷（册）；博物馆6个，其中民营博物馆1个，馆藏文物10000多件。全区有广播电台1座、电视台1座。自办广播节目2套、电视节目2套。年末，有线电视用户达130217户。全区拥有各类卫生机构21个（包含驻地企业）。其中，医院10个，卫生院8个，疾病控制中心1个，妇幼保健院1个，卫生监督所1个。全区拥有病床床位2939张，专业卫生技术人员3028人。第七届全国城市运动会上，临淄培养输送的运动员张恒，在男子手枪50米慢射比赛中以645.3环的成绩勇夺第一名，为淄博代表团夺得首枚金牌；1600名足球爱好者在临淄人民广场同时颠球，1377人颠球超过10秒，刷新吉尼斯世界纪录。世界吉尼斯纪录总部认证官吴晓红为临淄颁发世界吉尼斯纪录千人颠球新纪录证书。全年为110个村、7个农村社区申请配备体育健身器材，新增加门球场10个，新建地掷球场2个。全区万人拥有健身场地面积36050平方米。

社会生活　全区城镇居民人均可支配收入25684元，比2010年增加2996元，增长13.21%；城镇居民人均消费性支出为15857元，比2010年增加585元，增长3.83%。城镇居民恩格尔系数为26.14%。年末城镇居民人均居住面积33.8平方米。全区农民人均纯收入达到12305元，比2010年增加1985元，增长19.23%；农民人均生活消费支出6998元，比2010年增加1315元。农村居民恩格尔系数为36.51%。年末农村居民人均居住面积38.84平方米。年末城镇单位在岗职工年平均工资为35767元，增长12.24%。全区参加企业养老保险人数达92437人，比2010年净增5738人；共收缴基本养老保险费46191万元，发放23086万元，办理各种退休11490人。机关事业单位养老保险参保职工达12271人，共收缴养老保险费11151万元，发放养老金12734万元，办理各种退休4730人。全区失业保险参保职工69790人，共征收失业保险费3284万元，全年为2797名失业职工发放失业金1000万元。工伤保险参保职工66985人（其中农民工参保35680人），收缴工伤保险费1501万元，支付工伤保险待遇1679万元。生育保险参保职工58029人，收缴生育保险金935万元，支出1021万元。全区实现城镇就业再就业28135人，增长15.98%。城镇登记失业率1.78%。农村劳动力转移就业12349人，增长78.38%。

【工业重点项目建设和技改】　年内，全区有16个项目列入市百项重点工业项目，计划总投资194.9亿元。全部项目投产后，年可新增销售收入531亿元，利润65亿元，税金32亿元。截至年底，已有15个项目开工，累计完成投资34.4亿元。全区26个工业重点项目有19个开工建设，累计完成投资45.2亿元。全部重点项目投产后，可新增销售收入687亿元，利税123亿元。技改投资及质量较往年有较大提高，技改投资占工业固定资产投资的比重达87%。其中，山东蓝帆化工有限公司15万吨/年丁辛醇等5个项目列入省1000个重点项目计划，共获得省财政专项扶持资金330万元。全区有市级企业技术中心4家，省级企业技术中心1家，省级行业中心1家。组织企业申报全省重点技术创新项目，有14家企业的31个项目获批。

【重点项目集中开工仪式】　3月1日上午，全区13个重点项目集中开工仪式举行。集中开工的13个重点项目是：齐翔集团7万吨稀土顺丁橡胶、10万吨丁二烯综合配套等项目，项目总投资47亿元；齐旺达集团100万吨芳构化联合装置、16万吨MTBE改扩建项目，项目总投资21亿元；蓝帆集团15万吨多碳醇项目，投资14亿元；临淄热电厂两台2.5万千瓦背压机组项目，总投资5.3亿元；淄博英科框业有限公司10万吨塑料相框扩产项目，总投资2亿元，年可利用10万吨废旧塑料；依厂物流商贸物流建设项目，总投资6亿元，年可新增运输量200万吨；北金集团资源综合利用项目，总投资2.5亿元；山东齐峰特种纸业股份有限公司10万吨装饰原纸、20万吨新型装饰材料项目，总投资16.3亿元；山东华群新材料公司12万吨环保型树脂基复合材料项目，总投资2.3亿元，生产可替代传统纸的新型材料；山东方正房地产开发有限公司北金城项目，总投资2.6亿元，是一处集办公、商务酒店、高层公寓及综合型商业于一体的现代城市综合体；长鸿房地产公司怡海国际项目，总投资1.5亿元，是集高档公寓、大开间商铺及商务办公写字楼于一体的现代城市综合体；开涞置业公司临淄国际商会大厦项目，总投资5亿元，为民营企业搭建一个高品质的商业发展平台；城南小学项目，总投资4090万元，为满足城区南部教育发展需要，推动教育布局进一步优化整合打下了良好基础。13个项目从单体规模、投资强度和发展前景、带动作用等层面，对增强综合竞争力，加快促进转方式调结构，推动淄博老工业城市转型发展都具有重要作用。

【新农村建设】　农业综合效益实现新提高。在稳定粮食生产的基础上，以发展生态农业、特色农业、品牌农业、都市农业为着力点，着力提高农业综合生产能力，促进农民持续增收。到年底，累计完成高产优质专用粮食基地2.53万公顷，新建绿色蔬菜生产基地2000公顷，建成占地6.67万平方米以上的日光温室、拱园棚保护地蔬菜规模生产基地5个，推广秸秆生物反应堆蔬菜大棚1500个，消化玉米秸秆1000公顷。实施农产品品牌战略，连续5年制定奖励政策，鼓励争创蔬菜名牌。年内，全区绿色、有机食品达到46个，国家农产品地理标志产品2个，粮食、蔬菜标准化基地面积2.67多万公顷。新建、改扩建6个畜牧规模养殖小区。实施农业龙头企业集群工程，全区固定资产100万元以上的农业龙头企业发展到128家。其中，年销售收入500万元以上的规模龙头企业36家、过亿元的7家。市级以上农业产业化重点龙头企业达到18家，其中省级5家。加工原料来自市内基地的达85%以上。农民专业合作经济组织发展到253家，注册资金3.2亿元，入社社员8700余户，带动其他农户2.6万户，农民户均从产业化经营中增收近1500元。

农村基础设施建设力度加大。完成中低产田改造733公顷，水系绿化133公顷、骨干道路绿化20公里、农田林网667公顷。实施万村千乡市场工程，全年共完成改造和建设农家店78个，全区新建和改造标准化农家店总计369个，实现城镇覆盖率100%、行政村覆盖率85%以上，连锁化、规范化、网络化的农村商品流通网络基本形成。年内，有92个村(社区)开展"五化"(硬化、亮化、绿化、净化、美化)工程，新开工项目35个。完成主干道硬化168公里，计83万平方米；完成次干道硬化116公里，计50万平方米。财政支付补助"五化"工程水泥资金3000万元，区财政投入600万元用于"五化"工程集中连片建设，基本完成8个镇(街道)、20个片区涵盖151个村(社区)的集中连片道路硬化。新建"一池两改"户用沼气池1400户，建成大型沼气工程1个，联户沼气工程2个。加大环境卫生综合整治力度，加强乡镇环卫配套设备设施建设，不断完善"户集、村收、镇运、区处理"的农村生活垃圾处理模式。全区城乡环卫保洁车辆1600余辆，运输车辆70辆，镇(街道)垃圾中转站19个，城乡垃圾一体化处理模式，使城乡环境卫生质量进一步提高。

农村社会事业全面发展。年内高标准建成32个文化大院、100个村(社区)党组织规范化活动阵地，健全完成17个农村(社区)公共电子阅览室，新型农村合作医疗参保率100%。农民人均纯收入达到1.23万元。实施农村精神文明"六进"农家活动(传统美德进农家、文体活动进农家、科学技能进农家、美化整洁进农家、卫生健康进农家、帮扶共建进农家)，农村文明建设迈上新台阶。5月，全省生态文明乡村建设现场会议期间，副省长贾万志率省直有关部门负责人，各市分管农业农村工作的市委副书记、副市长等160余人到临淄考察，对临淄新农村建设给予充分肯定。

【保障性住房建设】 从2009年开始，临淄区紧紧抓住中央和省"扩内需、保增长、惠民生"这一机遇，以制度建设为保障，逐渐拓宽保障渠道，扩大保障范围，逐步建立科学合理、覆盖城乡的住房保障体系。2010年，建设廉租住房三期，4栋住宅楼288套，建筑面积16992平方米。2011年，建设廉租住房72套，建筑面积4278平方米，投资900万元；建设经济适用住房5栋300套，建筑面积2.38万平方米，投资5200万元；通过新建、改建等多形式、多渠道建设公共租赁房400套，建筑面积1.5万平方米，投资1800万元。

【城区道路交通新格局】 2011年，随着杨坡路南延工程和晏婴路东延续建工程的全面完成，临淄城区内南北方向的一诺路、桑坡路、杨坡路、大顺路、雪宫路、闻韶路、稷下路、遄台路、天齐路、东过境路10条道路，与东西方向的南外环路、辛三路、牛山路、桓公路、晏婴路、临淄大道、齐兴路、学府路、北外环路9条道路形成"十纵九横"的交通格局和四通八达的道路交通网。

【基层农家书屋实现全覆盖】 是年，临淄区投入财政资金170余万元，按照每家农家书屋图书1500册(1200种)、期刊20种以上、电子音像制品不少于100张的建设标准配备。至年底，全区农家书屋达到414家，实现全区所有行政村农家书屋全覆盖。

【基层公共服务平台建设】 临淄区作为全省30个基层公共服务平台建设示范区县之一，2011年投资1200万元，对全区所有镇、街道基层公共服务平台进行改造升级，建设高标准的服务大厅，并在村(社区)成立人力资源和社会保障服务站,逐步建立起覆盖区、镇(街道)、村(社区)的三级信息化服务网络。

【高水膨胀材料充填采煤技术】 2月28日,淄博市王庄煤矿"高水膨胀材料充填采煤技术"获得省科技进步一等奖。淄博市王庄煤矿有比较丰富的优质主焦煤,但绝大部分储量为"三下"压煤,导致企业几近无煤可采。企业经过多次科技攻关,成功研发具有自主知识产权的"高水膨胀材料充填采煤技术"。该技术具有工艺短、投资少、成本低等优势,对于解放"三下"压煤、提高矿山回采率,改变采煤工作面的作业环境、提高安全程度,保护开采范围内的地质环境、消除自然灾害等方面有重要意义。使用该项技术开采200万吨原煤可消耗100万吨以上的工业废弃物,可缓解工业废弃物对环境的污染,并有效促进工业经济的循环发展。此项技术可使王庄煤矿解放出"三下"压煤5000万吨,产生直接经济效益500多亿元,每年还可消化工业废弃物50万吨。

【玉米秸秆转化】 2011年,临淄区划定秸秆禁烧区域3.07万公顷。在强化秸秆禁烧时,更加着力推动玉米秸秆转化利用,推进对玉米机收和秸秆还田、旋耕和深耕等过程实行统一服务,由政府管理、集体参与,转向政府服务、政府监督模式。区政府列支专项资金2400多万元,重点用于实施粮食生产统一作业、购置农机具、建设秸秆生物反应堆、新建养牛小区及青贮秸秆、农机作业培训补贴和执法巡查补贴等,建立秸秆禁烧和转化利用工作的长效机制,全区玉米秸秆转化利用率达到100%。

【锂离子电池隔膜项目投产】 该项目由淄博正华助剂股份有限公司研发投产,是山东省发改委2010年公布的第一批战略性新兴产业重点项目之一。项目总投资3.22亿元,占地面积8万平方米。至年底,已具备年产2000万平方米生产能力。该项目的投产填补国内空白,并可打破国外对锂离子电池隔膜核心制备技术的封锁和对中国市场垄断的局面。

【临淄国际齐文化旅游节】 9月16～20日,第八届中国临淄国际齐文化旅游节在临淄区举行。旅游节由淄博市人民政府、山东省文化厅、山东省旅游局主办,临淄区人民政府、淄博市文化出版局、淄博市旅游局承办。活动内容分综合板块、主题板块、辅助板块,有齐文化博物院暨足球博物馆开工奠基仪式、姜太公诞辰3150周年祭礼、第二届中国(临淄)齐文化博览会暨临淄民间收藏展、千人颠球挑战吉尼斯世界纪录、临淄投资环境暨重点项目推介会、稷下学宫论坛、齐文化商业思想研讨会等18大项、30余小项特色鲜明、雅俗兼顾、群众喜闻乐见的活动项目。以"泱泱齐风 大众盛典"为办节主题,突出"寻根祭祖"和"足球起源地"两大品牌特色。根据转方式调结构的要求和产业发展方向,推出临淄投资环境暨重点项目推介会,集中宣传推介总投资150多亿元的28个重点招商项目。第二届齐文化博览会展览分为民间收藏专题展、民间收藏馆藏展和官方收藏精品展三大部分,共27项精品展览,推出2万余件展品和2000多件交易品,实现交易额近千万元。

【2种农产品获地理标志产品称号】 临淄区土壤肥沃、易于灌溉,富含微量元素,气候适宜、四季分明、日光温和,种植西红柿、西葫芦历史悠久,生产的西红柿、西葫芦品质优、产量高。全区西红柿种植面积近2700公顷,生产大棚约3.8万个,年产量达到6亿千克,年产值突破14亿元,95%以上销往俄罗斯、韩国等多个国家及国内20多个大中城市。西葫芦种植面积近2700公顷,生产大棚约3.9万个,年产量达到6.8亿千克,年产值突破15亿元,种植面积占到山东省种植面积的70%。2011年初,"临淄西红柿""临淄西葫芦"经省级初审、国家复审、专家评审、登记公示等严格程序,获国家地理标志产品称号。临淄区制定"临淄西红柿""临淄西葫芦"地理标志产品种植基地建设标准,强化认证后质量监管,提高认证产品公信力。大力发展地理标志农产品产业化经营,积极推广"龙头+基地+农户"产业组织形式,依托龙头企业、农民专业合作组织等带动农户实施标准化,建成8处地理标志农产品生产基地。

【规范校车管理】 7月22日,临淄区委、区政府印发《关于落实优惠政策规范学生车管理的通知》，计划用3年时间，更新全区所有接送学生车，预计总投资1700余万元。年内，区政府投入资金1071万元，对购置符合国家标准的接送学生车按照新购裸车价格的50%进行补贴，全年新购符合国家标准的接送学生车144辆，占接送学生车总量的80%以上。

【淄博工业学校入选国家级示范学校】 1月7日，淄博工业学校入选全国首批国家中等职业教育改革发展示范学校，并获中央财政专项配套扶助资金1060万元，成为全市唯一一所入选的学校（首批示范校全国共276所，山东省15所，淄博市1所）。

【参加国际太极拳交流大赛】 在2011首届中国（泰山）国际太极拳交流大赛上，由8名队员组成的临淄太极拳代表队表演的陈氏花样太极拳以9.39分的成绩获得第一名，力夺团体冠军；在个人项目中，临淄区代表队共获9个一等奖，7个二等奖，3个三等奖。 （临淄区史志办）

桓 台 县

【概况】 县名由来 因境内齐桓公戏马台而得名。

政区 人口 全县总面积509.13平方公里，辖7镇、2个街道，1个省级开发区、1个产业园区。年末全县户籍总人口498770人，性别比例99∶100。人口出生率8.27‰，死亡率6.25‰，自然增长率2.02‰。有少数民族29个，500余人。

经济概况 全年实现地区生产总值395.91亿元，按可比价格计算，比2010年增长11.5%。其中，三次产业增加值分别为16.69亿元、260.99亿元和118.23亿元，分别增长4.1%、12.8%和9.6%。三次产业结构比例为4.2∶65.9∶29.9。人均生产总值为79469元，比2010年增加10019元，按年均汇率折算为12316美元。全县完成固定资产投资214.2亿元，增长24.4%。实现地方财政收入21.57亿元，增长28.0%，增幅连续4年居全市区县首位。税收入达到44.08亿元，增长68.6%。年末全县金融机构存款余额达到241.50亿元，较年初增加15.08亿元。其中，城乡居民储蓄余额达到117.26亿元，增加8.63亿元。各项贷款余额237.76亿元，增加29.38亿元。年内，桓台县获中国产业百强县称号。

农业 全年农林牧渔业实现总产值28.81亿元，比2010年增长4.1%。粮食总产量43.09万吨，小麦、玉米平均单产547公斤和620公斤，小麦单产居全省首位。棉花总产1343吨，油料总产75吨，水果总产1507吨，蔬菜总产109338吨，肉类总产16578吨，禽蛋总产14932吨，奶类产量12968吨。水产养殖面积666公顷，总产量3700吨。全年造林667公顷，森林覆盖率26.1%，同比提高1.6个百分点。全县农机总动力60.8万千瓦，荣获全省农业机械化先进县称号。

工业 建筑业 全县规模以上工业企业358家，完成工业总产值1429.74亿元，比2010年增长12.03%。实现主营业务收入1432.19亿元、利税128.82亿元、利润98.47亿元。过百亿元企业达到4家，居全市区县首位。完成建筑业总产值297.46亿元，增长30.3%，继续居全省首位。

2011年竣工通车的淄博市西十三路桓台段工程

（桓台县史志办 供稿）

特级和一级资质建筑企业完成建筑生产值占比达80.0%，同比提高1.3个百分点。万鑫集团、天齐集团通过建筑工程总承包特级资质复检，进入全省建工企业10强。获"泰山杯"奖10项、国家优质工程奖3项。起凤建工集团被评为全国工程质量管理优秀企业。

建设 环保 实施16个重点节能技术改造项目，年节能15万吨标准煤。全县万元GDP能耗下降3.8%。推进重点领域和行业清洁生产，9家企业完成审核验收。依法关闭取缔"新五小"及土小企业36家，工业污染达标排放率98%以上。所有河流出境断面COD、氨氮均达到省控指标。全年空气质量良好率达58.1%，同比提高1.1个百分点。

交通 邮电 年末全县拥有营业性载客汽车282辆，全年完成客运量3196万人次，客运周转量135169万人公里。拥有载货汽车4079辆，挂车922辆，其他机动车921辆，运输用拖拉机519辆。全年实现营运收入35831万元。全年完成邮政业务总量2625万元。

贸易 旅游 全年共实现社会消费品零售总额110.42亿元，比2010年增长18.4%。实现进出口总额15.87亿美元，增长44.3%，其中出口9.48亿美元，增长76.5%。全年完成招商引资29.57亿元，其中实际利用外资9566万元。主要旅游景点有马踏湖旅游风景区、王渔洋纪念馆、桓台博物馆等。全年接待国内外游客127万人次，旅游综合收入3.7亿元。

教科文卫体 有高中段学校4所(含普通高中和中等职业学校)，其中普通高中在校生12230人；普通初中21所，在校生24009人；小学40所，在校生23995人。年内，新增高新技术企业3家，新承担国家和省、市科技计划35项，11个项目获得市科技进步奖。专利申请量51件，授权专利357件。桓台县获全国科技进步先进县称号和山东省知识产权示范单位称号。有公共图书馆1个，文化馆1个，档案馆1个。有卫生事业单位23个，床位2706张，卫生事业总人数2488人，其中卫生技术人员2156人，占总数的86.7%。

社会生活 城镇居民人均可支配收入24168元，比2010年增长13.0%，人均生活消费支出16513元，增长12.9%；农民人均纯收入11828元，增长18.3%，农民人均生活消费支出6886元，增长12.6%。全县企业养老保险参保人数6.95万人，新增6876人；医疗、工伤、生育保险分别达到14.37万人、6.24万人和4.47万人。为7.33万名60周岁以上的农村居民发放养老金5025.86万元，县级财政补贴的3832万元全部到位。

【工业经济】 集中精力抓投入上项目，县域经济发展质量和效益显著提升，综合实力持续增强。新上和续建投资过千万元的重点项目70个(过亿元40个)，开工63个，竣工投产27个，完成投资88亿元。其中，列入省"十二五"规划重点项目2个、省重点建设项目2个、省战略性新兴产业项目3个、省重点技改项目3个、市百项重点工业项目15个。实现规模以上工业主营收入1432.19亿元、利税128.82亿元、利润98.47亿元，分别比2010年增长13.8%、5.3%和14.6%。过百亿元企业达到4家，金诚集团、博汇集团、东岳集团、汇丰集团分别实现销售收入310亿元、212亿元、205亿元和150亿元，占全县经济总量的59.3%。

【农业经济】 巩固提升粮食高产创建水平，小麦、玉米平均单产547公斤和620公斤，其中小麦单产居全省首位。小麦、玉米、细毛山药、四色韭黄4个国家级农业标准化示范区得到提升完善。建成8处蔬菜标准园，认证品牌达12个。玉米秸秆实现全面禁烧，转化利用率达100%。

【服务业】 完成服务业投资99.9亿元，比2010年增长28.6%。总投资4.25亿元的中汇物流项目完成两条铁路专用线建设；总投资10.36亿元的鲁中煤炭储备物流项目，铁路专用线和精煤洗配中心全面开工；和济钢材物流项目铁路专用线建成投用。鸿嘉星城累计完成投资25亿元，部分项目试营业。王渔洋故居保护修复、忠勤祠提升改造工程通过验收。投资8000万元的马踏湖湿地蓄水项目完成开工准备。实现社会消费品零售总额110.42亿元，增长18.4%。

【城乡统筹发展】 修改完善县城中心城区控制性详规，完成11个村庄及保障性住房项目修建性详规。马桥镇总体规划通过省住建厅论证审查。总投资10亿元、总长22公里的西十三路桓台段、湖南路北延和果周路竣工通车。完成13.8公里县级主干道路大修,改造村级道路58公里。投资7200万元的花园热源厂建成投用。生活垃圾压缩转运站二期工程主体完工。城乡供水一体化工程管网铺设全部到村,172个村19万人用上与城区同源同网自来水。小清河桓台段应急治理工程和跃进河清淤疏浚完工。深入实施城乡绿化、净化、美化工程,城乡面貌发生显著变化。列入市"两区三村"改造计划的50个村全部开工,46个村完成安置房工程建设,建成面积253万平方米。

【民生保障】 年内,县财政用于保障和改善民生的直接投资4.87亿元,为历年之最。1.38亿元惠农资金及时足额兑现。提高新型农村基本养老保险参保范围和发放标准,城乡基本养老保险实现全覆盖。整建制完成敬老院改造提升,五保老人实现集中供养。农村和城市低保标准分别提高到每人每年1800元、3792元。城乡低保家庭子女接受学前教育每人每年给予1200元补助。为115名农村老年白内障患者免费实施康复手术。新建经济适用房300套、公租房1145套。

【支持社会事业发展】 拨付义务教育保障经费5410万元,继续实施"全免一补"(免除义务教育段学生的杂费、课本费、作业本费,对家庭困难学生补贴生活费、住宿费和乘车费)等工程。强化学校安全管理。完成校舍安全工程、农村中小学旱厕卫生改造和餐厅建设工程。对标准制式校车给予每座300元购置补贴,规范运行校车每年每座补贴200元。镇村医疗卫生机构全部实行药品零差率销售。基层医疗卫生机构综合改革顺利完成。县医院被确定为卫生部重点联系医院。县文化馆、图书馆免费开放,农家书屋实现行政村全覆盖。举办全县第二届运动会。

【东岳集团纳税13.2亿元】 年内,东岳集团纳税13.2亿元,财税贡献位居全市地方规模以上企业首位。 (孙 颖)

高 青 县

【概况】 县名由来 1948年,由高苑县和青城县合并,取两县首字得名。

政区 人口 全县总面积831平方公里,辖7镇、2个街道和759个行政村、11个居民委员会。年末全县总人口366019人,其中非农业人口85532人。男女性别比为100.4∶100。人口出生率为10.33‰,死亡率为7.77‰,自然增长率为2.56‰。

经济概况 全县实现地区生产总值128.3亿元,比2010年增长11.2%。第一、二、三产业增加值分别达到19.4亿元、66.7亿元、42.2亿元,三次产业比例为15.1∶52.0∶32.9。全县地方财政收入7.60亿元,增长26.2%;税收实现126474万元。社会消费品零售总额达到30.29亿元,增长16.3%。年末金融机构本外币各项存款余额82.49亿元,其中居民储蓄存款余额45.47亿元;金融机构本外币各项贷款余额60.67亿元。规模以上固定资产投资完成71.5亿元,增长23.7%。

农业 完成农业总产值35.78亿元,比2010年增长4.5%。粮食总产51.18万吨,增长2.7%。其中,夏粮总产24.33万吨,秋粮总产26.84万吨。棉花总产6527吨,蔬菜总产27.13万吨,瓜类产量16.9万吨,水果产量3.53万吨。全县省级农业产业化龙头企业发展到5家,市级发展到15家。49个农产品通过绿色有机产品认证,高青西瓜、高青西红柿被认定为国家地理标志商标。建设农田林网面积3333公顷,人工造林面积1540公顷,成林抚育面积1.2万公顷,四旁植树120万株。大牲畜存栏量9.52万头,其中奶牛2万头。肉类产量3.45万吨,禽蛋产量8900吨,奶类产量59985吨。水产养殖面积3055公顷,水产品总量2.12万吨。年末农业机械总动力62.25万千瓦,联合收割机1604台。

工业 建筑业 全县有规模以上工业企业129家。完成工业总产值237亿元,比2010年增长22.8%;规模以上工业实现销售收入236.3亿元，增长22.6%；实现利税32.7亿元，增长30.9%；实现利润17.6亿元，增长27.1%。销售收入过亿元的企业67家，利税超千万元的企业59家。有资质以上等级建筑施工单位20家，实现建筑业产值35.91亿元，增长21.73%。

贸易 旅游 全社会消费品零售总额实现30.29亿元，比2010年增长16.3%。全年实现进出口总值3.36亿美元。其中，直接出口总值1.65亿美元。全年实际利用外资2041万美元。主要旅游景点：黄河、文昌阁、大芦湖、天鹅湖、扳倒井、衮龙桥等。

建设 环保 年末，县城建成区面积达到14.4平方公里，城区道路长度94.26公里，城市排水管道总长度157.58公里。城区园林绿地面积490公顷，城区绿化覆盖面积623公顷，建成区绿化覆盖率40.14%。城市道路清扫保洁面积134万平方米，城区公厕数量19座，全年生活垃圾清运量1.31万吨。集中供热面积118万平方米，自来水普及率100%。房地产开发投资完成10亿元，比2010年增长100%。全年空气质量良好天数达到242天，空气质量良好率达到66.3%；有污水处理厂2家，工业废水排放达标率99%，工业固体废物安全处置率100%。

交通 邮电 年末，公路通车里程1537公里，省级公路96.8公里，县、乡、村级公路1426公里。公路客运量和客运周转量分别为222万人、7420万人公里。公路货运量和货运周转量为583万吨和125180万吨公里。邮政业务总量1469万元。固定电话用户72988户，其中市话用户30219户，农话用户42769户；中国移动、联通移动电话用户333688户，比2010年增长32.2%；网通、电信宽带上网用户3.74万户。

教科文卫体 全县有普通中学14所，在校生24177人，其中初中17699人，高中6478人；小学40所，在校生20985人；幼儿园59所，在园幼儿8412人。至年末，有高新技术企业26家，高新技术产业年产值34.7亿元，高新技术产业产值占工业总产值的14.6%。全年申请专利量296件，比2010年增长17.5%，专利授权量58件。有文化馆、图书馆、剧院、电影公司各1处，全县馆藏图书8万余册。人民剧院和文化广场全面投入使用，县博物馆建设完工，开始布展。全县有线电视用户4.71万户，其中数字电视2.23万户。全县新农合覆盖率100%，农民参合率99.8%。医疗机构38处，其中医院3处、卫生院10处；实有病床920张，卫生技术人员911人。获得市级以上奖牌44枚，省级以上奖牌11枚。年内在乡村建设60处全民健身场所。

社会生活 城镇居民人均可支配收入17337元，比2010年增长11.6%。农民人均纯收入7687元，增长13.1%。年末全县在岗职工27650人；在岗职工平均工资28104元，增长11.2%。

【产业结构】 由农业县向工业县转变取得阶段性重大成果，三次产业比例由2007年的19.4∶49.8∶30.8调整为15.1∶52.0∶32.9。青苑纸业有限责任公司6万吨杨木浆及浆纸配套、流云集团有限公司搬迁扩产等一大批重点工业项目建成投产。年产16万吨丙烯酸及酯、年产300万吨重质油制烯烃等一大批重点工业项目落户高青县。2011年，按新统计口径，全县129家规模以上企业实现销售收入、利税、利润为228亿元、31亿元、17亿元。销售收入过亿元、利税过千万元的企业分别增加到60家、53家。持续推进科技创新，高新技术产值占比达到14.6%。新增的6家企业的8种产品获山东名牌称号。镇域经济实力增强，7个镇、2个街道财政收入全部过千万元。传统农业向现代农业迈进，省、市级农业龙头企业分别发展到5家和15家，49个农产品通过绿色有机产品认证，高青西瓜、高青西红柿被认定为国家地理标志商标，品牌农业发展实现历史性突破。10万头山东黑牛产业化工程被列为省政府重点工程，山东黑牛“十百千万”科技示范工程在全省启动实施，千亩大型黑牛繁育养殖基地被认定为国家级标准化养殖示范区。山东黑牛、高青大米成为黄河三角洲优质农产品主打品牌。累计投入水利资金4.3亿元，实施两大灌区续建及节水改造等工程，有效灌溉面积扩大到3.7万公顷。跻身全国新增千亿斤粮食产能县和省小型农业水利建设重点县。服务业发展加速，投资6.1亿元，建成王府井商业城、苏州街、兴隆大观园等现代商贸设施。策划实施维纳·锶温泉花园、温泉花乡等温泉旅游开发项目，三产占比提高2.2个百分点。

【黄河三角洲高效生态经济区开发】 紧紧围绕黄河三角洲高效生态经济区总体布局和发展定位，将88项内容纳入到省专项规划中。山东布莱凯特牧业科技有限公司、山东农凯米业有限公司、山东万众科技有限公司等9个项目跻身省“两区”建设专项资金扶持计划，山东大地肉牛清真食品股份有限公司成为黄河三角洲产业投资基金首批签约企业，山东大地肉牛清真食品股份有限公司、山东农凯米业有限公司、山东布莱凯特牧业科技有限公司、高青县龙大畜禽有限公司列为黄三角高效生态农业冷链产业科技示范企业。10万头山东黑牛产业化工程列为省政府重点工程，山东黑牛“十百千万”科技示范工程启动。顺利推进黄河三角洲重大基础设施建设项目，实施庆淄路、广青路改造工程，成功跻身全省66个农村土地综合整治项目试点县。山东万众科技有限公司、山东淄博兰骏纺织服装有限公司等企业参加第二届黄河三角洲经贸洽谈会，签约金额117.45亿元。

【大芦湖片区土地综合整治项目】 大芦湖片区土地综合整治项目是省政府确定的33个重点项目之一，项目位于大芦湖周边常家镇、唐坊镇行政区范围内，总投资10亿元，总面积0.56万公顷。土地整理工程涉及59个村。合村并居工程总投资7.3亿元，涉及38个村、1.62万人。2011年9月30日，在7个项目区同时举行项目奠基仪式，高青县土地综合整治项目在全市率先奠基动工。

【“两区三村”建设】 2011年，“两区三村”建设工程完成建筑面积5.7万平方米，开工在建面积5.93万平方米，完成田镇街道民主街、官庄村、苗家村、魏堡村4个城中村的改造工程，对旧村址进行拆除，村民入住新居。田镇街道办事处的宁家村、冯郭村及青城镇的西北街城中村、城郊村改造工程在建设中，其中宁家村有4栋住宅楼竣工，部分村民入住。青城镇西北街3个村合村并居建设，年内完成一期工程主体。

【招商引资】 2008～2011年，4年累计引进各类项目385个，到位县外资金62亿元。形成县经济开发区、宏远石化产业园、台湾工业园“一区两园”的园区布局。县经济开发区建成区面积达到6平方公里，入驻项目65个，累计到位资金71亿元，被评为中国十大最佳投资环境开发区。连续4年成功举办银企合作洽谈会，共授信签约资金105.6亿元，到位资金83.5亿元。完成齐商银行入驻和邮储银行设立工作，获准设立2家小额贷款公司，6家企业实现挂牌上市融资。高青县被评为中国金融生态县、中国最佳投资环境县和山东省最佳投资城市。

【对上争取工作】 成功列入黄河三角洲高效生态经济区和省财政直管县，争取并实施大芦湖片区土地综合整治等中央投资项目44个，88个项目列入省黄河三角洲各专项规划，6个项目纳入省黄河三角洲100个重大项目管理。济南——东营轻轨过境高青、寿光——邹平铁路专线高青支线等重大基础设施建设纳入黄河三角洲总体规划。

【山东黑牛科技示范工程建设】 10万头山东黑牛产业化工程列为省政府重点工程，也是全省黄河三角洲高效生态经济区唯一一个重点支持发展的农业高科技项目。是年，县财政拿出1000万元专项支持山东黑牛产业发展，重点做好能繁母牛购进、冷配山东黑牛和扶持龙头企业。山东黑牛“十百千万”科技示范工程启动，推广至全省10个县。至2011年年底，全县山东黑牛存栏2.6万头，规模养殖场达到150处，大型沼气发电、日产20吨杏孢菇、饲料厂和肉牛屠宰加工等配套项目基本完成，基本形成繁育、养殖、屠宰及制革牛皮加工等山东黑牛产业链雏形。

【为民办7件实事】 1.完成马扎子、刘春家两大灌区续建与节水改造二期工程，扩大和改善灌溉面积1.13万公顷。2.实施校舍安全工程，改造农村校舍5万平方米。3.全面推行新型农村社会养老保险试点，45岁以上农民参保率达95%以上。4.积极推进“两区三村”改造，投资2.7亿元新建农村住房21万平方米。5.按照每村10万元补助标准，支持100个村举办各类户外村内公益事业。6.加大保障性住房建设力度，开工建设436套4万平方米经济适用房、廉租房和公共租赁住房。7.支持乡镇医疗卫生机构推行国家基本药物制度。

【磁浮磁动储功堆风力发电试验站落户高青】 年内,高青县大运风磁浮磁动储功堆风力发电试验站项目首个发电机组完成设备安装调试。该试验站成为国内首家采用磁浮磁动储功发电技术的风力发电站。产品具有永磁悬浮功能、磁动机分散驱动功能和储功功能,且有容量大、发电风速广、转化率高、使用寿命长等优点。

【《西周古城探秘》在中央电视台播出】 10月15日,中央电视台《探索·发现》栏目播出《西周古城探秘》专题片,展现了3000年前陈庄西周古城的辉煌历史和高青县深厚的文化底蕴。西周古城遗址是山东地区发现的最早、最完整的一座古城,多个重要遗迹填补国内、省内空白,被中国社科院公布为2009年全国六大考古新发现,被国家文物局公布为2009年全国十大考古新发现。国务院南水北调办公室正式批复陈庄西周城址的绕道方案,陈庄西周城址将被原址保护。

【扳倒井集团纳税突破亿元大关】 是年,扳倒井集团纳税突破亿元大关,成功进入2011年全市纳税(国税)百强排行榜。

【温泉度假区项目】 高青县依托优质富锶温泉资源,积极打造温泉养生、黄河生态和特色文化三大旅游精品,建设温泉养生文化产业基地。温泉花乡度假中心正式启用,维纳·锶温泉花园项目完成五星级温泉大酒店主体工程,大芦湖温泉度假村完成洗浴中心、商务会所主体工程。

(县史志办)

沂 源 县

【概况】 县名由来 因沂河发源地而得名。

政区 人口 全县总面积1636平方公里。2011年,成立历山街道办事处。年末,全县辖11镇、1个街道、1个经济开发区。全县总人口56.5万人。人口出生率6.93‰,死亡率5.75‰。有少数民族12个。

经济概况 全县实现国内生产总值189.40亿元,比2010年增长11.3%。第一产业实现增加值22.93亿元,增长4.8%;第二产业实现增加值94.3亿元,增长14.7%;第三产业实现增加值72.2亿元,增长8.9%。三次产业比重为12.11∶49.76∶38.13。全社会完成固定资产投资95.16亿元,增长24.1%。实现财政总收入19.89亿元,增长20.25%,其中地方财政收入12.12亿元,增长26.9%。年末金融机构各项存款余额122.12亿元,增长15.63%;金融机构各项贷款余额86.55亿元,增长16.34%。

农业 完成农林牧渔业总产值44.17亿元,比2010年增长4.8%;完成农业增加值22.93亿元。农作物播种面积2.78万公顷。粮食总产7.41万吨,棉花总产679吨,油料总产1.52万吨,蔬菜总产39.09万吨,肉类总产量3.69万吨,水产品总产量1204吨。新发展有机农产品基地3333公顷。新认证有机农产品5个,全县有机农产品达到65个。举办首届沂源苹果节;沂源苹果获第九届中国国际农产品交易会金奖。

工业 建筑业 全县规模以上工业企业125家,完成总产值389.15亿元,比2010年增长22.28%。实现产品销售收入380.28亿元,完成工业增加值94.24亿元,增长15.5%;完成利税74.18亿元,增长33.16%;实现利润51.55亿元,增长38.68%。是年,山东瑞丰高分子材料有限公司股票上市,沂蒙山花生油公司和华盛果品公司股票在齐鲁股权托管交易中心挂牌交易。永华滤清器公司"永华"商标被国家工商总局认定为中国驰名商标,全县驰名商标数量达到5件。资质以上建筑企业30家,实现增加值308亿元;房屋建筑竣工面积52.8万平方米。

建设 环保 完成房地产开发投资6036亿元,比2010年增长17.85%。完成环境污染治理项目41个,投资额9000万元。

交通 邮电 旅客公路客运量和周转量分别为3449万人、85608万人公里,分别比2010年增长40%和38%。公路货物运输量3080万吨、周转量122463万吨公里,分别增长40%和44%。完成邮电业务总量2.8亿元。年末宽带用户3.9万户。固定电话用户6.1万户,移动电话用户

43.9万户。

贸易　旅游　全年共实现社会消费品零售总额81.41亿元，比2010年增长18%。实现进出口总额24416万美元，增长30.7%，其中出口20546万美元，增长46.40%。实际利用外资2028万美元。实施天湖旅游度假区开发和牛郎织女景区、鲁山溶洞群景区提升工程，牛郎织女景区、沂源鲁山溶洞群景区被认定为国家AAAA级旅游景区。沂河源水利风景区晋升为国家级水利风景区。举办第四届中国（沂源）七夕情侣节。开展“沂源优惠二日游”等活动。10月15～30日，由省农业厅和淄博市政府联合主办、沂源县政府承办的首届沂源苹果文化节举行。12月，沂源县被农业部、国家旅游局授予全国休闲农业与乡村旅游示范县称号。全年接待国内外游客220万人次，增长20%；实现旅游总收入8.8亿元，增长11%。

科教文卫体　新增市级以上企业研发机构12家。新增高新技术企业4家，高新技术产业产值190.06亿元。高新技术产业产值占规模以上工业总产值的比重为48.84%。全县有19项科研成果通过省、市科技成果进步奖，专利申请量1069项，其中发明专利268项。全县有各级各类学校181所，在校学生8.93万人，其中义务教育阶段在校学生6万人。教职工6057名，有专任教师5056人。拥有各类艺术表演团体24个，公共图书馆1个，文化馆1个，档案馆1个。拥有卫生机构18所，其中医院、卫生院15所，卫生防疫、妇幼保健和疾控机构各1所；各类卫生机构拥有床位1684张，卫生技术人员1330人。全年参加省级以上体育比赛共获奖牌52枚，其中金牌21枚。

社会生活　城镇居民人均可支配收入21051元，比2010年增长14.25%；人均消费性支出15780元，增长12.17%。农民人均纯收入9558元，增长23.89%；生活消费支出5217元，增长11.36%。全县城镇最低生活保障救助5308人，农村定期定量救助19800人。社会福利性收养单位（含敬老院）15个，收养960人。社会福利性企业11个，安置残疾人285名。年内，沂源县获全国文明县城荣誉称号。

【发展外向型农业经济】　沂源县自2008年被确定为全省出口农产品质量安全示范区试点县后，注重出口农产品质量安全和产业化经营工作，构建以有机农业为核心的外向型农业经济模式。制定《关于创建省出口农产品质量安全示范区的意见》及奖励办法，设立专项资金，县、镇、村三级累计投入1.3亿元，用于检测中心、蔬菜及苹果示范区道路硬化等基础设施建设。为提高出口农产品标准化生产水平，制定出口示范区基地和种植养殖基地建设控制体系实施办法等，建立生产资料专供、生产户登记备案、十户联保、农事管理记录、质量安全检测等制度，实施标准化监管，完善覆盖全县的农业化学投入品控制体系和专营专供制度，建立专门档案和台账，农业化学投入品采购、销售、供给和使用实现一体化管理。建立农产品质量安全可追溯体系，组建县农产品质量安全检验检测中心，同时在全县各镇建立农产品质量安全检测站，在主要基地、企业、市场和超市设立检测点38处。以品牌战略带动出口农产品质量安全。2011年，全县新认证有机食品17个，“三品一标”（无公害农产品、绿色食品、有机食品和农产品地理标志）农产品总数达到81个，其中有机认证农产品60个、国家地理标志认证农产品3个，认证数量均为全国县级最多，认证基地面积达到2.3万公顷。“沂源苹果”先后获得省部级称号40多个，连续6次在全国绿博会、农产品交易会上获得金奖和最畅销产品奖，被指定为北京奥运会、济南全运会和上海世博会专用果。10月15日，沂源县被农业部授予全国有机农业（红富士苹果）示范基地称号，是全国唯一的有机苹果生产示范基地。年内，“沂源苹果”品牌被国家评估为27.58亿元价值，位列“中国农产品区域公用品牌百强”第三十一名。累计发展市级以上龙头企业20家，其中省级4家，发展农民合作经济组织190个，采取“企业＋合作组织＋基地＋农户”等多种模式，提高生产组织化程度。累计建成农产品流通批发市场139个，贮藏保鲜能力达3亿公斤；在北京、上海、广州、深圳等大城市设立沂源有机农产品直销点60余处；积极开展农企、农超对接，在沃尔玛、银座等大型连锁超市设立沂源有机农产品销售专柜150余处。至年底，全县外向型农业形成苹果2万公顷、鲜桃和干果各6667公顷、葡萄和大樱桃各3333公顷、中药材5333公顷、蔬菜

8000公顷的产业规模，建成出口备案基地6667公顷。积极拓展国际市场，农产品出口目的地由东南亚国家逐步扩展到美洲、非洲、大洋洲和南亚等地区。年出口各类农产品30万吨，其中桔梗5万吨、各类水果15万吨、兔肉8万吨，完成出口值1200万美元。

【对外经贸】 鼓励企业加大新产品研发和品牌建设力度，重点支持山东药玻公司的预充式注射器、山东鲁阳公司的可溶纤维、山东瑞阳制药公司的冻干药产品、山东瑞丰高分子材料公司的PVC助剂等高新技术产品的品牌建设和市场开拓。产品出口扩展到印尼、美国、俄罗斯、泰国等100多个国家和地区。32家企业出口实现较快增长，5家上市公司出口势头强劲。博拓塑业公司、双义果蔬公司等10家企业新取得自营进出口权，全县拥有自营进出口权的企业达到108家。全县实现进出口额20309万美元，比2010年增长34.9%，其中出口额17045万美元，增长53.8%。

【提升乡镇医疗服务能力】 年内，沂源县实施乡镇卫生服务能力提升工程。投入资金1500余万元，为大张庄、鲁村等7处卫生院新建、扩建医疗用房8000平方米，新增病床60张。引进高学历技术人才93名，其中研究生22人；选派医疗技术人员200余人次到上级医院深造。继续深化医疗卫生体制改革，全县完成13处卫生院人员竞聘上岗工作，严格公开报名、资格审查、竞聘答辩、民主测评、组织考核等程序，组织卫生院职工进行公开竞聘，13处卫生院与竞聘上岗人员逐一签订聘用合同，参加竞聘职工558名，竞聘上岗548名。医疗卫生队伍和技术水平得到明显优化提高。筹集资金800余万元，新购置CT、500maX光机、彩超等先进医疗设备30余台套。继续深化基本药物制度改革。在13处卫生院继续推行基本药物制度的基础上，逐步扩大到社区卫生服务站，实现基本药物制度全覆盖。推进城乡卫生对口支援，每月开展一次卫生下乡和巡回医疗活动，为群众免费义诊、送医送药和开展健康教育。2009～2011年，全县13处卫生院的门诊量和住院人次每年以15%的速度递增，11项基本公共卫生服务项目得到全面落实。

【建设民生重点工程】 组织实施一批惠及民生的重点工程，总投资3.56亿元，其中吸引带动社会资金2亿多元。投资3460万元，建设管道天然气、城区循环水供暖等重点工程，提升基础设施承载能力。投资3400万元，开工建设城区振兴路东拓西延、历山路综合改造等重点道路工程，以缓解城区主干道交通压力。投资3200万元，启动实施“果树进城、森林围城、清水润城”等绿化、美化工程，优化人居环境。投资1600万元，建设鲁中·国际商贸城，打造鲁中地区重要小商品及商贸物流集散地。4月25日，沂源县管道天然气工程竣工。工程北起淄博市博山区夏庄镇，南至沂源县南麻镇西鱼台村，全长28.6公里，设计输气量为每年4.6亿立方米，总投资6400万元。至12月底，全县共铺设城区天然气管线55公里，发展工商用户20家、居民用户1.1万户。

【建设全国高效节水灌溉试点县】 2011年7月，沂源县被确定为全国高效节水灌溉试点县，为淄博市唯一入选的区县。工程项目规定在2011～2013年完成。国家扶持资金7500万元，集中在中庄、西里、东里、张家坡和石桥5个林果重点镇发展5640公顷高效节水灌溉工程，概算总投资1.02亿元。新增管灌面积2447公顷，微灌面积3193公顷。新建大口井34眼，维修改造机井157眼，维修蓄水池182座，配套安装提水设备191台套；建设风光电互补提水系统和土壤墒情监测站点各1套(处)。开挖土石方32万立方米，浆砌石9.86万立方米，铺设PE管道828公里。为确保项目工程的顺利实施，成立高效节水灌溉试点县工程建设管理处，各项目镇成立领导小组和工作协调小组。至年底，完成投资1197万元，开挖土石方4.03万立方米，砌石1.2万立方米，浇筑混凝土0.08万立方米，铺设管道112公里，安装机电设备26台套。

【推进集体林权制度改革】 主要采取“三均一不变(均林、均利、均股和自留山保持不变)”做法。对适宜家庭承包的集体林地和非林业用地中的林地，按人均分户进行承包，落实承包林地4.53万公顷，占总林地的51.3%。对已通过租赁、承包、拍卖等形式确定经营主体的山林，原则上维持原合同，承包费实行均利分配，落实林地2.41万公顷，占27.2%。对原集体经营山林，采取“均股不均山、分利不分林”的办法均股到户，发放股权证9.8万份，落实林地1.85万公顷，占21%。同时，本着自留山保持不变的原则，确认林地400公顷，占0.5%。全县林权制度改革共完成林地确权面积8.83万公顷，发放林权证6209份。

【支持中小企业融资】 2011年，沂源县金融机构不断扩大对中小企业的信贷规模，通过实行重点项目的“支、帮、促”，困难企业帮扶“点对点”，产品创新“快、灵、便”等措施，切实为中小企业解决资金困难。为使信贷资金有的放矢，建立银行向企业派驻工作组制度。根据资金需求、经营状况、市场前景、企业诚信等情况，县人民银行和中小企业局对全县小微企业进行分类排队，要求每家银行至少选5～10家中小企业派驻工作组，认真调查，精心评估企业资讯，按急缓程度筛选出需扶持的中小企业。至年末，全县新增中小企业贷款4.89亿元，占全县新增贷款的50.72%，比2010年增长22%，增速高出大中型企业35个百分点，一批成长颇具优势的中小企业群得到扶持。

【重点企业运行良好】 2011年，全县重点工业产业表现出良好的发展势头和经济效益。积极推动转方式调结构。实施的工业项目70%以上均为高新技术项目。同时，关停一批高能耗、高污染企业和落后产能生产线，全面完成节能减排约束性目标。年内，医药、新材料、高分子3个产业集群的销售收入、利税占到全县规模以上工业的40%以上。山东药玻、山东鲁阳、山东瑞阳、山东联合化工公司等28家重点工业企业2011年实现总产值285.3亿元，主营业务收入260.8亿元，利税56.5亿元，利润39.3亿元。

【民生工作新机制】 1月19日，沂源县成立民生工作办公室，整合涉及20多个部门的社会救助、基础性社会保障、住房保障、就业安置等13个方面的民生工作，实行集中办公、一站式服务。在全省县市首创民生工作新机制。

【山东瑞丰股票上市】 7月12日，山东瑞丰高分子材料股份有限公司股票在深圳证券交易所创业板正式挂牌上市，共发行股票1350万股，融资2.16亿元。 （任嗣民 尹雪原 朱庆莉）

本部类编　辑：王　娟
副主编：徐　杰
校　对：马震刚
杨　凤

附　　录

文件选目

【中国共产党淄博市委员会】

淄发〔2011〕1 号

中共淄博市委、淄博市人民政府关于加快水利改革发展实施意见

淄发〔2011〕4 号

中共淄博市委印发《关于在全市开展廉政风险防范管理工作的意见（试行）》的通知

淄发〔2011〕7 号

中共淄博市委、淄博市人民政府关于创建全国文明城市工作的实施意见

淄发〔2011〕8 号

中共淄博市委、淄博市人民政府关于 2011 年全市党风廉政建设和反腐败工作实施意见

淄发〔2011〕9 号

中共淄博市委、淄博市人民政府关于加快工业转方式调结构的若干政策意见

淄发〔2011〕10 号

中共淄博市委、淄博市人民政府关于切实做好 2011 年招商引资工作的意见

淄发〔2011〕11 号

中共淄博市委关于加强和改进新时期党对工会工作领导的意见

淄发〔2011〕12 号

中共淄博市委、淄博市人民政府、淄博军分区关于进一步做好新形势下征兵工作的实施意见

淄发〔2011〕13 号

中共淄博市委、淄博市人民政府关于印发《淄博市领导干部经济责任审计暂行规定》的通知

淄发〔2011〕18 号

中共淄博市委、淄博市人民政府关于加强生态文明乡村建设的意见

淄发〔2011〕19 号

中共淄博市委、淄博市人民政府转发《市委宣传部、市司法局关于在全市公民中开展法制宣传教育的第六个五年规划》的通知

淄发〔2011〕20 号

中共淄博市委关于深入贯彻党的十七届六中全会精神加快建设文化强市的意见

（于海鹏）

【淄博市人民代表大会常务委员会】

淄人发〔2011〕1 号

关于接受高素贞辞去市人大常委会委员职务的请求的决定

淄人发〔2011〕2 号

关于任免市人大常委会机关工作人员职务的通知

淄人发〔2011〕3 号

关于任免淄博市人民政府组成人员职务的通知

淄人发〔2011〕4 号

关于市人大常委会人代室更名并重新公布有关人员职务的决定

淄人发〔2011〕5 号

关于重新颁布市人大常委会人事代表工作委员会工作人员职务的通知

淄人发〔2011〕6 号

关于补选高晓兵和侯法生为省人大代表的报告

淄人发〔2011〕7 号

关于市十三届人大四次会议列席范围的决定

淄人发〔2011〕8 号

关于调整市十三届人大四次会议时间的决定

淄人发〔2011〕9 号

关于市十三届人大常委会副主任分工的通知

淄人发〔2011〕10 号

关于任命高晓峰等同志职务的通知

淄人发〔2011〕11 号

关于决定任免淄博市人民政府组成人员职务的通知

淄人发〔2011〕12 号

关于印发《2011 年地方立法计划》的通知

淄人发〔2011〕13 号

关于免去市人大常委会机关工作人员职务的通知

淄人发〔2011〕14 号

关于决定免去市政府组成人员职务的通知

淄人发〔2011〕15 号

关于表彰优秀市人大代表和先进市人大代表小组的通报

淄人发〔2011〕16 号

关于任免淄博市人大常委会机关工作人员职务的通知

淄人发〔2011〕17 号

关于任免淄博市人民政府组成人员职务的通知

淄人发〔2011〕18 号

关于任免市中级人民法院审判人员职务的通知

淄人发〔2011〕19 号

关于任命市检察院检察人员职务的通知

淄人发〔2011〕20 号

关于暂停淄博市第十三届人大代表蒋志英代表资格并许可采取刑事拘留措施的决议

淄人发〔2011〕21 号

关于任免市中级人民法院审判人员职务的通知

淄人发〔2011〕22 号

关于任免淄博市人民检察院检察人员职务的通知

淄人发〔2011〕23 号

关于报请批准《淄博市水资源保护管理条例》的报告

淄人发〔2011〕24 号

关于在全市公民中深入开展第六个五年法制宣传教育的决议

淄人发〔2011〕25 号

关于批准《淄博市依法治市第五个五年规划(2011～2015 年)》的决定

淄人发〔2011〕26 号

关于印发《淄博市水资源保护管理条例》的通知

淄人发〔2011〕27 号

关于印发《关于设立地方立法研究基地和地方立法律师咨询团的通知》

淄人发〔2011〕28 号

关于印发《关于淄博市第十四届人民代表大会代表选举问题的通知》

淄人发〔2011〕29 号

淄博市人大常委会关于任免淄博市人大常委会机关工作人员职务的通知

淄人发〔2011〕30 号

淄博市人大常委会关于决定任免淄博市人民政府工作人员职务的通知

淄人发〔2011〕31 号

淄博市人大常委会关于任免淄博市中级人民法院审判人员职务的通知

淄人发〔2011〕32 号

淄博市人大常委会关于任免市人民检察院检察人员和批准免去区县人民检察院检察长职务的通知

淄人发〔2011〕33 号

淄博市人大常委会关于接受马爱国辞去市人民检察院检察长职务请求的决定

淄人发〔2011〕34 号

淄博市人大常委会关于任命市人民检察院代理检察长的决定

淄人发〔2011〕35 号

关于召开淄博市第十四届人民代表大会第一次会议的决定 （巨荣俊）

【淄博市人民政府】

市政府令第76号

淄博市人民政府关于公布继续实施和调整的市级行政许可项目和非行政许可审批项目的决定

市政府令第77号

淄博市行政执法监督办法

市政府令第78号

淄博市房屋租赁管理办法

市政府令第79号

淄博市黄河河道管理办法

市政府令第80号

淄博市医疗卫生机构病死婴幼儿遗体处理办法

市政府令第81号

淄博市矿产资源开采监督管理办法

市政府令第82号

淄博市人民政府关于废止《淄博市城市房屋拆迁管理办法》等1件市政府规章和4件市政府规范文件的决定

市政府令第83号

淄博市人民政府关于修改《淄博市人民政府关于调整部分经济社会管理权限促进老工业区加快发展的决定》等3件市政府规范性文件的决定

市政府令第84号

淄博市人民政府关于废止《淄博市安全生产监督管理办法》1件市政府规章和修改《淄博市机关事业单位工作人员社会养老保险暂行办法》等6件市政府规章的决定

淄政发〔2011〕1号

淄博市人民政府关于印发《淄博市2011年安全生产工作要点》的通知

淄政发〔2011〕3号

淄博市人民政府关于全面推进依法行政加强法治政府建设的意见

淄政发〔2011〕5号

淄博市人民政府关于文昌湖旅游度假区财政管理体制有关问题的通知

淄政发〔2011〕6号

淄博市人民政府关于进一步促进蔬菜生产保障市场供应的意见

淄政发〔2011〕8号

淄博市人民政府关于认真贯彻国发〔2010〕47号文件严格规范城乡建设用地增减挂钩试点切实做好农村土地整治工作的通知

淄政发〔2011〕11号

淄博市人民政府关于印发《淄博市人民政府拟定地方性法规草案和制定政府规章程序规定》的通知

淄政发〔2011〕13号

淄博市人民政府关于公布淄博市第四批市级重点文物保护单位保护范围的通知

淄政发〔2011〕14号

淄博市人民政府关于2010年度淄博市科学技术奖励的决定

淄政发〔2011〕19号

淄博市人民政府关于印发《淄博市2011年国民经济和社会发展计划》的通知

淄政发〔2011〕20号

淄博市人民政府关于印发《淄博市国民经济和社会发展第十二个五年规划纲要》的通知

淄政发〔2011〕25号

淄博市人民政府关于公布2011年市重大项目名单的通知

淄政发〔2011〕26号

淄博市人民政府关于印发《淄博市工业企业评价考核办法》的通知

淄政发〔2011〕28号

淄博市人民政府关于市级新农保与国家新农保制度并轨的通知

淄政发〔2011〕29号

淄博市人民政府关于基层医疗卫生机构综合改革的实施意见

淄政发〔2011〕31号

淄博市人民政府关于进一步加强和改进城乡规划工作的意见

淄政发〔2011〕37号

淄博市人民政府关于加快发展现代物流业的意见

淄政发〔2011〕42号

淄博市人民政府关于促进全市民营经济加快发展的意见

淄政发〔2011〕46号

淄博市人民政府关于印发《淄博市"十二五"科学和技术发展规划纲要》的通知

淄政发〔2011〕53 号

淄博市人民政府关于开展城镇居民社会养老保险试点的意见

淄政发〔2011〕61 号

淄博市人民政府关于印发《淄博市地方水利建设基金筹集和使用管理实施细则》的通知

淄政发〔2011〕64 号

淄博市人民政府关于印发《淄博市全民健身实施计划(2011～2015 年)》的通知

淄政发〔2011〕65 号

淄博市人民政府关于印发《淄博市国有土地上房屋征收与补偿实施办法》的通知

淄政发〔2011〕66 号

淄博市人民政府关于印发《淄博市妇女发展"十二五"规划》和《淄博市儿童发展"十二五"规划》的通知

淄政发〔2011〕67 号

淄博市人民政府关于贯彻《山东省危险化学品集中交易市场安全管理暂行规定》的意见

淄政发〔2011〕68 号

淄博市人民政府关于落实《山东省贯彻〈工伤保险条例〉实施办法》有关问题的通知

淄政发〔2011〕69 号

淄博市人民政府关于推进供热计量改革与既有建筑节能改造的意见

淄政发〔2011〕72 号

淄博市人民政府关于印发《淄博市"十二五"节能减排综合性工作方案》的通知

淄政发〔2011〕74 号

淄博市人民政府关于促进农业机械化和农机工业又好又快发展的实施意见

淄政发〔2011〕75 号

淄博市人民政府关于印发《淄博市经济适用住房建设和管理办法》的通知

淄政发〔2011〕76 号

淄博市人民政府关于印发《淄博市公共租赁住房建设和管理办法》的通知

淄政发〔2011〕77 号

淄博市人民政府关于试行国有资本经营预算的意见

淄政发〔2011〕78 号

淄博市人民政府关于贯彻鲁政发〔2011〕41 号文件进一步做好普通高等学校毕业生就业工作的通知

淄政发〔2011〕80 号

淄博市人民政府关于促进农民专业合作社健康发展的意见

淄政发〔2011〕81 号

淄博市人民政府关于印发《淄博市残疾人事业"十二五"发展规划》的通知

淄政发〔2011〕82 号

淄博市人民政府关于加快推进残疾人社会保障体系和服务体系建设的实施意见

淄政发〔2011〕83 号

淄博市人民政府关于加快商贸流通业发展的意见

淄政发〔2011〕85 号

淄博市人民政府关于印发《淄博市行政机关规范性文件制定办法》的通知

淄政发〔2011〕87 号

淄博市人民政府关于印发《淄博市依法行政第五个五年规划(2011～2015 年)》的通知

(刘 涛)

【中国人民政治协商会议淄博市委员会】

淄政协字〔2011〕2 号

政协淄博委员会 2011 年工作要点

淄政协字〔2011〕3 号

关于报送《关于促进全市机电装备产业科学发展的建议案》的报告

淄政协字〔2011〕4 号

关于学习贯彻全省政协工作会议精神情况的报告

淄政协字〔2011〕5 号

关于报送《市政协生态市建设的视察报告》的报告

淄政协字〔2011〕6 号

关于报送《市政协关于中心镇建设的调研报告》的报告

淄政协字〔2011〕7 号

关于报送《市政协关于全市工资集体协商工作情况的调研报告》的报告 (赵秀秀)

【中共淄博市纪律检查委员】

淄纪发〔2011〕2 号

中共淄博市纪委、淄博市监察局 2010 年度考核工作实施方案

淄纪发〔2011〕6 号

关于设立行政效能监察室的请示

淄纪发〔2011〕10 号

关于开展作风效能建设公开承诺活动的通知

淄纪发〔2011〕15 号

中共淄博市纪委、中共淄博市委组织部、中共淄博市委宣传部《关于在全市党员领导干部中开展“以人为本、执政为民”教育活动的意见》

淄纪发〔2011〕19 号

中共淄博市纪委、淄博市监察局纪检监察派驻机构工作考核办法(试行)

淄纪发〔2011〕28 号

关于印发《2012 年年底前落实中央〈工作规划〉省委〈实施办法〉和市委〈分工方案〉推进惩治和预防腐败体系建设工作要点》的通知

淄纪发〔2011〕35 号

关于加强纪检监察机关与审计机关工作联系的意见

淄纪发〔2011〕37 号

关于印发《关于开展加快转变经济发展方式监督检查的实施意见》的通知

淄纪发〔2011〕38 号

关于印发《关于开展〈廉政准则〉贯彻执行情况专项检查工作实施方案》的通知

淄纪发〔2011〕42 号

关于印发《市纪委监察局网络舆情监控处置办法》的通知

淄纪发〔2011〕48 号

关于继续做好《地方党委委员、纪委委员提出罢免或者撤换要求处理办法(试行)》试点工作的通知

淄纪发〔2011〕49 号

关于认真做好区县、镇纪委换届工作的意见

淄纪发〔2011〕53 号

集中解决进京到省访“百日”专项活动实施办法

淄纪发〔2011〕55 号

中共淄博市纪委、淄博市监察局关于印发《淄博市工程建设领域项目信息公开责任追究办法(试行)》的通知

淄纪发〔2011〕58 号

关于印发《淄博市加快转变经济发展方式监督检查考核办法》的通知

淄纪发〔2011〕60 号

淄博市纪委、淄博市监察局关于加强对校园安全和校车安全工作监督检查的紧急通知

淄纪发〔2011〕62 号

关于印发《2011 年全市作风效能考核工作方案》的通知

淄监发〔2011〕12 号

关于印发《淄博纠风网工作方案》和《淄博纠风网网上办理“咨询建议投诉举报”工作制度》的通知

淄监发〔2011〕14 号

市监察局、市水利渔业局关于加强对《中共淄博市委、淄博市人民政府关于加快水利改革发展的实施意见》贯彻落实情况监督检查的通知

淄纪办发〔2011〕3 号

关于印发《市纪委市监察局 2011 年重点工作任务目标分解安排》的通知

淄纪办发〔2011〕17 号

关于市纪委有关领导同志工作分工调整的通知

淄纪办发〔2011〕18 号

关于印发《淄博市反腐倡廉教育基地建设标准》的通知

淄纪办发〔2011〕19 号

关于印发《淄博市廉政文化示范点建设标准》的通知

淄纪办发〔2011〕22 号

关于印发《淄博市纪委监察局机关经济责任审计结果运用办法(试行)》的通知

淄纪办发〔2011〕29 号

关于做好市纪委文件改版工作的通知

(王俊谋)

驰名商标和著名商标

驰名商标(至2011年)

表 28—01

序号	企业名称	商标名称	商品名称	时间	认定部门
1	华光陶瓷集团有限公司	华光	日用陶瓷	1999	商标局
2	兰雁集团股份有限公司	兰雁	牛仔布、牛仔服	2001	商标局
3	山东新华医药集团股份有限公司	新华	西药	2002	商标局
4	山东皇冠陶瓷股份有限公司	皇冠	彩釉砖	2004	商标局
5	淄博松竹铝材有限公司	松竹	铝型材	2004	商标局
6	山东博泵科技股份有限公司	博山及图	水泵、油泵	2005	法院
7	万杰集团有限责任公司	万杰及图	医疗服务	2005	法院
8	山东鲁阳股份有限公司	鲁阳	硅酸铝耐火纤维	2005	商标局
9	山东清源集团有限公司	清田 qingtian 及图	农用地膜	2005	商标局
10	山东扳倒井股份有限公司	扳倒井及图	酒	2006	法院
11	山东周村烧饼有限公司	周村及图	糖酥烧饼	2006	商标局
12	淄博幸运风体育用品有限公司	幸运风及图	运动服	2006	商标局
13	山东得益乳业有限公司	得益及图	牛奶	2006	商标局
14	山东金晶科技股份有限公司	金晶及图	建筑玻璃、安全玻璃	2006	商标局
15	山东侨牌集团有限公司	侨及图	医用注射器	2007	法院
16	山东兰骏集团有限公司	兰骏	服装、布、地毯	2007	法院
17	山东瑞阳制药有限公司	瑞阳	医药制剂等	2007	商评委
18	淄博双山真空设备厂有限公司	双山	真空泵	2007	法院
19	山东鲁泰纺织股份有限公司	鲁泰·格蕾芬及图	印花棉布	2008	商标局
20	山东东岳化工有限公司	东岳联邦	制冷剂	2008	商标局
21	淄博山川医用器材有限公司	山川及图	输液器、输血器	2008	商标局
22	淄博泰光电力器材厂	泰光	合成绝缘材料	2008	商标局
23	山东多星电器有限公司	多星及图	高压锅	2008	商评委
24	山东嘉业日用品有限公司	嘉邦及图	玻璃灯罩	2008	法院
25	山东沃源新型面料有限公司	雪丹	纺织面料	2008	法院
26	淄博永华滤清器制造有限公司	永华及图	滤清器	2008	法院
27	山东兔巴哥集团有限公司	兔巴哥	蛋黄派	2008	法院
28	山东凤阳集团有限公司	凤阳及图	床垫	2008	法院
29	山东长志泵业有限公司	兴齐及图	泵	2009	法院
30	山东新华医疗器械股份有限公司	新华及图	消毒器械	2009	商标局
31	淄博水环真空设备厂有限公司	华成 HCH 及图	真空泵	2009	商标局

续表 28—01

序号	企业名称	商标名称	商品名称	时间	认定部门
32	山东耿瓷集团有限公司	耿瓷及图	瓷质墙地砖	2009	商标局
33	山东省药用玻璃股份有限公司	沂蒙及图	安培瓶	2009	法院
34	山东齐都药业有限公司	齐都及图	医药	2009	法院
35	山东伯仲真空设备有限公司	伯仲	真空泵	2009	法院
36	山东欧木特种纸业有限公司	双峰	特种纸	2010	商标局
37	山东玉兔食品有限公司	玉兔及图	醋	2010	商标局
38	山东恒利石油化工股份有限公司	恒导	导热油	2010	商标局
39	淄博江辰时装有限公司	海思堡 ASPOP	服装	2010	商标局
40	山东齐胜工贸股份有限公司	齐润及图	润滑油、工业用油	2010	商标局
41	淄博商厦股份有限公司	ZBCB 及图	推销	2010	商标局
42	山东天下第一店酒厂	百粮	白酒	2009.4	法院(哈尔滨)
43	山东黄河龙集团有限公司	黄河龙及图	白酒	2010.12	法院(合肥)
44	山东博丰利众化工有限公司	鲁桓及图	复合肥	2011.4	商标局
45	山东龙泉管道工程股份有限公司	颜神龙泉及图	非金属管道	2011.4	商标局
46	淄博梦琦红木家具有限公司	梦琦及图	家具	2009.4	法院(合肥)
47	淄博永华滤清器制造有限公司	永华及图	滤清器	2011.11	商标局

驰名商标汇总

表 28—02

时间	总数	行政	司法
2007	18	11(商评委 1)	7
2008	28	18(商评委 2)	10
2009	34	20(商评委 2)	14
2010	41	26(商评委 2)	15
2011	47	29(商评委 2)	18

著名商标(至 2011 年)

表 28—03

序号	单 位	商 标	商品或服务	认定时间	区 县
1	淄博宝凤食品有限公司	宝凤及图形	酱油、醋、酱	2005	张店区 26 件
2	淄博科汇电气有限公司	KEHUI 及图	测试仪器	2006	
3	淄博嵩岳建筑陶瓷有限公司	锦岳及图	瓷砖	2006	
4	胜利钢管有限公司	胜冠及图	钢管	2006	
5	淄博工业搪瓷厂	华字及图	化工设备	2006	
6	淄博老杨家食品有限公司	金老杨	加工过的瓜子、花生,糖炒栗子	2006	
7	淄博东岳实业总公司建材厂	斯格米及图	瓷砖	2006	

续表 28—03

序号	单　位	商　标	商品或服务	认定时间	区　县
8	淄博庄园塑料制品公司	庄园及图	农田塑料薄膜	2006	张店区 26 件
9	山东齐隆化工股份有限公司	齐隆及图	合成树脂塑料	2006	
10	淄博泰光电力器材厂	泰光及图	合成绝缘材料	2006 年	
11	山东伯仲真空设备有限公司	伯仲及图	真空泵、真空设备	2007	
12	淄博城东企业集团有限公司	福惠	瓷砖	2007	
13	淄博中昌特种水泥有限公司	中昌	水泥	2007	
14	淄博绿象橡胶厂	日久及图	三角胶带、传送带	2007	
15	淄博火炬能源有限责任公司	火炬及图	蓄电池	2007	
16	山东大成农药股份有限公司	植保及图	农药	2007	
17	淄博华瑞诺建筑陶瓷有限公司	瑞诺及图	瓷砖	2008	
18	淄博十里香食品有限公司	十里香	芝麻油、食用油	2009 年	
19	淄博石蛤蟆食品有限公司	石蛤蟆	饺子、小笼蒸包	2009 年	
20	山东福德科技有限公司	福德	太阳能热水器	2009 年	
21	山东义升环保设备有限公司	义升	煤气发生炉(设备)	2009 年	
22	山东金岭矿业有限公司	铁鹰	铁精矿粉、铜矿粉、钴矿粉	2009 年	
23	山东万丰煤化工设备制造有限公司	万丰	煤气发生炉(设备)	2010 年	
24	淄博柴油机总公司	淄柴及图	柴油机、涡轮机及设备	2010 年	
25	淄博姜氏眼镜有限公司	姜玉坤	眼镜、矫正透镜片	2011 年	
26	山东联创节能新材料股份有限公司	洁能及图	聚氨酯	2011 年	
27	淄博川鹰酿造有限公司	川鹰及图形	醋、酱油、酱	2005 年	淄川区 20 件
28	淄博鲁中水泥有限公司	重山及图	水泥	2006 年	
29	淄博鲁中耐火材料有限公司	聂字	耐火砖	2006 年	
30	淄博净水剂厂	鲁净及图	聚合氯化铝	2003 年	
31	淄博弘扬石油设备有限公司	弘扬及图	石油开采、石油精炼工业用机器设备	2007 年	
32	淄博南韩化工有限公司	鲁韩及图	冰晶粉、氟石化合物	2007 年	
33	淄博七河绿色食品开发有限公司	七河及图	新鲜蘑菇、新鲜蔬菜	2004 年	
34	淄博强赛特陶瓷有限公司	狮王及图	瓷砖	2004 年	
35	山东淄博锦宏水泥有限公司	柳泉及图	水泥	1998 年	
36	山东方大工程有限责任公司	鲁方及图	非金属门、非金属建筑材料	2008 年	
37	淄博梦琦红木家具有限公司	梦琦及图	楼梯扶手、画框、漆器工艺品	2008 年	
38	淄博金卡陶瓷有限公司	金卡及图	建筑砖瓦、建筑用耐火材料及制品	2008 年	
39	淄博艾丽嘉陶瓷有限公司	艾丽嘉及图	瓷砖、非金属地板砖、建筑墙砖,砖	2009 年	

续表 28—03

序号	单　位	商　标	商品或服务	认定时间	区　县
40	淄博先河机电有限责任公司	图	运输机(机器)、矿井作业机械、采矿选矿机械设备	2009 年	淄川区 20 件
41	山东玉玺陶瓷有限公司	玉玺 YUXI	砖、瓷砖	2009 年	
42	淄博统一陶瓷有限公司	瓦伦蒂诺	砖、瓷砖	2010	
43	山东唐骏欧铃汽车制造有限公司	欧铃	汽车	2010	
44	山东淄博沈淄耐火材料有限公司	沈淄及图	陶瓷窑具、耐火材料	2010	
45	山东华岩冶金建材有限公司	淄冶及图	耐火材料	2011	
46	淄博市淄川宝山水泥厂	建磊	水泥	2011	
47	山东柳杭减速机有限公司	柳杭及图形	减速机	2005.8.16	博山区 32 件
48	山东颜山泵业有限公司	颜山及图形	电泵	2005.8.16	
49	山东珑山实业有限公司	图形	金属焊条、金属焊料	2005.8.16	
50	山东福泰瓷器有限公司	福泰及图	日用瓷器	2006.11.16	
51	山东省淄博减速机厂有限公司	博机及图	减速机	2006.11.16	
52	淄博八陡耐火材料有限公司	八耐及图	耐火砖瓦	2006.11.16	
53	山东博山永恒体育器材厂	永恒及图	体育器材	2003	
54	山东淄博电动滚筒厂有限公司	禹王牌	传动装置及配件	2003	
55	山东博大集团有限公司	博大及图	耐火材料、耐火砖	2007.8.16	
56	山东大通机械科技有限公司	五龙及图	破碎机	2007.8.16	
57	淄博真空设备厂有限公司	图形	真空泵	2007.8.16	
58	博山陶瓷有限责任公司	宝石及图	茶具、餐具	2007.8.16	
59	山东淄博清梅居食品有限责任公司	清梅居及图	牛肉干、酱牛肉	2008.9.12	
60	淄博艺缘阁陶琉有限公司	艺缘阁及图	瓷器装饰品赤陶或玻璃艺术品陶器	2008.9.12	
61	淄博水环真空泵厂有限公司	华成及图	真空泵	2008.9.12	
62	山东龙泉管道工程股份有限公司	颜神龙泉	非金属管道、非金属水管	2008.9.12	
63	淄博华王化工有限公司	华王及图	硫酸铜、氢氧化铜、硫化促进剂、氢氧化钠	2009.11.3	
64	山东黑山玻璃集团有限公司	图及英文	日用玻璃器皿	2009.11.3	
65	淄博亚辰汽车板簧有限公司	图形	汽车配件	2009.11.3	
66	淄博陈氏家私有限公司	图及拼音	家具	2009.11.3	
67	山东汽车齿轮总厂锻造二分厂	德安吉及拼音	陆地车辆传动齿轮、传动轴	2009.11.3	
68	山东祥和集团股份有限公司	汇祥及图	健美器	2010.11.8	
69	博山精工泵业有限公司	鲁阳精工及图	泵、真空泵	2010.11.8	
70	淄博正堂酿造有限公司	正堂及图	醋、酱油	2010.11.8	
71	山东正昌煤矿机械有限公司	颜神及图	液压元件	2010.11.8	
72	淄博市博山防爆电器厂有限公司	淄防及图	高压防爆配电装置	2010.11.8	

续表 28－03

序号	单　位	商　标	商品或服务	认定时间	区　县
73	淄博市博山晨光建材机械有限公司	晨光及图	树脂复合板	2010.11.8	博山区 32 件
74	山东唯佳机械有限公司	唯佳及图	泵(机器)	2011	
75	山东国华瓷器有限公司	国玉及图	日用陶瓷	2011	
76	山东文姜酒业有限公司	文姜牌及图	酒	2011	
77	山东鲁博真空设备有限公司	铸工及图	真空泵(机器)、空气压缩泵	2011	
78	淄博康强运动器材有限公司	康强及图	综合训练器材、室外健身器材	2011	
79	山东省淄博双岐面粉厂	双岐	面粉、挂面	2008	周村区 38 件
80	山东蓝天家具有限公司	蓝天	家具、办公家具	2008	
81	淄博风机厂有限公司	云笑及图形	风机	2008	
82	淄博周村巨仁食品厂	巨仁及图形	加工过的瓜子、松子、开心果	2008	
83	山东玉兔食品有限公司	玉兔	酱油、醋	2008	
84	金堆城钼业光明(山东)股份有限公司	光明	钨丝、钼丝	2008	
85	山东宏信化工股份有限公司	宏信及图	未加工合成树脂、苯二甲酸酐	2006	
86	淄博大亚金属制品有限公司	大亚及图	钢砂、钢丸	2006	
87	山东周村烧饼有限公司	旱码头及图	薄烤饼	2006	
88	山东淄博嘉丰玻璃机械有限公司	嘉丰及图	玻璃工业用机器设备	2006	
89	淄博福王家具有限公司	福王及图	家具	2006	
90	山东恒利石油化工有限公司	恒导及图	工业用油、导热油	2006	
91	淄博嘉周化工有限公司	博化及图	苯二甲酸	2007	
92	淄博长城电缆制造有限公司	慧伟及图	电线、电缆	2007	
93	山东华王酿造有限公司	王村及图	醋、调味酱	2007	
94	淄博特种油品厂	鲁特及图	润滑油	2007	
95	山东鲁宝冶金股份有限公司	鲁宝及图	钢管、钢条	2004	
96	淄博齐鲁焊业有限公司	齐鲁及图	电焊条	2007	
97	淄博市周村东升沙发厂	昇霞及图	家具、沙发、弹簧床垫	2008	
98	山东玉兔食品有限责任公司	天下第一村	煎饼、薄烤饼、大饼	2008	
99	淄博市周村鑫宇电器有限公司	鑫宇及图	电热壶、电油炸锅、电压力锅	2008	
100	淄博新华纸业有限公司	华钰及图	印刷纸、复印纸、包装纸	2008	
101	淄博科明光电科技有限公司	科明及图	灯、照明防护装置、路灯	2008	
102	山东赫达股份有限公司	赫达	工业用纤维素醚、衍生物纤维素、纤维素	2006	
103	山东知味斋餐饮娱乐有限公司	一村知味斋及图形	提供食宿	2009	
104	淄博久久家居有限公司	图形	家具、沙发、床垫	2009	
105	淄博科鸿风机有限公司	鸿宇	鼓风机、风箱	2009	
106	淄博市周村仇滩红木家具厂	仇滩及图	办公用家具、家具	2010	

续表 28—03

序号	单　位	商　标	商品或服务	认定时间	区　县
107	山东三金玻璃机械股份有限公司	三金	玻璃器械	2010	周村区 38 件
108	淄博市周村鸿业床垫沙发厂	鸿嘉及图	床垫、家具	2010	
109	淄博利华通风设备有限公司	利华	风机	2010	
110	山东周村烧饼有限公司	月华及图	面点	2008	
111	淄博兴华医用器材有限公司	兴华	医疗器械	2010	
112	山东绿德源集团有限公司	绿德源及图	塑料艺术品、竹木工艺品	2011	
113	淄博舒愿家具有限公司	舒愿及图	沙发	2011	
114	淄博北方淄特化工有限公司	淄特及图	润滑油、润滑脂	2011	
115	淄博周村腾飞家具制造厂	图	沙发	2011	
116	山东博风风机有限公司	博风及图	鼓风机	2011	
117	山东齐都药业有限公司	图形	西药	2002	临淄区 9 件
118	山东长志泵业有限公司	兴齐	泵	2003	
119	山东迅达化工有限公司	迅达及图	催化剂、脱水剂	2003	
120	山东淄博巧媳妇食品有限公司	巧媳妇及图	酱油、醋	2001	
121	山东齐都药业有限公司	步复迈及图	化学药物制剂	2008	
122	淄博包钢灵芝稀土高科有限公司	灵芝及图	稀土族	2008	
123	山东齐都药业有限公司	迪诺新及图	化学药物制剂	2009	
124	山东康浪河面粉有限公司	康浪河	面粉、面粉制品	2009	
125	山东长志泵业有限公司	长志	泵(机器)	2011 年	
126	山东淄博博丰复合肥有限公司	鲁桓	肥料、混合肥料	2005.8	桓台县 21 件
127	淄博瑞泰塑胶有限公司	桓桥及图	塑料管材管件	2006.8	
128	淄博万家园木质防火制品有限公司	万家园及图	非金属门、非金属窗	2006.8	
129	山东巨明机械有限公司	巨明及图	农业机械、收割机	2003.8	
130	淄博华天轴承有限公司	HT 及图	轴承	2003.8	
131	山东贵和纸业集团有限公司	图形	纸、纸餐巾、纸板盒	2003.8	
132	山东辰龙纸业股份有限公司	辰龙及图	包装纸、纸板	2007.8	
133	山东晨钟机械股份有限公司	晨钟及图	造纸及加工纸制品机械	2004.8	
134	山东汇丰管业有限公司	鲁丰及图	农用地膜、塑料管	2004.8	
135	山东省淄博蠕墨铸铁股份有限公司	迎风及图	起重机、搅拌机	2004.8	
136	淄博孙树强扒鸡酱蹄有限公司	孙树强	熟肉、酱猪蹄	2008.8	
137	山东天齐置业集团股份有限公司	图形	建筑及室内装潢	2008.8	
138	山东巨王管业有限公司	华政及图	建筑用塑料管、非金属管管、非金属排水管	2009.11	

续表 28—03

序号	单　位	商　标	商品或服务	认定时间	区　县
139	山东博汇纸业股份有限公司	博汇	书写纸、有光纸、文化用纸	2003.8	桓台县21件
140	山东黄河龙集团有限公司	黄河龙	白酒、食品添加剂	2003.8	
141	淄博建龙化工有限公司	建龍牌	硫酸	2011	
142	淄博宜臣轻工制品有限公司		日用玻璃器皿	2011	
143	山东淄博金泰轧辊有限公司		机器用印刷墨辊	2011	
144	山东梨花面业有限公司	梨花及图	面粉	2011	
145	山东华伟银凯建材科技股份有限公司	华伟及图	混凝土用化学品	2011	
146	淄博砂轮厂有限公司	ZBSL	砂轮(机器零件)	2011	
147	淄博永华滤清器制造有限公司	永华及图形	过滤器	2005	沂源县14件
148	山东瑞阳制药有限公司	图形	医药制剂、人用药	2005	
149	山东鲁源酒业有限公司	鲁源及图	酒	2006	
150	淄博沃源纺织有限公司	雪丹及图	人造丝织品、纺织纤维织物	2006	
151	山东华狮啤酒有限公司	绿兰莎及图	啤酒	2003	
152	山东益母妇女用品有限公司	益母	卫生巾、卫生护垫	2003	
153	山东联合化工股份有限公司	东风及图	硝酸、异丁烯	2004	
154	山东省沂源县强力防水材料有限公司	强力及图	防水卷材	2004	
155	山东省药用玻璃股份有限公司	沂蒙及图	日用玻璃器皿	2001	
156	淄博新力塑编有限公司	昕力及图	纺织用玻璃纤维	2008	
157	山东省药用玻璃股份有限公司	康鼎	旋瓶盖用橡皮圈、橡皮塞子	2009	
158	沂源县中庄乡林果站林果技术服务部	中庄及图	鲜水果	2009	
159	沂源县果树技术服务部	沂蒙山及图	苹果	2010	
160	沂源县沂蒙山果菜专业合作社	沂蒙山及图	新鲜蔬菜	2011	
161	山东扳倒井股份有限公司	扳倒井	酒	2002.10	高青县8件
162	山东侨牌集团有限公司	侨	一次性医疗器械	2002.10	
163	淄博一代龙服饰有限公司	一代龙及图	服装	2003.10	
164	山东兰骏集团有限公司	兰骏及图	服装	2003.10	
165	山东流云纺织有限责任公司	流云及图	棉纱、线	2004.10	
166	淄博三蕾纺织有限公司	三蕾及图	单(纺织品)、枕套、浴巾	2008.10	
167	山东扳倒井股份有限公司	国井	白酒	2009.10	
168	淄博华梅化工有限公司	飞驰及图	促进剂	2010.11	

续表 28—03

序号	单　位	商　标	商品或服务	认定时间	区　县
169	山东新华医疗器械股份有限公司	新华及图	医疗器械和仪器	2006	淄博高新区16件
170	山东美伦食品有限公司	美伦及图	冰制品	2003	
171	山东金晶科技股份有限公司	金晶及图	建筑玻璃	2004	
172	山东三玉集团有限公司	三玉及图	硬纸管、纸箱、箱纸板	2008	
173	山东淄博新达制药有限公司	图形	药品、医药中间体	2004	
174		新达罗	药品、医药中间体	2005	
175	山东天下第一店酒厂	百粮及图	白酒	2005	
176	淄博海特曼化工有限公司	Hitecmen 及图	工业用胶、工业用黏合剂、聚氨酯	2009	
177	淄博裕民耐火材料科技股份有限公司	裕民及图	耐火材料、耐火土	2009	
178	淄博盛达创业玻璃有限公司	ZBSDG 及图	镀膜玻璃	2009	
179	山东世博金都药业有限公司	天威及图	六味五灵片	2010	
180	山东三泵科森仪器有限公司	KESEN	微量水分测定仪、闪点仪	2010	
181	山东得益乳业有限公司	得益及图	乳制品	2011	
182	山东长征教育科技有限公司	幸运儿	智能卡(集成电路卡)、计算机外围设备	2011	
183	山东博润工业技术有限公司	博润 BORUN	非金属耐磨管道、非金属板	2011	
184	淄博中强瓷业有限公司	中强及图	日用陶瓷	2011	
185	淄博齐鲁商业有限公司酿造分公司	齐鲁及图	酱油	2006.11.16	齐鲁石化公司3件
186	山东齐旺达包装制品有限公司	齐旺达及图	编织袋、集装袋	2003.7.16	
187	山东新风股份有限公司	图形	空调风机	2005.8.26	

（市工商局）

名牌产品

山东名牌(2011年)

表 28—04

序号	行业	企业名称	产品名称	商标
1	电子类	山东科汇电力自动化有限公司	输电线路故障行波测距装置	科汇
2	电子类	山东科汇电力自动化有限公司	电力系统同步时钟	科汇
3	电子类	淄博莱宝电力电容器有限公司	圆柱形电力电容器	永祥

续表 28—04

序号	行业	企业名称	产品名称	商标
4	纺织类	淄博大染坊丝绸集团有限公司	真丝面料	诺宝·丝邦
5	纺织类	鲁泰纺织股份有限公司	色织棉布	鲁泰
6	纺织类	淄博兰雁集团有限责任公司	牛仔服装、牛仔布	兰雁
7	纺织类	山东兰骏集团有限公司	牛仔布	兰骏
8	纺织类	山东兰骏集团有限公司	牛仔服装	兰骏
9	纺织类	淄博海天纺织有限公司	色织牛仔布	海天
10	化工类	山东赫达股份有限公司	纤维素醚	赫达
11	化工类	淄博助友石油化工有限公司	润滑油(柴油机油)	助友
12	化工类	山东齐隆化工股份有限公司	改性石油树脂	齐隆
13	化工类	山东东大一诺威聚氨酯有限公司	聚氨酯预聚体	一诺威
14	化工类	山东博丰利众化工有限公司	工业硫酸	鲁桓
15	化工类	山东博丰利众化工有限公司	复混肥料(复合肥料)	鲁桓
16	机械类	山东华泰轴承制造有限公司	滚动轴承	HT
17	机械类	山东省生建重工有限责任公司	通用桥式起重机	山川
18	机械类	淄博永华滤清器制造有限公司	滤清器(空气、机油、柴油)	永华
19	机械类	淄博齐鲁焊业有限公司	电焊条	齐鲁 泰山
20	机械类	山东美陵化工设备股份有限公司	前向多翼离心通风机	美力达
21	机械类	山东新风股份有限公司	DW 系列离心通风机	辛风
22	机械类	山东上德变电设备有限公司	低压开关设备	SHANGDE
23	建材类	山东鲁阳股份有限公司	绝热用硅酸铝棉及制品	鲁阳
24	建材类	山东德惠来装饰瓷板有限公司	纤维陶瓷板	薄斯美
25	建材类	山东山铝水泥有限公司	普通硅酸盐水泥	山铝
26	建材类	淄博鲁中水泥有限公司	普通硅酸盐水泥	重山
27	建材类	山东米开朗陶瓷有限公司	瓷质砖	米开朗
28	建材类	山东耿瓷集团有限公司	瓷质砖	耿瓷
29	建材类	淄博华瑞诺建筑陶瓷有限公司	建筑陶瓷	瑞诺
30	建材类	山东雅迪陶瓷有限公司	陶瓷砖	宝时洁
31	建材类	淄博新博陶瓷有限公司	陶瓷砖	博艺
32	建材类	淄博凯越陶瓷有限公司	陶瓷砖	凯越贝尔
33	建材类	山东和丰陶瓷有限公司	陶瓷砖	御冠
34	建材类	淄博盛达创业玻璃有限公司	镀膜玻璃	盛达
35	建材类	山东耀微玻璃纤维科技股份有限公司	无碱玻璃纤维布	耀微
36	轻工类	山东创尔沃热泵技术股份有限公司	水源热泵机组	创尔沃
37	轻工类	山东益母妇女用品有限公司	卫生巾(含卫生护垫)	益母、益母草
38	轻工类	山东博汇纸业股份有限公司	涂布白卡纸	博汇
39	轻工类	山东汇丰管业有限公司	埋地用结构壁管道系统〔聚乙烯(PE)、硬聚氯乙烯(PVC－U)〕	鲁丰

续表 28—04

序号	行业	企业名称	产品名称	商标
40	轻工类	山东方大工程有限责任公司	煤矿井下用塑料管材	鲁方
41	轻工类	山东中科纳米管材有限公司	煤矿井下用纤维增强聚乙烯缠绕结构壁抽放瓦斯管材	寿山
42	轻工类	山东祥和集团股份有限公司	固定式健身器材(跑步机)	汇祥
43	轻工类	山东汇康运动器材有限公司	固定式健身器材(跑步机)	来跑
44	轻工类	山东黑山玻璃集团有限公司	硼硅耐热玻璃器皿	CREST
45	轻工类	淄博万森木业有限公司	木质复合门	鲁中万森
46	轻工类	淄博万家园木质防火制品有限公司	木质门	万家园
47	轻工类	山东凤阳集团股份有限公司	弹簧软床垫	凤阳
48	食品类	山东扳倒井股份有限公司	白酒(浓香型、芝麻香型)	扳倒井、国井
49	食品类	山东黄河龙集团有限公司	浓香型白酒	黄河龙
50	冶金类	山东松竹铝业股份有限公司	铝合金建筑型材	松竹
51	冶金类	淄博德诺铝业科技有限公司	铝箔	德诺
52	冶金类	山东珑山实业有限公司	CO_2 气保焊丝	珑山飞乐
53	医药类	瑞阳制药有限公司	注射用美洛西林钠	力扬

山东服务名牌(2011 年)

表 28—05

序号	行业类别	单位名称	服务品牌	服务项目
1	批发和零售业	山东世纪天鸿书业有限公司	世纪天鸿	图书批发
2	金融业	中国工商银行股份有限公司淄博高新支行	中国工商银行	金融服务
3	金融业	中国银行股份有限公司淄博淄川支行	中银服务　晴暖蒲乡	金融服务
4	租赁和商务服务	山东齐信招标有限公司(复评)	齐信	招标咨询、工程咨询、造价咨询等专业咨询
5	电力、燃气及水的生产和供应业	山东星辰供水公司(复评)	清润般阳	供水服务

省长质量奖

2011 年淄博市获省长质量奖提名奖名单

山东东岳高分子材料有限公司

山东省优质产品生产基地

(2011 年)

博山区(山东省优质耐火材料生产基地)

沂源县(山东省优质玻璃纤维及制品生产基地)

山东省优质产品生产基地龙头骨干企业

（2011 年）

山东鲁阳股份有限公司
山东格赛博玻纤科技有限公司
山东耐材集团鲁耐窑业有限公司
淄博八陡耐火材料有限公司
山东万乔集团

（单　峰）

国内媒体对淄博的重点报道

【国内媒体对淄博的报道目录】

1. 山东淄博：文化产业促经济转型（5 月 19 日《人民日报》）
2. 同心治水力度大 河水复清景象新（6 月 21 日《经济日报》）
3. 博山："整建制"发展有机农业（1 月 17 日《大众日报》）
4. "搬"出一个一流化工园区：中心城区企业搬迁的"淄博样板"（4 月 23 日《大众日报》）
5. 淄川："宣讲站"成民意直通车（5 月 23 日《大众日报》）
6. 高青："六小警务"换来大平安（5 月 29 日《大众日报》）
7. 张店：提升干部队伍精气神儿（8 月 8 日《大众日报》）
8. 中秋节，派出所里当"民警"（9 月 13 日《大众日报》）
9. 淄博：老工业城市迈向生态文明（9 月 22 日《大众日报》）
10. 沂源：民生需求倒逼经济发展（11 月 19 日《大众日报》）
11. 临淄："五代管"管出了风清气正（11 月 28 日《大众日报》）
12. 周村：网络成没有围墙的信访局（12 月 11 日《大众日报》）
13. 淄博：内涵发展铸就工业强市（12 月 19 日《大众日报》）
14. 环境治理：群众满意是标准（4 月 15 日山东卫视）
15. "三化"并举，城乡统筹提标增速（4 月 23 日山东卫视）
16. 一个农业欠发达地区的转型之路（5 月 16 日山东卫视）

【国内媒体对淄博的报道选登】

山东淄博：文化产业促经济转型（5 月 19 日《人民日报》）

开春以来，山东省淄博市文化产业新项目建设好戏连台。作为老工业城市，淄博把发展文化产业作为转方式调结构的主攻方向。市委书记刘慧晏提出："通过结构调整把文化做出来，把淄博的比较优势释放出来，变成现实的生产力。"

从 2008 年起，淄博市财政每年安排 3000 万元，设立文化产业发展专项资金，专门扶持文化产业发展。市税务部门先后为 9 家文化企业减免税收 426.26 万元，金融部门为 14 家文化企业提供贷款 6.59 亿元。2010 年，全市共有规模以上重点文化产业项目 80 个，总投资 213.88 亿元，其中 32 个项目投资额过亿元。

淄博是齐文化发祥地，也是世界足球运动起源地。借此，淄博着力推动文化产业品牌化发展。世界足球起源地、孟姜女哭长城传说等齐文化品牌，已成为淄博对外开放的名片；总投资 126 亿元的周村古商城等 10 大文化园区（基地），正成为淄博新的文化品牌。经过努力，淄博市的印刷发行、电影放映等新兴文化产业也脱颖而出，全市从事文化及相关产业的法人单位达 4600 余家，从业人员近 20 万人。

文化产业的发展，使淄博经济发展倚重第二产业的趋势出现拐点。市委常委、宣传部长郭利民介绍，2006 年起，全市文化产业增加值连续 5 年保持 20%以上的增长速度，2010 年达 125 亿元，同比增长 30.2%，对全市服务业的贡献率达 13%。

"小清河是怎样变清的"采访纪行 淄博篇：同心治水力度大 河水复清景象新（6月21日《经济日报》）

（一）

小清河流到淄博后，沂蒙山北麓的汩汩山泉、蒲松龄家乡的涓涓细流先后汇入，于是，河面变得宽阔。

水面倒影如画，水上白鹭低翔，水中鱼儿舞蹈，水岸钓者悠然——站在小清河岸边，记者竟不能相信已入淄博境，因为5年前采访这里时，根本不记得河上有此一景：太公湖。

小清河淄博段的一条支流猪龙河一景　　（淄　宣　摄）

"这里原来的确没有湖，只是一片干涸的河滩。"太公湖保护区负责人告诉记者，眼前这片净水，是淄河进入小清河之前的一个蓄水湖，往下游，这样的湖面还有若干个。

上游无来水，何来湖水一片？

这位负责人笑答：中水。

若不是旁边的水利专家含笑点头，记者无论如何也难以相信眼前这浩渺水面竟然全由中水集成。

太公湖上游有一座污水处理厂，城区的生活污水在那里处理达标后被排进芦苇塘，经芦苇湿地净化后才能排入太公湖。中水到湖中停住脚步，在大气微循环和自然水生物作用下得到进一步净化，一部分湖水下行由淄河汇入小清河，更多的湖水则在长年累月不断下渗过程中涵养着地下水源。

溯着一湖清水采访，记者发现，城市中水进入太公湖、小清河之路，走得很曲折也很艰难：

小清河沿岸工业结构本就偏重，但最重的地区是淄博。两大传统优势产业——化工和建筑陶瓷，决定了淄博治水之艰难。

化工产业对淄博有着举足轻重的意义。全市共有化工企业2000多家，居山东省首位。在让城市得到巨大经济效益的同时，这些化工企业也让城市失去了透明的天与清清的河。

2007年，按照山东省委、省政府关于治理小清河的部署，淄博市委、市政府带领全市干部群众，打响了治污治水的攻坚战。

对化工行业治污，淄博市不仅在建设污水处理厂等"治"上下工夫，更在"减"上做文章——减少企业数量，留下来的也要大搬迁，集中到新建的张店区东部化工产业园区。

但是，"企业治污并不是简单地一搬了之，而是借搬迁摒弃高耗能、高污染的设备和工艺，采用更先进、更环保的技术和设备，同时通过整合上下游企业关系，建设循环经济产业链，从根本上减少污染物的排放。"淄博市副市长周连华说，搬迁只是手段，目的在于把产业"搬大、搬强、搬净"。截至目前，全市仅剩化工企业800家。

与化工产业比，淄博另一知名产业建陶业的治污之路则更为艰难。

2008年，淄博制定出台了建陶行业环境管理规范，利用倒逼机制促企业治污治水；2009年年底，出台了《淄博市建筑陶瓷产业调整振兴指导意见》，明确提出"三个三分之一"的治理目标：即"保留三分之一、淘汰三分之一、转移三分之一"。

谁去谁留？企业问，群众也问。

排放达标者留，不达标者淘汰。

那"标"是什么？是纸上的一系列技术经济指标，是河水与其他沿河城市一样清，清到出境水与入境水同质甚至更好，清到人能坐在河岸垂钓。

广大干部群众明白了，这一次治水是真的了，是要治本了。但是，从根本上治污治水，对一个以重化工为支柱的城市，需要决心，更需要力度及一套行之有效的方法。

这方法是什么？

"除了各地都有的提高污水处理技术和能力、产业升级、河道整理等，我们还根据自己的特点和治理目标，摸索出一套自己的办法。"淄博市环保局局长李洋说。

（二）

王锡清说，丰沛而又清净的小清河水是桓台县成为江北第一个吨粮县的重要保障。“俺这地场的人对小清河感情太深了！”他努力想让记者明白，他的家乡桓台崔家村与河水的关系：失去清净的河水，就失去生存的条件。所以6年前，64岁的他听说环保部门要在村边的猪龙河上建一个水质监测站，就积极加入这份“一天都不能离开”的工作。尽管有电脑自动监测河水的COD、氨氮等指标，但他不放心，每天坚持“亲眼看机器上的数字，然后记在本子上，每间隔两个小时做一次记录。”今年2月的一天，王锡清夜间12点做记录时发现“情况异常”：COD高达134，连忙给市环保局打电话，“当时可把我急坏了！”他说。

尽管立即赶到现场的工作人员测定是仪表坏了，但王锡清的行为还是受到了层层表扬。“他的这种精神，值得表扬提倡。”李洋说，更重要的是王锡清老人的所作所为代表了这个城市广大人民群众的治水愿望与决心。

群众的广泛参与是小清河还清的有力保障。小学生、离退休老人，所有人的积极性都被调动了起来，每个人都是环境监督员、都是小清河的保卫者。

法制的力量是小清河还清的另一重要保障。

“充分利用法制的力量，严厉打击向河道私拉乱倒、恶意排污的环境违法行为，起到了强有力的震慑作用。”李洋说。

这震慑作用有多大？记者随机采访了几位市民和农民，问到“如果向河里偷排会怎样”，他们不仅全都回答“会受到严厉处罚”，而且都会拿一件事情做例证：

2010年秋天的一个深夜，有人将一车含有二乙烷等危险品的废料偷偷倒进小清河，虽被群众发现报告，但废料还是导致周村区的所有污水处理厂瘫痪，当事人受到了法律制裁。

包括这起偷排事件，淄博市在小清河治理的关键时期，共立案处罚了214起违法排放案件，对55名环境违法人员进行了行政或刑事处罚。

“谁还敢偷排？谁还好意思偷排？”望着从村头流过的一渠清水，王锡清老人感慨。

良好的愿望毕竟不等于现实，受利益驱使或许还会有极个别的人偷排，但公安、环保、住建、水利、城管部门的协调行动，对违法排污行为形成一种强大震慑压力，而“网格化”、“无缝隙”等环保监测与管理手段，也几乎没给环境违法留下空间。

这种上上下下一心、各个部门尽责的通力合作，为小清河变清见鱼打下了坚实基础。

例如，住建局3年来投资2.87亿元，新建3个污水处理厂，同时改造旧厂，城市污水集中处理率达到93%以上；

例如，水利部门在小清河重要支流孝妇河流域封堵排污口281处，清理河道35公里；采取生态、环保的河堤铺设方式，提高河道的生态功能；

例如，财政部门充分发挥财政资金的导向作用，累计兑现财政贴息及各类奖励资金近3亿元；及时将排污费和污水处理费征收标准提高到位，保证了污染治理设施的建设；发行治污减排专项市政债券，专门用于环保治理及城市基础设施建设；

……

到“十一五”末，淄博市经济以年均15%的速度增长，COD和氨氮的排放总量却大幅下降，同比净削减率为19.06%。去年12月，境内7条重点污染河流全部实现恢复鱼类生长水质要求。

高青：“六小警务”换来大平安（5月29日《大众日报》）

◆百姓的小事比天大

◆大小案同考

◆群众社会治安满意率淄博第一

走进高青县唐坊镇派出所，迎面便可看到大石上刻着“偲园”二字。七八十平方米的小院，“偲园”占了一大半。园内栽着翠竹、花卉，摆着石桌、石凳……5月26日，女所长刘梅告诉前来采访的记者，县里推行“六小警务”后，干警们建了这个袖珍公园，目的是为来所里的群众提供一个说事拉呱的好环境。

一个“偲园”折射出高青“六小警务”带来的嬗变。为百姓，从“小处”想起；惠民生，从“小事”做起；保平安，从“小案”抓起；促和谐，从“小纠纷”调起；抓安全，从“小隐患”整起；正警风，从“小节”改起——发轫于高青县的“六小警务”，其核心就是把事关群众利益的小事当成大事来办。“这既体现了我们工作理念的变化，也是创新社会管理的探索。”淄博市委常委、政法委书记、市公安局局长岳华东如是说。

670元小案的启示

高青县公安局曾困扰于一个现象：近几年大要案件尤其是命案全破，民警也经常加班加点非常辛苦，可民意调查显示，群众仍对公安工作有这样那样的意见，有的意见甚至非常尖锐。

为什么？

一起670元诈骗案的破获，使县公安局长刘志强找到了症结。

这起案件发生在79岁的张金山和77岁的张孝兰夫妇身上。5月26日下午，在高青县城郊的一处院落里，记者见到了两位老人。提起两年前被骗的事，张孝兰仍心有余悸："那天两个年轻人在门口见到我，就说是民政局的，来给办扶助金。一个年轻人说要照相办证，另一个到屋里说是记材料。送走了年轻人，再去屋里发现柜子里的670元钱不见了。"意识到上当的老人赶忙到派出所报案。

"被骗670元钱对公安来说是小案子，但对靠捡废品为生的张金山夫妇却是一笔大积蓄。"正在派出所检查工作的刘志强得知后，下决心为老人找回这笔钱。3名民警奔波3个月，辗转行程1000多公里，终于在聊城将两名嫌疑人抓获。670元钱失而复得，老两口激动地痛哭流涕。更出乎民警意料的是，一段时间里，这起小案成了周围群众热议的话题。有的群众还把电话直接打给刘志强："一家被偷受骗，弄得全村人整天提心吊胆；街坊邻居间磕磕碰碰，搞得大家心烦意乱。警察管好这些小事，我们最高兴了！"百姓的呼声，在公安局内部引起了强烈反响：重视办大案没错，但不能重"大"丢"小"。百姓的小事比天大，而大量事关群众切身利益的小事被忽略，不仅导致人们对公安工作不满意，也会影响社会的长治久安。理念牵着行动走，"六小警务"在高青顺势而生。

从面对面到键对键

"六小警务"使基层警务重心发生变化，干警们管得"宽"了，干的事也更加琐碎了。要让"六小警务"长久惠及百姓，必须建立新的工作机制，激发公安队伍的活力。

过去，他们侧重以破大案论业绩，如今实行"大小案同考"，一般刑事案件和治安案件全部纳入民警绩效考核。民警小案破多了，小事管好了，照样记功，受重奖。每月10日，各基层队所都要召开警民恳谈会，雷打不动。在把群众请进来的同时，把原来集中开展的"大走访"常态化，规定每名基层民警每月进村不少于10天。派出所全部建立了纠纷调处室，今年以来全县治安案件调解率达到70%以上。和店村挨墙邻居张循宝、刘维强两家因建房子发生纠纷，打了群架。在一个多月的时间里，辖区民警往两家跑了18趟，苦口婆心地做工作，终于劝得各退一步、握手言和。

新的警务模式要求工作方法与时俱进。了解社情民意，由"面对面"向"键对键"延伸。在高青采访期间，正巧碰上定期举行的警民网上在线恳谈，县公安局负责人与网民"键对键"，原定在线恳谈两小时，结果延长到三小时，现场回复群众的咨询、建议60多条。恳谈中，网友"王小"反映："民警到网吧检查说话都是命令式的，听起来很不舒服。"两天后，"王小"又在网上留言："民警的态度明显变了，口气很亲切，咱也不好意思不改。"

没送出去的感谢信

"推行'六小警务'，好像是抓了些琐碎事、无碍大局的事，实际上是为社会和谐、百姓平安铺下了基石。"在高青县委书记李灿玉看来，"六小警务"以小见大、以小带大、以小积大，走出了一条做好群众工作、创新社会管理的新路子。

田镇街道办南乔村的柴翠花，至今珍藏着一封没送出去的感谢信。她从抽屉里拿出两张叠得很平整的信纸，向记者讲述了写感谢信前后的经过："我不识字，去年把除草剂当成农药喷洒在棉花上，三亩棉花苗全死光了。我心里那个难受呀，坐在地里大哭，民警霍小涛找到我，说补种大豆还能行，又帮着买来豆种，扶耧播种到地里……"心存感激的柴翠花找人代写了感谢信，谁知霍小涛却"火了"："不弄这些事，值不得声张！"感谢信就一直留在了柴翠花家中。

在高青，"六小警务"将警民关系带入新境界。

"作案现场小，不一定案件小；作小案的人，不一定不作大案。如果小案破得好，大案的发案几率就会减少。"县公安局刑侦大队长曹能滨对"破小案"体会颇深。去年5月，滨博高速公路高青服务区发生一起货车司机物品被盗案，民警及时串并案，打掉一个流窜多省的特大盗窃团伙。他们还根据勘查发现的漏洞，督促指导落实防范措施，此后服务区再无类似案件发生。

高青农民养牛多，而且养的大多是“金牛”——山东黑牛。这可是国内唯一通过国家种质鉴定的高档肉牛新种质，一头成牛能卖到三四万元。但由于大牲畜被盗多发，农户不敢放手养殖。推行“六小警务”后，公安机关一边加强治安巡防，一边引导养殖户安装防盗装置，双管齐下推动养牛业大发展，目前全县养牛达到12.75万头。

“六小警务”换来大平安。零发案天数不断增加，县城城区达到163天。去年以来，全县无一起命案发生。群众社会治安满意率93.2%，居淄博第一。

“搬”出一个一流化工园区——中心城区企业搬迁的“淄博样板”(4月23日《大众日报》)

4月18日，淄博市张店东部化工园区施工现场，挖掘机、筑路机轰鸣穿梭，一片紧张忙碌。放眼望去，道路宽阔平整，厂房排列有序，一个现代化化工园区已见雏形。

今年年初，淄博市吹响了企业搬迁“集结号”：到年底，化工企业将退出中心城区，搬进新建的张店东部化工园区。

目前，占地近10平方公里的新园区已完成各项配套90%，搬迁企业全部开工。同时，还引来高精尖项目17个，总投资超150亿元。

借助搬迁，淄博中心城区不但减少了污染，还实现了搬大、搬强，为产业布局调整提供了成功范本。

搬迁破解城区化工企业两难

作为传统工矿城市，化学医药工业在淄博经济发展中发挥了重要作用。随着城市化进程加快，原本位于城郊的一些企业被围困在了市中心。企业生产过程中产生的污水、气味和噪音，对城区居民生活造成严重影响。

从上世纪九十年代，淄博就出现了化工企业搬离出城的呼声。但搬与不搬，地方党政一班人面临着两难选择。若要搬迁，原有管线、设备几无再利用价值，巨额资金如何解决？如搬迁不成功，数千名职工又向何处去？

在深入调查研讨基础上，淄博决定用3年左右时间，将中心城区化工企业搬迁出城，完成东部化工产业布局调整。这不仅是几个化工企业搬迁的问题，更是淄博优化产业布局、打造和谐宜居城市的破冰之举。

为此，淄博市成立了由市长周清利任组长的领导小组。作为总牵头部门的市发改委在园区选址、规划编制、政策制定等环节，深入调查研究，广泛听取意见，把6个初步选址方案同时推荐给中国石化工业规划院和山东建筑大学的专家，再经专家深入调研，确定了最终地址。

淄博市发改委主任李树民对记者说，新园区多为山地，利于节约土地资源；距中心城区12公里，远离居民生活区，紧邻102省道和309国道，运输便利，发展空间广阔，不仅有利于搬迁企业长远发展，也能吸引新的关联企业入园。

企业搬迁，受益最大的还是城区居民，往日饱受污染之苦的居民终于可以呼吸到新鲜空气。在东部城区居住了49年的李秀英老人激动地说：“盼了这么多年，化工厂终于要搬走了，政府真是为咱老百姓做了件大好事！”

激励政策“四两拨千斤”

对市民来说，化工企业搬迁是件令人拍手称快的好事，但对企业来讲，又是一件十分棘手的难事。搬迁之初，企业普遍存在畏难情绪。为此，淄博市研究出台了一系列优惠政策。政府对搬迁企业缴纳的地方税收实行5年内等额补助；企业应缴纳的行政事业性收费等项目即交即返补助给企业，政府“分文不取”。

对企业更具吸引力的是，企业搬迁后原厂址土地净收益全部等额补助给企业。政策一出，搬迁企业的热情立即高涨起来。

为减轻企业负担，淄博市还确定了政府为主导、企业为主体的原则，化工园区的基础设施建设全部由政府承担，政府负责做好园区内水、电、路等“七通一平”，企业只负责自家厂区建设。淄博市发改委还多方奔走，积极协调银行帮助企业争取贷款。

新华制药总经理任福龙对此赞不绝口：“如果没有政府的优惠政策，没有各部门的鼎力支持，单靠我们企业单打独斗是不可能搬迁成功的。”

一流园区提升产业布局

搬迁不是把污染搬到另一地方，更不是原企

业的复制和翻版，淄博市力求搬迁与调整和升级同步，借搬迁之机调整优化产品结构，提升产业水平。

任福龙告诉记者，新华药品经过了欧洲COS认证和美国FDA检查，在欧美地区有着广泛的销售市场。但囿于老厂空间有限，无法扩大生产规模。这次借搬迁之机，在张店东部化工园区建设了占地900亩的新华园，在这里可完成包括水杨酸、阿司匹林、安乃近等产品的升级改造，以及新产品氨氯地平等原料药的产业化和规模生产，实现了新的扩张，提高了企业核心竞争力。

本着"精品做精，不留遗憾"的原则，淄博聘请中国石化工业规划院编制了科学的搬迁规划。按照规划，新化工园区采用各种节能、节水、高新技术和再循环技术，采纳国际先进的过程管理和环境管理标准，坚持"减量、再用、循环"的3R原则，将循环经济理念贯穿于规划全过程。

高品质的新园区吸引了不少外地高精尖项目，拉长了产业链。山东齐翔腾达公司投资47亿元，开工建设了特种橡胶项目。中化集团斥资60亿元建设新材料基地，其聚醚多元醇、环氧丙烷、环氧乙烷等项目采用世界先进工艺，能耗物耗低，不仅在环保、节能降耗方面具有重大的现实意义，通过这些项目的建设，将对淄博化工产业上下游产业链进一步开发和整合，形成具有循环经济特点的新型化工基地。

中心城区的化工企业历经此次波折，越搬越强。搬迁前，4家搬迁企业年销售收入21亿元，利税1.2亿元，全部搬迁完毕后，不仅将消除污染，还能扩大产能，据测算，届时可实现年销售收入264.8亿元，利税48.76亿元，到2015年将实现年销售收入397亿元，利税82.2亿元。

一个现代化的大型化工园区展现在人们面前。加上规划占地6平方公里的中化集团新材料基地，张店东部化工园区总面积已超10平方公里。而此园区一旦与规划面积42平方公里的齐鲁化工区连接成片，未来淄博东部化工区将超过南京、上海等石化强市的园区面积。"十二五"期间，淄博大化工园区产值有望达到1000亿元，呈现出大化工锻造"发展极"态势。

淄博：老工业城市迈向生态文明（9月22日《大众日报》）

找准命门

秋天的四宝山在蓝天白云映衬下，红花绿树，色彩斑斓。74岁的汪本利大爷像往常一样，拿着二胡，提着马扎和装满茉莉花茶水的大茶杯来到离家不足1000米的小公园里。那里，已有很多市民或悠闲散步，或在棋盘上厮杀。当然，湛蓝的天空下少不了或悠扬或走调的歌声和在树上唧唧喳喳吵闹不休的鸟儿。

穿城而过的猪龙河边，小孩子忙着用小网和罐头瓶捕捉小鱼小虾，不时传来的欢笑声表明，他们收获不小。

五六年前，四宝山是淄博水泥企业最集中的区域，有100多家小矿山开采企业和水泥厂，每天有成百上千辆小拖拉机满载水泥矿石，在漫天尘土中鱼贯而出。附近的村民一年四季门窗紧闭。猪龙河污水横流、臭味熏天，鱼虾都无法存活。

当时的顺口溜很能说明问题："走路眯着眼，吃饭捂着碗；推磨打着伞，一年吃进几块砖。"

深受生态恶化之苦的不仅是普通百姓，淄博的决策者更有切肤之痛：环境容量超载，发展后劲不足，大项目、好项目根本就不来，好不容易来个客商，急匆匆谈完后捂着鼻子"落荒而逃"——谁还敢奢望他能带着投资再次光顾？

淄博市委书记刘慧晏告诉记者，依靠拼资源和能耗、牺牲环境发展起来的老工业城市淄博，不仅面临资源枯竭、环境容量超载的现实问题，而且占GDP七成以上的化工、建材、冶金带来的结构性矛盾也严重阻碍淄博的可持续发展，更重要的是，在这种环境下生活，市民的幸福指数大大降低。

淄博市既不怨天尤人，更不畏难发愁，他们调整发展理念和思路，坚持把结构调整作为发展的主线，把节能降耗作为发展的关键，把环境保护作为发展的"命门"，在发展中转方式、调结构。2003年，淄博市在全省率先提出并实施"环境立市"战略。面对日渐好转的生态环境，他们又自我加压，提出建设"生态淄博"的战略目标，创造性地把生态文明建设列为"一把手工程"，明确党委书记为第一责任人，坚持规划覆盖到每一寸土地、设计具体到每一个单位、建设考虑到每一个细节、管理延伸到每一个角落。

壮士断腕

靠资源起步的淄博，数以千计的小煤窑、小炼铁、小化工、小石灰窑四处散落，黑烟、粉尘遮天蔽日，尽管它们在安置就业和提供税收上有暂时的“利益需要”，但它既不符合国家的产业政策，更与生态文明和科学发展相悖。

因煤而兴的淄川以壮士断腕的勇气大刀阔斧关停了600多家污染大、能耗高的五小企业，几乎占全区企业总数的两成。用环保倒逼调整结构，鼓励传统企业升级换代、新上企业自主创新，走出了一条建设资源节约型、环境友好型社会的健康发展之路，2010年地税收入不降反增，比上年增加了1.7亿元；今年一季度地税入库收入2.4亿元，同比增收6633万元，增长38%。

从2005年起，淄博累计投入260亿元，先后实施两轮“碧水蓝天行动计划”；打响“天蓝气爽工程、清水润城工程、环境友好工程”三大战役；从2008年起，淄博把空气污染防治作为环保“一号工程”，以二氧化硫、烟尘、粉尘、扬尘、化工异味及机动车排气污染防治作为重点，截至目前，淄博完成8710项治理任务，治理污染企业4770余家，年减少二氧化硫排放7万吨，减少粉尘排放50多万吨，实现了环境空气质量的历史性突破。通过“上大压小、等量淘汰、差别电价、区域限批”等扎实有力的措施，淘汰落后产能，共关停小化工企业3800多家，炼铁企业22家，造纸企业24家，淘汰建陶企业50条生产线，否决了不符合节能要求的项目117个，涉及投资额56亿元。

淄博投资数十亿元对四宝山等重点区域以及孝妇河、淄河、猪龙河等8条主要河流进行了高标准的生态修复和综合治理，大规模推进城乡绿化和城市园林建设，全市造林以每年10万亩以上的速度推进，主要河流水质全部达到恢复鱼类生长要求，“清水润城”“森林环城”“鲜花进城”工程稳步推进，全时段、全覆盖的环卫保洁机制和城乡一体的垃圾处理体系基本建立，天蓝、地绿、水清、气爽的生态建设目标渐成现实。

今年一季度，淄博全市万元GDP能耗比去年下降6.17%，万元GDP电耗下降11.18%；“十一五”期间，淄博全市国内生产总值年均增长14.3%，比“十五”翻了一番，但COD和二氧化硫排放量分别下降18.1%和27.6%，可吸入颗粒物下降了50.4%；中度以上污染天数从172天减少到了8天；万元GDP能耗下降了17%。

打造名都

刘慧晏告诉记者，传统的特别是依托资源发展起来的老工业城市，基本上都是产业结构重、耗能耗材多、环境污染大。但问题不是出在产业属性上，而是出在工艺水平、技术标准落后上。所以，淄博的结构调整不能简单地抛弃原有产业、企业，而是要走内涵发展的路子，在提高传统产业技术标准、工艺装备水平上下工夫。

为改造提升传统产业，2008年初，淄博决定实施“5年1500亿”技改计划，在5年时间内投入技改资金1500亿元，运用先进技术、装备和工艺，对机电、纺织、冶金、建材、轻工等传统产业“更新、改造、提升一遍”，通过“存量改革”使规模以上企业70%以上的技术装备达到国内外先进水平，能耗和污染排放全部达到国家标准。目前，累计完成技改投入2015.6亿元，全市40%以上的地方骨干企业技术装备达到国际或国内先进水平。

在改造、提升传统产业的同时，淄博制定了培植新材料、精细化工、信息、医药、汽车和机电装备等六大新兴产业计划，把做强新兴产业作为淄博老工业城市浴火重生的重要举措，制定了拉长产业链条的行业规划、项目目录和配套的政策措施，全力打造一批在国内外具有较强竞争力和品牌影响力的千亿元特色产业集群。

淄博市每年通过市科技三项费用和高新技术专项基金等提取专项经费5000多万元，重点支持新材料产业化项目，企业的技改和技术创新投入也高达销售额的7%至12%。在新材料方面，已拥有市级以上工程技术研究中心及技术中心70个，是这一行业研发机构、科技人才最集中的领域，在国内同行业位居前列。

2010年末，淄博市以战略性新兴产业为代表的高新技术产业产值突破3000亿元，占规模以上工业总产值的比重达到38.2%；新材料产业连续数年增幅超过30%，占全市高新技术产业产值比重达到60%，被我省确定为重点培育的特色新材料产业聚集区，去年被命名为全国首家“新材料名都”。

价值一万元的陶土，在淄博人娴熟的技艺和深厚文化熏陶下，可变成价值60万元的陶瓷产品；原价不足10元的小瓶，在陶琉大师精心打扮下，可变成几万元甚至上百万元的艺术精品。借助齐文化、鲁商文化、陶琉文化等众多文化资源，淄博提出建设文化大市强市的目标，文化产业发展呈现出速度快、辐射强、后劲足的良好态势。去年文化产业增加值达125亿元，占GDP比重达4.37%。

百姓欢歌

为了让生态文明理念深入人心，淄博市把“节能减排·生态文明家园”创建纳入全市文明城市创建、节约型城市建设和节能减排工作总体规划，把生态文明理念融入村规民约、融入市民家庭。全市组建巾帼环保志愿服务队873支，涌现出节能环保家庭1168户，创建“生态文明家园”示范社区(村居)226个。

在生态文明理念引导下，高青、博山、沂源等区县立足实际，树立“绿水青山就是金山银山”的生态文明发展理念，区位和资源劣势逐渐显现出无可比拟的生态优势——都市农业、有机农业的生态效益、景观效益、经济效益和社会效益越来越突出。奶牛基地位于高青的得益乳业，在中国质量协会、全国用户委员会组织开展的液态奶消费者满意度测评中连续三年被评为第一；1000多元一斤的牛肉、38元一斤的草莓、50元一斤的韭菜、36元一斤的大米、1500多元一斤的金银花，让种了一辈子地的农民“富”得瞠目结舌。生产方式的转变让淄博人的生活方式悄然而变。享受到生态优化的淄博人越来越珍惜来之不易的蓝天白云和清新空气。

在张店居住了49年的李秀英老人美滋滋地说：“做梦也想不到，张店会变得这么好。以前土多味大，都不愿出门。现在不愿在家呆了，出来呼吸呼吸新鲜空气，听听鸟叫，连久治不愈的鼻炎也悄默声地好了，这才叫幸福。”李秀英老人还参加了社区合唱团，有时间就和团员们到公园里唱歌。在张店，有100多个这样的合唱团活跃在城乡，为自己也为乡亲、邻居们送去欢歌笑语。

悄然而变的淄博吸引了众多大企业、大项目：默默关注淄博3年的深圳茂业，认定这里很快将进入生态发展裂变期，决定先期投资70亿元建设高档写字楼和住宅，“虚位以待”即将汹涌而来的投资商。与此同时，华润投资50亿元在张店建设气势恢弘的城市综合体，中海投资210亿的中海文昌湖城乡统筹生态旅游示范区破土动工，香港新恒基集团决定投资4.5亿美元在张店建设规划面积270亩的世界贸易中心……

生态淄博，春华秋实。

淄博：内涵发展铸就工业强市(12月19日《大众日报》)

本报淄博讯在12月17日召开的淄博市工业经济过万亿暨促进内涵发展大会上，市委书记刘慧晏宣布了一条振奋人心的消息：经过长期不懈坚持内涵发展，淄博市工业总产值、工业主营业务收入双双突破1万亿元，成为我省第三个、全国第16个工业经济过万亿的城市。刘慧晏说，作为靠拼资源、牺牲环境发展起来的老工业城市，淄博克服结构性矛盾突出、环境容量超标、资源枯竭等困难，坚持把结构调整作为经济社会发展的主线，把节能减排作为经济社会发展的关键，把环境保护作为经济社会发展的“命门”，持之以恒地抓结构调整、自主创新和节能减排，坚定不移地走内涵发展的路子，逐步将一个工业大市打造成工业体系完备、自主创新能力强、绿色低碳环保的现代化工业强市。

加快工业发展方式转变，促进工业文明与生态文明协调推进。从环境立市到全面建设生态市再到争创全国环保模范城、全国文明城市，淄博的发展理念发生了深刻变化。从2005年开始，他们累计投资230亿元，先后实施两轮碧水蓝天计划；狠抓重点流域、重点区域的环境污染治理，大力实施“因景治污、因景植绿、因景修路”为主的生态修复工程，为生态文明构筑起一道道坚实的绿色“屏障”；狠抓以大气污染和水污染为重点的综合环境整治，彻底根治化工异味、秸杆焚烧、含酚废水、粉尘烟尘等破坏生态文明的一个个“毒瘤”；关停土小企业4000家，治理污染企业3800多家，全市8条主要河流全部达到恢复鱼类生长要求，整体水环境恢复到1985年以前水平。2006年，在全省率先成立市政府节约能源办公室，加大节能减排考核和处罚力度，实行节能减排目标问责制和一票否决制，淄博提前一年半在全省率先完成“上大压小”任务。加大产业转移力度，先后在宁夏、甘肃等省建设了一批“飞地园区”，为工业经济发展腾出更多空间。“十一五”期间，淄博全市国内生产总值年均增长14.3%，比“十五”翻了一番，COD和SO_2排放量分别下降了18.1%和27.6%；可吸入颗粒物下降了50.4%；中度以上污染天数从172天减少到8天；万元GDP能耗下降了17%。

传统产业的改造提升和战略性新兴产业的培育发展有机结合。对于陶瓷、重化工、钢铁等传统产业一度占到GDP80%以上的淄博来说，传统产业绝不能简单抛弃。2008年初，淄博在财力紧张的情况下，实施了“5年1500亿”技改计划，5年时间投入技改资金1500亿元，运用先进技术、装备和工艺，对机电、纺织、冶金、建材、轻工等传统产业“更新、改造、提升一遍”，通过“存量改革”使规模以上企业70%以上的技术装备达到国内外先进水平，能耗和污染排放全部达到国家标准。目前，累计完成技改投入2015.6亿元，全市60%以上的地方骨干企业技术装备达到国际或国内先进水平。与此同时，淄博制定了培植新材料、精细化工、信息、医药、汽车和机电装备等六大新兴产业计划，全市省级以上研发机构达到173家，其中国家级8家，拥有院士工作站27个，数量居全省首位。仅在新材料方面，已拥有市级以上工程技术研究中心及技术中心70个，是这一行业研发机构、科技人才最集中的领域，在国内同行业位居前列。

在全方位精心培育下，淄博新材料、新医药、新能源与节能环保、精细化工、电子信息、汽车和机电装备等战略性新兴产业迅速壮大，2010年实现产值2638亿元，占规模以上工业总产值的比重达到33.3%；高新技术产业发展迅速，2010年，规模以上高新技术产业产值达到3024.48亿元，占全市规模以上工业总产值的比重达到38.18%。淄博被省确定为重点培育的特色新材料产业聚集区，去年被命名为全国首家“新材料名都”。

（淄 宣 整理）

本部类编 辑：王 娟
副主编：徐 杰
校 对：郭延志
张爱云

索　　引

说　　明

1. 本索引采用主题分析索引方法，按标引词第一字的汉语拼音字母顺序排列。同音字按声调，首字相同者按第二音序排列，依次类推。
2. 标引词后的阿拉伯数字表示内容所在页码，数字后的拉丁字母 a、b 分别表示该页自左向右的版面区域。
3. 部类、分目、次分目用黑体字标明。
4. 特载、大事记、人物、附录等部类均未做索引。

A

爱国卫生工作　354b
爱国宗教团体建设　363b
爱心帮扶　127b
爱心书屋　342a
安全产业发展　279b
安全教育培训　278a
安全生产监督管理　277a
安全生产年活动　277a
安全生产月活动　279b
安全执法　279a
安置帮教　153a

B

百强企业　156b
百题调研　314a
百项重点项目　156b
扳倒井集团纳税　410a
办学条件　326b
帮扶民族经济　363a
保安服务　146b
保健食品、化妆品监管　275b
保密工作　93a
保险　304a
报刊　341a
编制工作　92
便民服务体系建设　218a
标准化工作　272a
标准化生态饲养　193b
宾馆体制机制改革　99a
丙烯腈装置技术改造　169b
博山经济开发区　244b
博山区　395b
不良反应监测　276b

C

财政 285a
财政财务管理 286a
财政税务 285
菜篮子产品质量检测 189b
餐饮服务监管 275a
残疾人工作 364b
残疾人康复救助 365a
残疾人培训就业 365a
残疾人社会保障 365b
残疾人维权 365b
蚕茧基地建设 179a
查办案件 120b
查办职务犯罪 147a
产权产籍管理 217a
产业集群 250a
产业梯次转移 113b
场外交易市场 111a
诚信商贸企业创建 222b
城建档案及地下管线 210a
城建环保 208
城市公交 201b
城市供水 195b
城市管理行政执法 280a
城市基础设施建设 208a
城市水文建设 198b
城乡规划 215a
城乡环境综合整治 209a
城乡环境综合整治 280a
城乡建设 208a
城乡统筹生态旅游示范区项目 241a
城运会参赛工作 354b
城运会协办工作 354b
城运会医疗卫生保障 350a
城镇地震安全综合试点 317a
出版发行 343b
出入境管理 143a
出入境检验检疫 232b
创建全国文明城市 69b
创建全国文明城市宣传 342a
创先争优 83a
创先争优总结 95b
创新成长型工业企业 158a
创新社会管理 139a
创新社会管理 148b
创业就业 131a
创业培训 188a
春季旱情应对 185b
慈善救助 368a
慈善事业 367b
慈善宣传 368b
慈善义工 368b
磁浮磁动储功堆风力发电试验站 410a
村级机械化植保合作社 192
村两委换届 83a
村镇建设 209a
存量招商 236a

D

打击经济犯罪 142b
打击侵犯知识产权专项行动 222b
打击涉林违法犯罪 145b
打击刑事犯罪 142a
打击制售假冒伪劣商品专项行动 222
大芦湖片区土地综合整治 409a
大气污染防治 211a
大事记 30a
大项目招商 235b
代表工作 100b
党代表推选 97a
党风廉政教育 120a
党建质量标准化管理 96a
党史编研 95a
党史工作 95a
党外代表人士工作 90a
党务公开 97a
党校工作 95b
档案编研 116a
档案法制 115b
档案服务利用 116a
档案工作 115a

档案资源建设　116a
灯塔民族社区　364b
登记注册　273a
等离子体种子处理技术　192a
地方金融服务能力　111b
地方军事　134
地方立法　100a
地方税务　288b
地方特色接待产品　98b
地理历史　40a
地税收入　288b
地震监测　316a
地震应急工作检查　316b
地震应急演练　317a
第三届英语大赛　109b
电力工业　161a
电影事业　347b
电子商务平台建设　251b
电子信息产业　174a
调控监管　264a
东西扶贫协作　114a
东岳集团纳税　407a
动植物检验检疫　232b
都市农业　181b
对口支援　113b
对台工作　90b
对台经济　90b
对台宣传　91a
对外及对港澳工作　109a
对外经贸　229a
对外开放　69a
对外贸易　229a
对外宣传　88b

E

儿童工作　130b

F

发展和改革　257a
法律援助　152b
法制工作　108a
法制监督协调　108a
法制建设　263a
法制宣传教育　364b
法治　139
法治淄博　151b
反恐基础防范　143b
反邪教工作　313b
方志馆建设　115a
防汛抗旱　194b
防汛抗旱　198a
防治玉米虫害　186b
房产管理　216a
房地产开发　209b
房地产市场　216b
房屋拆迁　217a
纺织工业　177a
放心菜进社区　188a
放心粮油工程　224a
放心粮油销售店　224b
非公有制经济组织党建　133b
扶残助残　364b
扶贫开发　185a
服务经济建设　90a
服务民企　132b
服务新农村建设　129a
服务业　220a
服务业规划　220a
服务业国内贸易　220
服务业载体培育　220b
服务业招商　235a
服务业政策体系建设　221a
妇女维权　130a
妇幼保健　352b
附录　414

G

干部培训　95b
干部学风建设　87a
干线路网建设　200a
岗位练兵技能比武　96b

高层次人才开发 85a
高产优质专用粮食基地 185b
高等教育 328a
高端培训 86b
高青县 407b
高校毕业生到村任职 83b
高新技术产业 307a
高职高专院校管理改革 85b
各税种管理 287a
工会干部联系职工 127a
工商行政管理 273a
工商银行淄博分行 297a
工商资本投资蔬菜产业 189a
工业 155
工业经济过万亿元 155a
工业项目招商 235a
工资收入分配制度改革 262b
公安 141a
公安科技 144a
公安民生服务在线 146a
公安信访 145a
公共电子阅览室建设 335b
公共文化服务示范区 335a
公开选拔领导干部 84b
公民道德建设 88a
公民旁听常委会会议 101a
公用事业 218a
公用事业工程监管 218b
公用事业许可 218b
公证工作 152a
供热成本审核 219a
供热分户计量试点 218b
供销合作商业 225a
供销基层组织体系 226a
股权招商及上市融资 235b
固本强基维稳工程 139a
馆室业务 115b
管道管理新模式 282b
广播电视 345a
广播电视数字化 347a
广告创收 347a
广告管理 273b
规范管道建设秩序 282b
规范文化市场经营行为 336b
规划管理 215b
规划研究 215b
国防教育 135b
国际合作交流 309a
国家税务 286b
国民经济 68a
国民经济和社会发展统计资料 71
国内贸易 221b
国内外旅游市场开发 255a
国税收入 288b
国土资源管理 213b
国务院督查组 279b
国有场圃建设工程 191a

H

海关 231b
海关业务 231b
旱码头旅游文化节 400a
合作项目 113a
和谐矿区建设 161a
和谐企业建设 170a
和谐社会建设 69a
红十字会工作 368b
红十字青少年工作 369b
户政管理 142b
华电淄博热电有限公司 163a
华能辛店电厂 162b
华能淄博白杨河发电有限公司 162b
华文教育 361b
化工骨干企业 167a
化学工业 166b
环保宣传教育 213a
环境保护 210b
环境监测 212b
环境监督管理 213a
环境信访 212a
环境应急能力建设 212a
桓台经济开发区 245b
桓台县 405a

黄河防汛　196b
黄河河务　196b
黄河三角洲高效生态经济区　409a
黄河桑园　197b
黄河水资源管理　197b
惠民文化活动　339b
惠民医疗　352a
获奖文艺作品　339a

J

机电化矿检验检疫　233b
机动车污染防治　213a
机构编制监督检查　93a
机构编制资源配置　92a
机关精神文明建设　97a
机关作风建设　96b
机械工业　172a
机械行业企业家联盟　173a
基本药物监管　276a
基层党组织建设　96b
基层法律服务　152a
基层科协组织　314a
基层团组织建设　128a
基层卫生　352b
基层文化设施建设　335b
基础教育　327a
稽查办案　275b
集体林权制度改革　190b
集体林权制度改革　412b
计划生育“三爱”工程　394b
纪检监察　144b
技术比武　126b
加大专家检查力度　278b
家电下乡　221b
家电以旧换新　221b
家政服务体系建设　222a
甲烷化改造项目　169b
价格改革　264a
假期旅游　255b
监督工作　100a
监督检查　121a
监审鉴证　265a
监所管理　143a
监狱劳教　153a
检察　146b
检疫监督　194a
建材冶金工业　164a
建党 90 周年系列活动　83b
建党 90 周年系列活动　96b
建党 90 周年宣传　341b
建设机关文化　96a
建设科技　210a
建设畜牧板块　193a
建设银行淄博分行　300a
建筑工程质量监督　210a
建筑节能　210a
建筑业　209b
交通管理　144b
交通银行淄博分行　302a
交通邮电　200
交通运输　200a
交往交流　91a
教师技能大赛　332b
教育　323
教育对外交流　326b
教育管理　325a
教育投入　326a
教育信息化　326b
接待工作　98b
节目质量建设　346a
节能降耗　155b
结对帮扶　84
结构调整　155b
金晶(集团)有限公司　180a
金融管理服务　293a
金融证券工作　111a
禁毒工作　143b
经济对外交流合作　258a
经济合同管理　273b
经济合作　113a
经济和社会发展　68a
经济监督检查　274a
经济园区建设　000

精神文明建设 88a

警务督察 145b

竞技体育 355a

境外投资 231a

九三学社淄博市委员会 124b

就业工作 259a

剧本创作 334b

卷烟销售 226b

决策服务 257a

军粮供应 224b

军事行政工作 136a

军事训练 134b

军转干部安置 85a

K

勘察设计业 210a

科技 307a

科技创新合作平台 308b

科技活动周 309b

科技交流与合作 183a

科技下乡 183a

科技自主创新 308a

科协 311b

科学 307

科研与实验室建设 234a

可持续发展科技支撑体系 309a

矿产资源管理 214a

L

劳动关系协调和权益维护 262b

老龄工作 366a

老年人维权 366b

离休干部管理 94a

李家疃 400a

理论宣讲 87b

锂离子电池隔膜项目 404a

历史沿革 41a

利益导向机制建设 358a

利用外资 231a

联合打击防范文物犯罪办公室 335b

炼油厂回收乙烯装置 169b

良种补贴 186a

良种工程 184b

粮棉油高产创建示范片 185b

粮食 224a

粮食安全科研 224b

粮食执法体系建设 224b

邻居节活动 342a

林业 189b

临淄国际齐文化旅游节 404b

临淄齐国故城保护总体规划 336a

临淄区 400b

领导干部经济责任审计 269b

领导干部廉洁自律 120a

刘慧晏 109a

流动地震监测台网 317b

流通领域商品质量监管 274a

鲁中晨报社 342b

旅游 254

旅游产品开发 254a

旅游规划编制 254a

旅游商品研发 254b

旅游市场监管 254b

旅游特色活动 255a

旅游项目建设 254b

律师工作 152a

绿色有机示范区县、镇 184b

落实民族宗教政策 362b

落实生活待遇 94b

落实政治待遇 94a

M

煤矿安全监管执法 160a

煤炭工业 159b

煤炭能源保障 160b

煤炭生产 160b

孟祥民 394b

民办教育名牌项目认定 332b

民办教育专项整治 332b

民办学校年检 332

民警健康档案 146a

民商事、行政审判 149b
民生及专项资金审计 270a
民生计量 273a
民事行政诉讼监督 147b
民政 359a
民主党派 121b
民族 42a
民族团结进步 362b
民族宗教 362a
民族宗教事务管理 364a
名师送教 86b
名优蔬菜展销推介会 187b

N

纳税服务 289b
南外环西延工程 202b
能源计量 272b
年鉴编纂 114b
农产品检测 185a
农村公路建设 201a
农村合作经济组织 225b
农村经济 181a
农村精神文明建设 70b
农村科普 311b
农村水利建设 195b
农村土地承包 182a
农村现代流通网络 225a
农机 191a
农机购置补贴 191b
农机监理 192a
农机人员培训 192a
农机推广 191b
农机修配管理 192a
农机专业合作社 192
农技推广体系建设 182a
农民培训 182b
农民专业合作社 182a
农药监管 184b
农业 181
农业产业化 187a
农业创意设计大赛 183b
农业对外合作 182a
农业发展银行淄博分行 297a
农业法制宣传 184a
农业科研成果 182b
农业科研项目 182b
农业龙头企业集群建设 181b
农业项目管护 187a
农业行政审批 183b
农业银行淄博分行 298b
农业转方式调结构 187a
农业综合开发 186b
农业综合执法 184a
农资打假护农活动 184a
女职工心声服务热线 128a

P

配套费监管 219a
频率台站管理 283a
品牌建设 222a
品牌建设 250b
普法依法治理 151b

Q

齐鲁大讲坛淄博分坛 314b
齐鲁化学工业区 242b
齐鲁石化 168a
齐商银行 302b
其他经济园区 243b
企业诚信建设 159b
企业非核心业务剥离 221a
企业管理 159a
企业科普 312b
企业上市融资 111a
企业信息化建设 174b
气候特点 318a
气象 318a
气象服务 320b
气象基础工作 321a
气象灾害 319b
侨务 361a

侨务宣传　361a
侨政工作　362a
青年就业创业　129a
青年文明号创建　129b
青少年科普　312a
青少年思想道德建设　128b
青少年体育　355b
青少年维权　129b
轻工纺织检验检疫　233a
轻工业　179b
清费治乱　264b
区县概况　390
区县换届考察　84b
区域合作　113a
区域用水总量监测　198a
全国高效节水灌溉试点县　412b
全民健身体系建设　355a
全市党史工作会议　95a
全市第三次文物普查　336a
全市防震减灾工作会议　317a
全市科普双百工程观摩会　314a
全市社科优秀成果奖　315
全市艺术创作暨导演培训班　334b
全市职工红歌大赛　128a
全市组织工作会议　82b
群团工作　97a
群众工作室　127a
群众团体　126a
群众信访工作责任制　97b
群众性精神文明　70b

R

热源和管网建设　218b
人才发展规划纲要　85a
人才工作运行机制　85b
人才与科技　353a
人防工程建设管理　137a
人工影响天气　321b
人口　42a
人口和计划生育　357a
人口普查　266b
人力资源和社会保障　259a
人民调解　153a
人民防空　136b
人事制度改革　262a
人物　371
人员编制管理　92b
日用陶瓷设计大赛　175a
融资担保　250b
融资性担保公司整顿　111b
入境废旧原料查验　233b
瑞丰股票上市　413b

S

三峡移民管理　114a
森林资源保护管理　190b
森林资源培育　190a
山东崇正投资有限公司　165a
山东凤阳集团　180b
山东高青经济开发区　246a
山东工业职业学院　331b
山东黑牛工程　193a
山东黑牛科技示范工程　409b
山东桓台东岳氟硅材料产业园区　243b
山东蓝星东大化工集团　167b
山东理工大学　328a
山东鲁信　173b
山东铝业职业学院　332a
山东日用陶瓷产业技术创新战略联盟　17b6
山东省第五届讲解员大赛　336a
山东丝绸纺织职业学院　331b
山东陶瓷艺术创新大赛　175b
山东万杰医学院　332a
山东新华医疗器械集团　171b
山东新华医药集团　171a
山铝和谐企业建设　166b
山铝控亏增盈　165b
善款筹募　367b
商标管理　273b
商埠周村　400a
设备检测和监测　283a
社会保障工作　260a

社会福利事业　360b
社会换热站整合　218b
社会救助　369a
社会科学　314a
社会科学普及周　314b
社会民生　357
社会事务管理　360b
社会文化　335a
社会信息化工作　174b
社会治安综合治理　140a
社会主义精神文明建设　69b
社情民意调查　267b
社区工作　360a
社区矫正工作　153a
社区科普　312a
涉法涉诉信访　140a
涉农检察　148a
涉侨经贸活动　361b
涉台教育　91a
涉外管理　109b
审计　268b
审判　149a
审判管理　150b
审判监督和涉诉信访　150a
生态建设　195b
生态市建设　211b
生物医药　309a
生猪定点屠宰管理　222a
省级粮食规范化执法示范县　224a
师资队伍建设　326a
石嘴山工业园项目审计　269b
石嘴山淄博工业园　113a
实行驻厂安监员制度　277b
食品安全　354a
食品安全工作　106a
食品安全联合执法　107a
食品安全系列会议　106b
食品安全专项整治　107a
食品药品安全保障　275a
食品药品监督管理　275a
食品药品市场专项整治　275a
食品质量安全　271b
食用菌生产　188b
史志法制建设　114b
史志工作　114b
市博物馆安全专项检查　336a
市场监督管理　273b
市场监管公共服务体系　222b
市场运行与监测　221b
市档案馆　115a
市级地震科普示范学校　317b
市级换届考察　84a
市级重点文物保护单位　335b
市京剧院巡演　334b
市民代表座谈会　104b
市民建议征集　105a
市民投诉暨市民建议征集　104b
市民文明素质　70a
市农民体育协会　183a
市农业广播电视学校　183b
市情网站建设　114b
市特殊教育中心　327b
市直机关党的工作　95b
市属商业　223a
示范班次培训　87a
事业单位改革　92a
事业单位资源整合　85b
首届十大金牌工人　128a
受理举报查核　86a
书画艺术品博览月　338a
蔬菜标准化基地　188a
蔬菜标准园　188b
蔬菜产品质量检测　189b
蔬菜产业发展政策　187b
蔬菜科技示范推广　189a
蔬菜流通　189a
蔬菜品牌认证　189a
蔬菜业　187b
数字工商建设　274b
数字化城管建设　281a
双拥工作　360a
双拥共建　135b
水环境监测　198b
水利移民后期扶持　190b

水利与渔业 194b
水利政策 194b
水文 198a
水文服务 199a
水污染防治 211b
水资源管理 195a
税收管理质量 286b
税收执法 289a
税政管理 288b
丝绸工业 178b
司法保障与物质装备 151b
司法公开 151a
司法鉴定 152b
司法考试 152b
司法所建设 152b
司法为民 150a
司法行政 151b
思想政治教育 89b
饲料生产 193a
索引 438

T

踏访雷锋的足迹采访 341
陶瓷地域品牌产品检测 175a
陶瓷地域品牌授权 176a
陶瓷工业 175a
陶瓷文化项目 335b
陶瓷文化展 176b
淘汰落后产能 156a
特色产业创新集群 239a
特殊行业管理 222a
特载 1
特种设备安全管理 271b
提案工作 118b
提升社会救助水平 359a
提升养老服务水平 366b
体育 354b
体育彩票和产业 355b
体育对外交流 356b
体育宣传 356a
体制改革 69a
天然气利用项目 218b
铁路 203a
铁路安全生产 203a
铁路规划建设 258b
铁路客货运输 203a
通信 205a
统筹城乡发展 68b
统筹社会事业发展 258a
统计标准改革 266a
统计调查 266b
统计服务 267a
统计基层基础建设 268a
统计数据质量 268a
统计与调查 265b
统战工作 89b
突发事件处置 105b
图书发行 343b
土地出让 214a
土地治理项目建设 186b
推荐选举党代表 83a
推进少数民族社会事业 363b
推行“六小警务” 141b

W

外宾接待 109a
外汇服务与管理 294a
外经外贸 229
万村千乡市场工程 221b
网络安全监察 145a
网络管理 89a
网络交易监管 274a
网络培训 86b
网络事业 346b
危险废物和辐射环境管理 213b
为侨服务 361a
维护社会稳定 139a
维护社会稳定 147a
维护社会政治稳定 141b
卫生 348a
卫生法制建设 353a
卫生监督管理 350b

卫生体育 348
卫生应急管理 350a
未成年人思想道德建设 70a
位置面积 40a
温泉度假区项目 410a
文博 335b
文昌湖旅游度假区 240b
文化 334
文化产业 337b
文化产业示范基地 337b
文化产业项目建设 337b
文化产业项目招商 338a
文化产业宣传 338b
文化创意产业博览会 338a
文化馆评估定级 335a
文化建设 88b
文化市场 336b
文化事业 88b
文化体制改革 337b
文化下乡 335a
文明和谐交通建设 202a
文学创作 339
文艺创作 339a
稳定低生育水平 357b
无线电安全保障 283b
无线电管理 283a
五一国际劳动节大会 126a
武警淄博市支队 135b
物价 263b
物价监督检查 265a
物业管理 216b

X

西周古城探秘 336a
希望工程 129b
系列重点报道 341b
下派干部包村 84a
现代农业频道 183a
乡镇机构改革 92a
项目建设管理 257a
项目争取和资金协调 159a
橡胶产量 169a
消防管理 144b
消费者权益保护 274b
小额贷款公司试点 111a
新材料技术论坛 308b
新媒体发展 347b
新农村建设 187a
新农村科技支撑体系 309a
新闻出版广播电视 340
新闻工作者队伍 341b
新闻宣传 340a
新型农村合作医疗管理 351a
新型喷雾机 192b
信访工作 97b
信访工作新机制 98a
信访举报 120b
信访预防 98a
信息化建设 263a
刑事审判 149b
刑事诉讼监督 147b
行政复议应诉 108b
行政区划 41b
行政审批制度改革 108b
畜产品质量安全监管 194a
畜牧业 192b
畜牧业品牌化创建 193b
宣传工作 87b
选调生工作 84a
学会工作 313a
学生技能大赛 332b
学习型机关党组织 96a

Y

烟草专卖 226a
烟叶生产 226b
盐务 227a
盐业供应 227b
盐政管理 227b
药品抽验 276b
药品和医疗器械监管 276a
业余无线电协会 285b

医疗质量管理服务　351b
医药工业　170a
医药卫生体制改革　259a
医药卫生体制改革　349a
依法行使任免权　100b
依法行政协调　108a
依法治水　196b
沂源经济开发区　246b
沂源县　410a
因公出国(境)　109a
银行　292a
银行保险证券　292
银行监管　295a
引智工作　361b
应急队伍建设　105a
应急管理　105a
应急管理示范点建设　106a
应急救护培训　369b
应急联动机制建设　105b
应急预案及演练　105a
用地保障　214a
邮政　203b
邮政服务　203b
油区工作　282a
油区管理信息数据库　282b
油区规范化建设管理年　282a
友好城市　109a
有害生物预警防控　186a
有机红富士苹果示范基地　185a
渔业发展　196a
舆论引导　340a
舆情信息　89a
玉米机收及秸秆综合利用　191b
玉米秸秆青贮　193b
玉米精播机械　192b
预算执行审计　268b
园林绿化　209a
园区建设　231a
援藏干部服务网络　83b
源头治理　120b
远程教育　87a
运输服务保障能力　201a
运输市场管理　201b

Z

战略性新兴产业　155b
张店经济开发区　244a
张店区　390a
招考招聘工作　84a
招商基础工作　236a
招商引资　235a
沼气池建设　183b
镇党委、人大、政府换届　84b
征兵工作　134b
征收管理　289a
证券　306a
政策研究　91a
政党政务　80
政法与综合治理　139a
政府立法　108a
政府投融资项目审计　269a
政区人口民族　41
支持民生建设　285b
支行建设　295a
执法规范化建设　143b
执行工作　150a
职工动态直通车启动　127b
职工服务中心网络　126b
职工维权律师顾问团　127b
职工心理咨询顾问团　127b
职教师资队伍　332a
职教实训基地　332a
职务犯罪预防　147b
职业成人民办教育　332a
职业技能竞赛　85a
指挥通信　137a
志书编纂　114b
志愿服务　131a
志愿服务　369b
志愿服务活动　70b
志愿者工作　129a
治安管理　142a
治理群众反映问题　121a

质量技术机构建设　273a
质量技术监督　271a
质量监督管理　271a
中共淄博市纪律检查委员会　119a
中国(淄博)国际木火节　176a
中国玻璃艺术大师　180a
中国电信淄博分公司　206b
中国共产党淄博市委员会　80a
中国共产主义青年团淄博市委员会　128a
中国国民党革命委员会淄博市委员会　121b
中国联通淄博市分公司　205a
中国铝业公司山东企业　165b
中国民间文化艺术之乡　335a
中国民主促进会淄博市委员会　123b
中国民主建国会淄博市委员会　122b
中国民主同盟淄博市委员会　122a
中国农工民主党淄博市委员会　124a
中国人民政治协商会议淄博市委员会　116b
中国少年科学院小院士　327a
中国陶瓷艺术大师　175a
中国移动淄博分公司　206a
中国银行淄博分行　301a
中国致公党淄博市委员会　125a
中国淄博陶瓷文化展　109b
中石化山东淄博石油分公司　222b
中小企业　249
中小企业精细化管理　251b
中心城区大外环项目　200a
中心城区东部化工区搬迁　258b
中心城区规划数据平台　216a
中心城区客运资源整合　200b
中心城区控规体系维护　216a
中药现代化　309a
中医药事业发展　353b
种植业　185a
种植制度改革　186a
仲裁　153b
仲裁法律制度推行　154a
仲裁业务　154b
仲裁员管理　154a
重大传染病防治　350b
重大动物疫病防控　194a
重大宣传活动　87b
重大主题宣传　345a
重点产业集群获资金扶持　250a
重点领域统计制度改革　266a
重点旅游景区　255b
重点行业体制改革　92a
周村经济开发区　245a
周村客运中心启用　399a
周村民声网　400b
周村区　397b
周清利　110
主题文艺活动　339a
主要污染物减排　210b
住房保障　216a
住房公积金风险防范　217b
住房公积金管理　217a
住房公积金归集管理　217b
住房公积金使用管理　217b
住房公积金资金运营　217b
专卖管理　226b
专题教学　95b
专业文化　334b
转方式调结构　257b
转方式调结构　68b
装备管理　135a
淄博报业传媒集团　341a
淄博财经新报　343b
淄博概况　40a
淄博高新技术产业开发区　238a
淄博工业大事记　115a
淄博工业学校　405a
淄博供电公司　161b
淄博华光陶瓷科技文化有限公司　176b
淄博军分区　134a
淄博矿业集团　160b
淄博兰雁集团　178a
淄博社会科学　315b
淄博师范高等专科学校　331a
淄博市妇女联合会　130a
淄博市工商业联合会　132a
淄博市工艺美术大师　180a
淄博市技师学院　333a

淄博市农业丰收奖奖励办法 182b
淄博市人民代表大会常务委员会 99a
淄博市人民政府 101a
淄博市商业集团总公司 223a
淄博市陶瓷艺术大师 175b
淄博市物资集团总公司 223b
淄博市总工会 126a
淄博陶瓷烧制技艺 175a
淄博陶瓷展 176a
淄博陶瓷珍玩拍卖会 176a
淄博晚报社 342b
淄博艺术中学成立 327b
淄博直邮协会 205a
淄博职业学院 331a
淄博组工先锋 82b
淄川经济开发区 244b
淄川区 392b
自然条件 40a
自然资源 40b
自主创新 156a
宗教活动场所规范 364a
综合管理与监督 257
综合执法办案 145b
走基层采访活动 345a
足球起源地建设 355b
组织工作 82b
组织工作创新 82b
组织机构 42a
作风效能建设 121b
作业票证管理 278b

本部类制　作:王　娟
副主编:徐　杰
校　对:赵建国
马震刚

蒲松龄纪念馆

聊斋正房内景

蒲松龄画像

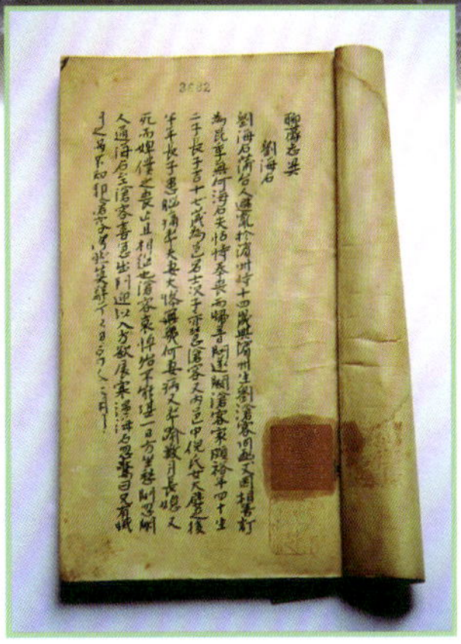

《聊斋志异》手稿

蒲松龄故居坐落在淄博市淄川区蒲家庄，原有东向大门1间，正房3间，东西厢房各1间，方正石及乱石墙基、青砖柱门窗、草顶、小青瓦接檐，是典型的明清风格的北方农家建筑。1980年，在蒲松龄故居基础上建立蒲松龄纪念馆，拥有6个小院、7个展室，占地面积5000多平方米，展览面积2000多平方米，每年接待中外游客10多万人次。纪念馆先后获得省级爱国主义教育基地、市级文明单位、花园式单位、青年文明示范岗等荣誉称号。2006年被国务院公布为全国重点文物保护单位。

蒲松龄纪念馆建馆后，千方百计征集蒲学文物资料，使馆藏由原来的不足百件，发展到13000多件。其中，藏有珍贵的蒲松龄画像及其手稿、印章，《聊斋志异》的各种旧抄本、刻本、外文译本、港台版本及精、平装本，改编的白话聊斋、连环画册、戏曲、影视剧本以及蒲学研究的论文、专著等，还藏有一大批现代、当代文化名人题咏蒲松龄的字画作品。

蒲松龄纪念馆设有资料研究室、群众工作部、陈列展览部、保卫科、办公室等机构，并成立蒲松龄研究所、蒲松龄研究会，主办有全国唯一一家蒲学专业学术刊物——《蒲松龄研究》（季刊）。全馆有干部职工36人。

蒲松龄墓园

柳泉

坚守奉献　开拓创新

——和谐发展的沂源县国税局

领导班子

2011年，沂源县国税局全体干部职工牢记“为国聚财、为民收税”的使命，弘扬“坚守·奉献”国税文化主题，在县委、县政府和淄博市国税局党组的正确领导下，紧密结合六个体系建设、两个表率活动，用心工作，狠抓落实，较好地完成了各项工作任务。全年累计完成全口径各税69637万元，比2010年增收1037万元，实现应收尽收。面对组织收入的实际困难，正确处理落实税收优惠政策与组织收入的关系，累计兑现税收优惠政策9550万元，同比增加5264万元，增长122.82%，实现应退尽退，为企业发展创造良好条件。先后获得省一级档案室、省级青年文明号、省级巾帼文明岗、“法制淄博”建设先进单位、“五五普法”先进单位等荣誉称号。机关作风效能建设和行风建设走在全县前列，连续23年保持省级文明单位荣誉称号，被誉为系统内精神文明建设的一面旗帜。

县委书记苏星（右）走访调研国税工作

淄博市国税局局长王胜斌（左）在沂源县县长谭秀中（右）陪同下调研国税工作

向企业颁发奖牌

激情演讲，争做表率

淄博市自

市委书记、市人大常委会主任刘慧晏（左）考察引太入张供水工程净水厂

2011年6月28日，引太入张供水工程胜利竣工，市长周清利（中）等领导按动工程竣工触摸球

市委常委、市纪委书记赵启全（右）考察引太入张供水工程净水厂建设工地

淄博市自来水公司始建于1958年，承担着淄博市中心城区、博山区及周边部分乡镇工业、经营及人民生活用水任务，是以集中式供水为主导，集纯净水生产、建筑安装、供水设备研发和生产销售等于一体的国有中（一）企业。公司总资产5.95亿元，供水面积150余平方公里，供水人口98万。有员工1393人，水厂9座，管线900余千米，日供水能力60万立方米。年度完成供水量1.05亿立方米，售水量7278万立方米。

2011年，公司深入贯彻落实中央一号文件和中央、省、市水利工作会议精神，紧紧围绕城乡安全供水、和谐供水这条主线，以重点工程建设、精细化管理、供水市场开发、辅业发展壮大为重点，以企业文化建设和党建工作为保障，抢抓机遇，充满激情，科学创业，实现了公司运营质量和城乡供水服务质量的同步提升。公司制定“十二五”发展规划，为企业改革发展制定宏伟蓝图，圆满完成淄博市城乡同源同网饮水安全暨引太入张供水工程净配水项目的建设任务，并于7月31日投入试运行，构筑起中心城区太河水、大武地下水、黄河水组成的多水源供水格局。具有国内领先水平的淄博市供水管网地理信息系统投入运行，全面实现国家新《生活饮用水卫生标准》106项指标自检，通过山东省服务标准化试点评审，城乡供水保障能力和供水服务水平进一步提升。公司在继续保持省级文明单位、省消费者满意单位、省重合同守信用单位称号的基础上，又先后获得首批山东省履行社会责任示范企业、企业文化建设十佳单位、内部审计先进单位、设备管理优秀企业、全国农林水利系统劳动关系和谐企业等荣誉称号。

公司办公楼

来水公司

淄博市供水管网地理信息系统鉴定评审会

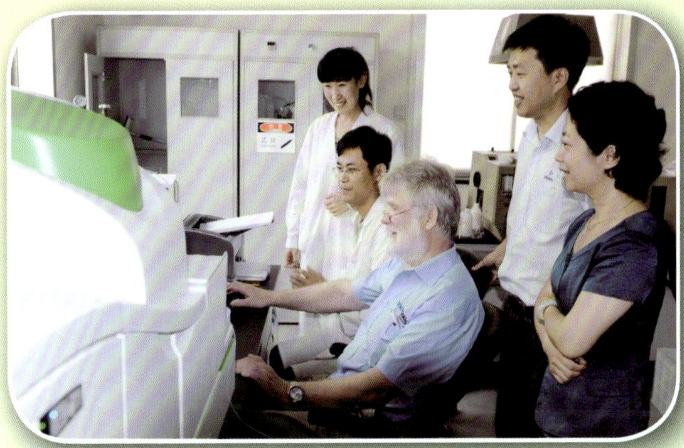

购置先进的水质检测设备，实现国家新《生活饮用水卫生标准》106项指标自检

公司冠名的淄博市红歌大家唱暨巾帼志愿服务行动计划启动仪式

配水管道安装

公司通过山东省服务标准化试点评审

考察学习标杆企业先进管理经验

淄博市煤气公司

党委书记、经理 赵颙

淄博市煤气公司成立于1979年4月，是全民所有制中型(一)类企业，被市委、市政府确立为淄博市天然气项目的业主单位，拥有中石油沧淄管输天然气、中石油泰青威管输天然气、中石化济青管输天然气、中原油田LNG液化天然气四大气源供应保障。全市已形成北至桓台、南到沂源、东进临淄、西及王村呈“十”字型近260公里的天然气输配主管网。

公司坚持以科学发展观统领企业发展方向，解放思想，更新观念，转换机制，以改善淄博市能源结构为己任，积极探索清洁能源利用领域的发展新空间，为燃气行业的发展闯出了新路。2011年，供气量突破6亿立方米，日供气量突破200万立方米，形成“一家引气，有序经营，相互协作，共同发展”的天然气供应格局，为减少大气污染、优化产业结构、改善投资环境、促进经济发展作出积极贡献，开创省内大规模使用天然气的先河，走在“气化山东”“环境立市”战略的前列。

公司将安全稳定视为重中之重。通过制度建设、设备更新、强化培训等行之有效的措施，使各项安全工作正规运转，员工安全理念不断增强，应对紧急事件的能力不断提高。公司始终坚持把加强企业管理作为企业树形象、求效益、谋发展的重要手段，积极探索科学的管理方法，于2010年10月取得ISO 9001质量管理体系资质证书。

燃气事业，造福于民，前景美好。公司全体员工站在新的起点，始终遵循“辛苦我一人，光热千万家”的服务宗旨和“绿色能源、惠通万家”的经营理念，千方百计服务创新，兢兢业业发展事业，用洁净能源传播绿色文明，为建设和谐淄博而努力奋斗！

市委副书记、市长周清利(中)，市委副书记周连华(左)到市煤气公司视察指导工作

市煤气公司与中石油签订长期合作协议

煤气管道穿越孝妇河施工

天然气综合利用项目管道铺设工地——顶管作业

提高公司员工安全生产理念和应急事件处置能力

亚太地区最大的卫星式液化天然气站——杨寨天然气站

齐商银行
QISHANG BANK

真诚相伴十五年 齐心齐行谱新篇

在2011年度工作会议上，党委书记、董事长杲传勇安排部署工作

齐商银行的前身是成立于1997年8月28日的淄博城市合作银行；1998年4月，更名为淄博市商业银行；2009年3月22日，顺应跨区域发展的需要，更名为齐商银行。齐商银行注册资本金13亿元，其中，淄博市城市资产运营有限公司占9.98%，淄博市公众一卡通有限责任公司占9.97%，其他法人股65.77%，自然人股14.28%。在职员工1629人。下辖西安、滨州2家分行，74家支行，1家营业部，1家村镇银行。2001年12月27日，经中国人民银行批准成立全国城商行系统第一家县域支行——桓台支行，2007年在全省城商行系统首家跨区域设立滨州分行，2009年在全省城商行系统成立第一家小企业专营机构——齐商银行小企业金融服务中心，2010年设立西安分行、潍坊青州支行和临沂河东齐商村镇银行。

齐商银行始终坚持“市民银行”和“中小企业主办行”的市场定位，以“服务地方、服务市民、服务中小”为己任，遵循“稳健发展，坚持改革，锐意创新，严格管理，提高效益”的经营发展方针，按照现代企业制度的要求，建立和完善以股东大会、董事会、监事会、经营班子等机构独立运作、高效决策、分工合作、相互制衡的约束机制，实现规模、质量、效益的协调发展，社会影响力不断扩大，为地方经济建设做出积极贡献。截至2011年12月末，全行资产总额达416.58亿元，各项存款余额354.58亿元，各项贷款余额258.82亿元，实现经营利润11.61亿元，实现净利润6.80亿元，贷款损失准备充足率为411.99%，拨备覆盖率为202.43%，资本充足率为12.09%。各项主要监管指标均达到或超过监管标准。

齐商银行在2010年全省182家地方金融企业绩效评价中，获得AA优秀等级，以总分92.9分的成绩列山东省第四位，被中国银监会评为支持中小企业先进单位，4次被山东银监局授予山东银行业最高荣誉——“良好银行”称号，先后获得山东省思想政治工作创新奖、山东省文明单位、中国优秀企业（品牌）形象十佳单位、淄博慈善事业突出贡献奖等荣誉称号，连续6年入选“全国服务业500强”，行内分支机构先后多次被授予全国青年文明号、中国银行业文明规范示范单位、全国模范职工之家等荣誉称号。

2011年，齐商银行五大业务品牌精彩呈现

2011年，齐商银行多措并举狠抓文明规范服务工作，对外服务水平显著提高

15 YEARS 周年庆
QISHANG BANK 1997-2012

热烈祝贺齐商银行成立十五周年

齐商银行与小微企业签署授信协议，积极扶持小微企业发展

齐商银行开展2011青年创业在淄博活动，拿出1000万元信贷资金扶持青年创业

2011年11月15日，齐商银行西安经济技术开发区支行开业。

2011年12月16日，齐商银行小企业金融服务中心张店第二分中心开业

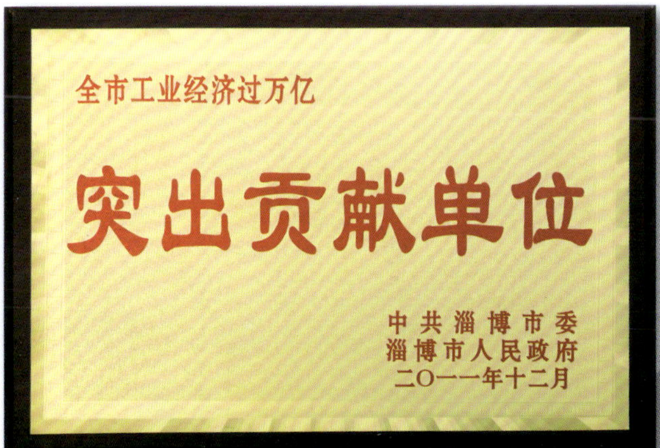

2011年12月，齐商银行被市委、市政府授予全市工业经济过万亿突出贡献单位称号

春节前夕，齐商银行开展“送福进万家”活动

山东省农村信用社联合社淄博办事处

省联社党委书记、理事长宋文瑄（左一）在淄博办事处党委书记、主任马立军（右二）陪同下到淄博调研指导工作

山东省农村信用社联合社淄博办事处（淄博市农村信用社）辖5家农村信用合作联社、3家农村商业银行，有398个营业网点、4950名员工，是全市营业网点和从业人员最多、服务范围最广、资金实力最雄厚的银行业金融机构。

近年来，在省联社和淄博市委、市政府的正确领导下，在人民银行和银监局的指导监督下，在社会各界的关心支持下，坚持“立足城乡，服务大众”的办社宗旨，积极深化改革，履行社会责任，加快业务发展，提升服务水平，加大信贷投入，实现各项工作又好又快发展。截至2012年5月底，全市农村信用社各项存款余额542亿元，各项贷款余额397亿元。各项工作走在全市金融系统、全省农信系统前列，实现社会效益和自身效益的和谐发展。省联社淄博办事处被市委、市政府授予创建全国文明城市先进集体，被省文明委授予省级文明单位，被省国资委授予省管企业文明单位，精神文明创建工作成绩斐然。

改革激发活力，创新促进发展。山东省农村信用社联合社淄博办事处将紧密围绕市委、市政府的经济发展目标，认真贯彻国家宏观调控政策，不断提升服务水平，加大信贷支持力度，积极履行社会责任，为创建一流金融机构、建设殷实和谐经济文化强市做出更大贡献。

支持“三农”，增收致富

助推中小企业健康快速发展

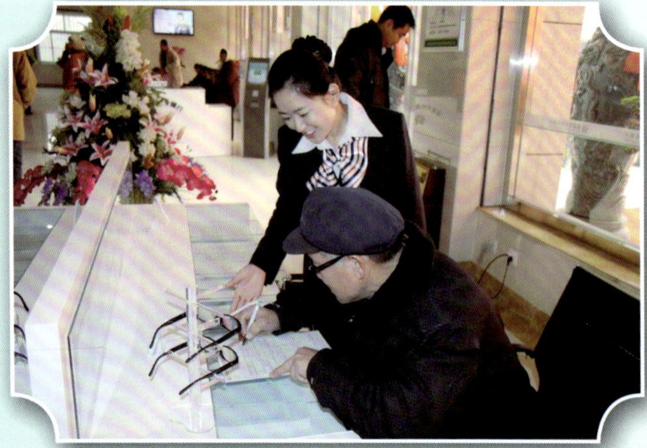

优质服务展现农信风采

支持传统产业健康发展

中信银行股份有限公司淄博分行

中信银行股份有限公司淄博分行党委书记、行长　张军

2011年，中信银行股份有限公司淄博分行按照“转型、提升、发展”的经营思路，不断优化业务结构，强化精细管理，全面加强合规文化建设和风险防范体系建设，加大市场开拓力度，经营业绩实现大跨越，整体工作迈上新台阶，社会形象得到全面提升。

2011年，全行账面税前利润达到1.93亿元，比2010年增加6131万元，增长46.49%，实现经营效益的飞跃式发展。截至年底，全行资产总量达到82.64亿元，比2010年增加17亿元，增长25.82 %；各项存款余额78.86 亿元，比年初增加15.73亿元，增长25%；各项贷款余额52.27 亿元，比年初增加14.69 亿元，增长39%，均创历史最高水平。

对公重点业务取得突破。截至2011年底，对公一般性存款时点余额55.21亿元，较年初增加8.55亿元；对公贷款余额47.99亿元，较年初增加8.92亿元。累计实现国际业务收付汇量10.52亿美元，同比增长126%；实现对公中间业务收入3627万元，同比增长115.8%。零售业务平台、体系日益完善，以理财推动为明显特征的零售银行发展模式不断优化，产品结构和业务结构不断趋于合理。

风险控制能力逐步增强。至2011年底，全行不良贷款余额2999万元，比年初减少3564万元，不良贷款率0.57%，比年初减少1.17%，实现双下降，全年没有新增风险贷款。通过动态调整和授信产品组合、方案优化，全年共退出潜在风险和低收益客户13户，金额1.8亿元，信贷管控能力得到增强。

合规文化建设不断加强。全年合规工作围绕“内控案防年”活动和银监会“深化案防制度执行年”活动展开，结合总行“啄木鸟”工程，梳理规章制度，配合国家审计署检查和人民银行执法检查，并得到较高评价，合规文化建设工作逐步深入人心。

管理水平逐步提高。继续以“防范操作风险，提高队伍素质”为工作出发点，强化支付结算管理，扎实督导部门及专业进行流程梳理和风险排查。完善预算考核和等级行考核体系，树立资本约束的效益观念，严格执行财经纪律，合理分配费用资源，完善运营保障系统，支持和保障了业务的健康发展。

2011年9月2日，中信银行股份有限公司淄博分行举行盛大迁址典礼

淄博市人民政府及人民银行淄博中心行、淄博银监分局、中信银行股份有限公司济南分行领导出席迁址典礼

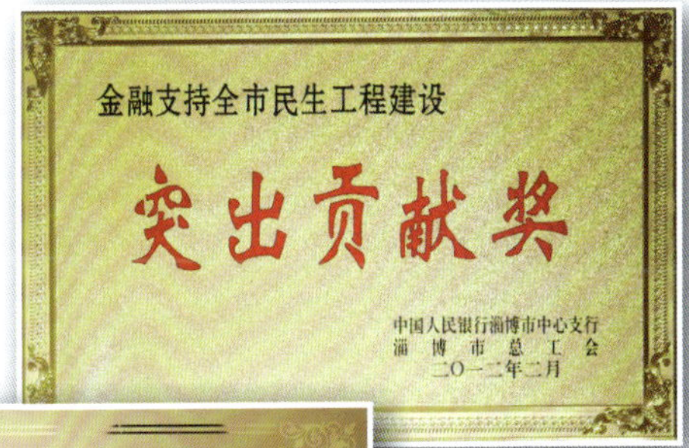

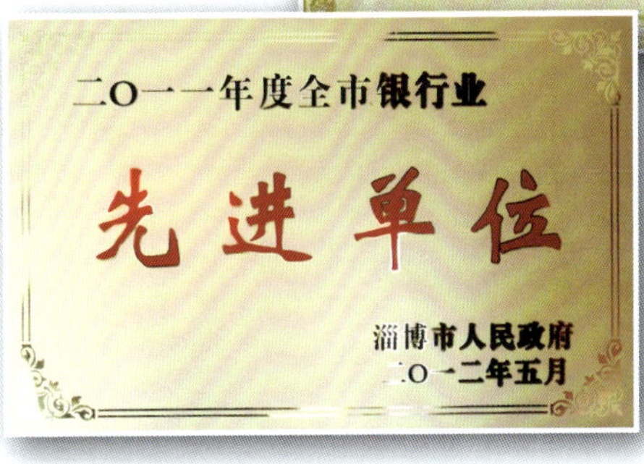

淄博市

省委书记姜异康（左）在市委书记刘慧晏（中）陪同下到医院视察

淄博市中心医院始建于1950年，是全市唯一一所三级甲等综合医院，为滨州医学院附属医院。医院开放床位1362张，在职职工2245人。2011年医院完成门诊量94.37万人次，出院病人3.77万人次。

专业设置齐全 设临床科室37个，医技科室19个，普外科、骨科、耳鼻咽喉头颈外科、神经外科为山东省重点专业，普外科、骨科、心血管内科、眼科、神经内科、神经外科、妇产科、心胸外科、CT磁共振诊断科、ICU、耳鼻咽喉头颈外科、北院区骨科为淄博市卫生行业名科。

重视人才建设 医院博士、硕士达379名，有高级专业技术人员334人，市级拔尖人才11人，市级学科带头人34人，淄博名医26人，硕士生导师30人。共招收普外、骨外、心内等专业硕士研究生10名。每年派出200余人进修学习或学术交流，10余名学术骨干到美国、德国等地学习培训。

坚持科技创新 近3年来，全院130项科研课题立项，其中7项课题分别列入省科技厅科技攻关计划和省医药卫生科技发展计划，27项课题获省、市科技进步奖，先后开展的100余项新技术新业务均达省内领先水平。建成全市首家中心实验室，与澳大利亚科利耳公司合作成立中澳人工耳蜗植入中心，构建高层次的应用技术平台。

高端配置设备 医院有3.0T/1.5T核磁共振、64排/16排螺旋CT、ECT、DSA、DR、胶囊消化内镜、钼钯、眼科准分子激光治疗仪、直线加速器等国内一流设备，并与美国GE公司合作建立中华磁共振应用学院临床培训基地和多排螺旋CT科研培训基地，提高了诊断治疗水平。8万平方米新病房楼计划2012年10月启用，为提升服务能力奠定基础。

拓展社会职能 开展“聆听世界”救助工程，计划为百名聋儿安装电子耳蜗，共减免费用800万元。在全市率先开展“仁爱使者”志愿者服务活动，向社会各界招募志愿者700余人，已为患者服务22万人次。

医院先后被评为全国医药卫生系统先进集体、全国首批百姓放心示范医院、省文明服务示范医院、省百佳医院、省卫生系统文明单位，连续24年保持山东省文明单位称号。

中心医院

8万平方米新病房楼

省内一流的采血中心

省内一流的健康体检中心

隆重召开迎接“三甲”复审全员动员大会

与台湾义大医院等3家医院签订合作意向书

启动聋哑儿童救助工程

“仁爱使者” 志愿者耐心解答咨询

淄博市

医院领导班子

淄博市第一医院始建于1948年秋。医院占地18万平方米，开放床位1120张，在职职工1643人。其中卫生专业技术人员1417人，其中，博士、硕士研究生120人。年均门诊量50万人次，年入出院病人3.4万人次。有15名市级名医、5名市级名中医，硕士生导师13名，省级医学专业委员会委员46名，市级医学专业委员会主任委员6名、副主任委员30名。有22个职能科室、43个临床医技科室、33个病区、1个省级特色专科、8个市级名科。设有淄博市骨科研究所、糖尿病强化治疗中心、淄博市关节置换中心、淄博市康复医学中心、淄博市干细胞移植工程中心、淄博市费栓塞诊治中心、肝病治疗中心、结核病、哮喘病专科分院和职工工伤康复定点医院。

历经60多年艰苦创业，医院已发展成为基础设施完善、医疗设备精良、技术力量雄厚、专科门类齐全、管理水平较高，集医疗、教学、科研、预防、康复、保健为一体的三级综合性教学医院。是潍坊医学院附属医院、山东省职工工伤康复综合试点单位、卫生部国际医疗急救网络医院、国家执业医师实践技能考试基地。

医院拥有日立超导1.5T磁共振、德国西门子64层螺旋CT、双光子直线加速器、X—刀、德国血液透析机、德国罗氏全自动生化分析工作站、日本希森美康全自动血液分析工作站、美国BD公司双激光四色流式细胞仪、大型高压氧舱、全数字化彩色多普勒超声诊断显像仪、电子胃肠镜、德国颅脑超声波、美国VISX S4准分子激光近视治疗机以及1200毫安大型心血管造影机等大型设备100余台（件），价值1.6亿元。

近年来，院党委坚持两手抓、两手都要硬的方针，促进医德医风、医院文化、精神文明建设不断迈上新台阶．医院各项工作都取得明显成效，先后获得全国诚信示范医院、山东省文明单位、山东省先进基层党组织、山东省职业道德先进集体、山东省医德医风示范医院、山东省十佳诚信医院、山东省惠民医疗先进单位、山东省医院管理先进集体、山东省医疗质量管理效益年活动先进集体等荣誉称号。

新病房楼

第一医院

现代化的检验中心

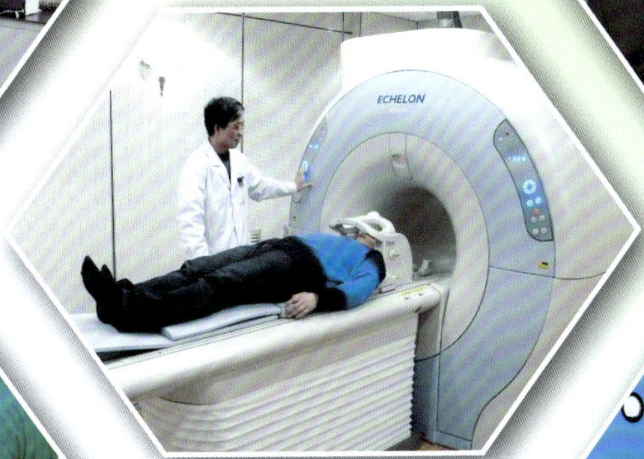

中国首台日立超导
1.5T磁共振

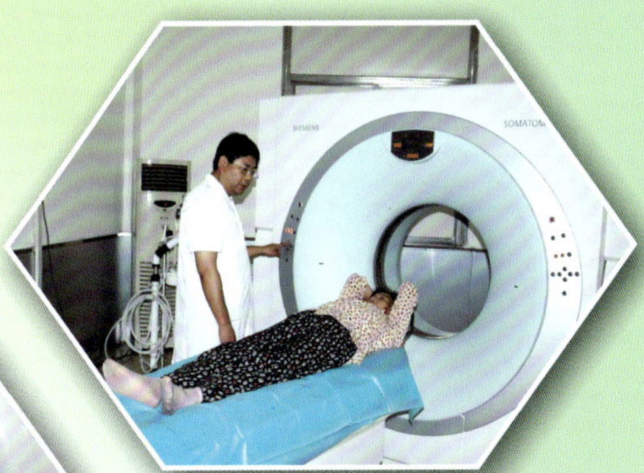

德国西门子64层螺旋CT

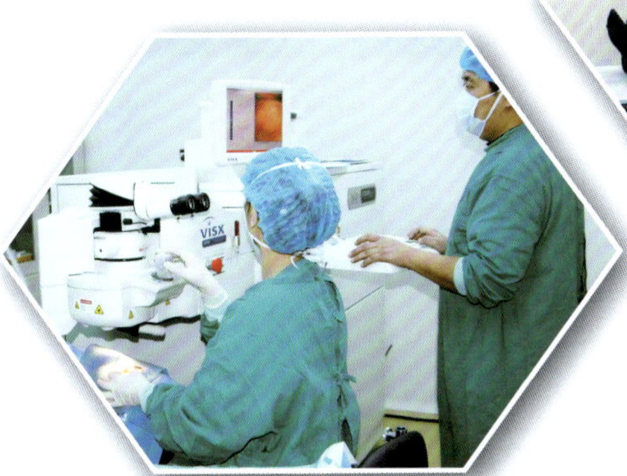

美国STAR S4 IR pic3准分子近视治疗机

静脉用药调配中心

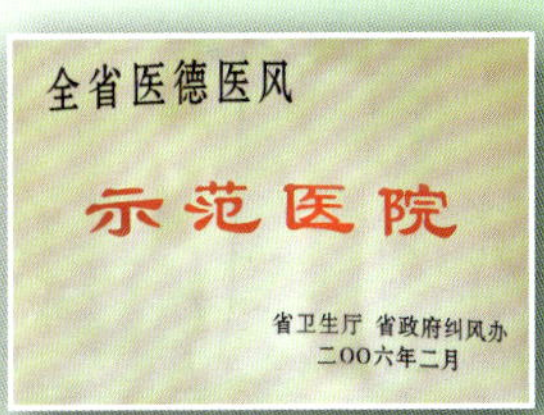

淄博市妇

团结务实的领导班子

淄博市妇幼保健院是鲁中地区唯一一家三级甲等妇幼保健院。近年来，围绕妇女儿童健康创先争优，医院实现健康快速发展。

医院建于1962年，原名淄博市第三医院。1980年加挂淄博市妇幼保健院牌子。编制床位607张，现有职工807人，正高职称18人，副高职称113人，中级职称307人。淄博市高层次人才14名，硕士、博士学位44人。医院占地面积4.1万平方米，资产总值2.69亿元，其中医疗设备1.21亿元。

全面贯彻妇幼卫生方针，坚持“突出妇幼特色，保障母婴安全，医保教研一体，全面协调发展”的办院方向，强化妇幼专业发展。实施“人才强院、服务立院、科教兴院、依法治院”的发展战略。设有7个保健科室、10 个临床科室、7个医技科室。拥有产科、妇科、新生儿科、生殖医学中心、儿科和儿童保健科6个市级重点学科。

医院坚持科技兴院，先后有16 项科研项目通过鉴定，获得市级以上奖励 6项，发表论文318篇，出版专著10部，获发明专利1项；实施边缘群体先心病儿童救助工程，开展先心病外科手术和介入手术，优惠80余万元；海扶无创治疗子宫肌瘤技术处于国内领先水平，成功实施200余例；承担全市手足口病危重患儿救治，保持零死亡；建立完整的母婴保健服务链条，产科成为全省十大质量品牌；通过省卫生厅三级甲等妇幼保健院专家组现场评审，提升内涵，有力促进医院发展；建设数字化医院，更新HIS系统，门诊实行一卡通，病房实现电子病历、移动查房、移动护士站、腕带识别、条形码管理、影像传输（PACS）、LIS系统集中打印检验报告单，与联通公司合作开发“医务通”项目；孕产妇死亡率、婴儿死亡率等控制性指标处于全省前列，为鲁中地区妇女儿童健康做出积极贡献。

医院先后荣获全国百姓放心示范医院、全国卫生系统巾帼文明示范岗、全国诚信医院、山东省模范爱婴医院、山东省妇幼卫生先进集体、山东省消费者满意单位、全省护理服务示范病房、省级卫生先进单位、全省卫生系统“两好一满意”十大质量品牌（产科）、省级文明单位等荣誉称号。

2012年3月，市卫生局副局长肖洪涛，市妇幼保健院院长窦学术、党委书记胡云辉共同启动淄博妇幼稷下论坛

幼保健院

2012年6月，淄博市妇幼保健院党员义诊服务队到张店区下湖村义诊

举办道德讲堂和廉政报告会

定期召开全市妇幼保健院院长工作会议

组织文艺演出

病房楼

淄博市精神卫生中心
（淄博市第五人民医院）

医院党总支书记、院长、心理学博士、一级主任医师、教授、享受国务院政府特殊津贴专家　路英智

淄博市精神卫生中心始建于1966年，是山东省卫生厅批准注册的淄博市唯一一所心理卫生专业机构，担负着临床心理与精神卫生的医疗、教学、科研、预防、康复、心理危机处置、对外学术交流及全国的内观、森田疗法专业培训工作。占地6.67公顷（100亩），建筑面积46000平方米，编制床位700张，在职职工418人，专业技术人员350人。其中，正高职称10人，副高职称36人，心理学博士1人、硕士5人、硕士生导师2人，国务院政府特殊津贴专家1人，省、市学科带头人2人，淄博市有突出贡献的中青年专家2人，淄博名医3人，兼任国家级、省级学术团体主委/副主委6人次。医院设5个特色门诊和9个特色病区，其中精神科、临床心理科为淄博市首批重点学科，临床心理科为山东省医药卫生重点专业和淄博市卫生系统十大质量品牌。医院拥有全身螺旋CT、心理CT、动态脑电、经颅磁刺激仪等各种精尖检查治疗设备60余台（件）。创办的中国心理卫生网站成为中国心理卫生协会指定合作网站，年点击率突破300万人次。

服务好、质量好、医德好、群众满意是医院的办院方针，科学研究、人才培养是医院可持续发展的有力保障。几年来，医院共有科研立项课题10项、鉴定成果6项、省部级科技进步奖3项，在国家级医学核心期刊发表论文200余篇、（其中SCI收录3篇），出版医学专著20余部（其中人民卫生出版社3部）。医院先后主办两次全国心理卫生学术会议，并承担两项全国继续医学教育项目。

院长路英智主研的科研课题经鉴定达国内首创、国际先进水平

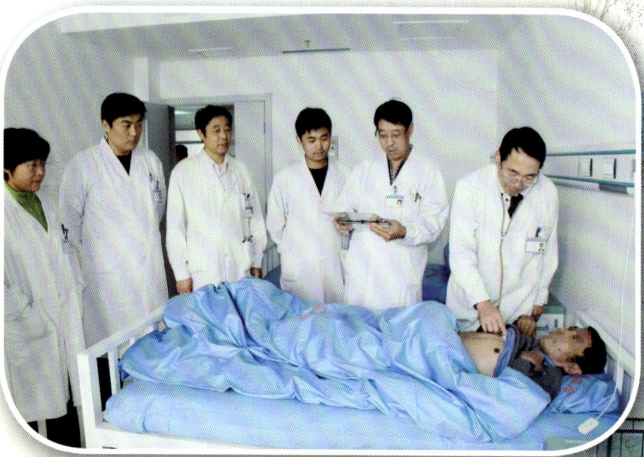

医疗质量大查房

淄博市第八人民医院
淄博市中西医结合医院

市委书记刘慧晏（右）指导医院先心病救助工作

团结奋进的领导班子

淄博市第八人民医院始建于1905年，2004年7月，正式划归淄博市政府管理。2009年，先后挂牌淄博市慈善医院、中华慈善淄博医院。2011年4月，按照市委、市政府规划，淄博市商业医院整建制并入医院管理。2011年9月，挂牌淄博市中西医结合医院。

医院开放床位626张，在职职工830余人，拥有全省首台美国GE128层动态500排高档螺旋CT及高档数字化智能彩超、西门子全身弹性成像彩超诊断系统、法国第四代影像系统（DR）、大型查体车、数字化血管造影系统、核磁共振仪、热断层扫描健康体检系统等万元以上设备360余台套，设备资产过亿元。

2006年8月，以院长段明福为首的新领导班子上任后，带领全院干部职工发扬“慈爱、奉献、和谐、创新”的八院精神，坚持“小综合、大专科、中西医结合的发展方向，突出老年病、康复医学特色，实施高科技人才带动，做大亮点项目，做响慈善医院，创出自身品牌，促进医院全面、和谐、可持续发展”的发展战略，打造血液透析、心脏病手术、康复医学训练、CEA治疗脑中风、热CT、临床心理治疗、肛肠病等特色技术品牌。运作“大慈善”模式，倡导高科技诠释新慈善理念，依托各级慈善总会、红十字会、残联等组织，关注弱势群体就医，先后开展贫困尿毒症、先心病、脑瘫儿童及困难职工医疗救助活动，让群众就医得实惠、医院发展见效益。从救助白内障老人复明行动到先心病爱心救助工程，从特殊人群就医优惠到困难人群医疗救助，从4·28事故伤员救治到汶川地震抗震救灾等，八院人以百姓健康为己任，以替政府分忧为本分，把慈爱奉献贯彻医院发展始终，致力于医护质量和服务理念的全面提升，致力于医院技术水平的不断提高，为人民群众健康保驾护航。2011年，全院收入突破亿元大关，心理科获评国家级重点专科，医院获振兴淄博五一劳动奖状，成功创建省级文明单位；院长段明福获得山东省富民兴鲁劳动奖章。

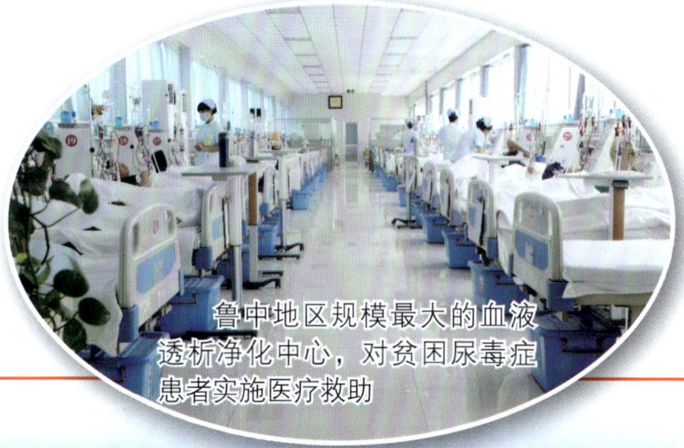

鲁中地区规模最大的血液透析净化中心，对贫困尿毒症患者实施医疗救助

淄博宝华

全国政协副主席阿不来提·阿不都热西提（右）接见院长孙玉宝（左）

全国政协副主席王文元（右）接见院长孙玉宝（左）

副市长韩国祥（右）到医院调研指导工作

淄博宝华中医医院（原淄博市红十字会骨病医院）是一家直属淄博市卫生局、淄博市红十字会管理的中医医院，集医疗、预防、科研、制药、会诊、康复、培训、托管于一体，拥有医务人员125名，设病床150张。医院有淄博宝华中医医院南院区（原南定骨伤病专科医院）和淄博宝华中医医院西院区等分支机构，建有现代化中药制剂室，精心研制中药制剂品种19个，均获得山东省食品药品监督管理局批准文号。近年来，医院购进核磁共振仪、法国产DR、骨质疏松治疗仪等医疗设备150余台，新建百级手术室，为健康服务提供高层次医疗平台。

中医骨病科被市卫生局、市中医药管理局确定为淄博市骨关节病中医重点专科。由医院牵头，经市科协、市民政局批准成立淄博市慢性病康复协会。医院被确定为市城镇职工、城镇居民医疗保险定点医院，市商业医保定点医院，市新农合医保定点医院以及市慢性病定点门诊。先后获得全市民办非企业诚信单位、淄博市首届十佳诚信民营医院、山东省优秀民营医院等荣誉称号。

医院坚持突出特色、综合发展的办院方向，设有中医骨病、中医骨伤、脊柱微创、内科、针灸、康复医学、影像、检验等临床和医技科室，尤其是积累38年经验中医治疗骨关节病，独树一帜，美名远扬。

主要治疗项目有：股骨头坏死、膝关节骨质增生症、腰椎间盘突出、颈椎病、肩周炎、骨折、骨折不愈合、类风湿性关节炎、强直性脊柱炎、中风后遗症、外伤性截瘫、肿瘤等。

淄博宝华中医医院将奉行“诚信、求实、创新、提高”的办院方针，实施专科带动战略，立足自身技术优势，不断提升整体医疗水平，为提高人民群众的健康水平做出新的贡献。

地址：淄博市张店区世纪路39号。
电话：张店总院：2766120　南院区：2982658
　　　西院区：2276609
邮箱：zbbhzyyy@sina.com
网址：www.zbgb.cn

中医医院

卫生部原部长高强（左）接见院长孙玉宝

卫生部副部长、国家中医药管理局局长王国强（左）和院长孙玉宝（右）、副院长孙化斌（中）亲切交谈

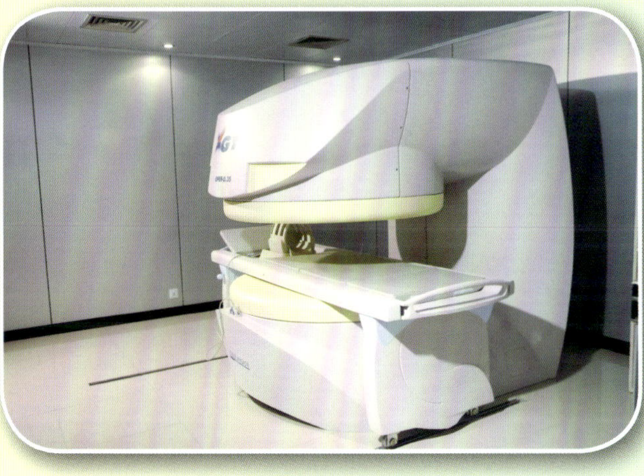

核磁共振仪

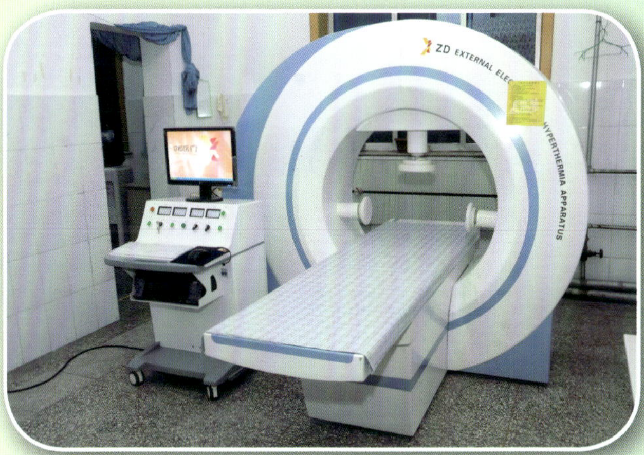

体外电场热疗机

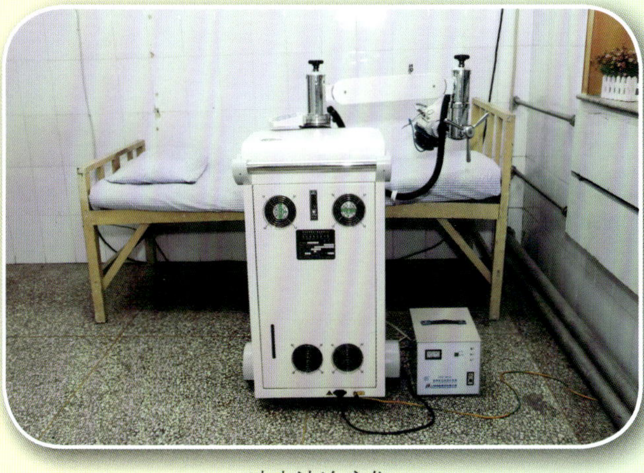

冲击波治疗仪

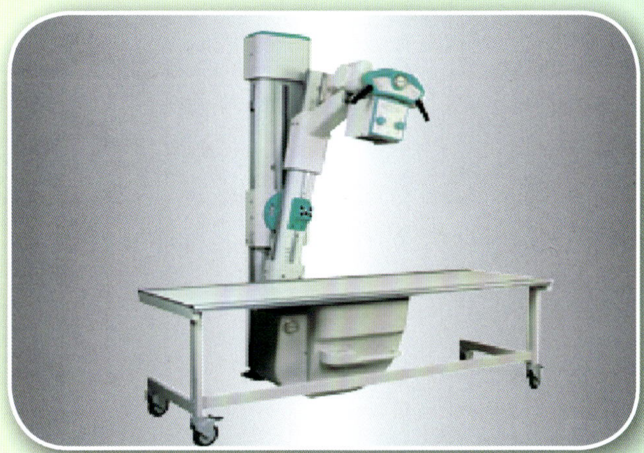

法国产DR

齐盛国

会议中心大会堂

齐盛欢迎您

齐国大地上的璀璨明珠，诚信经营的典范，文明优质服务的代言，融汇了古老文化与现代文明交相辉映的现代化宾馆——齐盛国际宾馆，是全市政治、经济、科技、商贸、文化等重大活动主要场所和接待服务中心。

宾馆座落于淄博新城区核心区内，隶属中共淄博市委接待处，自收自支副县级事业单位，为园林分散组合式群落建筑，气势恢宏，树木葱郁，湖光亭阁，相映成趣。由贵宾楼、迎宾楼、会议中心、文体中心四个相对独立的单元楼组成，拥有豪华客房350余间；特色餐厅5处，餐饮包间40余间，餐位达1500余个，汇集中西经典美食，涵盖高档鲁菜、粤菜、川菜、淮扬菜以及地方特色菜肴；具有容纳1500余人大会堂、视频会议厅、同声传译功能的国际会议厅等各种功能齐全、设备先进的会议厅30余个，是举办各类会议的理想场所，是中国“十佳会议”接待酒店。

2011年，在市委、市政府和市委接待处的正确领导下，牢固树立科学发展观，秉承敬业、务实、创新、高效的企业精神，践行真诚服务、追求完美的服务宗旨，努力实现“超越自我、止于至善”的服务境界，夯实基础，狠抓落实，团结拼搏，开拓创新，圆满完成了全国、省市各种会议600余个，中央、省市及各级领导2000余人次的接待任务。宾馆整体工作得到各级领导的肯定，赢得社会赞誉，取得较好的政治、经济、社会效益，展示了淄博良好形象。

宾馆将以科学高效的经营管理以及完美的服务，为宾客提供舒适、方便、温馨、安全的生活享受，为提高全市的接待服务水平、建设殷实和谐经济文化强市作出新的更大贡献。

餐前迎宾

套房一角

际宾馆

会议中心多功能厅

贵宾接见室

山东能源

董事长、党委书记张寿利（左一）在井下与员工亲切交谈

总经理、党委副书记孙中辉（右二）在膏体充填集控室检查工作

山东能源淄博矿业集团有限责任公司是一个以煤为主、多业并举的跨地区、跨行业、跨所有制的大型现代企业集团，具有上百年的开采历史。主要生产经营单位分布在山东、陕西、内蒙古3省（区）。公司总部坐落在鲁中工业名城淄博市，现有职工2万余人，其中，各类专业技术职称人员4300余人。

近年来，淄矿集团坚持以科学发展观为指导，确立“优而特，富而强”的发展愿景和“三步走，翻三番”的战略目标，着力在理思路、调结构、抓改革、强安全、重民生、树形象上下功夫，逐步形成“三三一”产业格局，即建设山东济宁、陕西彬长、内蒙古鄂尔多斯3个煤炭生产及深加工基地，打造济北矿区、东华水泥、埠村煤矿3个循环经济园区，构建1个总部经济圈。2011年，生产合格煤1577万吨，实现销售收入249亿元，企业资产总额278亿元。

淄矿集团先后获全国五一劳动奖状、全国煤炭行业优秀企业、中国最具成长性企业、全国企业文化建设优秀奖、中国质量信誉AAA级企业、全国煤炭系统首家企业文化示范基地、全国职工疗休养工作优秀单位、全国煤炭行业AAA级信用企业、山东省AAA级信誉企业、省级文明单位、山东省管理创新十佳企业、山东60年60品牌、新中国60年山东百家领袖品牌等荣誉称号。

年产500万吨的淄矿集团唐口煤业公司

淄矿集团东华水泥公司

淄矿集团

淄矿集团注重改善职工工作生活环境，矿区小桥流水、杨柳依依、风景如画

整洁舒适的职工更衣大厅

现代化的综采工作面

淄矿集团在山东省煤炭系统中率先走出省门，在陕西省建设的第一座现代化矿井——陕西亭南煤业公司

淄博柴油

淄博柴油机总公司研制的环保节能新产品备受市场欢迎，与多家用户签订战略合作协议

淄博柴油机总公司是大功率大缸径柴油机专业化制造企业，已有40多年的生产历史，企业总部及淄博生产基地坐落在淄博市，下设青岛淄柴博洋柴油机股份有限公司、南通淄柴船舶机械公司、淄博淄柴新能源有限公司。

淄博柴油机总公司拥有国内先进水平的柴油机装配/试车车间、配套齐全的加工中心和大型进口加工设备，具备年产柴油机350万千瓦的能力，主导产品为九大系列150—4800千瓦“淄柴”牌船用柴油机，以此为原动力机的120—3000千瓦柴油、重油、燃气、生物质气体机和自动化发电机组等品种400多个。产品广泛用于渔轮、客货轮交通运输、内河航运、港口拖轮、工程船舶、执法船、军船、船用发电机组、陆用发电机组、各类电站及泵站机组等。企业在同行业中首批通过ISO 9001质量体系认证，在同类国产柴油机中率先按国际标准通过氮氧化物排放检测并符合solas国际公约安全要求，企业和产品获得多项重要荣誉称号。“淄柴”牌柴油机被率先用于金枪鱼钓船、大型移动式打桩船、挖泥船、海监船、国内最大的液化石油气运输船等主辅机，改变了此前全部配备进口机的历史，国家渔政船也先后批量选用淄柴产品。“淄柴”牌柴油机已遍布全国32个省、市、自治区，并远销东南亚、欧洲、南美、非洲、朝鲜、西亚等十几个国家和地区。企业在国内外设有几十个销售服务网点，随时为客户提供优良的服务。

地址：山东省淄博市张店
邮编：255077
电话：0533—2063362
传真：0533—2068064
销售电话：0533-2068049
传真：0533-2066808
企业网址：www.zichai.com
电子信箱：zichai@zichai.com

机 总 公 司

淄博柴油机总公司自主研制的16V170柴油机实现技术输出，进入国际市场

淄博柴油机总公司承制的国家863项目产品——乏风瓦斯热逆流氧化装置样机

生物质气体机（300～500千瓦）

柴油·重油发电机组（120～3000千瓦）

船用柴油机（147～4800千瓦）

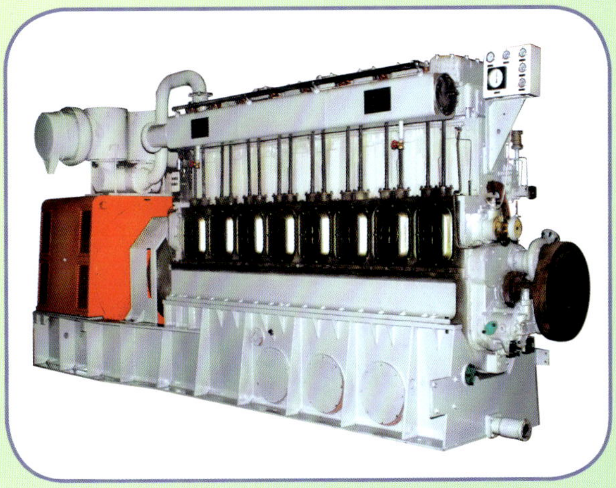

煤层气气体机（400～700千瓦）

董事长、总经理　苏同强

华光陶瓷
HUAGUANG CERAMICS

华光陶瓷
HUAGUANG CERAMICS
国粹续延　大美无限

自古至今，从陶到瓷，由民而官，陶瓷在整个人类历史长河中一直扮演着重要角色，影响和改变着一代又一代人的生活。

不同的造型、质地和装饰，所反映出的不仅仅是制造工艺技术的改良与创新，而是时代审美风尚与人的生活观念的变革与发展。不同时代的陶瓷所传承的是中国历代的民族国粹，是被世代传唱的陶瓷精神宝藏。

今天，华光人继承先人的崇高使命，始终不懈追求，立志将创新的设计理念与中国国粹文化相融合，将自然元素和经典文化相结合，赋予陶瓷鲜明的时代气息和亲和力，使每一件作品都同时拥有物质和精神的双重功能属性，为每一件作品融入神奇的灵魂和无限的生命力。

韵味深长的陶瓷不带功利不着尘埃，发出摄人心魄的感动大美；温良如玉的陶瓷象征着一种修养一种品位，呈现出恬静无形的无言大美；傲然而立的陶瓷是一种生活态度一种精神信仰，传唱着穿越时空和超越艺术的永恒大美！

华青瓷彩绘“容·溶”绢缸三件套，获山东陶瓷艺术设计评比金奖

仙姿玉质餐茶具，获第四十三届国际陶艺学会大会金奖

华青瓷世界体操冠军杯

华青瓷餐茶具

兰亭修禊文具

■ 华光陶瓷国瓷文化艺术中心

中国移动通信集团山东有限公司淄博分公司

2011年8月,副省长贾万志（右三）考察淄博首批移动信息化村,听取总经理孙晓燕(左三)介绍移动强农惠农产品

2012体操世界杯组委会副主任、淄博市副市长韩国祥（右）代表组委会向淄博移动总经理孙晓燕颁发支持体育事业特别贡献奖

2012年3月,淄博移动签约成为2012国际体操联合会体操世界杯顶级合作伙伴和独家指定通信服务机构

中国移动通信集团山东有限公司淄博分公司（以下简称“淄博移动”）成立于1999年7月，是淄博市唯一专注移动通信发展的通信运营公司，是山东省第二十三届运动会战略合作伙伴和指定唯一通信服务商、2012年国际体操联合会体操世界杯A级赛顶级合作伙伴和独家指定通信服务机构。主要经营移动话音、数据、IP电话、多媒体业务及互联网接入业务、服务等，拥有“全球通”“神州行”“动感地带”等著名客户品牌。

作为全市通信业的主导运营商，淄博移动经过十多年的建设与发展，已建成一个覆盖范围广、通信质量高、业务品种丰富、服务水平一流的移动通信网络，始终保持业内领先地位。城乡网络信号覆盖率达到99.99%，客户总数已突破380万，建立以自办营业厅、代销代办服务网点为主体，以掌上营业厅、网上营业厅、短信营业厅等电子渠道为补充的覆盖全市城乡的立体营销服务网络，客户满意度连续多年位居全省前列。信息化应用广泛服务于政务、农业、行业、企业等，成为推动全市信息化建设的主力军和排头兵。在加快企业发展的同时，淄博移动积极履行企业社会责任，投身文化、环保、慈善等多项社会公益事业，积极做好社会重大活动及突发事件的通信保障工作，得到各级政府和社会各界的高度评价，彰显了良好的企业形象，为促进和谐社会建设作出积极贡献。

淄博移动先后获得全国用户满意企业、全国创建学习型组织先进单位、全国群众体育先进单位、全国“三八”红旗集体、全国工人先锋号、山东省富民兴鲁劳动奖状、山东省文明单位、山东省消费者满意单位、山东省最具幸福感企业、淄博市最具社会责任感十佳企业、淄博市首届最具影响力示范诚信企业等荣誉称号。

面向未来，淄博移动将在“正德厚生　臻于至善”的企业核心价值观指引下，以“创无线通信世界　做信息社会栋梁”为企业使命，深入贯彻落实科学发展观，持续提升企业核心竞争力，努力实现“成为卓越品质的创造者”的愿景，做世界一流企业，实现从优秀到卓越的新跨越。

2011淄博移动全城骑车总动员启动仪式

CHEMCHINA 中国化工

山东蓝星东大化工有限责任公司

山东蓝星东大化工有限责任公司是国家大型企业，隶属中国化工集团下属的中国蓝星（集团）股份有限公司，是山东省高新技术企业、国家火炬计划重点高新技术企业。主要产品及规模为9万吨环氧丙烷、25万吨聚醚多元醇，其中聚醚多元醇是中国石化行业知名品牌、山东省名牌产品。

公司是山东省和淄博市重要的化工企业，经过多年发展，已形成坚实的聚氨酯产业基础，核心产品环氧丙烷和聚醚多元醇产品的产能和市场占有率位居国内前列，掌握丰富的环氧丙烷、聚醚多元醇和聚氨酯的生产管理经验，培养了大批经验丰富的相关专业技术人员，形成比较完善的营销渠道和销售网络，拓展市场能力在国内同行业一直保持领先地位。凭借雄厚的实力和良好的信誉，公司被评选为中国聚氨酯工业协会副理事长单位，中国聚氨酯工业协会聚醚专业委员会主任单位，环氧丙烷和聚醚行业（市场）秘书长单位，拥有省级企业技术中心和省级工程技术研究中心。企业的科研能力和科研工作走在同行业前列，每年有多种聚醚多元醇新产品推向市场，累计取得各项专利50余项。在重视科研投入的同时，公司把提升人才队伍的整体素质和培养优秀科技人才放在企业经营的首位。

公司秉承发展“绿色化工”的理念，已成为全国重要的化工新材料生产基地。公司坚持“走出去”经营战略，积极参与国际竞争，努力开拓国际市场，与30多个国家和地区开展贸易往来，逐步成为一个充满生机和活力的现代大型化工企业。

地址：山东省淄博市张店区新村东路21号　　邮编：255028
网址：www.dongdagroup.com　　电话：0533-2159999　　传真：0533-2150666

公司产品应用

高铁隔热保温层

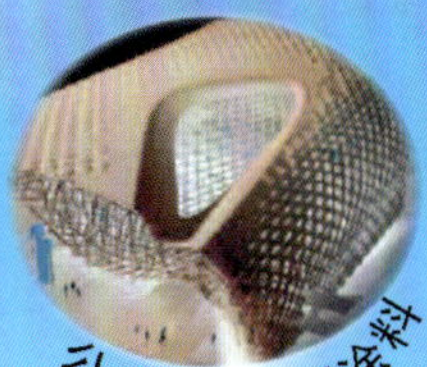
公共设施外层涂料

汽车用品

塑胶跑道

室外聚氨酯地坪

冰箱冷柜保温隔热层

热水器保温隔热层

山东耐火材料集团有限公司

董事长　刘伟

山东耐火材料集团有限公司（以下简称山东耐材），是隶属于山东钢铁集团公司的全资子公司，是由原山东耐火材料厂、山东第二耐火材料厂、青岛耐火材料厂、山东镁矿、王村铝土矿等国有企业，以及山东中齐公司、鲁耐窑业公司、恒欣镁业公司，通过资产重组成立的跨地区的大型耐材生产企业。公司现有资产净值14.5亿元，占地348.6万平方米，现有职工4500人，其中有专业技术人员559人，技术工人3437人。公司下设六个子、分公司，分布于山东淄博、青岛、烟台、菏泽等地。山东耐材始自于1904年，至今已有100多年的历史。

山东耐材主要产品有铝硅系耐材、连铸耐材、焦宝石及莫来石料、镁质原料和制品、含碳制品、特耐制品、不定型材料七大类，年生产能力50万吨。山东耐材产品广泛的应用于冶金、建材、化工、有色、电子等行业，其中70%的制品供应钢铁生产企业，国内大型钢铁企业均为公司的主要客户；山东耐材产品还出口到世界各地的知名钢铁企业与世界著名的工程公司和设计公司、耐材生产企业都有良好的合作。

山东耐材技术力量雄厚，设有专门的技术中心负责产品研发，现有专业技术人员中有高级技术职称的31人，有中级技术职称的169人，有初级技术职称的359人。目前，山东耐材铝硅系产品中的红柱石砖、莫来石砖、干熄焦砖、硅砖，连铸用产品中的三大件，以及高档焦宝石料和合成莫来石料都处于世界一流水平，有独特的技术优势。

山东耐材以“为客户提供满意的产品和服务”为企业使命，以“打造具有国际竞争力的耐材强企”为发展愿景，以“共创、共进、共赢”为核心价值观。山东耐材以一百年管理和技术的深厚积累为基础，以一百年历史铸就的企业品牌为信誉保证，致力于构筑为客户提供耐材整体解决方案的服务模式，通过为客户创造价值，实现共同发展。

地址：山东省淄博市周村区王村宝山工业园　　邮编：255311　　办公室电话：0533-6691351
传真：0533-6691398　　邮箱：sdnaicai@shannai.net　　网址：www.shannai.net　www.sdnc.net.cn

热风炉用低蠕变高铝制品

热风炉用硅砖

高炉用特种耐火制品

热风炉用红柱石耐火制品

山东万鑫投资控股有限公司

董事长　王立国

山东万鑫投资控股有限公司是集建筑、工业、房地产三大产业于一体的综合性经营投资公司，产业涉及30多个领域，2011年实现总产值60亿元。

山东万鑫建设有限公司拥有国家特级施工总承包资质和钢结构、机电安装、市政、消防设施、公路施工、装饰装修、地基基础、建筑幕墙、金属门窗、劳务分包等10项一级资质，是淄博市经营范围最广、施工力量最强的建筑企业。近5年企业创出鲁班奖工程、国优工程、装饰泰山杯、国家市政金杯示范工程等106项。综合实力连续10余年居淄博市建筑业第一。

省建设厅厅长杨焕彩（中）、市长周清利（右二）视察万鑫轮胎项目

公司承建的滨州时代新城

山东同济万鑫集团是上市公司上海同济科技的参股企业，拥有炭素、轮胎、热电、特种车、墙体材料、轻钢、木业、重机、商混、模板等10余个工业企业及生态园项目。炭素、轻钢、热电、压力容器、轮胎列入全县亿元企业。炭素产品出口伊朗、俄罗斯、乌克兰、英国、日本、美国等国家，年出口创汇5000万美元；2005年与卢森堡富盟公司共同组建山东前昊炭素有限公司。2011年，投资13亿元新建轮胎项目，一期已投产达效。研制组装的XGR120\160\180型多功能旋挖钻机通过部级鉴定，达到国际先进水平。

房地产拥有同济置业和鲁昱置业2家开发企业，是淄博、滨州、潍坊3市的地产开发十强企业。年开发面积30万平方米，具备房产设计、施工、监理、销售、物业管理等综合经营能力，先后在青岛、淄博、滨州、威海、烟台、潍坊、济宁等地经营开发了天惠苑、聚隆小区、新城广场花园小区、时代花园小区、乳山银滩万鑫·阳光巴厘小区、金东世纪A区、万鑫盛世·诚信苑等中高档社区。其中，新城广场花园小区堪称滨州市“第一社区”；威海乳山银滩万鑫·阳光巴厘小区是国内著名设计院厦门大学设计院的经典之作；同济·盛世家园获得潍坊市最佳户型设计与节能楼盘奖。

企业荣誉：全国优秀施工企业、全国建筑百强、全国建筑业首批“AAA”级信用企业、国家科技进步三等奖、省级先进企业、省外出施工先进单位、省级文明单位、银行“AAA”级信用企业、省级“守合同、重信用”企业、省高新技术企业。

董事长王立国：淄博市人大代表、全国优秀施工企业家、全国乡镇企业家、山东省富民兴鲁劳动奖章获得者。

公司地址：山东省淄博市桓台县　　电话/传真：0533—8510887/8516266

公司承建的滨州市市政办公楼（获鲁班奖）

鲁昱置业开发的烟台金东国际A区商住楼

创以至诚　业以久远

——山东创业房地产开发有限公司

创业·齐悦国际城鸟瞰图

山东创业房地产开发有限公司成立于1992年，具有国家房地产开发一级资质。公司涉及房地产开发、物业管理、商业贸易、园林绿化等多个领域，经过20年的发展，已淬砺成总资产超过30亿元，年开发能力50多万平方米的大型房地产企业。

公司牢固树立“客户为本、诚信立业、质量兴业”的诚信经营理念，按照“以项目为载体、以效益为中心、以营销为主线、以开发为重点，以品质为保障”的总体工作思路，扎实开展各项工作，先后开发建设了丽景苑、瑞景苑、丽景翠苑、瑞丰苑、齐鲁证券营业楼、淄博建行营业楼、淄博市住建局办公楼、学府花园、热电小区、聚贤苑、世纪花园、东城华府、颐丰花园、御景大厦、上城名府、泰和苑、齐悦国际城、金域东山、创业城市广场、齐韵韶苑、上品广场、上城府第等20多个项目，总开发面积超过300万平方米。公司在开发建设过程中，广泛应用环保节能材料、技术、设备，努力推进住宅产业化工作，积极申报国家康居示范工程和住宅性能认定项目。公司开发的颐丰花园和齐悦国际城一、二期项目分别通过国家康居示范工程中期和初期审查；上城名府和齐韵韶苑项目分别通过2A级住宅性能中期和初期审查。

公司办公楼

公司始终坚持诚实守信的市场行为准则，逐步树立起“诚信、稳健”的企业形象。先后被国家建设部授予销售放心房履行承诺企业称号，被中国房地产业协会授予2009～2010年度中国房地产开发诚信企业称号，被山东省发改委表彰为山东省重点服务业企业先进单位，被山东省建设厅表彰为山东省房地产综合实力50强企业，被山东省房地产业协会评为2010年度房地产开发诚信企业，连续8届被山东省工商局评为山东省消费者满意单位，是省级“守合同、重信用”企业。

“让政府放心、让用户满意”一直是公司追求的工作目标。全体创业人将努力打造“创业放心房”质量与诚信品牌，为居住文明及和谐社会建设做出积极贡献。

◎**公司地址：**山东·淄博·张店区联通路186号　◎**联系电话：**0533-8172701　◎**邮箱：**sd_chuangye@163.com

WUHUA 山东物华租赁有限公司

董事长、总经理 王纲

山东物华租赁有限公司2002年11月由原淄博市钢模板租赁公司整体改制而成，是中国基建物资承包协会、中国模板协会租赁委员会副会长单位，中国模板协会、中国建筑金属结构协会会员单位，被中国基建物资承包协会、中国模板协会租赁委员会评定为全国模板脚手架租赁行业一级企业，山东省工商局授予省级“守合同重信用”企业。1999～2011年被中国模板协会和中国模板协会租赁委员会分别评为推广应用新型模板脚手架优秀企业和全国模板脚手架租赁行业名牌企业。

公司经营范围：建筑钢模板、钢脚手架、钢架板、建筑施工机械租赁；钢材、日用陶瓷、木材批发零售；房屋场地租赁、汽车租赁。拥有租赁物资：钢模板10万平方米，碗扣脚手架5000吨，钢管4000吨，钢支柱10000条，架板15000块，机械设备250台及附件500吨；拥有出租和待出租场地10万平方米；经营办公库房2万平方米。

公司拥有6个控股子公司、13个分公司。租赁物资多次用于省、市重点工程，在省内高速公路和铁路建设中推广使用新型模板和新型脚手架，为发展公路交通事业发挥了积极作用。

公司在创建和谐社会、和谐物华的征程中，将继续深化改革，加强管理，坚持信誉第一、诚信经营的原则，坚持为建筑施工企业精诚服务，按照现代化企业要求，加快推进资产开发和日用消费品租赁的步伐，使企业由单一建筑物资租赁向市场开发与物资租赁相结合的多元化、集团化、现代化的租赁企业发展，不断提高自身经济效益和社会效益。

公司董事长兼总经理王纲携全体员工热忱欢迎社会各界新老朋友携手合作，共创辉煌。

地址：山东省淄博市张店区柳泉路59号
邮编：255031
网址：www.zbwhzL.com
邮箱：zbwhzL59@163.com
电话：0533—3181882　3180336
传真：0533—3181801

山东万鑫

董事长、总经理于亦章

市委副书记、市长周清利（左二）到公司调研考察

山东万鑫建设有限公司是山东万鑫投资控股有限公司的核心企业，下设9个部门、1个省级技术研发中心和信息中心、11个区域公司、6个专业公司，注册资金3亿元，一、二级建造师200余人，年施工能力560万平方米。位列山东省建筑业企业综合实力50强第六名，连续16年位居淄博市建筑业企业综合实力第一名。

资质结构彰显“万鑫”模式。公司拥有国家房屋建筑工程施工总承包特级资质，钢结构专业承包一级资质。所辖全资子公司具有装饰装修、建筑幕墙、金属门窗、地基基础、公路工程总承包、路面路基专业承包一级资质，劳务分包一级资质，装饰设计、建筑幕墙设计甲级资质，机电安装二级资质。公司是全市唯一具有10项一级以上资质的施工企业。鑫国基础、鑫泰公路、鑫泽装饰、鑫科钢构、万鑫安装、鑫立劳务等专业公司成为万鑫模式中的亮点。

地址：山东省淄博市高新区柳泉路105号国贸大厦C座
电话：0533-2695887 4001091788　传真：0533-2695896
邮编：255000　http://www.sdwx.cn
E-mail：jiguanbu@sdwx.cn

荣誉榜

全国建筑业先进企业
全国优秀施工企业
全国QC优秀成果一等奖第一名
全国优秀质量管理小组
山东省建筑业先进集体
全省红十字系统支持大病救助工作先进单位
山东省建筑业企业综合实力50强第六名
淄博市建筑业企业综合实力20强第一名
淄博市建筑业优秀企业
淄博市建筑业外出施工先进企业
全市首家顺利通过特级资质就位实地核查
率先实现特级资质新标准达标就位

公司承建的滨州市政办公楼——鲁班奖

建设有限公司

公司承建的中润华侨城北区1号商业楼——2009年度国优工程

公司承建的邹平天兴城商场——2010年度国优工程

公司承建的淄博鑫盛城市风景商务大厦——2011年度国优工程

公司承建的博兴县行政中心综合楼——2008年度国优工程

博山区池上镇

团结奋进的领导班子

区领导调研农产品加工企业

2011年11月20日，花峪路开通庆典举行，全镇44个村庄实现村村通公路

金银花成为池上镇农民的致富花

池上镇位于博山区东南部、淄河上游，与淄川区、沂源县、临朐县交界，山东省第四高峰鲁山坐落镇内，全镇总面积156.51平方公里，辖44个行政村，总人口2.3万。有60个党支部，1269名党员。

2011年，池上镇党委、政府深入实践科学发展观，不断加大转调力度，以项目建设为突破口，以生态环境建设、生态园区建设、生态旅游建设为重点，积极吸引资本进山、技术进山、人才进山、文化进山，全力促进生态产业发展，全镇经济增长平稳、结构进一步优化，党建和各项社会事业实现健康发展。以山东豆禾、山东上水、山东上园、淄博山珍园、淄博黑五类等为代表的农业龙头企业不断发展壮大。全镇从事各类农产品加工的龙头企业达13家，农民专业合作社达80余家。集中发展壮大金银花、茶叶、黑色有机食品三大特色产业基地，形成以茶叶、金银花、黑五类、食用菌、桔梗、林果六大支柱产业。狠抓标准化生产。19个品种取得国家有机认证证书或有机转化证书。桔梗、板栗种植基地被认定为国家级农业标准化示范园。“池上桔梗”和以池上为主产区的“博山金银花”分别获得国家地理标志。生态旅游业蓬勃发展。全镇形成以志公坪景区为龙头，以桃花溪山水为主线，以“二区三廊”（三郝峪10里特色餐饮长廊、三小峰10里生态观光长廊、七峪花林10里水面旅游长廊）为特色，以农业观光、人文景观和生态特色旅游为主导的旅游格局。积极推进教育事业发展，加快农村社会保障体系建设，保持社会稳定和谐，群众满意度、幸福指数不断提升。池上镇先后被评为省级文明镇、全市依法治理先进镇。

2011年，全镇实现乡镇总产值8亿元，乡镇企业营业收入7.6亿元，利税8687万元，增加值 2.4 亿元，完成固定资产投资5.8亿元，出口创汇2200万美元，财政收入1084万元，农民人均纯收入7805元。

良好生态环境引来
白鹭栖息起舞

池上镇七峪村

村委一班人

七峪村位于淄博市特级水源保护地博山区池上镇南3公里处，依山傍水，风景秀丽，公路伴河穿村而过，交通便利。全村共156户、384人，土地总面积140公顷，以山林地居多。板栗和黄烟为主要经济作物，另有桔梗、玉米、花生和弥猴桃等。全村特色养殖业发展迅速，主要以养蜂、养鸡和养野猪为主。

七峪村注重打造有机农业。所产有机板栗、有机弥猴桃、有机桔梗和有机樱桃等特色高附加值经济农产品完全不使用化肥、农药，坚持应用物理生物杀虫和微生物有机肥。全村已发展淄博博山金池板栗专业合作社、淄博博山吉海黄烟种植专业合作社、淄博增吉农机服务专业合作社3个专业合作社。2008年7月，淄博金池板栗专业合作社11.33公顷板栗获得北京爱科赛尔论证公司有机论证，至2011年，已发展到66.67公顷，社员151人。基地实行“五统一”管理模式，即统一生产标准、统一供苗、统一使用肥料、统一使用生物农药、统一技术指导。具备有龙头带动、有生产技术流程、有产品认证、有委托检测机构、有包装标示和基地标志牌、有生产档案、有管理责任人、有技术负责人实行质量追溯制度等“十有”要求，确保所产板栗的质量和食品安全。年生产优质板栗1000吨。2011年12月获得国家级板栗生产标准化示范园称号。

旧村改造成果显著。七峪村通过土地转换方式进行旧村改造，通过土地集约化，化零为整，以为开发商提供部分土地的方式，村民不用花钱就能住进新楼房。一期工程结束后，部分村民已喜迁新居。

2012年4月，按市委、市政府确定的包村帮扶任务，淄博市地方史志办公室派出“第一书记”进驻七峪村并迅速开展工作，对全村进行深入细致的走访调研。市史志办领导对包村工作高度重视，多次赴七峪村走访看望困难户，与村委及村民代表座谈，了解民意，结合七峪村实际情况制定三年包村规划，从路面硬化、道路亮化和抗旱保苗等方面制定帮包目标。6月，为七峪提供水泥25吨并积极协调资金，路面硬化工作已基本完成。

村民住上旧村改造后的新楼房

七峪村年产优质有机板栗1000吨

七峪村规划图

博山区八陡镇

党委书记　徐继明

镇长　刘伟

八陡镇民政办主任吕绪兰获民政部“孺子牛”奖

八陡镇位于博山城区东南部，镇政府驻地距博山城区9公里，是博山区近郊的工业重镇和重要交通枢纽，曾先后获得国家级出口基地镇、山东机械装备制造第一镇、山东省文化基层工作先进乡镇、淄博市经济强镇等荣誉称号。镇域面积36.94平方公里，共有17个行政村，19个居委会，人口4.2万人。

2011年，八陡镇在区委、区政府的正确领导下，坚持以科学发展观统揽全局，团结带领全镇人民解放思想，干事创业，实现全镇经济社会又好又快发展。

抓经济，促发展，镇域经济实现新跨越。2011年，全镇完成工业产值350亿元，同比增长35%；实现财政收入5974万元。以项目建设为抓手，发挥三大支柱产业优势和龙头企业带动作用，增强镇域经济发展后劲。成功引进山东晶鑫晶体科技有限公司总投资12亿元的年产3万吨蓝宝石晶体等一批大项目，规模以上企业达87家，实现总产值136亿元。

抓建设，提形象，城镇面貌焕然一新。以城乡统筹、基础设施建设和环境综合整治为重点，高标准建设、改造一批主次干道，完成老湖南路拓宽改造工程。按照规划加大旧村改造步伐，建成鑫鼎苑小区、金桥小区、增福小区、桂馨园小区等一批环境优美、管理规范、群众欢迎的精品社区。全面实施镇域环境综合整治工程，形成环境卫生长效管理机制，全镇环境卫生状况得到极大改善。

抓民生，促和谐，社会事业稳步推进。镇民政办主任吕绪兰荣获民政部“孺子牛”奖，以先进典型带动各项工作。城乡低保金发放和小麦粮食直补、家电下乡补贴等各项惠民资金落实到位；投资400余万元的农村饮水安全工程、投资300余万元的便民服务中心等民生工程稳步推进；坚持教育优先原则，对考上大学的学生给予奖励；通过锣鼓比赛、书画展览、纳凉晚会、庆七一文艺演出等文化活动丰富群众文化生活；社区卫生服务站、卫生室覆盖全镇；计生工作成绩显著，连续10年实现人口负增长；强化安全生产责任，及时排查企业安全生产隐患。

山东晶鑫晶体科技公司展厅

博山区博山镇

党委书记 王伟

镇长 白念亮

区委书记许冰（右二）到博山镇调研工作

博山镇在区委、区政府的坚强领导下，深入贯彻落实科学发展观，以建设“有机农业镇、生态旅游镇、和谐新城镇”为目标，解放思想，锐意进取，全镇经济社会呈现出良好发展态势。

有机农业蓬勃发展。镇党委、政府坚持走出去、请进来，吸引资本进山、项目进山，公司化运作有机农业，先后引进31家农业开发公司、发展壮大60家农村专业合作社。截至2012年8月底，全镇有机农业总投入达5亿元，初步构建起中药材、蔬菜、林果、杂品等四大有机生态园区，24个农产品获得有机认证，“博山韭菜”“博山草莓”“博山蓝莓”3个有机产品被国家工商总局认定为国家地理标志证明商标。培育山东省内最大的薰衣草种植基地、省内首家元宝枫种植基地和鲁中地区首家蓝莓种植基地，成功引进黄秋葵有机新品种并试种成功。五老峪、杨峪、尹家峪、南邢、朱南等5个村已基本实现整村土地流转，全镇土地流转面积达3.5万亩。2012年上半年，全镇新开工农业项目28个，完成总投资8900万元。

生态旅游全面启动。依托生态、自然、旅游资源优势，全力打造“三山两峪一泉”生态旅游观光线路。2012年5月19日“中国旅游日”，成功举行博山镇生态旅游年启动暨山东省摄影家协会博山创作基地揭牌仪式，百名摄影爱好者和30余家新闻媒体前来采风。2012年，以草莓采摘等为主导的采摘游、自驾游、有机农业观光游实现新突破，上半年总计接待游客5万余人；继续投资1500万元，兴建生态观光路50余公里，有力推动全镇生态旅游业发展。

和谐城镇繁荣进步。以开展“基层组织建设年”活动为契机，强化基层组织建设和干部队伍建设，深入开展固本强基维稳工程，扎实开展“大走访、大排查”活动，有效排查各类信访隐患，全镇社会秩序和谐稳定。高度重视民生工程，总投资2400万元的朱家庄、下庄社区新居一期工程已完成建筑面积1.6万平方米；北博山中学校舍改造工程进展顺利，将全面动工；大力发展群众文化，总投资1500万元的27个文体广场投入使用。

生态工业全面提升。突出企业内涵发展，加快调整、改造、提升力度，全镇工业企业运行良好。总投资2.65亿元的9项工业重点项目进展顺利。2012年1～6月，完成投资1.5亿元，全镇规模以上企业完成工业总产值3.1亿元，同比增长8.3 %；外贸出口完成630万美元，同比增长54%。

上瓦泉村智能化温控大棚盆栽草莓

淄博得茂实有机农业公司有机农产品

淄博鲁山百岁源有机食品有限公司有机蓝莓科技示范园

淄川区岭子镇

党委书记　汪洪新

镇长　张刚

岭子镇位于淄川区西部，辖28个村居，镇域面积78平方公里，人口3.7万人。“十一五”期间，岭子镇立足丰富的资源和区位优势，始终坚持“抓党建，保稳定，促发展”的总体思路，紧紧围绕“一镇两基地三集群七中心”发展战略，以科学发展观为统揽，积极转方式、调结构，全镇经济社会持续健康快速发展。规划建设了占地4平方公里的新材料产业基地，初步形成以水泥、耐火材料、煤炭为主的三大产业集群。2011年，完成规模以上工业总产值141亿元，上缴税金3.76亿元，实现地方财政收入1.37亿元，进入全市经济强乡镇前12强。先后获得省级文明镇、省级卫生镇、省级村务公开民主管理示范乡镇、全省基层信访工作先进单位、全市“五好”乡镇党委、全市机关作风效能建设示范单位、市社会综治委综合治理先进单位等荣誉称号。

丰富多彩的文化生活

东泰社区

山东东泰能源集团

山东鑫淦实业有限公司

淄川区洪山镇

党委书记 赵军

镇长 耿升

洪山镇位于淄川城区东郊，是蒲文化的发源地，淄博市第一个党支部的诞生地，蒲松龄故居、聊斋城景区和国家大型企业淄矿集团均坐落于此。全镇面积32平方公里，总人口5.1万，辖25个村居。该镇先后被授予平安山东建设先进基层单位、山东省思想政治工作先进单位、淄博市“五个好”乡镇党委、淄博市先进基层党组织等荣誉称号。该镇按照“2346”总体发展思路，将全镇整体划分为东部新城、城区后花园两大板块，抓好经济发展、社会稳定与“四德工程”建设三条主线，搭建“双向直通四位一体”四大服务平台，建设聊斋文化名镇、机械工业重镇、建材工业强镇、都市农业大镇、文明幸福城镇与基层组织建设规范化城镇。新上崇正新材料工业园等8个总投资8.5亿元的工业重点项目，着力建设机械、化工、建材、服装四大产业基地；规划实施“四纵四横”的路网结构，建设5大生活片区、7大服务业集聚地，抓好8个“两区三村”改造项目，建立环境卫生综合整治长效机制，打造东部魅力新城。实施“一点两线”农游一体化发展战略，做好聊斋文化产业园总体规划，启动古村保护性开发、聊斋景区提升改造等项目，聊斋旅游开发实现新突破。抓好投资3000余万元的四个都市农业开发项目，促进农民增收、农业增效。扎实推进“双向直通四位一体”群众工作平台建设，实施19项民生工程，着力提升群众幸福指数，构建和谐稳定的社会环境。抓好基层组织规范化建设，深化村民事务代办、包村、五代理、党务公开、“两新”组织党建等工作，以创先争优精神喜迎党的“十八大”胜利召开。

风景宜人的聊斋城景区

举办庆祝中国共产党成立91周年文艺汇演活动

东城新貌

周村区王村镇

党委书记 国卫兵

镇长 张开俊

王村镇位于周村区西部，处于济南、滨州、淄博三市交界处，素有“淄博西大门”之称。全镇总面积57.49平方公里，辖41个村，1个居委会，人口5.26万人，是全国第一、二批小城镇综合改革试点镇、小城镇综合发展水平千强镇、小城镇建设试点镇、全国重点镇，山东省“百新工程”试点镇、首批中心镇、历史文化名镇、省级文明镇、生态宜居新型重点城镇，淄博市经济强乡镇。

王村镇历史悠久，人杰地灵，交通便利，资源丰富。殷商时期此地就建立了姜姓诸侯国——逢国；镇内西铺村是明崇祯元年户部尚书毕自严的故居，清代著名文学家蒲松龄在此执教38年，完成了不朽名著《聊斋志异》；万家村是清代光绪年间礼部尚书毕道远的故居；李家疃村被命名为中国历史文化名村。309国道、102省道、胶王路、泉王路等公路干线和胶济铁路线从镇域内穿过。黏土、焦宝石、石英石等矿产资源储量在全省占有重要位置，是山东省重要的耐火材料基地；具有500余年历史的传统特产食醋、黄酒久负盛名。

近年来，王村镇紧紧围绕建设经济发达、布局合理、生态文明、管理创新的幸福王村这一目标，深入贯彻落实科学发展观，大力实施“一个活动、两大工程”，突出项目投入、产业升级、旧村改造、都市农业和生态文明工作重点，经济和社会各项事业保持平稳较快发展的良好势头。2011年，全镇完成规模工业销售收入159.11亿元、利润17.97亿元、利税25.68亿元，同比分别增长38.67%、67.48%和61.93%；规模以上固定资产投资完成21.11亿元，同比增长32.35%；出口创汇完成5227万美元，实现税收入库2亿元、财政收入7401万元，农民人均期内现金收入11082元。

蒲松龄执教38年振衣阁

彭东中心居住区鸟瞰图

王村镇第十一期农业综合开发项目

山东耐材集团公司

山东赫达股份有限公司

王村中心居住区大史新村安置楼

桓台县马桥镇

金诚石化全景图

马桥镇位于桓台、邹平、高青3县交界处，面积79.12平方公里，辖52个行政村，人口6.27万人。近年来，在市委、市政府和县委、县政府的正确领导下，马桥镇紧紧抓住被确定为省级行政管理体制改革试点镇和省级中心镇的有利机遇，围绕打造“空间布局科学、功能分区合理、产业集聚发展、生态自然和谐”的现代化小城市，突出工业转方式调结构，加快镇村统筹发展，提高基层党建科学化水平，推动全镇经济社会又好又快发展。2011年，全镇规模以上工业销售收入实现530亿元，比2010年增长32%；农民人均纯收入14003元，增长21%；上缴税金14.5亿元，地方财政收入4.8亿元，均增长36%。

坚持抓大投入、上大项目，2011年金诚、博汇两大企业集团分别实现销售收入310亿元和212亿元，连续3年跻身中国企业500强，纳税入围全省百强榜。坚持“科技兴农”战略，走规范化、专业化、产业化道路，努力打造特色品牌，农业生产得到健康快速发展。坚持实施镇村统筹，整建制建设社会主义新农村，形成生态、和谐、宜居、宜业的城镇特色。金诚、北营、中心、泰和4个新型农村社区先后完成投资12亿元，建成居民楼327幢、总建筑面积120万平方米，入住居民8000户。坚持民生为本，加快建设和完善标准化学校、中心幼儿园、中心卫生院、敬老院等公共服务设施，积极发展各项社会事业，群众幸福指数进一步提升。

丰富多彩的文化生活

博汇集团35万吨高档白卡纸生产线

益可嘉购物广场

积极推广生态农业

环境优美的居民生活小区

高青县田镇街道办事处

党工委书记　王忠

主任　李永

田镇街道地处高青县中部，为县委、县政府驻地，辖区总面积68平方公里，辖9个社区居委会，58个行政村，总人口6.1万人。

2011年，田镇街道党工委、办事处坚持以科学发展观为统领，按照统筹城乡发展一体化的思路要求，着力转变发展方式，推进经济持续较快增长，注重改善民生，促进社会和谐。全年固定资产投资达7.2亿元，实现销售收入、利税分别达到8.2亿元和8100万元，实现财政收入5110万元，农民人均纯收入8336元；发挥区位优势，狠抓项目服务，助推城市化进程。顺利为绕城水系、西北外环改造、五号路、北二路建设、一中扩建、双语学校建设、县社会福利中心等23个重点项目提供土地征迁等服务，确保了城市建设的顺利开展；深入推进两居三村改造工作，继民主街居委会、官庄居委会之后，冯郭村、宁家村的城中村改造已竣工。整改旧村面积近107公顷，腾空土地60公顷，新建小区面积近40公顷，安置村民3000余人；农业产业结构调整进一步优化，至2011年底，全街道特色规模养殖小区达到20余个，奶牛、肉牛存栏量分别达到3000头、8000头，各类有机蔬菜大棚2000余个，瓜菜面积1333公顷，苗木种植400公顷，形成畜牧、瓜菜、林木三大亮点产业。发展经济的同时，着力改善民生，开创社会事业新局面，投资1800万元兴建社会福利中心，投资180万元完成防保站升级改貌和社区卫生服务中心，投资1000余万元的崔张小学、义和小学教学楼建成并投入使用。

市委书记刘慧晏（右三）视察田镇街道冯郭村

段家有机西瓜标准化生产基地

淄博鹏辉黑牛养殖基地

生态宜居的官庄千乘园小区

山东淄博傅山企业集团有限公司

傅山村党委书记、傅山企业集团有限公司董事长 彭荣均

齐林傅山钢铁有限公司连铸车间

山东天下第一店酒厂

傅山铁路货运中心

山东淄博傅山企业集团有限公司成立于1995年，是在傅山村综合发展的基础上建立起来的一家集冶金、能源、保税物流、酿造、房地产、金融、餐饮服务、化工、化纤、食品加工、机械制造、建筑建材、旅游、文化传媒等多个特色产业板块为一体的综合性大型企业集团。集团公司对下属几十个企业单位实行统一经营管理。公司位于淄博高新区东北部，总占地面积近6平方公里，交通便利，资源丰富，地理位置优越，具有得天独厚的发展优势。

成立以来，傅山集团践行“退一进二、继二进三”和“调整、整顿、规范、提高”的发展战略，秉承“创建卓越　追求和谐”的发展理念，坚持以经济建设为中心，全面落实科学发展观。大力发展循环经济及环保经济，积极转方式，精心调结构，在结构优化中提高经济发展质量、效益和竞争力，经济与社会各项事业均实现又好又快发展，逐步走上以能源产业为产业链基础、以循环经济为纽带的多元化发展道路，建立起由清洁生产、废物利用、生态保护、和谐发展构成的循环经济体系，最大程度上实现资源共享和综合利用。

2011年，傅山集团实现总产值180余亿元，利税总额超过10亿元。连续多年跻身中国最大500家企业集团、中国企业500强、中国制造业500强行列。先后被评为全国先进基层党组织、全国文明村、全国优秀乡镇企业集团、全国文明诚信示范单位、全国模范村民委员会、全国模范村民调解委员会、山东省就业与社会保障先进民营企业、淄博市首届工业杰出企业、淄博市功勋企业，连续多年获得山东省先进基层党组织、基层党建工作示范点等荣誉称号。

党委书记、集团公司董事长彭荣均系全国劳动模范、全国优秀乡镇企业经理、全国优秀诚信企业家和山东省党代表、山东省人大代表、淄博市人大代表、淄博市党代表、张店区人大代表和人大常委，先后获得山东省劳动模范、优秀共产党员、乡村之星、优秀乡镇企业家、淄博市优秀中国特色社会主义事业建设者、淄博市杰出企业家、淄博市功勋企业家等荣誉称号。

傅山度假村

淄博保税物流中心

山东天下第一店酒厂

在北京中南海钓鱼台举办产品推介会

山东天下第一店酒厂（山东百粮春酒业有限公司），始建于20世纪80年代初期。企业所在的淄博市张店区傅山村北魏时期隶属齐地高阳郡，自古以来粮产富饶、酿酒发达，高阳太守贾思勰所著农学专著《齐民要术》曾记载当地“户户蒸粮，巷巷酒香”。 历经20余年发展，企业已成长为现代化白酒工业集团，有总资产2.6亿元，固定资产1.3亿元，是国家大（二）型企业、山东省综合实力500强企业、省环境优美工厂、三A级信用企业、省明星企业、山东省消费者满意单位。

公司注重科研开发，在国家有关部门的帮助下，积极加强与中国科学院、五粮液酒厂等专家的技术合作，不断开发高科技含量产品。结合著名科学家、生命基因动力能理论奠基人金日光教授发明的生物能活力素新技术，酿制出了系列绿色、纯粮、健康营养型的百粮春酒，酒中富含几十种与生命相关的动力元素，易于人体吸收并能代谢有害残存物，减少乙醇在人体中残留时间，具有益智醒神，脆面悦颜的功效，是传统白酒的换代珍品和名副其实的健康饮用酒。

白酒泰斗赖高淮与百粮春酒业技术合作暨研发中心揭牌仪式

“《齐民要术》与百粮春”专家研讨会

百粮春博物馆展架

淄博昌

淄博市医疗保险、商业保险、

院长 许新升

淄博昌国医院是新华医疗集团、山东新华昌国医院投资管理有限公司下属的一家综合性医院，前身是济南军区淄博驻军癫痫病专科医院，由全国著名癫痫病专家、主任医师许新升创办，是一所集临床医疗、医药研发、制剂生产、康复医学、养生保健、科研教学为一体的具有二级资质的综合性医疗机构。

医院建筑面积1万多平方米，床位200张，员工220余人。设有癫痫病诊疗中心（癫痫内科、癫痫外科、电生理）、康复医学、中医风湿科（治疗红斑狼疮、肺纤维化）、手足外科、心理咨询、查体中心、急救中心、内科、外科、妇科、儿科、中医科、碎石科、医学检验、医学影像、脑电监测等20多个临床医疗、药学、医技科室。

医院医疗设备先进，基础设施完备。设有千级、万级层流净化手术室、中心供氧、负压吸引、中央呼叫、中央空调等现代化、标准化、系统化装备。拥有德国原装西门子双排螺旋CT、500mA双管双床遥控X光机、彩色B超、日本脑电监护仪、全自动生化分析仪、血药浓度分析仪、脑循环分析仪、德国Lei Ca神经外科手术显微镜、美国Cadwell多导视频脑电图机、动态脑电赫特盒、动脉硬化及血管疾病检测系统、多功能神经康复诊疗系统等60余台（件）大型现代化医疗设备。

2012年4月26日，市政协副主席李敏（前左）、市食品药品监督管理局局长王少华（前右）为山东新华昌国医院投资管理有限公司揭牌

癫痫病诊疗中心是医院重点学科，具有20多年的发展经历与临床研究成果，独创“癫痫病经络疏通法”，研制发明治疗癫痫病系列药物并获得国家发明专利，军队科技进步奖、医疗成果奖、中华医药发展贡献奖等诸多科研奖项。已为海内外20多万名患者解除病痛。

医院引进具有博士学历的医学高端人才成立癫痫外科，针对难治性癫痫开展外科手术治疗，已开展手术数十例，为众多难治性癫痫病患者恢复健康，癫痫病治疗综合实力又上新台阶。

康复医学科主要以脑卒中、脑外伤、神经系统、脊柱脊髓损伤、小儿脑瘫、截肢、骨关节伤病等病症引起的功能障碍为康复治疗对象。与山东高等医学专科学校合作，特邀山东省知名康复医学专家、山东省中西医结合康复医学博士李连涛到院坐诊。

中医风湿科采用中西医结合方法治疗红斑狼疮、肺纤维化，此项临床研究，曾获得省厅级科研成果奖2项，已为全国各地4万多名患者祛病康复。

不孕不育专科有资深妇科专家坐诊，特别是对多年卵巢及输卵管粘连引起的不孕有独特的治疗方法，已为上百名患者添丁增口。

2012年4月26日，山东新华昌国医院投资管理有限公司举行揭牌典礼

碎石科专治肾结石、输尿管结石、膀胱结石、胆囊结石、术后残留石及各种疑难结石，有临床经验丰富的结石病专家坐诊，拥有先进的多功能体外冲击波碎石机，已治愈上千例结石病患者。

其他内、外、妇、儿、中医等临床科室，专家常年坐诊。医院目前已形成以癫痫病专科为龙头，多科室共同发展的大专科小综合的医疗体系。

医院正兴建17层建筑面积近4万平方米的综合医疗大楼，计划2012年投入使用，届时科室设置更齐全，技术力量更强大，人才队伍更齐备，将向三级医院规模发展。

医院先后获得山东省科技创新示范医院、山东省诚信医院、山东省优秀民营医院、山东十大服务品牌、全国十佳重点癫痫病专科医院、全国消费者信得过医院、全国优秀冠名红十字（会）医疗机构、全国先进社会组织等荣誉称号。

全院医务人员愿竭诚为患者提供优质的医疗服务！